Über dieses Buch

Die Ökologie ist ein interdisziplinäres Fachgebiet, das von der Grundlagenforschung bis zur Praxis reicht. Die Praxis ist vor allem durch Planung, Umweltbewertung sowie Natur- und Umweltschutz repräsentiert. Wissenschaft wie Praxis sehen in der Ökologie jenen Bereich, der sich mit der Umweltentwicklung, den Umweltzuständen und deren Veränderungen, vor allem aber auch mit den Wechselwirkungen und den Wechselbeziehungen zu allen Lebewesen, besonders dem Menschen, beschäftigt. Oft – aber nicht immer – besteht zwischen ökologischen Sachverhalten und dem geographischen Raum eine formale oder funktionale Beziehung.
Im ›DIERCKE-Wörterbuch Ökologie und Umwelt‹ (WÖU) werden in zwei Bänden ca. 10 000 Fachwörter definiert. Schwerpunktbereiche sind Landschaft und Umwelt, mit Boden, Klima, Wasser und Bios, die in den verschiedenen »Ökologien« – die zwischen Human- und Landschaftsökologie angeordnet sind – betrachtet werden. Hauptfachgebiete sind Landschaftsökologie und Landschaftspflege, Bioökologie und Biogeographie, Physiogeographie, Natur-, Landschafts- und Umweltschutz, Humanökologie und Raumplanung. – Ausgewählte methodische Begriffe werden mitbehandelt, ebenso Stoffe, soweit sie übergeordnete Bedeutung für Mensch und Umwelt haben.
Ökologie und Umwelt sind Themen, die nicht nur Fachwissenschaftler angehen, sondern die auch im öffentlichen Leben eine Rolle spielen. Die Definitionen versuchen, mit der Sprache und dem Begriffsinhalt sowohl dem Laien als auch dem Wissenschaftler verständlich zu sein. Zahlreiche Begriffe des WÖU werden zugleich in verschiedenen Fachsprachen und in der Allgemeinheit verwandt. Daraus resultiert, daß die Inhalte mehrdeutig sind. Diesen Mehrfachbedeutungen wird versucht, Rechnung zu tragen. In den Wissenschaften sind manche der Ökologiebegriffe einer permanenten Diskussion unterworfen. Sie tauchten schon in älterer Literatur auf, verschwanden dann und erscheinen nun zum Teil – mit alten oder neuen Inhalten versehen – wieder.
Manchmal wurden Begriffe aus dem exakten Fachvokabular getilgt; sie leben aber im allgemeinen Sprachgebrauch als Verständigungsmittel weiter. Diesem Umstand will das WÖU möglichst auch entsprechen. Viele Begriffe können zudem objektiv ganz verschieden definiert werden, z.B. in Physik, Chemie, Technik u.a. Bereichen. In solchen Fällen wurden Definitionen gewählt, die zum einen möglichst allgemein die Bedeutung charakterisieren, die aber zum anderen die Problemstellungen der geo- und biowissenschaftlichen Ökologien zeigen sollen.

Bisher sind in dieser Reihe erschienen:
DIERCKE-Taschenatlas der Welt (3400)
DIERCKE-Wörterbuch der Allgemeinen Geographie, 2 Bände (3417/3418)
DIERCKE-Wörterbuch Ökologie und Umwelt, 2 Bände (3419/3420)

H. Leser, B. Streit,
H.-D. Haas, J. Huber-Fröhli, T. Mosimann, R. Paesler

DIERCKE-Wörterbuch Ökologie und Umwelt

Band 2: N–Z

Deutscher
Taschenbuch
Verlag

Westermann

1. Auflage Juli 1993
Gemeinschaftsausgabe
© Deutscher Taschenbuch Verlag GmbH & Co. KG, München und
Westermann Schulbuchverlag GmbH, Braunschweig

Umschlaggestaltung: Gerd Gücker

Druck und Bindung: C. H. Beck'sche Buchdruckerei, Nördlingen
Printed in Germany
ISBN 3-423-03420-3
ISBN 3-14-106060-6

N

N₂: → *Stickstoff.*

Nachahmung: täuschende Gestaltähnlichkeit von Organismen mit Lebewesen oder Dingen ihrer näheren Lebensumwelt. Hierzu gehören → *Mimese* und → *Mimikry.*

Nachahmungstracht: → *Mimikry.*

Nachbarn (Vicini): biogeographisch-bioökologische Bezeichnung für Arten, die in Folge ihrer Ausbreitungstendenz zufällig und vorübergehend, aber mehr oder weniger regelmäßig aus benachbarten Lebensräumen kommen, ohne sich im neuen Biotop fortzupflanzen. Es handelt sich um eine Form der → *Biotopzugehörigkeit.*

Nachbarschaftsbeziehungen: 1. in Bioökologie und Biogeographie im Sinne von → *Nachbarn* verwandter Begriff. – 2. in der Geoökologie und Bodenkunde verwandt im Sinne der → *landschaftsökologischen Nachbarschaftsbeziehungen.*

Nacheiszeit: → *Postglazial.*

Nachhaltigkeit: allgemein ein Begriff, der in der Bewertung der Landschaft und des → *Naturraumpotentials* sowie in der Sicherung der → *Ressourcen* zunehmend eine Rolle spielt. In Land- und Forstwirtschaft wird der Begriff bereits seit langem verwandt, besonders bei der Kennzeichnung der → *Standortproduktivität.* – 1. in der Landwirtschaft bedeutet N. die Fähigkeit eines → *Landschaftsökosystems* bzw. → *Agrosystems,* bei Nutzung und anschließendem Ausgleich der Verluste durch Düngung dauerhaft die gleiche Leistung zu erbringen, ohne sich zu erschöpfen. – 2. in der Forstwirtschaft bedeutet N. die Forderung und das Streben nach stetiger und optimaler Bereitstellung sämtlicher materieller und immaterieller Waldleistungen und → *Waldfunktionen* zum Nutzen der jetzigen und künftiger Generationen.

Nachklärbecken: in → *Kläranlagen* ein → *Absetzbecken.*

Nachleistung: die thermische Leistung, die sich aus der → *Nachwärme* im abgeschalteten → *Kernreaktor* ergibt.

nachtaktiv: bezeichnet Organismen (praktisch nur Tiere), die ihr Aktivitätsmaximum in der Nacht haben. Dies können zeitliche Einnischungen sein, der Verfolgung optisch jagender Räuber zu entgehen oder um der Trockenheit zu entgehen. Bsp.: Schaben, ferner Ordnung Insektenfresser unter den Säugetieren. (→ *tagaktiv,* → *dämmerungsaktiv*).

Nachteile durch schädliche Umwelteinwirkungen: → *Schädliche Umwelteinwirkungen.*

Nachttiere: Tiere, die → *nachtaktiv* sind.

Nachverbrennung: sie dient der Verminderung der Emission von → *Kohlenwasserstoffen* bei Kraftfahrzeugen und sonstigen Verbrennungsanlagen, auch solchen der Industrie. Das → *Abgas* wird zur N. in eine nachgeschaltete Brennkammer geleitet, wo verbrennbare Schadstoffe oder Kohlenwasserstoffe zu → *Kohlendioxid* und Wasser verbrannt werden. Voraussetzung ist vielfach eine sehr hohe Temperatur. Neben dieser thermischen N. gibt es die katalytische N., die beim Kraftfahrzeug vom Katalysator realisiert wird.

Nachwärme: beim → *radioaktiven Zerfall* in einem → *Kernreaktor* entsteht nach dessen Abschalten Wärme, die in → *Nachleistung* umgesetzt werden kann. Die N. erbringt in den ersten Sekunden nach Abschalten des Reaktors noch ca. 5% der Leistungen des eingeschalteten Kernreaktors.

Nadelhölzer (Koniferen): Klasse der Nacktsamer, mit bis 100 m hohen Bäumen mit dickem Holzzylinder, reichlichen Verzweigungen, meist immergrünen, mehrjährigen schuppen- bis nadelförmigen Blättern geringer Größe und zapfenförmigen, seltener auch beerenartigen Fruchtständen. Die N. kommen seit dem Oberkarbon auf der Erde vor. Sie sind heute fast über die ganze Erde in allen Klimazonen verbreitet und wirtschaftlich wichtige Nutzhölzer.

Nadelwald: Vegetationstyp der kühlgemäßigten Breiten mit tiefer Wintertemperatur und kurzer Vegetationszeit (2–4 Monate mit einem Monatsmittel von über 10°C). Es handelt sich um einen fast ausschließlich aus → *Nadelhölzern* aufgebauten und weitverbreiteten Wald, in dem nur wenige Laubholzarten – wie Birke und Espe – eingestreut sind. Der N. kann als Fichten-, Tannen-, Kiefern- und Lärchenwald auftreten. *Taxodium, Tsuga* und *Thuja,* die Nadelhölzer der → *Lorbeerwälder,* zählt man nicht zum N. Die weiteste Verbreitung besitzt der N. im Bereich der borealen Klimazone, wo er den borealen Nadelwaldgürtel der eurasiatischen → *Taiga* bildet, der sich auf dem nordamerikanischen Kontinent ebenfalls als breite Vegetationszone ausdehnt. N. kommen jedoch auch auf der Südhalbkugel vor, ebenfalls als Gebirgswälder verschiedener → *Hochgebirge* der gemäßigten und kalten Zone.

Naherholung: modifiziert die → *Grunddaseinsfunktion* Erholung, die zeitlich befristet und in relativer räumlicher Nähe zum Wohnort praktiziert wird. Die N. dient der psychischen und physischen → *Rekreation.*

Naherholungsgebiete: leicht erreichbare, oft in der Nähe von Städten oder Agglomerationen gelegene Landschaften, einschließlich des engeren Stadtumlandes mit Mischnutzung, die der → *Naherholung* dienen.

Nahfeld: das Schallfeld unmittelbar um eine Schallquelle, das durch wechselförmige Strömungsvorgänge charakterisiert ist, in denen eine reine Mediumsströmung mit Hin- und Herschieben von Luftmassen verbunden ist. Eine sonst für Wellenausbreitung typische Kompression der Luftteilchen findet nicht statt. Gegensatz ist → *Fernfeld.*

Nahpegel: der Schalldruckpegel auf der Hüllfläche in 1 m Abstand von der Lärmquelle. Der N. kennzeichnet die Lärmwirkung auf Personen, die sich in unmittelbarer Nähe der Lärmquelle aufhalten.

Nährelemente (→ *Nährstoffe*): chemische Elemente, die Organismen für ihre Lebenstätigkeit brauchen. Neben → *Kohlenstoff*, → *Sauerstoff* und → *Wasserstoff* sind dies 13 unentbehrliche Elemente, welche die Pflanzen in Ionenform aus dem Boden aufnehmen. In größeren Mengen werden → *Stickstoff*, Phosphor, Schwefel, Calcium, Magnesium und Kalium, in kleinen bis kleinsten Mengen Eisen, Mangan, Chlor, Kupfer, Zink, Molybdän und Bor benötigt. Andere Elemente sind nützlich und haben begrenzte bzw. ungeklärte Bedeutung (z. B. Natrium, Silizium, Nickel, Kobalt, Aluminium). (→ *Mineralisierung*, → *Austausch*, → *Bodenfruchtbarkeit*, → *Düngung*, → *Humus*, → *Hauptnährelemente*, → *Spurenelemente*).

Nährfläche: bei einer globalen Betrachtung der terrestrischen Nahrungsmittelproduktion diejenige Gesamtfläche, die zur Nahrungsmittelerzeugung dient.

Nährhumus: die mikrobiell leicht umsetzbaren Stoffe im → *Humus* (Kohlehydrate und Proteine der abgestorbenen organischen Substanz), welche der Mikroorganismenpopulation als Nahrung dienen und zu hohen Anteilen abgebaut (→ *Mineralisierung*) werden. Der mineralisierte N. liefert die für die Pflanzen wiederum aufnehmbaren → *Nährstoffe*. (→ *Dauerhumus*).

Nährlösung: Lösung von Pflanzennährstoffen, um Hydrokulturen höherer Pflanzen oder um Algenkulturen zu ziehen.

Nährschicht: → *trophogene* Schicht in Gewässern.

Nährstoffauswaschung: das Wegführen von Nährstoffen durch das → *Sickerwasser* aus dem Boden in den Untergrund und ins Grundwasser.

Nährstoffe: die Gesamtheit der für die Ernährung von Pflanzen und Mikroorganismen notwendigen anorganischen Stoffe, welche der Organismus für den Aufbau seiner Körpersubstanz und die Aufrechterhaltung von deren Lebensfunktionen benötigt. Dazu gehören H_2O, CO_2, NO_3 sowie verschiedene Salze. Zu den N. gehören die → *Nährelemente*.

Nährstoffentzug: die Aufnahme von → *Nährstoffen* aus dem Boden in die pflanzliche Substanz, die geerntet wird. Der N. muß durch geeignete Bearbeitung, Bewirtschaftungsmaßnahmen (z. B. Fruchtwechsel mit luftstickstoffbindenden Leguminosen) und → *Düngung* ausgeglichen werden.

Nährstofffestlegung: → *Nährstoffixierung*.

Nährstoffhaushalt: die Gesamtheit der an einem Standort, im Boden, in der Pflanzendecke oder in einem Gewässer ablaufenden Nährstofftransport-, Umlagerungs- und Umsetzungsprozesse. Am N. sind anorganische (z. B. Nährstoffeintrag durch Niederschlag, Nährstofflösung, Nährstoff-Freisetzung durch Verwitterung, Austausch an Tonmineralen) und organische Prozesse (z. B. Nährstoffaufnahme durch die Vegetation; → *Mineralisierung*) beteiligt. Da Nährstofftransport fast ausschließlich in Lösung stattfindet, zeigen der N. und Wasserhaushalt enge Verknüpfung. Beide sind Ausdruck der besonderen, am jeweiligen Standort wirksamen Geoökofaktorenkombination (→ *Geosystem*, → *Geoökosystem*, → *Ökosystem*). Sie werden deshalb von der → *Geoökologie* in systemhafter Betrachtung untersucht.

Nährstoffixierung (Nährstoffestlegung): Übergang von Nährstoffen von einer leichtlöslichen – und damit für die Pflanzen verfügbaren – in eine schwerlösliche Form (z. B. durch Einbau in organische Komplexe oder schwerlösliche Salze).

Nährstoffmobilisierung: Freisetzung von gebundenen Nährstoffen durch → *Mineralisierung* organischer Substanz oder durch → *Verwitterung* von Mineralen.

Nährstoffverhältnis: das für die Produktionsleistung von Pflanzen bedeutsame Mengenverhältnis von Stickstoff zu Phosphor zu Kalium. Für die Kulturpflanzen in der Landwirtschaft liegt das N. – bei großen artspezifischen Unterschieden – etwa bei 10 N : 4 P : 8 K. (→ *Nährstoffe*, → *Nährelemente*).

Nährstoffversorgung: der Gehalt des Bodens an leicht verfügbaren → *Nährelementen*. Die N. ist je nach Ausgangsgestein, Bodenentwicklungsstufe, Lage im Relief (Zuschuß durch Akkumulation) und der biologischen Aktivität im → *Humus* sehr verschieden. Auf genutzten Böden muß sie durch sorgfältige Bewirtschaftung gepflegt werden. (→ *Nährstoffentzug*).

Nahrungsbreite: die Breite der Nahrungswahl eines Tieres. Man unterscheidet Monophage, Oligophage, Polyphage und Pantophage. (→ *monophag*, → *oligophag*, → *polyphag*, → *pantophag*, → *pleophag*).

Nahrungskette: 1. biologisch gesehen die Abfolge von Organismen, die – bezogen auf ihre Ernährung – direkt voneinander abhängig sind. Eine bekannte N. ist die Abfolge Alge (einzellig) – Wasserfloh – Kleinkrebs – kleiner Fisch – Raubfisch – Mensch. – 2. in der Umweltforschung wird die N. unter dem Aspekt betrachtet, den ein → *Schadstoff* in der Umwelt bis zum Menschen folgt. Es sind der → *Abwasserpfad* und der → *Luftpfad*, über welche aus kerntechnischen Anlagen freigesetzte → *Radioisotope* bestimmter Elemente in die Umwelt und damit in die N. gelangen. In der N. reichern sich Gifte, → *Schwermetalle*, natürliche oder künstliche → *Radionuklide* in steigenden Konzentrationen, von Glied zu Glied der Kette an. Es kommt zur → *Bioakkumulation*, im Endeffekt auch zu Gesundheitsschäden.

Nahrungsketteneffizienz: eine → *ökologische Effizienz*, die den Wirkungsgrad der Weitergabe von Nahrung in einer Nahrungskette von ei-

ner zur nächsten Stufe kennzeichnet. (→ *Nahrungskette*).
Nahrungskonkurrenz: Wettbewerb um Nahrung zwischen Individuen der gleichen Art, d.h. intraspezifisch, oder verschiedenen Arten, d.h. interspezifisch.
Nahrungsmangel: völliges oder zeitweises Fehlen von Nahrung, das die Individuen zum Hungern zwingt und lebensbedrohlich werden kann. Die Wirkung des N. hängt vom Hungervermögen der betreffenden Art ab und wird differenziert vom Entwicklungzustand, der individuellen Variation und dem Ernährungszustand des Individuums. Der N. reguliert die Bevölkerungsentwicklung von Tieren, wirkt oft unmittelbar begrenzend auf die Populationszunahme und ist so mitbestimmend für den → *Massenwechsel*. Zahlreiche Arten sind auf einen zeitweisen Nahrungsmangel eingestellt, indem sie Vorräte anlegen oder den N. durch Vorratsfraß ausgleichen.
Nahrungsnetz (Nahrungssystem): →*Nahrungsketten* in weitverzweigter Struktur. Die Glieder des N. sind nicht willkürlich verteilt, sondern nehmen eine bestimmte Stellung im Stoffstrom zwischen den Organismen und im Ökosystem ein.
Nahrungspyramide: quantitative Darstellung der Nahrungsmengenverhältnisse einer → *Nahrungskette* bzw. eines → *Nahrungsnetzes* in Form der → *Elton'schen Zahlenpyramide*. Daraus geht hervor, daß in der Regel die Individuenmenge und wohl auch die Biomasse von den primären über die sekundären Konsumenten zu den Gipfelraubtieren abnimmt.
Nahrungsspezialisation: → *stenophag*.
Nahrungsspielraum: dynamische Größe, die angibt, wie sich in einem Raum das Verhältnis von Bevölkerungsentwicklung und agrarischer → *Tragfähigkeit* darstellt. In vielen Entwicklungsländern ist in den letzten Jahrzehnten der N. infolge immer noch hoher Geburtenraten zunehmend eingeengt worden. Der N. hängt ferner ab von der Entwicklung der landwirtschaftlichen Nutzfläche, der Agrartechnik sowie der Entwicklung außerlandwirtschaftlicher Erwerbsgrundlagen.
Nahrungsstufe: → *Ernährungsstufen*.
Nahrungssystem: → *Nahrungsnetz*.
Nahrungswahl: Fähigkeit der Tiere, mit Hilfe ihrer Sinnesorgane die ihnen zusagende Nahrungsquelle zu finden. Für Pflanzenfresser (→ *phytophag*) sind oft von → *sekundären Pflanzenstoffen* ausgehende chemische Reize von Bedeutung.
Nahrungswechsel: Übergang von einer Nahrungsquelle auf eine andere mit verschiedenen Ursachen. – 1. ökologischer N. ist jahreszeitlich bedingt infolge der Nahrungsangebotsänderung im Ökosystem. – 2. N. bei Generationswechsel tritt bei manchen Insekten auf. – 3. ontogenetischer N. erfolgt im Laufe der Entwicklung einer Art, z.B. blattfressende Raupen und pflanzensaftsaugende Schmetterlinge. – 4. phylogenetischer N. erfolgt bei manchen Rassen oder Arten im Laufe der stammesgeschichtlichen Entwicklung, so daß sie sich anders als ihre Vorfahren ernähren. Meist geht der phylogenetische N. auf erdgeschichtlich bedingte Änderungen der Ökosysteme zurück.
Nanismus: Kümmer- oder → *Zwergwuchs* höherer Pflanzen, wie er z.B. auf trockenem Boden oder im Gebirge an der → *Baumgrenze* auftreten kann.
Nanophanerophyten: Gruppe der → *Lebensformen* strauchartiger Pflanzen, deren Knospen zwischen 25 und 200 cm über dem Erdboden liegen.
Nanoplankton (auch in der Schreibweise Nannoplankton; Zwergplankton): Teile des → *Planktons*, das noch die Maschen der feinsten Müller-Gaze passiert. Praktisch sind es Algenformen von weniger als 5–10 µm (zuweilen wird die Grenzgröße auch bis zu 50 µm gezogen). Praktisch wird das N. durch Sedimentation oder Zentrifugieren des Meerwassers gewonnen.
nano-xeromorph: → *sukkulent-xeromorph*.
Nässezeiger: Pflanzenarten, die als → *Indikatororganismen* hohen Wassergehalt des Bodens anzeigen, z.B. *Eriophorum vaginatum* in mitteleuropäischen Laubwäldern auf sehr saurem Boden. (→ *Feuchtigkeitszeiger,* → *Zeigerpflanzen*).
Naßbleichung: Aufhellung sandiger Horizonte in hangnassen Böden durch lateralen Wegtransport von Eisen- und Manganverbindungen mit dem Hangwasser. N. ist eine abgewandelte Form der → *Podsolierung*.
Naßböden: Sammelbezeichnung für Böden, die sich unter dem Einfluß von → *Grund-* oder → *Stauwasser* entwickeln. (→ *Staugley,* → *Gley,* → *Marschböden,* → *Moor*).
Naßgley: Grundwasserboden (→ *Gley*) mit sehr hohem Grundwasserstand unmittelbar unter dem Humus. Das oxidierte Eisen wird dadurch entweder im Humushorizont ausgefällt oder der G_o-(Oxidations-)horizont fehlt ganz.
Naßkühlturm: ein → *Kühlturm* zur Rückkühlung (→ *Rückkühlanlage*) von Wasser, wobei im Gegensatz zum → *Trockenkühlturm* das zu kühlende Wasser mit der Kühlluft in direkten Kontakt kommt, so daß durch Verdunstung und Erwärmung der Luft ein Wärmeentzug entsteht. Der zur Kühlung erforderliche Luftzug kann durch Ventilatoren oder durch die natürliche Kaminwirkung, die man durch die Bauweise des Kühlturms erzielt, bewirkt werden (→ *Naturzugkühlturm*). Die N. werden vor allem bei Kraftwerken eingesetzt.
Naßlager: gegenüber dem → *Trockenlager* ein Becken, in welchem in einer Flüssigkeit (meist Wasser) als Kühlmittel die Lagerung bestrahlter → *Brennelemente* aus → *Kernrekatoren* erfolgt.
Naßveraschung: → *Naßverbrennung*.

Naßverbrennung (Naßveraschung): ein Verfahren zur Rückgewinnung von Plutoniumresten aus zerkleinertem, festem, plutoniumhaltigem → *radioaktivem Abfall.* Die N. wird bei Temperaturen zwischen 230 und 270°C als Oxidationsprozeß in einem konzentrierten Schwefelsäure-Salpetersäure-Gemisch durchgeführt, wobei das → *Plutonium* in Lösung geht.

Natalität (Geburtenhäufigkeit): relative Anzahl der Geborenen eines bestimmten Raums (naturräumliche Einheit, Territorialeinheit) während einer bestimmten Zeit, in der Regel während eines Kalenderjahres. Die N. wird meist durch die Geburtenrate ausgedrückt. Der Begriff N. wird sowohl in der Bevölkerungsgeographie wie auch in der → *Populationsbiologie* verwandt.

Natalitätsrate: die Zahl der neu erzeugten Individuen einer Population in der Zeiteinheit bezogen auf die Gesamtzahl der Population.

Nationalpark: großräumig abgegrenzte, in Deutschland mindestens 1000 ha große → *Naturschutzgebiete*, die besonders schöne oder seltene → *Naturlandschaften* oder naturnahe Kulturlandschaften umfassen, in denen strenge Schutzbestimmungen gelten, um die vorhandene vielfältige Flora und Fauna in ihrem natürlichen oder quasinatürlichen Lebensraum zu erhalten und vor anthropogenen Eingriffen zu schützen. Die Schutzbestimmungen sind in den einzelnen Nationalstaaten, auch den europäischen, außerordentlich verschieden. – 1. besonders ausgewiesene und bewirtschaftete Erholungsgebiete in Naturlandschaften Nordamerikas und Afrikas, die – zumindest formal – Schutz genießen, jedoch in der Regel durch eine mehr oder weniger intensive Touristen- und Erholungsnutzung in ihrem Zustand verändert werden. N. dieser Art entsprechen daher eher den deutschen → *Naturparks.* – 2. in Mitteleuropa wird durch den → *Naturschutz* eine bisher durch Nutzung wenig veränderte naturnahe → *Kulturlandschaft* ausgeschieden und zum Schutzgebiet erhoben, um ihre spezifischen Eigenarten zu erhalten bzw. sie in einen quasinatürlichen oder natürlichen Zustand zurückzuführen. Der weitestgehend ungestörte Landschaftshaushalt in N. weist eine artenreiche Flora und Fauna auf, die allenfalls wissenschaftlich beobachtet werden darf. N. in diesem Verständnis unterliegen lediglich einer sehr beschränkten Nutzung zu Erholungszwecken (z.B. Wandern). Da manche dieser Gebiete, vor allem im dicht besiedelten Mitteleuropa, zugleich traditionelle Lebens- und Wirtschaftsräume der ansässigen Bevölkerung sind, die auch von Tourismus und Erholung lebt, ist der für den N. gedachte Naturschutz nicht immer gewährleistet.

native Stoffe: Substanzen, die aus Organismen gewonnen werden und so Verwendung finden, z.B. als → *Wachstumsregulatoren.*

Natur: ursprünglich der Totalbegriff für die „Gesamtheit der Dinge", aus denen „die Welt besteht", der jedoch inzwischen sich in verschiedene Einzelbegriffe aufgelöst hat, die einer bestimmten Erfahrung über einen Bereich entsprechen, so daß die Erde N. sein kann, die → *Landschaft,* die → *Umwelt.* Manche N.-Begriffe können auch den Menschen mitumfassen.

natural hazard: Interaktionsergebnis aus den Systemen natürliche Umwelt und Mensch. Die Interaktion hat spektakulären Charakter und basiert auf einem statistisch seltenen Ereignis (z.B. → *Naturkatastrophe*). (→ *Naturgefahr*).

Naturalisation: absichtliches Einbringen und Heimischwerden von Pflanzen, Tieren oder Menschen anderer Herkunftsgebiete in ihnen zunächst fremde Lebensräume. Dieser → *Einbürgerung* steht die → *Einschleppung* gegenüber.

naturalisierte Pflanzen: in historischer Zeit durch den Menschen in einen bestimmten Lebensraum eingeschleppte Gewächse, die ohne Zutun des Menschen sich erhalten, vermehren und ausbreiten.

Naturausstattung: → *Naturraumausstattung.*

Naturbauweise: unter ökologischen Gesichtspunkten propagiertes Bauen mit natürlichen Baustoffen (Holz, Rohr, Stroh, Lehm, Natursteine etc.) das sich jedoch noch nicht sehr durchgesetzt hat und immer noch eher experimentelle Züge trägt.

naturbedingte Landschaft: unscharfer Begriff aus der → *Landschaftslehre* und der Theorie der Geographie, der sich auf eine → *Landschaft* bezieht, die überwiegend oder ausschließlich von natürlichen Geoökofaktoren bestimmt ist, was eine mäßige Nutzung der Landschaft nicht ausschließt.

naturbedingtes Risiko: für den Menschen einschneidende Beeinträchtigungen, die von der natürlichen Umwelt ausgehen können. Sie betreffen im wesentlichen die Funktionen Wohnen und Wirtschaften. Das n.R. bezieht sich auf mögliche → *Naturkatastrophen* oder → *Naturgefahren,* mit denen in einem bestimmten Gebiet zu rechnen ist, aber auch in einem landwirtschaftlichen Grenzstandort auf klimatische Singularitäten, die den Ernteertrag beeinträchtigen können.(→ *natural hazard*).

naturbürtig: während → *natürlich* im Sinne von „reiner Natur" bedeutet, daß ein Sachverhalt oder Gegenstand der Umwelt vom Menschen wenig oder nicht beeinflußt ist, wird mit n. gesagt, daß ursächlich zur Natur gehörige Elemente, Faktoren und Prozesse in der Regel nicht mehr unbeeinflußt vom Menschen sind. So können → *Geoökofaktoren* bzw. → *Ökofaktoren* trotz ihrer Herkunft aus der Natur – im Sinne von n. – ausschließlich anthropogen bestimmt oder geregelt sein, so daß sie ein von der Natur abweichendes Verhalten und/oder Erscheinungsbild zeigen.

Naturdargebot: → *Naturraumdargebot*.
Naturdenkmal: Einzelobjekt der Natur, das zu seiner Erhaltung aus wissenschaftlichen, heimat- und volkskundlichen, historischen oder ästhetischen Gründen unter Schutz gestellt worden ist. Zu den N. gehören z. B. besonders alte Bäume, Mikrostandorte seltener Tiere oder Pflanzen, geologische Aufschlüsse, Felsformationen, Quellen, Wasserfälle usw. Beim N. wird gewöhnlich nicht auf die geoökologische Einbindung des Objektes in den Raum geachtet, der meist nicht mit unter Schutz steht. Solcher Objektschutz erweist sich oft als unwirksam.
naturfern: Zustand eines → *Geoökosystems*, wenn eine hohe landwirtschaftliche Nutzungsintensität vorliegt. Die n. → *Landschaftsökosysteme* können auch als → *Agroökosysteme* bzw. → *Agroökotop* bezeichnet werden.
naturfremd: Zustand eines → *Geoökosystems*, das intensivst landwirtschaftlich genutzt ist, jedoch keine → *Agroökosysteme* und damit → *Agroökotope* mehr darstellt, sondern schon urban-industriellem Einfluß unterliegt. Räumlich gesehen handelt es sich um das agrarische Umland von Verdichtungsgebieten.
Naturgefahr: potentieller und schließlich real wirkender Prozeß der durch Relief, Eis, Schnee, Wasser und/oder Substrat bzw. Boden bedingt, ausgelöst oder gefördert wird und der das natürliche Gleichgewicht von → *Landschaftsökosystemen* bzw. → *Geoökosystemen* bedroht, wobei der Prozeß naturgesetzlich abläuft. Mensch, Siedlung und Wirtschaft können durch die N. zeitweise oder dauernd bedroht sein. Mit zunehmenden technischen Möglichkeiten, vor allem im Hoch- und Tiefbau sowie im → *Wasserbau*, werden die N. auch vom Menschen begünstigt oder ausgelöst. Sie werden deswegen als „quasinatürliche" Prozesse bezeichnet. Dazu gehören u.a. → *Murgänge*, → *Lawinen* und → *Bodenerosion*. Letztere ist zwar ein „schleichender" Prozeß, doch gehört sie trotzdem zu den N.
naturgemäßer Wirtschaftswald: geht in Richtung des Begriffes → *Naturwald*, zielt also auf einen natürlichen, standortgerechten Wald, bei dem weitgehend auf künstliche Mittel bei der Bewirtschaftung verzichtet wird, ohne das Wirtschaftsziel außer acht zu lassen.
Naturgüter: für die Nutzung durch den Menschen verfügbare anorganische oder organische Stoffe (mineralische und organische Rohstoffe und Nahrungsmittel, Boden, Wasser, Luft), natürliche Energiequellen (Sonnen-, Wasser- und Windenergie) sowie immaterielle Naturangebote (Erholungspotential, Schönheit der Landschaft, genetisches Potential etc.). Die N. kann man in regenerationsfähige (Flora, Fauna – sofern nicht ausgestorben) und nichtregenerationsfähige (alle übrigen) unterteilen. Boden kann als bedingt regenerationsfähig bezeichnet werden. Er benötigt dazu lange Zeiträume.
Naturhaushalt: ein vielschichtiger Begriff wie → *Natur*. Der N. repräsentiert das Wirkungsgefüge aus naturbürtigen abiotischen und biotischen Faktoren (→ *Geoökofaktoren*), die im → *Geoökosystem* bzw. → *Landschaftsökosystem* zusammenwirken, ohne daß damit etwas über den anthropogenen Einfluß des Zustandes der N.-Größen ausgesagt ist. Ein Teil des Wirkungsgefüges des N. existiert auch in reduzierter Form in extrem überbauten städtischen Gebieten, also als sogenanntes → *Stadtökosystem*.
Naturherd: geomedizinisch-biogeographischer Begriff, der sich auf ein → *Geoökosystem* bzw. einen Geoökosystemtyp bezieht, in welchem sich während der Evolution Beziehungen zwischen Krankheitserregern, deren Wirten und besonderen Übertragern herausgebildet haben. Die Existenz eines N. ist von der Einflußnahme des Menschen auf den → *Naturhaushalt* unabhängig, weil sich N. sowohl in Kulturlandschaften als auch in wenig genutzten Naturlandschaften bilden können. Entscheidend ist die Gunst der Faktorenkonstellation für den Krankheitserreger. Daraus ergibt sich eine → *Naturherdinfektion*.
Naturherdinfektion: die Infektion von Menschen und Tieren vorwiegend durch Überträger, die in Geoökotopen mit für sie zuträglichen Bedingungen nach längeren Zeiträumen gegenseitige Beziehungen zu Krankheitserregern aufgenommen haben. Sie werden von Tier zu Tier bzw. zum Menschen übertragen, wobei die → *Geoökofaktoren* für den Übertragungszyklus meist mitbestimmend sind.
Naturkatastrophe: außergewöhnliches Naturereignis mit meist folgenschweren Auswirkungen auf Mensch und Wirtschaft. Als N. gelten starke Erdbeben, Vulkanausbrüche, Überschwemmungen oder Dürren. (→ *natural hazard*).
Naturkomplex: große Raumeinheiten, die auf Grund geophysikalisch-kausaler Zusammenhänge zwischen Küstenkonfiguration, Gebirgsrelief, Meeresströmungen sowie Niederschlagszonen der Erde ausgeschieden wurden und die Basis für das → *Zonenmodell* der Erde und ihre → *Landschaftszonen* waren. Der unscharfe Begriff N. wird kaum noch verwandt, denn die Gliederung der Erdräume in Zonen erfolgt heute auf Grund anderer Kriterien.
Naturlandschaft (natürliche Landschaft): Begriff der Geo- und Biowissenschaften sowie der → *Geographie*, der → *Kulturlandschaft* gegenübergestellt. Die N. umfaßt jene Bestandteile der → *Landschaft*, die von der → *Natur* und ihren naturbürtigen bzw. „natürlichen" → *Landschaftselementen* bestimmt werden. Der Begriff hat daher zwei Bedeutungen: 1. eine Landschaft, deren → *Landschaftshaushalt* allgemein von Naturfaktoren bestimmt wird, unabhängig vom Grad ihrer anthropogenen Beeinflussung, also unabhängig vom → *Natürlichkeitsgrad*. – 2. eine Landschaft, deren Haushalt anthropogen völlig unbeeinflußt ist. Solche Ge-

biete gibt es in Mitteleuropa nur noch kleinräumig in den höchsten → *Höhenstufen* des → *Hochgebirges* oder in anderen Höhenstufen, soweit sie einem absoluten → *Naturschutz* unterliegen. In anderen Kontinenten mit geringen Bevölkerungsdichten gibt es N. auch in → *regionalen Dimensionen*.

Naturlandschaftszone: Begriff mit Bezug zum → *Zonenmodell*, der als Gliederungskriterium einen oder mehrere → *Naturfaktoren* verwendet. Er meint damit die Klima-, Boden-, Relief-, Wasser-, Vegetations- und Tierzonen der Erde oder deren komplexe Erscheinung. (→ *Zone*).

Naturlehrpfad: meist als Wanderweg angelegter Pfad, an welchem die Erscheinungen der Natur, ihre ökologische und sonstige Bedeutung erläutert werden. Ziel ist die Information über Flora, Fauna, Gesteine, Reliefentwicklung und Kulturgeschichte, die Vermittlung ökologischer Zusammenhänge, die Stärkung des Umweltbewußtseins etc. Da die N. oft mit Erholungseinrichtungen gekoppelt sind oder in deren Nähe angelegt wurden, werden die Ziele durch zu rege Benutzung teilweise in Frage gestellt.

natürlich: bedeutet in Wortzusammensetzungen „vom Menschen wenig" bzw. „nicht beeinflußt". (→ *Natur*, → *naturbedürftig*).

natürliche Landschaft: → *Naturlandschaft*.

natürliche Radioaktivität: aus verschiedenen Quellen stammende → *Gammastrahlung*, der die Lebewesen natürlicherweise ausgesetzt sind. Die n.R. setzt sich aus der Strahlung von Gesteinen mit radioaktiven Elementen (→ *Radium*, → *Thorium*, Kalium-40), von in der Luft schwebenden Partikeln und von im Körper gespeicherten Elementen (die genannten Elemente und → *Radiokohlenstoff*) zusammen. Der Begriff N.R. bezieht sich auf die Quellen, während sich der Begriff → *natürliche Strahlenbelastung* auf den Organismus bezieht.

natürliche Ressourcen: Sammelbezeichnung für alle in der Natur vorkommenden → *Rohstoffe*. Dazu zählen die → *Bodenschätze*, die natürlichen Wälder, Wasservorkommen, das Meer mit seinen Rohstoffen sowie Energie-R., die sich aus verschiedenen → *Primärenergiequellen* ergeben können.

natürliche Selektion: naturbedingte Ausmerzung jener Individuen (bzw. → *Genotypen)*, die den vorherrschenden Lebensraumbedingungen nicht genügen. Vom populationsbiologischen Standpunkt aus gesehen wird die relative Häufigkeit bestimmter Genotypen im Verlaufe der Generationen verändert. (→ *Auslese*).

natürliche Strahlenbelastung: Bestandteil der allgemeinen → *Strahlenexposition* von Lebewesen und definiert als jene → *Strahlendosis*, die durch → *Ionisierende Strahlung* auf den Menschen auf natürliche Weise erfolgt. Die n.S. geht auf die → *Kosmische* und die → *Terrestrische Strahlung* zurück, sowie die Strahlung, die durch Zerfall natürlicher radioaktiver Stoffe zurückgeht, die über die → *Nahrungsketten*, das Trinkwasser und die Atemluft vom Organismus aufgenommen wird. Die von Kosmischer und/oder Terrestrischer Strahlung ausgehende n.S. wird als „äußere Strahlenbelastung" bezeichnet, während die innere von denen → *Radionukliden* stammt, die durch → *Anreicherung* und → *Inkorporation* im Körper ausgeht. Die Anteile der verschiedenen Arten an n.S. sind nur roh abschätzbar, wobei besonders die Terrestrische Strahlenbelastung vom Oberflächennahen Untergrund und der Bauweise der Häuser stark abhängt, während die Intensität der Kosmischen Strahlung von der Höhenlage über dem Meeresspiegel bestimmt wird.

natürliche Vegetation: Gruppierung von Pflanzengesellschaften in einem Lebensraum, der in seinen ökologischen Bedingungen anthropogen nicht beeinflußt ist und in dem sich eine den natürlichen Bedingungen entsprechende Vegetation herausbildete. Wegen weltweiter anthropogener Eingriffe in die n.V. arbeiten die → *Pflanzensoziologie*, die → *Geobotanik* und die → *Biogeographie* mit der → *potentiellen natürlichen Vegetation*.

natürliche Wuchsbezirke (des Waldes; Waldbaubezirke): Begriff der → *Forstwirtschaft* und deren → *Forstlicher Standortaufnahme*, die das Ziel einer räumlichen Gliederung, ähnlich der → *Naturräumlichen Gliederung* hat. (→ *Wuchsbezirk*).

natürlicher Wald: → *Naturwald*.

Natürliches System: die taxonomische Einteilung von Tieren und Pflanzen, die nach dem Grad ihrer Verwandtschaftsverhältnisse zu natürlichen Gruppen zusammengefaßt werden, unter Berücksichtigung aller erfaßbaren Merkmale. Das N.S. ist Gegenstand der → *Taxonomie*.

Natürlichkeitsgrad: empirische Abstufung des anthropogenen Einflusses auf → *Biozönosen*, → *Ökosysteme* und → *Landschaftsökosysteme*. Ein Verfahren, den N. zu bestimmen, sind die → *Hemerobiestufen*, die mit Hilfe von → *Hemerobieindikatoren* definiert werden. Die Verfahren zur Abgrenzung des N. gibt es in größerer Zahl. Sie sind zweckgerichtet konzipiert.

naturnah: Zustand eines → *Geoökosystems*, das sich durch eine große ökologische Vielfalt auszeichnet und anthropogen kaum beeinflußte → *Geoökofaktoren* aufweist. Dabei stehen die organischen den natürlichen bzw. potentiellen natürlichen Verhältnissen noch nahe, und die anorganischen Geoökofaktoren sind infolge geringer Nutzungsintensität nicht oder nur lokal gestört.

naturnaher Waldbau: 1. Die Begründung, Pflege und Ernte der Waldbestände erfolgt auf naturnahe Weise, so daß ein Wald entsteht, welcher der potentiell-natürlichen Waldvegetation nahe kommt, ohne daß es sich um einen →

Naturwald handelt. Naturnahe Wälder setzen sich in der Regel aus verschiedenen Baumarten zusammen und sind gewöhnlich mehrschichtig. – 2. im allgemeineren Verständnis ist n.W. auch → *standortgerechte Nutzung*, der das Produktionsziel mit möglichst wenigen standortfremden Maßnahmen erreichen möchte. Er wird auch als klassischer Waldbau bezeichnet und den industriell bewirtschafteten Holzplantagen forstlicher → *Monokulturen* gegenübergestellt. Daher sind auch die → *Waldfunktionen* vielfältiger, so daß der n.W. mit seinen naturnahen Wäldern zur ökologischen Stabilität der Waldökosysteme beiträgt. Ökologische Einzeleffekte sind bessere Filterwirkung gegenüber Schadstoffen, woraus zwar ein Luftreinigungseffekt resultiert, beim Wald → *Immissionsschäden* auftreten, oder geringere Anfälligkeit gegenüber → *Schneebruch*, → *Sturmschäden* und → *Windschäden*. Außerdem sind sie gegenüber Schädlingsbefall resistenter.

Naturpark: 1. allgemein ein großräumiges Gebiet mit speziellen natürlichen Eigenheiten der Landschaft, das man längerfristig in seinem Zustand erhalten möchte, so daß man Zugänglichkeit und Nutzung auf verschiedene Weise regelt. – 2. in Mitteleuropa geschlossene, großflächige Landschaftsräume, die sich durch Vielfalt, Eigenart und Schönheit von Natur und Landschaft auszeichnen und die man deswegen als N. ausweist. Solche N. dienen überwiegend der Erholung, jedoch auch anderen Nutzungen. Innerhalb der N. gibt es Gebiete, die einem besonderen → *Landschaftsschutz* und → *Naturschutz* unterliegen, also strengeren Schutzmaßnahmen, als sie der N. bietet. Meist handelt es sich in Mitteleuropa um wenig intensiv genutzte ländliche Räume, die aus agrarwirtschaftlicher Sicht von der Natur her als benachteiligt betrachtet werden. (→ *Naturpark*).

Naturpotential: allgemeiner, etwas unschärfer Begriff für die vom wirtschaftenden Menschen nutzbaren → *natürlichen Ressourcen*. Dazu zählen alle natürlichen → *Rohstoffe*, auch das Wasser, die Böden und die → *Biomasse*. (→ *Naturraumpotential*, → *Geopotential*).

Naturrasse: → *Umweltrasse*.

Naturraum: allgemeine Bezeichnung für einen Erdraum, der mit biotischen und abiotischen → *Geoökofaktoren* ausgestattet ist, die einer mehr oder weniger intensiven Nutzung durch den Menschen unterliegen (können).

Naturraumausstattung (Naturausstattung): neutraler Begriff der physiogeographischen Analyse, der sich auf die reine Sachverhaltsfeststellung der biotischen und abiotischen → *Geoökofaktoren* im Raum bezieht, ohne Bezug auf die Nutzung.

Naturraumdargebot (Naturdargebot): die Gesamtheit der von der Natur bereitgestellten Reichtümer einschließlich der Lagebeziehungen – ohne Differenzierung der Nutzungsmöglichkeiten – aber im Hinblick auf die Nutzbarkeit betrachtet.

Naturraumgliederung: Sammelbegriff für verschiedene Formen geographisch-landschaftsökologischer bzw. geoökologischer Raumgliederungen, die sich in Ansatz und Methodik voneinander unterscheiden. Zur Naturraumgliederung gehören die → *Naturräumliche Gliederung*, die → *Naturräumliche Ordnung* und die → *landschaftsökologische Raumgliederung*. Alle beruhen auf biotischen und abiotischen → *Geoökofaktoren*, betrachten diese jedoch in verschiedenen Maßstäben und in unterschiedlicher Auswahl. Damit gelangen die verschiedenen N. auch zu verschiedenen z.T. zweckgerichtet erarbeiteten Ergebnissen.

naturräumliche Einheit: eine Raumeinheit der → *Naturräumlichen Gliederung*, die formal oder nach den Grundsätzen der → *Landschaftsökologie* bzw. → *Geoökologie* (z.B. → *Geoökologischer Arbeitsgang*) durchgeführt werden kann. Basis bilden die → *naturräumlichen Grundeinheiten*, die → *Tope* („Ökotop"). Aus ihnen setzen sich, gemäß der *Theorie der geographischen Dimensionen* bzw. der → *Dimensionen landschaftlicher Ökosysteme*, immer größere Gebiete zusammen. Alle n.E. gelten auf ihrer Dimensionsebene als ökofunktional homogene Gebiete, die über einen eigenen Landschaftshaushalt verfügen. Die kleinsten n.E. werden von Quellmulden, Dellen, kleinen Kuppen, Senken u.a. Einzelformen repräsentiert, sowie diese über einen einheitlich funktionierenden Landschaftshaushalt verfügen. Die praktische Bedeutung der n.E. liegt in den Raumgliederungen für Geo- und Biowissenschaften sowie für praktische Zwecke, z.B. in der → *Regionalplanung* oder anderen Planungen.

Naturräumliche Gliederung: ein Verfahren zur Ausscheidung von Landschaftsräumen, die in Typen dargestellt und nach der → *Theorie der geographischen Dimensionen* hierarchisch geordnet werden. Die N.G. geht von → *naturräumlichen Grundeinheiten* aus, die überwiegend nach visuell wahrnehmbaren → *Geoökofaktoren* (z.B. Georelief, Oberflächennaher Untergrund, Boden, Oberflächenwasser, Vegetation), manchmal auch unter Verwendung von Einzelmerkmalen dieser (z.B. Hangneigung, Bodenfeuchte, Natürlichkeitsgrad der Vegetation), ausgeschieden und begründet werden. Der Ansatz basiert auf dem physiognomischen Prinzip, wonach bestimmte Geoökofaktoren und -merkmale Ausdruck des landschaftshaushaltlichen Geschehens sind, ohne daß dies quantitativ ermittelt wird. Die N.G. steht als Methodik im Gegensatz zur → *Naturräumlichen Ordnung*, mit deren Grundeinheiten sie aus methodischen Gründen nicht immer übereinstimmt. In kleineren und mittleren Maßstäben bestehen jedoch Übereinstimmungen, ebenso im Vokabular, wobei jedoch die Inhalte von Einheiten in der → *topischen* und in der unteren → *chori-*

schen Dimension jeweils anders definiert werden. Die Abfolge der Begriffe der verschiedenen → *naturräumlichen Einheiten* der N.G. ist in einer Hierarchie der naturräumlichen Einheiten dargestellt.

naturräumliche Grundeinheit: nur in weiterem Sinne eine → *landschaftsökologische Grundeinheit*. Sie gehört zwar der → *topischen Dimension* an und wird durch die Verbreitung der Geofaktoren im Inhalt bestimmt, aber nach den Prinzipien der deduktiven → *Naturräumlichen Gliederung*. Insofern kann sie nicht als „Grundbaustein" der verschiedenen Stufen der Hierarchie → *naturräumlicher Einheiten* angesprochen werden, weil sie nicht an der Basis steht, sondern am Ende des Gliederungsprozesses auf dem „Weg von oben".

Naturräumliche Ordnung: ein Verfahren zur Ausscheidung von Arealen, die auf den verschiedenen Stufen der geographisch-ökologischen Betrachtungsdimensionen (→ *Theorie der geographischen Dimensionen*) geographisch homogene ökologische Funktionseinheiten repräsentieren, die dann über einen für sie spezifischen Stoff- und Energiehaushalt – im Sinne der → *Landschaftsökosysteme* – verfügen. Die N.O. geht von → *landschaftsökologischen Grundeinheiten* aus, die man induktiv ermittelt, wobei die inhaltliche Charakterisierung durch die Bestimmung der → *landschaftsökologischen Hauptmerkmale* Bodenwasserhaushalt, Boden und Vegetation (mit jeweils unterschiedlichen ökologischen Reaktionsgeschwindigkeiten) und auf Grund von weiteren haushaltlichen Kennzeichnungen erfolgt. Die Umsätze und Flüsse an Stoffen und Energie in den topischen Einheiten (→ *Top*) werden bilanziert. Auch die höherrangigen Einheiten, welche die → *Theorie der geographischen Dimensionen* postuliert (→ *Chore*, → *Zone* etc.), werden auf Inhalt und Funktion ihrer stofflichen Systeme bilanziert.

Naturraumpotential: die Teile des → *Naturraumdargebots*, die für bestimmte Nutzungen durch den Menschen von Interesse sind und dafür ein feststellbares Leistungsvermögen aufweisen. (→ *Leistungsvermögen des Landschaftshaushaltes*).

Naturraumtypisierung: das Erkennen eines Typs auf den verschiedenen Stufen der Hierarchie → *naturräumlicher Einheiten*, die im Rahmen von Verfahren der → *Naturraumgliederung* ausgeschieden wurden. Dabei geht es um die Ermittlung eines Landschaftstyps im Rahmen der → *Landschaftstypologie*.

Naturreaktor: beobachtete Uranlagerstätte in Südost-Gabun, deren Isotopenzusammensetzung auf eine räumlich begrenzte Urananreicherung vor ca. 2 Mrd. Jahren hinweist, von der eine Kettenreaktion ausging, bei der in hohen Konzentrationen vorliegende → *Uran-235* unter Moderatorwirkung von Wasser gespalten wurde. Dieser N. „arbeitete" mehrere tausend Jahre, wobei ca. 3 t → *Plutonium* und 6 t Spaltprodukte entstanden.

Naturressourcen: jener Teil der → *Naturraumpotentiale*, der in ökonomische Beziehungen eintritt oder dafür vorgesehen ist. N. ist somit ein ökonomischer Begriff, da eine Wertung der Nutzungsmöglichkeit vorgenommen wird, auch wenn die Bezugsbasis die → *Naturraumausstattung* bzw. das → *Naturraumdargebot* ist.

Naturschutz: er dient der Erhaltung schutzwürdiger → *Landschaften* und Landschaftsteile durch ordnende, sichernde, regenerierende, pflegende und entwickelnde Maßnahmen im Naturhaushalt der → *Landschaftsökosysteme* der freien Landschaft und im Siedlungsbereich. Die Maßnahmen zielen darauf ab, die natürlichen oder quasinatürlichen Lebensräume mit ihren Geoökofaktoren vor schädigenden Eingriffen und übermäßigen wirtschaftlichen Nutzungen zu schützen und sie in ihrer ökologischen Leistungsfähigkeit, Vielfalt und Schönheit als eine der Lebensgrundlagen von Mensch, Tier und Pflanze zu erhalten. Der institutionalisierte N. konzentriert sich in der Regel auf die Auswahl der zu schützenden Objekte und die Schutzmaßnahmen; die praktische Ausführung obliegt der → *Landespflege* bzw. der → *Landschaftspflege* bzw. der → *Landschaftsplanung*. Schützenswerte Objekte sind Einzelarten, → *Naturdenkmale*, → *Naturschutzgebiete* (also Landschaftsteile), ganze Landschaften (→ *Landschaftsschutz*), also → *Landschaftsschutzgebiete*, → *Naturparks* und → *Nationalparks*. (→ *Objektschutz*).

Naturschutzfunktion: im → *Leistungsvermögen des Landschaftshaushaltes* ein Teilaspekt der → *Ökotopbildungsfunktion*, der auf die Schutzwürdigkeit und -bedürftigkeit von seltenen Tieren und Pflanzen, deren Biozönosen sowie schwer regenerierbaren Lebensstätten dieser abhebt.

Naturschutzgebiet (NSG): ein Landschaftsteilraum oder Landschaftsraum, der aus naturhaushaltlichen, biologischen, wissenschaftlichen oder traditionellen Gründen geschützt wird, um bedrohten Tier- und Pflanzenarten bzw. Tiergemeinschaften und Pflanzengesellschaften den Lebensraum zu erhalten. Wissenschaftliche Bedeutung und/oder Maß der Bedrohung des Schutzobjekts entscheiden, ob im Gebiet Teil- oder Vollnaturschutz erfolgt. Im N. ist land- und forstwirtschaftliche Nutzung nur unter Auflagen möglich. Eine Erholungsnutzung ist in der Regel zugelassen. Maßnahmen, welche die wissenschaftliche Arbeit behindern oder den Naturhaushalt stören oder verändern, sind im N. verboten. (→ *Objektschutz*).

Naturschutzgesetz: → *Bundesnaturschutzgesetz*.

Naturschutzpotential: im → *Leistungsvermögen des Landschaftshaushaltes* ein Teilaspekt des → *Landschaftspotentials*, der sich auf die

→ *Naturschutzgebiete* bezieht, also Teile von Landschaften aus Gründen des → *Naturschutzes* erhalten oder entwickeln möchte. (→ *Biotopbildungsfunktion*).

Natursystem: unscharfer Begriff für die naturbürtigen Systemteile im Modell des → *Bioökosystems*, → *Geoökosystems* bzw. → *Landschaftsökosystems*, die naturgesetzlich funktionieren, aber heute meist anthropogenen Einflüssen ausgesetzt sind, die als → *Nebenwirkungen* gesellschaftlicher Aktivität bezeichnet werden.

Natururan: ein Gemisch aus → *Uran-238* (= 99.2739%), dem spaltbaren Isotop → *Uran-235* (0.7205%) und dem → *Uran-234* (0.0056%), wie es als Isotopenzusammensetzung in der Natur vorkommt.

Naturverjüngung: vor allem durch Selbstansamung oder natürliche vegetative Vermehrung (Stockausschlag, Wurzelbrut) aus einem Altbestand heraus sich vollziehender Begründungs- oder Erneuerungsprozeß eines Waldes, der bei einer naturnahen Waldwirtschaft auch künstlich durch Säen oder Pflanzen vorgenommen werden kann. Die N. führt, wenn der Mensch nicht eingreift, zu einem → *Naturwald*. Die N. wird jedoch in den mitteleuropäischen Ländern durch zu hohem Wildbesatz weitgehend verhindert. Auch Immissionsbelastungen können die N. hemmen, z.B. direkt bei Buchen-N. oder – indirekt – infolge versauerten Oberbodens, den die Pflanzen mit ihren noch jungen Feinwurzeln nicht durchdringen können. Bei Waldbeständen, die stark durch Emissionen belastet sind, unterbleibt oft die Samenbildung, so daß N. nicht möglich ist. (→ *Waldsterben*).

Naturverjüngungsbetrieb: 1. junger Waldbestand, der durch Selbstansamung oder vegetative Vermehrung entstand. – 2. Begründung eines Bestandes durch Selbstansamung oder vegetative Vermehrung von einem Altbestand aus.

Naturwald (natürlicher Wald): entsteht „natürlich", durch → *Naturverjüngung*, also ohne jegliches Zutun und ohne Eingriffe des Menschen, was auch die Waldpflege ausschließt. Der N. entspricht damit, nach langer Entwicklung, einem Klimaxwald, wenn die natürliche Entwicklung ohne grundlegend störende Einflüsse von → *Naturgefahren* verläuft, wie Sturm, Schnee, Brand oder Hochwasser, die den N. vernichten könnten. Die → *Forstwirtschaft* erweist sich im Hinblick auf einen so definierten N. als Störgröße. Bei den N. der Tropen- und Subtropen werden zudem → *Primärwälder* und → *Sekundärwälder* unterschieden. Dem N. steht der → *Kulturwald* gegenüber.

Naturwaldreservat (Naturwaldzelle): eine Waldfläche, die durch Rechtsvorschriften geschützt ist, und auf der unter Ausschluß jeden menschlichen Einflusses ein ungestörtes Waldwachstum möglich ist, um den → *Naturwald* zu erhalten, zu entwickeln und natürliche oder naturnahe Waldökosysteme zu erforschen, sowie die reale (aktuelle) Waldvegetation zu repräsentieren. Wirtschaftsbedingte Eingriffe sind ausgeschlossen. Das N. wird definiert durch hohen Natürlichkeitsgrad der Waldgesellschaften, eine Minimalgröße von 5 ha bei relativer Standortshomogenität, totales Nutzungsverbot und den Repräsentativcharakter für die gebietstypischen Waldökosysteme. Um Randwirkungen und Störungen auszuschließen, wird in der Regel eine Pufferzone um das N. angelegt. (→ *Bannwald*, → *Erholungswald*, → *Schutzwald*).

Naturwaldzelle: → *Naturwaldreservat*.

Naturweide: natürliche Vegetationsformation (z.B. → *Savanne*, → *Steppe*), die im Rahmen einer extensiven Weidewirtschaft genutzt wird.

Naturzelle: unscharfe Bezeichnung für größere oder kleinere → *Biotope*, die bei Maßnahmen der → *Stadtplanung* und → *Regionalplanung* sowie des → *Naturschutzes* und des → *Landschaftsschutzes* Bestandteile eines → *Biotopverbundsystems* sind. Die N. sorgen für die → *Biotopvernetzung*. Die N. spielen vor allem in ausgeräumten Kulturlandschaften eine Rolle, wo sie an sich einem starken Nutzungsdruck unterliegen, aber für die Existenz des Bios große Bedeutung haben. Der Begriff N. besagt nicht ausdrücklich, daß es sich um vom Menschen unbeeinflußte Bereiche der Landschaft handelt, sondern im weiteren Sinne um → *naturbürtige* Elemente und/oder Gebiete, die relativ → *natürlicher* sind als ihre Umgebung. (→ *Ausräumung der Kulturlandschaft*).

Naturzugkühlturm: ein → *Naßkühlturm* oder → *Trockenkühlturm*, der den natürlichen Zug (Kaminwirkung) des Kühlturms zur Abführung der Kühlluft nutzt. Die N. sind sehr groß dimensioniert und entwickeln dadurch in der topischen bis unteren chorischen Dimension eigene ökologische Wirkungen. (→ *Ventilatorkühlturm*, → *Umlaufkühlung*).

Nebel: zu feinsten Tröpfchen (Durchmesser 0.02 mm) kondensierter schwebender Wasserdampf in den untersten Luftschichten und am Boden. N. entsteht bei starker Abkühlung der bodennahen Luft, die dadurch den → *Taupunkt* unterschreitet. Bei Austrahlungswitterung sammelt sich die kälteste Luft in den tiefsten Geländepartien, wodurch sich auch die N.-Verteilung eng an die Geländeformen anpaßt. („Nebelseen"; Talnebel). Flächenhafte N. bilden sich bei der Advektion feuchter, warmer Luft über unterkühltem Boden. Über Industriegebieten und Großstädten ist die N.-Häufigkeit im allgemeinen höher, weil durch die Staubildung viel mehr → *Kondensationskerne* vorhanden sind. (→ *Smog*).

Nebelnässen: intensive Durchfeuchtung der Vegetationsdecke durch die Anlagerung von niederschlagenden Nebeltröpfchen, welche sich aus durchziehenden Nebelschwaden mit der Zeit anreichern. Der dadurch gebildete Nebelniederschlag kann im Wasserhaushalt des

Standorts bedeutsam sein.

Nebelpflanzen: Gewächse der → *Nebelwüste*, die wurzellos sind und die über Einrichtungen verfügen, die Luftfeuchte direkt aufzunehmen, um die → *Hydratur* aufrecht zu erhalten. Sie unterscheiden sich damit von der → *Nebelvegetation*.

Nebelvegetation: Pflanzengruppe, die überwiegend oder ausschließlich ihr Wasser zur Aufrechterhaltung der → *Hydratur* aus der Nebelfeuchte bezieht, dies jedoch – im Gegensatz zu den → *Nebelpflanzen* – über den Boden, als Bodenfeuchte, aufnimmt, d.h. von zusammengelaufenem bzw. eingesickertem Wasser zehrt. Die N. ist ebenfalls für Trockengebiete charakteristisch, speziell für → *Nebelwüsten*.

Nebelwald: ein tropischer Gebirgsregenwald, der eine → *Höhenstufe* des tropischen Regenwaldes und der Feuchtsavanne repräsentiert, die an den Hängen niederschlagsreicher Gebirge im Wolkengürtel zwischen 1000 und 3000 m NN. vorkommt. Der N. wird ganzjährig oder die überwiegenden Teile des Jahres von ständigem Nebel, Sprühregen und starkem Taufall beherrscht. Wegen der tropischen Gewächse, der immerwährenden Feuchte und der meist günstigen thermischen Verhältnisse entspricht der N. physiognomisch dem tropischen Regenwald des Tieflandes, d.h. er zeichnet sich durch üppiges Wachstum und eine sehr reiche Epiphyten-, Flechten-, Moos- und Farnflora aus, erreicht aber – im Gegensatz zum Tieflandregenwald – nur geringe Wuchshöhen.

Nebelwüste: ökologische Sonderform der Küstenwüsten an den Westseiten mancher Kontinente im Bereich der Wendekreise, wo kaltes Auftriebswasser großräumig-küstenparallel ein besonderes Mesoklima schafft. Der N.-Saum in den Küstenwüsten ist meist nur wenige Kilometer schmal, auch wenn die Küstenwüste selbst einige Zehner Kilometer oder mehr breit ist. Die N. zeichnet sich durch hohe Luftfeuchtigkeit (60–80%) sowie häufigen Nebel- und Taufall aus. Die Nebelfeuchte wird nur von wenigen Spezialisten, den → *Nebelpflanzen*, sowie einer bescheidenen → *Nebelvegetation* genutzt.

Nebenbaumart: Mischbaumart von geringem Mischungsanteil und ohne tragende Bedeutung für das Baumartengefüge eines Waldes.

Nebenbestand: von der Unter- und Mittelschicht eines Waldes gebildet, also von den beherrschten und unterständigen Bäumen.

Nebenwirkungen: mehr oder weniger unbeabsichtigte, oft unvorhergesehene Wirkungen gesellschaftlicher Aktivitäten (Wirtschaft, Erholung, bautechnische Infrastrukturen etc.) in der → *Umwelt* und deren → *Landschaftsökosystemen*. Die N. entstehen zwangsläufig, weil auch planmäßige Eingriffe in die Landschaftsökosysteme zu Veränderungen des → *Natursystems* im Landschaftsökosystem führen, bei der Zufuhr oder Entnahme von Stoff und/oder Energie erfolgt. Dabei kommt es zu Impulsen im System, die Reaktionen des Natursystems bedingen, aus denen naturgesetzlich ablaufende Folgeprozesse mit N. resultieren. Die → *Bodenerosion* ist eine solche N. in den → *Agrosystemen* der Kulturlandschaft.

Negativplanung: jene planerischen Maßnahmen, die bestimmte, ungewollte Entwicklungen verhindern. Die N. ist in den Landesplanungsgesetzen der deutschen Bundesländer direkt oder indirekt verankert.(→ *Positivplanung*).

Negentropiefunktion: bei Anwendung der Vorstellungen der Thermodynamik auf die Ökosystemlehre läßt sich der Zustand eines bioökologischen und eines geoökologischen Systems sowie der Grad ihrer Strukturordnung – unter Bezug auf den Begriff → *Entropie* – mit der N. beschreiben:

$$S_{spez.neg} = -k \ln W_{biol} = k \ln \frac{1}{W_{biol}}.$$

k: Konstante des Boltzmann-Theorems
W_{biol}: thermodynamische Wahrscheinlichkeit des lebenden Systems; die Größe $\frac{1}{W_{biol}}$ wächst mit der Zeit, d.h. die Ordnung des Systems nimmt ständig zu.

nekrobiont: bezeichnet Organismen, die in Tierleichen leben.

Nekromasse: der Bestand an abgestorbenem Material in einem Ökosystem, z.B. abgestorbene Holz- und Wurzelteile auf und im Boden.

nekrophag: bezeichnet Organismen, die sich von toter tierischer Substanz ernähren. (→ *saprophag*).

Nekrophage (Aasfresser, Zoosaprophage): Organismen, die vorwiegend verwesendes Fleisch (Aas) aufnehmen. A. sind in natürlichen Ökosystemen für den Stoffkreislauf und die Hygiene wichtig. Bsp. Geier, Rabenvögel, Ratten. Gegensatz die Phytosaprophagen, meist kurz nur → *Saprophagen* genannt.

Nekrophyten: heteroptrophe Pflanzen, die von toter organischer Substanz leben; selten wird unterschieden zwischen → *Saprophyten*, die nur auf totem Substrat leben und N., die lebende Pflanzen befallen und von selbst abgetötetem Gewebe leben (→ *Perthophyten*) oder schon totes Gewebe nutzen (→ *Thryptophyten*).

Nekrose: allgemein Gewebetod, der durch das Absterben einzelner Gewebeteile des tierischen oder pflanzlichen Organismus eintritt. Die irreversiblen Zellschädigungen der N. können auf Frost, Krankheiten oder → *Immissionen* (Umweltverschmutzungen) zurückgehen.

nekrotroph: bezeichnet (meist) Organismen, die sich von toter organischer Substanz ernähren und ist praktisch synonym dem Begriff → *saprotroph*.

Nektar: zuckerhaltiger Blütensaft.

Nektarblumen: Blütenpflanzen, die zur Anlockung von Bestäubern (z.B. Insekten) →

Nektar produzieren.
Nektarien: Organe der Blütenpflanzen, die für Blütenbesucher → *Nektar* produzieren. Die N. liegen als florale N. im Bereiche der Blüte, seltener als extraflorale N. (ohne Funktion für die Blütenbestäubung) außerhalb der Blüte.
Nekton: Lebensform der aktiv schwimmenden, meist größeren Tiere, deren Körperbau und Fortbewegungsorgane eine weitestgehend von Wasserströmungen unabhängige Bewegung erlauben, z. B. Fische, Cephalopoden, verschiedene Krebse, Meeresreptilien und -säuger. (→ *Plankton*).
Nematizide: (Nematozide) Pflanzenschutzmittel zur Bekämpfung der *Nematoden*. Meist in flüssiger Form verabreicht und in der Gasphase wirksam werdend.
Nematozide: → *Nematizide*.
nemoral: bezeichnet Klimate mit relativ kurzer Frostperiode und sommergrünen Gewächsen. (→ *nemorale Wälder*).
nemorale Wälder: zonale Vegatation in der → *nemoralen* Klimazone mit kurzer Frostperiode. Die n.W. bestehen aus sommergrünen Baumarten und kommen in West- und Mitteleuropa, im Osten von Nordamerika und in Ostasien vor. (→ *Biom*, → *Biomtypen*).
Neo-Endemismus: der → *Endemismus* phylogenetisch junger Sippen, die sich nicht weiter ausbreiten können. Sie entstanden infolge geänderter Lebensumwelt in einem bestimmten Gebiet aus einer Stammform.
Neogaea: Bestandteil älterer Gliederungen der Biosphäre in drei große Reiche, wobei die N. Süd- und Mittelamerika mit den Antillen umfaßte. Der Begriff wird heute nur noch bei großräumiger biogeographischer Betrachtung eingesetzt.
Neoökologie: wenig gebräuchliche Bezeichnung für die allgemeine → *Ökologie*, die sich mit den gegenwärtigen Zuständen und Funktionen der Ökosysteme beschäftigt und die der → *Paläoökologie* gegenübergestellt wird.
Neophyten: Neubürger oder Einwanderer einer Pflanzenart, die in historischer Zeit eingeschleppt wurde und die sich an natürlichen Standorten unter einheimischen Pflanzen ansiedeln und einbürgern konnte, die sie z.T. auch verdrängte. Sie gehört damit zu den → *Adventivpflanzen*.
Neotropis: → *Neotropisches Reich*.
Neotropisches Reich (Neotropis): eines der→ *Bioreiche* der Erde, das Süd- und Mittelamerika mit den Antillen umfaßt.
Neozoa: Tiere, die ursprünglich in einem Gebiet nicht vorkamen und erst neuerdings durch anthropogene Verschleppung oder Einwanderung (auch diese oft durch menschliche Tätigkeit begünstigt) auftreten. Beispiele: a) die ehemals im pontischen Gebiet verbreitete Dreikant- oder Zebramuschel kommt heute (wohl v.a. durch Schiffsverschleppung) auch in den Binnengewässern Mitteleuropas und Nordamerikas vor. b) der ehemals in Sibirien/Rußland lebende Marderhund kommt infolge Verschleppung und späterer aktiver Ausbreitung inzwischen bis Westdeutschland vor. (→ *Anthropochoren*, → *Neophyten*).
neritische Region: Bereich der Flachsee bis 200 m Tiefe, also küstennaher Lebensbezirk. Er weist bedeutende festländische Einflüsse auf, vor allem durch Stofftransporte durch ins → *Meer* mündende Flüsse, woraus sich auch Konsequenzen für die biotische Beschaffenheit der n. R. ergeben. Sie hat im allgemeinen eine höhere Konzentration an Pflanzennährstoffen verfügbar als die → *pelagische* Region. Für das → *Plankton* ist der große Anteil → *meropelagischer* Formen charakteristisch.
Nervengift (in ähnlicher Bedeutung auch: ZNS-Gift): eine Substanz, die eine schädigende Wirkung besonders deutlich am Nervensystem (bei Wirbeltieren häufig am Zentralnervensystem) entfaltet. Bsp: Phosphorsäureester, Lysergsäurederivate, biogene Amine usw.
Nestgäste: → *Nidikole*.
Nestparasitismus: → *Brutparasitismus*.
Nettoassimilation: die (meist kurzfristig gemessene) → *Nettoprimärproduktion*. (→ *Nettoassimilationsrate*, → *Nettophotosynthese*).
Nettomineralisation: → *Mineralisierung*.
Nettomineralisationsrate: Nachlieferung von Mineralstickstoff im Landboden durch Mikroorganismen in einem bestimmten Zeitabschnitt nach Abzug des Eigenbedarfs dieser → *Mineralisierer*. → *Mineralisation*.
Nettophotosynthese (apparente Photosynthese): im → *Gaswechsel* des Kohlendioxids von autotrophen höheren Pflanzen die Differenz aus dem CO_2-Verbrauch für die → *Photosynthese* und der Atmung im Licht (→ *Lichtatmung* und Mitochondrienatmung). Die N. ist nur dann positiv, wenn die Kompensationsbeleuchtungsstärke (→ *Kompensationspunkt*) überschritten wird. Im Unterschied zur → *Nettoassimilation* bezieht sich die N. als momentaner Wert auf sehr kleine Zeiträume.
Nettoprimärproduktion: die Differenz der durch Photosynthese erzeugten → *Bruttoprimärproduktion* bei grünen Pflanzen und der Atmung. Bei Kurzzeitenergiebilanzen (während höchstens weniger Stunden) spricht man oft eher von Nettoassimilation.
Nettoproduktion: die Produktion an Gewebe bei Pflanzen oder Tieren ohne die veratmeten oder sonstwie für Lebensprozesse verbrauchten Anteile. Im Falle der Produktion von Pflanzenbeständen spricht man präziser von → *Nettoprimärproduktion*, im Falle der Summe der Produktion der Heterotrophen von Nettosekundärproduktion.
Nettoproduktionseffizienz (Nettowirkungsgrad der Produktion): bisweilen auch als „ökologische Effizienz" (im engeren Sinne) bezeichnet; bei → *heterotrophen Organismen* der Quotient zwischen der → *Produktion* (Neubil-

dung von Körpersubstanz, einschließlich sekretierter Bestandteile usw.) und der → *Assimilation* (aus der Nahrung absorbierte Substanz) (→ *Energiebilanz*). Die N. ist niedrig für → *homoiotherme Tiere* (rund 1–5%), höher für → *poikilotherme Organismen* (rund 5–50%). Der Quotient aus der reinen Gewebeneubildung (ohne Sekretion usw.) und der Assimilation kann auch als Nettowachstumseffizienz oder Aufbaueffizienz bezeichnet werden. (→ *Bruttoproduktionseffizienz,* → *ökologische Effizienz*).

Nettosekundärproduktion: die → *Nettoproduktion* der Heterotrophen im Ökosystem.

Nettostrahlung: in der Bilanz aller Ein- und Ausstrahlungsgrößen an einem Standort als Energiegewinn zur Verfügung stehende → *Strahlung*. Die N. hängt stark vom Witterungsverlauf und den örtlichen Verhältnissen (Relieflage, Bodenbedeckung) ab.

Nettourproduktion: produktionsbiologischer Begriff, der die Rate der Speicherung des organischen Stoffes in den Pflanzengeweben, also den eigentlichen Gewinn an Gewicht, der durch die Differenz zwischen der Quantität der synthetisierten und der Quantität der für Lebensäußerungen verbrauchten Kohlenhydrate gegeben ist, angibt. Die N. entspricht damit der Verwandlungsrate der Strahlungsenergie in chemisch gebundene Energie in den Pflanzenzellen.

Nettowachstumseffizienz: der Quotient aus der reinen Gewebeneubildung (ohne Sekretion usw.) und der Assimilation bei heterotrophen Organismen. Sie liegt niedriger als die gesamte → *Nettoproduktionseffizienz*.

Nettowirkungsgrad der Produktion: → *Nettoproduktionseffizienz.*

Netzplankton: der Teil des → *Planktons,* der sich in → *Planktonnetzen* fängt, also Makro- und Mikroplankton unter Ausschluß von → *Nanoplankton* und → *Ultraplankton*. Praktisch umfaßt es also die Planktonformen oberhalb einer Größe von 5–10 μm (manchmal werden auch bis zu 50 μm als Grenze definiert).

Neuartige Waldschäden: im Zusammenhang mit dem → *Waldsterben* wird von manchen Politikern und Wissenschaftlern von N.W. gesprochen. Der Begriff weist lediglich darauf hin, daß ein Schadenskomplex verantwortlich für das Waldsterben gemacht wird. Ursprünglich bezog sich die Kenntnis nur auf die Erkrankung einzelner Baumarten. Manche Autoren führen die N.W. ausschließlich auf Störungen des → *Pedosystems* zurück, obwohl dann an sich das gesamte → *Waldökosystem* gestört ist.

Neubesiedlung: erfolgt nach grundlegender natürlicher oder künstlicher Umgestaltung der Lebensraumbedingungen, z.B. nach Naturkatastrophen oder nach großflächigen anthropogenen Relief- und Bodenzerstörungen des Bergbaus, wobei die N. durch geplante → *Rekultivierung* anthropogen gesteuert werden kann.

Neubürger: Pflanzen (→ *Neophyten*) und Tiere (→ *Neozoa*), die in „neuerer" Zeit (meist ist dabei eine nicht sehr präzis definierte „geschichtliche" Zeit gemeint) zur Flora bzw. Fauna eines Gebietes als neue Art hinzugekommen sind. Hierbei kann es sich um natürliche Einwanderungen handeln, um Einwanderungen, die durch die Landschaftsänderungen des Menschen begünstigt worden sind oder aber um Arten, die verschleppt oder ausgesetzt worden sind. (→ *Adventivorganismen*).

Neulandgewinnung (Landgewinnung): allgemein die Gewinnung neuer Landflächen für Nutzungen, vor allem für die Land- und Forstwirtschaft. – 1. an Meeres- oder Binnenseeküsten sowie in Stromniederungen durch Aufschüttung oder Trockenlegung erfolgende Maßnahme. Dabei wird der Boden gewöhnlich über dem Meeresspiegel aufgehöht und/oder eingedeicht, so daß er vom mittleren Hochwasser nicht mehr erreicht werden kann. Ist an den Küsten der Boden über das mittlere Hochwasserniveau hinausgewachsen, wird er z.T. vorläufig mit einem niedrigen Sommerdeich, später mit dem richtigen See- oder Winterdeich vom Meer abgetrennt. An der Nordseeküste sind zwei Haupttypen der N. verbreitet. In Friesland entstehen durch Köge, nachdem Buhnen bzw. Lahnungen sukzessive in das Meer hinaus gebaut wurden, zwischen denen sich das „Neuland", das → *Vorland*, bildet. Sobald dies genügend aufgehöht ist, also über dem Mittelwasser liegt, wird es eingedeicht (→ *Deich*). In den Niederlanden liegt man hingegen → *Polder* vor, wobei man zunächst im Flachwasserbereich des Meeres den Deich zieht und diesen anschließend leerpumpt. Während sich das Marschland (→ *Marsch*) der Köge über dem Meeresspiegel befindet, liegt das Polderland unter dem Meeresspiegel. – 2. im Binnenland das Trockenlegen, gegebenenfalls auch Eindeichen und vor allem Auffüllen von kleinen oder größeren Wasserflächen. – 3. auch das Urbarmachen von Halbwüsten, Steppen und Savannen und sogenanntem → *Ödland* wird als N. bezeichnet, obwohl lediglich naturnahe oder natürliche Ökosysteme der Nutzung zugeführt werden oder eine Umnutzung (z.B. Wechsel von extensiver Weidewirtschaft der Trockengebiete in Bewässerungs- oder Regenfeldbau) erfolgt. – 4. mit Techniken der → *Melioration* bzw. → *Rekultivierung* können auch → *Müllkippen,* → *Mülldeponien,* → *Halden,* → *Kippen,* andere Ablagerungsflächen (→ *Deponien*) sowie industrielle Altflächen einer forstlichen oder agrarischen Nutzung zuführen. Auch dies wäre im engeren Sinne des Wortes keine N., sondern lediglich eine Umwidmung der Nutzung, obwohl diese Flächen als Neuland bezeichnet werden.

Neuston: 1. Lebensgemeinschaft des Oberflächenhäutchens der Gewässer, mit dem Epineuston (z.B. Wasserläufer, manche Collembolen, manche Spinnen), also einer Organismengemeinschaft, die auf der Wasseroberfläche lebt und dem Leben an der Luft angepaßt ist, sowie dem Hyponeuston (z.B. manche Einzeller, Stechmückenlarven), das die Unterseite des Wasseroberflächenhäutchens besiedelt. Durch → *Tenside* (z.B. aus Waschmitteln), welche die Oberflächenspannung des Wassers vermindern, werden diese Biozönosen bedroht. – 2. Gesamtheit der auf der Wasseroberfläche treibenden, organischen, überwiegend lebenden Substanzen, die sich sowohl auf größeren Flächen der warmen Ozeane befinden, als auch als weitgehend geschlossene Schicht von meist auffallender Färbung kleiner stehender und damit stiller Gewässer auftreten, dort auch als → *Wasserblüte* bezeichnet.

Neutronenbombe: eine der → *Kernwaffen*, die eigentlich eine Fusionsbombe (→ *Wasserstoffbombe*) repräsentiert, bei der durch starke Direktstrahlung hochenergetischer Neutronen ein hoher biologischer Zerstörungseffekt erzielt wird, der ca. 10 mal stärker als → *Gammastrahlung* ist und einen hohen Durchdringungseffekt aufweist. Auch dicke Betonwände schützen nicht vor den Wirkungen der N.

Neutronenstrahlung: wird bei der → *Kernspaltung* frei, seltener auch beim → *Radioaktiven Zerfall* und tritt auch als Folge → *Kosmischer Strahlung* in der Atmosphäre auf. Bei → *Kernwaffen* wird die Sofortwirkung durch N. ausgemacht. Die von der N. verursachten → *Strahlenschäden* an oder in Organismen gelten als besonders schwer. Die allumfassende Wirkungsmöglichkeit der N. in Organismen beruht auf deren Aufbau aus Wasserstoffverbindungen.

neutrophil: bezeichnet Organismen (vor allem Pflanzen), die einen mittleren Bereich der → *Wasserstoffkonzentration* – um pH 7 – bevorzugen.

Nichtanfälligkeit: → *Resistenz*.

Nichthuminstoffe: schwer ab- und umbaubare organische Stoffe (Fette, Wachse, Harze, Lignin), Schleime, Kittsubstanzen und organische Rückstände verschiedenster Art im → *Humus*. (→ *Huminstoffe*).

Nichtkarbonathärte: im Wasser gelöste Calcium- und Magnesiumsalze mit der Schwefel, Salpeter- und Salzsäure. (→ *Karbonathärte*, → *Gesamthärte*, → *Härte*).

Nidikole (Nestgäste): Tiere (vor allem Arthropoden), die sich in Nestern anderer Tiere aufhalten, wo sie die ihnen zusagenden abiotischen Bedingungen finden, sich von Abfallstoffen, Nestmaterial oder Schimmelpilzen ernähren, als Nestparasiten leben oder als Räuber andere N. verzehren.

Niedermoor (Flachmoor, Niederungsmoor): ein flaches → *Moor*, welches bis an die Oberfläche mit nährstoffreichem Grundwasser durchsetzt ist. N. bilden sich in Senken, Flußniederungen, kleinen Mulden und an Hängen im Bereich von Quellwasseraustritten. Sie sind auch Verlandungsstadien (→ *Verlandung*) von Seen. Die typische N.-Vegetation ist im Vergleich zum → *Hochmoor* artenreich. Sie besteht vor allem aus Schilfgräsern, Binsen, Sauergräsern und Moosen. Die N. sind reich an organischer Substanz und bestehen aus mehreren Lagen unterschiedlich zersetzter Torfschichten (→ *Torf*) über → *Mudde*.

Niederschlag: Gesamtbezeichnung für das aus der → *Atmosphäre* auf die Erdoberfläche gelangende Wasser. Der flüssige N. fällt als → *Regen* oder schlägt sich als Tau oder → *Nebel* nieder. Der feste N. gelangt in Form von → *Schnee*, Graupeln oder *Hagel* sowie als Reif auf die Erde. Der N. ist eines der Hauptglieder im → *Wasserhaushalt*. Seine Jahresmengen schwanken in den verschiedenen Klimazonen zwischen wenigen Millimetern (Wüsten) bis zu einigen Metern (Luvseiten tropischer Gebirge). Meteorologisch unterscheidet man Konvektions N., zyklonale und orographische N.

Niederschlagsfracht: im → *Niederschlag* gelöste Stoffe. (→ *Saurer Nebel*, → *Saurer Regen*).

Niederschlagsüberschuß: die nach Abzug der maximalen klimatisch möglichen → *Verdunstung* (→ *potentielle Evapotranspiration*) an einem Standort zur Verfügung stehende Niederschlagsmenge.

Niederungsmoor: → *Niedermoor*.

Niederwald: wird dem → *Hochwald* und dem → *Mittelwald* gegenübergestellt und von niedrigen buschartigen Bäumen (Erle, Eiche, Linde, Hainbuche) gebildet, die durch → *Niederwaldbetrieb* zustande kommen.

Niederwaldbetrieb (Niederwaldwirtschaft): Seit der Jungsteinzeit übliche Bewirtschaftungsform von Wäldern, in denen ausgewachsene Bäume fehlen, da die Stämme der Bäume in Abständen von ein bis drei Jahrzehnten zur Holzgewinnung abgeschlagen werden. Die Zeit des → *Umtriebs* ist also kurz. Die Erneuerung der Wälder erfolgt durch Stockausschlag oder Wurzelbrut. Da nicht alle Holzgewächse das Auf-den-Stock-Setzen vertragen – vor allem nicht die meisten Nadelhölzer –, erfolgt durch die Wirtschaftsform eine anthropogene Auslese der Holzarten. Der N. erfolgt zur Gewinnung von Brennholz, Gerbrinde, Faschinenreisig und Schälrinde. Der vom Mittelalter bis ins frühe Neuzeit hinein weitverbreitete N. wurde, mit dem allmählichen Übergang zu anderen Bewirtschaftungsformen des Waldes, sukzessive in die leistungsfähigeren → *Hochwälder* überführt.

Niederwaldwirtschaft: → *Niederwaldbetrieb*.

Niedrigstrahlung: kennzeichnet den Niedrigdosisbereich → *Ionisierender Strahlung*, etwa in der Größenordnung der → *Natürlichen Strahlenbelastung* und ihrer Schwankungsbreite und liegt demzufolge unterhalb von Dosiswerten, deren Überschreitung zu somatischen → *Strahlenschäden* führen würde. Es muß jedoch davon ausgegangen werden, daß auch eine geringe Strahlungsexposition mit ansteigender Dosis ein → *Strahlenrisiko* darstellt, auch wenn dies aus methodischen Gründen nicht exakt für niedrige Dosisbereiche darstellbar ist.

Niedrigwasser: 1. der niedrigste Wasserstand zwischen zwei Maxima der Wasserführung eines Gerinnes oder sonstigen fließenden Gewässers, aber auch mancher stehender Gewässer. Der mittlere N.-Stand errechnet sich als arithmetisches Mittel aller N. – 2. das Tide-N., also der Wasserstand des Meeres zwischen Ebbe und Flut. (→ *Gezeiten*).

Niedrigwasserspende: die sekundliche Wasserlieferung eines Gerinnes oder sonstigen fließenden Gewässers bei → *Niedrigwasser*.

Nipptide: → *Gezeiten*.

Nische: bezeichnet allgemein die Position, die eine Art in ihrer Lebensumwelt einnimmt. Der Begriff N. besitzt jedoch zahlreiche Bedeutungen, je nach Bezugsbegriff. – 1. N. entspricht einer → *Minimalumwelt*, d.h. dem Geoökofaktorenkomplex, der für die Existenz einer Art notwendig ist. – 2. in Bezug auf die Ernährung kann eine Art eine ihr typische Nahrungs-N. einnehmen. – 3. die Stellung einer → *Lebensform* im ökologischen Beziehungsgefüge wird als → *ökologische N.* bezeichnet, die begrifflich noch weiter differenziert wird. – 4. in der → *Bioökologie* auch Bezeichnung für das Wirkungsfeld bzw. die Stellung einer Art in einem → *Bioökosystem*. – 5. die geowissenschaftliche Begriffsvariante ist vor allem in der → *Geomorphologie* verbreitet und meint mit N. eine halbrunde, wenig eingetiefte und meist sesselförmige Hohlform am Hang in der Größenordnung zwischen einigen Metern bis einigen Dekametern. Dazu gehört u.a. die geomorphogenetisch definierte Nivationsnische.

Nischenbreite: der Ausschnitt einer Nischendimension, z.B. der Temperatur oder Feuchtigkeit, der von einer Art in einem Ökosystem eingenommen wird. (→ *Nische*).

Nischendimensionen: eine der Achsen des *n*-dimensionalen Raums in der fundamentalen *Nische*.

Nischenüberlappung: die Überschneidung der fundamentalen → *Nischen* (bzw. der Nischendimensionen) verschiedener → *Arten*, → *Populationen* oder → *Genotypen*.

Nitratammonifikation: eine → *anaerobe Atmung* (→ *Nitratatmung*), bei der → *Nitrat* mittels Bakterien zu Ammonium reduziert wird.

Nitratatmung (Nitratrespiration, dissimilatorische Nitratreduktion): eine → *anaerobe Atmung*, bei der Nitrat zu Ammonium (→ *Nitratammonifikation*) oder elementarem Stickstoff (→ *Denitrifikation*) reduziert wird. N. tritt bei vielen Bakterien dann auf, wenn Sauerstoffarmut herrscht, z.B. bei stagnierender Nässe im Boden.

Nitrate: die Salze der Salpetersäure, die in den Landschaftsökosystemen vor allem durch Nitratdünger ausgebracht werden oder durch → *Nitrifikation* entstehen. Die N. sind leicht löslich, können rasch ausgewaschen werden und reichern sich im → *Grundwasser* an. Damit gelangen sie ins → *Trinkwasser* und durch die Düngung der Feldfrüchte in die → *Nahrungsketten*. Im menschlichen Organismus kann es zu Nitrat-Nitrit-Vergiftungen kommen (Methämoglobinämie). Durch zu hohe Stickstoffdüngung kann die gleiche Vergiftung auch durch den Verzehr nitratspeichernder Pflanzen (z.B. Spinat) auftreten. Bei der stofflichen Charakterisierung von → *Agroökosystemen* im → *Landschaftsökosystem* gelten N. zusammen mit Ammoniak, → *Nitrit*, Gesamtstickstoff sowie Fäkalindikatoren im Boden als Kriterium für dessen Verunreinigung.

Nitratpflanzen: Gruppe von Pflanzen mit hohem Stickstoffbedarf, die als → *nitrophil* bezeichnet werden und die als Wildpflanzen oder → *Unkräuter* Indikatoren für den Stickstoffgehalt des Standortes sind. Zur standörtlichen Charakterisierung der Stickstoffverhältnisse gibt es für die Arten des Ackers und Grünlandes eine fünfteilige Skala:

N 1 = Pflanzen, die nur auf ungedüngten, stickstoffarmen Böden gedeihen.

N 2 = Pflanzen, die vorwiegend auf stickstoffarmen, schlecht oder nicht gedüngten Böden wachsen.

N 3 = Pflanzen, die einen mäßigen Stickstoffbedarf haben.

N 4 = Pflanzen, die nährstoffreiche, gut gedüngte Standorte bevorzugen.

N 5 = Pflanzen mit extrem hohem Bedarf an Stickstoff, die selbst auf überdüngten Böden noch gut wachsen.

N 0 = Pflanzen, die indifferent gegenüber der Stickstoffversorgung sind.

Nitratreduktion: biochemische Umwandlung von → *Nitrat* in elementaren → *Stickstoff* durch → *Denitrifikanten* oder Ammonium.

Nitratrespiration: → *Nitratatmung*.

Nitrat- und Nitritbakterien: chemolithotrophe, autotrophe Bakterien, die den Vorgang der → *Nitrifikation* bedingen, indem sie Ammoniak zu Nitrit und Nitrit zu Nitrat oxidieren. (→ *Stoffwechseltypen*).

Nitrifikanten: Bakterien, die ihren Bedarf an chemischer Energie durch Oxidation von Ammonium zu → *Nitrit* (Nitritbakterien) oder von Nitrit zu → *Nitrat* (Nitratbakterien) decken.

Nitrifikation: → *Nitrifizierung*.

nitrifizierende Bakterien: leben im Boden und wandeln die Stickstoffverbindungen im Prozeß der → *Nitrifikation* um.

Nitrifizierung (Nitrifikation): die mikrobielle Oxidation von Ammonium über Nitrit zu Nitrat mittels Sauerstoff. Sie verläuft in zwei Schritten, indem zunächst *Nitrosomonas* das Ammonium zu Nitrit, dann *Nitrobacter* das Nitrit zu Nitrat oxidiert. Biotechnisch wird dieser Prozeß in der Abwassertechnik eingesetzt, wenn die

Abgabe von Ammonium mit dem Abwasser unerwünscht ist.

Nitrilotriacetat: → *Phosphatersatzstoff.*

Nitrite: Salze und Ester der salpetrigen Säure, die aber im Boden als Umwandlungsprodukte kaum nachweisbar sind.

nitrophil: bezeichnet Pflanzen, die stickstoffhaltige Lebensräume bevorzugen, z. B. Brennnesseln.

Nitrosefahne: unter den → *Nitrosen Gasen* ist das giftige NO_2 der Hauptbestandteil und in Abgasen durch seine braune Farbe – die als N. über Kaminen und Abluftanlagen sichtbar wird – erkenntlich.

Nitrose Gase: ein Gasgemisch aus Sauerstoff- und Stickstoffverbindungen, vor allem → *Stickoxiden* (vor allem Stickstoffmonoxid NO und Stickstoffdioxid NO_2, Stickstofftrioxid N_2O_3 und Stickstofftetroxid N_2O_4). Die N.G. sind farblos bzw. braunrot und riechen charakteristisch. Sie entstehen bei elektrischen Entladungen und der Verbrennung von Kraftstoffen. Ökophysiologisch wirken sie bei Pflanzen toxisch (Gerbstoffausfall, Schwund von Stärke und Chlorophyll mit der Folge von Blattverfärbungen und Trockenschrumpfen der Blätter). Die mitteleuropäischen Bäume und Sträucher weisen unterschiedliche Empfindlichkeiten auf. *Alnus glutinosa, Betula sp., Larix decidua* oder *L. kampferi* gelten als sehr empfindlich, während *Abies alba, A. homolepis, Acer palmatum, A. platanoides* oder *Picea abies* und *Pinus sylvestris* als mittelempfindlich gelten. *Carpinus betulus* oder *Fagus sylvatica* gelten als relativ unempfindlich.

nival: vom Schnee beeinflußt, vom Schnee geprägt.

Nivalbiotop: Lebensstätte im → *Hochgebirge* oder in Zonen mit Schnee- und Eisklimaten, deren Landschaftshaushalt von einer langen Schneedeckendauer bestimmt ist, und die sich durch nur kurze Vegetationszeit auszeichnet.

nivale Stufe: → *Höhenstufe* der → *Hochgebirge*, die durch Schnee und Eis geprägt ist. Da die Schneedecke auch in mehrjährigen Zyklen nie abschmilzt, kann vereinzelt pflanzliches Leben (Flechten und Moose) nur noch an Standorten existieren, an denen kein → *Schnee* abgelagert wird (Steilwände, windexponierte Lagen). Die Monatsmitteltemperaturen liegen in der vollnivalen Stufe höchstens während 1–2 Sommermonaten über 0°C.

nivales Klima: Klima, dessen Niederschläge zum größten Teil als → *Schnee* fallen und dessen Gesamtverdunstung so niedrig ist, daß der flächenhaft liegende Schnee in der wärmeren Periode nicht völlig abschmilzt. Die Niederschlagsmengen der n.K. sind geringer als in humiden Klimaten. Gebiete mit n.K. zeigen starke Vergletscherung. Pflanzliches Leben existiert nur an zeitweise schneefreien Sonderstandorten.

nocturnal: nächtlich. Gegensatz: → *diurnal.*

No-effect-level: 1. allgemein diejenige Dosis oder Konzentration einer chemischen Substanz, die (unter definierten Laborbedingungen) keine Wirkung mehr bei der zu prüfenden Art zeigt. – 2. in der → *Umweltanalytik* bzw. → *Umweltchemie* sowie → *Ökotoxikologie* die höchste, gerade noch unwirksame Konzentration eines Stoffes. Entscheidend dafür ist der Bezugsorganismus oder das jeweilige abiotische stoffliche System.

Nomogramm: eine Darstellung, die das Ergebnis komplexer Funktionen mit mehreren Veränderlichen graphisch ablesen läßt.

Nomozönose: phylogenetisch-ökologische Gruppierung von Arten aus derselben Klasse, die sich im Raum jedoch durch ein eigenes Verteilungsmuster der Individuen auf die Arten auszeichnen. Es handelt sich somit um eine → *Zoozönose*. (→ *Taxozönose*).

No-observed-effect-level: ergibt den NOEL-Wert, also eine tierexperimentell festgelegte → *Dosis* oder Konzentration, bei der ein schädigender Effekt von → *Noxen*, z. B. → *Radioaktiver Strahlung* oder toxischer Stoffe, nachweisbar ist. Den NOEL-Wert benutzt man, um tolerierbare Expositionen für den Menschen festzulegen, wenn keine direkten Meßdaten für den menschlichen Organismus vorliegen. Meist wird mit einem zusätzlichen Sicherheitsfaktor (10 oder 100) gearbeitet.

Noosphäre: Teil der Erdoberfläche, in dem die menschlichen Gesellschaften existieren und die Lebensumwelt bewußt gestalten. Inzwischen ist die gesamte → *Biogeosphäre* zur N. geworden, weil deren Ökodynamik inzwischen an ihrem Stoffhaushalt stark vom Menschen beeinflußt ist, der nicht nur das → *Naturpotential* nutzt, sondern übernutzt und somit in die globalen Ökosystemzusammenhänge und -funktionen eingreift.

Normalperiode: in der Klimatologie nach internationaler Vereinbarung festgelegte Periode, für welche die langjährigen klimatischen Mittelwertsberechnungen durchgeführt werden sollen, um einen weltweiten Vergleich der Stationsdaten zu ermöglichen. Die neueren N. sind die Zeiträume von 1901–1950 und 1931–1960.

Normalverteilung (Gauss-Verteilung): eine stetige symmetrische → *Verteilung,* die durch eine Glockenkurve beschrieben wird. Sie ist durch das arithmetische Mittel sowie die Standardabweichung eindeutig gekennzeichnet. Nur bei Vorliegen einer N. können parametrische Tests durchgeführt werden. Diese tritt bei ökologischen Problemen eher selten auf. Im Unterschied zur N. ist die zufällige → *Dispersion* anzeigende Poisson-Verteilung eine diskrete Verteilung.

Normalwald: forstwirtschaftlicher bis forstgeographischer Begriff, der als Erklärungs- und Entscheidungsmodell den Zusammenhang zwischen Fläche, Altersgliederung des Bestandes, Vorrat und Zuwachs sowie Wertertrag darstellt.

Normalzone: 1. biogeographischer Begriff beim Einsatz von Flechten als → *Bioindikatoren* zur Charakterisierung des → *Stadtklimas*. Hier ist auf Grund der Luftverschmutzung eine → *Flechtenzonierung* erkennbar und der Begriff N. steht für die Frischluftzone, die sich an die äußere → *Kampfzone* anschließt, in der die Siedlungseinflüsse für die Flechten nicht mehr letal sind und oxiphile Flechtenvereine auf Laub- und Nadelbaumrinde, sowie Holz und anderen Substraten existieren können. – 2. bei vielen anderen biogeographischen und bioökologischen Fragestellungen eingesetzter Begriff, der durchschnittliche Zustände einer → *Zone* oder → *Höhenstufe* von anderen, abnormalen abheben möchte. Er wird fälschlich vorzugsweise im Zusammenhang mit Höhenstufen gebraucht, für die der Begriff Zone unrichtig ist.

Nosochore: geomedizinische Raumeinheit, bei der in einem geoökologisch definiert ausgestatteten Raum ein typisches Muster von Krankheitsüberträgern und damit Krankheiten auftreten.

Nosogeographie: Teilgebiet der → *Geomedizin* und ursprünglich der Verbreitungslehre von Krankheiten im Raum darstellend. Heute jedoch ist sie stärker landschaftsökologisch orientiert mit Bezug zum geoökologischen Wirkungsgefüge der Räume und den unterschiedlichen → *Dimensionen landschaftlicher Ökosysteme*, in welche auch die → *Nosochoren* einzuordnen wären.

Notkühlung: das Kühlsystem eines → *Kernreaktors* zur sicheren Abführung der → *Nachwärme* bei Unterbrechung der Wärmeübertragung zwischen Reaktor und betrieblicher Wärmesenke. Die N. hat die Funktion, auch bei Verlust des Reaktorkühlmittels den Reaktor zu kühlen und die Nachzerfallswärme abzuführen, auch über Wochen hinweg. (→ *Nachwärme*).

Notogäa: zoogeographisches Reich, gebildet von Australien und Ozeanien und Bestandteil der → *Bioreiche* der Erde.

Notreife: dürrebedingte Abnormität, die zum vorzeitigen Reifwerden führt. Der Begriff wird besonders bei Getreide verwandt, wo bei der N. kleine, stärkearme und mit schwacher Keimkraft ausgestattete Körner gewonnen werden.

NO_x: → *Stickoxide*.

Noxe: Bezeichnung für „Sachverhalte schädlichen Einflusses". Demzufolge können N. von → *Schadstoffen*, sonstigen → *Umweltchemikalien* und → *radioaktiver Strahlung* repräsentiert werden.

N-P-K-Verhältnis: das Verhältnis der Gehalte an Stickstoff, Phosphor und Kalium im Boden, welches bei einer guten Nährstoffversorgung ausgewogen und an die Nutzungsart angepaßt sein soll. (→ *Nährelemente*, → *Nährstoffe*).

NSG: → *Naturschutzgebiet*.

NTA: → *Nitrilotriacetat*.

Nukleare Nacht: → *Nuklearer Winter*.

Nuklearer Winter: eine Modellvorstellung, nach der durch Flächenbrände im Gefolge von Nuklearexplosionen durch radioaktiven und sonstigen → *Ruß* oder → *Staub* sowohl die → *Troposphäre* als auch Teile der → *Stratosphäre* so stark angereichert werden, so daß dadurch an der Erdoberfläche die „Nukleare Nacht" über Wochen und Monate hinweg eintritt und gleichzeitig von der Aerosolschicht in der Atmosphäre die Sonnenwärme absorbiert wird, so daß der N.W. eintritt. Die Modellvorstellung besagt weiter, daß durch chemische Verbrennung eines Teils des → *Stickstoffs* in der Luft in der Atmosphäre → *Stickoxide* entstehen, welche die → *Ozonschicht* zerstören. Damit kann nach Ende der Nuklearen Nacht die → *UV-Strahlung* ungehindert an die Erdoberfläche dringen und → *Strahlenschäden* an Mensch, Tier und Pflanze hervorrufen.

Nukleares Ereignis: die Umschreibung für Schadens- und Unglücksfälle, deren Ursache in Verbindung mit → *Kernbrennstoffen* oder → *Kernexplosionen* sowie den Wirkungen von → *radioaktiven Substanzen* allgemein herrühren. Das schließt → *radioaktiven Abfall*, → *radioaktiven Niederschlag* und unvorhergesehene, plötzliche Effekte von Prozessen des → *radioaktiven Zerfalls* mit ein.

Nuklearmedizin: ein Fachgebiet der Medizin, das mit kurzlebigen → *Radionukliden* in Diagnostik und Therapie arbeitet, wobei die → *radioaktiven Stoffe* offen oder umschlossen eingesetzt werden. Unterschieden werden in der Diagnostik Funktions-, Stoffwechsel- und Lokalisationsdiagnostik.

Nuklid: eine Atomart, die durch Protonen- und Neutronenzahl sowie seinen Energiezustand gekennzeichnet ist. Dieser „Atomkern" bildet mit seiner dazugehörigen Elektronenhülle ein → *Isotop* eines chemischen Elements. Die Isotope der N. können stabil oder instabil sein. Instabile N. unterliegen dem → *radioaktiven Zerfall* und heißen dann → *Radionuklide* bzw. Radioisotope. In der Natur kommen 340 N. vor (ca. 270 davon stabil) und ca. 1500 wurden künstlich erzeugt, die sich auf über 100 bekannte Elemente verteilen. Die N. mit gleicher Kernladungs-, aber unterschiedlicher Massenzahl nennt man → *Isotope* des jeweiligen chemischen Elements. Die instabilen N. geben beim Zerfall → *Ionisierende Strahlung* ab und gehen in andere stabile oder instabile N. über.

Nulleistungsreaktor: ein → *Kernreaktor*, der ausschließlich als Versuchsreaktor angelegt ist, und den man bei so niedriger Leistung betreibt, daß kein → *Kühlmittel* erforderlich ist.

Nullwachstum: Stagnation eines Wachstumsprozesses, meist bezogen auf die (menschliche) Bevölkerungszahl (→ *Population*). Der Begriff wird auch auf nicht mehr ansteigende Nutzung von → *Ressourcen* (z.B. Nahrung, Energie) oder der wirtschaftlichen Produktivität bezogen.

numerische Reaktion: in der Populationsökologie die Erhöhung der Anzahl Räuberindividuen infolge eines vermehrten Beuteangebots. Im Gegensatz zur n.r. steht die → *funktionelle Reaktion*. (→ *Räuber-Beute-System*).

Nunatak (pl. Nunatakker): ein eisfreies, meist bergförmig herausragendes Areal innerhalb einer Region allgemeiner Vereisung. Solche Stellen hatten für die Lebenserhaltung mancher kleiner Tiere und vieler Pflanzen während der Eiszeiten des → *Pleistozäns* Bedeutung.

nutritiv: → *trophisch*.

Nutzartenverhältnis (Nutzflächenverhältnis, Kulturartenverhältnis): die Prozentanteile der jeweiligen → *Bodennutzungsarten* an der landwirtschaftlich genutzten Fläche.

Nutzbarkeit: der Anteil von → *Ressourcen*, der von Populationen in Anspruch genommen werden kann.

Nutzeffekt der Photosynthese: → *photosynthetische Effizienz*.

Nutzeffekt der Primärproduktion: das Verhältnis von → *Bruttoproduktion* der Pflanzendecke eines Lebensraumes (als gebundene Energiemenge pro m² und Jahr) und der gleichzeitig absorbierten → *photosynthetisch ausnutzbaren Strahlung* (ebenfalls als Energiegröße bezogen auf 1 m² und Jahr). Der N. wird meist in Prozentwerten angegeben und kann in landwirtschaftlichen Intensivkulturen ca. 1.5–6% erreichen, liegt aber meist wesentlich tiefer: im tropischen Regenwald im Durchschnitt bei 1.5%; in sommergrünen Laubwäldern 1%, in borealen Nadelwäldern 0.75%, in Grasland 0.5%, in der Tundra 0.25%, in der Halbwüste 0.04%, im offenen Meer 0.12%.

Nutzen: 1. Eigenschaft bzw. Fähigkeit eines Gutes oder einer Dienstleistung, sich wirtschaftlich positiv auszuwirken bzw. menschliche Bedürfnisse (→ *Grunddaseinsfunktionen*) zu befriedigen. Damit jedoch ein Gut oder eine Dienstleistung einen sich als Wert niederschlagenden N. haben, müssen diese nicht nur nützlich, sondern auf dem Markt auch knapp sein. – 2. im Zusammenhang mit „Gütern" bzw. → *Ressourcen* der → *Umwelt* stellt sich der Begriff des Nutzens anders als in 1. dar. Zwar wird dort auch das → *Leistungsvermögen des Landschaftshaushaltes* erfaßt und bewertet, diesem jedoch ein immaterieller Wert an sich zugebilligt, der nicht im Rahmen von → *Nutzen-Kosten-Analysen* erfaßbar ist. Die sogenannte → *Ökologische Politik* und → *Ökologische Planung* versuchen, diesem ethischen Wert Rechnung zu tragen.

Nutzen-Kosten-Analyse (Kosten-Nutzen-Analyse): mathematisch-statistische Methode zur Ermittlung des wirtschaftlichen Nutzen eines Projekts im Vergleich zu den finanziellen Aufwendungen bzw. bei dem Abwägen von Alternativprojekten. Die auch in der → *Raumplanung* und → *Landschaftsbewertung* eingesetzte N.-K.-A. trägt nicht dem immateriellen Nutzwert (Nutzen) von → *Landschaftsökosystemen* und ihren Bestandteilen Rechnung. Für das Praktizieren von → *Ökologischer Politik* und → *Ökologischer Planung* ist die N.-K.-A. nur sektoriell einsetzbar.

Nutzfläche: die gesamte, für einen bestimmten, meist wirtschaftlichen Zweck nutzbare Fläche eines Gebäudes oder Gebietes, unabhängig von dessen Nutzungs- oder Überbauungszustand.

Nutzflächenverhältnis: → *Nutzartenverhältnis*.

Nutzholz: technisch verwertbares Holz (→ *Nutzhölzer*), das nicht als Brennholz verwandt wird.

Nutzhölzer: alle Holzarten, die als Handelshölzer auf dem Markt sind, ausgenommen Brennholz. Bei den N. unterscheidet man Konstruktions-, Schäl-, Ausstattungs-, Zellstoff- und Papierhölzer.

Nützling: Bezeichnung für tierische Organismen, die dem Menschen direkt oder indirekt von Nutzen sind bzw. nützlich im Interesse des Menschen im Lebensraum wirken. Dazu gehören sämtliche nutzbaren Tiere (Haustiere, jagdbares Wild, Biene, Seidenspinner), aber auch nützliche Tiere, die durch ihre Lebensweise und Aktivitäten im Interesse des menschlichen Lebensraumes wirken, wie z.B. Schädlingsfresser. Letztere werden direkt bei der → *Biologischen Schädlingsbekämpfung* eingesetzt. (→ *Schädling*).

Nutzpflanze: Sammelbezeichnung für die vom Menschen genutzten Pflanzen. N. sind im wesentlichen → *Kulturpflanzen*, jedoch zählen auch nutzbare Wildpflanzen dazu.

Nutztier: Sammelbezeichnung für vom Menschen gezüchtete bzw. gehaltene Tiere, die wirtschaftlichen Nutzen bringen. Neben den verschiedenen Nutzvieharten (Pferd, Esel, Rind, Schwein, Schaf, Ziege, Huhn usw.) werden zu den N. z.B. auch der Haushund und die Hauskatze gezählt. N. finden als Arbeitstiere (Trag-, Last-, Zugtiere) Verwendung, oder ihre Produkte (Fleisch, Milch, Eier, Wolle, Haare, Federn usw.) dienen direkt oder indirekt der menschlichen Ernährung bzw. als gewerbliche → *Rohstoffe*. Zu den N. zählen auch nichtdomestizierten Tiere, wie Bienen oder Fische (→ *Teichwirtschaft*).

Nutzung: die Inanspruchnahme der → *Umwelt* durch Organismen, im speziellen des Menschen.

Nutzungsansprüche: bezieht sich auf die nutzungsbezogenen Ansprüche der Gesellschaft an den → *Raum* bzw. die → *Umwelt*. Vorrangig sind es Ansprüche wirtschaftlicher Art, wie jene der Land- und Forstwirtschaft, der Industrie, der Siedlung und des Verkehrswegebaus. Gemäß der Definition von → *Nutzen* kann es aber auch ethisch begründete N. geben. Sie spielen in der → *Ökologischen Planung* und → *Ökologischen Politik* zunehmend eine Rolle und machen dort zu einem großen Teil deren Wesen aus.

Nutzungsarten: → *Bodennutzungsarten*.

Nutzungsartenänderung: die Änderung der jeweiligen → *Bodennutzungsarten* überwiegend bezogen auf die land- und forstwirtschaftliche Nutzung und auf das Betriebs- und Nutzflächenverhältnis. Die N. erfolgen u.a. bei → *Flurbereinigungen*, neuen → *Flureinteilungen* bzw. bei der → *Flurneugestaltung*. Sie erfolgen auch im Rahmen von → *Meliorationen* oder → *Rekultivierungen*.

Nutzungseignung: bezieht sich auf das → *Naturraumpotential*, das einer Nutzung durch den Menschen zugeführt wird, wobei die N. mitbestimmt ist von den technologischen Möglichkeiten und den sozioökonomischen Verhältnissen der menschlichen Gesellschaften.

Nutzungsgrad: 1. in der → *Wasserversorgung* und → *Wasserwirtschaft* das Verhältnis der genutzten Wassermenge zum natürlichen oder anthropogen begrenztem bzw. beeinflußtem → *Wasserdargebot*. – 2. auch bei der Betrachtung und Bewertung von anderen → *Ressourcen* als Wasser spielt der Begriff N. eine große Rolle. Er wird dann jeweils spezifisch definiert.

Nutzungsintensität: allgemein ein Ausdruck für das Maß der wirtschaftlichen Nutzung bzw. Ausnutzung eines → *Raumes*. – 1. in der von der Landwirtschaft betriebenen → *Landnutzung* das Maß für die Summe der zur Förderung der Ertragsleistung eingesetzten Aufwendungen. Dazu gehört auch der Einsatz zur Sicherung der → *Nachhaltigkeit*. – 2. in der → *Stadtplanung* und zum Teil → *Stadtökologie* das Maß der baulichen Flächennutzung kennzeichnend, z.B. durch Geschoßflächenzahl oder Baumassenzahl.

Nutzungsparzelle: in der Landwirtschaft ein kleinflächiges Flurstück einheitlicher Nutzung.

Nutzungsstandort: in der geographischen Raumbetrachtung sowie in der Stadt- und Raumplanung die Kennzeichnung für einen räumlich und funktional eng begrenzten Standort einer bestimmten Flächennutzung.

Nutzungssukzession: die Abfolge unterschiedlicher Flächennutzungen an einem Standort.

Nutzungssystem: in der Landwirtschaft der räumlich und zeitlich geordnete Vollzug der → *Landnutzung* auf bestimmten Flächen mit Pflanzen, Tieren, definierten Bearbeitungsmethoden sowie Einsatz von Kapital und Arbeitskraft. Im N. drücken sich Nutzungsart, -folge und -form aus.

Nutzungsverluste: in der → *Wasserwirtschaft* und → *Wasserversorgung* die Differenz zwischen zum Zweck der Nutzung entnommenen und wiedereingeleiteten Wassermengen sowie Wasserverlusten im Gewässer (z.B. durch Absickerung) oder im → *Grundwasserleiter*, die durch Nutzung verursacht sein können.

Nutzwald: Wald, der primär der Nutzholzproduktion dient. (→ *Nutzholz*).

Nutzwasserkapazität: im Wurzelraum eines Bodens maximal speicherbare und für die Pflanzen aufnehmbare Wassermenge. Sie entspricht ungefähr dem Anteil an → *Mittelporen*. In tonhaltigen Böden ist die N. geringer als die Gesamtkapazität, weil das Wasser in den → *Feinporen* wegen zu hoher → *Saugspannungen* durch die Wurzeln nicht aufgenommen werden kann. In Kulturböden erreicht die N. Werte von 70–300 mm.

Nutzwert: allgemein der Wert eines Gutes, der nach der meist wirtschaftlichen Bedeutung seines → *Nutzens* für den Menschen festgelegt worden ist. In Raum- oder Landschaftsbetrachtungen wirtschaftlicher Art notwendige Bestimmungen des N. erfolgen mit Hilfe der → *Nutzen-Kosten-Analyse*.

Nutzwild: Wildarten, deren Fleisch für den menschlichen Verzehr geeignet ist.

O

O₂: → *Sauerstoff.*

Oase: Erdraumausschnitt mit ökologischen Sonderbedingungen gegenüber einer wüstenhaften Umgebung, der sich durch reicheres Pflanzenwachstum, relative Grundwassernähe, Quellen, artesische Brunnen und gegebenenfalls Flußläufe auszeichnet und wo das Wasserdargebot oft auch Bewässerungskulturen zuläßt. Ökologisch stellt die O. somit eine → *ökologische Nische* unterschiedlichen Umfanges dar, die im klimatischen und damit bioökologischen Gegensatz zu ihrer Umgebung steht. Nach der Verfügbarkeit des Wassers, dem bei der O.-Bildung in Trockenräumen große Bedeutung zukommt, werden Grundwasser-, Quell- und Fluß-O. unterschieden.

Oberboden: der stark durchwurzelte, biologisch aktive Bereich des → *Bodens*. Bei Ackerböden entspricht der O. der ständig bearbeiteten Krume von 15–35 cm Mächtigkeit; bei Grünlandböden wird der am stärksten durchwurzelte Bereich von etwa 7–10 cm Mächtigkeit dazugerechnet. Der O. ist weitgehend mit dem → *Humus*horizont identisch. Es kann jedoch auch der Bereich, in dem Stoffauswaschung stattfindet, dazugerechnet werden.

Oberflächenabfluß: jenes Niederschlagswasser, das auf der Boden- oder Gesteinsoberfläche abfließt und direkt in den → *Vorfluter* gelangt. Der O. hängt ab vom Feuchtezustand, der Infiltrationskapazität und der Durchlässigkeit von Boden bzw. → *Oberflächennahem Untergrund*. Der O. ist bei gleich hoher Niederschlagsintensität in bewaldeten Gebieten sehr gering, auf unbedeckten Ackerböden im trockenen Zustand (wegen des Benetzungswiderstandes) und in überbauten Gebieten (wegen der → *Bodenversiegelung*) jedoch erheblich.

Oberflächendominanz: produktionsbiologischer Begriff, präzisiert → *Dominanz* und bezieht sich auf die Energieproduktion sowie auf das Verhältnis von Körpergewicht zu Körperoberfläche. Die höchste Energieproduktion ist im Verhältnis zum Körpergewicht an die kleinste Oberfläche gebunden. Je größer die O., desto kleiner die Energiespeicherung.

Oberflächendosis: eine Spezifikation des Begriffes → *Dosis*, der in der → *Strahlentherapie* eingesetzt wird. Der Begriff O. ist jene Dosis, die sich aus der Einfallsdosis der Primärstrahlung und der aus dem bestrahlten Objekt rückgestrahlten Streustrahlung zusammensetzt, gemessen an der Oberfläche des Objekts.

Oberflächenentwicklung: in der → *Pflanzenökologie* Relation zwischen der Oberfläche transpirierender Blätter höherer Pflanzen und dem Frischgewicht der Blätter als ein Maß für die Fähigkeit zur Austrocknungsvermeidung.

Oberflächengewässer: alle stehenden oder fließenden Gewässer an der Erdoberfläche, unabhängig von ihrer Größe. Es kann sich um perennierende, periodische oder episodische O. handeln. Hydroökologisch und für den → *Wasserhaushalt* bedeutsam ist die Tatsache, daß durch → *Sickerung* zwischen O. und → *Bodenwasser* eine Beziehung besteht.

Oberflächenhäutchen: der durch die Oberflächenspannung verursachte Zusammenhalt des Wassers, der es verschiedenen kleineren Organismen ermöglicht, auf oder unter diesem O. sich festzusetzen und es auch zur Fortbewegung zu nutzen. Ins Gewässer eingebrachte oberflächenaktive Substanzen (→ *Tenside*; z.B. aus Waschmitteln) können die Oberflächenspannung vermindern und damit diesen Organismen die Existenzgrundlage entziehen.

Oberflächennaher Untergrund: die äußerste Erdrinde von im Maximum einigen Metern Mächtigkeit, in der sich die Prozesse der Verwitterung und Bodenbildung sowie der Form- und Sedimentbildung abspielen. Aufbau und Zusammensetzung des O. sind landschaftsökologisch bedeutsam.

Oberflächenpflanzen: → *Chamaephyten.*

Oberflächenverdunstung: die direkt aus der Bodenoberfläche erfolgende Wasserdampfabgabe in die Atmosphäre. (→ *Evaporation*, → *Verdunstung*).

Oberflächenwasser: es umfaßt das an der Erdoberfläche vorhandene oder an sie austretende Wasser, das in → *Oberflächengewässern* abfließt, sich natürlich in Seen sammelt oder in → *Talsperren* durch → *Speicherwirtschaft* anthropogen gesammelt wird. Da die Grundwasserressourcen für die Wasserversorgung in den meisten mitteleuropäischen Staaten ausgeschöpft sind, wird für den Zusatzbedarf das O. benötigt, das jedoch besonders sorgfältiger Wasseraufbereitung bedarf, weil es durch → *Abwasser* teilweise oder ganz verschmutzt wird.

Objektsanierung: im Gegensatz zur stadtökologisch und städtebaulich fragwürdigen → *Flächensanierung* wird bei der O. im Rahmen sanfter Stadtsanierungen eine Instandsetzung von Einzelobjekten vorgenommen, die z.T. in ihren historischen Ursprungszustand zurückversetzt werden, unabhängig vom modernen Innenausbau und der künftigen Nutzung des Gebäudes. Die O. muß stadtplanerisch, stadtökologisch und architektonisch mit der historischen Erscheinung städtischer Einzelobjekte auseinandersetzen.

obligat: an ein bestimmtes Verhalten oder an bestimmte Ökosystembedingungen gebunden oder angepaßt. Der Begriff bezieht sich auf tierische oder pflanzliche Individuen oder deren Gruppen.

Ödland: offenes, nicht unter Kultur genommenes Land, das wegen seiner ungünstigen bioökologischen Verhältnisse land- und forstwirtschaftlich nicht genutzt wird, das aber durch

Kultivierung und Melioration einer ökonomischen Nutzung zugeführt werden könnte. Zum Ö. werden natürliche oder quasinatürliche → *Moor-* und → *Heide*flächen ebenso gezählt wie anthropogene Aufschüttungen, z.B. → *Kippen* und → *Halden*. Der Begriff Ö. ist rein ökonomisch gewichtet und nimmt nicht Bezug auf das ökologische Potential des Gebietes im Sinne des → *Leistungsvermögens des Landschaftshaushaltes*. Wegen des fehlenden Nutzungsdrucks und damit der geringen oder fehlenden → *Belastung* erweisen sich die Ö.-Standorte als → *Refugien* für seltene Tier- und Pflanzenarten sowie als Bereiche, in denen ein ökosystem- und landschaftsbezogener → *Naturschutz* betrieben werden kann. Ö.-Standorte können als landschaftsökologisch und biologisch regenerieren und bis zu einem gewissen Grade auch als → *ökologische Ausgleichsräume* fungieren. Ihr Problem ist lediglich, daß sie als → *natürliche* oder → *naturnahe Ökosysteme* eine zu kleine Fläche darstellen. Verwandt ist der Begriff → *Unland*, mit dem man nichtkultivierbare Flächen bezeichnet.

offene Landschaft: eine → *Landschaft,* die nicht aus zusammenhängenden, großflächigen Waldungen besteht. Die heute für Mitteleuropa typische o.L. ist weitgehend anthropogen bedingt. (→ *Ausräumung der Kulturlandschaft*).

offenes System: Kategorie des begrenzten → *Systems*, das mit der Umwelt sowohl Energie als auch Stoffe austauscht. Zu den o.S. gehören → *Biosysteme*, → *Geosysteme* und → *Geoökosysteme*.

Öffentlicher Personennahverkehr (ÖPNV): der Personenverkehr mit öffentlichen Verkehrsmitteln innerhalb von Städten, zwischen den Städten und ihrem Umland sowie in Agglomerationen und im regionalen Bereich des ländlichen Raums. Der ÖPNV dient hauptsächlich dem Berufsverkehr, daneben vor allem dem Schüler-, Einkaufs- und Naherholungsverkehr. Betrieben wird der ÖPNV überwiegend von den Kommunen (ca. 80%), während ca. 20% sich auf private, gemischtwirtschaftliche und staatliche Unternehmen aufteilen. Die Verkehrsmittel des ÖPNV sind U- und S-Bahnen, Straßenbahn, Busse, Eisenbahn sowie lokal auch Schwebe- und Einschienenbahn. Der ÖPNV zeichnet sich durch geringere Kosten (Personenkilometer), geringeren Bedarf an → *Verkehrsflächen* sowie geringeres Unfallrisiko und niedrigere Abgasproduktion gegenüber dem Individualverkehr aus. Der ÖPNV versagt scheinbar in den Agglomerationsrandbereichen und im Stadtumland sowie an Stadträndern, obwohl dies kein Problem des ÖPNV, sondern eines der Siedlungsstruktur und damit der → *Zersiedlung* der Landschaft ist.

Offshore-Bereich: Flachmeergebiet von maximal 200 m Wassertiefe vor der Küste (→ *Schelf*). Der O.-B. ist wirtschaftlich sehr bedeutsam (Küstenfischerei, Erdölförderung).

O-Horizont: die weitgehend aus organischem Material bestehende, vom Mineralboden relativ scharf getrennte, intensiv belebte Humusauflage (→ *Humus*) des Bodens. Der O-H. gliedert sich in eine Streulage, eine Fermentierungslage und eine Humifizierungs- bzw. Huminstofflage (→ *Humifizierung*). Die Humusformen → *Rohhumus* und → *Moder* sind durch Mächtigkeiten, Aufbau und Zusammensetzung dieser Lagen in typischer Weise charakterisiert.

Ökese: Stadium der Besitznahme einer neuen Lebensstätte durch zugewanderte tierische und/oder pflanzliche Lebewesen.

Ökiophyten: Kultur- und Zierpflanzen, die durch bewußte Tätigkeit des Menschen aus der Flora des heimischen Lebensraumes hervorgegangen sind.

ökische Dimension: bezieht sich auf die → *ökologische Nische*, die eine Struktureinheit bildet, in der zwei Dimensionen verflochten sind, die ö., zur Umwelt gehörende D. und die autozoische, die zum tierischen und/oder pflanzlichen Organismus selbst gehört. Sie ist also genetisch verankert und drückt sich in physiologischen Eigenschaften aus, die nur indirekt Beziehungen zur → *Umwelt* aufweisen.

Ökobilanz: eine naturwissenschaftlich-technische Methode, mit Hilfe derer Energie- und Materialflüsse quantifiziert werden, die im Zusammenhang mit Produktion, Verbreitung und Nutzung von Waren und Gütern entstehen. Die Ö. soll Entstehungsursache und Abläufe von → *Umweltbeeinflussungen* und *Umweltbelastungen* erkennen, die ein Produkt auf seinem Weg vom Ausgangsmaterial über die Nutzung bis zur Entsorgung durchläuft. Ziel der Ö. ist die Verbesserung von Produkten und Verfahren, um die Umweltverträglichkeit herzustellen oder zu steigern.

Ökoelement: bioökologischer Begriff für Arten gleicher ökologischer Ansprüche und gleicher → *Lebensform*, die jedoch nicht unbedingt eine gleiche systematische Zugehörigkeit aufweisen müssen, aber können.

Ökofaktor: relativ unscharfe und vielfältig gebrauchte Bezeichnung für Speicher, Regler und teilweise auch Prozesse, die an den → *Landschaftsökosystemen* oder ihren Teilsystemen beteiligt sind. – 1. in der → *Landschaftsökologie* im → *Landschaftsökosystem* alle Faktoren, die als Funktionsgrößen direkt oder indirekt in Erscheinung treten. – 2. in der klassischen, biologischen → *Ökologie* (→ *Bioökologie*) jene → *abiotischen Faktoren*, die für die Existenz des Lebens unabdingbar sind, bzw. die → *biotischen Faktoren*, die auf andere Ö. einwirken und sie in ihrer Entwicklung und Verbreitung bestimmen.

ökofunktionale Kennwerte: → *ökologische Kennwerte*.

Ökogenese: Entwicklung der zwischenartlichen Beziehungen und des Wirkungsgefüges von Lebewesen und Umweltfaktoren.

ökogenetische Expansion: innere Differenzierung der → *Biosphäre* durch die Ausbreitung von tierischen und pflanzlichen Organismen in neue, bisher nicht von ihnen besiedelte Lebensräume.

Ökogeographie: 1. ein Teilgebiet der → *Synökologie*, das die Pflanzen- und Tierverbreitung in Beziehung zur geoökologischen Ausstattung der Umwelt setzt. – 2. eine Betrachtungsperspektive der → *Geographie*, die sich mit dem Gesamtzusammenhang des Realitätsbereiches Natur-Technik-Gesellschaft beschäftigt und die die → *Umwelt* als Funktionssystem im Sinne des → *Landschaftsökosystems* modelliert.

ökogeographische Gruppe: Artengruppe, deren Vertreter in ihren Beziehungen zu den → *Geoökofaktoren* ihrer engeren Lebensumwelt annähernd übereinstimmen und daher annähernd gleiche Areale besiedeln.

ökogeographische Regeln (Klimaregeln): Regeln, die unterschiedliche morphologische und physiologische Eigenschaften von Warmblütern derselben oder nahe verwandter Arten in Beziehung zum Klima, vor allem zur Temperatur, setzen. Man unterscheidet etwa die → *Bergmann'sche Regel*, die → *Gloger'sche Regel*, die Hesse'sche Regel und die Allen'sche Regel.

Ökogramm: graphische Darstellung des Vorkommens und der physiologischen Amplitude von Pflanzenarten in Abhängigkeit von den Hauptfaktoren des Bodens wie pH und Feuchtigkeit. (*Mortalitätsdiagramm*).

Ökoklima: etwas unscharfer Begriff der Bioökologie für → *Mikro*- bis → *Mesoklima*, im Sinne eines Eigenklimas der Landschaft, auf das sich tierische und/oder pflanzliche Organismen und ihre Gruppen in Lebensweise und Verbreitung einstellen. Zum Ö. gehören das → *Bestandesklima*, das → *Standortklima* und das → *Bioklima*.

ököklin: allmählicher Wechsel der Eigenschaften einer Art oder eines Ökosystems, der auf einen grundsätzlichen Wandel der → *Geoökofaktoren* des Raumes zurückgeht.

Ökokline: 1. eine hintereinander angeordnete Reihe von → *Lebensgemeinschaften*, die allmählich, ohne Grenzen, ineinander übergehen. – 2. die Ausbildung → *ökologischer Rassen* (→ *Ökotypen*) entlang eines sich allmählich verändernden Umweltgradienten; Beispiel: Zunahme der Kälteresistenz der Kiefer *(Pinus sylvestris)* mit der geographischen Breite und Kontinentalität des Klimas.

Ökologie: 1. die Wissenschaft, die sich mit den Wechselbeziehungen zwischen den Organismen untereinander, zu ihrer → *Umwelt* und deren → *Geoökofaktoren* (→ *Ökofaktoren*) beschäftigt. Untersucht werden die → *Ökosysteme*, die sich räumlich in den → *Ökotopen* oder anderen → *naturräumlichen Einheiten* der → *Ökologischen Raumgliederungen* repräsentieren. – 2. unscharfe Sammelbezeichnung in Öffentlichkeit und Massenmedien für jene Interessensbereiche, die sich mit der → *Umwelt* oder dem Zusammenhang Mensch-Umwelt beschäftigen. Auch Praxisbereiche wie die → *Raumplanung* oder die → *Stadtplanung* wenden sich zunehmend ökologischen Ansätzen zu, wie die → *Ökologische Planung* oder die → *Stadtökologie* belegen. Auch die → *Umweltverträglichkeitsprüfung* oder die → *Landschaftsverträglichkeitsprüfung* tragen dem Gedanken der Ö. Rechnung. So gesehen wird Ö. heute als übergreifendes Fachgebiet verstanden, das sich zwischen den Geo- und Biowissenschaften sowie zwischen einigen Teilen der Wirtschafts- und Sozialwissenschaften anordnet. Allen geht es, aus unterschiedlicher Perspektive, um das Erkennen des Zusammenhangs zwischen Umwelt und Organismen, die in Wechselbeziehungen zueinander stehen und die in ihrem Verhalten Regelhaftigkeiten oder Gesetze erkennen lassen. Die ökologische Forschung erfolgt in den verschiedenen Disziplinen mehr oder weniger integrativ und beschreibend, vergleichend und kausal. Sie wird auf verschiedenen Betrachtungsgrößenordnungsebenen – vom Einzelindividuum über den → *Ökofaktor* bis hin zum gesamten → *Ökosystem* – betrieben. In den geowissenschaftlichen Bereichen der Ö. dient die → *Theorie der geographischen Dimensionen* als methodischer Filter. – 3. die klassische Ö. ist die biowissenschaftliche Ö., die heute auch innerhalb der Biologie als → *Bioökologie* bezeichnet wird. Die klassischen und modernen Betrachtungsweisen der Bioökologie *sind Autökologie* (oder physiologische Ö.), → *Demökologie* (oder Populationsökologie) und → *Synökologie* (oder → *Biozönologie*). – 4. im geowissenschaftlich-geographischen Bereich und in verwandten Fachgebieten wird die Ö. als → *Geoökologie* oder – umfassender als → *Landschaftsökologie* betrieben. Letztere hat als Betrachtungsperspektive und Fachgebiet auch innerhalb der → *Landschaftspflege*, der Geographie, der → *Raumplanung* und der → *Angewandten* Ö. einen Platz.

ökologisch: 1. die → *Ökologie* als Wissenschaft und Praxisbereich betreffend. – 2. die Wechselbeziehungen zwischen den Lebewesen und ihrer → *Umwelt* betreffend. – 3. in der *Landwirtschaft* Anbau, der ohne → *Schadstoffe* ausschließende Arten.

ökologisch vikariante Arten: sich in ihrem Vorkommen in ähnlichen oder benachbarten Lebensräumen (→ *Biotop*) im gleichen Gebiet ausschließende Arten.

ökologische Amplitude: Wirkungsbreite eines physikalischen oder chemischen Faktors im → *Geoökosystem* auf eine Art oder Rasse. Dabei weist diese im optimalen Bereich des → *Geoökofaktors* ihre größte Häufigkeit auf, im unter- oder überoptimalen Bereich geht sie jedoch zurück bis zum Verschwinden an der Minimum- oder Maximumgrenze der ö.A. Das biotische Gegenstück der ö.A. ist die → *ökologische Valenz* eines tierischen, pflanzlichen oder menschlichen Organismus.

ökologische Artengruppe (ökologische Gruppe): Gruppe von Arten, die sich in einem bestimmten Lebensraum hinsichtlich ihrer Ansprüche an das → *Geoökosystem* annähernd gleich verhalten, also eine annähernd übereinstimmende → *ökologische Konstitution* aufweisen. Besonders Pflanzengesellschaften werden durch ö.A. ausgewiesen, ihre Gültigkeit ist aber, ebenso wie bei soziologischen Artengruppen, nur innerhalb einer Formation und eines ökoklimatisch einheitlichen Gebietes zu erwarten. (→ *Gilde*).

ökologische Ausgleichswirkungen: sie erfolgen zwischen → *Landschaftsökosystemen* unterschiedlichen Belastungsgrades auf ober- oder unterirdischen Austauschbahnen, die Stoff- und Substanztransporte zwischen den Landschaftsräumen und ihren ökologischen Systemen ermöglichen. Strenggenommen kann die ö.A. nur zwischen den Agenzien Wasser, Luft und Boden erfolgen, wobei Luft und Wasser als Transporteure bzw. Träger stofflicher Eigenschaften in Erscheinung treten. Die ö.A. sind z.T. geoökofaktorenspezifisch, sie können aber auch – fast – alle → *Geoökofaktoren* eines Landschaftsökosystems betreffen. Die Wirkungen sind räumlich begrenzt und hängen vor allem vom Geoökosystemregler → *Georelief*, aber auch von der Art und Lagerung des → *Oberflächennahen Untergrundes* ab. Überwiegend vollzieht sich der ökologische Ausgleich in der → *topischen* und → *chorischen Dimension*. Ferntransporte (Fernwirkungen) in den Meeren oder in der Atmosphäre sind auch möglich, d.h. in → *regionischer* und → *geosphärischer Dimension*. (→ *Fernwirkung*).

Ökologische Belastbarkeit: → *Ökologische Pufferkapazität*.

Ökologische Bewertung: die Bewertung von → *Landschaftselementen*, → *Landschaftshaushaltsfaktoren* und Räumen im Hinblick auf das → *Leistungsvermögen des Landschaftshaushaltes*, wobei die ö.B. auch auf Einzelmerkmale dieser Gegenstände hin durchgeführt wird, obwohl dies dem holistischen Ansatz der → *Landschaftsökologie* bzw. → *Ökologie* zuwiderläuft. (→ *Ökologische Eignungsbewertung*, → *Landschaftsbewertung*).

Ökologische Bilanzierung: eine vergleichende Wertschätzung des → *Leistungvermögens des Landschaftshaushaltes* vor und nach einem strukturellen Eingriff, um den Funktions- bzw. Potentialverlust der Landschaft und ihrer → *Landschaftsökosysteme* zu ermitteln und das erforderliche Ausmaß von Ausgleichs- und Ersatzmaßnahmen festzulegen, z.B. im Rahmen einer → *Ökologischen Planung*. (→ *Landschaftsbilanz*).

ökologische Dominanz: in der → *Bioökologie* Maß für das prozentuale Verhältnis der Einzelorganismen einer Art je Flächeneinheit zur Individuenzahl der übrigen Arten.

ökologische Effizienz (ökologischer Wirkungsgrad): in der → *Produktionsbiologie* das Verhältnis von produzierter Biomasse zur verfügbaren Energie auf der jeweiligen trophischen Ebene. Wichtige ö. E. sind die → *photosynthetische Effizienz*, → *Produktionseffizienz* und die → *Nahrungsketteneffizienz*. (→ *Assimilationseffizienz*).

ökologische Eignungsbewertung: für das → *Naturraumdargebot* zur Ausweisung des → *Naturraumpotentials* mit Hilfe verschiedener Methoden der → *Landschaftsbewertung* erfolgende Bewertung.

ökologische Faktoren (Umweltfaktoren): Gesamtheit der → *abiotischen* und → *biotischen Faktoren*, die als → *Umwelt* auf ein Individuum oder eine Gruppe von Lebewesen einwirken, woraus sich gewisse Verhaltensweisen und/oder Anpassungen ergeben. Die ö.F. werden gruppiert in klimatische, edaphische, orographische und biotische → *Ökofaktoren*.

Ökologische Geobotanik: → *Ökologische Pflanzengeographie*.

Ökologische Geomorphologie: jene Teile der → *Geomorphologie*, die sich vor allem mit dem → *Georelief* als Regler im → *Landschaftsökosystem* und dem → *Oberflächennahen Untergrund* als landschaftlicher Substanz für wissenschaftliche und praktische Zwecke auseinandersetzen.

ökologische Grenze: vielfältig verwandter Begriff in → *Geoökologie* und → *Bioökologie*, der funktionale und räumliche Bedeutung besitzt. – 1. für → *Ökosysteme* kann ein Faktor oder eine Faktorengruppe als Minimum- oder als Maximumfaktor auftreten und dadurch die Funktionen des Systems begrenzen oder fördern. – 2. ö.G. können auch räumlich erscheinen und entsprechen dabei den → *geographischen Grenzen*, die als Übergangssäume zwischen verschieden ausgestatteten → *Geoökosystemen* auftreten und die in Beziehung zur → *Dreidimensionalität* der Geoökosysteme stehen. Die in der Horizontalen oder in der Vertikalen auftretenden Grenzen bzw. Grenzsäume für tierische, pflanzliche oder menschliche Individuen werden letztlich wieder von den Verbreitungsgrenzen abiotischer Faktoren bestimmt.

Ökologische Grundeinheit: → *landschaftsökologische Grundeinheit*.

Ökologische Gruppe: → *ökologische Artengruppe*.

Ökologische Hauptmerkmale: → *Landschaftsökologische Hauptmerkmale*.

ökologische Isolierung (ökologische Isolation): → *ökologische Isolation*. Folge der → *interspezifischen Konkurrenz*, wobei nahe verwandte Arten im gleichen → *Geoökosystem* nur dann gemeinsam existieren können, wenn Unterschiede in ihren Lebensansprüchen bestehen, sie also verschiedene → *ökologische Nischen*

besetzen. Durch Tages- und Jahreszeit-Aktivitätsunterschiede, Nahrungswahl, Aufenthaltsplatz usw. kommt es zu einer räumlichen und zeitlichen Sonderung der verwandten Arten.
ökologische Kennwerte (ökofunktionale Kennwerte): 1. Inhalt und/oder Funktion eines → *Geoökosystems* kennzeichnende Werte, wobei in der → *Geoökologie* und → *Landschaftsökologie* immer mehr von einer statischen Kennzeichnung der stabilen → *Geoökofaktoren* zu einer dynamischen Kennzeichnung übergegangen wird, d.h. einer Ausweisung der → *ökologischen Prozesse* durch → *Stoffumsätze.* – 2. in der *Bioökologie* werden auch → *Lebensformenspektren* oder die quasiquantitative Kennzeichnung des Zusammenhangs einer Organismengruppe mit einem chemischen oder physikalischen Faktor (z.B. → *Nitratpflanzen*) als ö.K. bezeichnet.
ökologische Kompensation: Wiederherstellung des ursprünglichen funktionellen Zustandes zwischen Lebewesen eines Lebensraumes als Reaktion auf eine Änderung, die nach dem Prinzip des Ausgleichs vonstatten geht und die sich nicht auf präexistente Regelungsmechanismen zurückführt. Die ö.K. tritt z.B. auf beim → *Räuber-Beute-Verhältnis.*
ökologische Konstitution: Gesamtheit der für die Umweltbeziehungen wichtigen und damit als Verbreitungsursache von tierischen oder pflanzlichen Organismen wirksamen genetisch bedingten Eigenschaften der Individuen.
ökologische Landschaftscharakteristik: → *Landschaftscharakteristik.*
ökologische Landschaftsforschung: Sammelbegriff für alle Forschungen, die sich mit dem Zustand und der Entwicklung der → *Landschaftsökosysteme,* → *Geoökosysteme* sowie der → *Bioökosysteme* beschäftigen – unter Berücksichtigung der Tatsache, daß die Systeme eine → *Dreidimensionalität* aufweisen und daß ihr räumlichfunktionaler Charakter im Vordergrund steht. Zentrale Gebiete der ö.L. sind die → *Landschaftsökologie* bzw. → *Geoökologie.*
ökologische Landwirtschaft: → *alternativer Landbau.*
Ökologische Mikrobiologie: → *Mikrobiologie.*
ökologische Modelle: sie zielen generell auf die Komplexität ökologischer Sachverhalte in Zeit und Raum ab, wobei je nach Fachbereich unterschiedlich umfassend modelliert wird. 1. das umfassendste ö.M. ist das Modell des → *Landschaftsökosystems,* dem sich die Modelle von → *Bioökosystem* und → *Geoökosystem* unterordnen, ebenso auch das Modell des → *Ökosystems.* Unterhalb dieser Systemhierarchiestufe finden sich die Modelle von → *Biosystem* und → *Geosystem,* die sich aus weiteren Subsystemmodellen zusammensetzen, z.B. → *Phytozönose* oder → *Hydrosystem.* Wegen der zahlreichen Größen, die an den ö.M. beteiligt sind, ist eine gesamthafte quantitative Funktionskennzeichnung für ökologisch-komplexe Sachverhalte nur sehr schwierig. Daher sind die meisten ö.M. verbal- oder graphisch-beschreibende Modelle, die z.B. mit Meßgrößendaten für die einzelnen → *Kompartimente* oder Systemeinzelelemente gefüllt sein können. Eine hochgradige Form ökologischer Beschreibung ist das → *Prozeß-Korrelations-Systemmodell* des → *Landschaftsökosystems.* Eine komplette mathematische Beschreibung solcher komplexen ö.M. ist z.Z. nur bedingt möglich, wenn nicht zu stark – auf einzelne wenige Größen – vereinfacht werden soll. Mit starken Vereinfachungen der Modellstrukturen befindet sich das ö.M. zwar noch im Bereich der Definition des Begriffes → *Modell* bzw. → *Simulationsmodell,* es ist dann aber von der ökologischen Realität der Umwelt weit entfernt. – 2. abstrakte Vereinfachung eines bioökologischen Systems, die die wesentlichen Eigenschaften (Struktur und Beziehungsgefüge) der Natur, speziell des Bios, zum Ausdruck bringt. Durch Weglassen nebensächlicher Eigenschaften soll eine Vereinfachung und damit Überschaubarkeit erreicht werden, aber auch Rechenbarkeit erzielt werden. Sie macht dann das biologische Simulationsmodell möglich. Die mathematisch-statistischen Modelle der Biologie erlauben einerseits eine klare Formulierung von Hypothesen, die überprüft werden können, andererseits auch – mit Einschränkung – gewisse Vorhersagen über zukünftige Entwicklungen von → *Arten,* → *Populationen* und → *Biosystemen* bzw. → *Bioökosystemen.*
ökologische Mortalität: → *physiologische Mortalität.*
ökologische Natalität: jene → *Geburtenziffer,* die unter den von der → *Umwelt* vorgegebenen Bedingungen möglich ist. Sie wird der → *physiologischen Natalität* gegenübergestellt.
ökologische Nische: sowohl in der → *Bioökologie* als auch in der → *Geoökologie* verwandter Begriff, jedoch mit verschiedenen Bedeutungen. In der Bioökologie gibt es eine trophische und eine räumliche Auffassung der ö.N. – 1. die ö.N. ist die Gesamtheit der trophischen Beziehungen einer Tierart, also ihrer Beziehungen zur Nahrung und zu den Feinden. Diese ökofunktionale ö.N. ist die trophische Nische oder → *Elton'sche Nische.* Hier wird noch unterschieden zwischen (1) Fundamentalnische, die ausgenützt werden kann, wenn Konkurrenten, Pathogene und Herbivoren fehlen und (2) der realisierten Nische, die bei Anwesenheit von Konkurrenten, Pathogenen und Herbivoren ausgenützt werden kann. – 2. ihr gegenüber steht die räumliche ö.N. oder Standortnische, die einen Raumausschnitt meint, der zeitweise oder dauernd bewohnt wird. – 3. sowohl in der Bioökologie als auch in der Geoökologie ist noch eine dritte Variante des Begriffes ö.N. üblich, die in der Geoökologie ausschließlich be-

nutzt wird. Hierbei handelt es sich um den → *Standort* einer Pflanzengesellschaft und/oder Tiergemeinschaft, der sich durch eine spezielle Geoökofaktorenkonstellation gegenüber seiner näheren und weiteren Umgebung auszeichnet.-
4. in einer allumfassenden Bedeutung des Begriffes ö.N., mit einer Betrachtung, die aber weit unterhalb der → *topischen Dimension* der → *Geoökologie* ansetzt, wird in der Bioökologie der Elton'sche Nischenbegriff über die trophischen Beziehungen einer Spezies hinaus auch auf die geoökologische → *Umwelt* ausgedehnt.

ökologische Optimumkurve: das Gedeihen einer Pflanze unter natürlichen Bedingungen im Zusammenwachsen mit anderen Pflanzen der gleichen oder anderen Art darstellende Graphik.

ökologische Persistenz (landschaftsökologische Persistenz): die → *Puffer*kraft der → *Geoökosysteme* gegenüber langfristigen Einwirkungen auf den → *Landschaftshaushalt* ausdrückender Begriff. Dabei ist es gleichgültig, ob diese Einwirkungen vom Menschen (z. B. Bodenerosion, Entwässerung, Tiefpflügen, Düngung) oder von der Natur selber ausgehen (z. B. natürliche Erosion, Klimaschwankungen, Sedimentakkumulationen).

Ökologische Pflanzengeographie (Ökologische Geobotanik): nicht nur die Lebensweise und Organisation der Pflanzen im Zusammenhang mit dem Verbreitungsmuster an sich, sondern auch die Beziehungen der → *Pflanzen* und → *Pflanzengesellschaften* zum → *Standort* im → *Geoökosystem* untersuchender Teil der → *Pflanzengeographie*. Sie ist damit ein Teilgebiet der → *Geobotanik*.

ökologische Planstelle: im → *Bioökosystem* bzw. → *Ökosystem* bietet sich eine Vielfalt von Lebensraumbedingungen an, die von Arten besetzt werden, deren Platz dann eine → *ökologische Nische* ist. Wird sie besetzt, hat die Art eine ö.P.

Ökologische Planung: sie berücksichtigt die Wirkungszusammenhänge der Einzelbestandteile der belebten und unbelebten Natur bzw. → *Umwelt* (→ *Landschaftshaushaltsfaktoren*), um künftige räumliche und funktionale Realitäten daran zu messen, ob sie nicht nur den Menschen nützen, sondern auch mit den Naturgesetzen in Einklang stehen. Die Ö.P. muß als integrierte Planung erfolgen, d.h. → *Fachplanungen* dürfen nur innerhalb einer integrativen Umwelt(gesamt)planung betrieben werden, worauf auch die Verwaltungs- und Entscheidungsstrukturen abzustellen wären.

ökologische Plastizität: unscharfer Begriff der Bioökologie für das Verhalten von Arten gegenüber den Wirkungen der einzelnen → *Geoökofaktoren*, das → *euryplastisch* oder → *stenoplastisch* sein kann.

Ökologische Politik: eine Politik, deren Entscheidungen sich auf die Ergebnisse der → *Ökologischen Planung* gründen, wobei die Bedeutung des → *Landschaftsökologischen Ansatzes* bei der Betrachtung der → *Umweltsysteme* als Lebens- und Wirtschaftsraum des Menschen anerkannt und von der Ökologischen Planung bereitgestellte ökologisch begründete Entscheidungsgrundlagen akzeptiert werden. Eine so gestaltete politische Entscheidung stellt dann einen Beitrag zur Erhaltung und Weiterexistenz des „Raumschiffes Erde" dar.

ökologische Potenz (ökologische Reaktionsbreite, ökologische Toleranz): Fähigkeit eines tierischen oder pflanzlichen Organismus, sich mit einem bestimmten Umweltfaktor auseinanderzusetzen. Die Wertigkeit des betreffenden → *Geoökofaktors* wird hingegen als dessen → *ökologische Valenz* bezeichnet.

ökologische Prägung: das Sammeln früher Erfahrung in einem Lernprozeß bei Tieren, der zur Bevorzugung von beispielsweise bestimmter Nahrung, bestimmter Wirte, eines Heimreviers oder eines Biotoptyps führt. Die ö. P. ist nur während einer sensiblen Lebensphase möglich.

Ökologische Prinzipien: → *Ökologische Regeln*.

ökologische Prognose: Vorhersage der Eigenschaften und Zustände von → *Populationen* oder → *Ökosystemen* als Umweltbedingungen aufgrund von → *Simulationsmodellen* (→ *ökologisches Modell*). Speziell in der Phytopathologie und im Frostschutz die → *Prognose* für das Auftreten von Schaderregern.

ökologische Prozesse: Beziehungen zwischen → *abiotischen* und → *biotischen Faktoren* untereinander und miteinander im Wirkungsgefüge des → *Ökosystems*, bei denen Stoff- und/oder Energieumsätze erzielt werden.

Ökologische Pufferkapazität (Ökologische Belastbarkeit): das Vermögen eines → *Ökosystems* bzw. → *Landschaftsökosystems*, Belastungen auszugleichen, ohne daß diese → *Belastung* nachhaltige Veränderungen im System bewirkt. Dieses Puffervermögen ist begrenzt und wird im übrigen von verschiedenen Faktoren im System bewirkt. Einer davon ist der Boden. (→ *Puffervermögen des Bodens*).

ökologische Rassen: 1. im Unterschied zu räumlich getrennten geographischen → *Rassen* Populationen einer Art, die mit unterschiedlichem Genbestand im gleichen geographischen Gebiet, aber unter verschiedenen ökologischen Bedingungen leben. Beispiel: Kuckuck, der in Färbung und Musterung unterschiedliche Eier produziert, angepaßt an die von ihm bevorzugten Wirtsvogelarten. – 2. → *Ökotypen*.

ökologische Raumeinheit: ein Gebiet, das innerhalb seines Areals gleiche oder ähnliche natürliche Gegebenheiten aufweist, die gleichartig oder ähnlich auf Eingriffe in den → *Naturhaushalt* in der → *Landschaft* reagieren. Die natürlichen Gegebenheiten sind die → *Geoökofaktoren* Gestein bzw. → *Oberflächennaher*

Untergrund, → *Georelief,* → *Boden,* → *Wasserhaushalt,* → *Geländeklima,* Vegetation und Tierwelt, die in einem ökologischen Wirkungsgefüge miteinander verbunden sind, das als Naturhaushalt bezeichnet wird. Man modelliert diesen Naturhaushalt als → *Geoökosystem,* → *Bioökosystem* oder → *Ökosystem.* Erarbeitet werden die ö.R. mit der → *Ökologischen Raumgliederung.* (→ *Landschaftsökosystem,* → *Geoökologischer Arbeitsgang).*

Ökologische Raumgliederung: Verfahren zur Ausscheidung → *Ökologischer Raumeinheiten* bzw. → *Naturräumlicher Einheiten* nach den Prinzipien der → *Landschaftsökologie* und → *Geoökologie.* Die Ausscheidung erfolgt nach Untersuchungen der → *Landschaftsökologischen Standorte* und mit Bezug zu den → *Dimensionen naturräumlicher Einheiten.* Grundeinheit sollte der → *Top* im Sinne des →*Ökotops* sein. Die Ö.R. sind hierarchisch konzipiert. Die praktische Bedeutung von Ö.R. steigt in der Regel mit der Vergrößerung des Maßstabs.

ökologische Reaktionsbreite: → *ökologische Potenz.*

Ökologische Regeln (Bioökologische Regeln, Ökologische Prinzipien, Synökologische Regeln): Beobachtungstatsachen der (biologischen) → *Synökologie.* Dazu gehören das Wirkungsgesetz der Umweltfaktoren, das → *Minimumgesetz,* die → *biozönotischen Grundprinzipien,* die → *Abundanzregel,* das → *Prinzip der Gleichwertigkeit verschiedener Umweltwirkungen,* das → *Prinzip der relativen Biotopbindung,* das → *Prinzip der nach Norden zunehmenden Synanthropie* und die → *RTG-Regel.*

Ökologische Risikoanalyse: verschiedene Verfahren zur Einschätzung des Risikos bei Eingriffen in → *Natur* und → *Landschaft,* die zur Beeinträchtigung des → *Leistungsvermögens des Landschaftshaushaltes* führen. Das Risiko hängt ab vom Grad der Beeinträchtigung bzw. vom Gefährdungspotential und der Bedeutung – im Sinne des Wertes – der beeinträchtigten landschaftshaushaltlichen Leistung. Die Ö.R. ist ein Verfahren, das bei der → *Ökologischen Planung* zur Einschätzung der Beeinträchtigung der Kompartimente und Systemelemente im → *Landschaftsökosystem* eingesetzt wird.

ökologische Segregation: → *ökologische Separation.*

ökologische Separation (ökologische Segregation, ökologische Sonderung): Tendenz verschiedener Arten in einem Lebensraum, sich in ihren ökologischen Ansprüchen zu unterscheiden. → *ökologische Isolation.*

ökologische Sonderung: → *ökologische Separation.*

ökologische Stabilität: Fähigkeit eines → *Ökosystems,* sein Gleichgewicht unter Einwirkung natürlicher und → *Geoökofaktoren* oder anthropogener Einflüsse zu erhalten, wobei die Fähigkeit durch die Breite des → *ökologischen Amplitude* des → *Ökosystems* oder auch einzelner seiner Kompartimente bestimmt wird. Bei komplexer Betrachtung von Ökosystemen erweist sich jedoch der Begriff → *Stabilität* als wesentlich komplizierter als im Sinne der ö.S.

ökologische Standorttypen: nutzungsbezogener Begriff der Agrar- und Forstwirtschaft bzw. der → *Agrar-* und → *Forstökologie,* der auf der → *Standortform* basiert. Danach ist ein ö.S. eine Fläche gleicher aktueller natürlicher Leistungsfähigkeit, die deren Nutzbarkeit bestimmt, die potentielle Ertragserwartung kennzeichnet und die zudem bestimmte meliorativ zu beeinflussende Eigenschaften besitzt. (→ *Leistungsvermögen des Landschaftshaushaltes).*

ökologische Streubreite: die Fähigkeit von → *Sorten* bzw. → *Rassen,* sich in verschiedenen geographischen Räumen bei ganz unterschiedlichen Ökosystembedingungen als leistungsfähig zu erweisen.

ökologische Struktur: etwas unschärfer Begriff der → *Geoökologie* und → *Bioökologie* für Aufbau und Funktion von → *Ökosystemen,* die sich in einem bestimmten Ablauf → *ökologischer Prozesse* und in einem charakteristischen → *Gefügemuster* repräsentiert. Die Darstellung der ökologischen Funktionsstrukturen erfolgt z. B. im → *Standortregelkreis.*

ökologische Toleranz: → *Reaktionsbreite,* → *ökologische Potenz.*

ökologische Valenz: 1. die Wertigkeit eines → *Geoökofaktors* für die ökosystem- bzw. umweltbezogene Reaktion eines pflanzlichen, tierischen oder menschlichen Organismus. Die ö.V. wird häufig mit der → *ökologischen Potenz* verwechselt. – 2. in der → *Bioökologie* die Reaktionsbreite einer Art gegenüber einem bestimmten → *Umweltfaktor* und dort als Synonym mit der → *Ökologischen Potenz* definiert.

ökologische Variabilität: bezieht sich auf die Dynamik von → *Geoökosystemen* und drückt sich in der → *ökologischen Persistenz* aus, die beide zusammen die ö.V. eines Geoökosystems ausmachen.

ökologische Vikarianz: ein Effekt, nach sich Arten im gleichen Lebensraum gegenseitig ausschließen, wenn sie gleiche, ähnliche oder eng benachbarte Lebensstätten benötigen.

Ökologische Wertanalyse: ein empirisches Verfahren, in welchem die Aufbereitung qualitativer ökologischer Werte für eine quantitative Bewertung der Funktionstüchtigkeit von Ökosystemen, im Sinne der → *Landschaftsbewertungen* und der Bewertung des → *Leistungsvermögens des Landschaftshaushaltes* erfolgen soll. Ziel ist die Bewertung des Zustands der Ökosysteme auf gestört oder ungestört, die Darstellung der qualitativen Schutzwürdigkeit, der Nutzungseignung, der Konfliktsituationen sowie die Einschätzung von Belastung und Zerstörung von Ökosystemen durch vorhandene oder künftige Nutzungen.

ökologische Zonierung: → *Zonation.*

ökologischer Ansatz: in der → *Bioökologie,* →

Landschaftsökologie, → *Geographie* und → *Geoökologie* verwandter Ansatz. Er betrachtet den Untersuchungsgegenstand als → *Ökosystem,* in welchem Faktoren, Kräfte und Regler zusammenwirken. Der ö.A. dient nicht nur dazu, auch kleinere → *Kompartimente* des Systems zu erkennen, sondern vor allem dazu, die zwischen ihnen ablaufenden Prozesse herauszuarbeiten, somit die → *ökologische Struktur.* (→ *System*).

ökologischer Ausgleichsraum: die räumliche Manifestation von → *Landschaftsökosystemen* mit geringer Belastung, welche auf Grund ihrer Funktionstüchtigkeit für Nachbarschaftsräume eine → *ökologische Ausgleichswirkung* erzielen können. Dabei erfolgt ein Austausch von Stoffen und Substanzen, z.T. auch von Bios, der die Qualität des ausgleichenden Raumes nicht herabsetzt, aber den ökologischen Zustand und die ökologische Funktionstüchtigkeit des belasteten Nachbarraums verbessert. Damit werden teilweise ökologische Grundfunktionen von belasteten Landschaftsökosystemen übernommen. (→ *Lastraum*).

Ökologischer Landbau: → *Alternativer Landbau.*

Ökologischer Umweltschutz: *wird dem* → *Technischen Umweltschutz* gegenübergestellt und bezieht sich auf die → *Landschaftsökosysteme* bzw. → *Ökosysteme* wie deren → *naturbürtige Bestandteile,* die unmittelbar geschützt werden sollen, vor allem durch Maßnahmen des → *Naturschutzes,* des → *Landschaftsschutzes* und der → *Landschaftspflege.* In der Praxis wird der Ö.U. gelegentlich reduktionistisch gehandhabt und ausschließlich auf das Bios bezogen. Allerdings ist „biologischer" Umweltschutz an sich nur im realen Zusammenhang Bios-Landschaft möglich, weil er sonst in gefährliche Nähe des klassischen → *Objektschutzes* des Naturschutzes gelangen würde.

ökologischer Wirkungsgrad: das Verhältnis von verfügbarer (einstrahlender, interzeptierter oder absorbierter) Energie zur genutzten (gebundenen oder assimilierten) Energie eines Organismus, einer Organismengruppe oder auch eines Komplexes → *ökologischer Prozesse* im→ *Ökosystem.* Dabei handelt es sich bekanntlich nicht um einen Kreislauf, sondern die eingestrahlte Energie wird auf jeder Ökosystem- bzw. Lebensstufe zunehmend verbraucht und die genutzte Energie als Wärme aus dem System abgegeben. Dabei stellen sowohl Organismen als auch andere Teile von Ökosystemen quasi örtliche Energiesammlungen auf Zeit dar. Letztlich handelt es sich um Vernichtung von Energie, auf welche die Idee von der → *Entropie* Bezug nimmt. (→ *ökologische Effizienz*).

ökologischer Zeigerwert: allgemein ein quantitativer Wert, der das ökologische Verhalten einer Tier- oder Pflanzenart bzw. -gruppe bzw. → *Phytozönose/*→ *Zoozönose* auf Grund eines → *Ökofaktors* bzw. eines Komplexes dieser am → *Standort* bzw. → *Landschaftsökologischen Standort* ausdrückt. Zur Bestimmung des ö.Z. werden → *Bioindikatoren* eingesetzt, die über → *Zeigereigenschaften* verfügen. Sowohl die → *Zeigerpflanzen* als auch die → *Zeigergesellschaften,* die als → *Standortzeiger* eingesetzt werden, sind zugleich Bioindikatoren. Die ö.Z. beziehen sich auf das ökologische → *Optimum,* d.h. auf die Standortansprüche unter den gerade gegebenen Konkurrenzbedingungen. Die ö.Z. spielen vor allem beim flächendeckenden Arbeiten sowie bei der Übertragung von ökologischen Meßdaten auf die Fläche eine sehr große Rolle. Sie ersetzen nicht die Messung der einzelnen Parameter im→ *Geoökosystem,* sondern sollen – summarisch und quasiquantitativ – die Wirkung eines Komplexes ökologischer Faktoren anzeigen.

Ökologisches Fassungsvermögen: → *Fassungsvermögen des Lebensraumes.*

ökologisches Gefüge: Sammelbegriff der → *Bioökologie* sowohl für das Wirkungsgefüge zwischen den Organismen einer Lebensgemeinschaft untereinander, dem → *Biozönotischen Konnex,* als auch die Beziehungen der Lebensgemeinschaften zum → *Geosystem.* Dessen → *abiotische Faktoren* stellen die physikalischen Voraussetzungen für die Existenz der Organismen dar und deren Wirkungsgefüge bestimmt den Biozönotischen Konnex mit.

Ökologisches Gleichgewicht: ein phänomenologisch stationärer Zustand ökologischer Systeme über eine bestimmte Zeit. Zustandsgrößen ökologischer Systeme (z.B. Individuenzahlen bestimmter Organismenarten) entsprechen (im günstigsten Fall) → *Fließgleichgewichten.* Beispielsweise wird über eine gewisse Zeit eine mehr oder weniger konstante Individuenzahl oder aber eine mehr oder weniger regelmäßige Oszillation aufrechterhalten als Folge der Geburts- und Mortalitätsraten, bestimmter systembedingter Wechselwirkungen und auch bestimmten Immigrations- und Emigrationsraten. Neben den rein biologischen Zustandsgrößen (die das sog. biologische Gleichgewicht ausmachen) sind auch nicht-biologische Parameter, wie die Sauerstoffkonzentration im Gewässer, bestimmten Wechselwirkungen und Gleichgewichten unterworfen. – 2. theoretische Beschreibung des Zustandes eines → *Ökosystems,* das durch Wirkung und Gegenwirkung eine relative → *ökologische Stabilität* erreicht. Das Regulationsvermögen der Ökosysteme hängt vom Zustand und der Funktionsweise der → *abiotischen* und → *biotischen Faktoren* des Ökosystems ab. Der Begriff Ö.G. kann auch auf das → *Biosystem* oder das → *Geosystem* – als Hauptbestandteile des Ökosystems – übertragen werden. Im Fall des Biosystems wird von einem → *Biozönotischen Gleichgewicht* gesprochen.

ökologisches Optimum: das autökologische

Optimum einer Art als der günstigste Bereich der → *ökologischen Potenz;* das synökologische Optimum einer Art als der günstigste Bereich der → *ökologischen Existenz* in → *Lebensgemeinschaften* bei → *interspezifischer Konkurrenz* und anderen biotischen Wirkungen zwischen den Arten. (→ *Ökogramm*).

ökologisches Potential: 1. meist verengt eingesetzter Begriff für → *biotische* oder → *abiotische Faktoren* des → *Ökosystems* im → *Naturraum*, der eine gewisse → *Naturraumausstattung* aufweist. – 2. in engster Begriffsauslegung der Biologie handelt es sich um pflanzliche und/oder tierische Lebewesen oder Lebensgemeinschaften in Bezug zu ihrer Funktion im Ökosystem, seltener oder nie als Bestandteile des → *Naturraumpotentials*. – 3. im Zusammenhang mit dem → *Leistungsvermögen des Landschaftshaushaltes* wird das ö.P. raumbezogen und zugleich funktional definiert als ein vorhandenes oder zu entwickelndes System von → *Ökotopen* der Landschaft (→ *Landschaftsökosystemen*), das die gesamte standörtlich mögliche Vielfalt an → *Lebensgemeinschaften* und → *Wirkungsgefügen* repräsentiert sowie die natur- und kulturhistorische Entwicklung der → *Landschaft* dokumentiert. Zum ö.P. gehören das Potential für → *Arten-* und → *Biotopschutz* (→ *Biotopbildungsfunktion*), das biotische Regenerationspotential (→ *Regenerationsfunktion*) sowie das → *Naturschutzpotential* (→ *Naturschutzfunktion*).

ökologisches Recycling: → *Recycling* unter dem Gesichtspunkt einer vollen Integration von → *Abfall* und → *Abfallstoffen* aus Produktion und Konsum in den Stoffkreislauf der → *Ökosysteme*.

ökologisches Spektrum: anteilmäßige Zusammensetzung der Organismen eines Lebensraumes nach ihren → *Lebensformen*, unabhängig von ihrer systematischen Stellung und damit genetischen Verwandschaft. Das ö.S. entspricht mehr oder weniger dem → *Lebensformenspektrum*, wenn dieses auf einen Erdraum bezogen wird.

Ökologisierung: unter dem Eindruck zunehmender Beanspruchung des → *Naturraumpotentials*, des → *Leistungsvermögens des Landschaftshaushaltes* und der → *Ressourcen*, einer sich herausbildenden → *Umweltethik* und ökologischen Defiziten in Planung und Politik, (→ *Ökologische Planung*, → *Ökologische Politik*) wird eine Ö. gefordert, z.B. in der agrarischen Landnutzung oder → *Fachplanungen*. Die Ö. bedeutet die Berücksichtigung eines holistischen Ansatzes bei der Betrachtung der Umwelt, bei politischen Entscheidungen für Planung und Wirtschaft sowie bei der Ausführung von Planungsmaßnahmen in der Realität. Ökologische Planung und Ökologische Politik, die z.Z. noch weitgehend Gedankenexperimente ohne konkrete Wirksamkeit darstellen, könnten Ausdruck einer solchen Ö. sein.

Ökomone (Biochemikalien): chemische Stoffe, die durch ihren Geruch oder Geschmack biologisch bedeutsame → *Informationen* zwischen Organismen vermitteln. Die Ö. lassen sich einteilen in → *Pheromone* (chemische Signale zwischen Individuen verschiedner Arten mit Vorteil für den Sender) und → *Kairomone* (Signale zwischen Individuen verschiedener Arten mit Vorteil für den Empfänger). Außerdem kann man zu Ö.n. die → *Toxine* und → *Inhibitoren* zählen.

Ökomorphose: 1. jahreszeitlicher, zyklischer Gestaltwandel von Tieren durch Wirkung von Umweltfaktoren. (→ *Saisondimorphismus*, → *Zyklomorphose*) – 2. durch Außenfaktoren ausgelöste morphologische Unregelmäßigkeit in der Entwicklung bestimmter Collembolenarten (z.B. Gattung *Hypogastrura*).

ökonomischer Schwellenwert: die Höhe der → *Populationsdichte* eines Schaderregers in Pflanzenkulturen, die gerade eine Bekämpfung mit ihren Kosten in Relation zu dem zu erwartenden Schaden durch den Pflanzenschädling als lohnend erscheinen läßt.

Ökopädagogik: sie zielt im Rahmen einer erweiterten → *Umwelterziehung* auf das Erkennen und Behandeln ökologisch relevanter Fragestellungen, die Akzeptanz ökologischer Problemstellungen und das Wecken von Verständnis für Veränderungen im menschlichen Verhalten gegenüber → *Umwelt* und → *Ökofaktoren*.

Ökopedologie: 1. Teilgebiet der → *Bodenkunde* (Pedologie), das den Boden als Subsystem des → *Geosystems* bzw. → *Geoökosystems* auf seine Kompartimente und seine Funktion als stoffliche Substanz der Landschaft und des Lebens auf der Erde untersucht. – 2. in der terrestrischen → *Ökologie* (→ *Pflanzenökologie*) entwickeltes Teilgebiet, das den → *Boden* als → *Umwelt* der Pflanze, im Sinne des → *Standorts*, betrachtet.

Ökophysiologie: Fachgebiet der → *Geobotanik* und → *Zoogeographie*, das sich mit der Funktionsweise tierischer und pflanzlicher Organismen im Zusammenhang mit den Lebensraumbedingungen in den → *Ökosystemen* – meist individuen- oder gesellschaftsbezogen – beschäftigt.

ökophysiologische Kennwerte: physikalische und chemische Maximal- und Minimalwerte, welche einen Zusammenhang zwischen Lebensfunktionen von Organismen oder Organismengruppen und abiotischen → *Geoökofaktoren* herstellen. Dabei sind die begrenzenden Minimal- und Maximalfaktoren für die Charakterisierung der Lebewesen als Bestandteile der → *Ökosysteme* am wichtigsten. Die ö.K. bilden auch die Grundlage für die → *Bioindikatoren*. Sie werden von der lebensraumbezogenen Tier- und Pflanzenphysiologie, die sich dann → *Ökophysiologie* nennen, erarbeitet.

Ökospezies: eine Pflanzen- oder Tierart, die

nicht in erster Linie nach morphologischen Kriterien, sondern aufgrund ökologischer Besonderheiten (Anpassung an die → *Umwelt*) definiert wird. Nach einer anderen Definition versteht man darunter alle → *Ökotypen* (d.h. an spezifische Umweltbedingungen angepaßte Taxa), deren Verwandtschaftsgrad noch groß genug ist, um fertile Nachkommen zu bilden.

Ökosphäre: → *Biogeosphäre*.

Ökosystem: allgemein die Modellvorstellung eines vielfältigen Wirkungsgefüges → *biotischer* und → *abiotischer Faktoren*, die in den einzelnen Fachgebieten der → *Ökologie* ("Ökologien") ganz verschieden konzipiert wird. In der Regel wird von den Fachwissenschaften immer nur ein Teil des → *Modells* "Ö." bearbeitet. Nach den Eingriffen oder Nichteingriffen des Menschen kann man → *primäre* und → *sekundäre* Ö. unterscheiden. – 1. eine sich aus abiotischen und biotischen Faktoren des *Ökotops* bzw. des → *Geosystems* und des *Biosystems* aggregierende Funktionseinheit der hochkomplexen realen Umwelt, die somit ein Modell eines Ausschnitts aus der → *Biogeosphäre* (Geobiosphäre) bildet, der ein sich selbst regulierendes Wirkungsgefüge darstellt, dessen stets offenes stoffliches und energetisches System sich in einem dynamischen Gleichgewicht (→ *Fließgleichgewicht*, → *ökologisches Gleichgewicht*) befindet. – 2. in der → *Bioökologie* wird das Ö. definiert als Beziehungsgefüge der Lebewesen untereinander (→ *Biozönose*) und mit ihrem Lebensraum. Daher werden neben den biologisch-ökologischen Komponenten auch jene der physikalisch-chemischen Umwelt untersucht. Im Mittelpunkt stehen die Organismengemeinschaften, die sich aus → *Produzenten*, → *Konsumenten* und → *Destruenten* zusammensetzen und die in einem miteinander in Wechselwirkung stehendem Ö. funktionieren, wobei es zu charakteristischen Stoffkreisläufen und Energieflüssen kommt. – 3. in den Raum- und Geowissenschaften wird das Ö. im Sinne der Definition 1. modelliert, wobei sein räumlicher Repräsentant, der → *Ökotop*, methodische Basisbedeutung besitzt, weil sich aus ihm → *ökologische Raumeinheiten* aggregieren, die von der → *Theorie der geographischen Dimensionen* (→ *Dimensionen landschaftlicher Ökosysteme*) in einer → *Systemhierarchie* geordnet werden. Die ökologischen Raumeinheiten können demzufolge als → *naturräumliche Einheiten* nach dem Prinzip der → *Naturräumlichen Ordnung* unterschiedliche Größenordnungen annehmen. Eines der raumwissenschaftlichen Modelle des Ö. ist der → *Standortregelkreis*, der das → *Prozeß-Korrelations-Systemmodell* des → *Landschaftsökologischen Standorts* graphisch repräsentiert. – 4. sowohl in → *Geoökologie* als auch → *Bioökologie* ist das Ö. zusammengesetzt aus biotischen Komponenten des → *Biosystems* und den abiotischen Komponenten des → *Geosystems*, die sich räumlich im Biotop bzw. Geotop repräsentieren. Die integrative Betrachtungsweise von Bioökologie und Geoökologie zusammen hat dann das Ökosystem und den Ö. zum Gegenstand. Nimmt die Bioökologie eine der Geoökologie angenäherte Betrachtungsweise vor, kann von → *Bioökosystem* gesprochen werden, im umgekehrten Fall behandelt eine geoökologische Betrachtung mit biotischen Perspektiven das → *Geoökosystem*. – 5. in der → *Landschaftsökologie* und in der → *Umweltforschung* wird mit einem umfassenden Ö.-Modell gearbeitet, das als → *Landschaftsökosystem* bzw. → *Umweltsystem* konzipiert wird. Es basiert wesentlich auf dem Geoökosystem und den in 3. dargestellten Grundprinzipien der raum- und geowissenschaftlichen Vorstellungen vom Ö.

Ökosystemanalyse: → *Ökosystemforschung*.

Ökosystemforschung (Ökosystemanalyse): die Untersuchung von → *Ökosystemen* bezüglich prägender und charakterisierender Eigenschaften (Landschaftselemente, Boden, Energiefluß, Stoffkreislauf, Biomasse, Individuendichte und Artenzusammensetzung) der jeweiligen Organismen sowie der Interaktionen zwischen den Populationen und zwischen Populationen und der Umwelt. Ein Ziel der Ö. ist die deskriptive Darstellung des Ökosystems in seinen wichtigsten Eigenschaften und Komponenten (→ *Systeme*, → *Elemente*, → *Subsysteme*), ein anderes die Herausarbeitung der Interaktionen und eines geeigneten Systemmodells. Das letztere erlaubt es, Fragen der Kausalanalyse, der Funktion und Bedeutung der Einzelkomponenten im Gesamtsystem darzustellen. Eine Ökosystemanalyse erfordert geeignete Meß- und Zählverfahren. Stufen der Erkenntnis sind: Beschreibung, kausale Analyse von Funktionen, gegebenenfalls Experimente und schließlich eine mathematische → *Systemanalyse*. (→ *Modell*, → *System*, → *Systemtheorie*).

Ökosystemregelung: 1. eine im abiotischen und biotischen Teil des → *Ökosystems* durch den Regelfaktor → *Georelief* (bzw. durch seine geomorphographischen Merkmale, in erster Linie Neigungsstärke und Exposition) erfolgende Regelung. Daraus ergibt sich auch ein charakteristisches → *Gefügemuster* für die Vegetation. Eine wesentliche Ö. erfolgt anthropogen, durch Veränderung der *Geoökofaktoren* infolge Stoffeingaben und -entnahmen. – 2. auch die von *biotischen Faktoren* können sich selbst im Ökosystem oder untereinander regeln. Die Regelwirkung wird dann auf die Art, eine Gruppe von Individuen oder ein Lebensraummerkmal bezogen. Basis für diese biotische Ö. bilden u.a. die → *Ökologischen Regeln*.

Ökosystemtyp: → *Geoökotyp*.

Ökoton: ein Übergangsbereich zwischen verschiedenausgestatteten, aber wenig diversen → *ökologischen Raumeinheiten*, in welchem das Angebot an Lebenserfordernissen größer ist als in benachbarten → *Landschaftsökosystemen*. Dabei ergibt sich für den Übergangssaum – den Ö. – eine größere biotische und geoökologische → *Diversität* (mit einem größeren Angebot an Nahrung, Deckung, mikroklimatischen Bedingungen usw.), woraus auch eine vielfältigere biotische Ausstattung der → *Ökotope* des Ö. folgt. Der Begriff Ö. ist unabhängig von der → *Dimension landschaftlicher Ökosysteme*. (→ *Grenze*, → *Grenzsaum*).

Ökotop: in den Geo- und Biowissenschaften verschieden verwandter Begriff. Generell wird darunter ein weitgehend einheitlich ausgestatteter (meist) kleiner Lebensraum verstanden, in welchem → *abiotische* und → *biotische* Faktoren (→ *Ökofaktoren*) ein → *Wirkungsgefüge* im Sinne des → *Ökosystems* bilden. – 1. in der → *Bioökologie*, besonders in der → *Synökologie*, wird der Begriff meist mit dem→ *Biotop* gleichgesetzt, mit allenfalls losen Beziehungen zu den physikalischen und chemischen Randbedingungen des Lebensraumes. – 2. in der → *Geoökologie* wird der Ö. als räumliche Repräsentation des → *Geosystems* oft in Beziehung mit den biotischen Ausstattungen gebracht, so daß vom → *Geoökotop* bzw. → *Landschaftsökosystem* die Rede ist. Diese geographische Perspektive definiert daher den Ö. als die Gesamtheit der abiotischen und biotischen → *Geoökofaktoren* eines kleinen Ausschnitts der → *Biogeosphäre*, die durch ihre Wechselwirkungen ein Areal mit geographisch-landschaftsökologisch homogenen Standorteigenschaften bedingen. Dieser Ö. ist die → *naturräumliche Grundeinheit* und mit dem → *Physiotop* bzw. → *Geotop*, der ihm zu Grunde liegt, räumlich kongruent, weil die Begriffe nur Abstraktion desselben Ausschnittes aus der → *Landschaftshülle* der Erde darstellen. – 3. in der → *Autökologie* der Bioökologie stellt der Ö. eine Lebensstätte allgemeiner Art dar, an der eine Spezies zu irgendeiner Zeit ihres Lebens regelmäßig weilt. Dieser Ansatz berücksichtigt die abiotischen Geofaktoren der Lebensstätte kaum. – 4. in der → *Landschaftsökologie*, der → *Geoökologie* und der → *Bioökologie* ist der Ö. die räumliche Manifestation des → *Ökosystems*, das von tendenziell einheitlich verlaufenden stofflichen und energetischen Prozessen bestimmt wird, so daß man in der → *topischen Dimension* den Ö. nach Inhalt und Struktur als homogen betrachtet und damit als abgrenzbare → *ökologische Raumeinheit* darstellt, die aus landschaftsökologischer Sicht als die eigentliche → *naturräumliche Grundeinheit* betrachtet werden muß, weil das Modell des Ökosystems – und damit den Ö. – die räumliche Realität ganzheitlich zu erfassen sucht.

Ökotopbildungsfunktion: das → *Leistungsvermögen des Landschaftshaushaltes*, durch Wechselwirkungen zwischen → *abiotischen* und → *biotischen Faktoren* (→ *Ökofaktoren*) ein ökologisches Wirkungsgefüge, also ein → *Ökosystem*, zu bilden, das sich räumlich im → *Ökotop* repräsentiert. Das ökologische Wirkungsgefüge kann sich ohne wesentliche anthropogene Eingriffe selbst erhalten und regenerieren.

Ökotopentwicklungsfunktion: das → *Leistungsvermögen des Landschaftshaushaltes*, seine → *Stabilität* und seine Fähigkeit zur → *Selbstregulation* selbsttätig oder durch Pflegeeingriffe des Menschen (→ *Landschaftspflege*) innerhalb eines gewissen Zeitraums zu regeln. Äußerlich findet dies sein Ausdruck in den → *Sukzessionen* der → *Pflanzen* bzw. den → *Sukzessionsreihen* der → *Biozönosen* oder in → *Landschaftssukzessionen*. Der Begriff Ö. beinhaltet sowohl den langfristig-erdgeschichtlichen Ansatz der Entwicklung von → *Landschaftsökosystemen* als auch den anthropogenen, der sich in Eingriffen in Haushalt und Physiognomie der Landschaft ausdrückt. Darauf nimmt auch die Kennzeichnung des → *Natürlichkeitsgrades* von Landschaft und Ökosystem bezug.

Ökotopgefüge: nach der → *Theorie der geographischen Dimensionen* und den davon bestimmten → *Dimensionen landschaftlicher Ökosysteme* aggregiert sich formal und funktional eine Mehrzahl von → *Ökotopen* zu einem Ö. Damit entspricht er der → *Mikrochore* der → *chorischen Dimension*, innerhalb derer ein übergeordnetes Funktionssystem der in den Ökotopen und deren Ökosystemen wirkenden Größen entwickelt ist. (→ *Theorie der geographischen Dimensionen*).

Ökotopkomplex: unscharfe Bezeichnung aus der → *Landschaftsökologie* für eine nicht genauer definierte Gruppierung von → *Ökotopen* ohne Zuordnung zu den → *Dimensionen landschaftlicher Ökosysteme*.

Ökotopreihe: Typen der → *Ökotope*, die in einer Vielzahl – mit jeweils kleinen individuellen Abweichungen voneinander – auftreten und die landschaftshaushaltlich, landschaftsgenetisch sowie topoökologisch eng miteinander verwandt sind.

Ökotoxikologie: Wissenschaft vom Vorkommen, der Verteilung und der Wirkung von → *Schadstoffen*, die an Organismen, → *Populationen* und → *Ökosystemen* durch → *Überdosis* Schäden anrichten und deren Zustand, Funktion und Bestandteile gefährden können. Auch die → *Bioakkumulation* von Stoffen ist zentraler Gegenstand der Ö. Sie ist weitgehend identisch mit der → *Umwelttoxikologie*.

Ökotyp: 1. in der → *Geoökologie* wird der Ö. vom → *Geoökotyp* repräsentiert. – 2. in der → *Bioökologie* stellen Ö. eine besondere Art dar, die sich bestimmten Umweltbedingungen angepaßt hat und die durch Selektion entstanden ist. Man bezeichnet sie dann als → *Standortformen*, die sich im Aussehen wenig oder nicht voneinander unterscheiden, wohl aber in ihrem ökophysiologischen Verhalten und in ihren Ansprüchen an das → *Ökosystem*. Die Ö. vertreten die Art an Lebensstätten mit unterschiedlichen geoökologischen Bedingungen.

Ökumene: 1. allgemein der Lebensraum des Menschen. – 2. die Gesamtheit aller Räume, die vom Menschen als Wohn- und Wirtschaftsraum besiedelt sind. Die Ö. wird durch naturgegebene Grenzen bestimmt (Kälte-, Höhen-, Trockengrenze) und umfaßt das tatsächlich für Wirtschafts- und Siedlungszwecke genutzte und das hierfür nutzbare Areal der Erde. Neben dem ständig bewohnten Raum (Vollökumene) und der → *Anökumene* wird noch die → *Sub-* oder Semi*ökumene* unterschieden.

Öl: im Umweltschutz und in der Ökologie Sammelbezeichnung für → *Erdöl* und → *Heizöl*, die bei unsachgemäßem Umgang mit ihnen zu Schäden oder Zerstörungen in der Umwelt führen können. Dazu zählen → *Ölverschmutzung* und → *Ölverseuchung*, die im Rahmen von → *Ölkatastrophen* auftreten können.

Ölflecken (frz.: taches d'huile): Areal einer glatten Wasseroberfläche auf einer ansonsten vom Wind gekräuselten Seefläche. Die Ö. sind bedingt durch die Verringerung der Oberflächenspannung, die z. B. bei hoher Konzentration an Huminstoffen oder auch Algensekreten (bei → *Wasserblüten*) eintreten kann. (→ *Oberflächenhäutchen*).

oligodynam: allgemein in geringer Menge starke Wirkung ausübend mit Bezug auf Einzelindividuen von Pflanzen, Pflanzengesellschaften oder andere → *biotische Faktoren* in → *Ökosystemen*.

oligohalin: bezeichnet → *Brackwasser* mit einem geringen Salzgehalt von 5–0.5‰. Gegensatz: → *polyhalin*. (→ *Salinität*).

Oligohemerobie: schwach kulturbeeinflußte Qualität von → *Stadtökosystem*standorten.

oligolektisch: → *oligotrop*.

oligomiktisch: bezeichnet Seen mit selteneren → *Vollzirkulationen* in unregelmäßigen Abständen von mehr als einem Jahr. O. sind manche Tropenseen. (→ *Zirkulationstypen*).

oligophag: bezeichnet Nahrungsspezialisten unter den Tieren, die sich auf wenige Nahrungsquellen beschränken, wobei es sich gewöhnlich um Beutearten handelt, die nahe miteinander verwandt sind (z. B. verschiedene Arten einer Gattung). O. Tiere gibt es v.a. bei herbivoren Insekten, aber auch z. B. beim Koalabär (frißt bestimmte Eukalyptusblätter). (→ *Nahrungsbreite*, → *monophag*, → *polyphag*, → *pantophag*).

oligophasisch: bezeichnet die Aktivitätsrhythmen der Tiere, die über die 24 Stunden des Tages verteilt mehrere Aktivitätsphasen zeigen. (→ *monophasisch*, → *polyphasisch*. → *Tagesperiodik*).

oligophil: bezeichnet Blütenpflanzen, die an wenige, verwandte Taxa von Blütenbestäubern angepaßt sind. (→ *polyphil*, → *monophil*).

oligostenotherm: → *kaltstenotherm*.

oligosaprob: Gewässerabschnitt mit reinem, organisch kaum belastetem Wasser, in welchem Makroorganismen vorherrschen und Produzenten überwiegen, bei insgesamt großer Artenzahl, aber relativ geringer Individuendichte pro Art. Die oligosaprobe Zone ist Bestandteil des → *Saprobiensystems*.

oligotrop (oligolektisch): bezeichnet ein Form der → *Blütenbestäubung*, wobei die bestäubende Tierart wenige, verwandte Pflanzenarten als Nektar- oder auch Pollenquelle nutzen kann. (→ *monotrop*, → *polytrop*).

oligotroph: nährstoffarm, wenig → *Nährstoffe* führend, auf wenig Nährstoffe angewiesen.

Oligotrophie: svw. nährstoffarmer Zustand eines → *Ökosystems* bezüglich anorganischer Pflanzennährstoffen. Als Folge der O. besitzen die betroffenen oligotrophen Seen oder Böden eine nur geringe → *Produktivität*. Als oligotrophe Pflanzen bezeichnet man manchmal solche Arten, die magere (nährstoffarme) Böden besiedeln, wie z. B. Dünen oder Rohhumusböden. (→ *Eutrophie*, → *Seentypen*).

oligoxen: ungebräuchliche Bezeichnung für → *Parasiten*, die nur wenige Wirte haben. (→ *Xenie*).

Ölkatastrophe: plötzlich auftretender Unfall mit → *Öl*, von dem räumlich umfassende Umweltschädigungen ausgehen können, die terrestrische oder marine Ökosysteme betreffen. Oft wird der Begriff Ö. ausschließlich auf Unfälle mit Erdöltankern bezogen, obwohl Ö. auch bei der Ölexploration, -gewinnung und -verarbeitung sowie beim -transport auftreten können. Auch bei kriegerischen Auseinandersetzungen, z. B. im Golfkrieg, kann es zu Ö. kommen.

Ölpest: starke Verschmutzung der Meeresküsten und Uferregionen von Seen und Flüssen durch die Festsetzung von Ölrückständen. Bei der Verschmutzung von Meeresküsten geht die Ö. auf Tankerhavarien und unerlaubte Spülungen von Tanks zurück. Eine Folge der Ö. ist das massenhafte Verenden von Wasservögeln. (→ *Ölkatastrophe*).

Ölverseuchung: 1. kann lokal oder regional im Rahmen von → *Ölkatastrophen*-Ereignissen erfolgen. Der Begriff Ö. bezieht sich auf Verseuchen des Erdbodens durch Einsickern von → *Öl* in den Untergrund. Geschädigt wird vor allem das → *Grundwasser*. Bereits geringe Mengen können umfassende Schädigungen bewirken, z. B. ein Liter Öl kann eine Million Liter Grundwasser verseuchen, so daß das Grundwasser nicht mehr für Trinkzwecke geeignet ist. Auch andere Bestandteile der → *Landschaftsökosysteme* bzw. → *Ökosysteme*, vor allem Flora und Fauna werden durch Ö. gestört oder vernichtet. – 2. von Ö. wird allgemein auch dann gesprochen, wenn schleichende Schädigungen durch unsachgerechte Lagerung von Benzin, Heizöl oder → *Altöl* ausgehen. Im weiteren Sinne zählt auch die → *Ölverschmutzung* der Meere und sonstiger Gewässer zur Ö.

Ölwirkung: im aquatischen Bereich und terrestrischen Bereich Verunreinigung der Umwelt (Meer, Süßgewässer, Land) durch → *Öl*. Ein Anteil von 1 μg Öl pro Liter kann → *Grundwasser* als → *Trinkwasser* unbrauchbar machen. Das Öl wirkt → *toxisch* auf viele Organismen. Dabei wird das Öl einerseits polymerisiert und durch Sonnenlicht zu relativ inerten festen Massen oxidiert, andererseits durch Mikroorganismen abgebaut. Eine Ölverschmutzung in Gewässern sollte daher nicht mit Emulgatoren, die eine Öl-in-Wasser-Suspension herstellen, bekämpft werden, da diese häufig giftiger für Organismen sind als Öl; sie sind gut mit dem Wasser mischbar und verteilen sich rasch. Küsten sind gefährdet durch angetriebene „Wasser-in-Öl-Emulsion", deren Konsistenz von dicker Sahne bis zu Teer oder Klumpen reicht.

ombriophil: regenliebend; besonders auf jene Pflanzen bezogen, die regenreiche Ökosysteme bevorzugen bzw. auch lange Regenzeiten ohne ökophysiologische Schäden überstehen. Dazu gehören die Gewächse des immerfeucht-tropischen → *Regenwaldes*.

ombriophob: regenfürchtend; auf Pflanzen bezogen, die bei längerem Regen stärkere Schädigungen aufweisen, weil ihre → *Hydratur* auf trockenere Bedingungen eingestellt ist.

ombrogen: allgemein durch Niederschläge bzw. niederschlagsbedingte (und nicht geländebedingte) Nässe entstanden. Der Begriff wird vor allem auf → *Moore* angewandt. Gegensatz ist → *topogen*.

ombrogenes Moor: → *Hochmoor*.

ombrotroph: bezeichnet Ökosysteme oder → *Pflanzengesellschaften*, deren Nährstoffhaushalt vorwiegend aus den Niederschlägen herrührt und die daher von Natur aus arm an Pflanzennährstoffen sind (d.h. sie sind stark → *oligotroph*). Beispiele sind die → *Hochmoore*.

omnivor (pantophag, allesfressend): bezeichnet tierische Organismen, die sich von sehr verschiedenartiger Kost aus dem Pflanzen- und Tierreich ernähren, z.B. Ratten, Schweine, Mensch. Der Begriff wird praktisch synonym zu → *pantophag* verwendet, doch wird er in der Praxis bevorzugt zur Abgrenzung gegenüber einer → *herbivoren* bzw. → *carnivoren* Ernährungsweise verwendet.

omnivor: → *heterophag*.

On-Shore-Gebiet: in der Erdölwirtschaft im Gegensatz zum → *Off-Shore-Gebiet* Festlandsbereich mit → *Erdöl*- oder → *Erdgas*vorkommen.

Ontogenese: Gesamtentwicklung eines Organismus von der Keimzelle an.

Oophagie: allgemein Fraß von Eiern, meist speziell für eine Form des → *Kannibalismus* gebraucht, bei der Eier durch Angehörige der Population (auch durch das Muttertier) gefressen werden, z.B. in übervölkerten Systemen mit dem Reismehlkäfer *Tribolium*.

Ophionom: Gangmine, eine → *Pflanzenmine*.
ÖPNV: → *Öffentlicher Personennahverkehr*.
Opportunismus (Gelegenheitsnutzung): bezeichnet diejenige → *Überlebensstrategie*, bei der unter günstigen Umweltbedingungen ein Areal oder ein Gewässer schnell besiedelt werden kann. Bei Ungünstigwerden der Faktoren verschwindet die Art aus dem Lebensraum bzw. geht in ein Ruhestadium über (z.B. *Ephippium* bei Wasserflöhen). Auf dem Festland gehören z.B. manche Kräuter, die sich auf Kahlflächen rasch ausbreiten, zu den Opportunisten. O. ist eine Form der → *r-Strategie*. (→ *Selektionstypen*).

Opportunisten: Arten, die kurzfristig oder nur lokal begrenzt gegebene Umweltsituationen nutzen. Die O. sind häufig → *euryök*, haben ein hohes Vermehrungspotential, aber eine geringe Konkurrenzfähigkeit, sind also r-Strategen (→ *r-Strategie*, → *Selektionstypen*). Die Populationsdichte der O. fluktuiert gewöhnlich sehr stark (→ *Opportunismus*). Gegensatz: → *Gleichgewichtsarten*. (→ *fugitive Arten*).

optimal defense: → *Optimierung* des Schutzes vor Feinden.

optimaler Ertrag: in der angewandten → *Produktionsbiologie* die unter günstigsten Bedingungen aberntbare Biomasse vom Menschen genutzter Produkte (z.B. Getreide, Obst) oder Teilen von Populationen (z.B. Fische). Häufig ist der o.E. gleich dem maximalen, aufrechterhaltbaren Ertrag, der sich in einem künstlichen System (z.B. einem → *Agroökosystem*) aus der begrenzten Kapazität des Bodens und der Pflanzen für die Menge des Düngers, der Bewässerung usw. ergibt. Beim Abernten von Populationen in naturnahen Lebensräumen (z.B. Fischpopulationen, Großwild) liegt der o.E. meist im mittleren Bereich der sigmoiden Wachstumskurve (→ *Populationswachstum*). Bei Übernutzung (Überbejagung usw.), aber auch Unterbenutzung sinkt der Ertrag.

optimal foraging: → *Optimierung* der Nahrungssuche.

Optimaltemperatur: einer der → *Kardinalpunkte* der Temperatur.

Optimierung: Mechanismen der Evolution, die durch → *natürliche Selektion* für eine Pflanzen- oder Tierpopulation möglichst großen Nutzen bei möglichst geringem energetischen Aufwand („Kosten") bedingen (→ *Kosten-Nutzen-Analyse*). Das Gesetz der O. gilt z.B. für Suche und Auffinden der Nahrung („optimal foraging"), Schutz vor Feinden („optimal defense").

Optimum: Zustand der Bedingungen in einem → *Ökosystem*, der für eine Organismenart oder eine Gruppe den günstigsten Wirkungsbereich darstellt. Das O. kann sich auch auf einen einzelnen → *Geoökofaktor* beziehen. Den Gegensatz bildet das → *Pessimum*.

Optimumkurve: Form der → *Wirkung* von Faktoren.

oral: → *peroral*.

Ordination: Methode der Anordnung von Artengruppierungen nach ihrer → *Ähnlichkeit*. Die Ähnlichkeit wird dabei mittels eines geeigneten Ähnlichkeitsindexes berechnet und in einer ein- oder mehrdimensionalen „Ordnung" graphisch dargestellt. Hierbei kommen ähnliche Artengemeinschaften nahe zueinander zu liegen, weniger ähnliche weiter voneinander entfernt. Im Gegensatz zur → *Klassifikation* betrachtet die O. Tier- und Pflanzengemeinschaften mehr als Kontinuum entlang von Gradienten. → *Gradientenanalyse*.

Ordnung: 1. die Gesamtheit der gesetzmäßigen Beziehungen in einem → *System* bei Bewahrung seiner Struktur. Organismen differenzieren sich aufgrund ihrer genetischen Anlagen und die Teile sind an das Gesamtsystem gebunden. Arten innerhalb eines Ökosystems sind aber nicht (unbedingt) an das Gesamtsystem gebunden; die Ordnung resultiert vielmehr aus der Einnischung der beteiligten Arten, langfristig auch aus der Selektion; die Ordnung ist durch äußere Bedingungen mitgesteuert (Energiefluß usw.). – 2. in der → *Pflanzensoziologie* Bezeichnung für eine Kategorie zwischen der Klasse und dem Verband. Ordnungen können durch Charakterarten gekennzeichnet werden. – 3. in der biologischen Systematik (→ *Taxonomie*) Bezeichnung für eine Kategorie zwischen der Klasse und der Familie (z.B. Unpaarhufer [Perissodactyla], Rosenartige [Rosales]). – 4. in der → *Geoökologie* und → *Landschaftsökologie* räumliche → *Ordnungsprinzipien* und → *Ordnungsstufen* repräsentierend.

Ordnungsprinzipien: in der → *Geoökologie* verbunden mit dem Begriff der → *Ordnungsstufe* in der → *Naturräumlichen Ordnung*, wobei kleinere Einheiten zu größeren → *ökologischen Raumeinheiten* zusammengesetzt werden. Das erfolgt nach bestimmten relativen O., deren Gültigkeit von Ordnungsstufe zu Ordnungsstufe wechselt. Die O. sind das 1. → *Lageprinzip*, das 2. Prinzip der → *landschaftsökologischen Verwandtschaft*, das 3. Prinzip der gemeinsamen → *Landschaftsgenese*, das 4. Prinzip des gemeinsamen → *Gefügestils* und das 5. Prinzip der fortschreitenden → *landschaftsökologischen Heterogenität*.

Ordnungsstufe: Begriff der → *Naturräumlichen Ordnung* in der → *Geoökologie* und → *Landschaftsökologie*, der die einzelnen Größenordnungsstufen → *landschaftsökologischer Raumeinheiten*, d.h. → *Dimensionen landschaftlicher Ökosysteme* umfaßt, repräsentiert durch die Folge der → *topischen, chorischen, → regionalen* und → *geosphärischen Dimension*.

oreal: hochmontan; zum → *Gebirgswald* gehörend bzw. im Bereich des Gebirgswaldes vorkommend. (→ *Hochgebirge*, → *Höhenstufe*).

oreale Biome: Lebensräume des → *Hochgebirges* oberhalb der geschlossenen Waldgrenze. (→ *Höhenstufe*).

oreophil: bezeichnet Organismen, die bevorzugt im Gebirge vorkommen. (→ *Hochgebirge*).

Oreophyten: charakteristische Gewächse des → *Gebirgswaldes*. (→ *Hochgebirge*, → *Höhenstufe*).

Oreotundral: die durch Kälte bestimmten, baumlosen → *Biomtypen* der → *Tundra* und des → *Hochgebirges*.

Orfeev-Modell: Darstellung der antagonistischen Strategie im → *Räuber-Beute-Verhältnis*.

Organdosis: die mittlere → *Energiedosis* in einem Organ, nach der → *Inkorporation* von → *Radionukliden* oder → *Radiopharmaka*. Bei der Bestimmung der O. geht man davon aus, daß der radioaktive Stoff im Organ gleichmäßig verteilt ist und das Gewebe homogene Struktur aufweist.

Organisation: in der Ökologie nicht eindeutig definierter Begriff für den Aufbau ökologischer → *Systeme* (→ *Population, Ökosystem*) aus → *Elementen*. (→ *Struktur*).

Organisationsmerkmale: diejenigen Merkmale eines Organismus, die nicht als Anpassung an bestimmte Entwicklungs- und Umweltverhältnisse zu deuten sind, sondern vererbt wurden.

organisch gekühlter Reaktor: ein → *Kernreaktor*, bei welchem organische Substanzen (Gemische von Polyphenylen und Terphenylen) als Kühlmittel dienen. Sie sind jedoch strahlenunbeständig.

organisch: lebendig; nur in Organismen vorkommend; die Organe oder einen Organismus betreffend.

organische Böden: Böden, die ganz oder zu einem wesentlichen Anteil aus organischer Substanz bestehen. Dazu gehören in erster Linie die → *Moore* und ein Teil der → *Mudden*.

organische Drift: → *Drift*.

organische Düngung: die Zufuhr von *Nährstoffen* in den Boden durch Aufbringen organischer Stoffe (→ *Gründüngung*, Einpflügen von Ernterückständen, Ausbringen von → *Kompost*, Mist, Jauche und → *Klärschlamm*). (→ *Düngung*, → *Mulchung*).

organische Substanz: in der Bodenökologie die Summe a) der → *Biomasse* lebender Organismen (ohne Wurzeln über 2 cm Durchmesser und ohne höhere Tiere), b) der → *Nekromasse* toter Organismen und c) der aus der Nekromasse entstandenen organischen Bestandteile des Bodens. Im → *Boden* ist die o.S. als Auflage scharf vom Mineralboden getrennt oder aber auch mit ihm vermischt. Sie umfaßt als o.S. des Bodens zelluläre Komponenten und durch Umwandlung aus organischen Verbindungen entstandenen → *Humus*. In Gewässern unterscheidet man lebende o.S., tote partikuläre o.S. und → *gelöste o.S.* (sog. DOM, von „dissolved organic matter" bzw. auch DOC von „dissolved organic carbon").

organischer Dünger: Sammelbezeichnung für

→ *Dünger* aus natürlichen Substanzen, wie z.B. Stallmist, → *Fäkalien*, → *Klärschlamm* oder Pflanzenresten. Das Einbringen von o.D. in den Boden fördert die Humusbildung und verbessert die landwirtschaftliche Ertragsfähigkeit. O.D. sind stabil und vielseitig, aber erst mittelfristig verfügbar, weil die in ihnen enthaltenen → *Nährstoffe* zum großen Teil zuerst durch organischen Abbau freigesetzt werden müssen. Sie wirken wegen ihrer Kolloideigenschaften sehr günstig auf die Krumenbildung und versorgen im Gegensatz zu den mineralischen Düngern den Boden auch mit → *Spurennährelementen*.

Organischer Landbau: → *Alternativer Landbau*.

Organismengemeinschaft (Organismenkollektiv): nicht näher definierte Lebensgemeinschaft tierischer und/oder pflanzlicher Lebewesen.

Organismenkollektiv: → *Organismengemeinschaft*.

organismische Drift: das Verdriften von Organismen im Fließwasserstrom (z.B. Eintagsfliegenlarven) in Fließgewässern mit der Strömung. Die o.D. wird von den Organismen durch positive → *Rheotaxis* teilweise kompensiert. Manche Insektenimagines fliegen vor der Eiablage bachaufwärts und gleichen durch diesen „Kompensationsflug" die Abdrift aus.

organismische Ordnung: → *Ordnung*.

Organismus: Lebewesen/Gebilde, das die Erscheinungen des Lebens zeigt, vor allem Stoffwechsel und Fortpflanzung.

organo-mineralische Verbindung: mischkoagulatartige Verkoppelung von feinsten → *Tonmineralen*, → *Huminstoffen* und Zwischenprodukten der → *Humifizierung*. Die o.-m.-V. werden vor allem im Verdauungstrakt von Bodentieren geschaffen. Sie entstehen nur bei hoher → *Basensättigung* und sind deshalb typisch für die Humusform → *Mull*, dessen Krümelstruktur sie entscheidend mitbewirken.

organogen: 1. aus organischen Bestandteilen gebildet, im Gegensatz zu → *minerogen*. – 2. in der Biologie „Organe erzeugend".

organogene Ablagerungen (organogene Sedimente, biogene Gesteine, Biolithe): geologische Ablagerungen, an deren Bildung in hohem Maße Organismen beteiligt waren. Unterschieden werden zoogene Ablagerungen bzw. Gesteine, die auf tierische marine Lebewesen zurückgehen, z.B Radiolarite und Korallenkalke (→ *Korallenriff*), und phytogene Gesteine bzw. Ablagerungen, die pflanzlichen Ursprungs sind, z.B. → *Kohle* oder → *Torf*. Dazwischen gibt es jedoch auch noch Übergangsbildungen. Auch → *Erdöl* ist eine o.A. (→ *biogener Stoff*).

organogene Sedimente: → *organogene Ablagerungen*.

Organomarsch: ein → *Marschboden* aus mit organischer Substanz angereicherten brackischen und fluvialen Sedimenten mit saurem, humusreichem → *Oberboden*. O. ist flächenhaft wenig verbreitet und zählt wegen der starken Versauerung und Vernässung zu den landwirtschaftlich geringwertigen Böden. (→ *Marsch*).

Organophosphate: → *Phosphorsäureester*.

organotroph: bezeichnet Organismen, die im Energiestoffwechsel organische Stoffe als Wasserstoffdonator verwenden, hierfür ist auch der Begriff → *heterotroph* üblich. (→ *Stoffwechseltypen*) Gegensatz: → *lithotroph*.

Orgel: im Sinne einer „Faktorenorgel" ein Gerät zur Bestimmung des bevorzugten abiotischen Umweltfaktors (als Feuchtigkeitsorgel, Lichtorgel, Temperaturorgel). (→ *Gradient*).

Orientalis: Region der → *Bioreiche* der Erde, hier der → *Paläotropis*; Indien mit den größten Teilen Hinterindiens umfassend.

Orientierung: das Sich-zurecht-Finden von Organismen im Raum (Raum-O.) oder in der Zeit (Zeit-O.).

Ornithochorie: Verbreitung von Pflanzen-Diasporen durch Vögel. Die Samen und Früchte sind dabei meist grellfarbig (rot, gelb, glänzend-schwarz), ohne Duft, relativ klein, weich und fallen im Herbst nicht ab.

Ornithogäa: Alternativbezeichnung für das → *Australische Reich* wegen seiner artenreichen Avifauna.

Ornithogamie: Blütenbestäubung durch Vögel. Sie kommt v.a. in den Tropen und Subtropen vor, z.B. durch die Kolibris (in Amerika) und die Nektarvögel (in Afrika). Die → *Vogelblumen* entsprechen in ihrem Bau weitgehend den Lebensgewohnheiten der als Blütenbestäuber in Frage kommenden Vögel, können jedoch auch von Insekten bestäubt werden. (→ *Zoidiogamie*).

Ornithophile: → *Vogelblumen*. Vgl. auch → *Ornithogamie*.

Ornithozönose: wenig objektiv umgrenzbare Bezeichnung für eine Vereinigung von Vögeln zu einer biozönotischen Einheit, die sich durch ein eigenes Verteilungsmuster der Individuen auf die Arten der gleichen Klasse charakterisiert.

Orobiom: Gebirgslebensraum, der sich auf Grund des → *Hypsometrischen Formenwandels* von den → *Zonobiomen* unterscheidet und der sich in → *Höhenstufen* gliedert. (→ *Hochgebirge*, → *Gebirgswald*).

orographische Faktoren: in der → *Geo*- und → *Bioökologie* berücksichtigte Faktoren des → *Geosystems*, vor allem Höhenlage, Exposition und Hangneigungsstärke, welche verschiedene geomorphodynamische, wasserhaushaltliche und mikroklimatische Effekte zur Folge haben, auf welche Flora und Fauna reagieren. Damit wird auf den Regelfaktor → *Georelief* im → *Ökosystem* Bezug genommen.

orographische Niederschläge: Niederschläge, die durch das erzwungene Aufsteigen von Luftmassen an einem Gebirge entstehen. Die aufsteigende Luft kühlt sich adiabatisch ab, wodurch der Wasserdampf nach Erreichen des Taupunktes kondensiert und die Wolken auf der hauptwindrichtungsorientierten Seite des Gebirges und in den Gipfellagen ausregnen. Die wetterabgewandte Seite bleibt dafür relativ trocken.

orographische Schneegrenze: die wirkliche, stark von der Geländegestaltung (Besonnung, Bergschatten, Schneeablagerung) abhängige Höhengrenze zwischen dem ganzjährig schneebedeckten und dem ausapernden Gebiet eines Gebirges (→ *klimatische Schneegrenze,* → *Schneegrenze*).

orthograd: Form des Sauerstoffprofils in Gewässern, d.h. der vertikalen Verteilung des Sauerstoffs mit etwa gleich hohen Konzentrationen in höheren (→ *Epilimnion*) und tieferen Wasserschichten (→ *Hypolimnion*). O. Sauerstoffprofile kommen in nährstoffarmen (→ *oligotrophen*) → *Seen* mit etwa gleich hohen Konzentrationen in den oberen und den tieferen Wasserschichten vor. (→ *klinograd,* → *heterograd*).

örtliche Typenreihe: dem pflanzensoziologischen Begriff des → *Gesellschaftsringes* entsprechende Reihe. Sie umfaßt die Gesamtheit der auf einem bestimmten Standort vorkommenden (bzw. möglichen) Pflanzenassoziationen. (→ *Assoziation*).

Ortsdosis: die → *Äquivalentdosis* für Weichteilgewebe an einem bestimmten Ort gemessen. Die O. erlaubt nach der → *Strahlenschutzverordnung* bei der Personenüberwachung anstatt der Messung der → *Personendosis* die Messung der O. im Freien oder in Räumen, jedenfalls → *Strahlenschutzbereichen,* vorausgesetzt, in diesen herrschen homogene Strahlenfelder.

Ortsplanung: die unterste Stufe der → *Raumplanung,* die sich in der Regel mit dem gesamten Gemeindegebiet („gemeindliche Planung") befaßt und als → *Bauleitplanung* praktiziert wird.

Ortstein: sehr harte Verkittung von mineralischem Feinmaterial im → *Unterboden* von → *Podsolen* durch die extreme Anreicherung von aus dem → *Oberboden* verlagerten Eisen-, Mangan- und Aluminiumoxiden sowie Huminstoffen. Bei vollständiger Verdichtung wirkt der O. als Stauhorizont. Er ist für Wurzeln weitgehend undurchdringlich und begrenzt somit die ökologische Gründigkeit eines Standortes.

Ortstreue: in der → *Bioökologie* das Gebundensein von Individuen an einen besonders ausgestatteten Standort, wobei man zwischen Geburts- und Brutortstreue unterscheidet, die bei vielen Tiergruppen verschieden sind. Begriffliche Beziehungen bestehen auch zur → *Standortkonstanz.*

Ortswechsel: jede Ortsveränderung der Organismen im Raum. Sie kann passiv durch Luft- und Wasserströmungen, Tiere und Menschen erfolgen (→ *Verschleppung,* → *Phoresie,* → *Vektoren,* → *Vehikel*) oder durch aktive Bewegung vor sich gehen (→ *Taxis,* → *Appetenzverhalten usw.*).

Osmobiose: Leben im Zustand der → *Anabiose* im wässrigen Milieu bei extrem hohen Salzgehalten.

Osmokonformität (Poikilosmotie): direkte Abhängigkeit des osmotischen Wertes in wasserlebenden Organismen von dem osmotischen Wert des umgebenden Milieus. Derartige Organismen heißen osmokonform oder → *poikilosmotisch.* Gegensatz: → *Osmoregulation.*

osmophil: bezeichnet Mikroorganismen, die in Medien mit hohem osmotischem Druck (z. B. Zuckerlösungen) wachsen können. Wichtige Osmophile sind Arten von *Penicillium* und *Aspergillus.*

Osmoregulation: Fähigkeit von Organismen, die Salzkonzentration ihrer Körperflüssigkeiten (Blut, Hämolymphe, Cytoplasma) innerhalb eines bestimmten Bereichs konstant zu halten, unabhängig von der Salzkonzentration im umgebenden Wasser. Diese Organismen werden → *homoiosmotisch* oder auch osmoregulativ genannt. Bei Süßwasserorganismen liegt die Konzentration an gelösten Stoffen in der Körperflüssigkeit über der des Mediums (hyperosmotische Regulation, Hypertonieregulation); sie müssen kein Wasser trinken, sondern scheiden überschüssiges Wasser, das passiv eindringt, aus dem Körper aus und nehmen teilweise auch aktiv Ionen aus dem Wasser auf (z. B. Meeresmückenlarven über die Analpapillen). Meeresorganismen sind meist isotonisch mit dem Medium (poikilosmotisch) und zeigen keine O. Manche Meerestiere haben aber auch eine geringere Salzkonzentration als das Meerwasser selber (z. B. marine Knochenfische). (→ *Ionenregulation*).

Osmoresistenz (Osmotoleranz): die Fähigkeit von Organismen, bei periodischen oder unregelmäßigen Veränderungen der Salzkonzentration im Wasser den sich daraus ergebenden osmotischen Streß zu ertragen. Mit dem Begriff → *Salzresistenz* bezeichnet man demgegenüber meist eher eine Widerstandsfähigkeit gegen ständig hohen Salzgehalt. Eine hohe O. zeigen z. B. Gezeitenalgen und Organismen in → Felsentümpeln.

Osmose: als umgekehrte O. in der Abwassertechnik ein Membranverfahren zur Abtrennung von gelösten und ungelösten Stoffen.

osmotisches Potential: die Energiemenge (gemessen z. B. in J/kg) die notwendig ist, um osmotisch gebundenes Wasser frei verfügbar zu machen. Reines Wasser hat das o.P. Null, dasjenige von Lösungen ist negativ. Es spielt beim Wasserhaushalt von Pflanzen und im Boden eine Rolle. → *Wasserpotential.*

Osmotoleranz: → *Osmoresistenz.*

osmotroph: bezeichnet Organismen (vor allem heterotrophe Bakterien und Pilze), die tote → *organische Substanz* zersetzen und in gelöster Form aufnehmen.

Ostpazifische Sperre: ozeanische Sperre, welche die großen Lebensräume des Meeres voneinander trennt und welche für die großräumige Entwicklung und Zusammensetzung der Lebensgemeinschaften von Bedeutung ist.
Oszillation: 1. in den Geowissenschaften kleinere Schwankungen des Meeresspiegels, der Eisrandlagenbewegungen und der Erdkustenstücke, aber auch des Klimas, die dabei den Schwankungen gegenübergestellt werden. (→ *Klimaänderungen,* → *Klimaschwankungen*) – 2. in den Biowissenschaften relativ geringfügige und regelmäßige Schwankungen bestimmter ökologischer Parameter, v.a. der Populationsgröße einer Art im Laufe der Generationen. Starke und oft unregelmäßige Schwankungen werden als → *Fluktuationen* bezeichnet.
Output: Ausgabe bzw. Ausgang von Materie oder Energie, bewirkt durch Prozesse funktionierender Ökosysteme.
Oxidationshorizont: rostfleckiger Bodenhorizont in Böden mit Einfluß von → *Grundwasser*. Der O. entwickelt sich im nicht ständig grundwassererfüllten Bereich, wo durch den schwankenden Grundwasserspiegel ein Wechsel von vollständiger Durchnässung und Durchlüftung stattfindet. Im Wasser gelöstes Eisen wird dadurch oxidiert und reichert sich nach der Ausfällung in unregelmäßigen Flecken an. (→ *Gley*).
Oviparie: Ablage von Eiern vor Beginn der Embryonalentwicklung. (→ *Ovoviviparie,* → *Viviparie*).
Ovizide: chemische Bekämpfungsmittel (→ *Pestizide*) gegen Eier von Insekten (→ *Insektizide*) oder Milben (→ *Akarizide*).
Ovoviviparie: Ablage von Eiern mit schlüpfbereiten Larven (z.B. bei manchen Fliegen, vereinzelt Eidechsen). (→ *Oviparie,* → *Viviparie*).
Oxibiose: → *Aerobiose.*
Oxidationsgraben: ein umlaufender Graben zur Langzeitbehandlung von → *Abwasser* nach dem Belebungsverfahren.
Oxidationsteich: → *Abwasserteich.*
Oxidierbarkeit: eine Eigenschaft von Wasser, speziell → *Abwasser*, um den Gehalt an organischen, chemisch oxidierbaren Stoffen im Wasser zu bestimmen. Verwendet werden können starke Oxidationsmittel, wie z.B. Kaliumpermanganat oder Kaliumiodat.
oxikalorischer Koeffizient: in der → *Produktionsbiologie* von Tieren und Mikroorganismen Maßzahl, die die Umrechnung des bei der → *Respiration* aufgenommenen Sauerstoffs in Energiewerte für die dissimilatorischen Stoffwechselvorgänge ermöglicht. 1 ml O_2 entspricht 20.22 J, 1 mg O_2 entspricht 14.15 J.
Ozean: → *Meer.*
ozeanische Florenelemente: Pflanzen, die auf ozeanisches Klima mit kühl-feuchten Bedingungen und relativ geringen Temperaturschwankungen eingestellt sind.

ozeanische Region: küstenferner → *Lebensbezirk* im → *Meer*, der außerhalb des Kontinentalsockels liegt und das über dem Tiefseeboden befindliche freie Wasser (→ *Pelagial*) umfaßt. In seinem → *Plankton* leben holopelagische Formen. Gegensatz: → *neritische Region.*
Ozeanisches Reich: eines der → *Bioreiche* der Erde, die zentralen Teile der Ozeane umfassend. (→ *Meer*).
Ozeanographie: 1. im engeren Sinne Wissenschaft von den physikalischen und chemischen Eigenschaften der Meere, also v.a. Probleme der marinen Hydrographie, Hydrochemie usw. behandelnd. – 2. im weiteren Sinne Wissenschaft von den Meeren und ihrer Lebewelt, also gleichbedeutend mit Meeresökologie oder mariner Ökologie. Auch der Begriff „Ozeanologie", der in Anlehnung an die „Limnologie" gebildet worden ist, wird in diesem Sinne gebraucht, allerdings selten verwendet.
Ozon: modifizierter dreiatomiger Sauerstoff (O_3). Das O. ist ein außerordentlich aggressives, farbloses Gas, welches in der Erdatmosphäre in verschiedenen Schichten in 20–50 km Höhe angereichert vorkommt. Diese Schichten sind unentbehrlich für die Existenz irdischen Lebens, da sie die ultraviolette Strahlung von 0.29 bis 0.32 µm Wellenlänge fast ganz absorbieren. Das O. entsteht durch Einwirkung der → *UV-Strahlung* auf die oberste → *Atmosphäre*, wo sich die → *Ozonschicht* gebildet hat. Es entsteht jedoch auch unter Sonneneinstrahlung aus → *Stickoxiden* und → *Kohlenwasserstoffen*, so daß es zur Bildung von photochemischem → *Smog* kommt. Von höheren O.-Konzentrationen gehen bioökologische Wirkungen auf Mensch, Tier und Pflanze aus. Der Mensch leidet unter Augenreizungen und Atembeschwerden, die Pflanzen zeigen nekrotische Bleichungen und Fleckungen. In Deutschland gilt als → *MIK-Wert* eine Konzentration von 150 µg Ozon/m³ Luft. In den meisten Staaten Mitteleuropas werden bei starker Sonneneinstrahlung während des Sommers vor allem in den Agglomerationen sowie in geschlossenen Stadtsiedlungen diese Konzentrationen erreicht oder überschritten. Auch das → *Waldsterben* wird zum Teil auf die Wirkung des O., neben anderen → *Photooxidantien*, zurückgeführt. Die bioökologisch schädlichen Wirkungen des bodennahen O. können nur durch Verringerung der Emissionen von → *Stickoxiden* und → *Kohlenwasserstoffen* erzielt werden.
Ozon-Hypothese: bezieht sich auf das → *Waldsterben* und wird der → *Saurer Regen-Hypothese* bzw. der → *Streß-Hypothese* gegenübergestellt. Nach der O.-H. wird das Waldsterben auf die phytotoxische Wirkung von *Photooxidantien* zurückgeführt. Schäden an Blättern bewirken erhöhte Durchlässigkeit der Zellmembranen für → *Sauren Regen*. Es werden mehr Elemente ausgewaschen, die zu Mangelkrankheiten an den Bäumen führen, die dann

den Wald gesamthaft schädigen.
Ozonierung: → *Ozonisierung*.
Ozonisierung (Ozonung, Ozonierung): ein Verfahren der Behandlung von Wasser mit → *Ozon* zur Oxidation von Wasserinhaltsstoffen und zur Desinfektion.
Ozonloch: tritt nicht nur über den Polargebieten, sondern auch über den heißen Kontinenten jahreszeitlich in der → *Ozonschicht* der → *Stratosphäre* auf. Dort herrscht ein Gleichgewicht zwischen ozonauf- und -abbauenden Prozessen. Durch Zerstörung der Ozonschicht gelangt harte → *UV-Strahlung* (kurzwellig, energiereich) in die Biosphäre. Erbschäden und Hautkrebs beim Menschen sind u.a. mögliche Folgen, aber auch bei anderen Lebewesen – bis hin zu den Meeresalgen. Das O. über industriefernen Gebieten wird mit dem Ferntransport von Abgasen aus Industrie, Siedlung und Landwirtschaft erklärt.
Ozonschicht: sie befindet sich in der → *Stratosphäre* (10/50 km Höhe) in ca. 15–35 km über dem Erdboden, wo das → *Ozon* besonders konzentriert ist. Die O. absorbiert die für Organismen schädlichen, weil energiereichen Sonnenstrahlen, die besonders durch das → *Ozonloch* auf den Erdboden und damit in die Biosphäre gelangen können. Die O. ist gefährdet durch → *Chlorfluorkohlenwasserstoffe* bzw. Lachgas (N_2O). Sie sind stabil und gelangen – unzerstört in die Stratosphäre, wo sie → *photochemische Reaktionen* mit dem Ozon eingehen und das Ozongleichgewicht gefährden. Wenn sich natürliche und anthropogene Abbauprozesse in der O. überlagern, also mehr Ozon abgebaut wird, als durch → *UV-Strahlung* neu gebildet wird, ist die O. nicht mehr geschlossen.
Ozonsphäre: die mittlere Wärmeschicht in der → *Atmosphäre* zwischen 20 und maximal 60 km Höhe, in der die Temperatur wegen der Strahlungsabsorption des → *Ozons* ähnliche Werte wie am Erdboden erreicht. Die O. ist – je nach Definition – zu großen Teilen mit der → *Stratosphäre* identisch.
Ozonung: → *Ozonisierung*.

P

Paddy soils: → *Reisböden.*
PAK: → *Polycyclische aromatische Kohlenwasserstoffe.*
Paläarktis: → *Paläarktisches Reich.*
Paläarktisches Reich (Paläarktis): eines der → *Bioreiche* der Erde, das Eurasien (mit Island, den Kanarischen Inseln, Japan) und Nordafrika bis zum Südrand der Sahara umfaßt.
Paläobiogeographie: → *Paläoontologie.*
Paläobiologie: → *Paläoontologie.*
Paläoboden: ein → *Boden,* der in einem früheren geologischen Zeitraum, oft unter andersartigen Bedingungen (insbesondere des Klimas), entstanden ist. Die mit den Jetztverhältnissen nicht erklärbaren Merkmale wurden entweder durch eine Überdeckung des P. mit jüngeren Sedimenten konserviert oder bei oberflächlichem Anstehen des P. durch die jüngeren, andersartigen Bodenbildungsprozesse überprägt. Bei einer Überprägung entstehen schwer einzuordnende Mischprofile (z. B. degradierte Schwarzerden (→ *Tschernosene* oder Abkömmlinge subtropischer tertiärer Roterden). Erhaltene P. finden sich z. B. in → *Lössen* in mehreren Stockwerken übereinander und können zur klimageschichtlichen Gliederung des → *Pleistozäns* herangezogen werden.
Paläobotanik (Paläophytologie, Phytopaläontologie, Pflanzenpaläontologie): Erforschung der Pflanzenwelt früherer erdgeschichtlicher Zeitabschnitte als Teilgebiet der → *Paläontologie* auf der Grundlage von pflanzlichen Groß- und Kleinresten. (→ *Paläozoologie*).
Paläoendemismus: → *Konservativer Endemismus.*
Paläogeographie: ein Teilgebiet der Historischen Geologie, das sich mit den geographischen Verhältnissen der Erde in früheren geologischen Zeitaltern beschäftigt. Dabei werden einerseits die Verteilung von Land und Wasser auf der Erde sowie die Entwicklung der Kontinente untersucht, andererseits auch deren ökologische Zustände, so daß Beziehungen zur → *Paläoökologie,* aber auch zur → *Paläontologie* sowie zur Paläogeomorphologie bestehen. Die moderne P. der Geologie bewegt sich immer mehr in Richtung einer ökologischen Betrachtung vorzeitlicher Landschaften und Erdräume.
Paläoökologie (Palökologie): geowissenschaftliches Fachgebiet, das sich allgemein mit den vorzeitlichen Lebensraumbedingungen und deren Zusammenhang mit Floren (→ *Paläobotanik*) und Faunen (→ *Paläozoologie*) beschäftigt. Als Fortführung der → *Paläogeographie* bzw. → *Paläontologie* erforscht die P. die vorzeitlichen Abschnitte der Erdgeschichte auf ihre Gesamtökosystemzustände hin, z. B. den → *Paläoboden* als Indikator des Gesamtzustandes der Landschaft oder Tiere und Pflanzen als Bestandteile von Organismenkollektiven einer vorzeitlichen Umwelt usw.
Paläoontologie (Paläobiogeographie, Paläobiologie): ein Fachgebiet der Historischen Geologie, das sich mit der vorzeitlichen Flora und Fauna beschäftigt, das ursprünglich als reine Versteinerungskunde betrieben wurde, inzwischen jedoch eher als → *Paläoökologie* betrieben wird. Die P. ordnet sich zwischen Geologie und Biologie ein und erforscht sowohl die geologischen Faktoren, die zur Entstehung von Fossilien geführt haben, als auch deren Stellung in der Stratigraphie.
Paläophytologie: → *Paläobotanik.*
Paläotropis (Paläotropisches Reich): eines der → *Bioreiche* der Erde, die Aethiopis, Madegassis und die Orientalis umfassend, d.h. Afrika südlich der Sahara mit Madagaskar, Indien und Hinterindien sowie verschiedene Inseln zwischen Madagaskar und Hinterindien bis zur → *Wallace-Linie.*
Paläotropisches Reich: → *Paläotropis.*
Paläozoologie: Teilgebiet der → *Paläontologie,* das sich mit der Erforschung der Tierwelt der Vorzeit beschäftigt und der → *Paläobotanik* zur Seite gestellt wird.
Palökologie: → *Paläoökologie.*
Palynologie (Pollenkunde): Wissenschaft von der Struktur der Pollen und Sporen sowie der → *Pollenanalysen.* Aus den Ablagerung der Pollen in Böden kann die P. die Floren- und Vegetationsgeschichte – vor allem der jüngeren und jüngsten erdgeschichtlichen Vergangenheit – rekonstruieren.
Pampa: Steppenformation im außertropischen Südamerika in Gebieten mit ca. 500–1 000 mm Niederschlägen. Aufgrund der hohen Verdunstung liegt eine negative Wasserbilanz vor. Charakteristisch ist die Baumfreiheit der P., die vermutlich „natürlich", d.h. ohne Zutun des Menschen entstanden ist. Sie ist allerdings durch Weidenutzung und Weizenanbau in ihrer Pflanzenzusammensetzung stark bis völlig verändert worden. Als Böden herrschen Schwarzerden vor. → *Steppe.*
panchron: tierische und pflanzliche Organismen, deren Arten im Laufe längerer Zeiträume keine wesentlichen morphologischen bzw. ökophysiologischen Änderungen erfahren haben und als „lebende Fossilien" auch heute noch existieren, wie der Ginkgo-Baum.
Pandemie: temporäre, aber sehr großräumig (bis weltweit auftretende) Infektionskrankheit. Bekannte P. waren bzw. sind Pest, Cholera, Malaria, Pocken, auch AIDS. (→ *Endemie,* → *Epidemie*).
Panmixie: Zustand der gleichen Paarungswahrscheinlichkeit für alle Angehörigen einer Population. Die P. ist unter natürlichen Verhältnissen fast nie verwirklicht, da geographische, ökologische oder ethologische Unterschiede zwischen den Individuen die Wahl des Geschlechtspartners beeinflussen.
panthophag: → *heterophag.*

pantophag: bezeichnet Tiere, die sehr unterschiedliche Nahrung aufnehmen und dabei sowohl pflanzliche wie tierische Komponenten konsumieren. Der Begriff wird praktisch synonym zu → *omnivor* verwendet, doch wird er in der Praxis bevorzugt zur Abgrenzung gegenüber einer → *monophagen*, → *oligophagen*, oder → *polyphagen* Ernährungsweise verwendet. (→ *Nahrungsbreite*).
Pantropisten: Organismen, die den größten Teil der → *Tropen* bewohnen.
Parabiochorion: Kategorie der → *Biochorien* und den → *Eubiochorien* gegenübergestellt. Bei den P. gibt es keine spezifische Besiedlung und keine wahren Konnexe, sondern nur zufällige Begegnungen von → *Zoophagen* und Nichtzoophagen.
Parabiose: Geselligung von Tieren, die Wohn-, Schutz- oder Transportbeziehungen für primär einen Partner schaffen, ohne daß dem anderen Vor- oder Nachteile erwachsen. Dazu gehören → *Epökie*, → *Parökie*, → *Phoresie*, → *Entökie* und → *Synökie*. Der Begriff B. wird auch auf eine enge Verknüpfung von Partnern in einer dicht geschlossenen → *Nahrungskette* bezogen.
Parabiosphäre: Randzone des Lebens in den oberen Schichten der → *Atmosphäre*, die somit gleichzeitig ein Teil der → *Biosphäre* ist.
Parabraunerden (Lessivé): mäßig saurer bis saurer verbraunter Boden (→ *Verbraunung*) mit Tonverlagerung vom Ober- in den Unterboden (→ *Lessivierung*). Die beiden typischen Horizonte der P. sind der aufgehellte, leicht verfahlte, an Ton verarmte A_l-Horizont unter dem Humus und der dichte, mit Ton angereicherte B_t-Horizont im Unterboden, der im fortgeschrittenen Entwicklungsstadium auch Staunässemerkmale aufweist. Stark versauerte P., in denen neben der Tonverlagerung auch eine Tonzerstörung im A_l-Horizont stattfindet, werden als → *Fahlerden* bezeichnet. P. entwickeln sich am ausgeprägtesten in karbonathaltigen Feinsedimenten (→ *Löß*, → *Geschiebemergel*). Sie kommen aber auch auf lehmigen Sanden, Schottern mit lehmigem Feinmaterial und ähnlichen Substraten vor. In den gemäßigt-humiden Klimabereichen ist die P. ein weitverbreiteter Bodentyp.
Parallelentwicklung: → *Konvergenz*.
Parameter: 1. allgemein eine „Größe" (Faktor, Element, Prozeßmerkmal usw.) in einem komplexen Wirkungsgefüge im Sinne des → *Systems* und → *Modells*. – 2. Hilfsvariable in einem → *System*, die neben den eigentlichen Variablen auftreten und entweder unbestimmt gelassen oder konstant gehalten werden können. Beispiel: die *spezifische Zuwachsrate r* in Gleichungen für das → *Populationswachstum*. (→ *ökologische Modelle*).
Paramo: Landschafts- und Vegetationstyp der tropischen Hochanden im Bereich der Nebel- und Wolkenstufe mit relativ hoher Feuchtigkeit und mindestens 10 humiden Monaten im Jahr. Die Temperaturen liegen niedrig und zeigen relativ geringe Schwankungen. Das Wachstum der Vegetation verläuft relativ langsam. Charakteristische Lebensformem sind Polsterpflanzen, stammbildende → *Sukkulenten* und Rosettengewächse; viele P.-Gewächse weisen → *xeromorphe* Merkmale auf. Als bekanntes Einzelbeispiel unter den Pflanzenarten seien die „Kerzenschopfbäume" genannt (*Espeletia*-Arten, 1–8 m Höhe, schopfförmig angeordnete Blätter). (→ *Puna*).
parapatrisch: bezeichnet Arten, die geographisch isoliert sind, deren Populationen aber direkt aneinander grenzen. Ein Synonym zu Parapatrie ist Kontakt-Allopatrie. (→ *allopatrisch*, → *sympatrisch*).
Parapause: eine Form der → *Diapause*.
Pararendzina: A-C-Boden auf kalkhaltigem Lockersediment mit basenreichem krümeligen bis polyedrischen (bei Tongesteinen) Mullhumushorizont. P. haben, abgesehen von der viel größeren Tiefgründigkeit, ähnliche Eigenschaften wie die → *Rendzinen*, entwickeln sich aber anders. Da ihr mineralisches Feinmaterial z.T. aus silikatischen Bestandteilen besteht, werden sie unter humiden Klimabedingungen mit der Zeit vollständig entkalkt und treten ins Stadium der → *Verbraunung* über. In Mitteleuropa ist die P. demzufolge ein Übergangsbodentyp, der nur als junge Bodenbildung oder als Erhaltungsbodentyp an erosionsbeeinflußten Standorten, wo durch Abtrag ständig frisches kalkhaltiges Sediment freigelegt wird, vorkommt. Ausnahmen sind lokale Trockeninseln im Lee von Gebirgen, wo die → *Entkalkung* wegen der geringen Niederschlagsmengen stark verlangsamt vor sich geht.
Parasit (Schmarotzer): Organismen, die sich zum Zweck der Nahrungsaufnahme und Fortpflanzung dauernd oder vorübergehend in oder auf einem tierischen oder pflanzlichen Organismus aufhalten, auf Kosten der → *Wirte* leben und sie schädigen, ohne sie unmittelbar zu töten. Unterschieden werden → *Holoparasiten* (Vollschmarotzer) und Hemiparasiten (Halbschmarotzer), die nur einen Teil ihrer Nährstoffe dem Wirt entnehmen. Nach dem Aufenthaltstyp können noch permanente und periodische sowie stationäre und temporäre P. unterschieden werden. Auf der Körperoberfläche lebende P. sind → *Ektoparasiten*, solche im Wirtsorganismus → *Endoparasiten*. Fakultative P. sind normalerweise freilebend, die nur gelegentlich zu Schmarotzern werden, obligate P. durchlaufen in ihrem Entwicklungszyklus wenigstens eine parasitäre Phase. Auf oder in Tieren schmarotzende P. sind Zooparasiten, auf oder in Pflanzen lebende Phytoparasiten.
Parasitenfolge: Reihenfolge verschiedener, sich ablösender → *Parasiten*, welche die einzelnen Entwicklungsstadien eines → *Wirtes* befallen. Bei Insekten unterscheidet man Ei-, Larven-, Puppen- und Imaginalparasiten, sonst Ju-

gend- und Altersparasiten.
Parasitenkomplex: Gesamtheit der → *Parasiten* einer Wirtsart.
Parasitenkunde: → *Parasitologie*.
Parasitenreservoir: Gesamtheit der → *Parasiten* in → *Neben-* und → *Alternativwirten*, über die ein im Augenblick nicht parasitierter Hauptwirt jederzeit neu befallen werden kann; aus einem tierischen P. kann der Mensch wieder befallen werden, es kann der Mensch aber auch zum P. für Tiere gehören. (→ *Reservoir*, → *Wirt*).
Parasitische Kette: → *Pathobiozönose*.
Parasitismus (Schmarotzertum): die Beziehung zwischen zwei verschiedenen Organismen, von denen sich einer, der → *Parasit*, aufgrund physiologischer und oft auch struktureller Besonderheiten zeitweise (temporärer Parasit) oder ständig an oder in einem anderen, in der Regel größeren Lebewesen, dem → *Wirt*, aufhalten muß. Auch die Lebens- und Ernährungsweisen der → *Parasitoide* werden gewöhnlich dem P. zugeordnet.
parasitogenetische Korrelationsregeln: Prinzipien der Parallelbeziehungen zwischen → *Wirt* und → *Parasit*, die sich aus der Stammesgeschichte ergeben und für die meisten Parasitengruppen zutreffen. Die Parallelität bezieht sich auf Größe, Formenreichtum, Verwandtschaftsverhältnisse und Organisationshöhe bei Wirt und Parasit.
Parasitoide (Raubparasiten): → *Parasiten*, die ihren → *Wirt* am Schluße der Parasitenentwicklung abtöten (gewöhnlich durch inneres Auffressen. Dies steht im Gegensatz zum Verhalten der eigentlichen → *Parasiten*, die den Wirt am Leben erhalten. Parasitoid ernähren sich allerdings nur die Larven, während die Adultformen frei leben und sich räuberisch oder von Nektar oder Pollen ernähren. P. sind v.a. bei holometabolen Insekten bekannt (z.B. Fächerflügler, Schlupfwespen, Schlupffliegen).
Parasitologie (Parasitenkunde): die Lehre von den → *Parasiten*, ihrer Lebensweise und ihrer Bedeutung für den Menschen sowie für den Haushalt der Natur. Sie hat oft enge Fachbeziehungen zu Medizin, Veterinärmedizin und Landwirtschaft. Besonders die → *Geomedizin* ist zu weiten Teilen Parasitologie.
Parasitose: durch tierische → *Parasiten* verursachte Krankheit oder Schwächung des befallenen Lebewesens (Pflanze, Tier, Mensch).
Parasitozönose: Gemeinschaft von → *Parasiten*, die in einem Organ oder → *Wirt* leben.
Paravariation: Eigenschaft, die von einem Individuum im Laufe seines Lebens als Folge von Umwelteinwirkungen erworben wurde, die aber nicht erblich ist.
Parenchymsaftsauger (Parenchymsauger): saugende Insekten (und Milben), deren Nahrungsquelle im Gegensatz zu den die Leitbündel anstechenden Arten Pflanzenzellen sind. Beispiel: Blasenfüße (Thysanoptera), Wanzen, bestimmte Milben (z.B. Tetranychidae). (→ *Pflanzensaftsauger*).
Parenchymsauger: → *Parenchymsaftsauger*.
parenteral: bezeichnet eine Form der Nahrungs- oder allgemeiner Stoffaufnahme, die nicht über Mund- und Darmwand, sondern durch die äußere Körperhaut erfolgt. Beispielsweise ernähren sich viele Endoparasiten (Protozoen, Bandwürmer, Kratzer) völlig oder weitgehend p., und auch bei manchen Wassertiere (z.B. Aktinien) stellt die p. Ernährung zumindest eine bedeutsame zusätzliche Energieversorgung dar (Aufnahme von Aminosäuren, Fettsäuren und anderen → *organischen Substanzen*).
Park: mehr oder weniger großflächige, der Repräsentation oder der Erholung dienende → *Grünflächen*, die locker mit Büschen, Sträuchern und Baumgruppen bepflanzt sind und dann als → *Parklandschaft* bezeichnet werden. Ursprünglich gab es den P. in England, womit man entweder Tiergehege oder extensiv genutztes Grün- und Waldland, das eng miteinander verzahnt war, beschrieb. Durch gestalterische Maßnahmen entstand der P. im Sinne der Parklandschaft, also als weitgehend künstlich angelegtes oder gestaltetes Gelände, das jedoch einen „natürlichen" Eindruck machen sollte.
Parklandschaft: 1. ein wenig scharfer vegetationskundlich-biogeographischer Begriff, der wegen der physiognomischen Ähnlichkeit von natürlicher oder quasinatürlicher Vegetation mit der künstlichen P. verwendet wird. Als P. bezeichnet man z.B. die extrazonalen Waldinseln, die aus standörtlich-ökologischen Verhältnissen in einer anderen Klimazone auftreten, wie die → *Galeriewälder* oder die → *Termitensavannen* mit ihren Termitenhügelwäldchen. P. nennt man auch den physiognomischen Vegetationstyp im zonalen Grasland der → *Steppen* und → *Savannen*, der mehr oder weniger stark mit einzelnen Bäumen oder Baumgruppen durchsetzt ist. Wegen des deskriptiven Begriffscharakters spielt die Frage der Einheitlichkeit oder Nichteinheitlichkeit der Pflanzengesellschaft für die P. keine Rolle. – 2. naturnahe oder naturfremde, gepflegte oder überbaut künstlich angelegte Landschaft, die von Überbauungen freigehalten ist, Grünflächen und Baumgruppen trägt und von Wegen durchzogen wird. Klassisches Beispiel der künstlichen Parklandschaft ist der sog. englische → *Park*.
Parökie: Form der → *Parabiose*, bei der es sich um geduldetes Wohnen bzw. Leben in der Nachbarschaft handelt, wie die Schneehühner in der Nähe von Rentieren, um an die von diesen dem Schnee herausgekratzte Vegetation zu gelangen.
Parthenogenese: eingeschlechtige Fortpflanzung; Entstehung von Nachkommen aus unbefruchteten Eiern.
Partialanalyse: → *Komplexanalyse*.
Partialkomplex: Bezeichnung der → *Geoöko-*

logie für → *Geoökofaktoren* als Funktionseinheiten im → *Ökosystem*, wo sie als Subsysteme auftreten. Sie werden im Rahmen der → *Komplexanalyse* untersucht. P. sind z.B. Boden, Klima, Wasser.

Partialkomplexanalyse: → *Komplexanalyse*.

Partikelfresser: Tiere, die → *Plankton* und → *Detritus* aus dem Wasser als Nahrung aufnehmen. Man unterscheidet → *Strudler*, → *Filtrierer* und (oft auch Boden abstreifende) → *Tentakelfänger* bzw. Pipettierer.

Passanten: → *Ephemerophyten*.

passiver Transport: Transport von Ionen oder Molekülen durch eine Membran mit Hilfe eines Trägermoleküls aufgrund eines Konzentrationsgefälles (kein Energieverbrauch).

Passivraum: in der → *Raumplanung* jener Teilraum eines Staates, der im Vergleich zum Gesamtraum nur geringe wirtschaftliche Aktivitäten entwickelt, Stagnation oder Rückgang der Wirtschaftsleistung zeigt, infrastrukturell schwach ausgestattet ist und häufig auch Bevölkerungsrückgang durch Abwanderung aufweist. Der P. hat einerseits sozioökonomische Ursachen, andererseits politische oder auch natürliche, weil das → *Leistungsvermögen des Landschaftshaushaltes* und das → *Naturraumpotential* begrenzt sind. Der vor allem zu Zeiten wirtschaftlichen Wachstums verwandte Begriff, der dem → *Aktivraum*, etwa dem → *Ballungsgebiet*, gegenübergestellt wurde, hat sich in dieser Bedeutung inzwischen teilweise überholt, weil der P. durch die geringe Ressourcenbeanspruchung und fehlende oder geringe Belastung des Naturraumpotentials als → *ökologischer Ausgleichsraum* fungieren kann. Mit der steigenden Bedeutung der Ressourcen Luft, Wasser und Boden und der Vorstellung, daß dem → *natürlichen* → *Ökosystem* sowie wenig belasteten → *Landschaftsökosystemen* ein Eigenwert zuzubilligen ist, kann man den P. oft als ökologischen Gunstraum bezeichnen. Die P. dienen vielfach als Erholungsräume. In Mitteleuropa gehören vor allem die Peripherräume der Mittelgebirge dazu, sofern sie nicht von → *urban-industriellen Ökosystemen* besetzt sind.

Pathobiozönose: dicht bevölkerte Lebensgemeinschaft von → *Parasiten* und/oder Krankheitserregern, die neben den → *Wirten* und → *Zwischenwirten* vorkommen. Der funktionale Zusammenhang der P. drückt sich in der Parasitischen Kette aus, die innerhalb bestimmter → *Nahrungsketten* existieren kann.

Pathogene: → *Krankheitserreger*.

Pathogenese: Entstehung von Krankheitssymptomen nach Befall eines → *Wirtes* durch → *Krankheitserreger* (Pathogene).

Pathogenität: die Fähigkeit von Organismen und Viren, sich in oder an einem → *Wirt* zu vermehren und Krankheitssymptome hervorzurufen.

Pathophyten: krankheitserregende pflanzliche Organismen, die → *Parasiten* und → *Nekrophyten* umfassen.

P/B-Verhältnis (Produktions-zu-Biomasse-Verhältnis): in der → *Produktionsbiologie* das Verhältnis zwischen jährlicher Produktion und mittlerer Biomasse als Maß für die Umsatzraten in → *Populationen* und → *Ökosystemen*. Das P. liegt bei großen Säugern meist um 0.1, bei einjährigen Tieren um 4, bei kurzlebigen Organismen wesentlich höher (bis 12). Das biochemische turnover im Körper ist hierbei außer acht gelassen.

PCB: → *Polychlorierte Biphenyle*.

PCB-, PCT-, VC-Verbotsverordnung (PCB-VerbotsV, Verordnung zum Verbot von polychlorierten Biphenylen, polychlorierten Terphenylen und zur Beschränkung von Vinylchlorid): deutsche Verordnung, die auf Grund des → *Chemikaliengesetzes* erlassen wurde und für die im Verordnungstitel genannten Stoffe gilt. Sie verbietet Herstellung, Inverkehrbringen und Verwenden.

PCP-V: → *PCP-Verbotsordnung*.

PCB-VerbotsV: → *PCB-, PCT-, VC-Verbotsverordnung*.

PCP-Verbotsverordnung (PCP-V, Pentachlorphenolverbotsverordnung): eine deutsche Verordnung, die auf Grund des → *Chemikaliengesetzes* erlassen wurde und für verschiedene PCPs gilt. Es ist nach der PCP-V verboten, solche Stoffe herzustellen, in den Verkehr zu bringen und zu verwenden.

Pechhumus: tiefschwarze, strukturlose Huminstoffanreicherung (→ *Huminstoffe*), die unter feuchten Bedingungen durch Zerfall von Kotballenaggregaten entsteht. (→ *Humifizierung*, → *Humus*).

Pechmoder: angereicherter → *Auflagehumus* in feuchten subalpinen und alpinen Lagen mit moderartigem Aufbau und mächtigem O_H-Horizont aus → *Pechhumus*. (→ *Moder*).

pediophil: die Ebene bzw. das Flachland liebend; bezogen auf Pflanzen.

Pedobiologie: ein Teilgebiet der → *Bodenkunde*, das sich mit dem → *Edaphon* – den Bodenorganismen im weiteren Sinne – beschäftigt. Gegenstand der P. sind demnach die → *Bodenfauna* und die → *Bodenflora*, wobei die P. jedoch die biologisch bedingten Umsetzungsprozesse genauso berücksichtigt wie die in und auf dem Boden befindlichen, abgestorbenen pflanzlichen und tierischen Stoffe sowie deren organische Umwandlungsprodukte. (→ *Humus*) Im Rahmen der → *Biologischen Landwirtschaft* (und verwandten landwirtschaftlichen Verfahrensweisen) erlangte die P. ab den 70iger Jahren auch außerhalb der Bodenkunde wieder Bedeutung.

Pedobiom: Bioreiche mit speziellen Bodenausbildungen und → *azonaler* Vegetation, wobei die Funktionen im → *Ökosystem* weniger durch das → *Makroklima* als durch den Boden geprägt werden, woraus großflächig eine azonale Vegetation entstehen kann. P. werden untergliedert nach typischen Merkmalen, wie Stein-, Salz-, Sand- und Wassergehalt, sowie nach anderen charakteristischen Merkmalen, etwa → *Moor* oder Sumpf, Wechselfeuchtigkeit, extreme Nährstoffarmut usw.

Pedochore: räumliche Bodeneinheit, die der Dimension der → *Chore* entspricht. Die P. ist eine heterogene Einheit und besteht aus einem in der Regel typischen Mosaik verschieden aufgebauter Böden, d.h. verschiedene → *Bodenformen*, die jedoch einzelne verbindende Grundmerkmale und Einflußgrößen haben (z.B. gleicher Ausgangsgesteinstyp, gleicher Substratkomplex, in engen Grenzen definierte Makroklimabedingungen) und durch → *Nachbarschaftsbeziehungen* miteinander verbunden sind.

Pedogenese: → *Bodenentwicklung.*

Pedologie: → *Bodenkunde.*

Pedon: durch die Aufnahme eines → *Bodenprofils* beschreibbares Bodenindividuum mit der gesamten vertikalen Erstreckung von der Bodenoberfläche bis zum Ausgangsgestein. Das P. zeigt den vertikalen Zusammenhang der → *Bodenbildungsfaktoren* ist Grundbaustein der Hierarchie der bodenräumlichen Einheiten und der Bodenschicht des → *Landschaftsökologischen Standorts.* (→ *Pedotop,* → *Bodentyp,* → *Bodenform*).

Pedosphäre: Grenzbereich der Erdoberfläche, in dem sich die → *Lithosphäre,* die → *Hydrosphäre,* die → *Atmosphäre* und die → *Biosphäre* durchdringen. In der P. finden die bodenbildenden Prozesse statt, wodurch sich ein → *Boden* entwickelt.

Pedosystem: die Funktionseinheit der im → *Pedotop* zusammenwirkenden ökologischen und pedogenetischen Prozesse, die von den physikalischen und chemischen Eigenschaften und Merkmalen des → *Oberflächennahen Untergrundes* gesteuert werden und die – unter Steuerung gewisser Prozesse durch die geomorphographischen Merkmale des → *Georeliefs* – zur Herausbildung der für den räumlich begrenzbaren Pedotop typischen → *Bodenform* führen.

Pedotop: die für die pedologische und geoökologische Betrachtung relevante kleinste bodenräumliche Einheit, die von einheitlich verlaufenden pedogenetischen und ökologischen Prozessen bestimmt wird, die im → *Pedosystem* zusammenwirken, woraus eine einheitliche → *Bodenform* resultiert, die das Homogenitätskriterium des P. erfüllt. Dies bedeutet, daß der P. durch eine ausschließlich vorkommende oder dominierende Bodenform gekennzeichnet ist, welche das auf der betreffenden Fläche gleichartige Zusammenwirken der wichtigsten → *Bodenbildungsfaktoren* repräsentiert. Daraus ergeben sich auch einheitliche Eigenschaften in Bezug auf die Nutzung des Bodens im P. (→ *Top*).

Pedoturbation: zusammenfassende Bezeichnung für alle physikalischen Durchmischungsvorgänge, welche im → *Boden* stattfinden. Dazu gehören die → *Bioturbation* (Durchmischung durch Lebewesen), die → *Kryoturbation* (Durchmischung durch Frostbewegungen) und die → *Hydroturbation* (Durchmischung durch Feuchtewechsel bzw. die damit verbundene Quellung und Schrumpfung).

Pedozoologie: → *Bodenzoologie.*

Peinomorphose: bei höheren Pflanzen durch Hunger bedingte morphologische Veränderung, z.B. die den Xeromorphosen (→ *xeromorph*) ähnlichen Baueigentümlichkeiten von unter Stickstoffmangel leidenden Hochmoorpflanzen. (→ *Sukkulente*).

Pejus: der zwischen → *Optimum* und → *Pessimum* gelegene Wirkungsbereich eines → *Umweltfaktors* gegenüber einer bestimmten Organismenart. (→ *ökologische Amplitude*).

Pelagial: Region des freien Wassers, in dem sich → *Nekton* und → *Plankton* aufhalten. Im Süßwassersee reicht das P. zum Ufer hin. bis zur Grenze zwischen dem unteren → *Infralitoral* und dem → *Litoriprofundal.* Beim → *Meer* nimmt in der Horizontalen das küstennahe P. bis etwa zum Abfall des Kontinentalschelfs als → *neritische Region* eine Sonderstellung gegenüber der → *ozeanischen Region* ein. In vertikaler Richtung bildet die Tiefe von maximal etwa 200 m, bis zu welcher photosynthetisch wirksames Licht eindringen kann, eine wichtige Grenze, welche die durchleuchtete Zone von dem darunter befindlichen Bathypelagial trennt.

pelagisch: im freien Wasser (ursprünglich nur des Meeres) befindlich. P. leben die meist großen, aktiv schwimmenden Tiere (→ *Nekton*) und die (meist kleinen) Organismen, deren Eigenbewegung nicht ausreicht, um von der Wasserbewegung unabhängig zu werden (→ *Plankton*). Arten, die ihr ganzes Leben p. sind, nennt man → *holopelagisch,* solche, die nur einen Teil ihres Lebens p. verbringen, → *meropelagisch.*

Pelon: → *Pelos.*

Pelos (Pelon): Lebensgemeinschaft des schlammigen (schlickigen) Grundes im Meer und in Süßgewässern, auch in → *semiterrestrischen Lebensräumen.*

Pelosol: A-C Boden auf Tongestein, in dem die Gesteinsmerkmale dominieren, da außer einer oberflächennahen Entkalkung und einer polyedrischen Gefügebildung (an nicht ständig vernäßten Standorten) kaum Bodenbildungsprozesse stattfinden. P. sind sehr dichte und schwere Böden geringer biologischer Aktivität wegen stark gehemmter Durchlüftung durch → *Quellung.* → *Humus* reichert sich nur im geringmächtige, etwas lockeren obersten Horizont von etwa 10–20 cm Mächtigkeit an. P. werden wegen ihrer schweren Bearbeitbarkeit und Vernässungsneigung bevorzugt als Grünland genutzt.

Penck'sche Trockengrenze: Grenzbereich, in dem die Niederschlagsmenge der Verdun-

stungsmenge entspricht. Die P.T. trennt den humiden Klimabereich (N > V) vom ariden Klimabereich (N < V).
Penetration: Durchgang eines festen Stoffes durch eine Wand, z.B. eines → *Pflanzenschutzmittels* durch die Epidermis einer Pflanze. In der → *Parasitologie* das aktive Eindringen eines → *Endoparasiten* bei dem Befall (→ *Invasion*) eines → *Wirtes* über äußere oder innere Epithelien. (→ *Permeation*).
Pentachlorphenolverbotsordnung: → *PCP-Verbotsverordnung.*
Peplosphäre: → *Grundschicht.*
Perceived Noise Level: → PNL.
perenn: bezeichnet Pflanzen, die mehrjährig sind. (→ *annuell,* → *bienn,* → *pleiozyklisch*).
perennierend: dauernd, beständig, anhaltend, im Zusammenhang mit dem Pflanzenwachstum oder dem Fließen von Gewässern gebraucht. Als Gegensatzbegriffe werden → *ephemer* und temporär verwendet (temporäre Gewässer).
Pergelisol: → *Permafrostboden.*
perhumid: Gebiete mit sehr hohem Niederschlagsüberschuß im Vergleich zur Gesamtverdunstung.
periodisch: geo- oder biowissenschaftliche Phänomene, die in kürzeren oder längeren Zeitabschnitten regelmäßig wieder auftreten.
periodisches Gewässer: svw. ein → *temporäres* Gewässer.
Periodizität (Periodik, Rhythmik): 1. allgemein eine Folge von gleichartigen Ereignissen in bestimmten zeitlichen Abständen. Aperiodische Ereignisse wiederholen sich demgegenüber in kurzen oder langen zufälligen Zeitabständen, episodische nur in langen. – 2. Regelmäßige Schwankungen von Populationsdichten werden → *Oszillationen* genannt. – 3. in der Ökophysiologie ist P. der regelmäßige Wechsel zwischen Aktivität und Ruhephase einer Organ- oder Zellaktivität (Herzschlag, Atemfrequenz, Ernährungsrhythmik); diese haben meist endogene Ursachen, wobei aber externe Faktoren oder spezielle Zeitgeber die Intervallgeschwindigkeit bzw. die Synchronisation mit einstellen. Hierzu gehören die Erscheinungen der → *Tagesperiodik,* → *Lunarperiodizität* und → *Jahresperiodizität* zustande. – 4. in der → *Landschaftsökologie* ergibt sich in den → *Landschaftsökosystemen,* den → *Hydro-* und anderen → *Ökosystemen* ebenfalls eine P., die letztlich vom → *Klima,* von der → *Witterung,* und vom → *Wetter* gesteuert wird. Langfristige → *Klimaschwankungen* und *Klimaveränderungen* lassen ebenfalls eine P. erkennen, z.B. das → *Pleistozän* mit den → *Eiszeiten.*
Periodomorphose: Entwicklungszyklus mancher Arten der Doppelfüßer (Diplopoda), bei dem in der Häutungsfolge zwischen der Reproduktionsphasen sexuelle Ruhephasen der Männchen eingeschaltet sind („Schaltmännchen").
peripher: am Rande, außerhalb des Zentrums sich befinden.
Periphyton (Bewuchs i.e.S.): allgemeine Bezeichnung für die im Wasser an anderen Organismen oder toten Gegenstände angehefteten Pflanzen und Tiere, die somit in einem → *Merotop* leben. Sie gehören in einem weiteren Sinne zum → *Aufwuchs* (Bewuchs i.w.S.). – 2. in einem engeren Sinne versteht man darunter nur die auf Substraten im Wasser wachsenden pflanzlichen Organismen, d.h. Algen und Pilze sowie Bakterien. Dabei kann man unterscheiden zwischen 1) dem epipelischen P. (auf feinem, teilweise organischem Sediment), 2) dem epilithischen P. (auf Fels- und Steinuntergrund), 3) dem epipsammischen P. (auf und im Sand), 4) dem epiphytischen P. (auf Pflanzen), und 5) dem epizoischen P. (auf Tieren).
Peritripton: → *Tripton.*
Perkolation: der Vorgang des Durchsickerns von Wasser durch eine poröse Bodenmatrix. (→ *Sickerung,* → *Sickerwasser*).
perkutan (kutan): Bezeichnung für die Aufnahme von Stoffen, z.B. → *Pestiziden* oder Organismen (z.B. → *Parasiten*) über die Haut. (→ *peroral*).
Permafrost (Dauerfrost): ständige Bodengefrornis, die in der → *Eiszeit,* besonders im Gebiet des Periglazials, eine große Rolle spielte. In den Alpen kommt fossiler, vorzeitlicher P. vor. Darüber befinden sich in der Regel Blockgletscher oder Gletscher. Dieser P. ist – gegenüber jenen des Eiszeitalters oder der heutigen polaren und subpolaren P.-Gebiete – deutlich geringmächtiger. Für die Alpen wird von sporadischem P. gesprochen, der in extremen Schattlagen oder in Eishöhlen schon ab 1000 m NN. vorkommen kann. Diskontinuierlichen P. kann man ab der → *Waldgrenze,* kontinuierlichen P. oberhalb von 3300 m erwarten.
Permafrostboden (Dauerfrostboden, Pergelisol, Tjäle): Bereich der ständigen Bodengefrornis. Böden mit Permafrost tauen in den Sommermonaten nur einige Dezimeter bis um einen Meter tief auf und sind wegen der stauenden Wirkung des Bodeneises stark vernäßt. Das mit dem Auftauwasser gesättigte mineralische Material hat breiige Konsistenz und fließt bei geringster Neigung hangabwärts. (→ *Solifluktion*). Die Mächtigkeit des P. erreicht in subpolaren Gebieten Maximalbeträge von ca. 300 m. In diesem Ausmaß ist P. vermutlich reliktisch und geht bis in die letzte Eiszeit zurück. P. prägt die → *Tundren* der Erde, die innerasiatische → *Taiga,* wo er weit nach Süden (45–50°N) reicht, und die Hochgebirge.
permanenter Welkepunkt: Saugspannungsgrenze des → *Bodenwassers* bei einem bestimmten → *pF-Wert* (4.2). Wasser, das mit → *Saugspannungen* über dem p.W. im Feinporensystem gebunden ist, kann von Pflanzen im allgemeinen nicht aufgenommen werden.
Permanent threshold shift: → PTS.
Permeabilität: 1. allgemein die Durchlässig-

keit. P. ist eine Eigenschaft von Zellwänden, Gesteinen oder Böden, Gase oder gelöste Moleküle, Ionen oder Atome durchtreten zu lassen. – 2. in der Bodenkunde bezeichnet P. speziell die Wasserdurchlässigkeit eines Bodens. Sie sinkt mit abnehmendem Wassergehalt.

Permeanten: sehr bewegliche Tiere (z.B. Vögel, Säuger, Insekten), die sich in einem Lebensraum (→ *Biotop*) frei zwischen den Schichten (→ *Stratifizierung*) und übrigen Untersystemen bewegen. (→ *Schichtung*).

Permeation: das Passieren einer durchlässigen (permeablen) Wand, z.b. das Eindringen eines in Wasser gelösten → *Pflanzenschutzmittels* durch die Epidermis in das Pflanzeninnere. (→ *Penetration*).

Permigration: unüblicher Ausdruck für Durchzug von Angehörigen einer Population (→ *Durchzügler*) durch einen → *Biotop*.

peroral (oral): Bezeichnung für die Aufnahme von Nährstoffen oder Schadstoffen über den Mund („per os"). In der → *Parasitologie* wird die Aufnahme parasitischer Keime über den Mund ebenfalls als p. bezeichnet. (→*perkutan*).

Persistenz: 1. in der → *Biologie* die durchschnittliche Zahl der Generationen, über die eine neuentstandene Mutation weitergegeben wird, ehe sie wegen des Todes eines Trägers vor seiner Fortpflanzung oder wegen seiner Nachkommenslosigkeit wieder aus der Lebensgemeinschaft ausscheidet. – 2. in der → *Geoökologie* wird von landschaftsökologischer oder → *ökologischer P.* gesprochen. – 3. in der → *Humangeographie* versteht man unter P. alles Erbe vergangener Generationen und Jahrhunderte, welches die aktuelle Handeln der sozialen Gruppen heute noch beeinflußt, wozu nicht nur Bauwerke und sonstige feste Infrastruktureinrichtungen gehören, sondern auch soziale Systeme und Kulturmuster, welche die menschlichen Reaktions- und Aktionsmöglichkeiten einschränken bzw. im weiteren Sinne beeinflussen. – 4. in der Schädlingsbekämpfung den langsamen Abbau der→ *Biozide*, → *Pestizide* und → *Herbizide* bezeichnend, also die Beständigkeit eines Stoffes in der Umwelt. Die P. wird dabei mit der → *biologischen Halbwertszeit* bemessen. – 5. ähnlich der Definition 4 bedeutet in der Umweltökologie die P. die schwere Abbaubarkeit eines Stoffes durch Mikroorganismen, Umsetzung durch luft- oder bodenökologische Prozesse bzw. Oxidation und/oder photochemische Zersetzung. Persistente, also schwer abbaubare Stoffe sind all jene, deren biologische Halbwertszeit mehr als 2 Tage beträgt. Die → *Chlorierten Kohlenwasserstoffe* können im Boden Halbwertszeiten von 10–120 Jahren haben. Schädlingsbekämpfungsmittel bleiben demnach für Jahrzehnte im Boden. Durch die P. können sie langfristig in → *Nahrungsketten* eingehen und in den Lebewesen zur → *Bioakkumulation* führen.

Personendosis: die → *Ionen*-, → *Energie*- oder → *Äquivalentdosis* an einer für die → *Strahlenbelastung* von strahlenexponierten Personen als repräsentativ angesehene Stelle der Körperoberfläche.

Perthophyten: Pflanzen, die sich von toter organischer Substanz ernähren (→ *Nekrophyten*), aber lebende Pflanzen besiedeln, um nach dem Befall abgetötetes Pflanzengewebe zu nutzen, z.B. die vom Pilz *Phytophthora infestans* hervorgerufene Kraut- und Knollenfäule der Kartoffel.

Perzeption: 1. in der Reizphysiologie der Teilvorgang der Reizaufnahme. – 2. in der Sinnesphysiologie die Wahrnehmung von Empfindungen, die von physikalischen Umweltfaktoren ausgehen. – 3. in der → *Humangeographie* die subjektiv-selektive Aufnahme von Informationen über die Lebensumwelt des Menschen und damit Bestandteil einer Wahrnehmungsgeographie, die auch als P.-Geographie bezeichnet wird.

Pessimum: ungünstigster Wirkungsbereich eines Umweltfaktors, in welchem eine bestimmte Organismenart gerade noch existieren kann. Das P. gehört zur → *ökologischen Amplitude* und wird dem → *Optimum* gegenübergestellt.

Pestizide (Biozide): in ähnlicher Bedeutung auch: Schädlingsbekämpfungsmittel (→ *Schädlingsbekämpfung*), Sammelbezeichnung im Umweltschutz für chemische Stoffe, die unterschiedliche Gruppen unerwünschter Organismen in der Landwirtschaft abtöten (Tiere, Pflanzen, Mikroorganismen einschließlich Viren) oder auf andere Weise an einer Schadwirkung hindern. Zu unterscheiden sind die eigentlichen Wirkstoffen von den handelsüblichen Produkten, die oft zusätzlich bestimmte Binde- oder Spritzmittel usw. enthalten. Ein Einsatz von P. wird beim → *Alternativen Landbau* abgelehnt. Eine Unterteilung der Pestizide kann nach verschiedenen Prinzipien vorgenommen werden: 1) Nach den Zielorganismen unterscheidet man → Herbizide, → Insektizide, → Fungizide, → Akarizide, → Nematizide, → Avizide, → Rodentizide usw. 2) Nach der chemischen Stoffklasse unterscheidet man anorganische und organische Verbindungen. Zu den letzteren gehören z.B. Organochlorverbindungen, Phosphorsäureester, usw. 3) Nach der biochemischen Wirkung unterscheidet man → *Nervengifte* (Störung an der Nervenleitung oder Nervenübertragung), Wachstumshemmer (z.B. 2,4-D), Antikoagulantien usw.

peträisch: auf Felsen oder anderen Hartsubstraten vorkommend. Ähnliche, aber nicht genau gleich verwendete Begriffe sind *lapidikol* und → *epilithisch*.

petrikol: Aufenthaltstyp, der Organismen bezeichnet, die auf Felsen, Mauern oder Hartböden vorkommen. (→ *Epilithion*).

pF-Wert: logarithmisches Maß (log cm WS) der in Zentimetern Höhe einer Wassersäule gemessenen Saugspannung f (= „negativer

Druck") des Wassers im Boden. Damit kennzeichnet der pF-W. die Bindungsintensität des Wassers im Boden, also die Wasserspannung, die als dekadische Logarithmen des jeweiligen Druckes (log bar) wobei p das Potential und F die freie Energie des Wassers darstellen.

Pflanzen: → *autotroph* lebende Organismen, die ihre organische Substanz aus dem CO_2 der Luft und aus anorganischen Verbindungen des Bodens bzw. Wassers überwiegend mit Lichtenergie (seltener chemischer Energie) aufbauen. Gegenüber den P. sind Tiere und Menschen von organischen Verbindungen abhängig, also von den P., denen sie die zur Erhaltung ihres Lebens notwendige Energie entnehmen und demnach → *heterotroph* sind. Entscheidender Prozeß ist die → *Photosynthese*. Aus dem Unterschied zwischen autotroph und heterotroph ergeben sich auch Verschiedenheiten in pflanzlicher und tierischer Lebensweise und Organisation. Dazu gehört, daß die P. meist bis an ihr Lebensende wachsen, wobei sich die Oberfläche nach außen ständig vergrößert. Außerdem sind sie meist ortsgebunden und verfügen über oft speziell ausgebildete Befestigungssysteme.

Pflanzenbau (Kulturpflanzenbau): Nutzung der → *Bodenfruchtbarkeit* durch → *Kulturpflanzen* an die Anpassung der Kulturpflanzen an die Standortbedingungen, durch die Auswahl bestimmter Pflanzenarten und -sorten bzw. durch Schaffung von Standortbedingungen, die den Ansprüchen der Kulturpflanzen genügen.

Pflanzenbehandlungsmittel: → *Pflanzenschutzmittel*.

Pflanzenbestand: Gruppe von → *Pflanzen* einer bestimmten floristischen Zusammensetzung und Physiognomie in einem → *Biotop*. Der empirische Begriff besagt nichts über die pflanzensoziologische Zusammensetzung und die quantitativen Verhältnisse.

Pflanzenbiologie: Lehre von der Lebensweise, Vererbung und Veränderlichkeit sowie Anpassung und natürlicher Verbreitung der → *Pflanzen*. Die P. entspricht damit der → *Botanik*.

Pflanzenformation: Ordnungsbegriff der → *Pflanzengeographie* bzw. → *Vegetationsgeographie* zur Kennzeichnung von empirisch gefundenen Vegetationseinheiten nach ihren → *Lebensformen*, ohne daß ein direkter Zusammenhang mit pflanzensoziologischen Einheiten hergestellt wird. Mehrere P. bilden eine → *Formationsgruppe*. Die P. des borealen Nadelwaldes gehört z.B. zur Formationsgruppe der Nadelwälder. (→ *Vegetationsformation*).

Pflanzenfresser: → *phytophage Tiere*.

Pflanzengallen (Cecidien): Wachstumsanomalien an höheren Pflanzen, die durch artfremde Organismen hervorgerufen werden und gewöhnlich an bestimmten Organen lokalisiert sind. Je nachdem, ob Pflanzen oder Tiere die Ursache sind, unterscheidet man Phytocecidien (durch → *Cecidophyten* hervorgerufen) und Zoocecidien (durch → *Cecidozoen* hervorgerufen). Zu den ersteren gehören Bakterien (z.B. → *Knöllchenbakterien*), Algen und Pilze, zu den letzteren v.a. Insekten, Milben und Nematoden. Nach der Form und Entstehung der P. kann man die P. unterteilen in die: → *Filzgallen,* Mantelgallen (darunter Rollgallen und Beutelgallen), Umwallungsgallen, Markgallen und Lysenchymgallen. (→ *Cecidophe*).

Pflanzengemeinschaft: 1. real vorhandene Kombination von Pflanzenindividuen, die sich miteinander im Wettbewerb befinden und durch → *Konkurrenz* ein Gleichgewicht in der Verbreitung erlangten. – 2. nicht mehr bezeichnete Vegetationseinheit eines → *Standortes* oder gemeinschaftlichen Areals.

Pflanzengeographie (Phytogeographie): allgemein eine Pflanzenverbreitungslehre, die ursprünglich rein beschreibend war. – 1. in der ursprünglich als P. bezeichneten → *Geobotanik* eine ausschließlich auf Verbreitung der Pflanzen gerichtete Lehre. – 2. in der → *Geographie* das Fachgebiet, welches sich mit der Zusammensetzung, Verbreitung und Ausstattung der Erdräume mit Pflanzen beschäftigt. In Anlehnung an den botanischen Ansatz wurde weitgehend beschreibend vorgegangen. Daraus entwickelte sich die → *Vegetationsgeographie*.

Pflanzengesellschaft: floristisch definierte Einheit der Vegetationsgliederung, entspricht der → *Assoziation*.

Pflanzengesellschaftsklasse: Klasse aus mehreren → *Pflanzengesellschaftsordnungen*; sie ist an der Endung -etea erkenntlich, z.B. Molinio-Arrhenatheretea (Fett- und Magerwiesen frischer und feuchter Standorte).

Pflanzengesellschaftsordnung: Ordnung aus mehreren → *Pflanzenverbänden*; sie ist an der Endung -etalia erkenntlich, z.B. Arrhenatheretalia (europäische Fettwiesen und -weiden).

Pflanzenhygiene: vorbeugende Maßnahmen, um Kulturpflanzen möglichst gesund zu erhalten, z.B. durch Anbau an geeigneten Standorten, Anlage von Schutzhecken, Bodenentwässerung, intensive Bodenbearbeitung vor der Saat, Fruchtwechsel, harmonische Düngung, → *Unkrautbekämpfung,* Pflanzenquarantäne, Produktion gesunden Saat- und Pflanzengutes, Resistenzzüchtung. (→ *Waldhygiene*).

Pflanzenklärverfahren: ein Verfahren zur Reinigung von → *Abwasser,* das durch eine mit Wasserpflanzen, z.B. mit Binsen, bewachsene Feuchtzone geleitet wird. (→ *Abwasserreinigung*).

Pflanzenkunde: → *Botanik*.

Pflanzenminen (Hyponomien, sing. Hyponomium): durch Tiere verursachte Bohr- und Fraßgänge in Pflanzenorganen (→ *Minierer*). Nach dem befallenen Organ unterscheidet man → *Blattmine* (Phyllonom), Blütenmine (Anthonom), Fruchtmine (Karponom) und Stengelmine (Kaulonom). Eine anderes Unterteilungssystem geht von der Form aus: Blasenmine (Physonom), Faltenmine (Ptychonom), Gangmine (Ophionom), Platzmine (Stigmatonom), Spiralmine (Heliconom), Sternmine (Asteronom).

Pflanzenökologie: der ökologischen → *Geobotanik* entsprechende Forschung; sie beschäftigt sich mit den standörtlichen Wechselbeziehungen zwischen der Pflanze und ihrer Lebensumwelt, besonders Klima, Boden, Wasserhaushalt, pflanzlichen Konkurrenten und Tieren.

Pflanzenpaläontologie: → *Paläobotanik*.

Pflanzenphänologie: → *Phänologie*.

Pflanzenreiche: neben den → *Tierreichen* die → *Bioreiche* der Erde definierende Einteilung; sie entsprechen den Florenreichen.

Pflanzensaftsauger: Tiere, die Pflanzensaft als Nahrung aufnehmen, den sie durch Anbohren der Pflanzen mit einem Stechrüssel erhalten. Praktisch gehören hierzu nur Gliederfüßer mit geeigneten kleinen und spitzen Mundwerkzeugen. Nahrungsflüssigkeit kann entweder sein der Inhalt von Siebröhren (→ *Phloemsaftsauger*), Wasserleitungsgefäßen (→ *Xylemsaftsauger*) oder von → *Parenchymsaftsauger*).

Pflanzenschädlinge: Organismen pflanzlicher oder tierischer Art, die als Folge ihrer Lebensweise Nutzpflanzen Schaden zufügen. Da viele P. auf bestimmte Pflanzenarten spezialisiert sind, wird vor allem die → *Monokultur* durch P. geschädigt. Man unterteilt P. z.B. in Bakterien, Pilze, Weichtiere usw. und differenziert diese nach den Nutzpflanzenbereichen, die von Schädlingen betroffen werden, z.B. Gemüseschädlinge, Forstschädlinge oder Obstbaumschädlinge.

Pflanzenschutz: 1. Maßnahmen zur Erhaltung der vom Aussterben bedrohten Pflanzen sowie zur Erhaltung der natürlichen oder quasinatürlichen → *Biotope* durch Maßnahmen der → *Landschaftspflege* und des → *Naturschutzes*. – 2. im Sinne der → *Pflanzenhygiene*, der → *Schädlingsbekämpfung* und des → *Integrierten P.* die Gesamtheit physikalischer, chemischer und biologischer Maßnahmen zur Begrenzung des Befalls bzw. der Entwicklung pflanzlicher und tierischer Schaderreger sowie von Krankheiten in Pflanzenbeständen und Ernteprodukten auf den Bereich unterhalb der wirtschaftlichen Schadensschwelle. Dazu gehören auch Quarantänemaßnahmen, um Einschleppen und Ausbreiten von Schadorganismen zu verhindern. Der dabei erfolgende Einsatz von → *Pestiziden* stört es vernichtet jedoch die natürlichen oder quasinatürlichen biotischen Bestandteile in der Lebensumwelt der → *Kulturpflanzen*. Insofern müßte von Kultur-P. gesprochen werden, der andere Ziele verfolgt als der Schutz natürlicher Pflanzen.

Pflanzenschutz-Anwendungsverordnung (PflSchAnwenV, Verordnung über Anwendungsverbote für Pflanzenschutzmittel): eine deutsche Verordnung, die auf dem → *Pflanzenschutzgesetz* basiert und ein vollständiges Anwendungsverbot für gewisse Pflanzenschutzmittel oder eingeschränkte Anwendungsverbote vorsieht. Diese Pflanzenschutzmittel werden in Anlagen aufgeführt. Die PflSchAnwenV zielt vor allem auf den Schutz der Einzugsgebiete von Trinkwassergewinnungsanlagen oder Heilquellen sowie auf den Schutz des Grundwassers bzw. auf → *Naturschutzgebiete* und → *Nationalparke* ab.

Pflanzenschutzgebiet: meist kleinere Teile eines → *Naturschutzgebietes*, in denen speziell ausgewiesene, selten gewordene Pflanzenarten oder Pflanzengesellschaften aus ethischen, wissenschaftlichen oder genetischen Gründen erhalten werden sollen.

Pflanzenschutzgesetz (PflSchG, Gesetz zum Schutz der Kulturpflanzen): deutsches Gesetz, das sich auf den Schutz von Kulturpflanzen bezieht und diese vor Schadorganismen und nichtparasitären Beeinträchtigungen schützen möchte. Das PflSchG bezieht sich auf Pflanzenerzeugnisse, aber auch auf alle Gefahren, die durch Anwendung von → *Pflanzenschutzmitteln* oder durch andere Maßnahmen des Pflanzenschutzes, insbesondere für Gesundheit von Mensch und Tier sowie für den Naturhaushalt entstehen können. Das Gesetz definiert auch den → *Integrierten Pflanzenschutz*. Es definiert ausführlich Pflanzenschutzmaßnahmen und die Anwendung von Pflanzenschutzmitteln.

Pflanzenschutzgesetze: in manchen Staaten wird im Rahmen des → *Naturschutzes* → *Pflanzenschutz* betrieben. Teils regelt ihn das → *Naturschutzgesetz*, teils gibt es spezielle P., die jedoch – im Sinne des klassischen Naturschutzes – von dem → *Objektschutz* ausgehen und daher wenig wirksam sind.

Pflanzenschutzmittel (Pflanzenbehandlungsmittel): Sammelbezeichnung für chemische Stoffe, die entweder zum Schutz von Pflanzen vor Schädlings- bzw. Krankheitsbefall oder zur Bekämpfung von Schadorganismen bzw. Pflanzenkrankheiten eingesetzt werden. Überwiegend werden sie an den → *Kulturpflanzen* eingesetzt. Die große Vielfalt kann nach Einsatzbereichen und Wirkstoffen gegliedert werden, wobei die Stoffe die eigentlichen Wirkstoffe (aktive Substanzen) und Zusatzstoffe (Trägerstoffe) unterscheiden lassen. Man teilt u.a. wie folgt ein: → *Algizide* (gegen Algen), → *Akarizide* (gegen Milben), → *Aphizide* (gegen Blattläuse), → *Bakterizide* (gegen Bakterien), → *Fungizide* (gegen Pilze), → *Herbizide* (gegen Unkräuter), → *Insektizide* (gegen Insekten), → *Molluskizide* (gegen Schnecken), → *Nematizide* (gegen Fadenwürmer), → *Rodentizide* (gegen Nagetiere) und diverse Mittel gegen Schadvögel. Entlaubungs- und Halmverkürzungsmittel sowie weitere → *Wuchsstoffe* gehören ebenfalls zu den P. – Viele P. haben durch ihre → *Persistenz* längerfristige Umweltwirkung, manche auch durch ihre → *Toxizität*. Bestimmte P.

wie → *DDT*, Dildrin, Aldrin oder → *Lindan* besitzen durch ihre Persistenz Bedeutung, so daß sie längerfristig über → *Nahrungsketten* in den Organismus von Pflanze, Tier und Mensch (→ *Bioakkumulation*) gelangen können. Ein Teil der P., wie Herbizide, sind auch giftig. Die Schädlinge haben im Laufe der Zeit → *Resistenz* entwickelt, so daß der Einsatz von P. in manchen Fällen bereits fragwürdig ist und – als Alternative – sich beispielsweise → *Integrierter Pflanzenschutz* anbietet.

Pflanzenschutzmittelverordnung (PflSchMittelV, Verordnung über Pflanzenschutzmittel und Pflanzenschutzgeräte): deutsche Verordnung, die auf dem → *Pflanzenschutzgesetz* beruht und die Zulassung eines Pflanzenschutzmittels regelt. Zu den Zulassungsvoraussetzungen gehören u.a. auch Angaben über Wirkungen in der Umwelt, insbesondere gegenüber Wasser, Boden und Luft sowie gegenüber bestimmten Tiergruppen (Bienen, Arthropoden) sowie über andere Auswirkungen auf den → *Naturhaushalt*.

Pflanzensoziologie (Phytosoziologie, Phytozönologie, Soziologische Pflanzengeographie, Vegetationskunde): Lehre von den → *Pflanzengesellschaften* und Teilgebiet der → *Geobotanik*. Hauptaufgabe ist die Gesellschaftssystematik, die auf floristischen Kriterien aufbaut und die → *Pflanzengemeinschaften* hierarchisch klassifiziert sowie die → *Assoziationen* ausscheidet. Die P. begreift die Assoziationen als natürliche Gemeinschaften im Gebiet einheitlicher ökologischer Standortbedingungen, so daß die Assoziationen nicht nur die floristische Zusammensetzung repräsentieren, sondern auch das Vorkommen, die Standortbedingungen und die Entwicklung. Die Gesellschaftsentwicklung erfaßt die Gesellschaftsfolgen am Standort im Sinne einer → *Sukzession* und versteht sich als Sukzessionslehre oder → *Syndynamik*. Die Gesellschaftsverbreitung oder Synchorologie beschreibt die Verbreitung der Assoziationen oder ihrer höheren Aggregationen. Der Gesellschaftshaushalt oder die → *Synökologie* erfaßt die abiotischen und biotischen Standortfaktoren, die für die Assoziation Bedeutung besitzen.

Pflanzenstoffe: → *sekundäre Pflanzenstoffe*.

Pflanzenstreu: in einem Pflanzenbestand (→ *Bestand*) zu Boden gefallene tote Pflanzensubstanz, z.B. Blätter (→ *Laubstreu*), Holz, Stengel, Blüten, Früchte. Die P. bildet den → *L-Horizont* des Bodens (→ *Bodenprofil*) und unterliegt der → *Zersetzung*.

Pflanzenverband: mehrere floristisch verwandte → *Assoziationen* vereinigender Verband; er ist erkenntlich an der Endung *-ion*, z.B. Arrhenatherion (mitteleuropäische Fettwiesen). Hierarchisch folgt dann die → *Pflanzengesellschaftsordnung*.

pflanzenverfügbare Nährstoffe: im Boden in austauschbarer Form (→ *Austauscher*, → *Austauschnährstoffe*) gebundene oder als leicht lösliche Salze vorliegende → *Nährelemente*, welche leicht in die Bodenlösung übergehen und deshalb durch die Wurzeln aufgenommen werden können. (→ *Nährstoffhaushalt*).

pflanzenverfügbares Wasser: im Boden gespeichertes Wasser, dessen kapillar- und matrixbedingte Bindungsstärke (→ *Saugspannung*, → *pF-Wert*) unter etwa 15 Atm liegt, so daß es von den Pflanzenwurzeln noch aufgenommen werden kann. Das p.W. befindet sich in den → *Mittelporen*, (→ *Bodenwasser*, → *Feldkapazität*, → *Porengrößenverteilung*).

PflSchAnwenV: → *Pflanzenschutz-Anwendungsverordnung*.

PflSchG: → *Pflanzenschutzgesetz*.

PflSchMittelV: → *Pflanzenschutzmittelverordnung*.

Pflugsohle: 1. die Untergrenze des in einem Ackerboden jährlich umgepflügten Bereiches. Sie liegt, je nach Bearbeitungsart und Bodenverhältnissen, in 15–35 cm Tiefe und tritt oft als scharfe Horizontgrenze zwischen dem humushaltigen Oberboden (A_h- bzw. A_p-Horizont) und dem Unterboden auf. – 2. in Erweiterung von 1. jene verfestigte Schicht unterschiedlicher Mächtigkeit, die sich an der Grenze zwischen der bearbeiteten Krume und dem Unterboden befindet und vor allem zu Verdichtungen führt. Es stellt sich oft eine plattige Bodenstruktur (→ *Bodengefüge*) ein.

Phagie: Stammwort zur Kennzeichnung verschiedener → *Ernährungsweisen* von Tieren (z.B. Hyperphagie).

Phagostimulantien: natürliche (→ *sekundäre Pflanzenstoffe*) oder künstlich aufgebrachte Stoffe an oder in Pflanzen, die den Fraß von Phytophagen anregen und stimulieren. Beispielsweise wirken die Senfölglykoside der Kreuzblütler für die Raupen der Weißlinge unter den Schmetterlingen als Ph.

phagotroph: Bezeichnung für niedere Pflanzen wie Schleimpilze (Myxomycetes) und für Tiere, die sich durch Aufnahme fester Partikel in das Zellplasma (→ *Phagozytose*) ernähren. Der Begriff wird oft gleichbedeutend wie makrotroph (→ *makrophag*) verwendet.

Phagozytose: Aufnahme und Verdauung geformter Partikel in einer Zelle. Bei Wirbeltieren sind dazu die Zellen des reticulo-endothelialen Systems befähigt, z.B. Leukozyten, Histiozyten, Endothelzellen.

Phanerogamen (Samenpflanzen, Blütenpflanzen, Spermatophyten, Anthophyten): höchstentwickelte Gruppe der → *Pflanzen*, die durch das Auftreten von Blüten und durch Samenbildung charakterisiert ist. Die P. sind Sproßpflanzen. Sie sind vor allem an das Landleben angepaßt; der Befruchtungsvorgang ist nicht wasserabhängig, weil → *Pollen* – also Mikrosporen – bei der Bestäubung durch Insekten oder Wind übertragen werden. Die P. gliedern sich in die Abteilungen Bedecktsamer und Nacktsamer.

Phanerophyten: Holzpflanzen mit in die Luft

ragenden, auch während der thermisch und/oder hygrisch ungünstigen Jahreszeit überdauernden Trieben, wozu vor allem Bäume und Sträucher gehören, die bestimmte → *Lebensformen* repräsentieren. Unterschieden werden → *Nanophanerophyten*, → *Makrophanerophyten* und → *Megaphanerophyten*.

Phänologie (Pflanzenphänologie): Wissenszweig der Klimatologie, der sich mit der jährlichen Wachstumsentwicklung (Eintrittszeiten der Wachstumsphasen) der wildwachsenden und kultivierten Pflanzen in Abhängigkeit von Witterung und Klima befaßt. Ausgeschieden werden → *phänologische Phasen* und → *Phänologische Jahreszeiten*. Ein Komplex verschiedenster → *Klimaelemente* wirkt auf das Pflanzenwachstum ein. Die Wachstumsgeschwindigkeit ist deshalb ein integrierender Indikator für die das Wachstum beeinflussenden Klimabedingungen und kann als ergänzender Faktor neben den Messungen für die Klimakennzeichnung herangezogen werden. Durch eine Kartierung des Wachstumszustandes verschiedener Pflanzenarten entstehen phänologische Karten, aus denen sich z.B. regionale Wärmestufenkarten ableiten lassen. Neben der Pflanzen-P. gibt es auch eine Tier-P., die aber in der Klimatologie kaum Bedeutung hat.

Phänologische Jahreszeiten: Zeiteinteilung des Jahres, die sich an den Hauptentwicklungsphasen der Pflanzen orientiert.

phänologische Phase (Phänophase): ein deutlich abgrenzbarer Abschnitt der Wachstumsentwicklung einer Pflanze, der auch für die Gliederung der → *Phänologischen Jahreszeiten* herangezogen werden kann (z.B. Süßkirschenblüte, Ährenschieben des Weizens, Holunderreife usw.). Bei Wild- und Kulturpflanzen werden folgende p.P. unterschieden:
Wildpflanzen
Laubentfaltung,
Blühbeginn (stäuben),
Vollblüte
Ende der Blüte
Fruchtreife
Laubverfärbung
Blattfall
Kulturpflanzen
Bestellung (Aussaat, Auspflanzen)
Aufgang
Schossen (Ähren-/Rispenschieben)
Blüte, Ernte
Obst und Wein
Blattentfaltung/-austrieb
Blüte
Fruchtreife
Ernte
Laubverfärbung
Blattfall

phänologischer Gradient: Unterschied der Eintrittszeit einer → *phänologischen Phase* innerhalb eines größeren Gebietes bezogen auf die Distanz oder den Höhenunterschied.

Phänometrie: Wachstumsmessungen an Pflanzen bei Wachstumsvorgängen (wie Blattentfaltung, Längenwachstum der Sprosse und Wurzeln, kambialem Dickenwachstum), um den Einfluß von Außenfaktoren auf diese Entwicklungsabläufe zu erfassen. Wichtig ist die Jahrring-P. an Holzpflanzen außerhalb der Tropen, aus der der Einfluß von fördernden und hemmenden Umweltfaktoren (Strahlungsgenuß, Temperatur, Nährstoffzufuhr, Wasserversorgung, Befall mit Schädlingen, Belastung durch → *Immisionen* usw.) aus der Breite der Zuwachsringe im Jahr (Jahresringe) erschlossen werden kann.

Phänophase: → *phänologische Phase*.

Phänotyp: Erscheinungsbild eines menschlichen, tierischen oder pflanzlichen Individuums, das die Summe aller Merkmale darstellt und sowohl die äußeren als auch die inneren Strukturen und Funktionen des Organismus miterfaßt. Gegenübergestellt wird der → *Genotyp*, der die Gesamtheit der in den Chromosomen vorliegenden Erbanlagen eines Individuums, welche die Grundlage seiner Reaktionsnorm sind, repräsentiert. Der P. wird daher als das Ergebnis des Zusammenwirkens von Genotyp und → *Umwelt* begriffen. Er gilt nicht als konstante Eigenschaft des Organismus, sondern kann im Bereich der genetisch festgelegten Reaktionsnorm durch innere und äußere Einflüsse Veränderungen in der Individualentwicklung zeigen.

Phänotypische Plastizität: Fähigkeit eines → *Genotypen*, bei verschiedenen Umweltbedingungen verschiedene → *Phänotypen* zu manifestieren (vgl. → *Reaktionsnorm*). Sie kann sich darin äußern, daß verschiedene Genotypen in einer bestimmten Umwelt den gleichen Phänotyp haben.

pharmakophag: bezeichnet Insekten, die über die Nahrungspflanzen Gifte aufnehmen und – kombiniert mit einer Warnfärbung – aposematisch wirken (→ *Aposematismus*). Bsp.: Raupen des Monarchfalters.

Phase: in Geo- und Biowissenschaften verwendeter allgemeiner Begriff für Entwicklungsstufe und/oder den gegenwärtigen Zustand eines – zeitlich veränderlichen – Vorganges.

Phenole: bezüglich natürlicher Vorkommen: → *sekundäre Pflanzenstoffe*.

Pheromone (Ektohormone): Stoffe, die als chemische Auslöser zwischen Individuen der gleichen Art wirken. Hierher gehören neben den → *Sexuallockstoffen* auch Markierungsstoffe, Entwicklungshemmstoffe (bei sozialen Insekten) und Alarmstoffe (z.B. bei Ameisen). (→ *Ökomone*).

Phloemsaftsauger: Siebröhrensaft aufnehmende → *Pflanzensaftsauger*. (→ *Xylemsaftsauger*).

phlöophag: bezeichnet Tiere, die sich von Rinden- oder Bastgewebe ernähren (Ernährungsweise: Phlöophagie). (→ *subkortikol*).

phobisch: bezeichnet eine Richtungseinstellung bei freibeweglichen Organismen, der eine

→ *Phobotaxis* (→ *Taxis*) zugrunde liegt. (→ *topische Reaktion*, → *Kinese*).

Phobotaxis: eine Form der → *Taxis*. Die Orientierung von Organismen auf Grund sukzessive erfolgender Unterschiedsreaktionen in einem Faktorengefälle. Dieses Verhalten ermöglicht es dem Tier, allmählich in den Bereich der lokal günstigsten Konstellation der Umweltfaktoren (Temperatur, Licht und Feuchtigkeit) zu gelangen. (→ *Topotaxis*, → *Kinese*).

PhöchstMengV: → *Phosphathöchstmengenverordnung*.

Phoresie: passive Verbreitung von tierischen oder pflanzlichen Organismen durch andere Tiere in Form einer Transportgesellung, die damit ein → *Bisystem* darstellt, z.B. Milben an Dunginsekten. Die P. ist oft für Kleinlebensräume charakteristisch. (→ *Merozönose*, → *Merotop*).

phoretisch (phorisch): bezeichnet Beziehungen zwischen Organismen, bei denen Individuen einer Art von Individuen anderer Arten transportiert und verbreitet werden. (→ *Phoresie*).

phorisch: → *phoretisch*.

Phosphat: das P. und → *Phosphatersatzstoffe* bewirken durch → *Überdüngung* eine → *Eutrophierung* der Gewässer. Sie gelangen ins Grund- und Oberflächenwasser. Dies geschieht als → *Abwasser* (Waschmittelzusatz um die → *Härte des Wassers* zu verringern und die Waschwirkung der → *Tenside* zu steigern) und als direkter Materialeintrag durch abgeschwemmtes, überdüngtes Bodenmaterial bei der → *Bodenerosion*. Durch Absickerung und sonstige Verbindungen im Wasserkreislauf wird auch das → *Grundwasser* mit P. angereichert. Fast 60% des P. im Abwasser Deutschlands werden durch häusliches Abwasser und Waschmittel bereitgestellt, während die Landwirtschaft mit ca. 25% und die Industrie mit ca. 16% beteiligt sind. Die → *Phosphathöchstmengenverordnung* versucht dies zu regeln.

Phosphatersatzstoffe: durch die → *Phosphathöchstmengenverordnung* in Deutschland oder das Verbot in anderen Ländern, → *Phosphat* einzusetzen, um die → *Härte* des Waschwassers zu vermindern, wurden Stoffe eingesetzt, die die Wirkung des Phosphats in Waschmitteln erreichen. Eingesetzt werden Zeolith A (aus Natrium-Aluminium-Silikatgesteinen), das als Ionenaustauscher wirkt und anscheinend keine Umweltgefährdung zur Folge hat. Weiterhin wird NTA (Nitrilottriacetat, Nitrilotri-Essigsäure), das stark → *Schwermetalle* bindet und diese in Boden oder Gewässer abgelagerten Schwermetalle wieder mobilisiert, so daß sie in den Wasserkreislauf eingehen können. Einflüsse gehen auch auf Fällungs-, Flockungs- und Filtrationsprozesse in → *Kläranlagen* und in Trinkwassergewinnungsanlagen aus. Von allenfalls begrenzter Umweltfreundlichkeit sind andere Phosphatersatzstoffe wie Natriumcitrat, Phosphorsäure, Natriumkarbonat (Soda) und Natriumsilikat (Wasserglas). Entweder erzielen sie nicht den Effekt des Phosphats in der Wäsche und/oder von ihnen gehen eigene Umweltwirkungen auf Wasser und → *Oberflächennahen Untergrund* aus.

Phosphathöchstmengenverordnung (PHöchstMengV, Verordnung über Höchstmengen für Phosphate in Wasch- und Reinigungsmitteln): deutsche Verordnung, die auf dem → *Wasch- und Reinigungsmittelgesetz* beruht und den Gehalt an → *Phosphat* in Wasch- und Reinigungsmitteln festsetzt. Damit wurde der Phosphatgehalt in den Gewässern um ca. 20% verringert und der Verbrauch von → *Phosphatersatzstoffen* gefördert, für denen nur Zeolith A als umweltverträglich bezeichnet werden kann.

Phosphorauswaschung: ähnlich der → *Stickstoffauswaschung* ein Translokationsprozeß im Boden, der vom → *Sickerwasser* bewirkt wird und über das Sickerwasser mit dem Grundwasserhaushalt in Verbindung steht. Gegenüber der Stickstoffauswaschung ist die P. jedoch gering und an Böden mit geringen Ton- und Schluffgehalten gebunden. Die → *Eutrophierung* der Gewässer wird von der P. zumindest mitverursacht.

Phosphorkreislauf: Stoffkreislauf des Phosphors. Im globalen biogeochemischen P. wird der Phosphor durch Verwitterung aus Gesteinen frei und ist als wichtiger Pflanzennährstoff in Form von → *Phosphat* für autotrophe Pflanzen verfügbar. Phosphor gelangt über die Flüsse ins Meer und wird im Sediment festgelegt. Aus einem Teil der Sedimente kehrt der Phosphor in geologischen Zeiträumen nach Hebung (z.B. als Apatit) und Verwitterung in den Kreislauf zurück. Vom Menschen werden etwa 13 Millionen t Phosphor pro Jahr abgebaut und als Dünger genutzt. Dieser und andere Stoffe (z.B. → *Detergentien*) können zur → *Eutrophierung* von Gewässern führen.

Phosphorsäureester (Organophosphate): wirken bei allen höheren Tieren als → *Nervengifte*. Sie werden als → *Insektizide* (auch chemische Kampfstoffe) produziert, sind lipophil und werden im Wasser relativ rasch zersetzt.

photische Tiefenstufe: Schicht des Wassers, in der die Lichtintensität für die normale Entwicklung tierischer und pflanzlicher Organismen noch ausreicht, für die jedoch spezifische Tiefenstufenwerte gelten.

photoaktinischer Wirkungskomplex (aktinischer Wirkungskomplex): kennzeichnet zusammenfassend die aus der Atmosphäre kommenden Strahlungs- und Lichtreize, die beim Menschen thermische, chemische und psychische Reaktionen hervorrufen. Dazu gehören u.a. die Durchwärmung durch → *UR-Strahlung* oder die Hautreizungen und Pigmentierungen durch → *UV-Strahlung*. Auch die Erholungsmöglichkeiten in Gebirgen, wegen größeren Strahlungsreichtums, gehören zum p.W.

photoautotroph: Bezeichnung für die Pflanzen

(Bakterien, Algen, Moose, höhere Pflanzen), die ihren gesamten Energiebedarf für den → *Stoffwechsel* aus der → *Strahlungsenergie* decken, die über die → *Photosynthese* in chemische Energie überführt wird. Zu den p.en Bakterien gehören die Cyanobakterien (Blaualgen), → *Schwefelbakterien* und schwefelfreien → *Purpurbakterien*. Kohlenstoffquelle für das Zellmaterial ist dabei stets das → *Kohlendioxid*. (→ *chemoautotroph*, → *Stoffwechseltypen*).
photochemische Reaktion: chemische Reaktion unter Lichteinwirkung unter Voraussetzung von Lichtabsorption, die von der Oberflächenbeschaffenheit abhängig ist. Die biologisch wichtigste p.R. ist die → *Photosynthese*.
Photochemischer Smog (Los-Angeles-Typ des Smogs, Sommersmog): neben Luftverunreinigungen (→ *Stickoxide*, → *Kohlenwasserstoffe* und → *Ozon*) wirken Witterung und Wetter bei der Bildung des P.S. mit. Der P.S. wird von → *Inversionswetterlagen* begünstigt und tritt über Gebieten mit hoher Luftverschmutzung bzw. hoher Verkehrsdichte, wie den → *Ballungsgebieten*, auf. Er entsteht im Sommer bei hohen Temperaturen (25–35°C), geringer Luftfeuchtigkeit und Austauscharmut der Luft infolge niedriger Windgeschwindigkeiten (kleiner als 2 m/s). Bestandteil des P.S. ist die starke Lufttrübung durch → *Aerosole*, bei gleichzeitiger Anreicherung der Luft mit → *Photooxidantien*. Der P.S. belastet vor allem die Atmungsorgane. Seine Komponenten, wie → *Ozon*, sind auch anderweitig gesundheitsschädlich (Hautkrebs, Lungenschäden, Zerstörung von Zellstrukturen der Gewächse etc.).
Photokinese: eine Form → *Kinese,* die den Einfluß der Lichtintensität auf die Bewegungsgeschwindigkeit eines Tieres kennzeichnet.
Photoklima: → *Lichtklima*.
photolithotroph: bezeichnet Organismen, die → *phototroph* (Energiegewinn aus → *Strahlung*) und lithotroph (H-Donator anorganischer Stoffe) leben; p. sind die grünen Pflanzen und die Schwefelbakterien. (→ *Stoffwechseltypen*).
Photomorphogenese: Steuerung der Entwicklung von Pflanzen durch Licht, unabhängig von der → *Photosynthese*. Es kommt zu lichtabhängigen Gestaltungsprozessen, → *Photomorphosen*, die auf einen differenzierten Wachstumsverlauf infolge der Lichtsteuerung zurückgehen.
Photomorphose: Gestaltwandel der Pflanzen, bei denen das Licht Reizanlaß ist. Die P. läuft unabhängig von der → *Photosynthese* ab. Bei Tieren ist P. seltener, kommt jedoch auch vor (z.B. Steinkorallen, Cladoceren).
Photonastie: eine durch das Licht als auslösenden Reiz bedingte → *Nastie*.
photoorganotroph: bezeichnet Organismen, die → *phototroph* (Energiegewinn aus → *Strahlung*) und → *organotroph* (Nutzung von organischen H-Donatoren) sind; p. sind Purpurbakterien. (→ *Stoffwechseltypen*).

Photooxidantien: umschreibt Reaktionsprodukte, die unter Sonneneinstrahlung aus → *Stickoxiden* und → *Kohlenwasserstoffen* entstehen, u.a. → *Ozon*, Salpetersäure, Peroxiacetylnitrat und andere. Von den P. gehen Reizungen und Schädigungen der Atemwege und Lungen aus, ebenso Pflanzenschäden. Auch das → *Waldsterben* wird zum Teil auf die Wirkung von P. zurückgeführt. Als Indikator und zur quantitativen Bestimmung für die Gruppe der P. wird in der Regel → *Ozon* verwandt, ohne daß damit die Gesamtumweltwirkung der P. charakterisiert ist.
Photoperiode (Licht-Dunkel-Zyklus, Licht-Dunkel-Periode): der Wechsel zwischen einer Lichtphase (Photophase) und einer Dunkelphase im 24-stündigen Tagesablauf. Im Langtag ist die Hellphase lang (z.B. 16 zu 8), im Kurztag kurz (z.B. 12/12 oder 8/16). Die Photoperiode ist ein wichtiger Faktor in der → *Tagesperiodik*, für die → *Photoperiodik* und für die → *Diapause*.
Photoperiodik: tagesrhythmischer Wechsel von Licht und Dunkelheit, der die Lebenstätigkeit von Organismen beeinflußt.
Photoperiodismus (Photoperiodizität): die Reaktionsfähigkeit von Organismen auf die Länge der täglichen Licht- und Dunkelperioden, die → *Photoperiodik*. Sie ist besonders bei Pflanzen augenfällig, bei denen Entwicklungsvorgänge und ökophysiologische Prozesse photoperiodisch reguliert werden, z.B. der Übergang von der vegetativen Wachstumsphase in die generative Phase mit Blütenbildung. Dies findet Ausdruck in → *Kurztagpflanzen* und → *Langtagpflanzen*, die nach den für die Blühinduktion jeweils erforderlichen Tages- bzw. Nachtlängen unterschieden werden. Auch bei Tieren spielt die Periodizität eine Rolle, da aber die Photoperiode mit anderen Faktoren wie Temperatur, Feuchtigkeit und/oder Luft verknüpft ist und die Lebensäußerungen nicht speziell auf einen Faktor hin geschehen, ist bei Tieren nur selten deutlich. Vor allem die Tagesperiodizität von Warmblütern wird oft durch unterschiedliche Helligkeit ausgelöst. Bei Vögeln bestimmt der P. zum einen die Reifung der Geschlechtszellen, zum anderen bei Zugvögeln die Bereitschaft zum Vogelzug.
Photoperiodizität: → *Photoperiodismus*.
photophil: lichtliebend, an belichteten Stellen vorkommend (für Tiere und Pflanzen verwendet). Gegensatz: → *photophob*. (→ *Reaktion*).
photophob: lichtscheu, aus dem (starken) Lichtbereich fliehend (bei vagilen Organismen) bzw. dort nicht wachsend (bei sessilen Organismen). Tiere, die p. sind, werden bei Helligkeit unruhig und kommen erst im Dunkeln wieder zur Ruhe. Gegensatz: → *photophil*. (→ *Reaktion*).
Photopräferendum: → *Lichtpräferendum*.
Photorespiration: → *Lichtatmung*.
Photosynthese: biochemisch-physiologischer

Prozeß, bei dem aus anorganischen Stoffen unter katalytischer Mitwirkung des Blattgrüns und unter Ausnutzung der Sonnenenergie organische Stoffe (Kohlehydrate) aufgebaut werden. Diese → *Assimilation* des Kohlendioxids und Wassers verläuft nach der Gleichung
$6 CO_2 + 6 H_2O \rightarrow C_6H_{12}O_6 + 6 O_2$.
Die P. ermöglicht primär das Leben der → *autotrophen* Pflanzen (mit Ausnahme der → *Chemosynthese* bei Bakterien). Die P. läßt indirekt auch die → *heterotrophen* Organismen leben, wobei die Heterotrophen die bei der P. erzeugten energiereichen pflanzlichen Assimilate als Nahrung aufnehmen. Über viele Zwischenprodukte wird letztlich Glukose aufgebaut. In der P. wird die Energie des Sonnenlichtes mit Hilfe des Blattfarbstoffs Chlorophyll aufgenommen und in chemische Energie umgewandelt. Die dabei erzeugten organischen Stoffe sind für alle Lebewesen Ausgangsmaterial für Stoffwechselvorgänge.

Photosynthesevermögen: die → *Nettophotosynthese* (→ *Photosynthese*) einer photoautotrophen Pflanze in ihrem augenblicklichen Entwicklungs- und Aktivitätszustand bei optimalen Außenbedingungen und natürlichem Kohlendioxidgehalt der Luft. Das P. wird oft auf die Blattfläche, zu Produktionsüberlegungen aber auch auf die Trockenmasse bezogen. Das Ph. ist relativ niedrig bei vielen Sukkulenten und am höchsten bei manchen C_4-Pflanzen.

photosynthetisch ausnutzbare Strahlung: Bereich der auf die Erdoberfläche fallenden → *Strahlung*, der von den Chloroplastenpigmenten (allgemeiner Chromoplastenpigmenten) absorbiert und für die → *Photosynthese* genutzt werden kann. Die p.a.S. liegt zwischen ca. 400 bis 700 nm. Der Anteil der p.a.S. an der gesamten kurzwelligen → *Globalstrahlung* von 300–3000 nm beträgt rund 45%. Von der einfallenden p.a.S. werden in guten Pflanzenbeständen etwa 90% durch die Pflanzen absorbiert.

photosynthetische Effizienz (photosynthetischer Wirkungsgrad): ein Wirkungsgrad bei photoautotrophen Pflanzen und Pflanzenbeständen, der in zweierlei Weise definiert werden kann: 1) das Verhältnis zwischen dem Energiegehalt der durch → *Photosynthese* aufgebauten → *organischen Substanz* (→ *Bruttoprimärproduktion*) zur Energie der einfallenden → *Strahlung*, häufig ausgedrückt in Prozentwerten (→ *ökologische Effizienz*). Die p.E. liegt bei höheren Pflanzen in der Größenordnung von 1–5%, wobei aber nur knapp die Hälfte der der Strahlung von den Pflanzen absorbiert werden, beim → *Phytoplankton* häufig zwischen 0.01 und 3%. 2) das Verhältnis zwischen dem Energiegehalt der durch Photosynthese aufgebauten organischen Substanz (Bruttoprimärproduktion) zu der absorbierten Strahlung, ebenfalls häufig in Prozentwerten ausgedrückt. Die Strahlungsausnützung erreicht dann bei dieser Berechnung unter günstigen Umständen an Einzelblättern 15% (bei → C_4-*Pflanzen* aus der Familie der Süßgräser bis 24%), meist liegt sie aber bei 5–10% oder darunter. (→ *Nutzeffekt der Primärproduktion,* → *Energiefluß*)

photosynthetischer Quotient: Verhältnis des durch grüne Pflanzen aufgenommenen Sauerstoffvolumens zum Volumen des in derselben Zeit bei der → *Photosynthese* abgegebenen → *Kohlendioxids*. Er ist meist = 1. (→ *Assimilationsquotient*).

photosynthetischer Wirkungsgrad: → *photosynthetische Effizienz*.

Phototaxis: durch Belichtungsunterschiede ausgelöste Bewegungen von Organismen.

phototroph: bezeichnet Organismen, die Licht als Energiequelle für ihren Stoffwechsel nutzen (→ *Photosynthese*), dabei können anorganische (→ *lithotroph*) oder organische Stoffe (→ *organotroph*) als Wasserstoffdonator dienen. → *Stoffwechseltypen*. Gegensatz: → *chemotroph*.

Phototropismus (Heliotropismus): Durch Licht induzierter → *Tropismus*, auch als Lichtwendigkeit bezeichnet, d.h. nach der Lichtrichtung orientierte Krümmungsbewegungen bei Pflanzen, die gewöhnlich über ein stark ausgeprägtes Lichtwahrnehmungsvermögen verfügen, das neben dem → *Geotropismus* wichtigste Orientierungsgrundlage ist. Unterschieden wird positiver P., d.h. Wachstum zur Lichtquelle, und negativer P., d.h. das (relativ seltene) Wachstum von der Lichtquelle weg. Außerdem kennt man Transversal-P., d.h. die Schrägstellung zur Lichtquelle sowie den senkrecht zum Lichteinfall gerichteten Dia-P.

phreatisch: 1. Bezeichnung für den → *humiden* Klimabereich, in dem → *Grundwasser* gespeichert wird. – 2. in Karstwassersystemen (→ *Karst*) Bezeichnung für die tieferen, ständig wassererfüllten Gangnetze bzw. deren Tiefenbereich im Höhlensystem.

pH-Wert: logarithmische Maßzahl für die Wasserstoffionenkonzentration in Lösungen: pH = -log Konzentration H^+ (gH$^+$/l). Der pH-Wert kennzeichnet die basische, neutrale oder saure Reaktion von Bodenlösungen oder Wässern. Die Säurereaktion wirkt sich auf nährstoffhaushaltliche Prozesse und Verwitterungsvorgänge aus und ist ein Indikator für die ökologischen Bedingungen von Standorten und den Entwicklungszustand von Böden.

Phykosphäre: der Bereich des Wassers in der Umgebung von Algen, der durch deren stoffliche Ausscheidungen beeinflußt wird.

phylaktische Tracht: → *Schutztracht*.

phyletisch: die Abstammung betreffend.

Phyllobios: die Lebensgemeinschaft der Pflanzen und Tiere auf und in einem Blatt. Das P. umfaßt → *Phytophage, Saprophyten, Parasiten, Räuber*. Außerdem gehören zum P. auch Mikroorganismen (→ *Phyllosphäre*).

Phyllodien: zu Assimilationsorganen umgebildete Blattstiele, wobei meist die Blattspreite re-

duziert und der Blattstiel spreitenähnlich flach wird. Die P. sind für xeromorphe Gewächse der Trockengebiete charakteristisch.
Phyllom: Blatt im allgemeinen Sinne.
Phyllomorphie: Auftreten von Laubblättern an Stelle anderer Pflanzenorgane.
Phyllonom: → *Blattmine.*
phyllophag (folivor): bezeichnet blattfressende Tiere.
Phyllosphäre: 1. im weiteren Sinne der Bereich der Blätter und Nadeln von Pflanzen und Pflanzenbeständen. – 2. im engeren Sinn der Kleinlebensraum auf einer Blattfläche, der von Mikroorganismen besiedelt wird, die zum Teil von den stofflichen Ausscheidungen der Blätter leben.
Phyllotropismus: Veränderungen der Blätter am Stengel in Beziehung zur Stengelachse.
Phylogenese: stammesgeschichtliche Entwicklung, wobei sich die Organismen in der Aufeinanderfolge der Generationen sukzessive wandeln.
phylogenetisch: auf die Stammesgeschichte bezogen; stammesgeschichtlich.
phylogenetische Systeme: Ordnungsverfahren und -kategorien (Systeme), die vor allem die → *Phylogenie* der Organismen zum Gliederungsprinzip erheben.
Phylogenie: Stammesgeschichte, d.h. Lehre von der Stammesentwicklung – der → *Phylogenese-*, die sich mit der Abstammung der Organismen, der Entstehung der Arten und den höheren taxonomischen Einheiten beschäftigt.
Physikalische Geographie: → *Physiogeographie.*
physikalische Halbwertszeit: → *Halbwertszeit.*
physikalische Kieme: Luftvorrat, der von Süßwasserarthropoden von der Wasseroberfläche geholt, je nach Art an verschiedenen Körperstellen festgehalten und zur Atmung benutzt wird. Beispiele: Schwimmkäfer, Wasserwanzen, Wasserspinne.
physikalische Verwitterung (mechanische Verwitterung): weitestgehend auf Temperaturschwankungen beruhende → *Verwitterung,* bei der Minerale und Gesteine in kleinere Komponenten bzw. Korngrößen zerlegt werden. Die sich dadurch vergrößernden Oberflächen schaffen eine wichtige Voraussetzung für den Ablauf der → *chemischen Verwitterung.* Die p.V. wird dieser und der → *biogenen Verwitterung* gegenübergestellt. Zur p.V. gehören die Frost- und die Insolationsverwitterung.
physiko-chemische Umwelt: Gesamtheit der abiotischen → *Umweltfaktoren,* die auf einen Organismus einwirken. (→ *abiotische Faktoren*).
Physiogeographie (Physikalische Geographie, Physische Geographie): moderner Nachfolger der Naturgeographie und neben der → *Humangeographie* das zweite große Teilgebiet der Allgemeinen → *Geographie,* das sich mit den abiotischen und biotischen → *Geoökofaktoren* bzw. → *Landschaftshaushaltsfaktoren* auseinandersetzt. Dies geschieht im Rahmen der Einzellehren der → *Geofaktoren,* für das → *Georelief* beispielsweise in der → *Geomorphologie,* aber auch im Gesamtfunktionszusammenhang des → *Landschaftshaushalts* in der → *Landschaftsökologie* oder in der → *Geoökologie.* Gegenstand der P. ist sowohl die → *Kulturlandschaft* (mit ihren anthropogen veränderten und natürlichen Faktoren) als auch die sogenannte → *Naturlandschaft* (unabhängig von ihrer anthropogenen Prägung). Ursprünglich war die P., auch im Sinne einer „Physiographie", eine Physikalische Geographie mit Beziehungen zur Kosmologie, Astronomie, Geodäsie, die ihren Schwerpunkt in geologisch-geomorphologischen Fragestellungen hatte. Sie verengte sich schließlich zu einer rein erklärenden Geomorphologie. Erst seit den dreißiger Jahren fächert sich die P. wieder auf und umfaßt von da an auch jene Disziplinen, die sich mit Klima, Wasser, Boden sowie dem Bios beschäftigen.
Physiognomie: 1. äußerliches Bild einer geo- oder biowissenschaftlichen Erscheinung, das aber von der Beschaffenheit der Lebensumwelt bestimmt ist, also einer bestimmten Kombination von → *Geoökofaktoren.* Der Begriff bezieht sich überwiegend auf die → *Physiognomik der Gewächse* und das → *physiognomische Prinzip.* – 2. in der → *Pflanzenökologie* das äußere Erscheinungsbild, welches den Charakter der Vegetation und den Eindruck auf den Beobachter bestimmt (→ *Physiognomik der Gewächse*).
Physiognomik der Gewächse: Lehre von den charakteristischen Gestalten der Pflanzen, die ökophysiologische Ursachen haben, so daß die Gestalten dem Geoökosystemzustand der Lebensumwelt entsprechen. Auch genetisch miteinander verwandte Gewächse können – allein auf Grund der Bedingungen des Lebensraumes – gleiche oder ähnliche Gestaltmerkmale aufweisen. Die P.d.G. findet ihren Niederschlag in der Lehre von den → *Lebensformen.*
physiognomisches Prinzip: methodischer Ansatz in Geo- und Biowissenschaften, der auf der → *Physiognomie* beruht und auf Grund dessen Ornungen, Klassifizierungen und Gliederungen nach äußerlichen Merkmalen (der Pflanzen, der Landschaft) erfolgten, denen aber meist die ökofunktionale Begründung fehlt(e). Das p.P. spielt als Vorstufe der landschaftsökologischen Feldforschung (→ *landschaftsökologische Vorerkundung,* → *Geoökologischer Arbeitsgang*) eine Rolle, ebenso bei der Lehre von den → *Lebensformen* der Pflanzen und in den beiden Betrachtungskategorien der → *Naturräumlichen Gliederung* und der → *Naturräumlichen Ordnung.*
physiognomische Synökologie: Begriff der → *Bioökologie.* Er beruht auf der → *Physiognomik der Gewächse* und damit den → *Lebensfor-*

men der Pflanzen, welche die Physiognomie der Ökosysteme bestimmen können.

physiographisch: Bezeichnung für nicht biologische Einflüße und Eigenschaften der Umwelt, praktisch also für die → *abiotischen Faktoren;* in den → *Geowissenschaften* und in der → *Landschaftsökologie* ist die Bezeichnung jedoch unüblich.

Physiologie: Wissenschaft von den Lebensvorgängen bei Pflanzen, Tieren und Menschen und Teilgebiet der → *Biologie*, das versucht, allgemeine Typen bei den Kausalzusammenhängen der Lebensvorgänge herauszuarbeiten.

physiologisch: die Funktion bzw. die Lebenserscheinungen im Hinblick auf die Funktionalität der Organismen betreffend.

physiologische Amplitude: → *ökologische Potenz* von Organismen; der Begriff wird vor allem in der Pflanzenökologie gebraucht. (→ *ökologische Amplitude*).

physiologische Anpassung: Anpassung tierischer und pflanzlicher Organismen in Ökotopen mit einem begrenzten Angebot an → *abiotischen Faktoren,* vor allem dort, wo Wasser als → *Minimumfaktor* auftritt, und wo die Körperfunktionen auf die extremen Umweltbedingungen eingestellt sind. Das drückt sich z.T. auch in der äußerlichen Gestalt, d.h. in den → *Lebensformen* der Tiere und Pflanzen aus. (→ *Physiognomik der Gewächse*).

physiologische Mortalität: gegenüber der ökologischen Mortalität, die in viel höherem Maß als die p.M. die Sterblichkeitsziffer bedingt, Beeinflussung der → *Mortalität* allein durch Erbanlagen und die Lebenstätigkeit des Organismus. Die p.M. ist aber nur unter optimalen Lebensbedingungen erreichbar, die sich in einer optimalen Konstellation aller Faktoren zur gleichen Zeit zeigen muß. Da diese jedoch nicht eintritt, werden die Individuen überwiegend doch durch den Druck der Lebensumwelt getötet, so daß ökologische Mortalität vorliegt, z.B. durch Räuber, Krankheiten, Hunger, Wassermangel usw.

physiologische Natalität: ähnlich der → *physiologischen Mortalität* eine mehr theoretische Größe, die in der Realität zurücktritt, weil die Umweltfaktoren nicht das Zustandekommen der p.N., sondern nur der → *ökologischen Natalität* erlauben.

Physiologische Ökologie: Untersucht spezifische physiologische Anpassungen von Organismen an ihre Umwelt. Im weiteren Sinne werden auch morphologische und ethologische Anpassungen hier betrachtet. (→ *Autökologie*).

Physiologische Uhr (Biologische Uhr, Endogene Tagesrhythmik, Innere Uhr): physiologische Zeitmessung von Tieren und Pflanzen mit Hilfe ungefähr tagesperiodischer physiologischer Eigenschwingungen, die für Stoffwechselprozesse, aber auch Verhaltensweisen – besonders bei Tieren – wichtig ist und sich in der → *Periodik* des Verhaltens äußert.

Physiomer: im Sinne des → *Geomer* beliebig abgrenzbarer Ausschnitt aus der komplexen, dreidimensionalen → *Landschaftshülle* der Erde unter ausschließlicher Berücksichtigung der → *abiotischen Faktoren.*

Physiosystem: → *Geosystem*.

Physiosystemtyp: → *Geosystem*.

Physiotop: 1. in der → *Bioökologie* nicht näher definierter Raumausschnitt mit → *abiotischen Faktoren*. – 2. in der → *Geoökologie* ist der P. die Abbildung einer → *landschaftsökologischen Grundeinheit* mit Hilfe der in der bisherigen Entwicklung gleiche Ausbildungen zeigenden, relativ stabilen und in naturgesetzlicher Wechselwirkung verbundenen abiotischen Faktoren. Er weist daher meßbare Formen des Stoffhaushalts – im Sinne des Physiosystems und damit des → *Geosystems* – auf, die sein ökologisches Potential bestimmen. Er gilt als homogene räumliche Repräsentation des Geosystems. – 3. abweichend von 2. wird von wenigen Autoren der Geoökologie der Begriff P. entsprechend dem → *Geoökotop* definiert, d.h. unter Einbezug der Pflanzen in der Landschaft, die zur Merkmalsdifferenzierung der physiogenen Faktoren beitragen (sollen). Nach dieser Auffassung wären P. und → *Ökotop* synonym. – 4. ebenfalls abweichend von 2. werden P. als kleinere Bestandteile innerhalb des → *Geoökotops* begriffen, die also in der Fläche kleiner als der Ökotop sind und dessen Arealmosaik erst zusammensetzen. Diese noch in der neueren Literatur vertretene Auffassung konnte sich jedoch – ebenso wie die 3. – nicht durchsetzen, weil sie der in Geoökologie und Bioökologie gebräuchlichen Begriffhierarchie nicht entspricht.

Physiotyp (Physiosystemtyp): Typus eines funktionalen Systems der abiotischen → *Partialkomplexe* in der Landschaft, demnach Typ von in → *Physiotopen* repräsentierten → *Geosystemen*.

Physische Anthropogeographie: 1. wenig ausgearbeitetes Gebiet der Geographie zwischen → *Physiogeographie* und → *Humangeographie*, das heute in den Bereich der → *Ökogeographie* fallen würde. Die P.A. behandelt die rein biotische Erscheinung des Menschen im → *Geoökosystem*, d.h. seine ökophysiologischen Beziehungen zum Raum und die damit verbundenen Verbreitung des Menschen in den Lebensräumen der Erde, ihrer Belastung und ihrer Belastbarkeit im Sinne der → *Tragfähigkeit*. – 2. eine weiter gefaßte P.A. würde drei Zweige umfassen: eine „biologische" P.A. entsprechend 1.; die Erforschung der Zivilisation nach Kulturbereichen sowie Kultur- und Wirtschaftsstufen einschließlich der Herkunft von Kulturpflanzen und Haustieren mit Beziehung zu den Sozialsystemen; geographisch relevante geisteswissenschaftliche Aspekte im Sinne der Geopsyche, der Religionsgeographie und verwandter Gebiete.

Physische Geographie: → *Physiogeographie*.
Physogastrie: übermäßige Entwicklung des Hinterleibs von Gliederfüßlern (z. B. die „Honigtöpfe" von Ameisen). (→ *Symphilie*).
Physonom: Blasenmine, eine → *Pflanzenmine*.
Phytal: der von Pflanzen gebildete Lebensbereich, der anderen Organismen als Wohn- und Aufenthaltsbereich dient, z. B. Seegraswiesen und Algenbestände im Meer, Vegetation im Süßwasser, Pflanzenformationen (Wald, Wiese usw.) auf dem Land.
Phytobenthos: die Lebensgemeinschaft der pflanzlichen Bodenorganismen in aquatischen → *Biotopen*.
Phytobios: diejenigen Organismen, die an oder in Pflanzen leben, d.h. im sog. → *Phytal*. Man kann zwischen (1) Epiphytobios (Epiphyten auf größeren Pflanzen) und (2) Endophytobios (im Pflanzengewebe) unterscheiden. Das (3) Mesophytobios lebt schließlich im Lückensystem anderer Pflanzen, z. B. von Moospolstern.
Phytocecidien: die durch pflanzliche (mesit Mikro-)Organismen hervorgerufenen → *Pflanzengallen*.
Phytochorie: als eine Form der → *Allochorie* die Verschleppung von Krankheitserregern der Pflanzen mit Samen, z. B. dem Saatgut.
phytogen: aus Pflanzen entstanden, von Pflanzen bedingt.
Phytogeographie: → *Pflanzengeographie*, *Geobotanik*.
Phytohormone: pflanzliche → *Hormone*.
Phytoklima: das eigene Klima einer Pflanzengesellschaft, das von deren Zusammensetzung und Struktur abhängig ist und Bestandteil des → *Mikroklimas* darstellt.
Phytomasse: neben der → *Zoomasse*, welche die → *Sekundärproduktion* an → *Biomasse* umfaßt, jene Menge lebender pflanzlicher organischer Substanz in einer Raumeinheit bzw. auf einer Flächeneinheit zu einem bestimmten Zeitpunkt, welche die → *Primärproduktion* darstellt.
Phytomedizin: Lehre von den Maßnahmen zur Bekämpfung von Pflanzenkrankheiten. (→ *Phytopathologie*; ferner → *Pflanzenschutz*).
Phytomimese: Form einer → *Mimese*, wobei Tiere eine schützende Ähnlichkeit zu Pflanzen oder Pflanzenteilen angenommen haben. Hierzu zählen z. B. die einen Zweig ähnlich sehenden tropischen Stabheuschrecken sowie auch bestimmte einheimische Spannerraupen, ebenfalls die „Wandelnden Blätter" (Gespenstschrecken in den Tropen). (→ *Mimese*).
Phytomorphose: nicht normale Gestaltveränderung bei Pflanzen nach Befall durch → *Parasiten*, z. B. Bildung von → *Pflanzengallen*.
Phytopaläontologie: → *Paläobotanik*.
Phytoparasiten: 1. an Pflanzen lebende → *Parasiten*. Zu ihnen gehören z.B. Bakterien und Pilze, aber auch Gliederfüßler (z.B. Milben) und Nematoden, die pflanzliches Gewebe anstechen. – 2. manchmal werden auch in einem weiteren Sinne bestimmte nicht-parasitische → *Phytophage* als Ph. bezeichnet (z.b. herbivore Käfer). (→ *Zooparasiten*).
Phytopathologie: Wissenschaft von den Krankheiten und Beschädigungen der höheren Pflanzen (vor allem der Nutzpflanzen) und ihren Ursachen. (→ *Prognose*).
phytophag (herbivor): 1. im engeren Sinne Bezeichnung für → *biophage* Tiere, die sich von lebender Pflanzensubstanz ernähren, energetisch somit als → *Primärkonsumenten* agieren. Demgegenüber stehen die → *saprophagen* und → *zoophagen* Tiere. In der Praxis wird traditionell für bestimmte pflanzenkonsumierende Tiergruppen eher der Begriff ph. verwendet (z. B. für viele Insekten), bei anderen der synonyme Begriff herbivor (pflanzenfressende Säugetiere, Heuschrecken, algenkonsumierende aquatische Organismen). (→ *makrophytophag*, → *mikrophytophag*) – 2. im weiteren Sinne Bezeichnung für Tiere, die sich von lebender oder toter pflanzlicher Substanz ernähren (sind eigentlich → *detritivore* Organismen).
phytophil: pflanzliche und tierische Organismen, die mehr oder weniger ständig auf Pflanzen vorkommen, wobei diese nicht nur unmittelbar der Ernährung dienen, sondern oft auch als Schutzraum oder Jagdgebiet auf andere Tiere.
Phytoplankton: der pflanzliche Anteil des → *Planktons*. Wichtige P.gruppen sind Blaualgen (Cyanophyceae) und Algen, vor allem Kieselalgen (Bacillariophyceae), Grünalgen (Chlorophyceae) und Dinoflagellaten (Pyrrhophyceae), im Meer außerdem Kalkalgen (Coccolithinae).
phytosaprophag: bezeichnet (→ *saprophage*) Tiere, die totes pflanzliches Material als Nahrung aufnehmen. Gegensatz: zoosaprophag (→ *nekrophag*).
Phytosoziologie: → *Pflanzensoziologie*.
Phytotelma: Kleinstgewässer (→ *Mikrogewässer*) in wassergefüllten Hohlräumen von Landpflanzen, z.B. in Blattachseln oder Baumstämmen. Das Wasser ist meist Regenwasser, selten sezerniertes Wasser (z.B. in den Kannen von *Nepenthes*). Die in einem P. sich einstellende Fauna setzt sich größtenteils aus spezifischen kleinen Arten zusammen, die nur in diesen Ph. vorkommen.
Phytotop: 1. in der → *Geoökologie* und → *Bioökologie* eine kleine Raumeinheit mit einer in der → *topischen Dimension* als homogen betrachteten Ausstattung mit Pflanzen, also einer → *Phytozönose*. – 2. in der Biologie die Fläche mit gleicher → *potentiell natürlicher Vegetation*, die durch einen → *Gesellschaftsring* bzw. -komplex von verschiedenen → *Ersatzgesellschaften* der aktuellen Vegetation nach ihrem Inhalt beschrieben wird und ein Mosaik verschiedener Gesellschaftsareale der aktuellen Vegetation umfaßt. Der P. ist damit dem Begriff → *Biochore* synonym, sofern dieser nicht als räumlicher Aspekt einer beliebigen existie-

renden Vegetationseinheit, sondern einer genetisch eng miteinander verflochtenen und sich vertretenden Serie von Ersatz- und naturnahen Gesellschaften aufgefaßt wird. Im Gegensatz zur Geoökologie wird der P. in der Biologie ohne Bezug zu den Raumdimensionen verwandt, sondern lediglich als mit Pflanzen bedeckte Fläche im Raum definiert. (→ *Theorie der geographischen Dimensionen*).

Phytotoxine: 1. Pflanzengifte im Sinne von Giften an Pflanzen. – 2. Gifte für Pflanzen, wobei deren Schädlichkeit für die Pflanzen von ihrer Konzentration abhängt.

Phytotron: Klimakammer zur Züchtung oder Aufbewahrung von Pflanzen unter kontrollierten, einheitlichen Umweltfaktoren (v.a. Temperatur, Feuchtigkeit, Licht).

phytotroph: bezeichnet Organismen (Bakterien, Pilze, höhere Pflanzen, Tiere), die lebende pflanzliche Substanz als Nahrung nutzen. (→ *phytophag*, → *Ernährungsweise*).

phytozentrisch: bezeichnet eine ökologische Betrachtungsweise, die die Pflanzen in den Mittelpunkt stellt.

Phytozönologie: Lehre von den → *Phytozönosen* als Bestandteil der → *Bioökologie*. Auch als → *Pflanzensoziologie* definiert.

Phytozönose: 1. im allgemeinsten Sinne eine Gemeinschaft von Pflanzen eines bestimmten → *Biotops*. Sie wird in der Regel nur aus höheren Pflanzen gebildet, die in einer Assoziation vereinigt sind und als eine Lebenseinheit höherer Ordnung mit eigener Struktur gelten. – 2. in der → *Bioökologie*, → *Geoökologie* und → *Landschaftsökologie* eine Gemeinschaft von in der Regel höheren Pflanzen, die einen → *Phytotop* bildet und die man als eine Lebenseinheit höherer Ordnung mit eigener Struktur begreift, die wesentlich vom abiotischen Potential des → *Geosystems* abhängt und die in → *Vitalität*, Verbreitung und Zusammensetzung die gleiche → *potentiell natürliche Vegetation* aufweisen muß, die in den Gesellschaftskomplex von → *Ersatzgesellschaften* der → *aktuellen Vegetation* beschrieben wird.

pilzfressend: → *fungivor*.

Pilzgallen: durch Pilze bewirkte → *Pflanzengallen* (z.B. bei der Kohlhernie).

Pilzgärten: besondere Kammern in den Nestern mancher tropischen Termiten und Ameisen *(Atta),* in denen auf selbst hergestellten Nährböden (bei Termiten ihr Kot, bei *Atta* zerkaute Blätter) bestimmte Arten von Pilzen gezüchtet werden, die den Nestinsassen als Nahrung dienen.

Pilzzucht: eine Form der → *Symbiose* zwischen Insekten (den Pilzzüchtern) und Pilzen.

Pioniere (Erstbesiedler): Pflanzen (→ *Pionierpflanzen*) und Tiere, welche Standorte und Lebensräume nach einer grundsätzlichen natürlichen oder anthropogenen Änderung der → *Geoökofaktoren* in der Lebensumwelt zuerst besiedeln. (→ *Pionierphase*).

Pioniergehölz: unter extremen Standortbedingungen gedeihend und sowohl Boden- als auch Mikroklima verbessernd, so daß nach diesen Pionieren (→ *Pionierpflanzen*) auch anspruchsvollere Gehölze gepflanzt werden können.

Pioniergemeinschaft: die Lebensgemeinschaft in dem ersten Stadium einer → *Sukzession*, z.B. an Ufern, auf Rohböden nach dem Rückgang eines Gletschers.

Pioniergesellschaften: jene → *Pflanzengesellschaften*, die sich aus → *Pionierpflanzen* zusammensetzen und Standorte erstbesiedeln. Die P. weisen unterschiedliche Zusammensetzungen auf, die oft vom Zufall der Ansiedlungsmöglichkeit, jedoch auch vom – auf Pionierstandorten meist stark begrenzten – abiotischen Geoökofaktorenangebot abhängen.

Pionierpflanzen (Erstbesiedler, Pioniere): erste Pflanzen auf vorher vegetationsfreiem Boden, der aus natürlichen oder anthropogenen Ursachen keine Vegetation aufweist, z.B. nackter Fels, Halden oder sonstige Aufschüttungen, vor allem im Rahmen von Rekultivierungen. Auf Felsen handelt es sich um Moose, Flechten und Kräuter, denen dann Stauden und wenig anspruchsvolle Holzgewächse folgen. Oft erfolgt Anflug der Samen. Bei → *Rekultivierungen* wird aber auch künstlich angesamt oder angepflanzt. Charakteristische P. sind Trockengräser, Ginster, Sanddorn, Robinie, Grünerle, Birke. Sie tragen zur Bodenbildung bei und werden später durch anspruchsvollere Gewächse verdrängt, deren Fortkommen sie jedoch durch ihre Existenz ermöglichen. Die P. ordnen sich in → *Pioniergesellschaften* an.

Pionierphase: jener Zeitabschnitt in der Entwicklung von → *Landschaftsökosystemen*, in denen die Besiedlung mit → *Pionierpflanzen*, aber auch Tieren als Erstbesiedler beginnt, wobei die Pioniere sowohl die abiotischen als auch die biotischen Zustände so verändern, daß weniger spezialisierte und/oder höher entwickelte Pflanzen und Tiere einziehen können, welche dann die Pioniere verdrängen. Im Zuge der Entwicklung von → *Landschaftssukzessionen* gibt es auch → *Sukzessionen* der Pioniere und der Tiergemeinschaften, die über längere Zeiträume sich ablösen und – bei ungestörter Entwicklung – zu einem späteren Zeitpunkt den → *Klimax* erreichen. Dieser liegt in der Regel von der P. zeitlich sehr weit entfernt.

Pionierzone: 1. in der → *Humangeographie* ein ausgedehntes Übergangsgebiet zwischen unerschlossenem und dauerhaft besiedeltem Raum. – 2. in der Ökologie eine → *Höhenstufe* oder ein größerräumiger Übergangsbereich in einer → *Landschaftszone* oder an einem Grenzbereich mit einem markanten Wechsel der *Geoökofaktoren*, wo während einer → *Pionierphase* die → *Pioniere* leben.

Pipettierer: → *Taster*.

piszivor (ichthyophag): fischfressend. (→ *Ernährungsweise*).

Plaggen (Soden): ziegelartig ausgestochene Erd-Humus-Stücke, also mineralbodenhaltiger → *Humus*, der in der Stallviehwirtschaft als Einstreu verwendet wurde und nach der Anreicherung mit Kot und Harn auf die dorfnahe Feldflur gebracht wurde, um auf den armen Böden der → *Heiden* im ozeanischen Nordwestdeutschland, den Niederlanden und in Irland die Bodenfruchtbarkeit zu steigern.

Plaggenboden: → *Plaggenesch*.

Plaggenesch (Plaggenboden, Eschboden): künstlicher → *Bodentyp*, der über einem, allenfalls teilweise ausgeebneten, ursprünglichen Bodenprofil durch die Aufschichtung von → *Plaggen* entstanden ist. Die Plaggenschicht kann 30–120 cm mächtig sein und zeigt je nach der Art der Plaggen (Gras- oder Heideplaggen) unterschiedliche Gehalte an Ton, Eisen, organischer Substanz und an Nährstoffen. Die P. wurden in Nordwestdeutschland und in den Niederlanden auf der etwas höher gelegenen dorfnahen Feldflur, dem Esch, geschaffen.

planar: niedrigste Höhenstufe mit der klimatisch bedingten Klimaxvegetation, in Mitteleuropa bis ca. 300 m ü.M. oder in den Inneren Tropen bis ca. 500 m ü.M.

Planetarischer Formenwandel: methodischer Bestandteil des → *Geographischen Formenwandels*, hier bezogen auf die Abwandlung von geographischen Erscheinungen der Erde vom Äquator zu den Polen. Der P.F geht auf die → *Strahlung* zurück, welche die verschiedenen geographischen Zonen der Erde empfangen. Der P.F. findet seinen Ausdruck in den → *Landschaftszonen* der Erde und ihrer differenzierteren Darstellung in den einzelnen → *Zonenmodellen*.

Planie: ein Bereich, in welchem landeskulturelle oder geotechnische Maßnahmen durchgeführt wurden, bei denen → *Planierung* eines Hanges oder einer Fläche erfolgte. Auch → *Kippen* oder → *Halden* sind teilweise als P. gestaltet. Wenn es sich um aufgeschüttetes Material handelt, werden bei der Anlage der P. Bodenwasserhaushalt und Boden bzw. → *Oberflächennaher Untergrund* nachhaltig gestört, so daß → *Rekultivierung* angezeigt ist, sofern man es nicht → *Pionierpflanzen* überläßt, im Bereich der P. zu siedeln.

Planierung: Vorgang des Glättens, Einebnens oder Ausgleichens von losen Massen, vor allem Erdstoffen im weiteren Sinne, unter Einsatz technischer Geräte wie Schrapper, Planierraupe, Planierpflug etc. Die P. wird auch bei der Anlage von landwirtschaftlichen Großflächen durchgeführt und beseitigt Kleinstrukturen der Agrarlandschaft und kleinere Reliefformen. Die P. führt zur → *Planie*. Sowohl → *Landschaftsbau* als auch → *Geotechnik* oder → *Rekultivierung* sowie → *Melioration* arbeiten mit P.

Plankter: oft auch als Planktonten bezeichnet; die Organismen der Lebensformgruppe des → *Planktons*.

planktogen: Sedimente, die aus Resten des → *Planktons* entstanden.

Plankton: Lebensformengruppe und Lebensgemeinschaft von Organismen, die frei im Wasser schweben, bei fehlender oder allenfalls nur geringer Eigenbewegung, und die als → *Plankter* zusammengefaßt werden. Im Gegensatz zu → *Nekton* wird das P. vom Wasser verfrachtet und kann gegen Strömungen nicht anarbeiten. Unterschieden werden → *Phytoplankton* und → *Zooplankton*. Meeres-P. wird als Hali-P. bezeichnet. Kommt es in der freien See vor, wird es ozeanisch, im Wasser des → *Schelfes* wird es → *neritisch* genannt. Beide unterscheiden sich in der Zusammensetzung. Das ozeanische P. umfaßt vor allem Einzeller, Medusen, Quallen, Kleinkrebse, Flügelschnecken und Manteltiere. Neritisches P. ist zusätzlich durch Larven von Organismen angereichert, die als Erwachsenenformen nicht planktisch leben, wie Hohltiere, höhere Krebse, Muscheln, Schnecken, Würmer, Stachelhäuter und Fische. Dem Meeres-P. gegenübergestellt wird das Süßwasser-P. oder Limno-P., das aus Einzellern, Rädertieren und Kleinkrebsen besteht. Weitere ökologische Unterschiede drücken das Brackwasser-P. (Hyphalmyro-P.) und P. salziger Binnengewässer (Salino-P.) aus. Das Limno-P. untergliedert sich in Eulimno-, Heleo-, Telmato-, Kreno- und Potamo-P. – nach den verschiedenen Wasserräumen (freier Wasserraum der Seen, Teiche, Tümpel, Quellen, Flüsse). Im Auftreten wird bei allen P.-Typen perenierendes und periodisches P. unterschieden, weiterhin nach verschiedenen Größenordnungen. Vor allem in größeren Wasseransammlungen kommt P. meist vertikal geschichtet vor, in Abhängigkeit von Tages- und Jahreszeit. Einen wichtigen Einfluß hat dabei das Licht.

Planktonblüte: Massenentwicklung von Plankton. → *Wasserblüte*.

Planktonfresser: Tiere, die zu den → *mikrophagen Partikelfressern* gehören. → *Nahrungsaufnahme*.

Planktonten: → *Plankter*.

planktophag: bezeichnet Organismen, die → *Plankton* fressen. (→ *Planktonfresser*).

Planktontyp: durch eine bestimmte Pflanzen- oder Tiergruppe im → *Plankton* ausgewiesener Typ, der übergewichtig vertreten ist.

Planktophyten: Begriff der Vegetationsgeographie für → *Phytoplankton*, wozu – nicht ganz korrekt – auch im Schnee und Eis wohnende niedere Pflanzen gerechnet werden.

Planstelle: ökologische. (→ *ökologische Nische*).

Plantage: planmäßig angelegte, langfristig genutzte Intensivkultur von längerlebigen Nutzpflanzen, wie Obstbäumen, Wein, Bananen, Kautschuk, Sisal.

Plastizität: Eigenschaft von Organismen, ihre biologisch-ökologischen Eigenschaften und Merkmale unter dem Einfluß von Umweltfaktoren zu verändern. Man unterscheidet dabei → *stenoplastisch* (geringe P.) und → *euryplastisch* (hohe P.). (→ *Modifikation*).

Plastron: dünne, wenige μm dicke Luftschicht um den Körper einiger im Süßwasser lebender Insekten, die durch kleine Haare festgehalten wird und zur Atmung dient (z. B. bei bestimmten Käfern und Wanzen).

Platzmine: Fraßgang von rundlicher Form im Pflanzengewebe, der meist durch bestimmte Insekten verursacht wird. Gegensatz: → *Gangmine*. (→ *Blattminen*).

pleiophag: wirtstete → *Parasiten*.

pleiozyklisch: bezeichnet Arten mit mehr als einem Aktivitätszyklus, z. B. bei höheren Pflanzen → *perenne* Arten.

Pleistozän (Diluvium, Eiszeitalter): vor ca. 2.3 Mio Jahre vor heute beginnender Zeitabschnitt, der ca. 10 000 vor heute mit dem → *Holozän* endete. Das P. zeichnet sich gegenüber dem vorausgehenden Tertiär durch rapide Temperaturrückgänge und eine größere Anzahl (mindestens 17) → *Kaltzeiten* aus, die teilweise ausgesprochene → *Eiszeiten* waren. Der Temperaturrückgang war weltweit, aber in den Großräumen der Erde von unterschiedlicher Wirkung. Die Alpen und ihr Vorland waren im P. mindestens viermal vereist (Günz-, Mindel-, Riß- und → *Würm-Kaltzeit*), wobei sich die Gebirgsvergletscherung weit in das nördliche Alpenvorland, bis über den Jura und Bodensee hinweg, ausdehnte. Schotter- und Moränenvorkommen des gesamten Alpenvorlandes sind überwiegend pleistozänen Ursprungs, ebenso der → *Löß*. Dies sind sowohl wichtige Substrate für die Bodenbildungen als auch Wasserspeicher, wenn die Schotter und Moränenkörper größere Mächtigkeiten aufweisen. Die Sedimente und Formen des P. unterliegen besonders in stark besiedelten Alpenvorland einem hohen Nutzungsdruck und sind daher wichtige Interessensgegenstände der Raumordnung und Regionalplanung.

Plenterbetrieb: → *Plenterprinzip*.

Plenterphase: vorübergehender Bestandesaufbau eines Waldes, der dem → *Plenterwald* ähnelt.

Plenterprinzip (Plenterbetrieb): Merkmale, nach denen der Plenterbetrieb sich richtet, um den → *Plenterwald* zu erzielen. Dazu gehören kontinuierliche Selbsterneuerung des Waldes mit wenigen oder keinen waldbaulichen Steuerungseingriffen und den Zielen konsequenter Vorratspflege, weitgehender biologischer Produktionsautomatisierung, Stetigkeit des Waldaufbaus sowie nachhaltiger Dauerleistung der Bestände.

Plenterschlag: Nutzungsform des Waldes, bei der die schlagreifen Bäume stammweise geschlagen werden. Beim P. handelt es sich um die älteste Form der Holznutzung; im Gegensatz zur Rodung und zum Kahlschlag kann sich der Wald auf natürliche Art verjüngen.

Plenterwald: forstliche Wirtschaftsform der natürlichen Bestandesverjüngung, die sich in einer meist naturnahen gemischten Dauerbestockungsform des → *Hochwaldes* äußert, in der auf kleinster Fläche eine baum- bis truppweise Mischung von Ober-, Mittel- und Unterschicht besteht. Es handelt sich also um einen ungleichaltrigen Mischwald, dessen Nutzung nur an schlagreifen Stellen erfolgt und nicht in Form eines Kahlschlages. P. wird im → *Plenterprinzip* bewirtschaftet und im → *Plenterschlag* bearbeitet. Neben der → *Naturverjüngung* und der starken Mischung auf kleinem Raum gelten die P. ökologisch als stabil und als → *naturnah*, weil es sich um einen naturnahen Waldbau handelt. In der gemäßigten Klimazone Mitteleuropas bestehen die meisten P. aus einer Mischung von Fichte, Buche und Tanne. Die dominierende Baumart ist, ebenso wie weitere, zusätzliche Arten, vom standörtlichen Angebot abhängig.

pleophag: bezeichnet Tiere, die sich von Organismen aus verschiedenen, aber nahe verwandten Familien ernähren, im Spektrum der → *Nahrungsbreite* stehen sie zwischen den → *oligo-* und den → *polyphagen* Arten.

Plesiobiose: Nachbarschaft von Insektenstaaten verschiedener Arten ohne besondere Bindung untereinander.

Pleustal: oberflächennahes Wasser als Lebensbereich; es wird von Organismen zweier besonderer Lebensformgruppen, des → *Neustons* und des → *Pleustons*, bewohnt.

Pleuston: große auf der Oberfläche des Wassers treibende Tiere und Pflanzen. Im Meer gehören hierzu gewisse pelagischen Siphonophoren und Schnecken. Unter den Süßwasserorganismen zählen hierzu die Schwimmpflanzen, deren Wurzeln ins freie Wasser hängen (z. B. Wasserlinse, Froschbiß) sowie bestimmte Wanzen (Wasserläufer). Die Kleinformen bilden das → *Neuston*. Manchmal wird P. als übergeordneter Begriff verwendet, so daß das Neuston dann zum Pleuston i. w. S. gehört.

pliothern: in der Klimageschichte Bezeichnung für wärmere Zeiträume.

plurivoltin: → *polyvoltin*.

Plutonium: eine → *radioaktive Substanz* (Metall) mit 15 instabilen → *Isotopen* und einer biologischen → *Halbwertszeit* von 120 Jahren sowie einer physikalischen von 24 000 Jahren. Das P. ist kein natürliches Element, sondern entsteht in → *Kernkraftwerken*, wo es aus → *Uran-238* erzeugt wird. Bei der → *Wiederaufarbeitung* ausgebrannter → *Brennelemente* kann es gewonnen werden. Beim Zerfall sendet P. → *Alpha-* und → *Gammastrahlung* aus. Durch die Alphastrahlung kann es → *Krebs* erzeugen. Am gefährlichsten ist P., wenn es mit der Atemluft eingenommen wird. → *Inkorporation* findet auch über den Darm statt; Ablagerungen erfolgen in Leber, Knochen, Galle und Keimdrüsen. Da P. sehr reaktionsfreudig ist und in hohem Maße toxisch (→ *Radiotoxizität*), gilt es als der gefährlichste radioaktive Stoff. Seine Quellen sind die Fabriken von → *Kernwaffen*, → *Kernkraftwerke* und → *Wiederaufbereitungsanlagen*.

Plutonium-238: ein → *Isotop* des → *Plutoniums*, das instabil ist und unter Bildung des → *Tochternuklids* → *Uran-234* unter → *Alphastrahlung* zerfällt. Die physikalische → *Halbwertszeit* beträgt 86 Jahre.

Plutonium-239: ein → *Isotop* des → *Plutoniums* mit einer physikalischen → *Halbwertszeit* von 2.44×10^4 Jahren, das instabil ist und beim Zerfall das instabile → *Tochternuklid Uran-235* bildet und → *Alpha-*, → *Gamma-* und K-Strahlung versendet.

Plutoniumbombe: eine der → *Kernwaffen*, die mit → *Plutonium-239* arbeitet. Das Plutonium-239 entsteht, wenn → *Brennelemente* nur kurze Zeit (Tage, wenige Wochen) im → *Kernreaktor* bleiben und nur einen geringen → *Abbrand* erfahren. Da radioaktives → *Plutonium* in großen Mengen umgesetzt wird, bestehen auch Möglichkeiten zum Mißbrauch.

Pluviation: verminderte oder völlig aussetzende Aktivität eines Tieres während einer Periode nassen Wetters.

Pluviotherophyten: kurzlebige höhere Pflanzen, die nach stärkeren Regenfällen keimen und ihren Entwicklungszyklus dann rasch durchlaufen. P. sind verbreitet in den Wüsten.

Pneumatoden: lentizellenartige Öffnungen an den Atemwurzeln von Mangrovepflanzen (→ *Mangrove*).

Pneumatophoren: Luftgewebe (→ *Aerenchym*) führende → *Atemwurzeln* bei → *Mangrove*-Pflanzen.

PNL (Perceived Noise Level): der empfundene → *Lärmpegel*, der die Lästigkeit von Fluglärm besser als der A-bewertete → *Schalldruckpegel* kennzeichnet.

PNV: → *potentiell natürliche Vegetation*.

Podsol (Bleicherde, Aschenboden): stofflich stark differenzierter Auswaschungsbodentyp silikatischer Lockergesteine und Verwitterungsdecken der kühl- bis kaltgemäßigten Zonen und auf extrem durchlässigen silikatischen Substraten der warmgemäßigten Zonen. P. tragen eine stark saure → *Rohhumus-* oder → *Moder*auflage. Sie gliedern sich im Mineralboden in einen grauen bis grauweißen → *Eluvialhorizont* (A_e-Horizont), der an Mineralstoffen, Ton und → *Sesquioxiden* extrem verarmt ist, und in einen braunschwarzen, rotbraunen oder rostroten → *Illuvialhorizont* (B_h-, B_{sh}- oder B_s-Horizont), in dem die mit dem Sickerwasser verlagerten Sesquioxide und Humusstoffe ausgefällt und angereichert wurden. Bei starker Stoffverlagerung und periodischer Austrocknung kann der Einwaschungshorizont zu → *Ortsstein* verhärten. Je nach den örtlichen Bedingungen (Feuchte, Humusform, Körnigkeit, Eisengehalt des verwitternden Gesteins usw.) entstehen Eisen-P., Eisenhumus-P. oder Humus-P., die an der Zusammensetzung des B-Horizontes unterscheidbar sind. P. sind nährstoffarme Böden hoher Durchlässigkeit (Ausnahme Ortsstein) und geringer Wasserkapazität. Sie tragen als typische Vegetationsdecken → *Nadelwald* oder → *Heide*. Für eine landwirtschaftliche Nutzung müssen P. stark gekalkt und gedüngt werden, wobei sie ihre typischen Eigenschaften allmählich verlieren.

Podsolierung: mit starker Versauerung verbundener, klimatisch gesteuerter Prozeß der abwärts gerichteten Verlagerung von Eisen- und Aluminiumoxiden sowie Humusstoffen mit dem Sickerwasser, der zur Entstehung von → *Podsolen* führt.

poikilohalin: bezeichnet Gewässer (vor allem → *Brackwasser*), deren Salzgehalt schwankt. In erster Linie gehören hierzu die den → *Gezeiten* ausgesetzten Flußmündungsgebiete. Gegensatz: → *homoiohalin*.

poikilohydr: → *poikilohydrisch*.

poikilohydrisch (poikilohydr): bezeichnet Pflanzen, die nur bei einem hohen relativen Wasserdampfdruck der Umgebung zu aktivem Leben fähig sind, da sie keine die Verdunstung einschränkende Wandsubstanzen (wie z. B. Kutin und Suberin) besitzen. Viele Algen- und Moosformen gehören hierzu. (→ *homoiohydrisch*).

poikilo(o)smotisch (halisotonisch): bezeichnet Organismen, bei denen der osmotische Druck des Binnenmediums demjenigen ihres Außenmilieus gleich ist, indem sich der Körper stets an die Salzkonzentration des umgebenden Mediums anpaßt. Dies ist bei den marinen Wirbellosen der Fall. Ggs.: → *homoiosmotisch*.

poikilophag: bezeichnet Organismen, die zwischen den Phasen der Nahrungsaufnahme lange Hungerphasen haben (z. B. manche Reptilien, Wüstenarthropoden).

Poikilosmotie: → *Osmokonformität*.

poikilotherm: bezeichnet Tiere, die ihre Temperatur überhaupt nicht oder nur sehr beschränkt konstant halten können, wenn die Außentemperatur variiert. Man spricht daher auch von Wechselwarmen. Allerdings können manchmal auch p. Tiere ihre Temperatur gegenüber der Außentemperatur verändern (meist allerdings nur erhöhen). Beispiele hierfür sind (1) die erhöhten Temperaturen infolge Muskelaktivität bei großen aktiven Wasserwirbeltieren (Thunfische, Haie), (2) Flügelschwirren von Insekten am Morgen, (3) Ausrichtung zur einstrahlenden Sonne bei Eidechsen, (4) Temperaturregulation im Stock der Honigbiene. (→ *homoiotherm*).

Poikilothermie: Organismen, denen die Fähigkeit zur Temperaturregelung fehlt. Die Körpertemperatur entspricht mehr oder weniger stark der Außentemperatur. Allerdings kommt es bei größeren Poikilothermen (Haifischen, Thunfischen, → *Reptilien*) während Aktivitätsphasen

zu höheren Temperaturen als in der Umgebung herrscht, ferner können sich manche durch Sonnen aufwärmen (z.B. Schmetterlinge oder Reptilien im Gebirge).
polar: der → *Polarzone* zugehörig, durch polare Klimabedingungen (→ *arktisch*) geprägt.
polare Anökumene: der durch die → *Polargrenze* der Besiedlung und Bewirtschaftung bestimmte Teil der → *Anökumene*. Die p.A. breitet sich um die beiden Polargebiete aus, hat aber auf der Nordhalbkugel größere Bedeutung, weil dort die Landmassen in den Grenzbereich hinein fallen, während auf der Südhalbkugel, um die Antarktis, ein Teil der p.A. wegen des zircumantarktischen Ozeans nicht ausgebildet sein kann.
Polargrenze des Anbaus: der Grenzsaum des Anbaus von → *Kulturpflanzen* gegen die beiden Pole. Die P.d.A. ist eine → *Kältegrenze*, die für jede Kulturpflanze individuell ausgeprägt ist und die von den standörtlichen Verhältnissen in der → *topischen Dimension* wesentlich differenziert sein kann, so daß sie lokal von der großräumig zonalen Klimagrenze erheblich abweichen kann. Tropische Gewächse haben ihre „polare" Grenze bereits in den niederen Breiten. Kälteresistente Pflanzen reichen jedoch auch noch weit in die Polargebiete hinein. Die Grenze des geschlossenen Anbaus überschreitet gewöhnlich 60°N nicht. Die P.d.A. für Kartoffeln, Gerste und Roggen liegen am weitesten nördlich, also nördlich des Polarkreises. Durch Züchtung kann die P.d.A. jedoch weiter nach Norden verschoben werden, was aber aus ökologischen Gründen wenig sinnvoll ist, weil mit dem Anbau hohe Risiken (Ernteausfälle) verbunden sind und vom Anbau selber Ökosystemschädigungen, vor allem im Boden- und Vegetationsbereich, ausgehen.
Polargrenzen: von den Bedingungen des polaren Eis- und Schneeklimas bestimmte ökologische Grenzen für die Vegetation und den Anbau (→ *Polargrenze des Anbaus*). Die polaren → *Baumgrenzen* bzw. → *Waldgrenzen* gelten für die natürliche Vegetation der → *Tundren* ebenso wie für den borealen Nadelwald. Auch der → *Permafrostboden* repräsentiert in seiner Verbreitung eine klimatisch bedingte polare Grenze.
Polder: das eingedeichte, dem Meer abgerungene Marschland (→ *Marsch*), durch → *Landgewinnung* entstanden und ständig oder bei Hochwasser unter dem Meeres-, See- oder Flußwasserspiegel liegend.
Pollen: Blütenstaub, Gesamtheit der P.-Körner einer Pflanze. Die P. spielen sowohl in der → *Blütenökologie* der → *Botanik* als auch in der → *Bioökologie* eine Rolle, als auch in der → *Pollenanalyse*, die bei der erdgeschichtlichen Betrachtungsweise früherer Ökosystemzustände der Erde, im Rahmen der → *Paläoökologie*, aber auch bei der Paläoklimaforschung.
Pollenanalyse: Untersuchungsmethode, um aus alten See- und Torfablagerungen über die erhaltenen Pflanzenpollen und ihre Identifizierung Rückschlüsse auf die frühere Vegetation und das Klima zu erhalten. (→ *Palynologie*, → *Pollen*).
Pollenblumen: Pflanzen, die den besuchenden Insekten nur → *Pollen*, keinen Nektar bieten. P. haben meist große, staubblattreiche Blüten (z.B. *Rosa*). (→ *Nektarblumen*).
Pollenfresser: Insekten, die sich von Blütenstaub (→ *Pollen*) ernähren. Zu ihnen gehören z.B. Schwebfliegen u.a.
Pollenkunde: → *Palynologie*.
Pollination: Bestäubung von Blüten. (→ *Blütenbestäubung*).
Pollution: für Umweltverschmutzung und → *Umweltschäden* gebrauchte Bezeichnung, die über die engere Bedeutung von „Verschmutzung" hinausgeht. Der Begriff P. kennzeichnet nicht nur eine physikalische oder chemische Zustandsveränderung der Ökosysteme und des Lebensraums, sondern zielt auch auf seine Entwertung durch Nutzung und Belastung und enthält somit eine moralisch-ethische Komponente.
Polychlorierte Biphenyle (PCB): gehören von den → *Chlorierten Kohlenwasserstoffen* an und gelten als sehr stabile organische Verbindungen, deren Stabilität mit der Zahl der Chloratome wächst. Im Biphenyl-Molekül werden Wasserstoffatome durch Chlor ersetzt. Durch ihre Beständigkeit (nicht brennbar, kaum oxidierbar) finden die PCB vielfältige Verwendung von der Elektro- bis zur Farben- und Kunststoffindustrie. Wegen ihrer → *Persistenz* und → *Toxizität* sowie ihrer weltweiten Verbreitung kommen sie über die → *Nahrungsketten* in die Organismen. Beim Menschen treten Schäden an Leber, Milz und Nieren auf. Sie gelten auch als krebserregend. In manchen Ländern ist der Gebrauch der PCB auf geschlossene Systeme begrenzt. Trotzdem gelangen die PCB in die Umwelt, z.B. bei der → *Müllverbrennung*, wobei polychlorierte → *Dioxine* entstehen.
Polychorie: Verbreitung von Samen und Früchten (→ *Diasporen*) einer Pflanzenart auf unterschiedliche Weise. (→ *Allochorie*).
Polycyclische aromatische Kohlenwasserstoffe (PAK): ringförmige Verbindungen des → *Kohlenwasserstoffs*, die in Rohstoffen organischen Ursprungs, wie z.B. → *Erdöl*, → *Kohle* oder → *Teer*, enthalten sind und bei schlechter Verbrennung in die Umwelt gelangen. Zur Verbreitung der PAK tragen auch die Kraftfahrzeuge bei. Individuelle Schadrisiken gehen vom Teer des Tabaks aus. Die meisten PAK sind krebszeugend.
Polyethismus: Arbeitsteilung im Insektenstaat durch Ausbildung verschiedener Kasten.
polyhalin: Bezeichnung für → *Brackwasser* mit hohem Salzgehalt von ca. 18–30‰. Gegensatz: → *oligohalin*.
Polyhemerobie: umschreibt die sehr stark anthropogen beeinflußte Qualität von → *Standor-*

ten des → *Stadtökosystems.*
Polykarpie (Iteroparie): Bezeichnung für Arten (oder Klone usw.), die sich während ihres Lebens mehr als einmal sexuell fortpflanzen können. (→ *iteropar,* → *Monokarpie*).
Polyklimax: Differenzierung des Begriffes→ *Klimax*; wird dem → *Monoklimax* gegenübergestellt, dessen klimatischem Aspekt er den edaphischen zur Seite stellt, so daß neben einem klimatischen auch einem edaphischen Klimaxzustand zugestrebt werden kann.
Polykultur: im Gegensatz zur → *Monokultur* in der Landwirtschaft ein vielseitiger Anbau von Nutzpflanzen. Entscheidend ist dabei, daß dieser unterschiedliche Anbau zur gleichen Zeit erfolgt. Werden unterschiedliche Pflanzen in unmittelbarer Nähe zueinander angebaut, spricht man von → *Mischkultur.* (→ *Stockwerkkultur*).
polylektisch: → *polytrop.*
polymiktisch: bezeichnet Seen, deren Wasser durch häufige Abkühlung und Erwärmung im Jahr mehrfach vollständig durchmischt wird. Man unterscheidet warm-p. See in den Tropen bei stärkerer nächtlicher Abkühlung sowie kalt-p. Seen im tropischen Hochgebirge (z.B. Titicacasee). In Mitteleuropa können sehr flache Seen polymiktisch werden (z.B. der Dümmer in Norddeutschland). (→ *Zirkulation,* → *Zirkulationstypen,* → *Vollzirkulation*).
Polymorphismus: 1. sozialer P. zeigt sich in unterschiedlicher Größe und Gestalt von Männchen, Weibchen, „Arbeiterinnen" und „Soldaten", z.B. bei Termiten, Ameisen oder Bienen. – 2. beim genetischen P. sind die Generationen der selben Population genetisch-physiologisch nicht gleich. Außerdem zeigen sie verschiedene Gestalt- oder Farbtypen („Morphen"). Die Beziehungen zwischen den genetischen Gruppen, welche die Population bilden, beeinflussen die Überlebenschancen der Population.
polyoxibiont: bezeichnet wasserlebende Organismen, die eine hohe Sauerstoffkonzentration benötigen.
polyphag: bezeichnet Tiere, die sich zwar entweder ur herbivor oder carnivor ernähren, aber im übrigen in ihrer Nahrungswahl wenig spezialisiert sind und sehr verschiedene Beutearten konsumieren. (→ *Nahrungsbreite,* → *monophag,* → *oligophag,* → *pantophag*).
polyphasisch: bezeichnet eine Form der → *Tagesperiodik,* bei der viele Aktivitäts- und Ruhephasen vorkommen. (→ *oligophil,* → *monophil*).
polyphil: bezeichnet Blütenpflanzen, die an viele Gruppen von Blütenbestäubern angepaßt sind. (→ *oligophil,* → *monophil*).
polysaprob: der Zustand des Wassers, wenn es eine große Menge faulender Substanzen aufweist. Der Begriff p. wird verwendet im Zusammenhang mit dem → *Saprobiensystem.*
Polysaprobien: → *Saprobien.*
polystenotherm: → *warmstenotherm.*

polytop: 1. bezeichnet eine Organismenform, die an zwei oder mehreren getrennten Stellen im Verbreitungsareal ihrer Ausgangsform entstanden ist. – 2. Organismenarten, die in mehreren Typen von Lebensräumen vorkommen.
polytrop (polylektisch): 1. bezeichnet eine Form der → *Blütenbestäubung* bei Tieren, bei der die bestäubende Art viele verschiedene Pflanzenarten als Nektar- oder auch Pollenquelle nutzen kann. (→ *monotrop,* → *oligotrop*) – 2. in einem weiteren Sinne generell Organismen, die vielseitige Ernährungsanpassungen ausgebildet haben.
polyvoltin (multivoltin, plurivoltin): Insekten, die potentiell mehr als eine Generation im Jahr durchlaufen können. Bei zwei Generationen jährlich spricht man von bivoltin, bei nur einer von → *univoltin.*
polyzyklisch: bezeichnet Organismen mit mehreren Fortpflanzungsperioden im Laufe eines Jahres. Gegensatz: → *monozyklisch.*
Pool: (engl.) 1. im weiteren Sinne in ökologischen → *Systemen* eine Menge an Stoffen oder Einheiten (Individuen, Gene), die Bestandteile des betreffenden Systems sind und durch Zufuhr (Influx oder → *Input*) oder Ausfuhr (Outflux oder → *Output*) verändert werden können. Manchmal spricht man auch von einem „Reservoir". – 2. im engeren Sinne als „Genpool" der Gesamtbestand der → *Gene* in einer → *Population.*
Pool-Sauger: blutsaugende Ektoparasiten (→ *Blutsauger*), die an der Einstichstelle alle Gewebe, auch die Kapillar- und Lymphgefäßwand auflösen und den Nahrungsbrei aufsaugen. Hierzu gehören z.B. Zecken und Bremsen. Gegensatz: → *Kapillarsauger.*
Population: 1. in der Statistik eine Menge, deren Elemente mindestens in einem Merkmal Gemeinsamkeiten aufweisen. – 2. in der Biologie eine Fortpflanzungsgemeinschaft von Individuen, die gemischterbig sind, auf begrenztem Raum leben und sich durch Fremdbefruchtung vermehren, die aber in ihrer erblichen Konstitution nicht völlig gleich sind. – 3. in der Ökologie eine Individuengemeinschaft der gleichen Art, die in gegenseitigen Wechselbeziehungen zueinander stehen und die einen homogen ausgestatteten Lebensraum bevölkern. Dieser Lebensraum muß, aus dem Blickwinkel der P., nicht scharf abgegrenzt sein, z.B. wie ein Teich, sondern er ist durch das mehr oder weniger dichte Vorkommen der P. definiert. Daher sind Merkmale einer Population → *Individuendichte,* Individuenverteilung (Dispersion), Variabilität, → *Altersstruktur,* Geschlechtsverhältnis (→ *Sexualindex*), → *Natalität,* → *Mortalität* und → *Wachstumsrate.* Die P.en an einem bestimmten Standort bilden demnach die lokale → *Lebensgemeinschaft* der zu verschiedenen Arten gehörenden Individuen, also die → *Taxozönose.*
Populationsbewegung: Änderung der Bevöl-

kerungsdichte. (→ *Populationsdynamik*).
Populationsbiologie: umfaßt die → *Populationsökologie* und die → *Populationsgenetik* einschließlich mancher Aspekte der → *Biogeographie* unter Berücksichtigung allgemeiner ökologischer und evolutionsbiologischer Prozesse.
Populationsdichte: 1. die → *Individuendichte* (in selteneren Fällen auch → *Biomasse*) einer Art in einem Lebensraum. – 2. durchschnittliche Zahl der Individuen einer Art, bezogen auf eine Flächeneinheit. (3. → *Bevölkerungsdichte*).
Populationsdruck: 1. Gesamtheit des Einwirkens von Individuen einer → *Population* auf die Organismen einer Gesellschaft und auf die Lebensumwelt. – 2. die über das Fassungsvermögen der Lebensumwelt hinausgehende Individuenmenge einer → *Population*.
Populationsdynamik: allgemein die Lehre von den Veränderungen von → *Populationen*. Durch alle möglichen Einflüsse, wie Veränderung der → *Individuendichte*, der → *Altersstruktur*, des Geschlechterverhältnisses (→ *Sexualindex*), der → *Natalität*, der → *Mortalität*, aber auch der → *Vitalität* und anderer Größen, die bei der Betrachtung von Populationen eine Rolle spielen. – 1. Untersuchung der Abhängigkeit der → *Populationsdichte* vom Ort, an dem sich die → *Population* befindet, und von der Zeit, woraus die Vorstellungen über die → *Migration* stammen. – 2. Gesamtheit der Veränderungen einer Population während ihres Bestehens. – 3. Gesamtheit der Bewegungen einer Population einschließlich der Änderung aller ihrer Strukturelemente, also der → *Abundanz* und der Verteilung der Populationsglieder im Raum. – 4. Zweig der → *Demographie*, der sich mit der natürlichen Bevölkerungsbewegung und ihren Ursachen und Folgen befaßt. Hierbei müssen auch die Bevölkerungsstruktur und die -wanderungen berücksichtigt werden, da sie die Ursachen für die Ausprägung verschiedener Typen der natürlichen Bevölkerungsbewegung liefern.
Populationsgenetik: Grenzgebiet zwischen → *Genetik*, → *Ökologie* und Evolutionsbiologie. P. ist die Wissenschaft von den für eine → *Population* gültigen Gesetzmäßigkeiten der Vererbung und der auf die Population wirkenden Evolutionsfaktoren. Die P. wendet zur Beschreibung dieser Vorgänge unter anderem mathematisch-statistische Methoden an, deren Grundlage das → *Hardy-Weinberg-Gesetz* ist.
Populationsgipfel: Höhepunkt in der Entwicklung einer → *Population*.
Populationsgleichgewicht: Gleichgewichtszustand in den Häufigkeitsverhältnissen der genetischen Anlagen der Individuen einer → *Population*, auf den sich alle Populationen relativ schnell einstellen und wobei der Mutations- und der Selektionsdruck gegenseitig ausbalanciert sind. (→ *Mutation*).
Populationskinetik: Untersuchung des Wachstums einer → *Population* lediglich als Funktion der Dichten der einzelnen Arten, welche die Population zusammensetzen.
Populationsökologie (Demökologie, Populationsbiologie): bioökologische Lehre von den → *Populationen* und deren Struktur- und Funktionsmerkmalen sowie ihrer Dynamik. Als Fachgebiet wird sie gelegentlich der → *Autökologie* und der → *Synökologie* zur Seite gestellt, teilweise aber auch in die Synökologie miteinbezogen.
Populationsstruktur: formale und funktionale Eigenschaften einer → *Population*. Es gehören dazu einerseits die demographisch beschreibenden Parameter, wie → *Bevölkerungsdichte*, → *Verteilung*, → *Altersstruktur*, *Sexualindex*, → *Natalität* und → *Mortalität*, wie im weiteren Sinne auch die genetischen Grundlagen (→ *Genotyp*).
Populationstheorie: mathematische Theorie über das Wachstum und die Wechselwirkungen von → *Populationen*, wobei man zwischen → *Populationskinetik* und → *Populationsdynamik* unterscheidet. (→ *Hardy-Weinberg-Gesetz*).
Populationswachstum: das Wachstum einer Bevölkerung im Laufe der Zeit. Es lassen sich – als stark vereinfachte deterministische Modelle – zwei wichtige Typen des P.s unterscheiden: Das exponentielle (oder geometrische) Wachstum zeigt eine konstante → *spezifische Zuwachsrate* nach der Formel $dN/dt = rN$ (N: Individuen zum Zeitpunkt t, r: spezifische Zuwachsrate). Es tritt dann auf, wenn der Vermehrungsrate der Organismen kein oder ein konstanter Gegendruck entgegensteht. Häufig geht dieses exponentielle Wachstum in das logistische P. über, das kurvenmäßig einem sigmoiden (S-förmigen) Verlauf entspricht. Am Wendepunkt der sigmoiden Kurve ist das Populationswachstum maximal (bzw. der „Ernte" für einen Räuber oder für den Menschen maximal). Die begrenzende „Kapazität" stellt sich infolge Erschöpfung einer Umweltressource ein, z.B. der Nahrung oder den Nistplätzen.
Populationswelle: Schwankung in der räumlichen Ausdehnung einer → *Population* bzw. in der → *Populationsdichte*.
Populationszyklus: Schwankung der → *Populationsdichte* von Organismen mit regelmäßig auftretenden Minima und/oder Maxima. Die Ursache von P. kann in zyklischen Schwankungen der Nahrungsversorgung liegen, im Überschießen und Zurückfallen der Populationsstärke infolge unvollkommener Dichteregelung oder in zeitverzögerten → *Räuber-Beute-Systemen*. Beispiele für P. sind die Mäusepopulationen in Mitteleuropa und die Lemmingpopulationen in Skandinavien.
Porengrößenbereiche: konventionell festgelegte Bereiche verschiedener Porengrößen des Bodenporensystems, die an wichtige Kennwerte des wasserhaushaltlichen Verhaltens angelehnt sind. So wurden als Grenzwerte für die

Porendurchmesser die im Zustand der → *Feldkapazität* (zwei Werte) und im Zustand des → *permanenten Welkepunktes* größten noch wassererfüllten Poren gewählt. Daraus läßt sich ableiten, daß die → *Grobporen* wasserfrei, die → *Mittelporen* mit pflanzenverfügbarem Wasser gefüllt und die → *Feinporen* mit nicht pflanzenverfügbarem Wasser gefüllt sind. (→ *Saugspannung*).

Porengrößenverteilung: Aufbau des Porensystems des Bodens aus verschiedenen → *Porengrößenbereichen*. Die P. ist von den → *Korngrößen* und der Kornform sowie vom → *Bodengefüge* abhängig und wirkt sich stark auf das Verhalten des → *Bodenwassers* aus.

Porenvolumen: in Prozent ausgedrückter Anteil der Hohlräume am gesamten Volumen eines → *Bodens*. Das P. schwankt für verschieden zusammengesetzte Böden zwischen etwa 30 und 70%. (→ *Porengrößenbereiche*).

Porosität: in Bruchteilen ausgedrücktes (z.B. 0.4 statt 40%) → *Porenvolumen* des Bodens.

Positivplanung: Planung, die im Gegensatz zur → *Negativplanung* über eine gezielte Förderung bestimmter Prozesse (z.B. durch fiskalische Anreize) versucht, die Struktur eines Raumes positiv zu beeinflussen.

Postglazial (Nacheiszeit): identisch mit dem geologischen Zeitabschnitt des → *Holozäns* gegenüber dem der Begriff P. klima- und landschaftsgeschichtlich verwandt wird. Das Ende der letzten Eiszeit, der → *Würm-Kaltzeit*, geht mit dem Spätglazial nahtlos in das P. über. Entscheidend ist der Klimawechsel, der durch eine sukzessive, aber immer wieder zurückschwingende Erwärmung gekennzeichnet ist. Charakteristisch für das P. ist nicht nur das endgültige Abschmelzen des Nordischen Inlandeises, sondern auch der Landschaftswandel im Gebiet des Periglazials sowie das ganz langsame Zurückschmelzen der alpinen Gebirgsvergletscherung. Damit verschwand im Periglazialgebiet die Tundrenvegetation, der zunächst Steppen- sowie Busch- und schließlich Waldvegetation folgten. Das Klimaoptimum des P. ist schon längst überschritten. Es lag zwischen ca. 6000 und 4000 Jahre vor heute. Es war warm und feucht und lag mit 2–3°C über der heutigen Jahresmitteltemperatur. Der wärmeliebende Eichenmischwald stieg in den Gebirgen höher als heute hinauf. Die damalige Waldgrenze in den Alpen lag ca. 200–300 m über der heutigen natürlichen → *Waldgrenze*. Im Zuge der späteren Klimaverschlechterung folgten im P. z.T. extrem kalte Zeitabschnitte, wie die sogenannte Kleine Eiszeit, die in den Alpen zu einem starken Vorrücken der Gletscher führte, die erst von ca. 1850 an auf den heutigen Stand zurückwichen. Die Klimaentwicklung des P. ist im Hinblick auf → *Klimaänderungen* und → *Klimaschwankungen* für die Ermittlung der weiteren Klima- und Ökosystementwicklung der Erde wichtig.

Postklimax: langandauerndes Stadium des → *Subklimax* der Vegetationsentwicklung infolge höherer Bodenfeuchtigkeit oder eines feuchteren → *Mikroklimas* gegenüber dem Ökosystemzustand der (größeren) Gesamtlandschaft, so daß sich an diesen Standorten das dem Makroklima entsprechende Endstadium der Vegetation – im Sinne des → *Klimax* – nicht ausbilden kann.

Potamal: 1. Aktionsbereich des Flußbettes. – 2. Lebensraum des Flusses, bzw. der sommerwarmen, sandig-schlammigen Zone eines Fließgewässers (→ *Fließgewässerbiozönosen*). Die dortige Lebensgemeinschaft heißt → *Potamon*, das gesamte Ökosystem → *Potamocoen*. Die Sommertemperaturen im P. liegen über 20°C. Longitudinal läßt sich das P. untergliedern in das (1) Obere oder Epipotamal (entspricht der → *Barbenregion*), (2) Mittlere oder Metapotamal (→ *Brachsenregion*), (3) Untere oder Hypopotamal (→ *Kaulbarsch-Flunder-Region*). Quellwärts schließt sich der Lebensraum des → *Rhithral* an.

Potamobionten: 1. im weiteren Sinne Flüsse besiedelnde Organismen. – 2. in der Fischbiologie Fische, die nur im Süßwasser wandern. (→ *amphibiont*, → *thalassobiont*).

Potamocoen: Ökosystem des Flusses im Bereich des → *Potamals*.

potamogen: durch die Tätigkeit der Flüsse entstanden.

Potamologie (Flußkunde): ein Teilgebiet der Gewässerkunde, das sich mit den fließenden oberirdischen Gewässern (→ *Oberflächengewässer*) beschäftigt.

Potamon: Lebensgemeinschaft des → *Potamal*.

potamophil: → *hydrophile* Organismen, die im fließenden Wasser leben.

Potamoplankton: das → *Plankton* im frei fließenden Wasserkörper der großen Flüsse. Das P. kann sehr artenreich sein, entspricht aber im Artenbestand dem Plankton des → *Pelagials* stehender Gewässer. Ein arteigenes P. existiert nicht. Das P. stammt im allgemeinen aus den Stillwasserbezirken des Flusses.

Potential: allgemein die Möglichkeit zu einer Kraftentfaltung bzw. die Leistungsfähigkeit, auch das Leistungsvermögen, eines → *Kompartiments* eines → *Systems*. Dabei kann es sich um natürliche, anthropogene oder technische Systeme handeln. – 1. in der Physik eine Größe, die ein Kraft- oder Geschwindigkeitsfeld kennzeichnet. Ihre Form und Abnahme hängen vom Ort (Potentialgefälle) ab, womit sie Feldstärken (elektisches Potential, Gravitationspotential) oder die Geschwindigkeiten (Strömungspotential, Geschwindigkeitspotential) regeln. – 2. in den Geo- und Biowissenschaften wird damit die Leistungsfähigkeit bzw. das Leistungsvermögen ökologischer Systeme gekennzeichnet, aber auch von Speichern, die als Subsysteme auftreten. Auch andere Größen des → *Land-*

schaftsökosystems, die keinen Speichercharakter haben, können als P. ausgewiesen werden. Anwendung findet dies in der Landschaftsforschung (→ *Naturpotential,* → *Naturraumpotential,* → *Leistungsvermögen des Landschaftshaushaltes*) oder in der Hydrologie, bzw. Hydroökologie (→ *Potentialkonzept*). – 3. in der → *Humanökologie* und → *Umweltchemie* werden auch toxische P. ausgewiesen. Damit wird die Fähigkeit eines Stoffes oder einer sonstigen Größe charakterisiert, bestimmte toxische Wirkungen auszulösen oder zu entfalten. Für den Eintritt der Wirkung ist dann die → *Dosis* entscheidend.

Potentialkonzept: Theorie der Kräftewirkungen auf die Bewegungen des → *Bodenwassers* (→ *Infiltration,* → *Sickerung,* → *Kapillaraufstieg*), die sich mit dem Einfluß von Schwerkraft, Kapillarkraft, Matrixkraft, osmotischem Druck, hydrostatischem Druck und Auflastdruck auf das Verhalten des im Porensystem des Bodens befindlichen Wassers befaßt.

potentiell natürliche Vegetation (PNV): besteht dort, wo die → *Schlußgesellschaft* noch nicht oder nicht mehr durch anthropogene Eingriffe realisiert ist. Es handelt sich also um die an einem Standort unter regulären Klimabedingungen nach Durchlaufen der entsprechenden → *Sukzessionen* sich einstellende Vegetation, die sich im Gleichgewicht mit den aktuellen → *Geoökofaktoren* ihrer Lebensumwelt befindet. Unberücksichtigt bleibt dabei der Einfluß des Menschen. In dieser Entwicklung braucht der → *Klimax,* also das Schlußstadium der Vegetationsentwicklung, noch nicht erreicht zu sein. Die PNV ist nicht identisch mit der Vegetation, die sich dann einstellen würde, wenn der anthropogene Einfluß in der Lebensumwelt aufhören würde. Gelegentlich wird die PNV auch noch zusätzlich als „heutige" bezeichnet, um darauf hinzuweisen, daß jede erdgeschichtliche Epoche ihre eigene potentielle Vegetation hatte.

potentielle Biochore: Standortraum einer bestimmten → *Schlußgesellschaft.* – Der Begriff wird gelegentlich bei der pflanzensoziologischen Arbeit im Rahmen der → *Naturräumlichen Gliederung* gebraucht. Er soll den Bereich des funktionalen Systems der abiotischen Partialkomplexe repräsentieren, also das → *Potential* einer → *landschaftsökologischen Grundeinheit.* (→ *Leistungsvermögen des Landschaftshaushaltes*).

potentielle Evapotranspiration: auf Grund der klimatischen Gegebenheiten maximal mögliche → *Verdunstung* durch die Pflanzendecke und die Bodenoberfläche oder eine offene Wasserfläche. Die p.E. wird real nur erreicht, wenn der Boden ständig ausreichend Wasser nachliefern kann.

potentielle Produktivität: 1. ökophysiologisch die maximale Rate der Stofferzeugung, die unter den gegebenen Ökosystembedingungen von Organismen innerhalb einer Raumeinheit erreicht werden kann, ausgedrückt in Masseneinheiten oder in Energieeinheiten pro Zeiteinheit. – 2. ertragskundlich die maximale Rate der Erzeugung an → *Biomasse,* die an einem Standort unter den leistungsstärksten Arten und Betriebszieltypen möglich ist, ebenfalls ausgedrückt in Masseneinheiten oder in Energieeinheiten pro Zeiteinheit. – 3. ökonomisch der maximale Wert des Verhältnisses von Leistung/Ertrag zum Aufwand.

potentielle Verdunstung: auf Grund der klimatischen Gegebenheiten (Temperatur, Luftfeuchte, Windverhältnisse usw.) mögliche → *Verdunstung.*

Potenz: als ökologische P. die Anpassungsbreite einer Art gegenüber einem bestimmten Faktor (z.B. variierendem Salzgehalt im Wasser).

ppb (parts per billion): Maßeinheit zur Angabe geringer Konzentrationen von Stoffen in der Umwelt. Ein ppb eines bestimmten Stoffes entspricht dem milliardsten Teil des Stoffgemenges, in dem der untersuchte Stoff vorhanden ist = 1 Teil auf 1 Milliarde Teile, z.B. 1 Mikrogramm pro Kilogramm (μg/kg). Im amerikanischen Sprachgebrauch entspricht die Billion der Milliarde im deutschen Sprachraum.

ppm (parts per million): Maßeinheit zur Angabe geringer Konzentrationen von Stoffen in der Umwelt. Ein ppm eines bestimmten Stoffes entspricht dem millionsten Teil des Stoffgemenges, in dem der untersuchte Stoff vorhanden ist = 1 Teil auf 1 Million Teile, z.B. 1 Milligramm pro Kilogramm (mg/kg).

ppt (parts per trillion): Maßeinheit zur Angabe geringer Konzentrationen von Stoffen in der Umwelt. Ein ppt eines bestimmten Stoffes entspricht dem billionsten Teil des Stoffgemenges, in dem der untersuchte Stoff vorhanden ist = 1 Teil auf 1 Billion Teile, z.B. 1 Nanogramm pro Kilogramm (ng/kg).

Präadaptation (Präadaption): das Vorhandensein von Fähigkeiten eines Organismus, die normalerweise niemals in Anspruch genommen werden, bzw. die bei einem Wechsel der Umweltbedingungen u.U. einen Vorteil bieten können. Aus evolutiver Sicht kann z.B. das Leben in faulender organischer Substanz als P. für die Entwicklung von Darmparasiten gesehen werden.

Präadaption: → *Präadaptation.*
Präboreal: → *Kiefern-Birken-Zeit.*
Prädatoren: → *Räuber.*
Prädisposition: Änderung der Auswirkung des Resistenzgrades (→ *Resistenz*) durch Umweltbedingungen, wie sie z.B. infolge verschiedener Temperatur-, Feuchtigkeits-, Licht- oder Ernährungsverhältnisse zustande kommen kann.

Präferendum (Vorzugsbereich, Behaglichkeitszone): Vorzugsbereich eines Tieres in einem Faktorengefälle (→ *Gradienten* eines abiotischen Umweltfaktors). Man unterscheidet

z.B. das → *Temperaturpräferendum,* das → *Feuchtepräferendum* und das → *Lichtpräferendum.*
Präferenten: Arten, die vorzugsweise in einem bestimmten Biotoptyp auftreten, allerdings in geringerer Populationsstärke auch in anderen vorkommen können. Sie bilden (zusammen mit den „spezifischen Arten") die → *Charakterarten* eines → *Lebensraums.*
Präferenz: Bevorzugung von bestimmten Umweltbedingungen durch Organismen.
Präferenzbereich: bevorzugter Lebensbereich, der bei Wahlmöglichkeit aktiv aufgesucht wird.
Prägung: → *ökologische Prägung.*
Präklimax: lang andauerndes Stadium des → *Subklimax* der Vegetationsentwicklung infolge geringerer Bodenfeuchtigkeit oder eines trockeneren → *Mikroklimas* gegenüber dem Ökosystemzustand der (größeren) Gesamtlandschaft, so daß sich an diesen Standorten das dem → *Makroklima* entsprechende Endstadium der Vegetation – im Sinne des → *Klimax* nicht ausbilden kann.
Präsenz (Stetigkeit): bezeichnet die Anzahl der getrennten Bestände eines → *Biotops,* in denen eine Art auftritt, angegeben als → *Präsenzgrad,* d.h. in Prozenten der untersuchten Bestände.
Präsenzgrad: stellt die → *Präsenz* von Tier- und Pflanzengesellschaften in verschiedenen Skalen dar. In der Pflanzensoziologie gilt eine fünfteilige Skala: I: Art ist in 1–20%, II: in 20–40%, III: in 40–60%, IV: in 60–80%, V: in 80–100% der Einzelbestände vorhanden. – In der Tierökologie wird eine vierteilige Skala eingesetzt: I: 1–25%, II: 25–50%, III: 50–75%, IV: 75–100%. – Ähnlich der → *Konstanz* und der → *Frequenz* wird in Pflanzen- und Tierökologie auch mit allgemeinen Bezeichnungen gearbeitet: Selten – wenig verbreitet – verbreitet – häufig – sehr häufig.
Prävernal-Aspekt: Bestandteil der Aspektfolge. Der P.-A. beschreibt in der gemäßigten Zone den Vorfrühling im März bis April (erste Frühjahrsblüher, fehlende Baumbelaubung, erste Bodenarthropoden).
Prey switching: engl. für → *Umschaltreaktion* in einem Räuber-Beutesystem.
Priel: → *Watt.*
Primärenergie (Rohenergie): diejenige Energie, die in den natürlichen Energieträgern (→ *Primärenergieträger*) gespeichert ist. (→ *Sekundärenergie,* → *Endenergie,* → *Nutzenergie*).
Primärenergieträger: die in der Natur in ihrer ursprünglichen Form dargebotenen Energieträger, z.B. → *Steinkohle,* → *Braunkohle,* → *Erdöl,* → *Erdgas,* Holz, → *Kernbrennstoffe,* Wasser, Sonne und Wind.
primäres Milieu: Bezeichnung für den Zusammenhang der → *Geoökofaktoren* im → *Geoökosystem* als Basis für die Nutzung der Landschaft durch den Menschen im → *sekundären Milieu.*
primäres Ökosystem: bezieht den Begriff des → *primären Milieus* schärfer auf das → *Ökosystem* bzw. → *Geoökosystem* und umfaßt die Gesamtheit der im Ökosystem vorhandenen → *biotischen* und → *abiotischen Faktoren,* die miteinander in einem Wirkungsgefüge stehen. Dabei zeigen die biotischen Bestandteile adaptive Reaktionen auf die abiotischen Faktoren. Das primäre Ökosystem bleibt durch → *Selbstregulation* funktionsfähig.
Primärkonsumenten: in der Ökologie diejenigen → *Konsumenten,* die lebende oder auch frisch abgestorbene autotrophe Organismen als Nahrung nutzen. Man spricht auch von Herbivoren oder Phytophagen. (→ *Primärproduzenten,* → *Sekundärkonsumenten*).
Primärkreislauf: in → *Kernreaktoren* (→ *Druckwasserreaktor*) geschlossener Teil eines Kühlsystems, der die im Reaktor entstehende Wärme aufnimmt und an den → *Sekundärkreislauf* weitergibt. Die Trennung von P. und Sekundärkreislauf hat den Vorteil, daß die Gefahr einer → *Kontamination* des Abwassers relativ gering bleibt.
Primärparasiten: → *Hyperparasitismus.*
Primärproduktion (Urproduktion): Quantität der → *Biomasse,* die von den grünen Pflanzen aus anorganischen Verbindungen während einer bestimmten Zeitspanne (z.B. einem Jahr) aufgebaut wird, oder allgemeiner die Rate der Energiefixierung durch → *Photosynthese* (an Spezialstandorten auch durch → *Chemosynthese*). Der P. gegenüber steht die → *Sekundärproduktion.* Die Gesamtassimilation entspricht dabei der Brutto-P., während die Netto-P. die Gesamtassimilation minus dem veratmeten Anteil entspricht. Die P. kann nach der Erntemethode, nach dem Gaswechsel oder mit einer Tracermethode (→ *Tracer*) bestimmt werden.
Primärproduzenten: Lebewesen, die anorganische Grundstoffe über → *Photosynthese* oder → *Chemosynthese* in organische Bindung überführen und sie damit auf ein höheres Energieniveau heben. → *photoautotroph,* → *chemoautotroph.*
Primärrohstoff: neu (im wesentlichen aus der Natur) gewonnene → *Rohstoffe,* die dem Produktionsprozeß zugeführt werden. (→ *Sekundärrohstoff*).
Primärstandort: ursprünglich vegetationsloses Gebiet, in dem die Pflanzenbesiedlung beginnt.
Primärstaub: → *Staub.*
Primärstoffwechsel: Bezeichnung des Grundstoffwechsels der Zelle im Gegensatz zum → *Sekundärstoffwechsel.*
Primärsukzession: → *Sukzession.*
Primärwald: ein als Erstbesiedlung geltender → *Naturwald,* der keine wesentliche (primäre → *Urwälder*) oder allenfalls eine schwach spürbare anthropogene Veränderung (anthropogen veränderte P.) erfahren hat.
Primärzentrum: erstes Entwicklungszentrum; bezogen auf Pflanzen und Tiere und deren Ausbreitung über die Erde.

Primärzersetzer (Primärdekomponenten, Primärdestruenten, Erstzersetzer): → *Zersetzer*, die im Gegensatz zu den → *Sekundärzersetzern* frisch abgestorbene organische Substanz als Nahrung nutzen. (→ *Primärkonsumenten*).
Primitivrasse: → *Umweltrasse*.
Prinzip der Gleichwertigkeit verschiedener Umweltwirkungen: eine der → *Ökologischen Regeln*, nach der es gleichgültig ist, durch welche Faktoren die Lebensbedingungen für eine Art erfüllt werden. Beispielsweise können Felsbrüter gleichgute Brutmöglichkeiten in Städten finden wie in Felsbiotopen.
Prinzip der nach Norden zunehmenden Synanthropie: eine der → *Ökologischen Regeln*, nach der Tiere und Pflanzen an den nördlichen Verbreitungsgrenzen aus klimatischen, z.T. auch aus nahrungsbiologischen Gründen sich immer näher an den unmittelbaren Lebensbereich des Menschen anschließen, im Sinne der → *Kulturfolger*.
Prinzip der relativen Biotopbindung: eine der → *Ökologischen Regeln*, nach der eine Bindung an eine bestimmte Lebensstätte oft nur regional gültig ist. Beispielsweise treten in der Mediterranis vorkommende Lebewesen in der gemäßigten Zone Mitteleuropas nur an warmen, trockenen Standorten auf. Das P.d.r.B. entspricht praktisch dem Gesetz der → *Relativen Standortkonstanz*.
Proanthrope: einheimische Pflanzen.
proanthropes Element: Pflanzen eines Lebensraumes, die dort schon vor dem Auftreten des Menschen lebten.
probabilistisch: Kausalverknüpfungen, in denen die naturgesetzlich bestimmten Effekte zurücktreten und stattdessen Ereignisse und Erscheinungen in bestimmten Formen und zu bestimmten Zeitpunkten an einem geographischen Ort nur wahrscheinlich oder möglich sind. Die geographischen Systeme gehören zu den → *p. Systemen*, die sich in der Regel durch eine große Anzahl von Randbedingungen und durch starke Differenzierungen im Laufe ihrer historischen Entwicklung auszeichnen.
probabilistisches System: → *Ökosysteme* bzw. → *Bio-* und *Geosysteme*, die nur annäherungsweise zu erfassen sind, weil sich bestimmte Faktoren und Prozesse einer quantitativ-exakten Aufnahme entziehen.
Probenahme: das Gewinnen einer repräsentativen Probe (Bodenprobe, Pflanzenprobe, Tierprobe) aus einer Gesamtheit zum Zweck der nachfolgenden Untersuchung (systematische Bestimmung, chemische Zusammensetzung).
Probengröße: die den Eigenschaften der Population einer Art oder einer Artengemeinschaft angemessene Größe der Proben (z.B. Bodenproben, Planktonproben), um daraus Rückschlüsse auf die reale Siedlungsdichte machen zu können. Ein wichtiges Hilfsmittel zur Ermittlung der P. ist die → *Arealkurve*. → *Erfassungsmethoden*.

Probiose: Form einer Nutznießung bei Tieren, bei der einer der Partner einen Vorteil genießt und der andere keinen Nachteil hat. (→ *probiotisch*).
Probiosphäre: wenig gebräuchlicher Begriff für die → *Geosphäre* im Sinne der → *abiotischen Faktoren*, welche die → *Biosphäre* für ihre Existenz benötigt.
probiotisch: bezeichnet eine Wirkung einer Art (durch ihr bloßes Vorhandensein oder aber infolge bestimmter Verhaltensweisen oder Aktivitäten), die das Leben einer anderen Art begünstigt. (→ *Probiose*).
Prodromalstadium: Phase im Befalls- oder Krankheitsverlauf eines Organismus. → *Gradation*.
Produktion: 1. allgemein die Erzeugung von Stoffen, Massen oder Sachgütern in anthropogenen oder natürlichen → *Systemen*. – 2. in der Biologie die Erzeugung energiereicher, organischer Substanz (→ *Biomasse*) aus energieärmerer, anorganischer Substanz durch eine Lebensgemeinschaft in einer bestimmten Zeiteinheit. Dabei wird zwischen → *Primär-P.* oder → *Nettoassimilation* auf der einen Seite und → *Brutto-P.* auf der anderen unterschieden. Wird von der Primär-P. noch der Stoffverlust durch abgestorbene organische Teile (z.B. Pflanzenteile) abgezogen, erhält man die → *Netto-P.* einer Lebensgemeinschaft. Schwieriger ist die biologische P. einer Wasserbiozönose zu bestimmen. Meist beziehen sich die Angaben über die P. auf terrestrische Ökosysteme.
Produktionsbiologie (Produktionsökologie): Teilgebiet der → *Synökologie* bzw. → *Ökosystemforschung*, das den Energie- und Stoffluß im Ökosystem untersucht. Speziell wird der Zuwachs der → *Biomasse* von Populationen oder Lebensgemeinschaften im Verlaufe der Zeit untersucht, wobei der ggf. gleichzeitig gefressene oder sonswie gestorbene Anteil an Individuen mitberücksichtigt wird. Am Produktionssystem sind im Sinne einer → *Nahrungskette* die → *Produzenten*, → *Konsumenten* und → *Reduzenten* beteiligt. Weitere wichtige Begriffe sind → *Produktion*, → *Stoffhaushalt*, → *Energiefluß*, → *Energiebilanz*.
Produktionseffizienz: bei → *Photoautotrophen* die Relation zwischen der während einer bestimmten Zeit (z.B. eines Jahres) hinzugewachsenen Pflanzenbiomasse und der Menge an absorbierter Strahlungsenergie (photosynthetisch ausnutzbare Strahlung). (→ *Bruttoproduktionseffizienz*, → *Nettoproduktionseffizienz*).
Produktionskoeffizient: → *ökonomischer Koeffizient* der Produktion.
Produktionsökologie: → *Produktionsbiologie*.
Produktionspotential: 1. Fähigkeit eines Pflanzenbestandes, eine bestimmte Menge Strahlungsenergie zu absorbieren und zu speichern. Die Realisierung des P. ist unter anderem von der Tätigkeit der unmittelbar von den betreffenden Pflanzen lebenden Organismen abhängig. –

2. auf einen Raum bezogen die wirtschaftlichen Produktionsfaktoren, wie sie nach Qualität und Quantität vorhanden sind, und die durch ihren Zustand oder ihre Menge umweltwirksam werden können.

Produktionsrate: die Fähigkeit zur → *Produktion* ausgedrückt in der P. (→ *Produktivität*).

Produktionsstufen: bei der → *Produktion* der Organismenwelt eines Lebensraums unterscheidet man die → *Primärproduktion* der → *autotrophen Pflanzen* und die → *Sekundärproduktion* der → *heterotrophen Organismen*. Bisweilen wird davon die → *Tertiärproduktion* der dritten und folgenden → *trophischen Ebenen* getrennt betrachtet. Allgemein übertrifft die jährliche Produktion an Pflanzen im Wasser wie auf dem Land die der einander folgenden P. der heterotrophen Organismen um das Vielfache.

Produktions-zu-Biomasse-Verhältnis: → *P/B-Verhältnis*.

Produktions-zu-Respirations-Verhältnis: → *P/R-Verhältnis*.

produktive Verdunstung: durch die Pflanzendecke erfolgende → *Verdunstung*, welche im Zusammenhang mit dem Wachstum und dem Aufbau organischer Substanz steht. (→ *Transpiration*).

Produktivität: generell die Fähigkeit zur Produktion, ausgedrückt in der Produktionsrate. – 1. allgemeine Charakterisierung von Prozessen der Stoff- und Energieaufnahme und -umwandlung in und bei Lebewesen. – 2. im Sinne der → *Produktionsrate*, also der Produktion pro Zeiteinheit, von → *Biomasse* in einem Ökosystem oder in Kompartimenten eines Ökosystems. Oft wird damit die → *Primärproduktion* ausgedrückt, z.B. beim sommergrünen Laubwald der gemäßigten Zone Mitteleuropas werden 1 kg Kohlenstoff oder 2.5 kg Trockenmasse/m^2/a produziert. Dies ist die → *Primärproduktion* an Laub, Holz, Wurzeln und krautigen Pflanzen, wobei der Wert je nach standörtlichen Verhältnissen stark variieren kann. – 3. Verhältnis von Produktionsmenge (→ *Output*) zu Faktoreinsatz (→ *Input*). Mit der P. wird die Ergiebigkeit der Produktion in Systemen der Natur, aber auch in der Wirtschaft gemessen, sei es für einzelne Betriebe, ganze Wirtschaftszweige oder für eine Volkswirtschaft.

Produktivitätseffizienz: im Wasserhaushalt von Pflanzen die Transpirationseffizienz.

Produzenten: Pflanzen, die durch → *Photosynthese* bzw. → *Chemosynthese* aus anorganischer Materie energiereiche organische Substanzen aufbauen, was der → *Primärproduktion* entspricht.

Profundal: ein → *Lebensraum* im Süßwasser, der die Tiefenregion des Süßwasserbodens unterhalb der Pflanzenwuchszone umfaßt. Das bewuchslose P. ist der Sedimentationsbereich.

Prognose: die Voraussage über die zu erwartende künftige Entwicklung von Gesellschafts- und → *Umweltsystemen*. Die P. bezieht sich auf Beobachtungen und Feststellungen der vergangenen Entwicklung und des gegenwärtigen Zustandes der → *Systeme* und setzt wissenschaftliche Methoden ein. Dabei wird eine quantitative Aussage für künftige Systemzustände angestrebt. Oft bewegt sich die P. jedoch im Verbal-Deskriptiven. Die P. kann eigentlich nur für definierte Ziele durchgeführt werden, die unter einem vorgegebenen Bedingungsgefüge erreicht werden sollen. Da bei komplexen Systemen, vor allem Umweltsystemen bzw. → *Landschaftsökosystemen*, das Bedingungsgefüge nicht klar definiert bzw. quantifiziert werden kann, ergeben sich für die P. große Unsicherheiten. Die P.-Verfahren werden in verschiedenen Bereichen der Ökologie, Planung, Umweltforschung und raumbezogen arbeitenden Geo- und Biowissenschaften angewandt. – 1. in der → *Raumordnung* und → *Raumplanung* unterscheidet man ex-ante-P., die sich aus zukunftsrelevanten Annahmen ergibt, und ex-post-P., die ihre Voraussage primär aus der Überprüfung von Entwicklungen und Vorgängen der Vergangenheit bezieht. In der → *Landschaftsökologie* und → *Geoökologie*, aber auch in → *Raumordnung* und → *Raumplanung*, wurde P. lange Zeit mit → *Raum-* und → *Landschaftsbewertungen* vorgenommen, an die man spekulative Betrachtungen knüpfte. – Das Problem von P. bei Umweltsystemen besteht in den ihnen zu Grunde gelegten komplexen Modellen, wie dem → *Landschaftsökosystemmodell*, in welchem die → *Geoökofaktoren* unterschiedliche Reaktionsgeschwindigkeiten aufweisen. Damit ist vor allem die Langfrist-P. erschwert. Leichter sind Kurzfrist-P., weil sich oft nur auf wenige Geoökofaktoren beschränken kann, deren Prozeßgeschehen rascher und überschaubarer verläuft. – Bei Umweltsystemen in der Natur wird durch → *Seltene Ereignisse* das Systemverhalten plötzlich verändert, so daß die P. eigentlich nur von einer regulären, ungestörten Entwicklung ausgehen kann, die gerade bei den längerfristig funktionierenden Umweltsystemen nicht den Normalfall darstellt. Diese nicht nur methodischen, sondern auch sachlichen Probleme versucht man zu minimieren, indem man mehr oder weniger quantitative → *Simulationsmodelle* für P.-zwecke einsetzt. – 2. in verschiedenen Teilbereichen der Umweltforschung und Ökologie wird sehr separativ für Einzelprozesse und -faktoren eine selektiv-separative P. durchgeführt, beispielsweise in Forstschutz oder in der → *Phytopathologie*, wo die Vorhersage über die Stärke des Auftretens eines Schaderregers erwartet wird. Dabei wird die P. vor allem bei Arten mit größeren Fluktuationen der Siedlungsdichte angewandt. Die Erstellung einer P. basiert auf Daten über → *Populationsdichte*, Schadensschwelle, Wachstumsraten in Abhängigkeit von Umweltfaktoren, → *Vitalität* der Schadart etc.

Auch wenn, vor allem langzeitig betrachtet, Lebensgemeinschaften eine gewisse Folgerichtigkeit im Ablauf erkennen lassen, muß beispielsweise auch für Forstökosystementwicklungen eine so große Schwankungsbreite konstatiert werden, daß eine P. fragwürdig wird, wenn man von ihr konkrete Handlungsanweisungen erwartet. – 3. auch Wirtschaftssysteme, als → *Subsysteme* der → *Anthroposysteme*, erweisen sich, trotz vermeintlicher oder tatsächlicher Exaktheit in ihrer quantitativen Beschreibung, als im wahrsten Wortsinne „unberechenbar". Daher haftet auch den P. im Bereich der Wirtschafts- und Verkehrssysteme eine gewisse Unwahrscheinlichkeit an. Trotzdem ist die P. auch für die anthropogenen Subsysteme der → *Umweltsysteme* ein unverzichtbares Hilfsmittel für die Einschätzung künftiger Entwicklungen. Der Wert einer P. hängt auch im Anthropobereich wesentlich von den Erwartungen ab, die man an eine P.-Aussage stellt. – 4. in der → *Phytopathologie* und im Forstschutz die Vorhersage über die Stärke des Auftretens eines Schaderregers. Die P. wird vor allem bei den Arten mit größeren Fluktuationen der Siedlungsdichte angewandt. Die Erstellung einer P. basiert auf Daten über Populationsdichte, Schadensschwelle, Wachstumsraten in Abhängigkeit von Umweltfaktoren, Vitalität der Schadart. → *ökologische Prognose*.
Progradation: Ansteigen der Populationsdichte im Laufe einer → *Massenvermehrung* bis zum Gipfelpunkt.
Proinhibitine: → *Inhibitine*.
Progression: 1. jede auf natürlichem Wege später entstandene, erblich gewordene Weiterentwicklung von Lebewesen, bezogen sowohl auf den Einzelorganismus als auch auf das Wachstum einer ganzen → *Population*. – 2. rein formal betrachtet die mengenmäßige Vermehrung von Pflanzen-, Tier- und Menschenpopulationen.
progressive Endemiten: entstehen, wenn sich in einem Gebiet durch veränderte Lebensbedingungen aus einer Stammform jüngere Sippen entwickeln, die sich nicht weiter ausbreiten können. (→ *Endemit*, → *Endemismus*).
Prokaryonten: → *Prokaryoten*.
Prokaryoten (Prokaryonten): einzellige Organismen, die keinen von einer Zellmembran umschlossenen Zellkern aufweisen und deren Desoxyribonucleinsäure (DNA) frei im Zellplasma liegt. Zu den Prokaryoten gehören die → *Bakterien* i.e.S., die → *Actinomycetales* (sog. Strahlenpilze) und die → *Blaualgen*. Auch die sog. *Archaebakterien* nehmen eine Sonderstellung ein. Viele P. zeigen sehr spezielle Stoffwechselwege, z.B. eine → *anaerobe Atmung* oder eine Oxidation reduzierter anorganischer Verbindungen (z.B. Fe(II)) zur Energiegewinnung. Der Gegensatzbegriff ist → *Eukaryoten*.
Proportionsregel: → *Allen'sche Regel*.
Protobionta: das Reich der Niederen Pflanzen, also Algen und Pilze umfassend.
Protobiozönose: die → *Biozönose* in der Frühzeit der Erde, die nur von → *Produzenten* und → *Destruenten* gebildet wurde.
Protopedon: ein Unterwasser- → *Rohboden* mit einer geringmächtigen Lage von Pflanzenresten über mineralischen Seeablagerungen, wie Seeton oder Seekreide.
Protoplankton: pelagisch lebende Bakterien und einzellige Organismen. → *Plankton*.
prototroph: bezeichnet bestimmte Mikroorganismen, die keine spezifischen Wachstumsfaktoren benötigen, wie die → *auxotrophen* Formen. Die letzteren entsprechen dabei meist einer Mangelmutante der prototrophen Form (des „Wildtyps"). (→ *mixotroph*).
Protozoose: eine durch Protozoen verursachte Erkrankung von Organismen.
proximate Faktoren: → *Faktoren*.
Prozeß: in Bio- und Geosystemen sowie anderen → *Ökosystemen* bzw. → *Umweltsystemen* werden Stoffe und/oder Energie durch P. umgesetzt, wobei die P. die → *Kompartimente* des → *Systems* miteinander verbinden und dabei → *Input-Output-Beziehungen* schaffen. In verschiedenen Bereichen der Ökologie, des Umweltschutzes und verwandter Fachgebiete, wie z.B. auch dem → *Strahlenschutz*, werden stochastische und nichtstochastische P. voneinander unterschieden. – 1. stochastische P.: Effekte, plötzliche Entwicklungen oder Schäden in funktionierenden Umweltsystemen treten als zufällige Ereignisse auf, deren Häufigkeit nur festgestellt werden kann, wenn eine Vielzahl von Fällen beobachtet wird. Dabei bedient man sich den Grundsätzen der Wahrscheinlichkeitstheorie. Die Wahrscheinlichkeit des Eintretens eines ökologischen Effektes oder eines Schadens im Umweltsystem (unabhängig vom Ausmaß des Effektes, der Wirkung oder der Schadensgröße) hängt von der Größe des → *Inputs* ab. Bei → *Strahlenwirkungen* wäre das die einwirkende → *Dosis*. – 2. nichtstochastische P.: sie stehen den stochastischen P. gegenüber, weil ihr Verlauf von anderen Gesetzmäßigkeiten bestimmt wird, so daß wahrscheinlichkeitstheoretische Methoden für die Beschreibung n.P. nicht geeignet sind. Die Wahrscheinlichkeit eines Effektes oder eines Schadens hängt nicht direkt vom Input auf das System ab bzw. nicht von der Dosis, sondern es gibt eine Schwellengröße des Inputs bzw. eine Schwellendosis, unterhalb derer keine wesentlichen Funktionsänderungen im System auftreten bzw. nicht mit Schäden und Funktionsstörungen zu rechnen ist. Nach Überschreiten dieser Schwelle kommt es jedoch zu einer exponentiell ansteigenden Verhaltensänderung des Systems.
Prozeß-Korrelations-Systemmodell: ein → *Modell* zur Darstellung von → *Geoökosystemen* und großen Teilen der → *Landschaftsökosysteme* in Form eines umfangreichen Regelsystems, das wesentliche Teilaspekte der ökologi-

schen Wirklichkeit abbildet. Das P-K-S. versucht, Energie-, Wasser- und Stoffumsätze des Geoökosystems theroretisch und experimentiell darzustellen. Das P-K-S. zeigt das vernetzte → *Wirkungsgefüge* am → *Landschaftsökologischen Standort*, wobei die hauptsächlichen → *Kompartimente* die bodennahe Luftschicht (→ *Mikroklima*), die Pflanzendecke und der Bereich Humus-Boden ist, für welche die Auswirkungen der vom Energie-, Wasser- und Stoffumsatz abhängigen Prozeßgrößen auf Umsatzleistungen des Bodenbiosystems und die Abhängigkeit des Reglers → *Georelief* auf die verschiedenen Geoökosystemelemente und -parameter dargestellt werden. Das P-K-S. geht von einem → *Schichtmodell* der ökologischen Realität aus und arbeitet mit Prozeßzustandsgrößen, Strukturvariablen und Kapazitätsreglern, um den Geoökosystemzusammenhang terrestrischer Ökosysteme mit Pflanzendecke für die → *topische Dimension* abzubilden.

Prozeßwärme: in der Industrie anfallende Wärme, die bei chemischen, physikalischen oder kerntechnischen Prozessen als → *Wärmeenergie* frei wird. Im Zuge steigender Energiekosten werden zunehmend Systeme entwickelt, die diese P. aufnehmen und sie einer Nutzung zuführen. Bisher sind relativ große Mengen an P. ungenutzt in Kühlwässer oder in die Atmosphäre gelangt.

P/R-Verhältnis (Produktions-zu-Respirations-Verhältnis): die Relation Produktion zu Respiration (→ *Energiebilanz*) für ein Einzelindividuum, eine Population oder ein Ökosystem. Für Wirbellose liegt das P. (als Nettoproduktion/Respiration) häufig bei über 1, für Wirbeltiere zwischen 0,1 und 0,01. Das P. (als Bruttoproduktion/Respiration) für reife Ökosysteme nähert sich dem Wert 1 an. Innerhalb vergleichbarer Tiergruppen besteht bei doppelt-logarithmischer Darstellung zwischen P und R eine lineare Beziehung.

Psammion (Psammon): Lebensgemeinschaft der Sandlückenräume auf Sandbänken von stehenden, strömenden oder fließenden Gewässern bzw. an deren Ufern. Ihre Existenz beruht auf der Tatsache, daß zwischen den Sandkörnern die Räume kapillar mit Wasser gefüllt sind, gewöhnlich auf einem ca. 2 m breiten Streifen von der Wassergrenze an gerechnet, in welchem sich eine spezialisierte Fauna entwickelt hat, welche die obersten 4–5 cm dieses Streifens bewohnt.

prudent predator (engl.): → *Räuber.*
Psammon: → *Psammion.*
psammophil: bezeichnet Organismen, die Lebensräume mit sandigem Untergrund bevorzugen.
Psammophyten (Sandpflanzen): Pflanzen, die bevorzugt an Sandstandorten vorkommen. Vgl. auch → *Dünenpflanzen.*
Psammoserie: Sukzessionsreihe (→ *Sukzession*), die von unbewachsenem Sand ihren Ausgang nimmt.

pseudoannuell: ausdauernde Pflanzenarten, deren Sprosse nur einjährige Lebensdauer haben, so daß also nur letztere die Pflanzen wie → *Annuelle* erscheinen lassen.
Pseudogley: → *Stagnogley.*
Pseudohylaea: ein → *Biomtyp* der feuchten, → warmtemperierten Wälder (→ *Vegetationszonen*). Die Ps. ist keiner ausgeprägten Trockenperiode ausgesetzt.
Pseudovikarianz: ähnliches ökologisches und morphologisches Verhalten von Pflanzensippen verschiedenen Ursprungs, wobei sich diese Sippen in bestimmten Gebieten im Sinne der → *Vikarianz* ablösen.
Psychophile: Blumen, die von Tagschmetterlingen bestäubt werden. → *Lepidopterenblumen.*
psychrobiont: bezeichnet Organismen, die nur in kalten Lebensräumen gedeihen, z. B. das → *Kryobios.*
psychrophil: bezeichnet Organismen, die ein niedriges Temperaturoptimum haben und daher oft bevorzugt in kühlen Lebensräumen vorkommen. Psychrophile Bakterien haben ein Temperaturoptimum von etwa 15–20°C. (→ *thermophil*).
Psychrophyten: an niedrige Temperaturen angepaßte Pflanzen.
PTS (Permanent threshold shift): durch starke Einwirkung von → *Lärmemissionen* verursachte irreversible Verschiebung der Hörschwelle über Monate und Jahre hinweg, wobei die tägliche Lärmdosis ein kritisches Maß überschreitet und die Regenerationszeit nicht ausreicht, um die vorübergehende Taubheit restlos abzubauen. Damit wird ein Hörschaden herausgebildet, der zur → *Lärmschwerhörigkeit* führt.
Ptychonom: Faltenmine. → *Pflanzenminen.*
Puffer: 1. in der chemisch orientierten Ökologie (→ *Umweltchemie*, → *Bodenchemie*, → *Wasserchemie*) Stoffe bzw. Stoffgemische, welche die Wasserstoffionenkonzentration (→ *pH-Wert*) in Reaktionssystemen, meist Gemischen von schwachen Säuren mit ihren Alkalisalzen, die wegen ihres Dissoziationsgleichgewichts zugegebene Wasserstoff- oder Hydroxilionen „abpuffern" („abfangen") können, also den pH-Wert weitgehend konstant halten. – 2. in der → *Ökosystemforschung* jene Eigenschaften oder Merkmale, die in ihrer Gesamtheit Außenstörungen abfangen, abschwächen und gegebenenfalls auch kompensieren. Dabei kann es sich auch um Eingriffe in das Gesamtökosystem handeln, wie Bodenstörungen, Vernichtung der Vegetationsdecke, Wasserhaushaltsänderungen, Klimaänderungen etc. (→ *Pufferung*) – 3. in Ökosystemen erweist sich der Boden in ökologisch-chemischer Hinsicht ebenfalls als P. (→ *Pufferungsvermögen des Bodens*).
Pufferungsvermögen des Bodens: Fähigkeit eines Bodens, bei einer Zugabe von Basen oder Säuren die Veränderung des → *pH-Wertes* in

engen Grenzen zu halten. Das P. steigt mit der → *Austauschkapazität* (Freisetzung von H⁺-Ionen zur Neutralisierung von Salzen, die z.B. als Dünger zugegeben werden) und der → *Basensättigung* bzw. dem Kalkgehalt (Neutralisation zugeführter Säuren durch Erdalkali- und Alkaliionen). (→ *Pufferung*).

Pumpspeicherkraftwerk: → *Pumpwerk*.

Pumpversuch: in der Praxis oft angewandtes Verfahren zur Bestimmung der Ergiebigkeit und der Absenkverhältnisse in Grundwasserkörpern und der hydraulischen Leitfähigkeit des Grundwasserleiters. Während des konstanten Abpumpens einer nachlieferbaren Wassermenge an den vertikalen Entnahmestelle werden mit Hilfe von Grundwasserrohren Form und Ausdehnung der als → *Absenktrichter* erscheinenden Grundwasseroberfläche vermessen. (→ *Grundwasser*).

Pumpwerk: 1. in der → *Wasserversorgung* eine Anlage, die Wasser aus tieferliegenden Entnahmestellen vom Wasserwerk oder zu einem Zwischenspeicher bzw. zur Verbrauchsstelle befördert. – 2. in der Energiewirtschaft ein → *Wasserkraftwerk*, dessen Speichernutzinhalt teilweise oder ganz durch Pumpen von einem Unterbecken in ein Oberbecken befördert wird. Es gibt P. ohne und mit natürlichem Zufluß. Die P. nutzen Höhen- bzw. Reliefunterschiede an Gebirgsrändern oder Talflanken aus und haben den Vorteil, sehr schnell auftretende Spitzenlast bei der Stromversorgung zu decken. Überschüssiger Strom wird in verbrauchsschwachen Zeiten zum Zurückpumpen des Wassers benützt. – 3. bei der Abwasserbehandlung fördern P. → *Abwasser* in → *Kläranlagen*, → *Vorfluter* oder Kanäle.

Puna: eine Vegetationsstufe tropischer Hochgebirge mit wechselfeuchtem Klima. Die Vegetation setzt sich aus frostbeständigen Horstgräsern, Hartpolster- und Rosettenpflanzen sowie Zwergsträuchern zusammen. Charakteristisch ist stets eine Ruheperiode während der Trockenzeit. Man kann eine Feucht-, Trocken-, Dorn- und Sukkulenten-Puna unterscheiden. In Richtung Äquator schließt sich an die Feuchtpuna auf etwa gleicher Höhenstufe der immerfeuchte → *Paramo* an.

Punktquelle: unter den → *Emissionsquellen* gegenüber den → *Flächenquellen* definierte Emissionsquellen, weil sie von einer einzelnen Lokalität (Schornstein, Abgasstutzen) ausgehen. Die Erfassung von Emissionswerten aus P. ist leichter als bei Flächenquellen.

Purpurbakterien: als „schwefelfreie Purpurbakterien" photoorganotrophe, anaerobe Bakterien der Familie Rhodospirillaceae (früher Athiorhodaceae) mit Bakterienchlorophyll a (+b), die mit Hilfe organischer Wasserstoffdonatoren Kohlendioxid assimilieren. Die P. können auch sehr langwelliges Licht für die Photosynthese nutzen und in großen Gewässertiefen vorkommen. Außerdem gehören zu den P. die roten → *Schwefelbakterien* (Schwefelpurpurbakterien). → *Stoffwechseltypen*.

Putreszenz: Zersetzung von Eiweißen durch meist anaerobe Bakterien, bei der übelriechende Amine (z.B. Kadaverin, Ptreszin) entstehen.

Pütter'sche Theorie: Hypothese, die besagt, daß viele Wasserorganismen Nahrung in gelöster Form aus dem Wasser aufnehmen. (→ *parenterale Ernährung*).

Putzsymbiose: Zusammenleben von Tierarten, von denen sich eine mehr oder weniger darauf spezialisiert hat, Parasiten von anderen Tieren zu fressen. Unter den Vögeln sind die Madenhacker in Afrika bekannt, welche Dasselfliegenlarven oder Zecken der dortigen Huftiere verzehren. Ein Beispiel unter den Meeresfischen bilden die Putzerfische, die ektoparasitische Kleinkrebse von Haut oder Kiemen ihrer Wirtsfische ablesen.

Pyrolyse: bei der Abfallbeseitigung eingesetztes Verfahren, bei dem eine thermische Zersetzung flüssiger oder fester Stoffe unter Luftabschluß bei Temperaturen von mehreren hundert Grad erfolgt. Dabei entstehen → *Abwasser*, → *Abwärme* (die als Fernwärme genutzt werden kann), → *Schwelgase* und unverbrennbare, feste Rückstände, die deponiert werden. Die P.-anlage ist eigentlich keine → *Müllverbrennungsanlage*, sondern hat gegenüber dieser beträchtliche Vorteile (weniger Abgase, niedrigere Schadstoffkonzentrationen, geringere Abwasserbelastung, leichter behandelbare Rückstände, Möglichkeit der dezentralen Installation).

Pyrophyten: brandresistente Pflanzenarten, vor allem Bäume, die sich durch eine dicke Borke gegen die Wirkung des Feuers schützen. Zu den P. zählen auch jene Pflanzen, deren oberirdische Teile zwar abbrennen, die aber aus den im Boden beschädigt überdauernden Teilen wieder ausschlagen können. Für die P. wird angenommen, daß sie für ihre optimale Entwicklung (Wuchs, Samenkeimung, Samenausbreitung) → *Feuer* benötigen oder zumindest dabei durch Feuer gefördert werden. Möglicherweise geht dies aber auch auf fehlende Konkurrenz zurück. Als P. gelten in der gemäßigten Klimazone Kiefer (*Pinus sylvestris*) und Heidekraut (*Calluna vulgaris*).

Q

qualitatives Wachstum: Wachstum, das sich nicht nur am Bruttosozialprodukt eines Landes, sondern auch an den gesellschaftlichen Wertvorstellungen orientiert. Beim q.W. werden z.B. auch ökologische Faktoren berücksichtigt, d.h. das → *Leistungsvermögen des Landschaftshaushaltes*, → *Belastung der Umwelt* sowie → *Umweltschutz*.

Quality of Life: → *Lebensqualität*.

Qualmwasser: → *Drängewasser*.

Quantifizierung der Landschaft: 1. in → *Landespflege* und → *Landesplanung* häufig gebrauchte Bezeichnung für nutzungsbezogene → *Landschaftsbewertungen* unter praktischen Gesichtspunkten, meist unter Verwendung von Verfahren der → *Nutzwertanalyse*. Dabei treten die naturwissenschaftlichen Aspekte deutlich zugunsten sozioökonomischer Bereiche zurück. – 2. in den Geo- und Biowissenschaften wird unter Q.d.L. eine quantitative, d.h. naturwissenschaftlich-exakte Beschreibung des → *Ökosystems* auf seine Funktionalität und die dabei erzielten Umsätze verstanden.

Quartär: geologisches System, das die jüngste geologische Epoche repräsentiert. Das Q. setzt sich aus der unteren = älteren Abteilung, dem → *Pleistozän* und der jüngeren = oberen, dem → *Postglazial* zusammen. Das Q. wird auf 1.8 bis 2.3 Mio. Jahre geschätzt und ist vor allem durch die pleistozänen → *Kaltzeiten* und die sie trennenden Interglaziale charakterisiert. Für beide Abteilungen des Q. sind rasche Floren- und Faunenwechsel kennzeichnend, die in Beziehung zu den globalen → *Klimaänderungen* und → *Klimaschwankungen* standen, wobei sich die Klima- und Vegetationsgürtel der Erde stark verschoben. Die weitverbreiteten Sedimente und Formen des Pleistozäns lassen große Teile der mitteleuropäischen Landschaften als quartäre Landschaften bezeichnen, die auch heute noch zu wesentlichen Teilen Vorzeitcharakter besitzen. Das Q. ist, wie das Postglazial, für die Prognose der künftigen Klimaentwicklung der Erde und damit der Weiterentwicklung der Landschaftsökosysteme bedeutsam. (→ *Holozän*).

quasinatürlich: bezieht sich auf Erscheinungen, Formen und Prozesse im → *Geoökosystem* bzw. in der → *Biogeosphäre* und verweist auf den → *natürlichen* Ablauf von Vorgängen, die also naturgesetzlich erfolgen, während die Auslösung des Vorgangs durch die siedelnde und/oder wirtschaftende Tätigkeit des Menschen erfolgte.

Quecksilber: ein flüssiges → *Schwermetall*, das andere Metalle – unter Bildung von Amalgamen – löst. Die Gefährlichkeit von Q. beruht auf seiner → *Toxizität* und den physikalischen Eigenschaften, bei Normaltemperatur flüssig zu sein und zu verdampfen. Erst bei mehr als −38°C erstarrt es. Im Hinblick auf die Gefährdung der Umwelt muß zwischen metallischem Q., anorganischen Q.-verbindungen und organischen Q.-verbindungen unterschieden werden. Das metallische Q. ist durch seine Dämpfe giftig, die vom Körper leicht aufgenommen werden können, so daß es zu Magen-Darm-Schmerzen bzw. -Schäden kommen kann, ebenso sind Zahnschäden möglich. Die Q.-salze, also anorganische Verbindungen, können über Nahrung und Haut aufgenommen werden. Die Wirkungen sind ähnlich wie bei Q.-dämpfen. Die organischen Q.-verbindungen wirken erst über längere Zeiträume hinweg als → *Nervengifte*, die zu psychischen Reaktionen führen. Das Q. wird in Mitteleuropa vor allem durch Pilze, Fische und Muscheln in die → *Nahrungsketten* eingeführt.

Quellbach: der aus einer Quelle abfließende obere Abschnitt eines Baches. → *Fließgewässerbiozönosen*.

Quellbewohner: je nach der Art ihrer Bindung an Quellen unterscheidet man krenobionte, die nur in Quellen vorkommen, krenophile oder Quellen bevorzugende und krenoxene oder in Quellen normalerweise nicht lebende Organismen. Zu den Krenobionten gehören kaltstenotherme (→ *stenotherm*) Wassertiere, aber auch → *hygrophile* Landtiere.

Quelle: Stelle an der Erdoberfläche, an der → *Grundwasser* aus dem Untergrund an die Oberfläche tritt und über ein oberirdisches Gewässer abfließt. In den meisten Fällen handelt es sich um Wasser, das aus den Niederschlägen stammt. Selten tritt an Q. Wasser aus dem Erdinnern zutage, das neu in den aktuellen Wasserkreislauf gelangt ist. Im Grundtypus werden absteigende Q., bei denen Wasser zum Q.-Austritt hin abwärts läuft, und aufsteigende Q., bei denen unter hydrostatischem Druck stehendes Wasser aufwärts steigt, unterschieden. Weiterhin untergliedert man Q. nach ihrem Schüttungsrhythmus (ständig fließend, episodisch bzw. periodisch fließend, in regelmäßigen Abständen intermittierend fließend) und nach ihren physikalischen und chemischen Eigenschaften (→ *Mineralquelle*, → *Heilquelle*). (→ *Hungerquelle*, → *Karstwasser*).

Quellhöhe: bei den → *Emittenten* die Höhenlage von → *Punktquellen*, aber auch ein Parameter in → *Ausbreitungsmodellen*. Bei → *Emissionen* kann durch thermischen Auftrieb der Luft die effektive Q. über der baulich bedingten Kaminhöhe liegen, so daß von „thermischer Überhöhung" gesprochen wird, welche in die Ausbreitungsrechnung eingehen muß.

Quellhorizont: wasserstauende Schicht, die an der Erdoberfläche ausstreicht und aus der Quellen austreten.

Quellmoor: in der vernäßten Umgebung eines Quellaustrittes entstandenes → *Niedermoor*.

Quellschüttung: in $l \cdot sec^{-1}$ oder $m^3 \cdot sec^{-1}$ angegebene Wassermenge pro Zeiteinheit, welche

aus einer Quelle fließt.
Quelltypen: Einteilungskategorien der Quellen nach der Art des Wasseraustritts aus dem Boden. In den Geowissenschaften unterscheidet man zwischen Auslaufquelle, Überlaufquelle, Artestischer Quelle, Verwerfungsquelle, Stauquelle, Steigquelle, Schuttquelle und Talquelle. In den Biowissenschaften (Ökologie) unterscheidet man zwischen den Limnokrenen (Tümpelquellen), Rheokrenen (Sturzquellen) und Helokrenen (Sumpfquellen). Nach der Temperatur oder der chemischen Zusammensetzung kann man auch unterscheiden zwischen Schmelzwasserquellen (Lebensraum des Kryal), warme Thermalquellen, salzreiche Mineralquellen und huminsäurereiche Humusquellen.
Quellung: 1. senkrechtes Aufschießen von → *Wolken* bei starker vertikaler Luftbewegung durch Thermik und Turbulenz. Die typische, quellende Wolkenform zeigen die → *Cumuli*. – 2. Aufweitung von Tonmineralen. – 3. physikalisch-chemischer Prozeß, der in lebenden Körpern auftritt und der meist als Entquellung rückgängig gemacht werden kann. Die Q. spielt im Wasserhaushalt lebender Organismen eine große Rolle, weil zahlreiche Bestandteile der lebenden Zelle quellfähig sind und viele Stoffwechselvorgänge von einem gewissen Q.-Zustand abhängen. (→ *Hydratur*).
Quellzone: Zone eines Fließgewässers, die aus der Quelle mit dem → *Quellbach* besteht.
Querschnittsplanung: diejenigen → *Fachplanungen*, die einen Einfluß auf andere Fachplanungen ausüben. Beispiele dafür sind die → *Raumplanung* und, im → *Anthroposystem*, die Finanzplanung.
Quieszenz: eine Entwicklungshemmung bei wechselwarmen Organismen, die von Umweltfaktoren abhängig ist und die in jeder Phase der Ontogenese bei ungünstigen Bedingungen eintreten kann und nach Einsetzen günstiger Umweltverhältnisse sofort wieder aufhört. (→ *Überwinterung*, → *Dormanz*).
Q_{10}-Wert: → *RGT-Regel*.

R

rad (rd): die Einheit der → Energiedosis → Ionisierender Strahlung. Abkürzung für radiation absorbed dose. Ein rad entspricht der Absorption einer Strahlungsenergie von 1/100 Joule/kg Materie. Dazu war bis 1985 in Deutschland zugelassen und ist durch die neue Einheit der Energiedosis, das Joule/kg, mit dem Einheitennamen Gray (Abkürzung: Gy) ersetzt: 1 Gy = 100 rd = 1/100 Gy.
Radiation: → adaptive Radiation.
Radikale: in der Chemie jene Atomgruppen, die unselbständige Moleküle sind, aber bei Umsetzungen unverändert bleiben und bestrebt sind, sich zu beständigen Molekülen zu ergänzen. Dazu gehören SO_4, NO_3, CH_3, C_2H_5. Die R. sind äußerst reaktionsfähig und zugleich kurzlebig, sie reagieren jedoch sofort mit anderen Molekülen. Dabei vollziehen sich chemische Spaltprozesse, die durch hohe Temperaturen oder energiereiche Strahlung bei allen Molekülen erzwungen werden. Die in der Natur nicht vorkommenden → Chlorierten Kohlenwasserstoffe repräsentieren Verbindungen, die mit R. hergestellt werden und die sich dann durch hohe → Persistenz auszeichnen.
radioaktive Emission: Emission, die → radioaktive Isotope enthält. Die besondere Gefahr der r.E. besteht in der Kumulation der → Strahlenwirkung.
radioaktive Isotope: instabile und deshalb radioaktiv zerfallende Abarten chemischer Elemente mit gleichen Ordnungs-, aber verschiedenen Massenzahlen wie das stabile Element.
radioaktive Markierung: zu ihr werden → Tracer benützt, um chemische Verbindungen, biologische Substanzen sowie Wasser, Boden- und Sedimentmaterial radioaktiv zu „etikettieren". Dazu verwendet man → Radionuklide. Ziel der r.M. ist, den Weg markierter Substanzen durch den Körper von Organismen oder durch die Umwelt, auch durch den Untergrund, zu verfolgen, indem man die von den markierten Substanzen emittierte → Ionisierende Strahlung mißt.
radioaktive Quellen: jene → Quellen, deren Wasser einen bestimmten Gehalt an → Radon und Salzen des → Radiums enthält. Die Wirkung von Wässern aus r.Q. ist umstritten, weil die Gehalte möglicherweise zu gering sind, um tatsächlich medizinische Wirkung zu erzielen. Die Heilwirkung von r.Q. kann auch von anderen Stoffen oder gar der Temperatur des Wassers ausgehen. (→ Heilquellen).
radioaktive Strahlung: unscharfe Sammelbezeichnung für Strahlung, die beim Zerfall radioaktiver Atomkerne entsteht. Eigentlich ist nicht die Strahlung radioaktiv, sondern die Strahlung ist eine Folge der → Radioaktivität. Im Grunde handelt es sich um die von → Radionukliden emittierte Strahlung. So definiert gehört zur r.S. die → Alpha-, → Beta-, → Gamma-, → Röntgen- und → Neutronenstrahlung.
radioaktive Substanzen: chemische Verbindungen mit radioaktiven Elementen (→ Radioaktivität). Nach deutschem → Atomgesetz und deutscher → Strahlenschutzverordnung werden r.S. („radioaktive Stoffe") jeweils spezifisch definiert. Nach dem Atomgesetz sind r.S.: (1) besondere spaltbare Stoffe (→ Kernbrennstoff) als → Plutonium-239, → Plutonium-241, → Uran als Uran-223, mit → Isotopen-235 oder 233 angereichertes Uran, Stoffe, die einen oder mehrere der genannten Stoffe enthalten, sowie Uran und uranhaltige Stoffe der natürlichen Isotopenmischungen, die so rein sind, daß durch sie in einem → Kernreaktor eine sich selbst tragende → Kettenreaktion ablaufen kann; (2) Stoffe, die – ohne Kernbrennstoff zu sein – → Ionisierende Strahlung spontan aussenden. Nach der Strahlenschutzverordnung erfolgen weitere Unterteilungen, z.B. in umschlossene und offene r.S. sowie kurz- und langlebige → Radionuklide, also r.S. mit einer → Halbwertszeit bis zu und von mehr als 100 Tagen.
radioaktiver Abfall (Atommüll): jene Abfallstoffe, die bei → Kernreaktionen in → Kernreaktoren in gasförmiger, flüssiger oder fester Form entstehen und die als nicht mehr weiterverwendbare radioaktive Spaltprodukte gelten. Sie entstehen auch bei der → Wiederaufarbeitung von → Kernbrennstoffen. Man unterscheidet konventionell schwach, mittel und hochr. A., welcher unterschiedliche Anforderungen an die endgültige Deponierung stellt. Zum hochr. A. gehören die Rückstände, welche bei der Wiederaufarbeitung ausgebrannter Kernelemente der Atomkraftwerke anfallen. Besonders problematisch sind r.A. in gasförmigem oder flüssigem Zustand, da hier mögliche Schadwirkungen auf den Menschen schlechter unter Kontrolle zu bringen sind als bei r.A. in festem Zustand. Letztere lassen sich sicherer transportieren und auch einfacher einlagern. (→ Endlagerung).
radioaktiver Niederschlag: eine andere Bezeichnung für den radioaktiven → Fall out.
radioaktiver Zerfall: er basiert auf dem Gesetz der radioaktiven Umwandlung („Zerfallsgesetz"), nach welchem instabile → Nuklide gegenüber stabilen einen relativen Mangel oder Überschuß an Neutronen haben. Daher wandeln sie sich oft über Zwischenstufen wiederum in instabile Nuklide um, aber in Richtung der größeren Stabilität, wobei die → Radionuklide eine charakteristische und unveränderliche Art der emittierten → Ionisierenden Strahlung und Zerfallsart aufweisen. Beim Zerfall werden Strahlung und Energie emittiert, wobei → Alpha-, → Beta-, → Gamma-, → Röntgen- und → Neutronenstrahlung abgegeben werden. Der Zeitablauf der r.Z. wird mit der physikalischen

→ *Halbwertszeit* gekennzeichnet. Die Halbwertszeiten liegen zwischen mehreren Milliarden Jahren (→ *Uran-238*) bis zu millionstel Sekunden (Po-212).

radioaktives Gleichgewicht: → *Gleichgewicht*.

Radioaktivität: ein physikalisches Phänomen, das die Eigenschaft bestimmter Atome beschreibt, mehr oder weniger dauernd, spontan und ohne äußeren Einfluß → *Korpuskularstrahlen* oder → *Gammastrahlung* zu emittieren, wobei ihr Atomkern in den Kern eines anderen Elements umgewandelt wird. Das heißt, die instabilen Atomkerne der radioaktiven Elemente wandeln sich durch Ausschleudern eines Teils ihrer Masse und Energie in stabile Kerne um. Dies wird als → *radioaktiver Zerfall* bezeichnet, der vom Zerfallsgesetz beschrieben wird. Die Zeit, nach der nur noch die Hälfte des ursprünglich vorhandenen radioaktiven Stoffes nachgewiesen wird, heißt → *Halbwertszeit*. Unterschieden werden die → *künstliche R.* und die → *natürliche R.*

Radiochemie: → *Kernchemie*.

Radiographie: Methode der Materialuntersuchung mit Hilfe → *Ionisierender Strahlung*, wodurch Heterogenitäten im Inneren von Materialien ermittelt werden können.

Radioisotop: instabiles, radioaktives → *Isotop*. Die R. werden auch als → *Radionuklide* bezeichnet.

Radiokarbonmethode (Radiokohlenstoffdatierung): 1. Meßmethode zur Bestimmung des Absolutalters historischer und geologischer organischer Substanzen. – 2. Tracer-Methode für Messungen von Produktion und Stoffumsätzen, z.B. mit Hilfe der → *Hell-Dunkelflaschen-Methode*.

Radiokohlenstoff (C-14, Kohlenstoff 14): ein → *Isotop* des radioaktiven Kohlenstoffs, dessen natürliche Konzentration in der Umwelt 1 pCi/m³ beträgt. Durch Experimente mit → *Kernwaffen* stieg diese Konzentration auf den doppelten Wert. Sowohl → *Kernkraftwerke* als auch → *Wiederaufbereitungsanlagen* geben mit der Abluft z.T. beträchtliche Mengen von R. ab. Der chemisch als $^{14}CO_2$ auftretende R. wird mit dem stabilen CO_2 durch → *Assimilation* im Verlauf der → *Photosynthese* oder der → *Chemosynthese* in die Pflanzen eingebaut und gelangt über die → *Nahrungsketten* in den Organismus des Menschen. Der R. besitzt für die absolute Altersbestimmung von Resten organischer Substanz aus der jüngsten geologischen Vergangenheit Bedeutung. („Radiokarbonmethode").

Radiomimetika: Bezeichnung für Substanzen, die „ähnlich wie radioaktive Strahlung" mutagen wirken (→ *Karzinogene*).

Radionuklide: auch als Radioisotope bezeichnete Atomkerne oder → *Nuklide*, die sich spontan radioaktiv umwandeln können und dabei → *Gammastrahlung* emittieren, wobei sie in ihren Grundzustand übergehen. Unterschieden werden natürliche und in der Natur nicht vorkommende künstliche R. Die R. wandeln sich beim → *radioaktiven Zerfall* direkt – über → *Tochternuklide* (also radioaktive Zwischenprodukte) – in stabile Nuklide um. Jedes dieser weist eine charakteristische physikalische → *Halbwertszeit* auf. Die wenigen natürlich vorkommenden R. (K-40, Rb-87, U-238, U-235, Th-232, Po-210, Rn-220, Rn-222) machen die → *natürliche Strahlenbelastung* aus und stehen vielen hundert künstlichen R. gegenüber. (→ *Nuklide*).

Radioökologie: ein Teilgebiet der → *Angewandten Ökologie*, das sich mit der Wirkung → *Ionisierender Strahlung* auf Organismen beschäftigt, also mit den Effekten der → *Globalstrahlung*, der → *natürlichen Radioaktivität* der Erdkruste und der dort vorkommenden Elemente sowie der → *künstlichen Radioaktivität*, die bei Prozessen der → *Kernspaltung* entsteht, damit auch dem Verhalten von → *Radionukliden* in den → *Umweltsystemen*. Ursprünglich war die R. ausschließlich auf den → *Strahlenschutz* in der Umgebung kerntechnischer Anlagen fokussiert. Durch die weltweiten Wirkungen des → *Fall out* und die damit verursachten → *Kontaminationen* der Umwelt wurde die R. immer umfassender in die Betrachtung der Stoff- und Energiekreisläufe von Pflanze, Tier und Mensch sowie der → *Geobiosphäre* selber einbezogen. In praktisch allen Lebensbereichen muß man sich mit dem Verhalten und der Auswirkung → *radioaktiver Stoffe* auseinandersetzen. Damit werden Produktion, Freisetzung, Transport und Lagerung bzw. Endlagerung radioaktiver Stoffe in der Umwelt auch zu Bestandteilen und Prozessen des Modells des → *Landschaftsökosystems*.

radioökologische Indikatoren: Organismen, die als → *Indikator-Organismen* radioaktive Stoffe anreichern und dadurch eine → *Umweltverschmutzung* durch derartige Substanzen anzeigen. Für manche Isotope, wie Sr, eigenen sich z.B. Muscheln.

Radiopharmaka: Arzneimittel mit → *Radionukliden*, deren Strahlungsaktivität diagnostisch oder therapeutisch genutzt wird. Es handelt sich vor allem um Radionuklide mit kurzer → *Halbwertszeit*.

Radiotoxizität: unabhängig von der chemischen → *Toxizität* eines → *radioaktiven Stoffes* wird mit der R. die Gesundheitsschädlichkeit eines → *Radionuklids* umschrieben, d.h. jener Gefährdungsgrad bezeichnet, der für einen Organismus durch von inkorporierten Radionukliden ausgehender → *Ionisierender Strahlung* ausgemacht wird, was zu → *Strahlenschäden* führen kann. Die deutsche → *Strahlenschutzverordnung* gibt für die R. vier Klassen an, deren Grenzwerte auf Strahlenschäden und → *Strahlenrisiko* abgestellt sind.

Radium: natürlich in der Pechblende vorkommend, ansonsten aber bei → *Kernspaltung* aus → *Uran* entstehendes, an der Luft unbeständiges radioaktives Erdalkalimetall, das bei → *radioaktivem Zerfall* am Ende der → *Zerfallsreihe* zu stabilem Blei führt. Vom R. sind mehr als 20 → *Isotope* bekannt. Das wichtigste Naturisotop ist Ra-26 mit einer physikalischen → *Halbwertszeit* von 1600 Jahren bezogen auf Knochen. In anderen Organen ist sie niedriger. Die Verwendung von R. in der → *Strahlentherapie* bei Krebs spielt kaum noch eine Rolle, weil Kobalt-60 eingesetzt wird. (→ *Kobaltbombe*).

radizikol: bezeichnet Organismen, die auf oder in Pflanzenwurzeln leben.

Radon: beim radioaktiven Zerfall von → *Radionukliden* entsteht R. als Zerfallsprodukt des → *Radiums*. Beim R. handelt es sich chemisch um ein → *Edelgas*, das besonders mobil ist. Es entstehen aus → *Uran-238* über Radium-226 das Rn-222 (Halbwertszeit ca. 4 Tage) und aus → *Thorium-232* über Radium-228 und Radium-224 das Rn-220 (Halbwertszeit knapp eine Minute). Für die → *Strahlenexposition* spielen nur Rn-222 und seine Folgeprodukte eine Rolle. Das R. ist ein natürliches Radionuklid und kommt vor allem in Gesteinslandschaften des Kristallins (vor allem Granit), aber auch in Vulkanitgebieten vor. Dort ist es an → *Uran* und → *Thorium* gebunden. Bei der Strahlenexposition erweist sich die → *Alphastrahlung* der kurzlebigen Folgeprodukte als gefährlich, wenn sie in die Lunge gelangt. Der R.-gehalt ist in Bodennähe größer als in größeren Abständen darüber, weil die Emission von der Erde ausgeht. Die deutsche → *Strahlenschutzkommission* gibt für die R.-konzentration in Wohnungen als Obergrenze des Normalen eine Konzentration von 250 Bq/m^3 an. Langzeitmittelwerte, die darüber liegen, erfordern eine Prüfung, ob Sanierungen erforderlich sind. Die Konzentration von radioaktiven Rn-222 wird in Neubauten oft durch Abdichtung von Fenstern und Türen erzielt, die im Rahmen von Energiesparmaßnahmen vorgenommen werden. Dies setzt den Luftaustausch herab und führt zur relativen und absoluten Anreicherung des R-gehaltes in der Wohnung. Radioaktives R. wird sowohl in → *Kernkraftwerken* als auch in → *Wiederaufbereitungsanlagen* freigesetzt, ebenso aber auch in uranhöffigen Gesteinslandschaften und in Uran-Bergbaugebieten oder bei radiumhaltigen Phosphatlagerstätten sowie den Abraumhalden solcher Bergwerke.

Raffinerie: eine großtechnische Anlage zur Reinigung und Veredlung verschiedenster Rohstoffe, u.a. → *Erdöl* (aber auch Metall, pflanzlichen und tierischen Ölen, Zucker). Landschaftsbestimmend und ökologisch bedeutsam sind die Erdöl-R., in denen die Aufbereitung und Verarbeitung von Rohöl zu Benzin und Heizöl durch Destillation erfolgt. Die Produkte der Erdöl-R. bilden zudem Zwischenprodukte für verschiedene andere Zweige der chemischen Industrie (Waschmittel, Pflanzenschutzmittel, Kunststoffe). Vor allem von den Erdöl-R. gehen Umweltbeeinträchtigung durch → *Schadstoffe* aus, vor allem durch → *Schwefeldioxid*, → *Stickoxide*, → *Kohlenmonoxid*, → *Kohlenwasserstoffe* und → *Stäube*.

Rain: 1. allgemein eine schmale Begrenzung von Kulturlandschaftselementen, z.B. Feldern, meist von einer gewissen Längserstreckung und zwischen Ackerstücken liegend („Grenzstreifen"), in der Regel nicht bewirtschaftet, also unbebaut und von Gehölzen bestanden. – 2. der in 1. definierte R. wird begrifflich übertragen auch auf kleine, bis zu mehreren Metern hohe Vollformen im Sinne von Hoch-R. und Stufen-R., welche dann auch als Ackerterrassen bezeichnet werden können. Man legte sie entweder direkt an, um steileres Gelände für die Bearbeitung zu verflachen, oder sie entstehen durch das Abwärtspflügen sukzessive durch Bodenmaterialbewegungen hangabwärts bis zur nächsten Feldgrenze. Teilweise sind die Hoch- und Stufen-R. auch aus Lesesteinstreifen hervorgegangen, die an den Feldrändern zusammengetragen wurden. Bei der → *Ausräumung der Kulturlandschaft* wurden die R. weitgehend beseitigt, so daß wichtige → *Refugien* des Bios in der Agrarlandschaft beseitigt wurden. Die R. tragen nicht nur visuell zur Gliederung und Strukturierung der Kultur- bzw. Agrarlandschaft bei, sondern erhöhen auch deren → *Diversität* und damit ökologisch → *Stabilität*.

Rambla: → *Rohboden* auf Auesedimenten mit einer noch geringmächtigen und lückenhaften Lage abgestorbener organischer Substanz auf dem unverwitterten Flußsediment (→ *Alluvialböden*).

Rametum: in der → *Pflanzenökologie* manchmal verwendeter Begriff, der die physiologisch-morphologische Struktureinheit eines Klons bezeichnet, welche unabhängig existieren kann, nachdem sie von der Mutterpflanze abgetrennt worden ist.

Ramsar-Konvention: → *Feuchtgebiete*.

Randeffekt: die Erscheinung, daß die Reichhaltigkeit an Tieren im Übergangsbereich zwischen zwei Lebensräumen oft reichhaltiger ist als in einem der beiden Systeme, z.B. an einem Waldrand.

Randfraß (Blattrandfraß, Kerbefraß): durch phytophage Insekten erzeugtes → *Fraßbild* an Blättern, indem am Rand Substanz in Form von Kerben entnommen wird (z.B. durch bestimmte Rüsselkäfer).

Randgehänge: der den höheren, zentralen Teil eines → *Hochmoores* umgebende abschüssige Rand.

Randomisierung (Randomisation): Erreichen einer zufälligen Verteilung; bei der Entnahme von Proben in Pflanzen- oder Tierpopulationen im Freiland oder Versuchen im Labor zufällige

Verteilung der Stichproben, zufällige Anordnung der Untersuchungselemente. Eine R. ist für die statistische Bearbeitung der Untersuchungsergebnisse wichtig.

Randsumpf: → *Lagg* eines → *Hochmoores*.

Rang-Abundanz-Beziehung: → *relative Abundanz*.

Ranker: A-C Boden auf carbonatfreiem oder carbonatarmem Festgestein. R. entstehen als Dauerstadien auf sehr verwitterungsresistenten silikatischen Festgesteinen. Auf leichter verwitterbaren Festgesteinen und auf Lockersedimenten entwickeln sich die R. unter ungestörten Bedingungen zu → *Braunerden* und → *Podsolen* weiter. An diesen Standorten kommen sie also nur als junge Übergangsbodentypen vor oder wenn eine weitergehende Bodenentwicklung durch Erosion verhindert wird. R. auf Festgesteinen sind skelettreich, meist flachgründig, sauer, oft relativ nährstoffarm und vielfach nur mäßig wasserhaltefähig.

Rasen: natürliche oder künstliche ganzjährig grüne, sehr dicht stehende und meist nur aus Gräsern zusammengesetzte bodendeckende Vegetation (→ *Trockenrasen*), die in der Gestaltung von → *Grünanlagen*, → *Parks*, im → *Landschaftsbau* und in der → *Landschaftspflege* sowie bei → *Rekultivierungen* eine Rolle spielt. Der R. benötigt nährstoffreiche, gut durchlüftete Böden, die einen ausgeglichenen Bodenwasserhaushalt haben sollten. Als gestalterisches Element im Siedlungs- und Erholungsbereich besitzt der R. große Bedeutung. Für die → *Lufthygiene* und das → *Mikroklima* vor allem von Siedlungen besitzen R.-Flächen auch stadtökologische Funktion. (→ *Stadtökologie*).

Raseneisenstein: 10–20 cm mächtiger, verkitteter, harter → *Oxidationshorizont* in → *Gleyen* mit gering schwankendem, stark eisenhaltigem Grundwasser. Der R. erreicht hohe Eisenkonzentrationen (bis 40%) und wurde in einzelnen Gebieten bis in jüngste Zeit verhüttet, weshalb auch die Bezeichnung Raseneisenerz gebräuchlich ist.

Rasenpodsol: Nanoeisen- und Nanoeisenhumuspodsole, die sich unter alpinen Grasheiden entwickelt haben.

Rasse (Unterart, Subspezies): 1. Populationen, die sich durch ihren Genbestand von anderen Populationen unterscheiden, die aber einer → *Art* angehören und damit – obwohl verschiedener – untereinander fruchtbar sind. Unterschieden werden geographische R. von ökologischen. Eine geographische R. ist eine lokale Population einer Art, die ein Teilgebiet innerhalb des Gesamtareals einer Art besiedelt und taxonomisch von anderen Populationen der gleichen Art getrennt werden kann. Sie gelten als Anpassung an lokale Bedingungen und können gelegentlich der Vorstufe der Bildung einer neuen Art sein. Ökologische R. sind Populationen mit unterschiedlichem Genbestand, die im gleichen geographischen Gebiet, aber unter verschiedenen ökologischen Bedingungen leben. – 2. Kurzform für Menschenrasse, insbesondere in Wortzusammensetzungen.

Rate: Ablauf von Vorgängen, Prozessen, bezogen auf eine Zeiteinheit (z.B. → *Nettoassimilationsrate*, → *spezifische Zuwachsrate*), als → *momentane R*. für sehr kurze, als → *finite R*. für längere Zeiträume berechnet.

Raubbau (Raubbauwirtschaft): eine Wirtschaftsweise, bei der ohne Rücksicht auf Zustand und künftige Nutzung der → *Ressourcen* das → *Naturraumpotential* ausgebeutet wird. Dies geschieht ohne auf das → *Leistungsvermögen des Landschaftshaushalts* ohne auf seine → *Regenerationsfähigkeit* und → *Regenerationsfunktion* zu achten. In Land- und Forstwirtschaft handelt es sich um eine Produktionsweise, bei der hoher und/oder rascher Ertrag vor Beachtung des Prinzips der Kontinuität und → *Nachhaltigkeit* geht. Forstwirtschaftlicher R. steht im Gegensatz zur geregelten → *Forstwirtschaft*. Zum R. gehören auch Nutzungsformen der Wüsten, Steppen und Savannen sowie der borealen Nadelwälder oder der immerfeucht-tropischen Regenwälder, wo entweder durch Viehzucht (→ *Desertifikation*, → *Verbuschung*, → *Bodenerosion*) oder durch den R. an Hölzern (→ *Bodenerosion*, Störungen der → *Landschaftsökosysteme*). Der R. ist oft mit → *Bodenzerstörung* im weitesten Sinne verbunden, was Störungen in der Vegetation, dem Mikro- bis Mesoklima sowie dem Bodenwasserhaushalt einschließt. Durch großflächige Auswirkungen des Raubbaus, z.B. bei Vegetationszerstörung, kann sich die → *Albedo* oder die → *Verdunstung* ändern, so daß davon ein globaler Klimawandel ausgehen kann. (→ *optimaler Ertrag*).

Raubbauwirtschaft: → *Raubbau*.

Raubektoparasitismus: eine Form des → *Ektoparasitismus*. Der Parasit schmarotzt nacheinander bei mehreren Individuen, weil er mit einem Wirtskörper nicht auskommt. Dies kommt bei Larven aculeater Hymenopteren (Pompilidae, Sphecidae, solitäre Vespidae) vor, die im Nest vom Muttertier mit gelähmter Beute versorgt werden und leicht von einem Wirtskörper auf den anderen überkriechen können.

Räuber (Prädator, Episit, Carnivor): ein Tier, das andere meist gleich große oder kleinere Tiere tötet und teilweise oder ganz verzehrt. Typischerweise benötigt es zur Vollendung des eigenen Lebenszyklus mehr als nur ein Beuteindividuum. Bei quantitativen Modellen populationsdynamischer → *Räuber-Beute-Systeme* gelten auch pflanzenfressende Arten als „Räuber", wenn als „Beute" der Pflanzenbestand betrachtet wird. Als „prudent predator" (engl. für „kluger Räuber") wird ein Räuber oder Parasit bezeichnet, der sich bei geringen → *Kosten* bzw. Risiken einen seine Beute bzw. Wirte sichert.

Räuber-Beute-System: die Wechselbeziehung zwischen zwei Populationen, bei denen sich die Individuen der einen Population (Räuber) von den Individuen der anderen Population (Beute) ernähren. Räuber-Beute-S. umfassen in einem weiteren Sinne auch die → Weidesysteme (Pflanzen-Herbivoren-Systeme), Parasit-Wirt- (→ *Parasitismus*) und Parasitoid-Wirt-Systeme. Der Räuber kann entweder in → *numerischer Reaktion* (Veränderung der Populationsdichte bei etwa gleichbleibender Angriffsrate) oder in → *funktioneller Reaktion* (Veränderung der Angriffsrate bei wenig veränderter Populationsdichte) reagieren. Daneben treten häufig auch → *Umschaltreaktionen* (prey switching) auf. Vereinfacht quantitativ werden Räuber-Beute-S. oft durch deterministische Modelle, z.B. nach Lotka-Volterra, beschrieben. Realistische Beschreibungen sind mittels stochastischer Versionen dieser Gleichungssysteme möglich.

Raubgastgesellschaft: → *Synechtrie*.
Raubparasiten: → *Parasitoide*.
Rauch: gasähnlicher Abgang aus Verbrennungsvorgängen, eigentlich ein → *Aerosol* aus gasförmigen und festen Bestandteilen, die als → *Abgas* bei der Verbrennung entstehen. Dies können sowohl natürliche Verbrennungsvorgänge sein (Wald- und Steppenbrände), als auch künstliche (Brennstellen in Siedlungen, Industrie, Kraftfahrzeuge). Auch bei Vulkanausbrüchen entsteht R. Im Rauch sind u.a. enthalten → *Kohlendioxid*, → *Kohlenmonoxid*, → *Schwefeldioxid*, → *Stickoxide*, → *Asche*, → *Ruß*, → *Teer*, → *Metallhaltige Stäube* (→ *Brauner Rauch*), aber auch Wasserdampf. Die festen Komponenten des Rauchs bilden → *Kondensationskerne*, an denen sich flüssige Bestandteile anlagern, ähnlich der Bildung von Nebeltröpfchen. Dabei kommt es zur Bildung von → *Smog*. Je nach stofflicher Zusammensetzung greifen → *Rauchgase* auch Organismen an und können dort zu Gesundheitsschäden führen. (→ *Rauchgasentschwefelung*).

Rauchdichte: wird bei der Kennzeichnung von Umweltbelastungen durch → *Rauch* eingesetzt und als optische Dichte von → *Abgasen* und → *Rauchfahnen*, die vom Gehalt an → *Ruß* und → *Aerosolen* bestimmt ist, definiert wird.

Rauchentstickungsanlage: reinigt → *Rauchgas* von → *Stickoxiden* bei Industrie- und Kraftwerksemittenten. Die Entstickung von Rauchgas ist ein chemisches Katalysatorverfahren, das unschädliche Reaktionsprodukte (Wasser, Stickstoff) erzeugt. Ca. 90% der Stickoxide können aus dem Rauchgas entfernt werden. Andere Verfahren, die in R. eingesetzt werden, sind Flüssigverfahren, bei denen mit Ammoniak gearbeitet wird. Teilweise geschieht dies kombiniert mit der → *Rauchgasentschwefelung*.

Rauchfahne: charakteristische, wetterlagenabhängige Emissionsfahnenform über Schornsteinen von Fabrik- bzw. Kraftwerksanlagen. Der R. gibt Aufschluß über die Distanzen, innerhalb derer – ausgehend von der Emissionsquelle – mit Immissionsfolgen zu rechnen ist. Aus der angelsächsischen Literatur sind bekannt: 1. Fanning (fächerförmige Rauchfahne), 2. Looping (schleifenförmige Rauchfahne), 3. Coning (konische Rauchfahne), 4. Fumigating (Verrauchung) und 5. Lofting (Dachwindfahne). (→ *Immission*).

Rauchgas: unscharfer Sammelbegriff für das Konglomerat von → *Rauch*, → *Stäuben*, und → *Abgasen*, also flüchtiger Verbrennungsprodukte fester und flüssiger fossiler Brennstoffe (→ *Erdöl*, → *Erdgas*, → *Kohle*) sowie aus anderen Materialien und Quellen. Das R. wird in die Atmosphäre abgegeben. Dort trägt es zur Veränderung des Klimas bei (→ *Treibhauseffekt*). Die gröberen Bestandteile des R. werden auch extra ausgewiesen und zusammenfassend als → *Flugasche* bezeichnet.

Rauchgasentschwefelung: ein Verfahren zur Reinigung schwefelhaltiger → *Abgase* bzw. schwefelhaltigen → *Rauches*. Ein zu hoher Gehalt an → *Schwefeldioxid* kann bei Mensch, Tier und Pflanze, aber auch aufgrund der Säurewirkung, Baustoffen und Metallen schweren Schaden zufügen. Vor allem die Verbrennung schwefelhaltiger Kohle in Kraftwerken macht eine R. notwendig. (→ *Saurer Regen*, → *Waldsterben*).

Rauchgasentschwefelungsanlage: eine Scheideanlage, bei der → *Schwefeldioxide* aus → *Rauchgasen* eingesetzt werden, die von Industrien und Versorgungseinrichtungen, die mit Verbrennungsvorgängen arbeiten, in die Atmosphäre abgegeben werden. Die R. sind für trockene, trocken-regenerative und nasse → *Rauchgasentschwefelung* konzipiert. Die Verfahren erzielen unterschiedliche Effekte. So wird → *Schwefeldioxid* trocken nur zu 50%, naß zu 96% und trocken-regenerativ bis fast zu 100% abgeschieden. Die → *Großfeuerungsanlagenverordnung* schreibt für deutsche Großkraftwerke (über 300 MW) ab 1988 nasse R. vor, die mindestens 85% des SO_2 aus dem verfeuerten Brennstoff auswaschen müssen.

Rauchgasentstaubungsanlage: entfernt → *Stäube* aus → *Rauchgas* und arbeitet nach dem Massenkraft-, Naß- und Filterprinzip. Die → *Elektro-* und → *Gewebefilter* sind am wirksamsten und werden vor allem bei Großemittenten eingesetzt.

Rauchgasschaden: → *Rauchschaden*.
Rauchhärte: → *Rauchresistenz*.
Rauchresistenz (Rauchhärte, Immissionsresistenz): allgemein die Widerstandsfähigkeit gegenüber → *Rauch* bzw. → *Rauchgasen*, die an sich zu → *Rauchschäden* führen. Die R. kann nur relativ und in starker Standortabhängigkeit gesehen werden, d.h. auf Pflanzen bezogen, die gegenüber Immissionen R. zeigen. Die R. ist demzufolge von den → *Immissionen*, aber auch

von den geoökologischen Randbedingungen am → *Landschaftsökologischen Standort* abhängig. Immergrüne Nadelhölzer sind im allgemeinen weniger resistent als Laubhölzer, weil letztere die Blätter alljährlich wechseln und → *Deposition* bzw. → *Bioakkumulation* vermieden werden kann. Die → *Resistenz* ist oft auch stoffspezifisch. R. wird vor allem auf → *Chlorwasserstoff*, → *Fluorwasserstoff*, → *Schwefeldioxid* sowie → *Stickoxide* hin betrachtet. Empfindliche Nadelbäume sind Tanne, Fichte, Kiefer; bei den Laubbäumen erweist sich die Esche als empfindlich; relativ große R. weisen Ahorn, Buche, Blaufichte, Eiche und Lärche auf. Durch Meliorationsmaßnahmen kann die R. der Gewächse gesteigert werden, z.B. durch großflächiges Ausbringen von Pflanzennährstoffen, wie Stickstoffgaben bei Kiefern.

Rauchschaden (Rauchgasschaden): jene Schäden durch → *Rauch*- bzw. → *Rauchgasimmissionen*, vor allem → *Schwefeldioxid* und → *Stickoxide*, aber auch Arsen, Fluor, Ammoniak, Salz- und Schwefelsäure. Diese R. treten an Tieren und Pflanzen auf, wobei die → *Rauchresistenz* sehr unterschiedlich sein kann. Die Schädlichkeitsgrenze ist von zahlreichen Faktoren bestimmt (Konzentration der Stoffe, Einwirkungsdauer, geoökologische Standortbedingungen, Wetter und Witterung, Sekundärschädigungen etc.). Wegen des komplexen Wirkens und kumulativer Effekte sind die toxischen Dosen der jeweils schädigenden Bestandteile nicht exakt zu ermitteln. Pflanzen werden überwiegend an Blättern durch Gewerbszerstörung und Veränderung der physiologischen Prozesse geschädigt. Die Folge sind Zuwachsverluste von 10–50% p.a. Außerdem bilden die Bäume weniger Früchte, die Keimfähigkeit des Saatguts geht zurück und die Resistenz gegenüber anderen Umwelteinwirkungen (Trockenheit, Frost, Wind) sowie Schadinsekten ist stark zurückgesetzt, weil die Gewächse insgesamt geschwächt sind. Unter Tieren sind besonders Wild und Bienen gefährdet. Neben physiologischen treten chronische Schädigungen auf, schließlich Absterbeerscheinungen, die zum Aussterben ganzer Populationen überleiten. Vor allem Waldbestände können durch R. vernichtet werden (→ *Waldsterben*). Auch die → *Flechtenzonierungen* beim Einsatz von Flechten als → *Bioindikatoren* beziehen sich auf R. Manche Pflanzenarten zeigen eine gewisse → *Rauchhärte*. (→ *Dosis*).

Rauchschadenriegel: Vegetationsstreifen entlang von Bestandesrändern der Wälder und sonstiger Vegetationsformationen, für die eine klimaökologische und lufthygienische Schutzwirkung erzielt werden soll. Die R. setzen sich aus Gewächsen zusammen, die sowohl Klimaresistenz als auch → *Rauchhärte* aufweisen. Sie werden in Gebieten mit starker Immissionsgefährdung durch → *Rauch* und → *Rauchgase* gepflanzt.

Rauchverwitterung: eine Form der → *Rauchschäden* an natürlichen Gesteinsoberflächen oder an Oberflächen von Bauwerken, die auf zu starke Immission von → *Rauch* bzw. → *Rauchgasen* zurückgehen. Vor allem an historischen Bauwerken, die natürliche Gesteine als Baumaterial verwandten, zeigen sich auf Immissionen zurückgehende Formen der R., die charakteristische Gestalten aufweisen. Die Prozesse der R. verlaufen in Gebieten mit → *Stadtklima* mit gesteigerter Intensität ab und zeigen dort raschere und stärkere Effekte als in der Natur.

Raum: in räumlich bezogen arbeitenden Gebieten von Wissenschaft und Praxis ein dreidimensionales Gebilde im Bereich der Erdoberfläche mit in der Vertikalen und Horizontalen unterschiedlich großen Ausdehnungen. – 1. in der → *Geographie* wird als Untersuchungsobjekt ein geographischer R. definiert. – 2. entsprechend den Betrachtungsperspektiven der geographischen Teildisziplinen werden Landschafts-, Natur-, Wirtschafts-, Siedlungs-, Verkehrs-R. usw. untersucht. – 3. in der → *Raumordnung* wird der R. als → *Lebensraum* begriffen, d.h. eine multifunktionale und multistrukturelle Gesamtheit, in der Mensch seine → *Grunddaseinsfunktionen* realisiert.

Raumbewertung: im Rahmen der von verschiedenen Disziplinen betriebenen → *Raumforschung* am Gegenstand → *Raum* nach verschiedenen Kriterien und im Hinblick auf die Nutzung als → *Lebensraum* erfolgende Einschätzung. Dabei stehen zahlreiche Verfahren nebeneinander, die – je nach disziplinären Interessen – auf eher naturwissenschaftlicher oder auf eher sozioökonomischer Grundlage beruhen. In vieler Hinsicht entspricht die R. der → *Landschaftsbewertung*. Auch die Kennzeichnung des → *Leistungsvermögens des Landschaftshaushaltes* ist eine R.

Raumbildung: ein Begriff, der in der → *Landschaftspflege*, → *Landschaftsgestaltung* bzw. der → *Landschaftsgärtnerei* – vor allem in → *Parks* – verwandt wird. Durch die horizontale und vertikale Anordnung der Vegetation soll es zur R. kommen, um bestimmte visuelle Effekte, die ausschließlich ästhetischen Wert haben, zu erzielen.

Raumeinheit („räumliche Einheit"): ein geographischer Raum, der im Rahmen verschiedener Verfahren der → *Raumbewertung* bzw. → *Landschaftsbewertung* ausgeschieden wurde, der gewöhnlich in Vielzahl vorkommt und durch einen Typ repräsentiert werden kann. Die R. werden für die verschiedenen Stufen → *geographischer Betrachtungsdimensionen* ausgeschieden. Es handelt sich z.B. um → *landschaftsökologische R.*, → *naturräumliche* oder um sozial- oder wirtschaftsräumliche Einheiten.

Raumforschung: 1. allgemein die Erforschung des → *Raumes* durch Geo- und Biowissenschaften, vor allem aber auch durch die → *Geo-*

graphie sowie verschiedene Praxisbereiche. Auch die → *Umweltforschung* gehört zur R. – 2. im engeren Sinne wird R. auf die Planung bezogen und dort wiederum auf die → *Raumordnung*, innerhalb derer die R. als Methode zur Bestimmung der Bedingungen des Lebensraumes des Menschen für dessen Weiterentwicklung durch die → *Raumplanung* bzw. Raumordnung gilt. Die R. wird unter diesen Aspekten sehr generalistisch betrieben, weil sie den komplexen Gegenstand Raum im Detail nur über zahlreiche Ergebnisse aus den verschiedensten natur- und geisteswissenschaftliche Fachbereichen erfassen kann. Die R. ist deswegen als Gesamtforschungsgebiet nur allgemein zu umschreiben. In der Praxis ist sie stark interdisziplinär orientiert und im jeweils konkreten Fall dann auf eine oder mehrere Nachbardisziplin(en) bezogen.

Raumgewicht (Volumengewicht): Dichte der trockenen Bodensubstanz einschließlich der Hohlräume. Das R. ist vor allem vom → *Porenvolumen* abhängig, da die Dichte der Festsubstanz nur in engem Bereich variiert. Mineralböden, haben R. von $1.1-1.8 \text{g cm}^{-3}$, organische Böden um 0.2g cm^{-3}.

Raumklima: ein → *Mikroklima*, das sich in Gebäuden, Wohnungen und sonstigen Innenräumen herausbildet. Das R. zeichnet sich im allgemeinen durch viel niedrigere Temperaturschwankungen als das Außenklima, Trockenheit der Luft im Winter und höhere CO_2-Gehalte in der Luft aus. Das R. ist sowohl thermisch als auch hygrisch von vielen Randbedingungen (Lüftungsmöglichkeit, Temperatur der Wände und Fensterflächen, Heizkörperplazierung) abhängig. Im gemäßigten Klima Mitteleuropas wird ein R. von 18–26°C bei einer Luftfeuchte von 35–65% als angenehm empfunden, vorausgesetzt, die Luftbewegung im Raum liegt nicht höher als 1 m/sek. Qualitativ kann das R. auch durch Ausdünstungen von Chemikalien, Farben, Lacken, Putzmitteln etc. verändert werden. Zusätzliche Belastungen können durch → *Radon* hinzukommen. Auch wenn mit Energie gespart werden soll, läßt sich ein gesundes R. nur erzielen, wenn kurz und heftig sowie in gewissen Zeitabständen gelüftet wird. Ein Sonderfall des R. ist das Gewächshausklima.

Raumkonkurrenz: → *Konkurrenz* um Raum, z. B. bei bestandsbildenden Holzgewächsen.

„räumliche Einheit": → *Raumeinheit*.

Raummuster: die charakteristische Anordnung von → *Raumeinheiten*, die physiognomisch in der Realität, in der Karte und/oder im Luft- bzw. Satellitenbild wahrgenommen werden kann. Die R. weisen typische Gefügemerkmale auf, aus denen auf die Entwicklung der Räume bzw. die sie gestaltenden natürlichen und anthropogenen Kräfte und Prozesse geschlossen werden kann.

Raumordnung: die in einem Staatsgebiet angestrebte räumliche Ordnung von Wohnstätten, Wirtschaftseinrichtungen, Infrastruktur, Erholungsgebiet etc. Teilweise wird R. auch als Tätigkeit des Staates verstanden, die zur planmäßigen Gestaltung des → *Raumes* führt. Im letztgenannten Fall wird auch von R.-politik gesprochen.

Raumplanung: zusammenfassende Bezeichnung für → *Landesplanung*, → *Regionalplanung*, → *Ortsplanung* bzw. → *Bauleitplanung* der → *Stadtplanung*.

Raumplanungsgesetz (RPG, Bundesgesetz über die Raumplanung): schweizerisches Bundesgesetz in der Erstfassung 1979 erlassen, das die haushälterische Nutzung des Bodens vorschreibt und eine Abstimmung der raumwirksamen Tätigkeiten von Bund, Kantonen und Gemeinden fordert, damit eine auf die erwünschte Entwicklung des Landes ausgerichtete Ordnung der Besiedlung erfolgt, die zugleich natürliche Gegebenheiten und die Bedürfnisse von Bevölkerung und Wirtschaft berücksichtigt. Das RPG verlangt Richtpläne der Kantone, welche die Grundzüge der räumlichen Gebietsentwicklung darstellen und schreibt dafür Mindestinhalte vor. Weiterhin verlangt das RPG Nutzungspläne, die Bau-, Landwirtschafts-, und Schutzzonen unterscheiden, welche das RPG definiert. Zum RPG wurde 1989 eine → *Raumplanungsverordnung* erlassen.

Raumplanungsverordnung (RPV, Verordnung über die Raumplanung): eine schweizerische Verordnung, die sich auf das → *Raumplanungsgesetz* und das schweizerische → *Landwirtschaftsgesetz* stützt. Die RPV präzisiert gegenüber dem Raumplanungsgesetz die raumwirksamen Tätigkeiten, den Kantonalen Richtplan sowie die Nutzungspläne, die auf Sicherung der Fruchtfolgeflächen, die Erschließung und den Erhalt bestehender Bausubstanz abzielen.

Raumstruktur: entsprechend der → *Landschaftsstruktur* eine vom Erscheinungsbild des → *Raummusters* bestimmte und von Kräften, die innerhalb der → *Raumeinheiten* als System funktionieren, bestimmte Struktur. Auch die R. kann, enspr echend der jeweiligen disziplinären Perspektive, mit Hilfe einschlägiger Verfahren bestimmt werden, also für z. B. den → *Natur-*, den Wirtschafts- oder den Verkehrsraum.

Raum-Zeit-System: 1. in den Geowissenschaften, vor allem der Geographie, Umschreibung des geographischen Forschungsobjektes als R.-Z.-S., wobei der Raum in Vergangenheit, Gegenwart und Zukunft eine Entwicklung erfährt. – 2. die gleiche Betrachtungsweise liegt der → *Raumforschung* in der → *Raumordnung* zu Grunde. – 3. in der Bioökologie wird das → *Areal* als R.-Z.-S. begriffen, was in der Bezeichnung → *Arealsystem* zum Ausdruck kommt.

rd: → *rad*.

Reaktion: allgemein die von einer Einwirkung

ausgelöste Gegenwirkung. 1. in der → *Autökologie* die Antwort des Organismus auf Umweltreize. – 2. in der → *Synökologie* – als Funktionsbegriff im → *Biosystem* – die Einwirkung der Organismen auf ihre Umgebung.

Reaktionsbasis (Konstitution): Gesamtheit der geotypisch bedingten strukturellen, physiologischen und verhaltensmäßigen Eigenschaften einer Art, welche die Grundlage für das → *Vermehrungspotential* und die → *Mortalität* bildet, aber auch für das erblich festgelegte Verhalten gegenüber den → *Geoökofaktoren* der Lebensumwelt.

Reaktionsbreite: der für eine Art ohne Schaden ertragbare Bereich eines → *Geoökofaktors*, der weit oder eng sein kann. Die mit dem Begriff R. verwandten Begriffe → *ökologische Plastizität*, → *ökologische Potenz* und → *ökologische Valenz* differenzieren den Begriff R.

Reaktionsgeschwindigkeits-Temperatur-Regel: → RGT-Regel.

Reaktionskette: → *Wirkungskette*.

Reaktionslage: absolute Lage des von einer Art oder eines seiner Entwicklungsstadien ertragbaren Bereiches eines Geoökofaktors.

Reaktionsnorm (Disposition): 1. das erblich in der → *Reaktionsbasis* verankerte Verhalten eines Organismus gegenüber Geoökofaktoren, wie es sich in → *Reaktionsbreite*, → *Reaktionslage* und → *Reaktionstyp* ausdrückt. – 2. Spektrum von Phänotypen, die ein → *Genotyp* bei verschiedenen Umweltbedingungen manifestieren kann. – 3. die R. kann auch als → *ökologische Nische* eines Genotyps verstanden werden.

Reaktionssystem: eine Beschreibung des Wirkungszusammenhangs von physiologischen Lebensprozessen der Organismen und der → *Geoökofaktoren* der Lebensumwelt. Zum R. gehören im nichtveränderbaren Teil der → *Betriebsstoffwechsel* und im veränderbaren Teil der → *Baustoffwechsel* mit seinen Teilprozessen Wachstum, Entwicklung und Vermehrung.

Reaktionstyp: unterschiedliche Ausprägung der Umweltabhängigkeit der → *Reaktionsnorm*. Der R. kann fixiert und nicht fixiert sein. In letzterem Fall besteht eine starke Abhängigkeit von den → *Geoökofaktoren*. Beim fixierten R. hingegen besteht eine Pufferung gegenüber den Schwankungen der Geoökofaktoren durch verschiedene körpereigene Regulationsmechanismen, z.B. Wärme- und/oder Wasserhaushalt, sowie durch zeitlich begrenzte Entwicklungshemmungen im Sinne der → *Diapause* oder der Einschaltung von Latenzstadien, wodurch eine gewisse Umweltunabhängigkeit erzielt wird.

Reaktivität: in der Kerntechnik das Maß für das Abweichen eines → *Kernreaktors* vom kritischen Zustand (→ *Kritischer Reaktor*). Ist die R. positiv, steigt die Reaktorleistung. Im negativen Falle sinkt sie.

Reaktor: → *Kernreaktor*.

Reaktortypen: die → *Kernreaktoren* unterscheiden sich nach Brennmaterial, Moderator und Kühlmittel. Unterschieden werden (1) leichtwassermoderierte und -gekühlte Reaktoren, gebaut als → *Druck-* und → *Siedewasserreaktoren*, (2) → *Schwerwasserreaktor*, gebaut als Druckkessel- und Druckröhrentyp und (3) gasgekühlte Reaktoren, zu denen auch die → *Hochtemperaturreaktoren* gehören, und (4) → *Schnelle Brüter*. Von den weltweit in Betrieb befindlichen Reaktoren sind rund 60% Druckwasser-, rund 20% Siedewasser- und rund 8% Schwerwasserreaktoren. Den Rest bilden gasgekühlte Reaktoren.

Reaktorunfall: für den R. sind in der Regel in den Bau- und Betriebsgenehmigungen die zulässigen Mengen an → *radioaktiver Strahlung* bzw. → *radioaktiven Substanzen* festgelegt. Dies definiert den → *Auslegungsstörfall* bzw. → *GAU* (= größter anzunehmender Unfall). Bei Katastrophen, die im Gefolge von Kernschmelzen oder Lecks im Sicherheitsbehälter auftreten können, gehen die Wirkungen über den Auslegungsstörfall hinaus. (→ *Harrisburg*, → *Tschernobyl*).

reale Vegetation: gegenwärtig vorhandene Vegetation, die nur noch kleinflächig mit der → *potentiell natürlichen Vegetation* übereinstimmt. Sie entspricht damit der → *aktuellen Vegetation*.

Recycling: Rückführung von → *Abfall* (bzw. → *Abwärme*) in den Produktions- und Verbraucherkreislauf. Abfälle treten als Neben-, Zwischen- und Endprodukte auf. Im Zuge der → *Rohstoffverknappung* und des zunehmenden Umweltbewußtseins gewinnt das R. stark an Bedeutung. R. kann sein Wiederverwertung (→ *Abfälle*), Rückführung in die Produktion nach Behandlung des Abfalls (Blech, Altpapier, Müllsortierung) und Abfallverwendung als neuer Rohstoff (→ *Müll*, Autoreifen). Da die Prozesse des R. zum Teil sehr aufwendig sind, weil sie Sortier-, Reinigungs- und Aufarbeitungsanlagen umfassen müssen, wäre dem → *Umweltschutz* mehr damit gedient, daß möglichst wenig Abfälle produziert werden.

Red Data Books: Listen der weltweit gefährdeten Tier- und Pflanzenarten. Im deutschsprachigen Raum spricht man von den → *Roten Listen*.

Redox-Eigenschaft: Fähigkeit des Bodens, organische und mineralische Substanzen je nach den besonderen pedogenetischen Verhältnissen zu oxidieren oder zu reduzieren. Der Boden enthält verschiedene Systeme, an denen R.-Vorgänge ablaufen, z.B. NH_4, N_2, NO_3, CH_4, C CO_2, Fe^{2+}, Fe^{3+} usw. Das → *Redox-Potential* variiert in Böden etwa zwischen –300 mV (stark reduzierende Verhältnisse) und +800 mV (stark oxidierende Verhältnisse). Hohe R.-Potentiale finden sich in gut belüfteten Böden mit hohem Sauerstoffgehalt im Bodenwasser und hohen Anteilen an oxidierten Verbindungen. Die R.-E. des Bodens haben Bedeutung für die

Bodenentwicklung (z. B. Oxidationsverwitterung, → *Verwesung*, Mobilisierung bzw. → *Immobilisation* von Oxiden) und den → *Nährstoffhaushalt* (Verfügbarkeit oxidier- und reduzierbarer → *Nährelemente*).

Redox-Potential: als elektrische Spannung meßbares Maß für das Verhältnis der oxidierten und reduzierten Stoffe in einem wäßrigen System. Das R.-P. gibt an, in welche Richtung Oxidations- bzw. Reduktionsvorgänge ablaufen. Gut durchgelüftete Böden weisen hohe positive R.-P. auf, schlecht durchgelüftete, völlig wassergesättigte Böden bei hohem → *pH-Wert* verfügen über niedrige oder sogar negative R.-P. Im jahreszeitlichen Verlauf kann sich das R.-P. ziemlich stark ändern. Wichtige Redox-Reaktionen und zugehörige R.-P. sind: Experimentell ermittelte Redox-Potentiale für verschiedene Redox-Reaktionen

Redox-Reaktion	$E_7(V)$
Beginn der NO^{3-}-Reduktion	0.45–0.55
Beginn der Mn^{2+}-Bildung	0.35–0.45
O_2 nicht mehr nachweisbar	0.33
NO_3^- nicht mehr nachweisbar	0.22
Beginn der Fe^{2+}-Bildung	0.15
Beginn der SO_4^{2-}-Reduktion und S^{2-}-Bildung	–0.05
SO_4^{2-} nicht mehr nachweisbar	–0.18

Reduktionshorizont: in → *Grundwasserböden*, wie dem → *Gley*, der graugefärbte, ständig unter dem → *Grundwasserspiegel* liegende untere Teil des Profils (G_r-Horizont) in dem wegen des Sauerstoffmangels reduzierende Bedingungen herrschen. Reduzierates Eisen und Mangan sind hier als Hydrogencarbonate oder Schelate löslich und deshalb verlagerbar. (→ *Oxidationshorizont*).

Redundanz: in der Informationstheorie und → *Kybernetik* kennzeichnet R. überflüssige Elemente in einer Information, die über die beabsichtigte Grundinformation nicht hinausgehen. Der Begriff wird auch in der → *Modelltheorie* und der → *Systemtheorie* angewandt, ebenso auch in der Technik. Bei den Methoden der Erforschung der → *Ökosysteme*, also komplexen Systemen, spielt die R. bei der Modellierung selber, aber auch bei der Strukturierung der Feld- und Laborarbeit eine große Rolle.

Reduzenten (Destruenten): Organismen, die die organische Substanz abbauen und zu anorganischem Material reduzieren. Es zählen hierzu v.a. Bakterien und Pilze; in einem weiteren Sinne kann man auch die → *saprophagen Tiere* dazurechnen.

Refugialgebiet: → *Refugium*.

Refugium (Refugialgebiet, Residualgebiet): 1. allgemein Rückzugs- oder Erhaltungsgebiet eines tierischen oder pflanzlichen → *Reliktes*, oft im Zusammenhang mit → *Klimaänderungen* oder → *Klimaschwankungen*, besonders im → *Pleistozän* und → *Postglazial*. Dies sind dann Reste früher größerer Populationen. – 2. in der Bioökologie auch Zufluchtsort oder geschützter Kleinraum, in welchem ein Tier oder eine Pflanze vor Verfolgung durch Feinde relativ sicher ist. – 3. auch im Zusammenhang mit den menschlichen Populationen wird von Refugien gesprochen. Sie haben sich aufgrund ungünstiger Bedingungen (Änderungen der klimatischen Verhältnisse, Verfolgung durch übermächtige Feinde, bei Volksstämmen und Bevölkerungsgruppen Vertreibung aus den ursprünglichen Siedlungsgebieten durch Eroberer usw.) aus ihren vorherigen Lebensräumen dorthin zurückgezogen. – 4. seltener wird in der Pedologie der Begriff Residualgebiet für R. verwandt. Dieser bezeichnet in der Bodengeographie und Sedimentologie jene Gebiete, in denen ein Verwitterungsrückstand bzw. Bodenrest aus geologischer Vorzeit erhalten ist. Nur da würde es sich im strengen Sinne um ein Residualgebiet handeln.

Regelfälle der Witterung (Regularitäten, Singularitäten): typische Wetterperioden, die mit hoher prozentualer Häufigkeit (bezogen auf eine große Anzahl von Jahren) zu einem gewissen Zeitpunkt im Jahresverlauf in Erscheinung treten. Beispiele sind der Altweibersommer, der Martinssommer, das Weihnachtstauwetter, die Schafskälte usw. Der für diese R. häufig anzutreffende Begriff Singularität sollte wegen seiner Mißverständlichkeit besser nicht gebraucht werden.

Regelkreis: zusammengesetztes → *System*, bei dem ein Ausgangswert fortlaufend mit einer vorgegebenen Führungsgröße verglichen wird. Jede Abweichung von der Führungsgröße leitet der → *Regler* gemäß seinen Kenngrößen an das Stellglied weiter, das die zu regelnde Größe beeinflußt, und vermindert durch diesen Eingriff die Abweichung entsprechend seiner Leistungsfähigkeit. Den gesamten Wirkungsablauf, sich in einer geschlossenen Kette vollzieht, bezeichnet man als R. Der R. stellt damit ein geschlossenes → *Rückkopplungssystem* dar, das gegenüber äußeren oder inneren Einwirkungen relativ stabil bleibt. Er besteht aus mindestens zwei Hauptteilen, dem zu regelnden Objekt, der → *Regelstrecke*, und der zu regelnden Einrichtung, dem → *Regler*. Letzterer hat die Aufgabe, eine bestimmte veränderliche Größe, die Regelgröße, entgegen störenden Einwirkungen gemäß einer vorgegebenen Funktion, der Führungsgröße, zu variieren. Das wird dadurch erreicht, daß der Regler die Ergebnisse seiner regulierenden Maßnahmen, die über die Stellgröße erfolgen, ständig kontrolliert und dementsprechend seine weiteren Maßnahmen gestaltet. Die Bedeutung des R.-Prinzips besteht darin, komplizierte Prozesse in einem einfacheren → *Modell* der jeweils wirkenden realen Systeme darzustellen. Die R. werden für die Darstellung von Funktionsabläufen in → *Ökosystemen* verwendet.

„Regeln der Technik": feststehender Begriff

im → *Umweltrecht*, besonders im → *Immissionsschutz*, der einen rechtlichen Maßstab für die Begrenzung der → *Emissionen* repräsentiert. Die R.d.T. fordern technischen Anlagen eine Leistung ab, die im Rahmen des Durchschnitts der bestehenden Anlagen liegt. Damit sind Maßnahmen und Einrichtungen, die nach den R.d.T. gebaut wurden oder durchgeführt werden, in einem geringeren Maße umweltfreundlich, als jene, die dem → *„Stand der Technik"* entsprechen. (→ *„Stand von Wissenschaft und Technik"*).

Regelstrecke (Steuerstrecke): innerhalb der Gesamtheit der Glieder einer Steuerung oder → *Regelung* die Bezeichnung für den Teil des Wirkungsweges in Steuerungen oder Regelungen, dem die aufgabengemäß zu beeinflussenden Glieder des Systems angehören. Die R. ist Bestandteil des → *Regelkreises*.

Regelung (Steuerung): Informationsverarbeitung mit → *Rückkopplung*, wobei es zur Aufrechterhaltung der → *Stabilität* eines dynamischen → *Systems* durch Regelkreisstrukturen kommt. Die Regelung im → *Regelkreis* beruht auf Rückkopplung. – 1. Wiederherstellung des vorhergehenden funktionellen Zustandes (Sollwert, Regelgröße) nach Einwirken einer Änderung (→ *Störgröße*) durch im System bereitstehende → *Regler*, also Reaktionsmechanismen. Die Regelung spielt sich in einem Regelkreis nach dem Prinzip der Rückkopplung ab, wobei stets das Gegenteil dessen veranlaßt wird, was im System als Störung geschieht. – 2. die R. stellt auch jede Form der Regulation in Systemen dar, die zu kompensatorischen Reaktionen oder Rückkopplungen führt.

Regen: flüssige Form des → *Niederschlags*. R. entsteht durch Kondensation von atmosphärischem Wasserdampf nach Unterschreiten des → *Taupunktes*. Der Wasserdampf lagert sich dabei bevorzugt an → *Kondensationskernen* (Eiskeime, Staubpartikel) an und bildet Tropfen verschiedener Größe, die in der Masse als Wolke in Erscheinung treten. Sobald die Tropfen zu schwer sind, um mit der Luftströmung noch transportiert werden zu können, fallen sie auf die Erde nieder. (→ *Starkregen*, → *Eisregen*, → *Steigungsregen*).

Regeneration: allgemein Wiederherstellung. – 1. Fähigkeit eines Organismus, verletzte, abgestorbene oder verlorengegangene Körperteile mehr oder weniger vollständig wieder zu ersetzen bzw. ihren Verlust weitestgehend zu kompensieren. R.-Erscheinungen treten bei Pflanzen und Tieren auf. Auch beim Menschen gibt es R. in begrenztem Umfang (Haut, Darmschleimhaut, Nägel, Haare, Drüsenzellen, Blut und Knochenmasse nach Verlust). – 2. in der *Klimatologie* das Wiederbeleben eines bereits in Auffüllung begriffenen Tiefdruckgebietes, so daß es an den Fronten zu neuerlichen Niederschlägen und zu auffrischendem Wind kommt. Ursache ist meist der Zustrom frischer Luftmassen, der die thermischen Gegensätze steigert. – 3. in der Geologie die Rückführung von konsolidierten Bereichen der Erdkruste in den beweglichen faltbaren Zustand der Geosynklinale durch erneutes Absinken der versteiften Zonen. – 4. in der Glaziologie das Zusammenwachsen von Eistrümmern, die dadurch entstanden, daß ein steilerer und meist felsiger Hangabschnitt den Eisstrom des Gletschers störte. Die R. erfolgt oft bei Hängegletschern, die an ihrem Ende abbrechen, eine Gletscherlawine bilden und am Steilhangfuß zu einem neuen, also regenerierten Gletscher zusammenfinden. – 5. bei → *Ökosystemen* bzw. → *Landschaftsökosystemen* nach anthropogenen oder natürlichen Strukturveränderungen (z.B. bedingt durch Wirkungen von → *Naturgefahren*), die Fähigkeit, den Ursprungszustand wieder zu erreichen. Dies wird auch als Restitution bezeichnet. Auch die → *Regenerationsfunktion* bzw. → *Regenerationsfähigkeit* von Ökosystemen bzw. Landschaftsökosystemen wird allgemein als R. bezeichnet. – 6. in der Chemie die Reaktivierung chemischer Stoffe.

Regenerationsfähigkeit (Regenerationskapazität): 1. im bioökologischen Sinn → *Elastizität*. – 2. R. von Ökosystemen bzw. Landschaftsökosystemen: bis zu einem gewissen Grade können sich → *Ökosysteme* bzw. → *Landschaftsökosysteme* oder Teilsysteme dieser, vor allem das → *Biosystem* und das → *Pedosystem*, durch den weiterfunktionierenden Stoffkreislauf und den ständig erfolgenden Energiefluß regenerieren, wenn vorübergehende → *Belastungen* eingetreten sind und die Grenze der → *Belastbarkeit* noch nicht überschritten wurde.

Regenerationsfraß: Fraßperiode von Insektenweibchen nach ihrer ersten Eiablage, die der Neubildung der Eier dient und somit zur zweiten Brut führt, wenn genügend Nahrung vorhanden ist. (→ *Reifungsfraß*).

Regenerationsfunktion: im räumlichen Kontext (→ *Raummuster*) kann einzelnen Ökosystemen für ihre Nachbarökosysteme im Sinne des → *ökologischen Ausgleichsraums* eine R. zukommen. Dies gilt auch für Einzelbestandteile der Ökosysteme, vor allem biotische Kompartimente. (→ *Regeneration*, → *Regenerationsfähigkeit*).

regenerative Energien: jene Energiequellen, die durch natürliche Prozesse sich ständig erneuern. Dazu zählt Energie aus Sonne, Wind, Biomasse und Wasserkraft. Die bisher wenig genutzten r.E. könnten theoretisch das Doppelte des heutigen Weltverbrauchs an → *Primärenergie* decken, wobei die der Nutzung r.E. auftretenden Belastungen der Umwelt bzw. Umweltschäden minimal sind oder gar nicht erst auftreten. (→ *Biogas*, → *Gezeitenkraftwerk*, → *Sonnenenergie*, → *Wasserkraft*, → *Windenergie*).

Regenfeldbau: Form des Ackerbaus, bei dem die Pflanzen ihren Wasserbedarf unmittelbar aus den Niederschlägen decken und keine künstliche Bewässerung benötigen. R. ist in Mitteleuropa nur im Sommer möglich, in den eigentlichen Tropen aber während des ganzen Jahres.

regengrüner Wald (hydroperiodischer Wald, Saisonwald): ein Wald, der nur in der Regenzeit belaubt ist. Vorkommen: Wechselfeuchte Tropen mit längerer Trockenzeit. Dazu gehören die Monsunwälder. Der entsprechende Landschaftstyp ist die Semihylaea.

Regenklima: feuchtes Klima mit ganzjährigen Niederschlägen und im Mittel ganzjährig positiver klimatischer Wasserbilanz (N > V). Die Niederschläge fallen zum großen Teil als Regen. In den gemäßigten R. können ausnahmsweise einzelne Hochsommermonate trocken sein.

Regenschatten: Erscheinung geringerer Niederschläge auf der der Hauptwindrichtung abgewandten Seite von Bergen, Höhenzügen und Gebirgen. Die Situation des R. ergibt sich aus der Tatsache des Ausregnens der Wolken beim Aufsteigen ($\rightarrow$ Steigungsregen, $\rightarrow$ orographische Niederschläge) auf der „Wetterseite" der Erhebungen.

Regenwald: immergrüner Wald, der ganzjährig feuchten Gebiete. Charakteristisch sind eine üppige Vegetation und eine große Artenvielfalt. Die Bäume sind immergrün und haben oft derbe Blätter. Der Laubwechsel verteilt sich über das ganze Jahr. Das Holz zeigt keine Jahresringe. Ausser dem tropischen R. gibt es auch den subtropischen und den temperierten R. (letzterer etwa in Südchile, Neuseeland, Washington).

Regenwasser: sowohl in Trockengebieten als auch in Feuchtklimaten wichtige Größe im $\rightarrow$ Wasserhaushalt, deren stoffliche Qualität ökologisch eine große Rolle spielt, aber wenig Beachtung findet. Durch Auswaschen der Atmosphäre ($\rightarrow$ Saurer Regen), die mit $\rightarrow$ Aerosolen, $\rightarrow$ Rauch, $\rightarrow$ Rauchgas, $\rightarrow$ Stäuben und anderen Stoffen angereichert ist, ergeben sich oft auch für das R. hohe Belastungen mit $\rightarrow$ Schadstoffen. Vor allem zu Beginn eines Regenfalls ist der Stoffgehalt sehr groß, so daß der auftretende Regen vor allem die Bodenoberfläche stark belastet. Im weiteren Verlauf des Regenfalls verringern sich die Stoffkonzentrationen des R. Außerdem tritt auch ein Verteilungseffekt der vom Regen auf die Oberflächen gebrachten Stoffe ein.

Regenwassernutzung: sie spielt traditionell in ariden Klimaten eine Rolle und in der gemäßigten Klimazone nur dort, wo Spezialnutzungen (Gärten) R. nötig machen. Unfiltriertes und ungereinigtes $\rightarrow$ Regenwasser darf wegen dessen hohen Stoffbelastungen nur dort verwandt werden, wo die Qualität von $\rightarrow$ Trinkwasser nicht nötig ist. Für eine systematische R. fehlen jedoch die technischen Infrastruktureinrichtungen. Die R. kommt vor allem für dezentrale Versorgung (z.B. Einzelgehöfte) in Frage.

Region: 1. in der Geographie ein konkreter dreidimensionaler Ausschnitt aus der Erdoberfläche, unabhängig von dessen Größe. – 2. größere geographische $\rightarrow$ Raumeinheit, die mehrere $\rightarrow$ Landschaften umfaßt, ohne daß hinsichtlich Größe und Inhalt der R. besondere Forderungen gestellt werden. – 3. in der $\rightarrow$ Landeskunde ein meist historisch und/oder administrativ bedingtes Territorium, manchmal mehr oder weniger identisch mit Naturräumen oder Teilen von diesen. – 4. Großraum der $\rightarrow$ regionalen Dimension der $\rightarrow$ Dimensionen landschaftlicher Ökosysteme. – 5. im weitesten Sinne eine räumliche Einheit mittlerer Größe, die sich funktional oder auch strukturell nach außen abgrenzen läßt (sozioökonomischer Verflechtungsraum bzw. homogener Raum). – 6. in der $\rightarrow$ Raumplanung ist die R. die Planungseinheit für die $\rightarrow$ Regionalplanung. Dementsprechend sind die Planungs-R. der Bundesländer auf der Grundlage der vorgegebenen Verwaltungsgrenzen gegliedert. In der Regel wird eine R. aus mehreren Landkreisen und evtl. kreisfreien Städten gebildet. ($\rightarrow$ Regionalplan, $\rightarrow$ Regionalplanung).

regional ecology: Vorläufer einer $\rightarrow$ Ökogeographie, welche den Systemzusammenhang zwischen physiogenen und anthropogenen Systemelementen untersucht.

Regionale Grünzüge: in der $\rightarrow$ Regionalplanung aus übergeordneter Sicht erhaltene oder konzipierte $\rightarrow$ Grünzüge, denen ökologische, visuelle und psychosoziale Ausgleichs- und $\rightarrow$ Regenerationsfunktionen zukommen. Sie sind in der Regel auf Entwicklungsachsen zwischen zentralen Orten plaziert. Die Planungskonzepte erwarten, daß die R.G. von ökologischen $\rightarrow$ Belastungen durch mehr oder weniger intensive Nutzungen frei gehalten werden sollen.

Regionale Schneegrenze: $\rightarrow$ Klimatische Schneegrenze.

Regionalplan: ein Plan, der sich zwischen der $\rightarrow$ Landesplanung und der kommunalen $\rightarrow$ Ortsplanung anordnet. In ihm werden landesentwicklungspolitische Vorstellungen realisiert. Der R. enthält die Ziele für die Entwicklung des Planungsraums und muß mit den Grundsätzen der $\rightarrow$ Raumordnung nach dem übergeordneten nationalen $\rightarrow$ Raumordnungsgesetz, in Deutschland dem Bundesraumordnungsgesetz, im Einklang stehen. Der R. wird vom Träger der Regionalplanung, den regionalen Planungsgemeinschaften bzw. Planungsverbänden, aufgestellt und vorgeschrieben. Bis zu einem gewissen Grade enthält der R. auch landschaftsökologische Ziele, die in den Bereich des $\rightarrow$ Umweltschutzes hineinreichen.

Regionalplanung: jene Ebene der $\rightarrow$ Raumplanung, die sich zwischen der $\rightarrow$ Landesplanung und der $\rightarrow$ Ortsplanung anordnet, die rechtlich ein Teil der Landesplanung ist und die übergemeindliche Planung realisiert. Sie sorgt für die räumliche Ordnung und Entwicklung der $\rightarrow$

Region und stellt einen → *Regionalplan* auf.
Regosol: nähere Bezeichnung für → *Rohböden* auf Lockergesteinen. (→ *Syrosem*, → *Yerma*).
Regression: in der Biogeographie und Biookologie Rückzug von Tier- und Pflanzengesellschaften bei ökologischen Veränderungen in den → *Arealsystemen*, in der Regel verbunden mit einer Verkleinerung des Populationsareals. Es kann zur Bildung von → *Refugien* kommen.
Regularität: → *Regelfälle der Witterung*.
Regulation: Erscheinung, daß ein Organismus oder ein biologisches bzw. ökologisches → *System* nach Störung seines Normalzustandes bestrebt ist, diesen wieder herzustellen oder wenigstens den Funktionszustand dem ursprünglichen anzunähern. Der Begriff R. entspricht damit etwa dem der → *Regelung*.
Regulationsfähigkeit: nicht zu verwechseln mit → *Regenerationsfähigkeit* von Ökosystemen. Gemeint ist vielmehr die → *Regulation* bzw. → *Regelung* eines → *Systems* bzw. → *Ökosystems* (→ *Landschaftsökosystems*), also dessen Fähigkeit, den Stoff- und Energiehaushalt und seine Flüsse zu steuern. Dazu ist das Vorhandensein von → *Reglern* erforderlich.
Regulationsmechanismen: als ökosystemeigene und ökosystemfremde Mechanismen auftretende → *Regulationen*. Außerdem können Subsysteme des → *Geoökosystems* regelnd wirken. Bei bioökologischer Betrachtung stehen die R. der Umwelt und die populationseigenen im Vordergrund der Betrachtung, bei geoökologischer Betrachtung die physikalischen Regulungen der → *abiotischen Faktoren*.
Regulierung von Fließgewässern: → *Fließgewässer-Regulierung*.
Reibungsschicht: unterste Luftschicht der → *Atmosphäre*, in der die Luftbewegungen durch die Erdoberfläche beeinflußt sind. (→ *geostrophischer Wind*, → *Reibungshöhe*).
Reibungswind: der bodennahe Wind, welcher in Geschwindigkeit, Richtung und Strömungsart von der Erdoberfläche beeinflußt ist.
Reifungsfraß: Fraßperiode der Insekten, der zur Geschlechtsreife notwendig ist.
Reinbestand: ein Waldbestand, der aus einer Baumart gebildet wird, die mit mindestens 90% vertreten ist. Der R. ist damit eine → *Monokultur* und wird vor allem von → *Forsten* repräsentiert. Natürliche R. sind in den meisten Landschaftsökosystemen der Erde selten.
Reinbestandswirtschaft: in der Forstwirtschaft übliche Wirtschaftsweise, die nur mit → *Reinbeständen* im Sinne der → *Monokultur* arbeitet. Die R. setzte sich in der Wald- und Forstwirtschaft vor allem ab Mitte des 19. Jahrhunderts durch, um rasch den großen Holzbedarf zu decken, der durch die Industrialisierung entstand. Vorteile der R. ergeben sich durch Rationalisierungseffekte bei der Bearbeitung sowie durch die hohen Holzerträge. Das ökologische Risiko der R. ist beträchtlich, weil die Reinbestände die → *Nachhaltigkeit* der Standortsfruchtbarkeit beeinträchtigen und zugleich in hohem Maße für abiotische und biotische Schadfaktoren anfällig sind. Dies wird für die R. zum ökonomischen Risiko.
Reinkultur: in der Landwirtschaft der Anbau von nur einer Nutzpflanzenart, bezogen auf eine bestimmte → *Fruchtfolge* oder in Form einer → *Monokultur*. In der Forstwirtschaft spricht man von einer R., wenn der Wald ein → *Reinbestand* ist.
Reinluft: die → *Luft* fernab von Verunreinigungsquellen, welche nur natürliche Staubpartikel (→ *Aerosol*) enthält.
Reinsaat: in der Landwirtschaft die Aussaat einer Pflanzenart im Gegensatz zur Gemengesaat.
Reinwasser: 1. Wasser, in dem keinerlei gelöste Substanzen vorhanden sind (chemisch reines H_2O). – 2. aufbereitetes Wasser (→ *Brauchwasser*), das jedoch keine → *Trinkwasser*qualität besitzt.
Reisböden (Paddy soils): durch den Reisanbau geschaffene, also rein anthropoge Böden. Die R. zeigen infolge der periodisch wiederkehrenden, langandauernden Wasserüberstauung hydromorphe Merkmale und sind durch im Jahresverlauf wechselnde Oxidations- und Reduktionsbedingungen gekennzeichnet. Dadurch werden die Fe- und Mn-Oxide mobilisiert und z.T. an der Grenze zum Oberboden ausgefällt. Intensive Bearbeitung im wassergesättigten Zustand führt zu ständiger starker Durchmischung und schafft ein feines Einzelkorngefüge. Eine nähere allgemeingültige Beschreibung ist wegen der durch die Bearbeitung geschaffenen Vielformigkeit nicht möglich.
Reizklima: bio- und heilklimatische Bezeichnung für ein Klima mit häufigen starken Winden und großen täglichen Temperaturschwankungen. R. zeigen hohe Werte bei der → *Abkühlungsgröße*.
Rekolonisation: Wiederbesiedlung eines Areals durch eine Art, die dort vorher schon durch eine Population vertreten war.
Rekonen'sche Zahl (Renkonnenzahl): eine Maßzahl für die Übereinstimmung oder Ähnlichkeit in den relativen Häufigkeitsverhältnissen zwischen zwei Tierbeständen.
Rekreation: Fähigkeit und Notwendigkeit eines menschlichen Organismus, sich psychologisch und physiologisch zu erneuern. Dies geschieht unter Ausschöpfung des → *Rekreationspotentials* der → *Landschaft* und der sozialen und kulturellen → *Umwelt*.
Rekreationspotential: die Gesamtheit der von der natürlichen und kultürlichen Ausstattung eines Gebietes auf den menschlichen Organismus ausgeübten Erholungs- und Erneuerungsreize, die sowohl physiologisch als auch psychologisch-ästhetisch sind.
Rekultivierung: geotechnische, landespflegerische, wasserbauliche, agrar- und forstökologische Maßnahmen zur Wiederherstellung von durch wirtschaftliche und technische Aktivitä-

ten des Menschen gestörten oder zerstörten Landschaftsteilen bzw. deren → *Landschaftsökosystemen*, um die ursprüngliche oder neugestaltete → *Kulturlandschaft* (wieder) zu schaffen. Rekultiviert werden ehemalige Bergbaugebiete, vor allem Tagebaue, Steinbrüche, Kiesgruben, Müll- und Schutthalden sowie → *Deponien* aller Art und alle bei technischen Eingriffen in die Landschaft entstandene Ökosystemzerstörungen. Auch in Gebieten, in denen Auswirkungen von → *Naturgefahren* Aussehen und Funktion der Landschaftökosysteme und der Kulturlandschaft verändert haben, wird rekultiviert. Ziel der R. sind planmäßige Folgenutzungen, die ein → *Leistungsvermögen* aufweisen, welches den Nutzungsansprüchen der Gesellschaft, aber auch den Leitbildern einer ökologisch orientierten → *Regionalplanung* entspricht. Die rekultivierten Gebiete werden neuerdings auch der → *Renaturierung* zugeführt. In der Regel wird eine Kulturlandschaft, z. B. mit Nutzung durch Kiesgruben, durch eine andere, z. B. Acker- oder Reblandnutzung oder Wald für die Erholungsnutzung, ersetzt. Die Ausführung der R. erfolgt vor allem im Rahmen der → *Landespflege*. Deren Maßnahmen orientieren sich dabei zunehmend an den Grundsätzen der → *Ökologischen Planung*. Die R. wird gegenüber der landeskulturellen → *Melioration* durch den erforderlichen höheren Aufwand an Technik, Personal und Material abgegrenzt.

Rekultivierungsplan: ein Plan jener Maßnahmen, die durchzuführen sind, um Beeinträchtigungen des → *Landschaftshaushaltes* und des Landschaftsbildes als Folge von Eingriffen des siedelnden und wirtschaftenden Menschen zu beseitigen, auszugleichen und gegebenenfalls weitere Schäden zu verhindern. Der R. setzt die Gedanken der → *Rekultivierung* in raum- und lokalitätsbezogene Maßnahmen, die schriftlich und kartographisch fixiert werden, um.

Relation: Beziehung zwischen Elementen eines Systems. z. B. der Einfluß von Herbivoren auf Futterpflanzen.

relative Abundanz: → *Verteilung* des relativen Anteils der Arten einer Lebensgemeinschaft an der Gesamtheit der Individuen.

Relative biologische Wirksamkeit: eine experimentell ermittelte Größe, welche die Wirkung → *Ionisierender Strahlung* auf Organismen, Organismenteile oder biologische Systeme beschreibt. Die R.b.W. ist von zahlreichen weiteren energetischen und Strahlungsparametern abhängig. Sie wird in der → *Radioökologie* definiert als das Verhältnis der → *Energiedosis* einer Referenzstrahlung (200 kV-Röntgenstrahlung, Kobalt-60-Gammastrahlung), die eine bestimmte biologische Wirkung erzeugt, zu der Energiedosis der betreffenden Strahlung, welche die gleiche biologische Wirkung erzielt. Der Einsatz der R.b.W. im → *Strahlenschutz* ist nur dann gerechtfertigt, wenn die R.b.W. für den Einzelfall ermittelt wird. Daher wird im Strahlenschutz gewöhnlich die → *Äquivalentdosis* als Maß für die → *Strahlenwirkung* verwendet.

relative Fitness: → *Fitness* einer Art im Vergleich zu einer anderen.

Relative Luftfeuchtigkeit: Wasserdampfgehalt der Luft in Prozent der bei einer bestimmten Temperatur maximal möglichen Sättigung. Die Wasserdampfaufnahmefähigkeit der Luft nimmt mit steigender Temperatur exponentiell zu. Bei gleichbleibendem absolutem Luftfeuchtegehalt nimmt demzufolge die R.L. mit steigender Temperatur ab und mit sinkender Temperatur zu, bis sie 100% erreicht (→ *Taupunkt*) und der überschüssige Wasserdampf zu kondensieren beginnt.

Relative Standortkonstanz (Relative Stenotopie, Zonaler Stationswechsel): Biotopbindung von Tieren und Pflanzen mit mehr oder weniger starker Abhängigkeit von bestimmten Geoökosystemzuständen gewisser Landschafts-typen. Durch größerräumig verbreitete Sonderbedingungen kann somit den Lebensansprüchen bestimmter Arten auch innerhalb verschiedener Großklimagebiete gedient sein. Die sehr verschiedenen Begriffe für die R.S. haben ihre Ursache darin, daß die Konstanz der Lebensraumbedingungen in jeweils anderen Größenordnungen gesehen wird. Gewöhnlich erfolgt jedoch diese überwiegend in der Biogeographie und Bioökologie eingesetzte Betrachtungsweise in der chorologischen bis regionalen Dimension.

Relative Stenotopie: → *Relative Standortkonstanz*.

relative Überlebensrate: → *Adaptationswert*.

relativer Bestand: Begriff der → *Populationsökologie*, der sich auf die Populationsgröße bezieht, die meist nur auf Grund von Stichproben an mehreren Punkten des Populationsareals geschätzt werden kann, so daß der r.B. ermittelt ist, der dem absoluten Bestand einigermaßen nahe kommt. Die Übereinstimmung beider wird mit Wahrscheinlichkeitsrechnungen überprüft.

relativer Lichtgenuß: → *Lichtgenuß*.

relativer Minimumfaktor: in der Wirtschaftsraumanalyse eine durch Einsatz von technologischen Mitteln bis zu einem bestimmten Grad veränderbare natürliche Determinante, im Gegensatz zu absoluten physischen Grenzwerten für wirtschaftliche Aktivitäten. So können z. B. im Bereich der → *Anbaugrenzen* entsprechend dem Mitteleinsatz und der Abwägung von Aufwand und Ertrag agrarische Nutzungen ausgedehnt oder zurückgenommen werden.

Relief: 1. allgemeiner Begriff der Geo- und Biowissenschaften für Oberflächengestaltungen. – 2. in der Kartographie ist ein R. ein dreidimensionales Geländemodell, das die Formen der Erdoberfläche oder eines Ausschnitts dieser darstellen soll. – 3. in der → *Geoökologie*, →

Geomorphologie wird das R. auch als → *Georelief* bezeichnet und stellt dort den Hauptgegenstand des Interesses dar. Generell meint R. die Oberflächenformen der Erde, ohne etwas über deren Entwicklung (→ *Geomorphogenese*), räumliche Struktur oder Ausmaße auszusagen. So kann man vom „Relief des Harzes" oder vom „Relief der Alpen" sprechen und meint deren Oberflächengestaltung. Aus globaler Sicht sind aber Harz oder Alpen ebenfalls „Relief", nämlich Gebirgsformen der Erdoberfläche. In der Geoökologie fungiert das Relief als → *Regler* im → *Geoökosystem*.

Reliefbildung: → *Geomorphogenese*.

Relikt: belebte oder unbelebte bzw. auch tote Gegenstände der Geo- oder Biowissenschaften, die in früheren erdgeschichtlichen Epochen entstanden und sich – nur wenig oder gar nicht verändert – bis in die Gegenwart hinein erhalten haben. Dazu gehören → *Reliktboden*, → *Reliktgletscher*, → *Reliktpflanzen* und → *Relikttiere*. Das ursprüngliche Verbreitungsgebiet der R. war meist ausgedehnter als heute, aber infolge von makroklimabedingten Ökosystemänderungen, ggf. durch Konkurrenz anderer Arten oder durch Ausrottung haben sich die biotischen R. in → *Refugien* zurückgezogen, die damit → *Reliktareale* bilden. Die R. können auch nach Ökosystemzuständen bezeichnet werden, wie die aus der letzten Eiszeit in Refugien vorkommenden Glazial-R. oder die Xerotherm-R. aus der Zeit des nacheiszeitlichen Wärmeoptimums, wie die → *Steppenheide*. R. können auch zeitlich bezeichnet werden, z.B. Tertiär-R., also subtropische Arten, die während des Tertiärs in Europa verbreitet waren, oder Pleistozän-R., wie die arkto-alpinen Floren- und Faunenelemente, die sich in extreme Lagen der heute vergletscherten Hochgebirgsteile zurückgezogen haben.

Reliktareal: Restlebensraum eines ehemals größeren Verbreitungsgebietes, das sich letztlich durch Makroklimawandel und damit Veränderungen der Geoökosystemzustände verkleinerte, so daß sich die Populationen darauf einstellen mußten. (→ *Relikt*).

Reliktboden: jene Böden an der rezenten Erdoberfläche, die Entwicklungsmerkmale aufweisen, welche nicht mehr den jetzigen zonalen ökologischen Standortbedingungen entsprechen. Die R. sind demnach Böden, die unter andersartigen Klima- und Vegetationsvoraussetzungen als heute entstanden sind. Der R. ist somit ein → *Klimazeuge* für die → *Klimaänderungen* und → *Klimaschwankungen* der Vorzeit. Da er nicht begraben, also fossil, ist, darf er auch nicht als fossiler Boden, wohl aber als „Altboden", also → *Paläoboden*, bezeichnet werden. In Mitteleuropa findet man R. als heute noch bearbeitete schwarzerdeartige Steppenböden im Oberrheinischen Tiefland oder Löß, die in den Steppenzeiten des → *Postglazials* entstanden sind und aus mesoklimatischen Gründen der Großregion sich bis heute erhalten konnten, auch wenn sie verschiedene Degradations- und Regradationsstadien durchlaufen haben.

Reliktgletscher: im Sinne des erdgeschichtlichen *Relikts* eine Resteismasse ohne Nährgebiet, die zum völligen Abschmelzen neigt, weil kein neues Eis mehr gebildet wird. Das Eis der R. ist demnach → *vorzeitlich*. (→ *Gletscher*).

Reliktpflanze: Gewächs, das auch nach Veränderung der makroklimatischen Situation und damit der geoökologischen Verhältnisse der Landschaftszone innerhalb dieser in → *Refugien* mit Sonderbedingungen überdauern konnte.

Reliktstandort: 1. in der Wirtschaftsgeographie ein Standort, dessen ursprüngliches Gewerbe bzw. deren früher dort bedeutend vertretene Industrie nur noch in einigen wenigen Betrieben weiterlebt. Beispiel: der R. der Metallverarbeitung im Siegerland. – 2. ein räumlich stärker begrenztes → *Reliktareal*, als Lebens- und Standortraum von → *Reliktpflanzen* und → *Relikttieren*. So definierter R. ist demzufolge auch → *Refugium*.

Relikttiere: tierische Organismen, die auch nach Veränderung der makroklimatischen Situation und damit der geoökologischen Verhältnisse der Landschaftszone innerhalb dieser in → *Refugien* mit Sonderbedingungen überdauern konnten.

rem: die Einheit der → *Äquivalentdosis*. Maß für die Schädlichkeit einer → *radioaktiven Strahlung* auf biologische Systeme. rem ist die Abkürzung für „roentgen equivalent man". Wird 1 rem von einem bestrahlten Gewebe aufgenommen, so ist dies jene Dosis, die dieselbe biologische Wirkung hat wie 1 *rad* Röntgenstrahlen. Für Zwecke des → *Strahlenschutzes* wird die → *Strahlenbelastung* in Millirem (mrem) angegeben. 1 rem = 1000 mrem. Die Einheit rem war nur bis 1985 zugelassen. Die neue Einheit der Äquivalentdosis ist Joule pro Kilogramm (J/kg) mit dem Einheitennamen → *Sievert*. Danach besteht die Beziehung 1 rem = 0.01 J/kg (= 0.01 Sv).

Remineralisation: → *Mineralisation*.

Renaturierung: allgemein „Rückversetzung" von Landschaften oder ihren Teilen, wie Bächen oder Gehölzgruppen, in einen naturnahen Zustand mit der Möglichkeit einer → *natürlichen*, ungestörten Weiterentwicklung. Die R. hat das Ziel, Nutzungseinflüsse in anthropogen geregelten → *Landschaftsökosystemen* so zu verändern, daß die Systeme in einen „quasinatürlichen" oder „natürlichen" Zustand versetzt werden, der nicht nur für Flora und Fauna, sondern auch für den Stoff-, Wasser- und Energiehaushalt der jeweiligen Landschaftsökosysteme erwartet wird. Dies gilt auch, wenn eine Einzelmaßnahme erfolgt, wie die R. eines Baches. Die R. spielt bei der → *Ökologischen Planung* eine mehrfache Rolle. Die praktische Ausführung von R.-maßnahmen obliegt der → *Landespflege*, der → *Ingenieur-*

biologie oder verwandter Anwender ökologischer Erkenntnisse in der Praxis. Als Maßnahme wird die R. in Mitteleuropa erst ab ca. Beginn/Mitte der achtziger Jahre praktiziert.
Rendzina (Humuscarbonatboden, Rußboden, Fleinsboden): A-C-Boden auf Karbonatgesteinen. R. sind im allgemeinen skelettreich und flachgründig, verfügen über eine geringe Wasserkapazität und trocknen leicht aus, weil das Wasser in den durchlässigen Kalken rasch in den Untergrund versickert. Die R. zeigen neutrale Reaktion und ihr Nährstoffreichtum läßt einen stark belebten → *Mull* entstehen. Je nach der Zusammensetzung des Karbonatgesteins, insbesondere des Kalkes (Tongehalt, Eisengehalt), wird durch die Gesteinslösung Feinmaterial unterschiedlicher Menge und Zusammensetzung freigesetzt. Dieses Feinmaterial beeinflußt die Humusstruktur und läßt bei größerer Menge auch B_v-C_v-Übergangshorizonte entstehen (R.-Braunerden). Trotz ihres Nährstoffreichtums werden R. im allgemeinen nicht als Ackerböden genutzt. Sie sind wegen ihrer Flachgründigkeit schwer zu bearbeiten und zudem oft Wassermangelstandorte. Eine alpine Sonderform der R. ist die Tangelrendzina. In der neuen Bodenformenklassifikation werden auch die A-C-Böden auf karbonathaltigen Lockergesteinen (→ *Pararendzina*) als R. bezeichnet. Die Eigenschaften dieser Böden weichen von den Fels- oder Schutt-R. stark ab.
Reparation: häufig synonym mit → *Regeneration* benutzt, im engeren Sinne die Heilung einer mechanischen Schädigung an Pflanzen und Tieren durch Bildung eines undifferenzierten Narbengewebes und Teilungstätigkeit der verletzten Zellen.
Repellentien (Reppellents, Repulsivstoffe): Wirkstoffe, die von einem Organismus über den Geruchssinn wahrgenommen werden und ihn abschrecken, ohne ihn zu töten. Natürliche R. sind manche → *sekundäre Pflanzenstoffe;* künstliche R. (→ *Abschreckstoffe*) werden im Pflanzenschutz verwendet, dienen aber auch der Abwehr von Zooparasiten (z.B. Mücken). (→ *Deterrentien.* Gegensatz: → *Attraktantien*).
Reproduktionsstrategien: Anpassungen (→ *Adaptation*) von Arten in ihrem Fortpflanzungsverhalten, vor allem in ihrer Investition in die Fortpflanzung („reproductive effort") bei maximalem Nutzen (→ *Kosten-Nutzen-Analyse*). Im allgemeinen wird angenommen, daß ein Individuum etwa genausoviel Energie für die Fortpflanzung wie für das Überleben aufwendet, bei r-selektierten Arten jedoch mehr in die Fortpflanzung, bei K-selektierten mehr in das Sich-Behaupten investiert wird (→ *Selektionstypen*). Neben der quantitativen Investition ist auch der zeitliche Aufwand sehr verschieden und führt zu den mehrfachen → *iteroparen* und den einmaligen → *semelparen* (bis hin zu den „Big-Bang-")Reproduktionsstrategien.
Reproduktionswert: auch „Reproduktion im Alter x"; in einer Population Anzahl der weiblichen Nachkommen, die von jedem weiblichen Individuum mit dem Alter x noch geboren werden, im Verhältnis zu der Anzahl der Weibchen, die in diesem Moment das Alter x haben. Der R. liegt im allgemeinen am höchsten bei den Weibchen, die gerade das fortpflanzungsfähige Alter erreicht haben. Eine Population wird in ihrem Wachstum begünstigt, wenn die → *Mortalitätsrate* von Weibchen mit einem hohen R. relativ niedriger ist als die von sehr jungen oder alten Individuen, die z.B. leichter von Räubern als Beute gmacht werden. Diese Regel gilt auch in der angewandten Ökologie im Hinblick auf Jagd oder Fischerei. Bei r-Strategen (→ *Selektionstypen*), die neue Lebensräume kolonisieren, sollten die Dispersionsstadien einen hohen R. haben.
Reproduktivität: Fähigkeit der Fortpflanzung, gemessen als Rate der Fortpflanzung eines Individuums (→ *Fekundität*) oder einer Population (→ *Natalität*). (→ *Fertilität*).
Reptilien (Kriechtiere): Klasse der Wirbeltiere mit über 6000 Arten weltweit, von denen 16 in Mitteleuropa einheimisch sind (1 Art der Schildkröten, 5 Arten der Eidechsen, 10 Arten der Schlangen). Keine der einheimischen Arten besiedelt dicht-geschlossene, schattig-kühleWaldgebiete. Vier der Arten gelten allerdings darüber hinaus als klimatisch und auch vom Biotoptyp her relativ unspezifisch (Waldeidechse, Blindschleiche, Kreuzotter und Ringelnatter). Trotz der prinzipiell physiologischen Unabhängigkeit vom Wasser (im Gegensatz zu den meisten → *Amphibien*), zeigen die Sumpfschildkröte, die Würfel- und Vipernatter und in geringerem Ausmaß auch die Ringelnatter eine deutliche Bindung an Gewässer. Alle A. stehen z.B. in der BRD unter Naturschutz.
Requisiten: allgemeine Umschreibung für die Erfordernisse, die ein tierischer oder menschlicher Organismus in den → *Ökosystemen* seiner Lebensumwelt benötigt.
Reservat (Reservation): Schutzgebiet für autochthone Bevölkerungsgruppen bzw. Eingeborene. R. sollen den Resten von Naturvölkern die Möglichkeit geben, ihre eigene Kultur zu bewahren und nach althergebrachter Weise weiterzuleben. R. sind vor allem in Amerika eingerichtet worden (z.B. Indianerreservate in den USA).
Reservation: → *Reservat.*
Reserve-Index: die Zeitdauer, in der Reserven von → *Ressourcen* (z.B. fossilen Brennstoffen) bei gleichbleibendem Verbrauch (statischer R.) oder exponentiell steigendem Verbrauch (exponentieller R.) vom Menschen genutzt werden können.
Reserven: in der → *Rohstoffwirtschaft* diejenigen → *Ressourcen*, für die nachgewiesen ist, daß sich daraus der Industrie benötigte *Rohstoffe* wirtschaftlich gewinnen lassen. R. sind Lagerstättenvorräte, die in technisch ge-

winnbare R. und in ökonomisch ausbringbare R. unterteilt werden können.
Reservewirt: meist wildlebender, latent infizierter Parasitenträger, der ein → *Reservoir* für → *Parasiten* darstellt, von dem aus immer wieder eine Übertragung auf Haustiere oder Mensch erfolgt. Die Bekämpfung der R. ist wegen ihrer verborgenen Lebensweise oder nicht erkennbarer Krankheitsanzeichen schwierig.
Reservoir: 1. ein künstlicher See, der als Wasserspeicher dient. – 2. im Sinne eines Genreservoirs oder Nährstoffreservoirs kann der Begriff auch ähnlich demjenigen eines → *Pools* verwendet werden. – 3. im Sinne eines Populationsreservoirs können in besonders geschützten Bereichen eines Ökosystems Teile der ansonsten durch biotische oder abiotische Faktoren gefährdeten Populationen vorliegen, die ggf. eine Neukolonisation ermöglichen (vgl. z.B. → *hyporheisches Interstitial* als Refugium und Reservoir von Fließwassertieren). – 4. in der Parasitologie Begriff für latent infizierte Parasitenträger, die es Überträgern ermöglichen, sich immer wieder mit Parasiten zu beladen. Man kann in diesem Zusammenhang von einem „Reservewirt" sprechen.
Residualgebiet: → *Refugium*.
Residualwirkung (Rückstandswirkung): Wirkungsweise chemischer → *Pflanzenschutzmittel* (vieler Insektizide, Akarizide, Fungizide), die nach der Applikation als „Rückstand" auf der Oberfläche der Pflanzen verbleiben und in Kontakt mit dem zu bekämpfenden Schaderreger kommen müssen, um ihn zu schädigen. (→ *Systemwirkung*).
Resistenz (Nichtanfälligkeit, Widerstandsfähigkeit): generell der Komplex aller Eigenschaften eines pflanzlichen, tierischen oder menschlichen Organismus, die das Wirksamwerden schädigender → *Geoökofaktoren* oder eines → *Parasiten* hemmen. Die Organismen können dabei alle Übergänge von Anfälligkeit über schwache R. bis zu höchstgradiger R. aufweisen. R. ist dabei nicht mit → *Immunität* zu verwechseln. Unterschieden werden passive und aktive R. Die passive R. ergibt sich aus strukturellen oder physiologischen Eigenschaften des Körpers, die Befall, Eindringen oder Ausbreitung eines Parasiten unmöglich machen bzw. extreme Umwelteinflüsse abpuffern. Die aktive R. äußert sich in stofflichen Abwehrreaktionen des angegriffenen Körpers, um den Parasiten zu lokalisieren, zu schwächen oder zu tolerieren bzw. die extremen Umweltbedingungen abzupuffern oder zu tolerieren. Über Tier- und Pflanzenzüchtungen war der wirtschaftende Mensch in der Vergangenheit bestrebt, möglichst resistente Tierrassen und Pflanzensorten hervorzubringen.
Respiration: die äußere → *Atmung* (im Sinne einer Gesamtbilanz bzw. des Gaswechsels). Die molekularen Vorgänge der Atmung werden demgegenüber meist als Zellatmung oder → *Dissimilation* bezeichnet.
respiratorischer Quotient: → *Atmungsquotient*.
Ressourcen: 1. in der → *Landschaftsökologie* das → *Leistungsvermögen des Landschaftshaushaltes* repräsentierende nutzbare stoffliche Substanzen und Energien, einschließlich aller chemophysikalischen und biologischen Prozesse. Die R. entsprechen damit den → *Naturgütern*. – 2. in der Umweltforschung, der Wirtschaft und der Öffentlichkeit werden R. im weitesten Sinne von allen natürlichen Produktionsmitteln und Hilfsquellen repräsentiert. Es sind dies im wesentlichen → *Rohstoffe* sowie produktions- und lebensbedeutsame Umweltgüter für die wirtschaftliche Tätigkeit des Menschen. – 3. im engeren geowissenschaftlichen Sinne sind R. Anreicherungen von Wertelementen in der Erdkruste, für die eine wirtschaftliche Gewinnung des Wertelements möglich ist oder in Zukunft möglich erscheint. Dabei wird unterschieden nach identifizierten R. und hypothetischen R. Beides zusammen ergibt die Gesamt-R. (→ *Reserven*).
Ressourcenaufteilung (engl. resource partitioning): die Aufteilung von lebenswichtigen Gegebenheiten der Umwelt (→ *Ressourcen*) zwischen Arten mit ähnlichen Ansprüchen. Mechanismen der r.p. können → *ökologische Separation* oder → *interspezifische Konkurrenz* sein. Bei der R. innerhalb eines Individuums spricht man von → *Allokation*.
Restgehölz: forstwirtschaftlicher Begriff für Waldrest unter einer Flächengröße von ca. 3 ha in landwirtschaftlicher Umgebung, der schon nicht mehr über ein → *Bestandesklima* des Waldes verfügt, sondern vom Meso- bzw. Mikroklima der landwirtschaftlichen Umgebung beeinflußt ist. Die ehemaligen Hauptbestandesbildner sind zudem in der natürlichen → *Verjüngung* gehemmt bzw. es breiten sich durch oder nach intensiven Nutzungseingriffen licht- und wärmeliebende Gehölze und Sträucher der → *Mantelgesellschaften* aus. Die R. werden wegen ihres Standortes in den Feldfluren auch als → *Flurgehölz* bezeichnet. Aus dem Standort ergeben sich bioökologische und gesamtökologische Folgen. Die R. stellen oft kleinflächige → *Ökologische Ausgleichsräume* dar.
Restgewässer: in Hohlformen sich sammelnde → *Oberflächengewässer*, die auf Ansammlung von Niederschlagswasser oder Wiederanstieg des → *Grundwassers* zurückgehen. Die R. können sich unter natürlichen Bedingungen, z.B. nach Eisrückzug in vergletscherten Gebieten, oder in anthropogenen Hohlformen, wie den Restlöchern des Braunkohlenbergbaus, in Kiesgruben oder Steinbrüchen, bilden.
Restinga: eine offene Vegetationsform aus Bäumen und Sträuchern an den sandigen Küsten Südbrasiliens.
Restitution: bei Ökosystemen die → *Regeneration*.

Restrisiko: nicht näher zu definierendes, noch verbleibendes → *Risiko*, nach Berücksichtigung und/oder Beseitigung aller denkbaren quantifizierten Risiken einer Risikobetrachtung von → *Naturgefahren* oder technischen Systemen in der Umwelt, wie → *Kernkraftwerken*.

Restwald: im Sinne des → *Restgehölzes* der Rest eines ehemaligen Waldkomplexes, der im Innern noch die abiotischen und biotischen Verhältnisse des Waldes erkennen läßt. Sie müssen pflanzensoziologisch nachweisbar sein und sich in einem → *Bestandesklima* ausdrücken, welches dem des ursprünglichen Waldes noch ähnlich ist. Das Standortklima des R. ist eigenständig und unterscheidet sich gegenüber dem umgebenden Agrarland. Der R. hat demzufolge – je nach Flächenform – Minimalgrößen von 3–5 ha. Die ökologischen Funktionen entsprechen denen der Restgehölze im Sinne der → *Ökologischen Ausgleichsräume*.

Restwassermenge: jene Abflußmenge, die in einem Fließgewässer an einer bestimmten Stelle unterhalb einer Wasserentnahmestelle im Gewässerbett oberirdisch abfließt. Die R. hat nicht nur hydrologische Bedeutung, sondern auch ökologische und fischereibiologische. Die R. wird mit verschiedenen Parametern bestimmt, z.B. Wasserstand, Fließgeschwindigkeit, Beschaffenheit des Gewässergrundes, Wassertemperatur und benätzte Gerinnebettfläche. Die ökologische Wirkung der R. hängt wesentlich von flußmorphologischen Merkmalen ab, wie Längs- oder Querprofil des Bachs- oder Flußbettes.

Retention: Zurückhaltung von Niederschlagswasser in der Pflanzendecke, im Boden, im Untergrund (als Grundwasser), in einem See oder im Gesamteinzugsgebiet. Die R. wirkt sich auf den → *Abfluß* aus, indem sie diesen bei hohen Niederschlagsmengen dämpft (Bedeutung für den Hochwasserschutz). Sie beeinflußt auch den Wasserhaushalt: In der Pflanzendecke zurückgehaltenes Wasser (→ *Interception*) verdunstet direkt wieder ohne den Boden zu erreichen; im Boden und im Grundwasser zurückgehaltenes Wasser steht für die → *produktive Verdunstung* zur Verfügung. In → *Einzugsgebieten* mit niedrigem R. vermögen ist demzufolge der Abflußanteil höher.

Retentionsvermögen: die Fähigkeit des Bodens und des → *Oberflächennahen Untergrundes* zur Wasserspeicherung im Sinne der → *Retention*. Das R. gilt als ein Bestandteil des → *Leistungsvermögens des Landschaftshaushaltes*.

Retrogradation: Rückgang der Bevölkerungsdichte nach einer Massenentwicklung einer Art. Ggs.: → *Progradation*.

reversibel: umkehrbar. In der Ökologie jene Prozesse, die auch umgekehrt verlaufen können oder die dazu führen, daß die veränderten Ökosystemzustände wieder in den Ursprungszustand zurückkehren. Die Reversibilität ökologischer Prozesse und Zustände drückt sich in der → *Regulationsfähigkeit* bzw. in der → *Regenerationsfähigkeit* der Ökosysteme bzw. Landschaftsökosysteme aus. Ggs.: → *irreversibel*.

Revier (Territorium): 1. allgemein ein Bereich im Sinne des → *Territoriums*, der irgendwelche sichtbaren oder nichtsichtbaren, jedenfalls wirksamen Grenzen aufweist. – 2. in der Forstwirtschaft ein territorialer Bereich mit gewissen definierten Grenzen. – 3. in der Bioökologie das gegen Artgenossen des gleichen Geschlechts verteidigte Mindestwohngebiet eines Tiers und somit vom Aktionsradius des Tieres bestimmtes Territorium, dessen Größe sich auf Grund eines gewissen → *R.-Verhaltens* ändern kann, etwa der Stellung in der sozialen Hierarchie oder dem Nahrungsangebot. Das R. spielt bei Vögeln und Säugetieren während mancher Lebensabschnitte eine große Rolle, z.B. während der Brutzeit oder der Brunstzeit.

Reviertreue: bioökologischer Begriff, der das Gebundensein von Individuen an einen speziellen Standort beschreibt. Er entspricht etwa dem Begriff der → *Ortstreue*.

Revierverhalten (Territorialverhalten): tierökologischer Begriff für die Aufteilung des Lebensraumes unter die Glieder einer Population. Dabei wird ein bestimmter Lebensraumausschnitt von Individuum, der Familie oder Sippe in Besitz genommen und gegebenenfalls auch gegen Artgenossen verteidigt. Die Reviergrenzen werden markiert, z.B. durch Duftstoffe und Lautäußerungen.

Rezedente: Bezeichnung für die Arten von geringer → *Dominanz* in einer Lebensgemeinschaft.

rezent: gegenwärtig, in der Gegenwart oder unter gegenwärtigen Bedingungen stattfindend bzw. gebildet. Gegenbegriffe sind → *vorzeitlich* bzw. → *fossil*.

rezente Böden: → *Böden*, die sich unter gegenwärtigen Standortbedingungen entwickelt und ihr → *Klimaxstadium* erreicht haben oder einem den Jetztbedingungen entsprechenden Klimaxstadium zustreben.

Rezidiv: Rückfallerkrankung, erneuter Ausbruch einer im Körper gebliebenen Krankheit.

Rezipient: der Empfänger eines Parasiten im Verlauf einer → *Infektkette*.

RGT-Regel (Reaktionsgeschwindigkeits-Temperatur-Regel, Van't Hoff'sche Regel): eine der → *Ökologischen Regeln*, die in ihrer biologischen Modifikation besagt, daß bei einer Temperatursteigerung um 10°C Lebensprozesse der Tiere um das zwei- bis dreifache gesteigert werden können. Die RGT-R. gilt jedoch nur in der Gedeihzone der betreffenden Art.

rheobiont: bezeichnet Tiere, die ausschließlich in Gewässern mit starker Strömung leben. (→ *Strömungstiere*)

Rheobiozönose (Flußbiozönose): bioökologischer Begriff, der die sehr differenzierten Le-

bensraumverhältnisse in Flüssen nach der Untergrundbeschaffenheit klassifiziert. Unterschieden werden Litho-R. auf Festgestein oder Steinen, Psammo-R. auf Sand, Pelo-R. auf Schlamm und Phyto-R. auf dicht von Pflanzen überdecktem Grund. Zur Flußbiozönose gehört aber auch das freie Wasser, das wegen der verschiedenen Strömungsgeschwindigkeiten in seinen Teilbereichen nicht mehr so scharf wie der Flußboden gegliedert werden kann. Gleichwohl ist die Strömungsgeschwindigkeit für die Zusammensetzung der Flußlebensgemeinschaften ausschlaggebend. Bei den mitteleuropäischen Flüssen wird der Lebensraum des freien Wassers in → *Fließgewässergliederungen* nach Fischarten benannt und in → *Äschenregion*, → *Barbenregion*, → *Forellenregion* und → *Kaulbarsch-Flunder-Region* gegliedert.
Rheokrenen: Typ der → *Quelle*, hier Sturzquelle. (→ *Quelltypen*).
rheophil: tierische und pflanzliche Organismen, die überwiegend in stark strömenden Gewässern leben.
rheophil: bezeichnet Organismen, die bevorzugt in Fließgewässern leben, z.B. infolge der Anpassung ihres Nahrungserwerbs an eine Strömung oder infolge des beständig hohen Sauerstoffbedarfs. (→ *limnophil*).
rheophob: bezeichnet Organismen, die Fließgewässer meiden.
Rheotaxis: Einstellung von freibeweglichen Organismen (→ *Taxis*) in Richtung der Strömung von Gewässern (positive Rh.). Sie ist besonders wichtig für Fließwassertiere, die dadurch vermeiden, mit der Strömung abgetrieben zu werden, dadurch aber auch die flußabwärts gerichtete Verdriftung (→ *organismische Drift*) kompensieren können.
rheotypisch: für die Strömung charakteristisch.
Rheozönose: → *Lebensgemeinschaft* der Fließgewässer. → *Fließgewässerbiozönosen*.
Rhitral: Lebensbereich in der → *Rheobiozönose* und die Bachregion der Flüsse repräsentierend, nach der → *Fließgewässergliederung* auch mit der → *Forellenregion* identisch, auch als Salmonidenregion bezeichnet. Die Sommertemperaturen liegen tiefer als 20°C. Das R. zeichnet sich durch starke Strömung sowie meist sandig-kiesigen, z.T. auch harten Untergrund aus. In Mitteleuropa leben in der oberen Salmonidenregion Forellen und Bachneunaugen, in der unteren die Äsche, wo auch der Lachs laicht. Wegen der starken Strömung zeigen viele Organismen charakteristische Anpassungen an das R., die abgeflachten Körper, positive → *Thigmotaxis* sowie dauernde oder vorübergehende Anheftung am Untergrund. Diesem Hauptlebensraum wird das je nach Strömung und Flußbettmorphologie anders beschaffene → *Potamal* gegenübergestellt.
Rhithrostygal: Lebensraum des Grundwassers (→ *Stygal*) im Bereich von Bächen.
Rhizogenese: → *Wurzelbildung*.

rhizophag: bezeichnet Tiere, die lebende Pflanzenwurzeln fressen.
Rhizosphäre: die unmittelbare Umgebung der lebenden Pflanzenwurzel im Boden, wo ein relativ starker Stoffumsatz vor sich geht. Dieser Bereich ist ein wichtiger Lebensraum für Bodenbakterien, Pilze, Protozoen, Nematoden, Milben und Collembolen. Viele Arten kommen u.a. infolge von Wurzelausscheidungen um ein Vielfaches häufiger vor als in anderen Bodenbereichen.
Rhythmik: 1. periodische Lebenserscheinungen der Organismen mit schneller Frequenzfolge, z.B. Stoffwechsel-, Herz-, Atem-, Freßrh.; – 2. → *Periodik*.
Richtlinien: in der → *Raumplanung* Handlungsanweisungen, die eine unterschiedliche Verbindlichkeit haben können, wie es dem → *Richtwert* und letztlich auch dem → *Grenzwert* entspricht. Die R. sind verbindlich, sofern sie auf allgemeinen Gesetzen beruhen oder durch Erlaß bzw. Verordnung verfügt wurden. Beispiele sind Planungs-R. in der städtebaulichen Planung, R. für den Strassenbau oder R. für Demonstrativbauvorhaben des Bundes. Auch die DIN-Vorschriften, Wohnungsbau-R. oder die Verdingungsordnungen für Bauleistungen sind Beispiele für R.
Richtwerte: 1. aus praktischen Gründen definierte Werte, welche die Grenze nicht mehr zumutbarer oder zulässiger → *Belastungen* von Mensch oder Umwelt angeben. Sie entsprechen damit den → *Grenzwerten*, besitzen gegenüber diesen jedoch geringere Verbindlichkeit, obwohl sie – wie die Grenzwerte – Instrumente der Entscheidung in → *Umweltpolitik* und → *Umweltrecht* sind. Ihre Bedeutung liegt in der Anwendung im praktischen → *Umweltschutz*. Die R. repräsentieren den Wissensstand zu einem ökologischen Sachverhalt ähnlich den Grenzwerten. Die Höhe der R. und Grenzwerte muß nicht notwendigerweise an den Funktionen und Erfordernissen der Ökosysteme bzw. Landschaftsökosysteme festgesetzt sein, sich also an Naturgesetzen orientieren, sondern sie ist in der Regel ein von politischen und ökonomischen Vorgaben bestimmter Wert. – 2. in der Raumplanung ein praktischer Erfahrungswert, der als Orientierungshilfe dient, aber durch eine Verordnung für Planungsträger verbindlich werden kann und somit den Charakter von → *Richtlinien* erhält. Ein Beispiel für einen gesetzlich verbindlichen R. ist das zulässige Maß der baulichen Nutzung, wie ihn die Baunutzungsverordnung festlegt.
Ried: feuchtes, meist anmooriges Niederungsgebiet im Bereich hochstehenden Grundwassers oder am Rande von offenen Wasserflächen, meist mit der Vegetation der → *Sümpfe* und/oder → *Moore*. Typische Pflanzen sind Schilf, Seggen oder Wollgras.
Riedgräser: → *Sauergräser*.
Rieselfelder: Kulturfelder, die mit → *Abwäs-*

sern berieselt werden, um diese biologisch zu reinigen.

Riff: ein maßgeblich von lebenden Organismen aufgebautes Gebilde, das vom Meeresboden bis zur Wasseroberfläche reicht und durch seine Größe der Brandung des Wassers widersteht. Es verändert die ökologischen Eigenheiten der Umgebung und wird zu einem Ökosystem mit besonders daran angepaßten Bewohnern. Die wichtigsten R.e werden von Steinkorallen gebildet (→ *Korallenriff* im Bereich der Tropen); doch gibt es auch Algenriffe (z.B. das „Kalkalgen-Trottoir" an Felsküsten des Mittelmeers) und Polychaetenriffe (Serpulidenriff, Sabellarienriff).

Riffhang: schräg bis senkrecht abfallende Seite des Riffaufbaus; bei Barriereriff und Atoll lassen sich ein seewärtiger und ein lagunenseitiger Riffhang unterscheiden. → *Korallenriff*.

Rigolen: Verfahren der Kulturtechnik. R. ist tiefgründiges Umschichten von Bodenmaterial (früher manuell, heute maschinell) bis in Tiefen von 80–150 cm zum Zwecke der Bodenverbesserung (nährstoffhaushaltliche Verbesserung durch „Hochbringen" von mineralstoff- oder kalkreichem Unterboden, wasserhaushaltliche Verbesserung durch „Aufbrechen" von wasserstauenden Horizonten). (→ *Rigosole*).

Rigosole: durch tiefgreifendes Umschichten, dem → *Rigolen*, von Bodenmaterial entstandene künstliche Böden. Je nach der Art der umgewandelten Profile gibt es verschiedenste R. Typische Vertreter sind die Weinbergböden (viele Jahrhunderte alt), Sandmischkulturen auf abgetorften → *Mooren* sowie tiefumgebrochene → *Parabraunerden* und → *Podsole* (Aufbrechen der stauenden Tonanreicherungs- bzw. Ortsteinhorizonte). Die R. sind bei völliger Durchmischung von Ober- und Unterbodenmterial ungeschichtet, beim Aufbrechen von Unterbodenhorizonten durch Tiefpflügen z.T. schräg geschichtet und am Verlauf der ehemaligen A_p-Horizonte gut erkennbar.

Rillenspülung: Form der → *Bodenerosion*, hier durch fließendes Wasser in kleinen episodischen Rinnsalen, wobei nur kleine, bis maximal mehrere Zentimeter tiefe Rillen ausgespült werden. Da die Rillen durch die Bodenbearbeitung und/oder natürliche geomorphologische Prozesse an der Erdoberfläche rasch beseitigt werden, findet eine „schleichende" Abtragung des Bodens statt, die an der Kappung des Bodenprofils jedoch erkennbar wird.

Ringkanalisation: um die → *Eutrophierung* von Oberflächengewässern zu verhindern, wird im Rahmen der → *Gewässersanierung* um Seen auch eine R. angelegt. Die → *Abwässer* werden also nicht mehr in den See eingeleitet, sondern im ringförmigen Sammler, der dem Ufer folgt, in die → *Kläranlage* geleitet. Die R. ist bei großen Seen technisch aufwendig, weil eine Vorklärung des Abwassers vor dem Einleiten in die R. erfolgen muß, damit keine Fäulnis in der R. eintritt. Die R. bekommt auch erst dann Sinn, wenn die mit → *Phosphaten* angereicherten Seesedimente (Schlamm) teilweise oder ganz abgepumpt werden, weil sie eine Phosphatquelle für das Wasser darstellen. Bei kleineren Seen wird zusätzlich auch → *Sauerstoffanreicherung* vorgenommen.

ripikol: bezeichnet uferbewohnende Organismen.

Risiko: allgemein definiert als Produkt aus Schadensumfang und Eintrittswahrscheinlichkeit eines Ereignisses, einer Katastrophe oder eines Unfalls. Im → *Technischen Umweltschutz*, bei → *Kernkraftwerken*, → *Naturgefahren*, → *Chemieunfällen* etc. spielt die → *Risikoabschätzung* eine sehr große Rolle. Dafür werden technische Risikostudien angefertigt oder – allgemeiner – → *Ökologische Risikoanalysen*. Die R.-Problematik spielt vor allem im Zusammenhang mit → *Kernkraftwerden* bzw. → *Kernspaltung* eine große Rolle. (→ *Strahlenrisiko*).

Risikoabschätzung: erfolgt entweder durch → *Ökologische Risikoanalysen*, in Form einfacher empirischer → *Modelle*, oder durch mathematische Modelle, die auf Daten von Experimenten, Feldbeobachtungen oder Abschätzungen beruhen. Auch die mathematischen Modelle sind letztlich empirisch und bringen für die R. nur eine Annäherung. Die R. wird bei der Einschätzung von → *Naturgefahren*, → *Strahlenbelastungen* und → *Strahlenwirkungen*, → *Belastungen von Ökosystemen* und für die Wirkung von → *Schadstoffen*, z.B. auf ihre → *Toxizität* hin, vorgenommen.

Riß-Kaltzeit: eine der vier klassischen → *Kaltzeiten* im alpinen Vereisungsgebiet des → *Pleistozäns*. Im Gegensatz zu den älteren Gunz- und Mindel-Kaltzeiten, sind die Sedimente und damit auch Reliefformen der R.-K. flächendeckend erhalten. Die R.-K. gilt für das Alpenvorland als Maximalvereisung. Die → *Würm-Kaltzeit* erreichte diesen Maximalstand nicht. Daher finden sich außerhalb des Verbreitungsgebietes würmzeitlicher Formen und Sedimente zahlreiche Spuren der alpinen r.-kaltzeitlichen Vergletscherung. Dieses Gebiet wird als Altmoränenlandschaft bezeichnet und der würmzeitlichen Jungmoränenlandschaft gegenübergestellt. Im Alpenvorland ist die Altmoräne vor allem als Grundmoräne weit verbreitet, daneben die fluvioglazialen Schotter der R.-K., die als Hochterrasse bezeichnet werden.

r-K-Kontinuum: → *Selektionstypen*.

Rockpool: engl. für → *Felsentümpel*.

Rodentizide: chemische Bekämpfungsmittel (→ *Pestizide*), die gegen Nagetiere, vor allem Mäuse, eingesetzt werden.

RÖE: → *Roheinheit*.

Rohboden: Anfangsstadium der Bodenbildung. R. besteht aus einer lückenhaften, oft nur filmartigen Lage aus noch kaum in Humus zersetzter abgestorbener pflanzlicher Substanz über dem noch weitgehend unverwitterten Fest-

gestein. Sie sind demzufolge von den Gesteinseigenschaften geprägt. Es werden subhydrische (→ *Protopedon*), semiterrestrische (→ *Rambla*) und terrestrische R. (arktischer R., → *Syrosem*, → *Yerma*) unterschieden.
Rohenergie: → *Primärenergie*.
Rohhumus: dreilagiger (O_L-O_F-O_H-Profil), huminstoffarmer Auflagehumus mit stark verlangsamtem Streuabbau. R. ist sauer bis extrem sauer, nährstoffarm und wenig belebt. Er entsteht unter kühl- und kaltgemäßigten Klimabedingungen (niedrige Bodenwärme verlangsamt die biologische Abbauaktivität) auf nährstoffarmen Gesteinen unter Vegetation, die schwer abbaubare Streu liefert (Nadelwälder, Zwergstrauchheiden). R. bildet viel niedermolekulare ungesättigte organische Säuren (→ *Fulvosäuren*), die Podsolierungsprozesse in Gang setzen. Sofern das Gestein nicht außerordentlich widerstandsfähig ist, entsteht unter einer R.-Decke deshalb ein → *Podsol*.
Rohmarsch: durch Bodenentwicklungsprozesse noch unveränderte → *Marsch*.
Rohöleinheit (RÖE): eine Maßeinheit, mit Hilfe derer verschiedene Energiearten, bezogen auf ihren Heizwert, miteinander verglichen werden können. Die RÖE, auch als Öläquivalent bezeichnet, geht primär vom → *Erdöl* aus und mißt daran andere Energieträger. Ein kg RÖE entspricht 10000 kcal oder 11.63 kWh oder 41 868 Kj. In Deutschland gebräuchlicher ist die → *Steinkohleneinheit*.
Röhricht: ein Dickicht im Uferbereich von Flachgewässern. Typische Pflanzen: Schilf, Binsen, Rohrkolben.
Rohstoff: in den Produktionsprozeß eingehende Grundsubstanz, die bis dahin weder aufbereitet noch verarbeitet ist. Nach ihrer Herkunft unterscheidet man nach pflanzlichen, tierischen, mineralischen oder chemischen R. Üblich ist auch die Unterscheidung nach agrarischen R., forstwirtschaftlichen R., fischereiwirtschaftlichen R. und bergbaulichen R. Gesondert zusammengefaßt wird häufig die Gruppe der Energie-R. Eine weitere Differenzierung besteht nach erneuerbaren R. (z. B. → *regenerative Energien*) und nichterneuerbaren R. Letztlich gibt es die Begriffe → *Primärrohstoff* und → *Sekundärrohstoff*. (→ *Ressourcen*).
Rohstoffpolitik: ein Teil der Wirtschaftspolitik und dabei jene Maßnahmen auf nationaler und internationaler Ebene umfassend, welche die Sicherstellung der Rohstoffversorgung zum Ziel haben. Die R. ist oft ökonomisch orientiert und trägt Grundsätzen der → *Rohstoffsicherung* sowie der → *Rohstoffverknappung* kaum Rechnung.
Rohstoffrückgewinnung: unscharfe Bezeichnung für → *Recycling*, oft begrenzt auf Einzelmaßnahmen, die im Rahmen des Recycling durchgeführt werden, wie die Behandlung von → *Müll*.
Rohstoffsicherung: an sich eine Aufgabe der → *Rohstoffpolitik*, die von der Erfahrung der → *Rohstoffverknappung* ausgeht und eine langfristige Erschließungs- und Vorratspolitik umfassen sollte. Die R. spielt vorzugsweise in den Industrieländern eine große Rolle. Sie richtet sich überwiegend an ökonomischen Bedürfnissen aus.
Rohstoffverknappung: die nichtregenerierbaren → *Ressourcen* (→ *Rohstoffe*) erschöpfen sich durch zunehmende Nutzung und stellen eine Komponente der R. dar. Die andere ist politisch-ökonomisch bestimmt, wenn Embargomaßnahmen, politische Krisen oder kriegerische Auseinandersetzungen den einen oder anderen Rohstoff vom Markt fernhalten. Die R. wirkt sich bereits bei einer größeren Zahl mineralischer Rohstoffe und Energierohstoffe aus. An sich wäre es an einer auf → *Rohstoffsicherung*, ökologische Stabilität und → *Rohstoffrückgewinnung* ausgerichteten → *Rohstoffpolitik*, die Probleme der R. zu bewältigen.
Rohstoffwirtschaft: derjenige Teil der Wirtschaft, der sich mit der Erzeugung und Vermarktung von → *Rohstoffen* befaßt. In der R. gewinnt die → *Rohstoffrückgewinnung*, vor allem wegen der → *Rohstoffverknappung*, zunehmend an Bedeutung.
Rohwasser: in der → *Wasserwirtschaft* unbehandeltes Wasser, das im Wasserwerk für einen bestimmten Verwendungszweck wie → *Brauchwasser*, → *Trinkwasser* oder → *Reinwasser* aufbereitet wird.
Röntgenstrahlung: eine durchdringende, hochenergetische elektromagnetische Strahlung (→ *Ionisierende Strahlung*), die für röntgendiagnostische Zwecke benützt wird.
Rotation: → *Fruchtfolge*.
Rotationsbrache: eine besondere Form der → *Brache*, bei der in einem → *Fruchtfolgesystem* gefolgt wird, in welches ein Brachjahr eingeschaltet ist. Dies kann arbeitstechnische oder ökologische Gründe haben, z. B. um die → *Nachhaltigkeit* der → *Bodenfruchtbarkeit* bzw. der → *Bodenproduktivität* zu sichern.
Rotationsweide: → *Umtriebsweide*.
Rote Liste (engl. Red Data Book): Auflistung von Arten, die regional oder überregional durch Einwirkung des Menschen vom Aussterben bedroht sind oder im Bestand stark gefährdet sind. Ziel der Listen ist es u.a., der Öffentlichkeit und die für den Schutz zuständigen Behörden über das Ausmaß von Artenbedrohung und Bestandsrückgänge tabellarisch zu informieren. In der westl. BRD sind einerseits Rote Listen für verschiedene Bundesländer erstellt worden, andererseits für das Gesamtgebiet der früheren BRD, noch kaum für die Neuen Bundesländer. Auch in Österreich und in der neueren Zeit in der Schweiz sind Rote Listen erstellt worden.
Rote Tide: die Erscheinung, daß rot gefärbte Algen (Dinoflagellaten) lokal in nicht vorhersagbaren Zeitabständen in Massen auftreten, so daß sich die oberflächlichen Wasserschichten

rot färben. (→ *Algenblüte*).
Roter Schnee: → *Blutschnee*.
Roterde: Boden der wechselfeuchten Tropen, der zur Gruppe der → *Latosole* gehört. Intensive chemische Verwitterung bewirkt in den R. eine Verarmung an verwitterbaren Primärmineralen. Die Kieselsäure wird größtenteils weggeführt (→ *Desilifizierung*), und die verbleibenden Eisen- und Aluminiumoxide flocken in Trockenperioden aus und schaffen ein hartkrümeliges Erdgefüge. Die Eisenminerale Hämatit und Goethit geben der R. intensiv rote und gelbrote Färbung. Neben der Sesquioxidanreicherung findet auch eine Tonmineralneubildung statt, wobei vor allem Kaolinite entstehen. Unter bestimmten Bedingungen verkrustet die R. zu Laterit. Wegen des sehr raschen Humusabbaus und der niedrigen Sorptionskraft für Nährstoffe haben R. chemisch ungünstige Eigenschaften. Ihnen gegenüber stehen jedoch gute bodenphysikalische Voraussetzungen durch stabiles Gefüge und Tiefgründigkeit.
Rotlehme: rotgefärbte plastische tropische Böden mit dichtem Lehmgefüge, die aus Silikatgesteinen verschiedener Zusammensetzung entstehen. Die R. gehören zur Gruppe der Plastosole.
Rotte (Verrottung): die → *Zersetzung* fester organischer Stoffe unter Lufteintritt, aber bei geringer Feuchte. Die R. kann für die Verarbeitung von Hausmüll zu Müllkompost eingesetzt werden (Kompostierung).
RPG: → *Raumplanungsgesetz*.
RPV: → *Raumplanungsverordnung*.
R/P-Verhältnis: *Respirations-zu-Produktions-Verhältnis*, das Verhältnis zwischen der Respiration und der Produktion für ein Einzelindividuum, eine Population oder ein Ökosystem. Das R. – als Umkehrung des → *P/R-Verhältnisses* – ist ein Maß für die Kosten der Produktion.
r-Strategie: Form der Lebensstrategie, die der → *k-Strategie* gegenübersteht. Organismen mit r.-S. (wobei r für die endogene Wachstumsrate der Population steht) sind Arten mit schneller Entwicklung, hoher Nachkommenszahl, relativ kurzem Leben und starken Bevölkerungsschwankungen, die in der Lage sind, Lebensräume mit kurzfristig wechselnden Bedingungen rasch zu besiedeln. Dazu gehören zahlreiche Unkräuter, das limnische → *Plankton*, sowie Blattläuse und Mäuse. Der Begriff spielt in der Theorie der → *Populationsbiologie* eine Rolle.
Rubefizierung: zusammenfassende Bezeichnung für jene Bodenbildungsprozesse, welche zu einer Ausscheidung und Anreicherung wasserarmer Eisenverbindungen (z.B. Hämatit und Goethit) in subtropischen und tropischen Böden (→ *Roterde*, → *Rotlehme*, → *Terrarossa*) führen.
Rübel'sches Prinzip: Umschreibung der Gleichwertigkeit verschiedener Umweltbedingungen, und somit das Prinzip der Vetretbarkeit oder Ersetzbarkeit der → *Geoökofaktoren*, nach welchen durch verschiedene ökologische Gegebenheiten die gleiche Wirkung auf einen Organismus erzielt werden kann. Das R.P. erklärt zugleich die Relativität der → *Biotopbindung*, außerdem weist es auf die Kompensationen verschiedenartiger Geo- und Bioökofaktoren hin.
Rückbau: eine Sammelbezeichnung für verschiedene Maßnahmen, die im Landschafts- und Städtebau, aus der Sichtweise einer → *Ökologischen Planung* und → *Ökologischen Politik*, durchgeführt werden. Dabei geht es um Aufhebung von → *Bodenversiegelungen* und damit verbundenen überdimensionierten Verkehrsflächen, damit der Lebensraum Stadt wieder attraktiver und ökologisch wertvoller wird. Der R. richtet sich nicht nur gegen → *Landschaftsverbrauch* allgemein, sondern möchte auch die ökologische → *Diversität* der Landschaftsökosysteme steigern. Auch die → *Renaturierung* von Gewässern, die begradigt und ausgebaut wurden, gehört zum R.
Rückhaltebecken: ein Auffangbecken für Niederschlagswasser, damit der →*Abfluß* der Oberflächengewässer geregelt wird. Das R. ist eine Stauanlage, die bei Wasserübergebot durch Schneeschmelze oder Starkregen Wasser vorübergehend speichert, so daß Überschwemmungen vermieden werden, ebenso jedoch Abgabe gestauten Wassers in Trockenperioden erfolgen kann, um den Abfluß des → *Vorfluters* zu erhöhen. Die R. sind am Rande von großflächigen Überbauungen, wie Städten oder Agglomerationen, erforderlich geworden, weil durch die → *Bodenversiegelung* das Niederschlagswasser nur noch bedingt versickern kann und die → *Kanalisation* in der Regel nicht mehr ausreicht, derartige Spitzenwassermengen abzuführen. Das R. ist im Unterschied zur → *Talsperre* ein → *Speicherbecken* das lediglich einen ungeregelten Durchlaß hat, der mehr oder weniger ständig offen ist. Überwiegend handelt es sich bei dem R. um Regen- bzw. Hochwasser-R.
Rückkopplung: Funktionsprinzip von → *Regelkreisen*, nach welchem dynamische → *Systeme* bzw. deren Teilsysteme dann über eine R. verfügen, wenn die Änderung einer seiner Ausgangsgrößen auf Eingangsgrößen zurückwirkt. Unterschieden werden kompensierende und kumulative R. Bei kompensierender R. tragen die Rückwirkungen dazu bei, daß die → *Stabilität* des Systems aufrecht erhalten wird. Kumulative R. hingegen liegt vor, wenn die Rückwirkungen die Stabilität des Systems aufheben, wobei es zur qualitativen Veränderung oder zur Zerstörung des Systems kommen kann.
Rückkopplungssystem (Feed-Back-System): in lebenden → *Systemen* repräsentiertes System, wobei einen Informationsverarbeitungsprozeß das Ergebnis der Wirkung eines Stellgliedes wieder zur Aktion dieses Stellglie-

des benutzt wird.
Rückkühlanlage: technische Anlage zur erneuten Abkühlung von in Kraftwerksanlagen bzw. in industriellen Großbetrieben erwärmten → *Kühlwasser*. Durch das Rückkühlverfahren wird das Kühlwasser mehrfach benützt und damit die → *Wärmebelastung* der Gewässer reduziert. (→ *Kühlturm*, → *Naßkühlturm*, → *Trockenkühlturm*).
Rücklage: im → *Wasserhaushalt* der Anteil des Wassers, welches kurz- oder mittelfristig in den → *Speichern* eines → *Einzugsgebietes* verbleibt. Die Funktion von Speichern erfüllen das Bodenwasserreservoir, das Grundwasser, die Seen, die Schneedecke und Eismassen. Da der → *Wasserkreislauf* langfristig ausgeglichen ist, verändert sich auch die Gesamtspeicherung langfristig nicht, d.h neu in Speicher gelangendes Wasser wird auch irgendwann wieder aufgebraucht. (→ *Wasserhaushaltsgleichung*).
Rücklauf: 1. bei → *Mineralstoffkreisläufen* im Ökosystem der Abbau organischer Stoffe, ihre Remineralisation und die Wiederverfügbarkeit der Nährstoffe (z.B. Stickstoff, Phosphor, Kalium, Calcium) für die Pflanzen; – 2. (Recycling, Rezyklisierung): in der angewandten Ökologie die Wiederverwendung von Abfallstoffen als Rohstoffe.(→ *Recycling*).
Rückstände: in der → *Umweltchemie* und → *Ökologie* die Restmenge von Schad-, Fremd- und Zusatzstoffen aus chemischen Reaktionen. R. treten oft als → *Schadstoffe* auf und finden sich in Luft, Boden, Grundwasser, Pflanzen und Tieren bzw. Nahrungs- und Futtermitteln. Sie gelangen über die → *Nahrungsketten* auch in den Menschen. Gefährliche R. bilden sich z.B. bei der Anwendung von Pflanzenschutz- und Schädlingsbekämpfungsmitteln. Sie sind dann oft toxisch. Auch die R. aus Industrie- und Kraftfahrzeugemissionen wirken als Schadstoffe bzw. Umweltgifte. (→ *Bioakkumulation*).
Rückstandsanalytik: ein Spezialgebiet der → *Umweltchemie*, das sich mit → *Rückständen* beschäftigt und chemische, physikalische und chemophysikalische Methoden einsetzt. Die Daten der R. spielen für die Bestimmung von → *Grenz-* und → *Richtwerten* eine große Rolle. Bei der R. werden sehr häufig → *Bioindikatoren* eingesetzt, um an ihnen Rückstandsanalysen durchzuführen.
Rückstandsproblem: es stellt sich bei exponierten pflanzlichen, tierischen oder menschlichen Organismen ein, die → *Emissionen* von → *Schadstoffen* und sonstigen → *Umweltchemikalien* ausgesetzt sind. Generell ergibt sich eine → *Belastung*, die dadurch gesteigert wird, daß Schadstoffe über → *Nahrungsketten* sich im Organismus anreichern (→ *Bioakkumulation*, → *Inkorporation*) und dort eine kumulative Wirkung entfalten. Zur Kennzeichnung der → *Rückstände* und zum Abstecken des R. werden Methoden der → *Rückstandsanalytik* eingesetzt. Die von Rückständen ausgehenden Belastungen können von Organismus zu Organismus, auch bei der gleichen Art, außerordentlich verschieden sein, so daß die Aussage von Werten oft nicht verallgemeinert werden kann. Aus dem r. resultiert, ähnlich wie aus dem Problem des → *Recyclings*, daß die Abgabe von Umweltchemikalien in die Ökosysteme minimiert oder verhindert werden sollte, damit das R. entschärft wird.
Ruderalboden: im weitesten Sinne → *Schuttboden*, bezieht sich aber überwiegend auf anthropogenen Schutt (Siedlungsschutt, Bauschutt, Trümmerschutt), auf welchem innerhalb von 5–25 Jahren echte → *Bodenbildung* mit Profildifferenzierungen auftritt. Sie äußert sich durch eine Zunahme des $CaCO_3$-Gehaltes der Feinerdefraktion mit der Tiefe von 6 auf 10%, des pH-Wertes von 7 auf 7.5 und eine Abnahme des Gehaltes an organischem C von ca. 3.0 auf 0.5%. Feinerdereiche R. weisen gewöhnlich größere verfügbare Nährstoffgehalte als natürliche Böden auf. Ihr Problem ist jedoch der hohe Steingehalt von 25–50%, der sowohl schnellen Wasserabfluß als auch vermindertes Speichervermögen verursacht, also einen ungünstigen Bodenfeuchtehaushalt.
Ruderalgesellschaft: → *Ruderalpflanzen*.
Ruderalpflanzen (Ruderalpflanzengesellschaft, Ruderalgesellschaft): Pflanzengesellschaften, die sich an Schuttplätzen, Wegrändern sowie in der Nähe menschlicher Siedlungen auf → *Ruderalböden* finden. Wegen des Reichtums an anorganischen Stickstoffverbindungen sowie an anderen Mineralsalzen in den Ruderalböden sind die R. salzliebende bis salzertragende Gewächse, die häufig beträchtliche Nitratmengen in ihren Blättern speichern. Die R. kommen jedoch auch auf stickstoffhaltigen natürlichen Böden vor, wie in manchen Abschnitten der Flußauen oder auf Tangwällen an den Küsten. Typische R. sind Brennessel, Gänsefuß, Melde.
Ruderalpflanzengesellschaft: → *Ruderalpflanzen*.
Ruderalstelle: anthropogen geprägter → *Landschaftsökologischer Standort*, der ursprünglich oder zeitweise pflanzenarm und verhältnismäßig stickstoffreich ist und sich durch einen → *Ruderalboden* auszeichnet, bei dem die Bodenbildung noch nicht weit fortgeschritten ist. Vor allem fehlt ihm der A-Horizont. Charakteristisch für die Ökosysteme der R. sind die großen Schwankungen von Bodentemperatur und -feuchtigkeit, aber auch des ökophysiologischen Nährstoffangebots. R. sind Müllhalden, Abfallhaufen, Trümmerstellen, Hofplätze, Stapelplätze, anthropogene Schutthalden, unbebaute Grundstücksflächen und andere anthropogene Lockersedimentaufschüttungen. Die sich ansiedelnde Vegetation gehört den → *Pionierpflanzen* an, die aber – je nach Standortqualität – das Pionierstadium rasch durchlaufen können. Feldraine, Wegränder, Brachfelder und Flußauenränder gelten nicht als Standorte vom

Typ der R., obwohl sie von der Pflanzenökologie als Ruderalstandorte bezeichnet werden, an denen → *Ruderalpflanzen* wachsen. Die R. besitzen vor allem in der Stadt Bedeutung als eine Art von Naturzellen in dem sonst stark anthropogen geprägten → *Stadtökosystem*.

Ruheperiode: 1. bei Pflanzen Zustand reduzierter Stoffwechselintensität, während welchem das Wachstum vorübergehend eingestellt ist. Eine R. tritt häufig in ungünstigen Jahreszeiten auf, d.h. bei Kälte oder Trockenheit und wird endogen oder exogen gesteuert (z.B. durch Temperatur oder Lichtperiodik; → *Photoperiode,* → *Samenruhe*). – 2. Bei Tieren → *Diapause,* → *Überwinterung,* → *Winterschlaf.*

Ruheumsatz (Erhaltungsumsatz): Energieumsatz im Rahmen des Betriebsstoffwechsels. der bei geruhsamem Dasein von Tieren ohne besondere Leistungen (Erregung, angestrengte Bewegungsaktivität, Trächtigkeit) notwendig ist. (→ *Grundumsatz,* → *Leistungsumsatz*).

rural (ländlich, landwirtschaftlich): bezeichnet eine offene Kulturlandschaft, die nicht zur Industrielandschaft gehört.

Ruß: eine Spezialform des → *Staubs* aus feinen Kohlenstoffpartikeln, die bei nicht vollständiger Verbrennung von → *Kohlenwasserstoffen* entstehen und in die Troposphäre emmitiert werden. Die R.-Emissionen gehen von Dieselfahrzeugen aus sowie allen Öl- und Kohleheizungen. Meist ist die Emission von R. Indikator unvollständiger Verbrennung. Der R. gilt als Träger krebserregender Stoffe (→ *Polycyclische aromatische Kohlenwasserstoffe*). Der R. stellt ökophysiologisch und wegen der Verschmutzung von im Freien exponierten Gegenständen eine beträchtliche Umweltbelastung dar.

Rußboden: → *Rendzina.*

Rußzahl: Meßziffer zur Kennzeichnung des Ausmaßes der Verunreinigung durch → *Ruß*. Die R. wird festgestellt mit Hilfe der neunstufigen Bacharach-Scale.

S

Sackung: plötzliches Zusammendrücken eines belasteten, wasserungesättigten Materials des → *Oberflächennahen Untergrundes*, der unter mehr oder weniger starker Wassereinwirkung zusammensackt. Damit können auch horizontale Boden- bzw. Materialbewegungen verbunden sein. Die S. tritt auf in Bergbaugebieten oder in großflächigen → *Deponien*, die nicht ausreichend verdichtet wurden. Bei S. des Untergrundes über Bergbaugebieten kommt es zu Gebäudeschäden, bei S. auf Deponien oder → *Halden* kann die Folgenutzung hinausgezögert oder unmöglich werden.

Säftesauger: Tiere, deren Mundwerkzeuge zu Saugapparaten umgewandelt sind, und die hiermit flüssige Nahrung aufnehmen können. Bsp.: manche Milben und Insekten. Ähnliche Lebensformen bilden die → *Lecker*.

Saharo-sindhische Region: biogeographischer Begriff, der jenen Verbreitungstyp von Tieren und Pflanzen nach Arten und Gattungen zusammenfaßt, welcher die Halbwüsten- und Wüstengebiete Nordafrikas bis hin zu nordwestindischen Trockengebieten bewohnt.

Sahel: regionalgeographische Bezeichnung für einen Landschaftsgroßraum am Südrand der Wüste Sahara mit 100–500 mm Niederschlag/Jahr, die sehr unregelmäßig einkommen und zu einer Dorn- und Sukkulentensavanne mit einem unausgeglichenen Wasserhaushalt und wenig entwickelten Böden führen. Die Dorn- und Sukkulentensavanne hat den Charakter einer Halbwüste. Wegen der Unregelmäßigkeit des Niederschlagseinkommens sind → *Dürren* häufig. Dieser Landschaftstyp ist vom Westrand der Sahara oder weniger bis zum Nil verbreitet, gilt aber als Prototyp des Lebensraums am Rande der warm-ariden → *Ökumene*, der sich durch große Wirtschafts- und Überlebensrisiken auszeichnet. Der Begriff "sahelisch" wurde inzwischen auch auf andere Trockengebiete der Erde übertragen, in denen ökologisch und ökonomisch ähnliche Bedingungen herrschen. Sowohl der S. als auch jene Trockengebiete der Erde, die im ökologischen Sinne „sahelische" Verhältnisse aufweisen, sind zugleich die Hauptgebiete der → *Desertifikation*.

Saisondiphormismus (Zyklomorphose): allgemein die Entwicklung verschiedener Formen eines Organismus zu verschiedenen Jahreszeiten. Sie wird überwiegend ausgelöst durch die Rhythmik der abiotischen Geoökofaktoren, z.T. auch durch die daran gekoppelten Nahrungsangebote, was sich auch in einem periodisch wiederkehrenden Form- und/oder Farbwechsel aufeinander folgender Generationen einer Art auswirkt. Dem entspricht z.B. die → *Saisontracht*. Der Begriff S. ist teilidentisch mit → *Ökomorphose*.

Saisontracht: Form des → *Saisondiphormismus*, wobei ein jahreszeitlich bedingter Wechsel von Farbmerkmalen des gleichen Individuums einer Art erfolgt, ausgelöst durch Außenfaktoren und physiologisch durch Hormone gesteuert. Schildwanzen (*Palomena*) färben sich im Herbst braun und im Frühjahr wieder grün; das Hermelin (*Mustela erminea*) ist im Sommer braun und im Winter weiß, ebenso die Federn des Moorschneehuhns (*Lagopus scotius*). Besonders die Rhythmik von Licht und Temperatur scheinen die S. zu regeln.

Saisonwald: → *regengrüner Wald*.

sakrophag: bezeichnet fleischfressende Tiere. → *carnivor*, → *nekrophag*.

säkular: bezeichnet Vorgänge, die lange (über Jahre) andauern oder im Abstand von vielen Jahren (bis zu Jahrhunderten) wiederkehren, z.B. der Sukzessionsablauf bis zum → *Klimax*, → *Massenvermehrungen*.

salinär: salzliebend, an salzigen Orten wachsend oder sich aufhaltend.

Salinität: Maßzahl für die Menge an Salzen, die im Wasser gelöst ist, wobei nicht nach deren qualitativer Zusammensetzung differenziert wird (vgl. → *Chlorinität*). Die S. wird in g·Salze pro Liter Wasser, also in ‰ ausgedrückt. Wasser mit einem Salzgehalt von 35–40 ‰ ist Meerwasser, zwischen 35 ‰ und 0,1 ‰ (oder 0,5 ‰) → *Brackwasser*, unter 0,1–0,5 ‰ Süßwasser.

Salmonidenregion (Bachregion): Zusammenfassung derjenigen Fließgewässerregionen, in denen als Charakterfische Vertreter der Familie der Forellen (Salmonidae) vorkommen. Es handelt sich speziell um die → *Forellenregion* und die → *Äschenregion*.

Salpeterpflanzen: *Nitratpflanzen*, Pflanzen, die einen hohen Nitratgehalt im Boden anzeigen.

Salz: 1. im weiteren Sinne die Gruppe aller aus Ionen (Anionen und Kationen) aufgebauten Verbindungen, nicht mit Säuren, Basen oder Oxide sind. Als Kationen treten Metalle, Metallkomplexe und das Ammonium-Ion (NH_4^+) auf; Anionen sind im wesentlichen alle Reste von Säuren, z.B. in der Natur wichtig CO_3, SO_4^{2-}, NO_3^-, NO_4^{3-}, Cl. Bedeutende und häufige Sedimentgesteine wie Kalk ($CaCO_3$), Dolomit [$CaMg(CO_3)_2$], Gips ($CaSO_4 + H_2O$) etc. sind ebenfalls S. Die Giftigkeit der Salze ist sehr unterschiedlich. Das Kochsalz (NaCl) ist fast ungiftig, Salze der → *Schwermetalle*, wie Cadmiumchlorid, können sehr giftig sein. – 2. häufig verwendeter Synonymbegriff für Steinsalz.

Salzdrüsen: Salzregulationsorgane bei Meereswirbeltieren, die → *homoiosmotisch* sind und daher einer Ausscheidung des mit der Nahrung zuviel aufgenommenen Salzes bedürfen. Bei den entsprechenden Einrichtungen von Pflanzen spricht man oft von → *Absalzdrüsen*.

Salzgehalt: → *Salinität*.

Salzkohle: eine → *Braunkohle*, die hohen Alkaligehalt aufweist.

Salzmarsch: einige Dezimeter über das mittlere Tidenhochwasserniveau aufgeschlickter frischer Marschboden (→ *Marsch*) mit salzhaltigem Oberboden und sehr hohem Porenvolumen. Das Bodenstadium der S. ist instabil. Sobald nur noch eine gelegentliche Überflutung stattfindet, beginnt sich der Oberboden zu setzten, die Salze werden rasch ausgewaschen und Sulfidoxidation setzt ein. Es folgt die Entwicklung zur → *Kalk-* und → *Kleimarsch*.
Salzpflanzen: → *Halophyten*.
Salzresistenz (Salztoleranz): Widerstandsfähigkeit (→ *Resistenz*) gegen hohen Salzgehalt des Bodens oder des Wassers (→ *Salinität*). S. ist eine Eigenschaft des Protoplasmas. Besonders salzresistent sind die → *halobionten* und → *halophilen Organismen*, z. B. der Flagellat *Dunaliella salina* und das Salzkrebschen *Artemia salina* in Salinen. (→ *Osmoresistenz*).
Salzsteppe: durch stark salzhaltige Böden gekennzeichnete Steppe, deren dürftige Vegetation sich aus Salzpflanzen zusammensetzt.
Salzstock: ein Körper aus Steinsalz, der in überlagernde Gesteinsschichten eingedrungen ist und glocken- oder pilzförmige Körper bildet und die überlagernden Schichten ganz oder teilweise durchbrochen hat. Die S. gehen aus Salzkissen hervor, wobei durch weiteren Salzaufstieg das Salz Klüfte und Spalten der Deckschichten durch Eindringen erweitert und aufreißt und dabei diese in ihrer Schichtlagerung wesentlich stört. Die Aufstiegsraten der nordwestdeutschen S. betrugen während ihres Durchbruchs zwischen 0.1 und 0.5 mm/Jahr. Der Salzauftrieb geht bis in die Nähe der Oberfläche und kann im Extremfall zu dort austretenden „Salzgletschern" führen. In Feuchtklimaten bildet sich jedoch eine Auslaugungsfront an der Oberfläche, der Salzspiegel, wo sich Auslaugungsprodukte bilden, die als Salzhut bezeichnet werden, die sogenannten Hutgesteine. Die S. spielten lange Zeit für den Kalisalzabbau (→ *Dünger*) eine Rolle. In der → *Atomwirtschaft* werden sie als → *Endlager* → *Radioaktiver Substanzen* und von Atommüll (→ *Abfall, radioaktiver*) diskutiert.
Salzsukkulenz: eine Form der Sukkulenz, die bei Pflanzen auf salzhaltigen Böden auftritt.
Salztod: das Absterben von Pflanzen nach Einwirkung von → *Salzen*, besonders von Auftausalzen, die bei Schnee und Eis den Gefrierpunkt erniedrigen und sie so auftauen lassen. Neben den direkten Pflanzenschäden wird durch Auftausalze auch das Grundwasser belastet.
Salzwasser: das salzhaltige Wasser der Meere und der abflußlosen Binnenseen in Trockengebieten. Das Meerwasser ist schwach alkalisch (pH 7.5–8.4) und enthält im Mittel 35 ‰ Salze. Die Zusammensetzung ist auch bei verschiedenen Gesamtkonzentrationen nahezu konstant, wobei die Chloride mit Abstand die größte Menge ausmachen. Die Anteile der einzelnen Salze am Gesamtgehalt sind NaCl 77.8%, $MgCl_2$ 10.9%, $MgSO_4$ 4,7%, $CaSO_4$ 3.6%, K_2SO_4 2.5%, $CaCO_3$ 0.3% und $MgBr_2$ 0.2%.
Salzwasserbiozönose: vom Salzgehalt bestimmte → *Biozönose*. Sie weist ein auf diesen eingestelltes Spektrum der → *Lebensformen* und der Artenzusammensetzung auf, wobei die Arten gegenüber dem Salzgehalt differenzierte Reaktionen zeigen.
Salzwiese: vom Meer periodisch oder in unregelmäßigen Abständen überflutete Bestände nicht-holziger Pflanzen. Man muß die regelmäßig überschwemmten Pflanzengesellschaften (z. B. die Wuchsorte des Quellers) von den im reinen → *Supralitoral* liegenden, seltener überfluteten Bereichen unterscheiden. S.n haben eine an die Bedeckung mit Salzwasser angepaßte Tierwelt. (→ *Marsch*).
Salzwüste: Wüste mit einem Salzgehalt des Bodens bis 10% und mehr. Typische Salzwüstenpflanzen gehören zu den Zygophyllaceen, Chenopodiaceen und Tamaricaceen.
Samenbank: in der → *Pflanzenökologie* das Reservoir lebender Samen im Boden (oder evtl. an einem anderen definierten Ort).
Samenbaum: → *Femel*.
Samenpflanzen: → *Phanerophyten*.
Samenruhe (Dormanz): in der → *Pflanzenökologie* die Keimungsunfähigkeit von Samen trotz vorhandener Bedingungen, welche normalerweise die Keimung ermöglichen. Man unterscheidet: 1) angeborene Samenruhe: Keimungsunfähigkeit von frischen, soeben von der Mutterpflanze freigegebenen Samen, unabhängig von Umweltbedingungen. 2) induzierte Samenruhe: durch ein Ereignis nach der Samenreife hervorgerufene Keimungsunfähigkeit. 3) erzwungene Samenruhe: durch ungünstige abiotische Faktoren erzwungene Keimungsunfähigkeit. – Die Samenkeimung erfordert bei vielen Kräutern und Holzgewächsen die Einwirkung tiefer Temperaturen, meist dicht über dem Gefrierpunkt bei 0°C–+5°C (Kaltkeimer). Nur die → *Frostkeimer* (meist Hochgebirgspflanzen) benötigen für die Auslösung der Keimung Temperaturen unter 0°C.
Samenunkräuter: einjährige höhere Pflanzen, die sich durch Samen verbreiten und als → *Unkräuter* gelten. (→ *Wurzelunkräuter*).
Samenverbreitung: Transport von Samen und Früchten einer Pflanzenpopulation über eine längere oder kürzere Entfernung, entweder von der Pflanze selbst (→ *Autochorie*) oder durch Außenkräfte (→ *Allochorie*).
Sammelart: 1. eine Gruppe verwandter, untereinander bastardierender Arten. – 2. davon etwas abweichend definiert als → *Supraspezies*.
Sammelbrunnen: ein Sammelschacht, der bei Grundwasserfassungen das aus kleineren Einzelbrunnen gewonnene Wasser aufnimmt, wo es zum Wasserwerk oder sonstigen Verteilern geführt wird.
Sammler: Bezeichnung für eine besondere → *Lebensform* des Nahrungserwerbs. Hierzu

zählen viele Vögel, manche Säugetiere, Insekten usw., die ihre Nahrung weder zu erjagen brauchen noch sie zerkauen müssen, sondern in Form von Körnern, Früchten, Nüssen, Pollen, Eiern, Weichtieren, Würmern, Insekten aus ihrer Umgebung aufpicken oder sammeln. Die Mundwerkzeuge sind häufig pinzettenartig geformt.

Sand: 1. feines, körniges, mineralisches Material der Größen 0.06–2 mm. Es werden Feinsand (0.06–0.02 mm), Mittelsand (0.2–0.6 mm) und Grobsand (0.6–2 mm) unterschieden. – 2. Sediment, das zu mindestens 50–70% aus Mineralkörnern der Größe 0.06–2 mm besteht. S. enthält sehr häufig viel → *Quarz*, da dieses Mineral sehr verwitterungsresistent ist.

Sandboden: Feinmaterialboden, der zu mindestens 75-85% aus → *Sand* besteht. Je nach Beimengung feinerer Kornfraktionen werden reine, schwach lehmige, lehmige und schluffige S. unterschieden. S. sind locker, gut durchlüftet und tief durchwurzelbar. In reinsandiger Form verfügen sie jedoch über eine niedrige Wasserkapazität und geringe → *Sorptions*kraft für Nährstoffe. S. trocknen sehr leicht aus und unterliegen besonders der Gefahr von → *Winderosion*.

Sanddeckkultur: besondere Moorkultur bei Flachmooren. Gebräuchlicher ist die Kurzbezeichnung → *Deckkultur*.

Sandfang: bei der mechanischen → *Abwasserreinigung* Becken, durch die das Wasser mit verminderter Geschwindigkeit hindurchfließt. Dabei setzen sich die schweren mineralischen Bestandteile rasch ab.

Sandlückensystem: Lebensraum im Sand des Küstensaumes und des Grundes von Gewässern. Das S. beherbergt die → *interstitielle Fauna* bzw. das *Stygorhithron*. Im weiteren Sinne gehören zum S. auch Sandböden in terrestrischen Lebensräumen. → *Psammal*.

Sandmischkultur: Verfahren zur Kultivierung geringmächtiger → *Hochmoore*. Durch Tiefpflügen bis 1,8 m unter Flur werden Sand- und Torflagen (→ *Torf*) überkippt und liegen im Bodenprofil in schräger Wechselschichtung vor. Die dadurch entstehenden Böden sind aufgrund ihrer guten physikalischen Eigenschaften (Durchlässigkeit, Wasserhaltefähigkeit) und Tiefgründigkeit ackerfähig.

Sandpflanzen: → *Psammophyten*.

Sandschwimmer: Tiere, die sich in Wüsten- und Halbwüstenlebensräumen unter der Sandoberfläche – gleichsam im Sand schwimmend – fortbewegen, um eine zu starke Aufheizung des Körpers durch die Sonnenstrahlen zu vermeiden. Bsp.: Manche Tenebrioniden unter den Käfern.

Sandwatt: → *Watt* mit Sandboden. (→ *Schlickwatt*).

Sanfter Tourismus: nicht zu verwechseln mit → *Intelligentem Tourismus*, die jedoch beide ähnliche Ziele haben, nämlich die negativen Äußerungen und Wirkungen des → *Tourismus* zu korrigieren. Der S.T. enthält, gegenüber dem Intelligenten Tourismus, eine Reihe passiver Elemente, wobei seine Ursprungsidee fast ausschließlich ökologisch gewichtet war. Der S.T. verzichtet weitgehend auf Technik und möchte vor allem die lokalen Ressourcen nutzen, ohne sie durch „Entwicklung" und „Erschließung" zu verfälschen. Im Mittelpunkt des S.T. sollen naturorientierte Freizeitaktivitäten stehen. Tourismus- und Fremdverkehrsstandorte haben die Ideen des S.T. jedoch nur bedingt oder gar nicht aufgegriffen, weil sie sich davon allenfalls wirtschaftlichen Rückgang versprechen.

Sanierung: allgemein die nachträgliche Verbesserung bestehender Zustände. – 1. in der Wirtschaft das Wiedergesunden eines Unternehmens oder ganzen Wirtschaftszweiges. – 2. im Städtebau bzw. in der → *Bauleitplanung* alle Maßnahmen, die zu einer Verbesserung der Lebensbedingungen in Altbaugebieten bzw. Altbauwohnungen führen (→ *Stadtsanierung*). – 3. in der → *Wasserwirtschaft* die Verbesserung der Wasserbeschaffenheit von Oberflächengewässern. – 4. in der → *Landschaftspflege* und im → *Landschaftsbau* der Einsatz biotischer Elemente (Bäume, Sträucher, sonstige Gewächse), die einen Standort zu sanieren hilft. (→ *Sanierungsbaumart*) – 5. in der Bodenökologie die S. von mit → *Schadstoffen* oder Umweltgiften belasteten Böden. – 6. in der Umwelttechnik die S. von technischen Anlagen, die nicht mehr dem → *Stand der Technik* entsprechen und die als Emittenten auftreten, wobei die Umwelt vorbelastet wurde, so daß eine technische S. ebenso erforderlich ist wie eine S. des Bodens oder der Standorte. Auch das Vorkommen von → *Altlasten* kann eine S., vor allem des Bodens, erforderlich machen. Im Rahmen dieser umweltbezogenen S. besitzen → *Grenz-* und → *Richtwerte* große Bedeutung. (→ *Bundesimmissionsschutzgesetz*, → *Großfeuerungsanlagenverordnung*).

Sanierungsbaumart: biologisch und/oder bestandesstrukturell pflegend wirkende Baumart, die den Standort sanieren und den Bestand festigen hilft. Dazu gehören auf entsprechenden Standorten Ahorn, Eiche, Hainbuche oder Tanne.

Saprobie (Saprobität): ein Gewässerzustand, der sich durch eine charakteristische Organismengemeinschaft repräsentiert und der durch mikrobiell abbaubare organische Stoffe bedingt wird. Organismen, die den Belastungsgrad mit abbaubaren organischen Substanzen angeben, werden → *Saprobien* genannt. Das Kennzeichnungssystem wird → *Saprobiensystem* bezeichnet.

Saprobiegrad: Menge von → *Biomasse* und Stoffwechselintensität der → *Destruenten* in einem Gewässer. Praktisch entspricht der S. der Summe der heterotrophen Bioaktivität; meist wird der Begriff S. nur auf organisch belastete

Gewässer bezogen. In einem gewissen Gegensatz dazu wird der Begriff des → *Trophiegrads* verwendet.

Saprobien (Saprobionten): Organismen, die sich von toter organischer Substanz ernähren und in Wasser leben, das fäulnisfähige Stoffe enthält. Man unterscheidet Poly-, Meso- und Oligo-S., je nachdem, ob das Wasser eine hohe, mittlere oder geringe Menge zersetzender Substanzen aufweist.

Saprobiensystem: ein System zur Klassifizierung der Gewässergüte nach ihrem Verschmutzungsgrad. Als → *Bioindikatoren* werden Wasserorganismen eingesetzt, die an unterschiedliche Belastungsstufen der → *Oberflächengewässer* durch fäulnisfähige organische Substanzen gebunden sind. Man unterscheidet die Stufen polysaprob (stärkste Verschmutzung, Güteklasse IV), β-mesosaprob (starke bis mittlere Verschmutzung, Güteklasse III), β-mesosaprob (mittlere bis geringe Verschmutzung, Güteklasse II) und oligosaprob (Reinwasser bzw. geringe Verschmutzung, Güteklasse I). Jede dieser Stufen weist charakteristische Merkmale und kennzeichnende Tier- und Pflanzenarten (Schmutzwassertiere, → *Saprobien*, z.B. Wasserasseln) auf. Wie bei anderen Bioindikatoren ist der Einsatz des S. nicht eine „Momentaufnahme", sondern das S. soll gesamthaft den Gewässergütezustand ausdrücken. Vor allem längerfristige und/oder kumulative Wirkungen von Gewässerbelastungen, die von chemischen und physikalischen Analysen nicht oder nur zum Teil erfaßt werden, sind mit dem S. darstellbar. Ergänzende Methoden sind der → *Biochemische Sauerstoffbedarf* und der → *Chemische Sauerstoffbedarf*.

Saprobität: → *Saprobie*.

saprobiont: bezeichnet Organismen, die in toter, sich zersetzender organischer Substanz leben. Der Begriff schließt außer den → *Zersetzern* räuberische und parasitische Arten mit ein.

Saprobionten: → Saprobien.

saprogen: → *Fäulnis* erregend; bezüglich Bakterien.

Sapropel (Faulschlamm): Unterwasserboden sauerstoff- und nährstoffarmer Gewässer. S. entsteht unter anaeroben Bedingungen, wobei sich unter Fäulnisprozessen feine, tiefschwarze, eisensulfidhaltige Humusstoffe bilden. Die Profilabfolge ist A-G. Trockenfallender S. versauert wegen der Schwefelsäurebildung sehr rasch. (→ *Dy,* → *Faulschlamm,* → *Gyttja*).

saprophag: 1. im weiteren Sinne Bezeichnung für Tiere, die sich von toter organischer Substanz pflanzlichen oder tierischen Ursprungs ernähren. Gegensatzbegriff: → *biophag*. Neben den phytosaprophagen Arten gehören auch die koprophagen und nekrophagen Arten hierzu. Traditionell wird die Bezeichnung s. eher nur für terrestrische Ökosysteme verwendet. In aquatischen Ökosystemen ist hierfür die synonyme Bezeichnung „detritivor" üblich, und die entsprechenden Tiere werden als → *Detritusfresser* bezeichnet. – 2. im engeren Sinne Bezeichnung für Tiere, die sich nur von toter pflanzlicher Nahrung ernähren (phytosaprophag). Gegensatzbegriff: → *phytophag* (von lebenden Pflanzen ernährend) oder auch → *nekrophag* (von toten tierischen Organismen ernährend). Häufig verwerten diese Arten jedoch eigentlich die mikrobiellen Anteile der aufgenommenen Substanzen (→ *fungivor*).

Saprophage: Tiere, die tote organische Substanz pflanzlicher oder tierischer Herkunft konsumieren. In einem engeren Sinne werden nur diejenigen Arten darunter verstanden, die tote pflanzliche Substanz konsumieren (Phytosaprophage), in einem weiteren Sinne auch jene Arten, die Kot oder Leichen fressen (→ *Koprophage,* → *Nekrophage*).

saprophil: bezeichnet pflanzliche und tierische Organismen, die an oder in toten Organismen vorkommen.

Saprophyten (Fäulnisbewohner): heterotrophe Organismen, die ihre organische Nahrung toten oder verwesenden organischen Stoffen entnehmen. Zu den S. gehören vor allem Bakterien und Pilze, die im übrigen auch die → *Fäulnis-* und → *Verwesungsvorgänge* bewirken.

Saproplankton: Typ des → *Planktons,* nämlich Mikroplankton, das in organogen verunreinigtem Wasser lebt.

saprotroph (nekrotroph): bezeichnet Organismen (Bakterien, Pilze, höhere Pflanzen, Tiere), die tote organische Substanz als Nahrung nutzen. Die tote Substanz ist dabei nicht von diesen Organismen abgetötet worden. (→ *saprophag,* → *Ernährungsweise*).

saprovor: anderer Ausdruck für → *saprophag* oder → *detritivor*.

Saprozoen: tierische Fäulnisbewohner, die ihre organische Nahrung toten oder verwesenden organischen Stoffen entnehmen.

Saprozoonose: durch einen Erreger (→ *Krankheitserreger*) bedingte Krankheit, für die ein nichtlebendes Reservoir (z.B. Boden, totes organisches Material) die Infektionsquelle darstellt. Bsp.: Tetanus.

sarkophag: differenziert den Begriff → *karnivor* und bezeichnet Tiere, die Fleisch anderer toter Tiere verzehren.

Sättigung: Zustand der maximal möglichen Anreicherung eines bestimmten Stoffes in einem anderen Stoff, einem Stoffgemenge oder in einer Festsubstanzmatrix (z.B. Wasserdampf in der Luft, Salze in einer Lösung), Austauschnährstoffe an → *Austauschern*.

Sättigungsdampfdruck: in Millimeter Quecksilbersäule oder Hektopascal angegebener maximal möglicher Wasserdampfgehalt von Luft einer bestimmten Temperatur.

Sättigungsdefizit: Menge an Wasserdampf, die Luft gegebener Temperatur bis zur vollen → *Sättigung* noch aufnehmen kann.

Sättigungskurve: Form der → *Wirkung* von

Umweltfaktoren auf Organismen.
Sättigungspunkt (Sättigungswert): Grenzwert maximal möglicher Wasserdampfmenge, die Luft bestimmter Temperatur aufnehmen kann. Über dem S. kondensiert der überschüssige Wasserdampf.
Sättigungswert: → *Sättigungspunkt*.
Sauergräser (Riedgräser): krautige, grasähnliche Pflanzen mit meist dreikantigem, hohlem Stengel. Die einkeimblättrigen S. wachsen vor allem an Feuchtstandorten, besonders an Sümpfen und → *Mooren*. Die ca. 3'200 Arten der S. kommen zwar überwiegend in Kaltklimaten und gemäßigten Klimazonen vor, doch gibt es auch Vetreter in den Tropen und Subtropen. Die S. gelten als Feuchtezeiger.
Säuerling: → *Mineralquelle*.
Sauerstoff: chemisches Element mit der Ordnungszahl 8 und dem Atomgewicht 15.9994. Der S. ist ein farb- und geruchloses Gas, das mit anderen Elementen – außer den Edelgasen – z.T. heftig reagiert. Die dabei entstehenden Verbindungen heißen Oxide. Der elementare S. erscheint unter Normalbedingungen zweiatomig (O_2), kommt aber auch dreiatomig (O_3; → *Ozon*) vor. Der S. ist das häufigste aller Elemente: 89% des Wassers, 50% der Erdkruste und ca. 23% der Luft bestehen aus S. Die wichtigste Verbindung des S. ist das Wasser (H_2O). Der S. ist für das → *Bios* unabdingbar für die Atmung und als Baustoff. Er gilt als lebensnotwendig für die meisten Lebewesen. Abgesehen von chemischen Prozessen in der Umwelt und den → *Ökosystemen* spielt er ökologisch eine vielfältige Rolle (→ *S.-anreicherung,* → *S.-defizit,* → *S.-sättigung,* → *S.-zehrung* sowie als → *Biochemischer S.-bedarf* und → *Chemischer S.-bedarf*).
Sauerstoffanreicherung: künstliche Erhöhung des Sauerstoffgehaltes eines → *Abwassers* oder eines → *Oberflächengewässers* durch künstliche Belüftung, wobei Luft eingeblasen wird. Dies geschieht in Kläranlagen, Talsperren, aber auch quasinatürlich durch Überleiten des Wassers über Wehre mit Strahlaufreißer.
Sauerstoffbedarf: Verbrauch an Sauerstoff bei der Oxidation organischer Stoffe in Gewässern. → *biochemischer S.,* → *chemischer S.*
Sauerstoffdefizit: gegenüber der → *Sauerstoffsättigung* im Wasser bestehende Fehlbetrag an → *Sauerstoff*. Mit Abwässern belastete, überdüngte Gewässer oder wenig durchmischte Seen weisen ein S. auf. Davon ist das → *biologische Gleichgewicht* im Gewässer gestört.
Sauerstoffeintrag: die Zufuhr von → *Sauerstoff* in ein → *Oberflächengewässer* durch → *Photosynthese* bzw. Aufnahme aus der Atmosphäre.
Sauerstoffhaushalt: die Beschreibung der O_2-Konzentration in aquatischen Ökosystemen, speziell auch die Veränderung der Konzentration im Verlaufe des Tages. Es besteht ein Zusammenhang zum Kohlenstoffhaushalt.

Sauerstoffkreislauf: der globale Kreislauf des Sauerstoffs in der Biosphäre. O_2 wird von grünen Pflanzen produziert und von allen heterotrophen Organismen (Tiere, meisten Bakterien, Pilze, Pflanzen während der Nacht) zu Oxidationsprozessen verbraucht. In der irdischen Atmosphäre ist ein Vorrat von ca. 21 Vol% oder 10^{15} Tonnen O_2.
Sauerstoffsättigung: die Höchstmenge des gelösten → *Sauerstoffs*, die im Wasser bei einem Gleichgewicht zwischen Luftsauerstoff und jenem Sauerstoff, der im Wasser gelöst ist, in Abhängigkeit von Temperatur, Stoffgehalt (gelöste Stoffe) und Druck enthalten sein kann. Dafür besteht ein Lösungsgleichgewicht.
Sauerstoffschichtung: die Abfolge von unterschiedlich mächtigen Schichten mit jeweils verschiedenem Sauerstoffgehalt in einem thermisch geschichteten Gewässer (→ *See*). Bei bestehender Schichtung ist der Sauerstoffgehalt im → *Hypolimnion* fast immer niedriger als im → *Epilimnion*, weil weder aus der Atmosphäre noch durch → *Photosynthese* → *Sauerstoff* nachgeliefert wird. Im → *Metalimnion* treten in Abhängigkeit vom Lichteinfall entweder Maxima oder Minima des Sauerstoffgehalts auf.
Sauerstoffverbrauch (chemischer Sauerstoffverbrauch): das zur Oxidation von Wasserinhaltsstoffen benötigte Äquivalent an → *Sauerstoff*, das dem reduzierten Anteil des bei der Analyse zugesetzten Oxidationsmittels entspricht.
Sauerstoffzehrung: 1. allgemein der Verbrauch von → *Sauerstoff* in Gewässern, der beim Abbau organischer Bestandteile durch Mikroorganismen besteht. Ist ein → *biologisches Gleichgewicht* vorhanden, sind auch Eintrag und Verbrauch von Sauerstoff im Gleichgewicht. – 2. jene Masse an gelöstem → *Sauerstoff*, die zur Oxidation der Inhaltsstoffe einer unverdünnten Wasserprobe unter Standardbedingungen (2 Tage, 20°C, Dunkelheit) verbraucht wird.
Sauerwiese: eine Wiese, die von Riedgrasgewächsen (Sauergräsern) geprägt ist. Die S. entwickelt sich oft auf nassen und nährstoffarmen Standorten.
Saugraum: → *Kapillarsaum*.
Saugsaum: → *Kapillarsaum*.
Saugspannung (Wasserspannung): vom Boden durch Adsorptions- und Kapillarkräfte auf das → *Bodenwasser* ausgeübter Saugdruck (ein „negativer" Druck), der einer Wasserentnahme durch das Wurzelsystem Widerstand entgegensetzt. Die S. ist also ein Maß für die Bindung des Wassers im Boden. Sie wird in Zentimeter Wassersäule oder in Atmosphären gemessen und meist logarithmisch als → *pF-Wert* angegeben. Die S. ist am höchsten bei niedrigen Wassergehalten (feine Wasserfilme als Adsorptionswasser an Bodenpartikelchen und Wasser in → *Feinporen*) und am niedrigsten bei hohen Wassergehalten. Böden verschiedener Körnung zeigen wegen ihrer unterschiedlichen → *Poren-*

größenverteilungen auch variierende → *Wasserspannungskurven*. (→ *permanenter Welkepunkt*, → *Feldkapazität*, → *pflanzenverfügbares Wasser*).

Saumbiotop (Saumökotop): gegenüber dem → *Ökoton* ein ökologischer Übergangsbereich in der → *topischen Dimension*. Der S. erweist sich von meist schmaler Ausdehnung, der sich beim Angrenzen zweier verschiedenartiger Lebensräume herausbildet und der eine eigene, charakteristische Artenkombination (= Saumbiozönose, Saumgemeinschaft) besitzt, z.B. Waldrand, Hecken, Ufer.

Saumökotop: → *Saumbiotop*.

Saumriff: ein als schmaler Saum sich an einer Küste entlang ziehendes → *Riff.* (→ *Korallenriff*).

säuremeidend, → acidophob.

Saure Niederschläge: alle → *Niederschläge* die durch → *Luftverschmutzungen* ihren Chemismus ändern und die daraufhin zu → *Umweltschäden* führen. Die S.N. stellen durch Schwefel- und Salpetersäure sowie saure Sulfate und Nitrate angereicherten Niederschlag dar. Quellen saurer Substanzen sind die Verbrennung fossiler Energieträger (→ *Kohle*, → *Erdöl*, → *Erdgas*, aber auch von deren Raffinerieprodukten, wie Brennstoffen für Kraftfahrzeuge), die Ölverarbeitung, die Verhüttung schwefelhaltiger Erze sowie Prozesse in der chemischen Industrie. Bei all diesen Vorgängen wird Schwefel frei und zu → *Schwefeldioxid* umgewandelt. Außerdem werden bei den Verbrennungen aus dem → *Stickstoff* der Luft sowie dem → *Sauerstoff* Reaktionen in Gang gesetzt, bei denen → *Stickoxide* entstehen. Die ausgestoßenen Schwefeldioxide und Stickoxide werden durch verschiedene physiko-chemische Prozesse bereits in der Atmosphäre zu Säuren umgewandelt oder gelangen unverändert auf den Boden oder auf Vegetationsoberflächen. (→ *Saurer Nebel*, → *Saurer Regen*).

Saurer Nebel: einer der → *Sauren Niederschläge*, dem → *Sauren Regen* verwandt, bei dem Schwefel- und Salpetersäure aus → *Schwefeloxiden* und → *Stickoxiden* aus natürlichem → *Nebel* in der Luft entstehen. Gegenüber dem → *Sauren Regen* liegt der → pH-Wert niedriger. Seine ökologische Wirkung entfaltet er besonders bei den Pflanzen (→ *Waldsterben*) in jenen → *Höhenstufen* der Mittel- und Hochgebirge, die nebelreich sind und die mit ihrem Laub, vor allem aber mit den Nadeln, den S.N. „auskämmen". Der S.N. wirkt aber auch auf den Menschen, weil bei entsprechenden Wetterlagen die Säuren mit der Atemluft leicht aufgenommen werden können.

Saurer Regen: neben dem → *Sauren Nebel* eine andere Art der → *Sauren Niederschläge*. Der S.R. gelangt auf den Boden, wo er an sauren Reaktionen beteiligt ist. Es kommt zur → *Bodenversauerung*. Der S.R. ist ein weitverbreitetes Phänomen geworden. Regenwasser ohne Luftverschmutzung hat einen → *pH-Wert* von 5.6. Ein Absinken des pH-Wertes kann für die letzten 30 Jahre nachgewiesen werden. Er liegt dann bei pH 4 oder niedriger. Es bestehen jedoch ziemlich bedeutende regionale Unterschiede, da z.B. kalkhaltiger atmosphärischer Staub als → *Puffer* wirkt. Die Wirkung des S.R., insbesondere auf das → *Waldsterben*, ist generell unbestritten, jedoch im einzelnen unklar. Die dem S.R. zugeschriebene fortschreitende Bodenversauerung kann bis heute nicht schlüssig bewiesen werden, ihre schädlichen Folgen auf Wurzelsystem und Nährstoffhaushalt lassen sich jedoch experimentell nachvollziehen. In jedem Fall werden im Boden → *Schwermetalle* gelöst, die in die bodenchemische Prozesse eingehen, die auch das → *Bodenleben* beeinflussen. Völlig eindeutig ist der Zusammenhang zwischen dem S.R. und den stark versauerten → *Oberflächengewässern* in Gebieten mit Urgesteinen (z.B. in Südskandinavien), wobei vor allem das Bios stark gestört wird und Algen, Plankton und Fische sterben.

Saurer-Regen-Hypothese: neben der → *Ozon-Hypothese* und der → *Streß-Hypothese* die dritte der Hypothesen, die das → *Waldsterben* erklären möchten. Die S.-R.-H. geht von aerischen Stoffeinträgen, vor allem Säuren aus (Salpeter-, Schwefel-, Salz- und Kohlensäure), die den Stoffhaushalt des Bodens verändern und die toxische Aluminium- und Manganionen frei werden lassen, die auf Wurzelwachstum und → *Edaphon* Einfluß nehmen. Diese Hypothese klärt weder die Plötzlichkeit noch die Großräumigkeit des Waldsterbens, das sich relativ unabhängig von standörtlichen Gegebenheiten zeigt.

Säurezeiger: Pflanzen, welche die → *Bodenreaktion* oder Bodenazidität anzeigen, wobei fünf Reaktionsgruppen ausgeschieden werden können: Auf vorwiegend stark sauren Böden gedeihende Arten (z.B. Borstgras [*Nardus stricta*]); auf sauren Böden vorkommende, gelegentlich aber auch alkalische Reaktion zeigende Arten (z.B. Pillensegge [*Carex pilulifera*]); vorwiegend auf schwach sauren Böden auftretende Arten (z.B. Himbeere [*Rubus idaeus*]); auf schwach sauren bis alkalischen Böden vorkommende Arten (z.B. Ackerdistel [*Cirsum arvense*]); auf neutralen bis alkalischen Böden vorkommende Arten, d.h. die meisten kalkliebenden Pflanzen (z.B. Sichelmöhre [*Falcaria vulgaris*]) und gegen die Bodenreaktion indifferente Arten (z.B. Wiesenrispengras [*Poa pratensis*]). Dabei ist zu beachten, daß auch sog. → *Sauergräser* (*Carex sp.*) nicht nur auf Böden mit saurer Reaktion vorkommen. Die Bodenreaktion wechselt im übrigen mit den Horizonten und jahreszeitlich, so daß der praktische Wert von S. erheblich eingeschränkt ist.

Saurochorie: Verbreitung von Pflanzensamen, -früchten durch Eidechsen, Schildkröten und andere → *Reptilien*. → *Zoochorie*.

Saurofauna: → *Herpetofauna.*
Savanne (Mesopoium): die Hauptvegetationsformation der wechselfeuchten → *Tropen* und → *Subtropen* mit getrennter Regenzeit (bzw. Regenzeiten) und ausgeprägter Trockenzeit sowie weitgehender Frostfreiheit. Wärme tritt nicht im → *Pessimum* auf. Die S. ist durch den Wechsel von Gras- und Holzgewächsen sowie das Auftreten von → *Sukkulenten* charakterisiert. Die Anteile in den einzelnen Zonen werden durch die Dauer der humiden Jahreszeit(en) differenziert. Je niederschlagsreicher die S. ist, umso höher ist der Anteil der Baumgewächse. Charakteristisch ist die → *Aspektfolge* mit Vegetationsruhe (z.T. Laubfall) während der Trockenzeit und regengrünen Pflanzen während der Regenzeit. Die trockneren Varianten der S. unterliegen gelegentlichen → *Dürren.* Obwohl viele S.-gewächse → *Dürrehärte* bzw. → *Dürreresistenz* aufweisen, treten nach mehrjährigen Dürren auch → *Dürreschäden* auf. Charakteristische S.-typen sind die Dornstrauch- und Dornbaumsavanne sowie die → *Feuchtsavanne* und die → *Trockensavanne.* Die S. tragen oft Regionalnamen, die z.T. auch überregional für habituell ähnliche Vegetationsformationen verwandt werden. (z.B. Campos, Miombo oder Llanos). Neben den Anpassungen der Pflanzen mit → *xeromorphen* und sukkulenten Merkmalen weist die S. auch charakteristische Lebensformen bei den Tieren auf, wie Antilopen als schnelle Läufer und Nager als Bodenwühler.
saxaphil: felsliebend, auf Felsen wachsend.
saxikol: bezeichnet Organismen, die im Steingeröll leben. (→ *Aufenthaltstypen,* → *petrikol*).
Schabefraß: Tierfraß durch Abschaben von Pflanzenmaterial an der Oberfläche von Pflanzenteilen. S. wird vor allem durch Schnecken verursacht.
Schadensschwelle: → *ökonomischer Schwellenwert.*
Schaderreger: tierische Organismen, also → *Schädlinge* im engeren Sinne, aber auch solche pflanzlicher Herkunft (Bakterien, Pilze, einige Blütenpflanzen) sowie Viren, Mykoplasmen und nichtparasitäre bzw. nichtinfektiöse Ökosystemeffekte (wie Klima- und Bodeneffekte, die sich über das → *Bios* auswirken).
Schädigungskurve: Form der Wirkung von → *Umweltfaktoren* auf Organismen.
Schädliche Umwelteinwirkungen: 1. Begriff des → *Umweltrechts* und auf → *Immissionen* bezogen, von denen Störungen oder Schädigungen der → *Umwelt* bzw. der Ökosysteme und der darin befindlichen Lebewesen, vor allem den Menschen (Gesundheit), ausgehen. Als S.U. gelten jene Immissionen, von denen Gefahren, Belästigungen oder sonstige Nachteile ausgehen. Höchste Priorität hat die Gesundheit des Menschen, die vor allgemeinem Wohlbefinden – unterhalb der Schwelle des Gesundheitsschadens – geht. Danach folgt der Schutz von Tieren, Pflanzen und Materialien. Als → *Belästigung* gilt dabei die Beeinträchtigung des körperlichen und seelischen Wohlbefindens des Menschen. Als Nachteile gelten Vermögenseinbußen infolge physischer Einwirkungen, ohne daß es zu einem unmittelbaren Schaden kommt. Als Gefahr gilt die objektive Möglichkeit eines Schadenseintritts, bezogen auf die Gesundheit des Menschen, wobei auch die Belästigung einen Grad erreichen kann, der sie zur Gefahr werden läßt. Die so nach dem deutschen *Bundes-Immissionsschutzgesetz* definierten S.U. müssen „erheblich" sein, wenn sie als gefährdetes Rechtsgut gelten sollen. – 2. der Begriff S.U. kann auch weiter gefaßt werden, indem er auf anthropogenen oder natürlichen Umwelt"auswirkungen" (im Sinne der S.U.) ausgedehnt wird. Dazu müßten dann auch die → *Naturgefahren* gezählt werden, aber auch ein sehr breites Spektrum von Schadwirkungen, die in allen Bereichen der Ökosysteme für den Menschen Gefahr, Nachteile oder Belästigung mit sich bringen.
Schädlinge: Organismen, die nach Werturteil des Menschen ihn selbst, seine Nutztiere und/oder Nutzpflanzen in ihrer von ihm als normal betrachteten Entwicklung und Gesundheit beeinträchtigen und gegebenenfalls deren Wert mindern. Unterschieden werden tierische und pflanzliche S., die nach der Art und Weise ihres Auftretens oder ihres Wirkungsgrades in den Geoökosystemen bzw. Nutzungsräumen untergliedert werden können (z.B. Gesundheits-, Pflanzen-, Haus-, Vorrats-S.). Dem S. gegenüber steht der → *Nützling.* Zu den S. im engeren Sinne gehören auch die Krankheitserreger, die wie die S. → *Schaderreger* sind. Die Krankheitserreger (Pilze, Bakterien, Viren) haben aber, anders als die S., eine andere Herkunft.
Schädlingsbekämpfung: Maßnahmen zur Vernichtung und/oder Niederhaltung von → *Schädlingen* an Pflanzen, Tieren und Menschen oder in menschlichen Behausungen durch biologische, physikalisch-technische und chemische Methoden, von denen sich sehr unterschiedliche ökologische Folgeeffekte ableiten, welche die S. kritisch sehen lassen. Die S. hat im Zusammenhang mit der Stellung des Schädlings in → *Nahrungsketten* und innerhalb der → *Ökosysteme* zu erfolgen, um das → *Biologische Gleichgewicht* nicht zu gefährden. (→ *Insektizide,* → *Pestizide*).
Schadstoffe: Stoffe, die in der Umwelt vorhanden sind und in der vorkommenden Konzentration schädlich für Individuen oder Ökosysteme sind. Man kann zwischen natürliche (biogenen) Sch., wie z.B. Mykotoxine (Pilz-Giftstoffe) und künstlich in die Umwelt gebrachten anthropogenen Sch. unterscheiden. Zu letzteren gehören sowohl organische Stoffe (z.B. PCB, DDT an unerwünschten Orten) wie anorganische Stoffe in zu hoher Konzentration (z.B. Schwermetalle, Stickoxide).

Schadstoffeintrag: der → *Input* von → *Schadstoffen* in → *Kompartimente* von → *Ökosystemen* bzw. → *Landschaftsökosystemen*, wodurch es zu Änderungen im Stoffhaushalt kommt. Der S. kann aerisch oder hygrisch erfolgen, wobei die Atmosphäre selbst als → *„Emittent"* wirkt, aber auch andere Schadstoffquellen (Kraftfahrzeugverkehr, Verbrennungsstellen, Industrie etc.) Stoffe liefern. Durch den S. wird das → *dynamische Gleichgewicht* im System gestört, so daß seine → *Regenerationsfähigkeit* verändert oder gestört werden kann.

Schadstoffnachweis: erfolgt durch biologische, chemische und physikalische Methoden für → *Schadstoffe* in → *Ökosystemen*, wobei die Methoden auf den Schadstoff, den Träger (z. B. Wasser oder Luft) – und damit auf den ökologischen → *Prozeß*) sowie auf die → *Senken* im → *Stoffhaushalt* der Systeme abgestellt werden müssen. Der S. geschieht auch im Rahmen der → *Rückstandsanalytik*.

Schalenzone: → *Litoriprofundal*.

Schall: mechanische Schwingungen in einem elastischen Medium, die im Frequenzbereich menschlichen Hörens liegen, also im Frequenzbereich von 16–20 000 Hz, die der Mensch als Ton, Klang oder Geräusch wahrnimmt. Der S. kann sich in gasförmigen, festen und flüssigen Ausbreitungsmedien fortpflanzen (Luft-, Körper- und Flüssigkeits-S.).

Schalldruck: dem atmosphärischen bzw. hydrostatischen Gleichdruck überlagerte Wechseldruck infolge Verdichtung und Verdünnung der schwingenden Teilchen des Mediums. Ober- und Untergrenze des S. für den Menschen werden von der Hörschwelle und der Schmerzgrenze markiert.

Schalldruckpegel: das logarithmische Verhältnis von zu messendem → *Schalldruck* und Bezugsschalldruck. Der S. wird in → *Dezibel* angegeben.

Schallschutz: all jene Maßnahmen, welche die Übertragung des → *Schalls* von der Schallquelle zum Hörer vermindern sollen. Er kann durch Schalldämmung und Schalldämpfung erreicht werden. (→ *Lärm*, → *Lärmschutz*).

Schälwald: ein → *Niederwald*, der zur Gerbrindegewinnung gezogen wird.

Scharrgraber: eine spezielle Ausprägung der tierischen Lebensform der → *Graber*. Sch. gibt es v.a. auf dem Festland (Fuchs, Dachs, Kaninchen, Grab- und Wegwespen). Diese Tiere scharren die Erde mit den Beinen aus den Gängen heraus.

Schattbaumart: nur teilidentisch mit den → *Schattenpflanzen*. Eine S. weist meist große Toleranz gegenüber Beschattung durch andere Bäume auf, vor allem in den Jugendstadien.

Schattenblätter: Blätter im schattigen Bereich von Kronen an Laubbäumen. S. haben eine dünne Kutikula, eine geringe Stomatadichte, wenig Chloroplasten und meist kein typisches Palisadenparenchym. Die Kompensationsbeleuchtungsstärke liegt niedriger als bei → *Sonnenblättern*.

Schattenpflanzen (Skiophyten, Schwachlichtpflanzen): im Schatten gedeihende Pflanzen mit dünnen Blättern, welche sich senkrecht zum stärksten Licht einstellen. Die S. können noch bei einem relativen → *Lichtgenuß* von 5–20% existieren. Die Kompensationsbeleuchtungsstärke liegt für S. bei ca. 0.5–31% des vollen Tageslichts. Die Lichtsättigung ist früh erreicht. Die S. erreichen die beste Photosyntheseleistung bereits bei extrem geringen Lichtmengen. Das Wachstum wird dabei vom hohen CO_2-Gehalt der bodennahen Luftschicht ebenso gefördert wie von der Anatomie der S., deren Blätter und große Interzellulare das Licht gut nützen und leichten Gasaustausch ermöglichen. Extreme S. können infolge spezieller Schwachlichtanpassung des Plasmas bei starker Belichtung nachhaltig geschädigt werden. (→ *Lichtpflanzen*).

Schaufelgraber: eine spezielle Ausprägung der tierischen Lebensform der → *Graber*. Sch. gibt es v.a. auf dem Festland (Maulwurf, Maulwurfsgrille, Mistkäfer). Alle diese Arten haben die Vorderbeine durch Verkürzung und Verdickung zu Graborganen umgebildet.

Scheinepiphyten: Wurzelkletterer, wie → *Lianen*, die sich mit ihren Luftwurzeln an Stützpflanzen emporranken und die Verbindung mit dem Erdboden verlieren. Ihr Substrat bildet dann jener Humus, der sich auf Ästen und in Gabeln der Bäume auf der Rinde angesammelt hat. (→ *Epiphyten*).

Scheinresistenz: eine scheinbare Widerstandsfähigkeit von Wirten gegenüber Parasiten, die nur dadurch zustande kommt, daß Wirt und Parasit räumlich oder zeitlich nicht zusammentreffen und dadurch eine Parasitierung nicht möglich ist. Auch die Unmöglichkeit für (v.a. pflanzliche) Krankheitserreger, wegen anatomisch-morphologischen Eigenschaften des Wirtes in diesen einzudringen, wird als Sch. bezeichnet (→ *Axenie*).

Scheinwarntracht: → *Mimikry*.

Schelf (Kontinentalschelf, Kontinentalsockel): in der Hypsographischen Kurve, einer summarischen Kennzeichnung der Hoch- und Tiefgebiete der Erde, ein Teil der Kontinentalplattform, der bis zu 200 m-Isobathe reicht und dort vom Kontinentalabhang abgelöst wird. Biologisch gesehen besitzt er sich um den → *neritischen* Meeresbereich, der sich als ein sehr divers ausgestatteter mariner Lebensraum erweist, der sowohl ökologische auch als wirtschaftliche Bedeutung besitzt. Die Bereiche des S. zeigen meist junge → *Reliefformen*, die während des → *Pleistozäns* zeitweise Festland waren und die erst in geologisch jüngster Zeit neuerlich überflutet wurden. Oseanographisch heißt der marine Bereich des S. → *Schelfmeer*, wobei es sich meist um Nebenmeere der → *Ozeane* handelt. Rings um den Kontinent Antarktika ist ein Teil des S. von → *Schelfeis* bedeckt. Der S. gilt als wichtiger Lebens- und Wirtschaftsraum, der für Küstenstaaten große Bedeutung besitzt. Als Flachwasserbereich ist er ökologisch wichtig, weil er ein vielfältig ausgestatteter und sich ständig regenerierender Lebensraum ist, der mit der Atmosphäre in enger energetischer Beziehung steht. Zugleich ist der S. durch → *Meeresverschmutzung* besonders stark gefährdet, weil er als relativ schmaler Saum in Küstennähe bzw. enger Verzahnung mit der Küste Einflüssen vom Land her ausgesetzt ist.

Schelfeis: auf die antarktischen → *Schelfe* übergreifendes Inlandeis, das im Wasserkörper des → *Schelfmeeres* schwimmt und auf seiner Oberseite aus dem Niederschlag und auf seiner Unterseite aus dem Wasser genährt wird.

Schelfmeer: das seichte, im allgemeinen weniger als 200 Meter tiefe Meer, über einem → *Schelf*. Die heutigen Nebenmeere sind weitgehend S. Sie sind wichtige Sedimentations-, Lebens- und Wirtschaftsräume. (→ *Flachmeer*).

Schicht: 1. in der → *Vegetationsgeographie* und Botanik Bestandteil der Schichtung einer → *Pflanzengesellschaft*, die in verschiedene Stockwerke gegliedert ist und deren Einzel"niveaus" demzufolge als S. bezeichnet werden. – 2. in der Geographie ein methodisch-methodologischer Begriff, der eingesetzt wird, um die Vielfalt geographisch-landschaftsökologischer Sachverhalte in der Realität zu strukturieren. Die klassische Geographie setzt ein → *Schichtenmodell* eines geographischen Raumes ein, innerhalb dessen Einzelsachverhalte (Oberflächennaher Untergrund, Klima, Boden, Wirtschaft etc.) separativ betrachtet werden. In der → *Landschaftsökologie* und Geoökologie wird ebenfalls dreidimensional und in S. betrachtet, die → *Kompartimente* der zugrunde gelegten Modelle interessieren jedoch im Hinblick auf ihren Funktionszusammenhang. Die dreidimensionale Betrachtungsweise des → *Geoökosystems* bzw. → *Landschaftsökosystems* basiert auf der Existenz verschiedener S., wie der → *Atmosphäre*, → *Hydrosphäre*, → *Pedosphäre* und → *Lithosphäre*, die in einem geoökologischen Funktionszusammenhang stehen, in den auch die → *Anthroposphäre* mit ihren Reglern und Prozessen eingeschaltet ist.

Schichtdeckungsgrad: analytisches Merkmal zur Kennzeichnung eines Pflanzenbestandes, wobei die Blatt- und Sproßfläche einer Vegetationsschicht auf den Boden projiziert gedacht wird. Es handelt sich somit um eine Technik der Vegetationsaufnahme.

Schichtmodell: in den Geo- und Biowissenschaften eingesetztes → *Modell*, das mit → *Kompartimenten* im Sinne der → *Schicht* arbeitet.

Schichtung: 1. in der Biologie, Bioökologie und Geoökologie gelten die Lebensräume als „geschichtet", wie die Begriffe → *Schicht* und → *Schichtmodell* zeigen. – 2. in der Vegetationsgeographie und Geobotanik wird von S. (Stratifikation) einer Pflanzengesellschaft gesprochen, die eine Moos-, Kraut-, Strauch- und Baumschicht unterscheidet, wobei vor allem die Baumschicht mehrfach in sich gegliedert sein kann. Die S. wird metrisch angegeben (Bodenschicht bis 0.03 m, Kraut- oder Staudenschicht in untere, mittlere und höhere bis 0.1, 0.3 und 0.8 m; Strauchschicht bis 2 m, Baumschicht als Niederwald bis 6 m und als Hochwald über 6 m). – 3. in der Hydrologie und → *Hydroökologie* die S. eines Wasserkörpers, die thermisch und chemisch bestimmt sein kann (→ *Chemokline*). Die thermische S. eines Wasserkörpers wird durch → *Stagnation* hervorgerufen und besitzt für die Ökologie der Seen große Bedeutung. Die chemische S. kommt durch eine unterschiedliche Vertikalverteilung gelöster Stoffe zustande, welche Dichteunterschiede in natürlichen und künstlichen stehenden Gewässern verursacht. Infolge des Dichteunterschiedes kann eine Mischung „schweren" Tiefenwassers mit dem darüber befindlichen und spezifisch leichterem Oberflächenwasser vorübergehend oder auch ständig gehemmt oder unterbunden werden.

schizophag: sich von toter organischer Substanz ernährend. → *saprophag*.

schizophytophag: wenig gebräuchlicher Ausdruck für Organismen, die sich von toter pflanzlicher Substanz ernähren. → *saprophag*.

schizozoophag: wenig gebräuchlicher Ausdruck für Organismen, die sich von toter tierischer Substanz ernähren. → *saprophag*.

Schlafgesellschaft: aus einer oder mehreren Arten bestehende Ansammlung von Tieren an Stellen, die ihnen als Ruheplatz zusagen. Kommt besonders bei Vögeln und Insekten vor.

Schlag: 1. ein größeres Feld, bei der → *Schlagflur* eine von der Größe her gleiche Abfolge des Besitzgemenges, u.U. eine Zelge oder das sogenannte Außenfeld (Außenschläge einer Flur). Die → *Fruchtwechselwirtschaft* kennt die Aufteilung des Ackerlandes in S. (Getreide-S., Kartoffel-S. etc.). – 2. ein Ackerstück, das fruchtfolgemäßig einheitlich oder annähernd einheitlich behandelt bzw. bebaut wird, heißt Fruchtfolge-S. – 3. in der → *Forstwirtschaft* wird eine flächenweise Abholzung oder ein Forstdistrikt als S. bezeichnet. Diese forstwirtschaftliche Bedeutung tritt auch als Flurname im Walde auf (z.B. „Geschläge", „Buchenschlag" etc.). – 4. in der Wald- und Forstwirtschaft eine Fläche im Sinne der Lichtung, auf der eine Verjüngung stattfindet, wozu der auf ihr befindliche Gehölzbestand geschlagen wurde.

Schlageinteilung: bei der → *Flurbereinigung* vorgenommene Gliederung der Flur, die standörtlich, technologisch, fruchtfolgetechnisch und/oder vom Besitz bestimmt sein kann.

Schlagflur: eine Pflanzengesellschaft, die sich im Wald nach → *Kahlschlag* oder Brand einstellt und die, über → *Sukzessionen*, bei Nichteingreifen durch den wirtschaftenden Menschen, eine Bewaldung entstehen läßt, die zu einer → *Klimaxnahen Schlußgesellschaft* führen kann.

Schlagform: bei der → *Flurbereinigung* festgelegte geometrische Form eines → *Schlages*, die teils von ökonomischen Gesichtspunkten, teils von den Boden- und Reliefvorgaben des Agrarraums abhängt. Die S. kann entscheidend für das Wirken der → *Bodenerosion* sein. Bei Großflächenwirtschaft handelt es sich um z.T. ebenmäßige Rechtecke oder Quadrate.

Schlaggestaltung: bei der → *Flurbereinigung* und → *Flurneugestaltung*, aber auch bei → *Rekultivierungen*, jenes Bündel von Maßnahmen, welche die → *Schlageinteilung* und ihre einzelnen → *Schläge* gestalten soll. Auf die S. nehmen natürliche Bedingungen, landeskulturelle Anforderungen und arbeitsökonomische Rahmenbedingungen Einfluß.

Schlaggröße: die in Hektar dargestellte Größe eines → *Schlages*. Sie spielt bei → *Flurbereinigung* und → *Flurneugestaltung* eine große Rolle, weil sie sowohl arbeitsökonomischen als auch ökologischen Gesichtspunkten Rechnung tragen sollte. Bei bedeutenden S. stellen sich zahlreiche negative ökologische Effekte ein, wie → *Bodenerosion*, zu geringe biologische → *Diversität* der → *Agroökosysteme* und damit ein zu schwacher Effekt als ökologischer → *Puffer*.

Schlamm: wasserdurchtränktes Lockersediment meist sehr feiner Korngrößen, weich, schmierig, das sich in stehenden oder fließenden Gewässern ablagern kann. Im Umweltschutz spielt der S. bei der → *Abwasserreinigung*, bei der Deponierung (→ *Deponie*) und bei der Aufarbeitung von → *Klärschlamm* eine große Rolle. Dabei werden → *Frisch-*, → *Faul-*, → *Impf-*, → *Belebt-*, → *Bläh-*S. unterschieden. Teilweise sind sie Bestandteil der → *Schlammbehandlung*.

Schlammbehandlung: in der → *Abwasserreinigung* in → *Kläranlagen* die Vor-, Zwischen- und Nachbehandlung sowie die Verwertung von → *Schlamm*. Dazu gehören Eindickung, künstliche Entwässerung, gegebenenfalls chemische Behandlung, Faulung, Entwässerung auf Trockenbeeten, Heißtrocknung, und Verbrennung sowie die Verwertung – z.B. als Dünger – bzw. die Deponierung von Schlamm.

Schlammbelebungsverfahren: → *Belebungsverfahren*.

Schlammfaulung: der anaerobe Abbau organischer Stoffe im → *Schlamm*.

Schlamm-Wasser-Kontaktzone: Kontaktbereich zwischen Wasser und Sedimentoberfläche in Gewässern, in dem Fällungs-, Lösungs- und Austauschvorgänge eine große Rolle spielen. In Süßgewässern werden die Phosphat- und Eisenionen, die im tieferen Sediment unter anaeroben Bedingungen gelöst sind, in der S. unter aeroben Verhältnissen durch Adsorption angereichert. Dies ist für die Freisetzung von Phosphor (unter reduzierenden Bedingungen) im See von Bedeutung. An der S. nimmt das → *Redoxpotential* vom Wasser zum Schlamm mit der Tiefe ab, selbst in sauerstoffreichen Seen reicht die Oxidationszone nur 1,2 bis 3 mm tief in das Sediment hinein.

Schleiergesellschaft: Vegetation, die sich in Form schmaler Bänder an Grenzen von Nutzungsartenbereichen, wie Waldrand, Feldrain, Flußufern usw., einstellt und charakteristische Artkombinationen aufweist, oft aber ohne Charakterarten. Die S. treten als Hecken und Gebüsche auf.

Schlenke: muldenförmige oder rinnenartige Vertiefung in der Oberfläche von → *Hochmooren*, in der sich Wasser sammelt und in der oft etwas nährstoffreichere Bedingungen als auf den Erhebungen (→ *Bulten*) des Moores herrschen.

Schlick: im Meer, in Seen und im Überschwemmungsgebiet von Flüssen abgelagertes Gemisch feinster Mineralbestandteile und organischer Substanz, das als Lebensraum verschiedener Organismen dient. Er setzt sich zusammen aus wechselnden Anteilen von Feinsand, Schluff, Ton, Salzen, Calciumcarbonat und Schwefeleisenverbindungen.

Schlinger: Tiere, die einzelne, oft große Beutestücke unzerkleinert verschlingen und verdauen (→ *makrophage* Tiere). Sie kommen in fast allen Tierstämmen vor. Beispiele sind: Polypen, Raubfische, → *Amphibien*, Schlangen (→ *Reptilien*), Greifvögel, Zahnwale.

Schlingpflanzen (Windepflanzen): Typ der Kletterpflanzen bzw. → *Lianen*, die eine Achse windend umschlingen und dabei emporklettern, wie Hopfen oder Bohnen.

Schluff (Silt): sehr feines mineralisches Material der Korngrößen 0.002–0.063 mm. (→ *Bodenart*).

Schlüpfdichte: Siedlungsdichte (→ *Bevölkerungsdichte*) schlüpfender adulter geflügelter Insekten (bezogen auf eine Flächeneinheit) beim Übergang vom Wasser oder Boden zum Luftraum. Die S. wird in einem → *Emergenzkäfig* oder einem → *Eklektor* erfaßt.

Schlüsselarten: Arten, die in einer → *Lebensgemeinschaft* eine wichtige Funktion haben. Durch ihr Wegfallen würde sich das System (→ *Ökosystem*) stark verändern (→ *Schlüsselgruppe*). Oft sind sie auch → *Schlüsselräuber*.

Schlüsselarten-Ökosystem: von einer Art bestimmtes → *Ökosystem*, dessen Existenz mehr oder weniger direkt mit der Existenzmöglichkeit der Art verbunden ist. Wird die Art vernichtet, folgt die Zerstörung des Ökosystems.

Schlüsselfaktoren: in der Populationsökologie diejenigen Faktoren, die entscheidend die Dynamik und Dichte von Populationen bestimmen. (→ *Schlüsselfaktorenanalyse*).

Schlüsselfaktorenanalyse: Verfahren zur Bewertung von Mortalitätsfaktoren im Hinblick auf die Schwankungen und die Regulation der → *Populationsdichte* von Tieren. Nach der Methode von Varley und Gradwell wird die Gesamtmortalität während einer → *Generation* von der potentiellen → *Natalität* bis zur adulten, sich fortpflanzenden Phase als Summe der dekadischen Logarithmen der Stadiendichten (k) vor und nach Einwirkung des betreffenden Mortalitätsfaktors für aufeinanderfolgende Generationen graphisch dargestellt. Daraus läßt sich der die Abundanz bestimmende Schlüsselfaktor visuell ablesen. Außerdem kann die Dichteabhängigkeit eines Mortalitätsfaktors durch Auftragen als k-Wert gegen den log der Ausgangsdichte bei verschiedenen Generationen bestimmt werden (Steigung $b = 1$ bei vollkommener Dichteabhängigkeit).

Schlüsselgruppe: Organismengruppe, die nahe der Basis einer → *Nahrungspyramide* bzw. → *Nahrungskette* steht und die durch ihr Massenauftreten infolge hohen Vermehrungspotentials entscheidende Nahrungsbasis zahlreicher anderer Organismen ist. Eine S. sind z. B. Nager oder Blattläuse.

Schlüsselräuber: Räuber, die weit oben in der → *Nahrungskette* stehen und die durch ihre Fraßtätigkeit die Zusammensetzung der Lebensgemeinschaft weitgehend beeinflussen. Beispiel: der Seestern *Pisaster* in der Lebensgemeinschaft von sessilen Muscheln, Schnecken und Seepocken an der nordamerikanischen Felsküste. → *Schlüsselarten.*

Schlußbaumart (Klimaxbaumart): Baumart, die bei natürlicher Entwicklung auf durchschnittlichen Standorten das vom → *Makroklima* bestimmte Endglied der → *Sukzession* darstellt.

Schlußgesellschaft (Klimaxgesellschaft): Ausdruck des → *Klimax*, also Endstadium der Sukzession einer Lebensgemeinschaft oder Art, die am Normalstandort in Übereinstimmung mit dem → *Makroklima* steht und die keine anthropogene Einwirkung erfahren hat.

Schlußgrad: Maß der Überschirmung der Bodenoberfläche durch die Kronen eines Bestandes von Baumgewächsen.

Schlußwaldgesellschaft: regionale oder lokale Endphase in der Entwicklung einer Waldvegetation, die sich in Übereinstimmung mit dem → *Makroklima* des Raumes befindet, aber geringfügige, meist höhenbedingte Differenzierungen aufweisen kann.

Schmarotzer: → *Parasit.*
Schmarotzertum: → *Parasitismus.*
Schmerzschwelle: die Grenzbelastung des menschlichen Gehörs, jenseits derer Schmerz empfunden wird. Die S. liegt bei 120 dB bzw. einem Schalldruck von 20 N/m². Im Gegensatz zur Hörschwelle ist die S. von der Frequenz des → *Schalls* unabhängig.

Schmetterlingsblumen: → *Lepidopterenblumen.*

Schmuckbildung: bei Tieren vorkommende ornamentale morphologische und farbliche Bildungen von übersteigertem Ausmaß, die sich in Lebensräumen mit geringerem Selektionsdruck offenbar besonders gut halten können.

Schmutzbeiwert: empirische Zahl, die ein → *Abwasser* nach seiner Beschaffenheit beurteilt. Der S. hat praktische Bedeutung, weil er Vergleichsbasis und Verteilungsmaßstab für Gebühren und Beiträge zur → *Abwasserreinigung* bildet.

Schmutzwasseranfall: die tägliche Schmutzwassermenge, die je Einwohner anfällt. (→ *Einwohnergleichwert*).

Schnee: häufigste Form des festen → *Niederschlags*. S. besteht aus Eiskristallen. Er fällt meist als Flocken zusammengeballter Kristalle verschiedenster Formen und ist nur bei sehr großer Kälte körnig. Der S. lagert sich im Gelände durch Windverfrachtung unregelmäßig ab, weshalb seine Messung viel größere Probleme stellt, als die Erfassung des flüssigen Niederschlags. Nach der Ablagerung des S. laufen in der S.-Decke verschiedene Veränderungen ab (→ *Metamorphose*). Neuschnee verdichtet sich zu Altschnee, und Auftau- und Wiedergefriervorgänge leiten die Bildung von → *Firn* ein. Besondere Formen des S. sind Pulver-, Pack-, Polar-, Schwimm- und Treibschnee.

Schneebruch (Eisbruch): winterliche Baumschäden durch Ast-, Stamm- und Kronenbruch, die vor allem bei Nadelhölzern auftreten, wenn Äste und Zweige durch hängengebliebenen Naßschnee, Rauhreif oder Eisanhang überlastet werden. Die immergrünen Nadelbäume sind gefährdeter gegenüber S., weil sie im Winter gegenüber den kahlen Laubbäumen eine größere Auflagefläche aufweisen. Laubbäume sind durch S. erst gefährdet, wenn Spätschnee – nach Laubausbruch – fällt. In Mittel- und Hochgebirgen sind vor allem jene → *Höhenstufen* gefährdet, in denen häufig viel feuchter und damit schwerer → *Schnee* fällt. Zusatzgefährdungen können von Mulden- und Kessellagen ausgehen, die durch den Bäumen gebotenen Windschutz den Schnee auf Zweigen und Ästen liegen lassen. Der S. kann nur bedingt abgewendet werden. Möglichkeiten sind Anpflanzen schneefester Baumarten und zeitig einsetzende Bestandespflege (vor allem der Baumkronen). (→ *Eisregen*).

Schneefegen: flache Verblasung von → *Schnee* unmittelbar über der Schneeoberfläche. S. führt zu bedeutenden Massenverlagerungen, wobei Kamm- und Kuppenlagen teilweise oder sogar ganz freigeblasen werden. An schneegefegten Standorten fehlt also die schützende Schneedecke, was sich in Hochlagen stark auf Wuchs und Zusammensetzung der Vegetation auswirkt. S. kann auch Bäume und Sträucher mechanisch schädigen (Schliffwirkung der nadelartigen Eiskristalle).

Schneegrenze: die → *Höhengrenze* zwischen dem ganzjährig schneebedeckten und dem im Sommer schneefrei werdenden Gebiet. Die Lage der S. ist von den Mitteltemperaturen und den Niederschlagsverhältnissen einer Klimazone abhängig. Sie steigt von den Polargebieten zum Äquator hin vom Meeresniveau bis über 5000 m Höhe an und erreicht in den (trockenen) Subtropen ihre maximale Höhe. Die wirkliche lokale S. hängt stark von der Geländegestalt (Schneeablagerung, Besonnung, Bergschatten) ab und kann auf nord- und südexponierten Hängen eines Gebirges um mehrere 100 m abweichen. Für großräumige Vergleiche wird deshalb mit der besonders definierten → *Klimatischen S.* gearbeitet. (→ *Höhenstufe*, → *Schnee*).

Schneekriechen: langsame, kontinuierliche Hangabwärtsbewegung der sich setzenden Schneedecke. S. nimmt vom Boden gegen die Schneeoberfläche hin zu. Der durch S. ausgeübte Druck kann erheblich sein und zur Deformation und Zerstörung von Hindernissen (z. B. Zäune, Verbauungen usw.) führen und bei gefrorenen Schichten in der Schneedecke Sträucher bzw. Jungwuchs entwurzeln. Die dabei entstehenden Bodenanrisse sind Ansatzstellen für die Hangerosion. (→ *Schnee*, → *Erosion*).

Schneetälchen: ein Sonderstandort in der alpinen → *Höhenstufe* der → *Hochgebirge*, meist kleine Tälchen oder Senken mit hoher Bodenfeuchte und geringer Bodenentwicklung mit einigen cm Feuchthumusauflage. Aus lokalklimatischen Gründen, wegen Abschirmung und somit geringer Einstrahlung, bleibt der Schnee lange liegen. Darauf hat sich die → *Schneetälchenvegetation* eingestellt.

Schneetälchenvegetation: in der hohen subalpinen und alpinen → *Höhenstufe* von → *Hochgebirgen* auftretende Vegetation, die an die → *Schneetälchen* gebunden ist. Wegen des späten → *Aperns* ergibt sich eine extrem kurze Vegetationszeit, in der eine nur artenarme, aber charakteristische Pflanzendecke aufkommt, deren Zusammensetzung sich vor allem an der Dauer der Ausaperungszeit orientiert.

Schneller Brüter (Brutreaktor): ein → *Kernreaktor*, dessen → *Kettenreaktion* durch schnelle Neutronen aufrecht erhalten wird und der mehr spaltbares Material erzeugt als er verbraucht. Er dient der Stromerzeugung und der Gewinnung von → *Plutonium*, wobei → *Uran-238* als → *Brutstoff* dient. Als Spaltstoff fällt → *Plutonium-239* an. Der S.B. ist in das Konzept der → *Wiederaufarbeitung* von abgebrannten → *Brennelementen* der → *Leichtwasserreaktoren* integriert. Der S.B. gilt als gefährlichster der den → *Reaktortypen*, außerdem ist in hohem Maße kostenintensiv, weil die Brütertechnologie sehr aufwendig ist. Dazu gehört u.a. das 500°C heiße flüssige Wärmeaustauschmittel Natrium, das den Reaktor kühlen soll und dem die Wärmeenergie entnommen wird. In Deutschland ist der seit Mitte der 70er Jahre im Bau befindliche S.B. Kalkar technologisch und umweltschützerisch umstritten und noch nicht ans Netz angeschlossen.

Schonforst: → *Schonwald*.

Schonklima: mildes, windruhiges, luftreines sehr ausgeglichenes und in bezug auf → *Schwüle* und Abkühlung (→ *Abkühlungsgröße*) behagliches Klima mit erholsamer und heilender Wirkung. (→ *Reizklima*, → *Heilklima*).

Schonwald (Schonforst, Sonderforst): ein Wald oder Forst, der aus forstwirtschaftlichen, landschaftsökologischen und/oder landespflegerischen Gründen besonderen Schutzmaßnahmen unterliegt, um ihn vor anthropogenen Eingriffen durch Wirtschaft oder Erholungssuchende zu schützen. Eine meist forstökonomisch bestimmte Form des S. ist die → *Schonung*, eine eher landschaftsökologisch determinierte der → *Bannwald*.

Schreckstellung: eine Position bei Tieren, die einen möglichen Feind erschrecken soll, z. B. das Vorzeigen von Augenflecken auf den Hinterflügeln von Schmetterlingen. → *Drohverhalten*.

Schreckstoffe: 1. in Pflanzen vorkommende chem. Verbindungen des Sekundärstoffwechsels, die vor Konsumenten schützen helfen. – 2. von manchen Tieren (Arthropoden) in bestimmten Drüsen (z. B. Wehrdrüsen) abgeschiedene Substanzen, die abschreckend wirken.

Schrecktracht: eine → *Schutztracht*, die den Feind in Mißtrauen setzen und Schrecken versetzt.

Schrittsteine: → *Trittsteine*.

Schrödinger-Satz: der Organismus nährt sich von negativer → *Entropie*, wobei er sich von erzeugter positiver Entropie befreit. Der S.-S. bezieht sich auf den Entropiewechsel zwischen Organismus und Umwelt.

Schutt: Lockersediment, oft als Decken an den Hängen, aus eckigen bis kantengerundeten Gesteinsfragmenten der Größenklasse der Grobsedimente, die überwiegend durch physikalische Verwitterung entstanden sind. Die Bezeichnung dieses natürlichen Materials wird auch auf anthropogenen S. bezogen (Bauschutt). In der Bodenentwicklung stellt der S. die allererste Vorstufe der Bodenbildung dar. Er ist wesentlicher Bestandteil des → *Oberflächennahen Untergrundes*, der für die terrestrischen Ökosysteme große Teile der landschaftlichen Substanz repräsentiert. Für die Vegetation ist der S. ein Sonderstandort. (→ *Schuttformation*, → *Schuttpflanzen*, → *Ruderalpflanzen*).

Schuttboden: häufig gebrauchte, aber unscharfe Bezeichnung, die an sich in der Bodentypologie nur in den Begriffen der → *Bodenform* Verwendung findet. – 1. ein Boden, der sich auf → *Schutt* bildet, der überwiegend durch → *physikalische Verwitterung* entstanden ist. Dabei handelt es sich gewöhnlich um Initialstadien der Bodenbildung und überwiegend um eine Vorstufe des → *Bodens per definitionem*. – 2. ein Boden auf anthropogenem Schutt, der die

Merkmale der natürlichen S. zeigt, also Flachgründigkeit, gestörten oder nicht bestehenden Wasserhaushalt und Nährstoffmangel. Sowohl auf natürlichen als auch auf künstlichen S. können sich → *Schuttformationen* bzw. → *Schuttpflanzen* ansiedeln.

Schuttflurvegetation: → *Schuttpflanzen*.

Schuttformation: eine Vegetation aus → *Schuttpflanzen* auf sich bewegenden Schutthalden mit besonderer Anpassung an den stark wasserdurchlässigen und damit trockenen → *Schutt* und die gravitativen Bewegungen der Halde. Die Gräser und sich durch Ausläufer verbreitenden Kräuter der S. bilden dichte Wurzelgeflechte, um den gravitativen Hangbewegungen Widerstand zu leisten.

Schutthalde (Gesteinsschuttflur, Blockhalde): Ansammlungen von Schutt unterhalb von Felswänden im Gebirge an Halden zwischen 26 und 42°. Der Schutt setzt sich aus Blöcken, Steinplatten und Steinen zusammen. „Aktive S." werden dauernd noch durch aktuelle Zufuhr von Gesteinsmaterial verändert. Die auf Sch. vorkommenden Pflanzen benötigen viel Licht und können nicht in dichten Pflanzenbeständen vorkommen („Schuttgesellschaften").

Schuttpflanzen (Schuttflurvegetation): offene Pflanzengesellschaft, die sich auf mechanisch zertrümmerten Fels- und Gesteinsteilen ansiedelt. Sind die Schuttplätze anthropogenen Ursprungs, handelt es sich um → *Ruderalpflanzen*. (→ *Schutt*, → *Schuttformation*).

Schutzaggregation: bei Zebras, Straußen, Antilopen und Gazellen in den Lebensräumen der offenen → *Savannen* gegenüber Räubern auftretende Herdenbildung, wobei die Herde als solche Schutz bietet.

Schutzanpassung: Eigenschaft eines Organismus, die einen Schutz vor Feinden darstellt. Der Schutz kann entweder morphologisch, biochemisch oder ethologisch ausgeprägt sein. Er ist meist unvollkommen und relativ, d.h. er schützt vor manchen Feinden, vor anderen nicht. Beispiele für morphologisch-mechanischen Schutz sind eine dicke Kutikula, Dornen und drüsige Haare bei Pflanzen oder der Panzer von Schildkröten; auch bestimmte Zeichnungsmuster gehören hierzu. Beispiele für chemische Sch. Gifstoffe in Diplopoden (z.B. Blausäure) oder → *sekundäre Pflanzenstoffe*, z.B. Alkaloide oder Herzglykoside, die auf Wirbeltiere giftig wirken. Markantester Ausdruck der Schutzanpassung ist die → *Schutztracht*.

Schutzbereich (Schutzzone, Schutzgebiet): in der Praxis exakt abgegrenzter Raum, der aufgrund seiner natürlichen Beschaffenheit, seiner ökologischen, ästhetischen oder historischen Erhaltungswürdigkeit oder auch seiner wirtschaftlichen und sozialen Funktion durch Gesetz oder Verordnung unter besonderen Schutz gestellt worden ist und in der Regel nur unter besonderen Bedingungen genutzt oder verändert werden darf. S. sind z.B. → *Natur-* und → *Landschaftsschutzgebiete*, Wassergewinnungs- und Quellgebiete (Trinkwasser-S.), → *Bannwälder*, Sicherungszwecken dienende Gebiete oder Geländestreifen um Flughäfen oder Verteidigungsanlagen (z.B. → *Lärmschutzzonen*), Flächen zur Gewinnung von Bodenschätzen usw. (→ *Grüngürtel*).

Schutzentfernung: 1. die Mindestentfernung zwischen einer Emissionsquelle und einem Wohngebiet, bezogen auf → *Lärm*, welche die Einhaltung der maximal zulässigen → *Schalldruckpegel* gewährleistet. – 2. die S. gilt auch für andere → *Emissionen*, kann aber nicht für alle präzis bestimmt werden, weil die Reichweite ökologischer Prozesse nicht immer bekannt ist. Gleichwohl wird der Begriff im → *Umweltrecht* verwandt.

Schutzfärbung: eine Form der → *Schutztracht*.

Schutzforst: → *Schutzwald*.

Schutzfunktion: eine Teilfunktion im → *Leistungsvermögen des Landschaftshaushaltes*, → *Belastungen* von → *Ökosystemen* bzw. → *Landschaftsökosystemen* zu vermindern oder zu verhindern. So gesehen handelt es sich um das Puffervermögen des Ökosystems. (→ *Puffer*, → *Regenerationsfähigkeit*).

Schutzgebiet: → *Schutzbereich*.

Schutzgrün: begrünte Flächen, also auch solche mit Busch-, Strauch- und Baumbeständen, die in größerer oder kleinerer Ausdehnung erhalten oder angelegt werden, und die im weiteren Sinne ökologische Effekte in Stadt und Freiland erzielen sollen. – 1. → *Grünflächen*, die Sicht- und Emissionsschutz um oder für Bauwerke bzw. Siedlungen erzielen sollen. Dazu gehören vor allem → *Schutzgürtel* und → *Schutzpflanzungen*. – 2. Vegetationsflächen, die auch mehrschichtig sein können, welche in größerem Umfang freigehalten, erhalten, geplant bzw. angelegt werden, um vielfältige ökologische Funktionen zu erfüllen, wie Wasser- und Klimaschutz, Rauch- und Lärmminderung, Ufer-, Böschungs-, Lawinen- und Erosionsschutz, und die ggf. auch verkehrslenkende Effekte – als Leitpflanzungen entlang von Verkehrswegen – erzielen sollen.

Schutzgürtel: reihige Gehölzanpflanzung, meist mehrschichtig, um Gärten, Gebäude, Siedlungen, Sonderkulturflächen etc. vor allem vor Wind (→ *Windschutz*), aber auch vor aerischen → *Emissionen* zu bewahren. Die S. wird auch als Regler von Kalt- und Frischluftströmen in der → *Stadtökologie* eingesetzt. (→ *Frischluftschneise*, → *Kaltluftsee*, → *Kaltluftstrom*).

Schutzgüte: die Gesamtheit jener Maßnahmen, die durch → *Landschaftsbau*, → *Landschaftspflege*, → *Umweltschutz* und → *Umwelttechnik* in der Umwelt des Menschen eingeleitet werden, um ihn vor → *Schädlichen Umwelteinwirkungen* und davon ausgehenden Gefahren, Nachteilen oder → *Belästigungen* zu schützen. Dies schließt auch den Schutz vor → *Naturgefahren* ein. Die S. kann an sich nur objektbezo-

gen definiert werden.
Schutzkolloide: Anlagerung polyphenolischer organischer Verbindungen an Seitenflächen von → *Tonmineralen*, die durch Neutralisation der positiven Ladungen die Neigung zur Flockung vermindern und damit die Verlagerung erleichtern.
Schutzpflanzung: unscharfe Sammelbezeichnung, weitgehend auch durch die Begriffe → *Schutzgrün* und → *Schutzgürtel* sowie z.B. auch → *Schutzwald* abgedeckt. Die S. im engeren Sinne stellt eine ein- oder mehrreihige, aus vielen Arten zusammengesetzte Busch-, Strauch- und Baumanpflanzung dar, die Landwirtschafts- und Sonderkulturflächen, Gärten, Siedlungen und Verkehrswege gegen verschiedene → *Emissionen*, Einflüsse des → *Mikro-* und → *Mesoklimas*, Wind, Kaltluft, Erosion, Lawinen etc. schützen soll.
Schutzrand: Saum des → *Schutzwaldes* zur waldfreien Umgebung. Dem S. kommt durch seinen Übergangscharakter zwischen unterschiedlichen Nutzungsbereichen und oft unterschiedlichen Geoökosystemtypen besondere Bedeutung zu, – sowohl hinsichtlich verschiedener ökologischer Auswirkungen als auch hinsichtlich besonderer Gefahren durch Nutzungsbeanspruchungen.
Schutzstelle: in der → *Pflanzenökologie* die Gesamtheit der spezifischen Umweltbedingungen an der Bodenoberfläche, die es einem Samen erlauben, bis zum Zeitpunkt der Keimung zu überleben, die Samenruhe zu überwinden und die es dem Keimling ermöglichen, sich zu etablieren.
Schutztracht (phylaktische Tracht): Eigenschaften in Form, Färbung und Verhalten der Organismen, die geeignet sind, die „üblichen" Schutzmöglichkeiten (Verteidigung, Angriff) in ihrer Wirkung zu unterstützen und zu ergänzen. Man unterscheidet → *Tarntrachten*, die ihre Träger in der natürlichen Umgebung schwer sichtbar machen, sowie → *Trutztrachten*, die das Beachtet-, Erkannt- oder Mißkanntwerden fördern.
Schutzverhalten: alle Verhaltensweisen, die dem Schutz vor Feinden dienen. → *Schutzanpassung.*
Schutzwald (Schutzforst): ein Wald oder Forst, der neben der Holzproduktion auch noch eine → *Schutzfunktion* im weiteren Sinne zu erfüllen hat. Der S. kann durch seine vegetative Beschaffenheit, die Größe seiner Fläche, seine räumliche Lage → *ökologische Ausgleichswirkungen* und → *landschaftsökologische Nachbarschaftsbeziehungen* entfalten, welche die Ökosysteme seiner Umgebung vor Gefahren schützen bzw. die Gefahren mindern. Neben allgemeinen Schutzfunktionen, wie sie auch → *Schutzgrün* bzw. den → *Schutzpflanzungen* zugeschrieben werden, geht es beim S. speziell um → *Bodenschutz* (Erosionsschutz), Schutz vor Lawinen (→ *Lawinenschutzwald*),

→ *Klimaschutz* (→ *Klimaschutzwald*), → *Windschutz* (→ *Windschutzgehölze*) und → *Küstenschutz* (→ *Küstenschutzwald*). Diese Ziele, entweder als Gesamtmaßnahmen konzipiert oder auf den Spezialzweck ausgerichtet, werden durch die Bestockung und Bewirtschaftung des S. erreicht. Der S. darf nicht mit → *Schonwald* verwechselt werden, der aus ökologischen Gründen um seiner selbst geschützt wird.
Schutzwaldstreifen (Waldschutzstreifen, Waldstreifen): 1. im engeren Sinne eine schmal- oder breitstreifige Waldanpflanzung, vor allem als Bodenerosionsschutz (→ *Windschutz*) in semihumiden Geoökosystemen. – 2. im weiteren Sinne die Funktionen ausübend, die der größerflächige → *Schutzwald* ausübt, wobei es sich beim S. um entweder übriggelassenen oder neuangelegten Wald unterschiedlicher Breite handeln kann, mit breiten Streifen von meist über 100 Metern. Der Effekt der S. kann durch eine großflächige Anlage, Ausrichtung auf die Hauptwindrichtungen, eine gitterartige Vernetzung zur Erzielung kleinräumiger ökologischer Effekte sowie durch Einbezug natürlicher → *Restgehölze* in seiner ökologischen Wirksamkeit gesteigert werden.
Schutzzone: → *Schutzgebiet.*
Schutzzone für Trinkwasser: → *Trinkwasserschutzgebiet.*
Schwächeparasiten: → *Parasiten,* die nur kränkelnde oder jedenfalls in ihrer Widerstandskraft geschwächte Organismen befallen können.
Schwachlichtpflanzen: → *Schattenpflanzen.*
Schwarm: lockere Vergesellschaftung von Tieren, in der keine besondere soziale Bindung besteht. Schwärme bilden z.B. Vögel, Fische, Insekten.
Schwarzalkaliboden: → *Solonetz.*
Schwarzerde: → *Tschernosem.*
Schwarzkultur: Form der Moorkultur auf → *Niedermooren*. Bei der S. erfolgt eine intensive und mehrfach sich wiederholende Durcharbeitung, Nährstoffanreicherung (mit Phosphor, Kali, evtl. Kalk) und ein Walzen der oberen Bodenschicht. Nach mehrjähriger Nutzung als Ackerland folgt Grünlandeinsaat.
Schwarztorf: entsteht im → *Hochmoor*, ist gut humifiziert (→ *Humifizierung*) und braunschwarz gefärbt. Neben feiner Huminsubstanz enthält der S. auch noch erkennbare Pflanzenreste. (→ *Weißtorf*).
Schwarzwasserflüsse: Flüsse des Amazonasgebietes, die nährstoffarm sind und durchsichtig bis rotbraun (da humos) erscheinen. Sie entspringen in dem ständig oder periodisch überschwemmten, mit → *Igapo* bestandenden westlichen Amazonasgebiet. Dieses ist durch nährstoffarme (weil ausgelaugte) Podsolböden charakterisiert. (→ *Weißwasserflüsse*).
Schweb: Tiefensediment eines → *Sees.*
Schwebstaub: feste Teilchen in der Luft, die dem → *Staub* angehören und der Korngröße

des Feinststaubs angehören (< 10 μm). Der S. hält sich wegen seiner geringen Korngröße lange in der Atmosphäre. Es gibt natürliche und anthropogenen S., letzterer gehört zu den → *Emissionen*. Als S. treten umweltschädliche Stoffe wie → *Schwermetalle*, → *Polycyclische aromatische Kohlenwasserstoffe* und sonstige, chemisch aktive → *Aerosole* kleinster Größe auf. Die humanökologische Wirksamkeit des S. besteht darin, daß viele Partikel des S. toxisch oder krebserregend sind. Wegen seiner Allgegenwart in den untersten Teilen der Atmosphäre gelangt der S. mit der Atemluft in den menschlichen Organismus.

Schwebstoffe: 1. organische und mineralische Partikel, die im Wasserkörper (und nicht am Boden rollend) Teilen eines Gerinnes transportiert werden. Die Größe der S.-Teilchen kann nicht exakt definiert werden, da sie auch von der Wasserführung abhängt. Bei normaler Wasserführung liegt die untere Grenze etwa bei 1000 Å (Grenze zu den gelösten Stoffen) und die obere Grenze etwa bei 0,05 mm. Bei Hochwasser mit hohen Fließgeschwindigkeiten werden sogar Grobsandkörner bis 2 mm schwebend mitgeführt. – 2. der Begriff wird auch auf S. in der Luft bezogen. Dann handelt es sich aber um → *Schwebstaub*.

Schwefelbakterien: 1. autotrophe (photolithotrophe) anaerobe Bakterien; die roten S. (Chromatiaceae) verwenden Schwefelwasserstoff als Wasserstoff-Donator und oxidieren ihn zu Schwefel oder Schwefelsäure. Die grünen S. (Chlorobiaceae) oxidieren Schwefelwasserstoff und elementaren Schwefel zu Schwefelsäure. Die S. kommen in Gewässern an der Schichtungsgrenze zwischen Sauerstoff und Schwefelwasserstoff vor, soweit noch genügend Lichtenergie eingestrahlt wird. – 2. autotrophe (chemolithotrophe) aerobe Bakterien (Sulfurikanten; z.B. *Beggiatoa*), die Schwefelwasserstoff mit Hilfe von Luftsauerstoff zu Schwefel oxidieren („Sulfurikation"). Diese S. kommen ebenfalls an der Schichtgrenze Sauerstoff-Schwefelwasserstoff in Gewässern vor. – 3. Im weiteren Sinne die Desulfurikanten. → *Desulfurikation*. (→ *Purpurbakterien*). (→ *Stoffwechseltypen*).

Schwefeldioxid (SO_2): ein farbloses, stechend riechendes Gas, das in Wasser leicht löslich ist. Das S. entsteht bei der Verbrennung von → *Kohle*, → *Erdöl*, → *Erdgas* sowie bei der Verhüttung sulfidischer Erze auf Grund des Schwefelgehaltes der Brennstoffe bzw. der Erze, sowie bei der industriellen Produktion von Düngern, Soda, Cellulose, Schwefelsäure etc. In der Natur kommt SO_2 in vulkanischen Aushauchungen der Gasvulkane und im Erdgas vor. Das SO_2 ist – mit unterschiedlichen Konzentrationen – in der Atmosphäre weltweit verteilt, besonders aber auf Städte und Agglomerationen konzentriert. Neben dem → *Staub* (→ *Schwebstaub*) gilt das SO_2 als Leitkomponente für die → *Luftverschmutzung* eines Gebiets. Das SO_2 ist eine wichtige Komponente des → *Smog* und belastet Atmungs- und Geschmacksorgane sowie Herz und Kreislauf. Das SO_2 ist eine Komponente des → *Sauren Nebels* und des → *Sauren Regens*. Es erweist sich als phytotoxisch und bedingt Pflanzenschäden (Zerstörung von Chlorophyll, Verfärbungen, Fleckungen, Erschlaffungen, → *Nekrosen der Blätter*). Das → *Waldsterben* wird u.a. auf SO_2 in der Atmosphäre und seine ökophysiologische Wirkung in den Pflanzen zurückgeführt.

Schwefelkohlenstoff (CS_2): eine leicht entflammbare und mit Luft explosionsfähige farblose Flüssigkeit, die in der Faserindustrie sowie bei verschiedenen Prozessen der chemischen Industrie verwandt wird. Der S. neigt zu → *Bioakkumulation*, wirkt langzeitig auf das zentrale Nervensystem und ruft allgemeine Schwächezustände hervor. Auch Organschäden sind möglich, während akute Vergiftungen die Ausnahme darstellen.

Schwefelkreislauf: → *Stoffkreislauf* des Schwefels. Im globalen biochemischen Kreislauf sind wesentliche Quellen das Schwefeldioxid der Luft und Sulfate aus Mineralien. Das Sulfat wird von autotrophen Pflanzen aufgenommen, reduziert und in Proteine eingebaut. Der mikrobielle Abbau von Eiweißen führt zu Schwefelwasserstoff, der unter anaeroben Bedingungen auch durch → *Desulfurikation* entstehen kann. Durch autotrophe → *Schwefelbakterien* kann unter aeroben oder anaeroben Bedingungen Sulfat entstehen, das wieder von Pflanzen aufgenommen werden kann. Im Faulschlamm von Gewässern kann Schwefel als Pyrit aus dem S. ausscheiden. Heute gelangt Schwefel über die Verbrennung fossiler Brennstoffe vermehrt als Schwefeldioxid in die Atmosphäre und führt unter anderem zur Erhöhung des Schwefel-Inputs wie auch zur → *Bodenversauerung*.

Schwefeloxide (SO_x): eine Sammelbezeichnung für Gase, die sich aus Schwefel, der beim Verbrennen fossiler Brennstoffe entsteht (→ *Erdöl*, → *Erdgas*, → *Kohle*), und Luftsauerstoff bilden. Überwiegend entsteht → *Schwefeldioxid* (SO_2), daneben auch → *Schwefeltrioxid* (SO_3). SO_2 und SO_3 werden zusammen als SO_x bezeichnet.

Schwefeltrioxid (SO_3): wie das → *Schwefeldioxid* ein Bestandteil industrieller → *Emissionen* und Bestandteil von → *Abgasen* beim Verbrennen fossiler, schwefelhaltiger Brennstoffe. Das S. ist ein Anhydrid der Schwefelsäure, gehört zu den → *Aerosolen* und verursacht an Pflanzen Ätzungen sowie an Materialien Korrosionsschäden.

Schwefelwässer: → *Mineralgewässer*.

Schwefelwasserstoff (H_2S): farbloses, brennbares, sehr reaktionsfähiges und nach faulen Eiern riechendes, zugleich stark giftiges Gas, das in höheren Konzentrationen als Zell- bzw. Fermentgift tödliche Wirkung entfalten kann. Der S. entsteht bei → *Fäulnis* in der Natur, z.B. in sauerstoffarmen Gewässern, im → *Abwasser* und kommt in → *Mineralquellen* vor. Es handelt sich dort um die Zersetzung von Eiweiß durch Bakterien. Von Fabriken kann S. ebenfalls emittiert werden: Gaswerke, Kokereien, Schwelereien, Zellstoffabriken, petrochemische Industrie, ebenso von Tierkörperverwertungsbetrieben und → *Kläranlagen*. Der S. kann aus → *Abgasen* durch Nachverbrennung, Naßwäsche oder Adsorption entfernt werden. Für Pflanzen hat er phytotoxische Wirkung (Blätter erschlaffen ohne Verfärbung). Beim Menschen kann der Geruchsinn gefährdet werden; bei höheren Konzentrationen sind auch Lungenödeme und Atemlähmungen möglich.

Schweizerhalle: ein Industriestandort in der Region Basel, wenige Kilometer vom Stadtzentrum, und am Rhein gelegen, wo in einem Teil eines chemischen Großbetriebes am 1. November 1986 ein → *Chemieunfall* passierte, der zwar ohne Folgen blieb, der jedoch zahlreiche organisatorische und technische Schwächen bei der Bewältigung eines Chemieunfalls innerhalb einer → *Agglomeration* zeigte. Ursache war ein Brand in einer chemikaliengefüllten Lagerhalle, bei dem zwar keine Menschen zu Schaden kamen, aber das mit Agrochemikalien gesättigte Löschwasser den Rhein vergiftete und das Hydroökosystem nachhaltig störte. Durch langfristige Sanierungsmaßnahmen wurden fast alle Schäden wieder beseitigt. Im Gefolge der Katastrophenbewältigung wurde am 7. November 1986 nochmals internationaler Alarm ausgelöst, als wiederum vergiftetes Löschwasser in den Rhein gelangte. Geländeklimatisch und lufthygienisch führte der Unfall ebenfalls zu neuen Erkenntnissen. Die westlich von Schweizerhalle liegende Stadt Basel war von einer Giftgaswolke eingehüllt, obwohl generell eine nach Osten gerichtete Luftströmung herrschte. Dieser Gradientwind war jedoch unterlagert von einer bodennahen Strömung, die von Ost nach West gerichtet war und die demzufolge das Giftgas in die Stadt tragen konnte. Die Randhöhen, 200–300 m über dem Katastrophenort gelegen, ragten überwiegend in die Schicht des Gradientwindes und waren demzufolge gas- und geruchsfrei.

Schwelgase: entstehen bei → *Schwelprozessen* und stellen gasförmige Zersetzungsprodukte dar, die stark und übel riechen und z.T. auch toxisch sein können. Die S. sind Bestandteile der verschiedenen Arten der → *Luftverschmutzung*.

Schwellenwertdosis: die kleinste → *Energiedosis* oder → *Äquivalentdosis*, die eine bestimmte Wirkung hervorrufen kann. Der Begriff S. wird auf → *Radioaktive Strahlung* bezogen und im → *Strahlenschutz* eingesetzt. Es handelt sich dabei um empirisch gewonnene → *Schwellenwerte*, unterhalb derer bei einem Individuum oder einer Population eine definierte ökophysiologische bzw. toxische Wirkung nicht mehr nachweisbar ist.

Schwellenwerte: sie spielen in der Ökologie und im Umweltschutz eine sehr große Rolle. In der Natur gibt es Stoffkonzentrationen, die Tiere oder Pflanzen organisch schädigen. Dafür lassen sich empirisch S. festsetzen. Bedeutsamer sind die S. im Umweltschutz, wo durch experimentelle Ermittlung die S. für Prozesse oder Erscheinungen in den Umweltsystemen festgelegt werden, die dann in die Bestimmung der → *Grenz-* und → *Richtwerte* eingehen. Während letztere quasi politische oder ökonomische Setzungen bedeuten, sind die S. an sich ökologische Werte, die beim Über- oder Unterschreiten zu Wirkungen an Organismen oder in Ökosystemen führen. Das Problem der S. besteht in der Dynamik der Prozesse, aber auch in den unterschiedlichen Reaktionen von Pflanzen, Tieren und Menschen gegenüber Veränderungen von Stoffkonzentrationen in Luft, Wasser, Boden sowie Nahrung.

Schwelprozesse: die thermische Zersetzung organischen Materials bei verminderter oder unterbundener Sauerstoffzufuhr. Die S. laufen ohne Flammenbildung ab und sind gelegentlich industriell beabsichtigt (→ *Pyrolyse*), treten aber häufig unabsichtlich durch Selbst- oder Fremdentzündung auf (→ *Müllkippen*) oder in Müllbehältern bei der Verwertung von → *Müll*.

Schweres Wasser (Deuteriumoxid, D_2O): es entsteht aus Deuterium, das zusammen mit Sauerstoff S.W. bildet, wobei anstelle der leichten Wasserstoffatome Deuteriumatome plaziert sind. Gegenüber dem Wasser (H_2O) besitzt es andere chemische und physikalische Eigenschaften (z.B. größere Dichte, Dichtemaximum bei höherer Temperatur, sowie höherer Schmelz- und höherer Siedepunkt). Das S.W. dient in der Kernforschung und in der Chemie zur Markierung chemischer Verbindungen und in Natururanreaktoren als Moderator.

Schwermetallböden: Böden mit Anreicherung von in unterschiedlichem Maß toxischen → *Schwermetallen* (wie Magnesium, Zink, Kupfer, Selen). S. sind z.B. auf Untergrund mit Serpentin (ein Magnesium-Silicat mit Aluminium, Eisen, Nickel, Chrom) und Galmei (Zinkerz) ausgebildet und können vielfach nur von Spezialisten unter den Pflanzen (→ *Schwermetallpflanzen*) besiedelt werden, die resistent gegen Schwermetalle sind. (→ *Schwermetallresistenz*).

Schwermetalle: Sammelbezeichnung für Metalle, die eine Dichte über 4.5 g/cm³ haben. S. sind z.B. → *Blei*, → *Cadmium*, Chrom, Eisen, Gold, Kobalt, Nickel, Platin, → *Plutonium*, → *Quecksilber*, Silber, → *Uran*, Wolfram, Zink, Zinn. Ein Teil dieser sind für die Funktionen der Organismen essentiell (Zn, Fe, Mn, Cu etc.), andere hingegen giftig (Blei, Cadmium, Quecksilber etc.). Ob ein S. toxisch wirkt, hängt von seiner verfügbaren Konzentration in den umgebenden Ökosystemen oder in der Nahrung ab. Die S. werden in → *Nahrungsketten* weitergegeben, weil sie sich anreichern (→ *Bioakkumulation*). In die Umwelt gelangen die S. über direkte und indirekte Wege (→ *Abluft*, → *Abwasser*, verschiedene Verbrennungsprozesse). Die S. gehören zwar zu den natürlichen Elementen der Erde, durch ihre Nutzung werden sie jedoch räumlich konzentriert und damit z.T. zu → *Umweltgiften*. In der → *Humanökologie* und im Umweltschutz sind für die S. stoffspezifische → *Grenz*- und → *Richtwerte* festgesetzt. Inzwischen kommen die S. in Agglomerationen, Städten, auf → *Deponien*, in Altlastgebieten etc. in belastenden bis toxischen Konzentrationen vor.

Schwermetallpflanzen (Metallophyten, Chalkophyten): Pflanzen, die auf Böden wachsen können, deren Gehalt an Schwermetallen hoch ist (→ *Schwermetallresistenz*). Bsp.: → *Galmeipflanzen*, → *Serpentinpflanzen*. Die Schwermetallvegetation zeigt einen niederen Wuchs, geringe Produktivität und Artenarmut. Das Vorkommen der Sch. im Gelände kann Hinweise auf spezielle Metallagerstätten geben. (→ *Schwermetallböden*).

Schwermetallresistenz: Eigenschaft von Organismen, relativ hohe Konzentrationen von Schwermetallen in der Umwelt zu tolerieren. Unter den Pflanzen sind → *Galmeipflanzen* resistent gegen Zink, → *Serpentinpflanzen* gegen Chrom und Nickel. Gewisse Tierarten können relativ hohe Schwermetallkonzentrationen erreichen, ohne geschädigt zu werden.

Schwermetallzeiger: → *Chalkophyten*.

Schwerwasserreaktor: ein → *Kernreaktor*, der mit → *Schwerem Wasser* gekühlt und/oder moderiert wird. (→ *Reaktortypen*).

Schwimmblattpflanzen: eine Gruppe der Wasserpflanzen, bei denen alle Blätter oder ein Teil der Blätter flach auf dem Wasserspiegel schwimmen. Bsp.: See- und Teichrose.

Schwimmpflanzen: eine Gruppe der Wasserpflanzen, die entweder frei im Wasser schwimmen (z.B. Wasserschlauch, Wasserlinse) oder am Grund wurzeln, aber auch auf der Wasseroberfläche liegende Schwimmblätter besitzen (z.B. Teichrose). Die Schwimmfähigkeit der Blätter wird durch zahlreiche weite Interzellularen im Blattgewebe erreicht, wie es übrigens auch für untergetauchte Stengel und Wurzeln von Wasserpflanzen gilt.

Schwingrasen: in → *Hochmooren* bei Verlandung humusreicher saurer Gewässer Decken von Torfmoosen (*Sphagnum*), die häufig mit weitreichenden Rhizomen höherer Pflanzen durchwebt sind.

Schwüle: Bezeichnung für den Zustand hoher Wärme bei gleichzeitig hoher → *relativer Luftfeuchte*. Der S.-Zustand ist physikalisch nicht exakt definierbar, sondern muß eher am Wohlbefinden gemessen werden, woraus sich zwangsläufig ergibt, daß von Individuum zu Individuum Unterschiede bestehen. Ein Wetterzustand wird als schwül empfunden, wenn der Körper zu seiner Wärmeregulation (= Abkühlung wegen hohen Umgebungstemperaturen) infolge zu hoher Luftfeuchte nicht mehr ausreichend Wasser verdunsten kann. Auf Erfahrungswerten lassen sich → *Grenzwerte* für die S. ermitteln.

Schwülegrenze: Trennlinie, welche im Raster Temperatur/→ *relative Luftfeuchte* den als behaglich und den als schwül empfundenen Bereich trennt.

Screening (engl. für „Siebtest"): Methoden, die in möglichst kurzer Zeit mit wenig Aufwand Aussagen über Eigenschaften chemischer Stoffe (z.B. neu entwickelter → *Pflanzenschutzmittel*) gestattet.

Secchi-Scheibe: → *Sichttiefe*.

sedentäre Population: eine Tierpopulation (→ *Population*), deren Mitglieder eine geringe Beweglichkeit haben und die deshalb relativ stark auf ein bestimmtes Siedlungsgebiet beschränkt bleibt.

Sediment: schichtförmige Ablagerungen von Wasser, Eis oder Wind im Süßwasser, Meer oder auf dem Festland. Sie werden entsprechend der Ablagerungsweise als glazial, fluvial, marin, terrestrisch, aeolisch usw. bezeichnet. Die Ablagerungen können abiotischer Natur sein oder durch Absterben oder Ausscheidungen von Organismen herrühren (abgestorbene Kalk- und Kieselschalen von Meeresplankton als Meeressediment; bedingt auch Guanoschichten von Seevögeln). Im Meer unterscheiden man je nach Enstehungsweise u.a. den Globigerinenschlamm, Pteropodenschlamm und Diatomeenschlamm. Bekannteste S.-Typen im Süßwasser sind der *Torfschlamm* (Dy), *Halbfaulschlamm* (Gyttia) und *Faulschlamm* (Sapropel).

Sedimentation: der Prozeß, der zur Bildung von → *Sedimenten* führt. Die S. kann sich technisch oder in der Natur vollziehen und sich in Wasser, am Boden, auf Pflanzen oder auf Gebäuden vollziehen. In der Natur verläuft die S. meist als → *Sedimentzyklus*. Dies gilt vor allem für jahreszeitenklimatisch gesteuerte Landschaftsökosysteme.

Sedimentfresser: Tiere, die am oder im Boden von Gewässern ein Gemisch von pflanzlichem Detritus, Bakterien, lebenden Algen, zum Teil auch mineralisierten Stoffen aufnehmen. Bsp. im Süßwasser: der Röhrenwurm *Tubifex*; Bsp. im Meer: Polychaeten und Holothurien.

Sedimentzyklus: 1. die zeitliche Wiederholung der → *Sedimentation* unter ähnlichen oder gleichen technischen oder natürlichen bzw. geoökologischen Bedingungen, die zu einer Abfolge des gleichen oder ähnlichen Sedimentcharakters führen. – 2. eine Abfolge von → *Sedimenten*, die durch klimaökologische Steuerung oder technische Steuerung des Sedimentationsprozesses zustande gekommen sind. Die Wiederholungen drücken sich in gleicher Farbe, einheitlicher Korngrößenzusammensetzung und gleichen oder sehr ähnlichen Stoffgehalten aus.

See: 1. allgemein eine Wasseransammlung in einer natürlichen geschlossenen oder künstlichen Hohlform. S. entstehen natürlich durch verschiedene geomorphologische Prozesse (Abdämmungen durch Bergstürze oder Moränen) oder durch Eintiefungen der Erdoberfläche (erosive Eintiefung durch Gletscher, Einsturz durch Auslaugung des Untergrundes, Vulkanexplosionen, tektonische Verbiegungen, tektonische Grabenbildung). Etwa 1.8% der Festlandsfläche der Erde sind seebedeckt. Die Verteilung der S. über die Erde ist in erster Linie geomorphologisch, in zweiter Linie klimatisch-hydroökologisch bedingt. Die S. humider Gebiete sind Süßwasser-S., jene abflußlosen S. arider Gebiete meist Salz-S. Sind die S. in Flußsysteme einbezogen, wird ihr Wasserhaushalt vom → *Abflußregime* des Flusses bestimmt. Der Wasserstand von S. steht im Zusammenhang mit dem Witterungsgeschehen und/oder dem Wasserhaushalt des jeweiligen → *Einzugsgebietes*. Große S. verfügen über ein Speichervermögen (Seeretention). Die S. verfügen über einen letztlich bilanzonal bestimmten Haushalt, wobei Wärme- und Stoffhaushalt miteinander in Beziehung stehen und das bioökologische Geschehen im See bestimmen. Der Wärmehaushalt von S. in → *Jahreszeitenklimaten* bedingt eine → *Seezirkulation*. – 2. ein S. gliedert sich in die Lebensräume Benthal (Lebensgemeinschaft: → *Benthos*) mit Litoral sowie Profundal und Pelagial (Lebensgemeinschaft: → *Plankton,* → *Nekton*). Die Struktur des S. wird durch vertikale Gradienten geprägt: nach den Temperaturverhältnissen und dem Ergebnis der → *Zirkulation* kann man die Seen vertikal unterteilen in → *Epilimnion,* → *Metalimnion* und → *Hypolimnion*. Eine mehr funktionelle Vertikalunterteilung nach der Primärproduktion ist die nach der Lichtverteilung in → *trophogene Zone* mit überwiegender photoautotropher Produktion und in die → *tropholytische Zone* mit abbauenden Prozessen. Vgl. → *Seentypen*. Man unterscheidet nach dem Stoffhaushalt verschiedene *Trophiegrade*, wobei ein Übergang von Oligotrophie zur Eutrophie einerseits durch den Eintrag von organischen Stoffen möglich ist, andererseits auch aus natürlichen Gründen im Verlaufe von Verlandungsprozessen zu beobachten ist: 1.) Eutrophe See. Sie zeichnen sich im allgemeinen durch flache Seebecken und eine breite Uferbank aus. Ihr Wasser ist entweder natürlicherweise oder durch den Menschen bedingt reich an Pflanzennährstoffen. Es ist die der klassische Typus des mitteleuropäischen Flachlandsees. Man spricht auch von → *Chironomus-Seen* aufgrund der vorherrschenden Chironomidengattung. 2.) Oligotrophe Seen. Sie zeichnen sich im allgemeinen durch tiefem Becken und eine schmale Uferbank aus. Ihr Wasser ist relativ arm an Pflanzennährstoffen und Plankton und daher vorzugsweise blau. Es ist die der klassische Typus der großen subalpinen Seen. Man spricht auch von → *Tanytarsus-Seen* aufgrund der vorherrschenden Chironomidengattung. 3.) Dystrophe Seen. Sie kommen v.a. in moorartiger Umgebung vor. Sie zeichnen sich im allgemeinen durch eine Nährstoffarmut (d.h. sie sind im Prinzip oligotroph) und einen großen Gehalt an Huminstoffen aus.

Seedeich: ein → *Deich*, der am Meer vor → *Sturmflut* und Tidehochwässern schützen soll. Die S. treten oft in mehreren Generationen auf, die im Zuge längerfristiger → *Neulandgewinnung* sukzessive gebaut werden.

Seenkunde: → *Limnologie*.

Seentypen: unter den Binnenseen der gemäßigten Zone werden zwei Haupttypen unterschieden, die allerdings nur Endpunkte einer quantitativen Reihe bilden. Ihr bestes Kriterium liefert die Primärproduktion.

Seezirkulation: komplexe Austauschvorgänge im Wasserkörper von → *Seen*, die vom Jahresgang der Temperatur und vom Windeinfluß abhängen, wobei die Tatsache wichtig ist, daß Wasser bei + 4°C die größte Dichte aufweist und Temperatur schlecht leitet. Im Jahreszeitenklima der kühlgemäßigten Zone herrscht im Winter stabile inverse Schichtung, weil das oberflächlich stark abgekühlte Wasser wegen seiner geringeren Dichte nicht absinken kann. Im Frühjahr erwärmt sich das Oberflächenwasser, und die Temperaturschichtung erreicht Einheitlichkeit; vor allem bei Windeinfluß findet jetzt eine tiefgreifende Umschichtung und Durchmischung des ganzen Wasserkörpers statt, die → *Vollzirkulation*. Im Sommer erwärmt sich das Oberflächenwasser. Wegen dessen geringerer Dichte ergibt sich eine sehr stabile Schichtung mit einer auf die → *Sprungschicht* unter der geringmächtigen warmen Oberflächenschicht (→ *Epilimnion*) konzentrierten Temperaturabnahme. Im Herbst wiederholt sich der gleiche Vorgang wie im Frühjahr, d.h. es erfolgt die Herbstvollzirkulation. Die Kaltwasserseen der Polargebiete sind praktisch ganzjährig invers stabil geschichtet. Zirkulation findet allenfalls während des kurzen polaren Hochsommers statt. Die warmen Seen der Innertropen zeigen wegen der ständig stabilen Schichtung kaum eine S.

Segetalpflanzen: → *Unkräuter*.

Segregation: → *ökologische Separation*.

Seiches (frz.): periodische Schaukelbewegungen der Wasserschichten in stehenden Gewässern. Diese Schaukelbewegungen ergeben sich durch gegenseitiges Verschieben sich nicht durchmischender horizontaler Wasserschichten unterschiedlicher Temperatur in Form stehender Wellen. Sie kommen nur in größeren Seen vor und haben ihre Ursachen in Luftdruckunter-

schieden oder in starken Winden. Die Folge können merkliche Wasserstandserhöhungen (am Lee-Ufer) bzw. -absenkungen (am Luv-Ufer) sein (mehrere Dezimeter). Werden von den Schaukelbewegungen nur (oder nur noch) tiefere Schichten erfaßt, spricht man von „internen S.", die Schaukelbewegungen von mehreren Metern zeigen können.
Seihwasser (uferfiltriertes Grundwasser): Wasser, das aus Flüssen und Seen durch den Untergrund ins → *Grundwasser* einsickert.
Sekundärbiotop: eine unscharfe Bezeichnung für einen → *Biotop*, der infolge eines anthropogenen Eingriffs in die Landschaft entstand, wie → *Feuchtgebiete* durch Bodensenkungen (→ *Sackung*), aufgelassene Steinbrüche oder Kiesgruben, durch → *Rekultivierung* gestaltete → *Halden*, → *Deponien*, → *Kippen*. Im S. vollzieht sich dann eine quasinatürliche Entwicklung, die bei den Pflanzen mit erstbesiedelnden → *Pionierpflanzen* beginnt und dann über → *Sukzessionen* – zumindest theoretisch – zu einer → *Klimaxnahen Schlußgesellschaft* führen kann. (→ *sekundäres Ökosystem*).
sekundäre Aufkalkung: nachträgliche Kalkanreicherung in vollständig entkalkten Böden durch Kalkzufuhr mit Hang- oder Grundwasser oder künstliches Einbringen von Kalk zur Bodenverbesserung.
sekundäre Pflanzenstoffe: Substanzen in Pflanzen, die in ihrer Biosynthese vom Stoffwechsel der Kohlenhydrate, Fette und Aminosäuren abgeleitet sind und selber chemisch sehr unterschiedlich sind. Wichtige Stoffgruppen sind Terpenoide, Phenole und Alkaloide (mit etwa 5 000 Verbindungen zahlenmäßig am stärksten vertreten), auch Senfölglykoside (z.B. in Brassicaceae). Die biologische Funktion (der Anpassungswert) der s.P. liegt z.T. in der Abwehr gegen Tierfraß. Manche Herbivoren haben sich aber an die s.P. durch Mechanismen der Inaktivierung oder Entgiftung angepaßt und nutzen diese Stoffe als Signale für die bevorzugten Fraßpflanzen.
sekundäres Milieu: gegenüber dem → *primären Milieu* in der Theorie der → *Geographie* als Gegensatz zur → *Landesnatur* aufgefaßt, die vom Menschen bewertet und zum natürlichen Potential des Wirtschaftens umgewandelt wird. Dies erfolgt durch eine jeweils vom Interesse der Inwertsetzung bestimmte Prozeßkombination. (→ *Leistungsvermögen des Landschaftshaushaltes*, → *Naturraumpotential*).
sekundäres Ökosystem: ähnlich dem → *primären Ökosystem* ein Begriff, der → *sekundäres Milieu* deutlicher auf das → *Ökosystem* bzw. → *Geoökosystem* bezieht. Es weist nicht nur Wechselbeziehungen zur wirtschaftenden und siedelnden Tätigkeit des Menschen auf, sondern ist von dieser bestimmt, so daß die Ökosystemfunktionen nicht mehr → *natürlich* funktionieren, was im Extremfall dazu führen kann, daß dem s. Ö. die Fähigkeit zur → *Selbst-*

regulation fehlt.
Sekundärflora: eine natürliche Nachfolgeflora auf eine – ebenfalls natürliche – Primärflora.
Sekundärformation (Sekundärvegetation): unter dem verändernden Einfluß der wirtschaftenden und siedelnden Tätigkeit des Menschen entstandene → *Vegetationsformation*. Sie ist in der Regel lichter, artenärmer und weniger geschichtet als der ursprüngliche primäre Bestand. Langfristig kann die S., wenn die anthropogenen Eingriffe aussetzen, wieder in eine ursprüngliche Vegetation übergehen. Dieser Fall kann bei der gegenwärtigen, sich in globalem Ausmaß steigenden Beanspruchung des → *Naturraumpotentials* nur als theoretisch bezeichnet werden.
Sekundärgehölz: im Sinne des → *Sekundärbiotops* ein → *Gehölz*, das sich auf früheren Nutzflächen, die aufgegeben wurden, angesiedelte, nachdem es ein Gebüschstadium durchlaufen hat. In der Agrarlandschaft finden sich S. auf exponierten Standorten wie Kuppen, in feuchten Depressionen, auf Rainen, Lesesteinwällen oder begrünten Ackerterrassen. In der ausgeräumten Agrarlandschaft (→ *Ausräumung der Kulturlandschaft*) erfüllen die S. als → *Flurgehölze* vielfältige ökologische Funktionen. Vor allem tragen sie zur Steigerung der visuellen und ökofunktionalen Diversität der Landschaft bei.
Sekundärkonsumenten: 1. im engeren Sinne diejenigen → *Konsumenten*, die sich carnivor (zoophag) von → *Primärkonsumenten* ernähren. – 2. im weiteren Sinne auch diejenigen Konsumenten, die als „Tertiärkonsumenten", „Quartärkonsumenten" usw. agieren, indem sie selber bereits räuberische Organismen konsumieren.
Sekundärparasiten: → *Hyperparasitismus*.
Sekundärporen: Bodenporen, welche durch Gefügebildung, Schrumpfungsrisse, Frostbewegung, Bodenbearbeitung, Durchwurzelung und Durchwühlen entstehen. Die S. stehen den körnungsbedingten → *Primärporen* gegenüber. (→ *Porenvolumen*, → *Porengrößenverteilung*).
Sekundärproduktion: von → *Sekundärproduzenten* aufgebaute eigene Körpersubstanz (→ *Produktion*); bisweilen wird die S. der dritten und der folgenden → *trophischen Ebenen* → *Tertiärproduktion* genannt.
Sekundärproduzenten: in einem Ökosystem alle heterotrophen Organismen, die organische Substanz konsumieren und zum Aufbau eigener Körpersubstanz (→ *Produktion*) verwenden. Gegensatz: → *Primärproduzenten*.
Sekundärrohstoff: → *Rohstoff*, der durch die Verwendung in Produkten und den daraus sich ergebenden Verschleiß seinen ursprünglichen Gebrauchswert als Produktionsmittel bzw. Konsumgut verloren hat, über das → *Recycling* aber wieder in den Produktionsprozeß eingebracht werden kann.
Sekundärstaub: wiederaufgewirbelter, bereits

abgelagert gewesener → *Staub* (= Primärstaub). Der S. wird durch Wind, Fahrzeuge und andere technisch bewegte Medien wieder aufgewirbelt. Kann durch Beseitigung des Primärstaubs vermieden werden.
Sekundärstoffwechsel: liefert Verbindungen zur Stoffspeicherung und Substanzen, die nicht mehr unmittelbar am Grundstoffwechsel beteiligt sind. Die Stoffwechselprodukte des S. können öfter wieder in den Primärstoffwechsel einbezogen werden. (→ *Stoffwechsel*, → *Stoffwechseltypen*).
Sekundärsukzession: → *Sukzession*, → *Sekundärformation*.
Sekundärverschmutzung (Sekundärverunreinigung): die Verschmutzung von → *Oberflächengewässern* durch Abbauprodukte von Organismen, deren Entwicklung durch erhöhten Gehalt des Wassers an → *Nährstoffen* aus primärer Verunreinigung verursacht wird. Die primäre Verunreinigung erfolgt durch Einleitung von → *Abwasser*, S. beispielsweise durch organische Substanz, die bei der → *Photosynthese* entsteht.
Sekundärverunreinigung: → *Sekundärverschmutzung*.
Sekundärwald: sich natürlich einstellender Folgebestand (Zweit- oder weitere Folgebesiedlungen) nach Zerstörung des natürlichen → *Urwaldes* (→ *Naturwald*, → *Primärwald*) oder eines seiner natürlichen Sukzessionsstadien durch den Menschen. Auch jener S., der sich nach natürlichen Katastrophen durch Feuer, Ascheregen, Wasser oder Insektenschäden einstellt, wird als S. bezeichnet. Der S. ist meist lichter und artenärmer. In den Tropen ist der S. vor allem in Gebieten der shifting cultivation zu finden.
Sekundärzersetzer (Sekundärkomponenten, Sekundärdestruenten): in einem Ökosystem die → *saprophagen* und übrigen → *saprotrophen Organismen*, die stärker zersetzte, zerkleinerte für organische Substanz als Nahrung aufnehmen. Gegensatz: → *Primärzersetzer*.
Selbstbestäubung: → *Autogamie*.
Selbstmulcheffekt: starke Durchmischung von Ober- und Unterbodenmaterial in tonreichen Böden wechselfeuchter warmer Klimate. Der S. entsteht durch periodische Quellung und Schrumpfung, wobei Oberbodenmaterial in die Trockenrisse eingespült und bei der Quellung im Unterboden eingepreßt wird. (→ *Mulchen*).
Selbstregulation: 1. in der Populationsökologie die Einhaltung der → *Populationsgröße oder -dichte* nahe einem bestimmten Mittelwert durch eine negative Rückkopplung (→ *Steuerung* oder → *Regelung*). S. kann durch die in der Population wirkenden → *dichteabhängigen Faktoren* oder → *intraspezifische Konkurrenz* erfolgen. – 2. In der Ökosystemforschung die Eigenschaft von Ökosystemen, durch interne Regulationsmechanismen Störungen zu puffern und dadurch eine gewisse → *Stabilität* zu haben. Aufgrund von Nachbarschaftsbeziehungen (d.h. Wechselbeziehungen zu anderen Ökosystemen) ist die S. eher ein theoretisch zu behandelnder Vorgang.
Selbstreinigung der Gewässer: Fähigkeit von Gewässern, durch Wassererneuerung, Wegtransport, Verdünnung und organischen Abbau belastende Stoffe zu beseitigen. Die S. ist Bestandteil eines komplizierten ökologischen Systemgefüges mit einem bestimmten Gleichgewicht. Sie bleibt nur erhalten, solange das System an sich funktionsfähig ist und die Menge an belastenden Stoffen begrenzt bleibt. Die S.d.G. wird vor allem vom Sauerstoffgehalt des Wassers bestimmt, weil der organische Abbau unter → *Sauerstoffzehrung* stattfindet. Natürlicher Eintrag von → *Sauerstoff* ist in rasch fließenden Gewässern leichter als in trägen oder stehenden Oberflächengewässern. Da Sauerstoff in warmem Wasser schlechter löslich als in kaltem ist, wird durch die anthropogene → *Gewässererwärmung* die S.d.G. gehemmt. Dieser Prozeß wird in → *Kläranlagen* umgekehrt, indem man in der biologischen Reinigungsstufe von → *Kläranlagen* Sauerstoff zuführt und bestimmte abbauende Organismen einsetzt. Die S.d.G. basiert auf dem Vorgang der → *Biologischen Selbstreinigung*, → *Fäulnis*).
Selbstreinigung der Luft: das natürliche Ausscheiden fester und gasförmiger Luftbestandteile aus der Atmosphäre durch Auswaschen von Luftverunreinigungen durch Niederschläge. Es bilden sich u.a. Säuren, die zusammen mit Luftfeuchte bzw. Niederschlag zu → *Saurem Nebel* und → *Saurem Regen* führen.
Selbstunverträglichkeit (Autointoleranz): die Erscheinung, daß manche Pflanzen nicht beliebig oft unter den gleichen Geoökosystembedingungen nacheinander angebaut werden können, weil ihre Wurzeln oder Rückstände Stoffe ausscheiden, die für sie selbst giftig sind. Der S. steht die → *Selbstverträglichkeit* gegenüber.
Selbstverbreitung: → *Autochorie*.
Selbstvergiftung, (Selbstvernichtung): → *Autointoxikation*.
Selbstvernichtungsverfahren (Autozidverfahren): eine Methode der → *biologischen Schädlingsbekämpfung*, die Schädlinge zur Vernichtung der eigenen Art benützt. Bei einem Teil der Population werden Fortpflanzungsfähigkeit oder andere wichtige Leistungen meist durch Veränderung des genetischen Materials künstlich vermindert, die betreffenden Individuen zur Freilandpopulation zugefügt und dadurch der genetische Schaden in die Population eingeführt (deshalb auch „genetische Methode der Schädlingsbekämpfung"). Am häufigsten wird die „Sterile-Männchen-Methode" benutzt, bei der durch energiereiche Strahlung oder Chemosterilantien sterilisierte Männchen mit der Population gemischt werden und dadurch die Wachstumsrate absinkt.
Selbstverträglichkeit (Autotoleranz): Eigen-

schaft mancher Pflanzen, beliebig lange nacheinander unter gleichbleibenden Ökosystemzuständen angebaut werden zu können, ohne daß sie durch eigene Stoffausscheidungen ihren neuerlichen Anbau hemmen oder unmöglich machen. Die S. steht der → *Selbstunverträglichkeit* gegenüber. Die S. setzt dabei voraus, daß sich beim Wiederanbau keine Pflanzenkrankheiten einstellen oder generell keine Ertragsminderung auftritt. Kommt es zur → *Unverträglichkeit*, ist eine → *Fruchtfolge* notwendig.

Selektion: die allgemeine Erscheinung, daß bei Vorhandensein von Eignungsunterschieden jene Organismen mit größerer Wahrscheinlichkeit zur Fortpflanzung gelangen, die den gegebenen Ökosystemzuständen der Umwelt am besten entsprechen. Sie sind damit quantitativ stärker am Aufbau der Folgegeneration beteiligt. Die S. war und ist ein wesentlicher Evolutionsfaktor in den Lebensumwelten sämtlicher Epochen der Erdgeschichte. Unterschieden wird die objektiv wirkende → *natürliche S.* oder → *Auslese*, und die künstliche S. oder → *Zuchtwahl*, die vom Menschen in der Tier- und Pflanzenzüchtung entsprechend seinen Bedürfnissen betrieben wird.

Selektionsdruck: der Komplex der abiotischen und biotischen Umweltfaktoren, die die Richtung der natürlichen Selektion beeinflussen. Es wird postuliert, daß die Selektion bei nichtbegrenzten Ressourcen Arten begünstigt, die viele Nachkommen haben, bei begrenzten Ressourcen hingegen effektive Ressourcennutzung bei hoher Konkurrenzkraft. Nach der logistischen Wachstumskurve (→ *Populationswachstum*) unterscheidet man r-Selektion (Selektion für hohe r-Werte) und K-Selektion (Selektion für ein Leben an der Kapazitätsgrenze K durch möglichst vollständige Ausnutzung der Ressourcen und hohe Konkurrenzfähigkeit). Die Unterscheidung zwischen r- und K-Strategien ist relativ; die Arten haben eine Position in einem „r-K-Kontinuum".

Selektionstheorie: von Ch.Darwin begründete Theorie über die Entstehung und Umbildung der Arten durch natürliche → *Auslese*. Sie beruht auf drei Voraussetzungen, dem Nachkommensüberschuß, der Existenz erblicher Variationen und dem Kampf ums Dasein. Die S. klärt den Wandel der Organismen in Funktion und Gestalt im Laufe der stammesgeschichtlichen Entwicklung, ihre allmähliche Vervollkommnung und organische Zweckmäßigkeit ohne Rückgriff auf metaphysische Begründungen.

Selektionswert: → *Adaptationswert*.

Seltene Ereignisse: für die Entwicklung der → *Geoökosysteme* und → *Landschaftsökosysteme* ergab die Prozeßforschung von Geoökologie, Geomorphologie sowie Hydro- und Klimaökologie, daß Einzelereignisse – sogenannte S.E. – oft bedeutende Ökosystemänderungen zur Folge haben, die überwiegend nicht prognostizierbar sind, die aber den Ökosystemzustand völlig neu gestalten. Aus S.E. resultieren neue, jedenfalls andere Systemverhalten, die neuen Landschaftsökosystemzuständen zustreben, die in der vorherigen Entwicklung nur bedingt oder gar nicht erkennbar waren. Diese Änderungen auf Grund des Beobachtens des Ökosystemverhaltens sind zwar mit bestimmten Wahrscheinlichkeiten zu erwarten, Zeitpunkt des Eintretens der S.E. sowie Richtung und Intensitäten des neuen Systemverhaltens können aber nicht quantitativ prognostiziert werden. Für die Umweltplanung resultiert aus der Erkenntnis der S.E., daß die Fortschreibung von Trends der Raumentwicklungen und ökologischer Vorgänge nicht von der Prämisse einer gleichmäßigen Weiterentwicklung gewisser beobachtbarer und/oder meßbarer Tendenzen ausgehen darf. (→ *Fortschreibungsplanung*).

Semaphoront (Merkmalsträger, Daseinsform): Individualgestalt während eines gewissen Lebensabschnittes, die von speziellen Merkmalen geprägt ist, die sich während dieses Entwicklungszeitraumes nicht ändern. Ein Individuum kann also verschiedene S. aufweisen: der Maikäfer tritt als Engerling, Puppe und Imago auf.

semelpar: bezeichnet Arten, deren Individuen sich während ihrer Lebensdauer nur einmal fortpflanzen. S.e Arten sind oft relativ kurzlebig, doch können gewisse Pflanzen Jahre bis Jahrzehnte im nicht-reproduktiven vegetativen Stadium verbleiben, nach welchem sie nur einmal eine Blüten- und Samenproduktion aufweisen („Big-Bang-Reproduktion"). Gegensatz: → *iteropar*. (→ *Reproduktionsstrategie*).

Semelparie: die Erscheinungsform → *semelparer Fortpflanzung*. Vgl. aber auch → *Monokarpie*.

semiarid: Bezeichnung für Klimate, in denen die jährliche Niederschlagssumme im allgemeinen geringer ist als die Jahressumme der Verdunstung, wobei jedoch während drei bis fünf Monaten die Niederschlagsmengen größer sind als die Verdunstungssummen.

semihumid (subhumid): Bezeichnung für Klimate, in denen während einiger Monate die Verdunstung höher ist als der Niederschlag, die also im Jahresverlauf zeitweise → *arid* sind. (→ *humid*).

Semihylaea: Landschaftstyp (→ *Biomtypen*) der hydroperiodischen Tropenwälder innerhalb der → *Vegetationszone* „halbimmergrüne und regengrüne Wälder", wobei im Jahreslauf ausgeprägte Regen- und Trockenzeiten abwechseln, an die sich auch die Tiere angepaßt haben. (→ *regengrüne Wälder*, → *halbimmergrüne Wälder*).

semilunar: → *Lunarperiodik*.

Semiökumene: der Bereich zwischen → *Anökumene* und → *Ökumene*. Die S. umfaßt nur zeitweise, vor allem saisonal, aber auch im Geschichtsablauf bewohnbaren und wirtschaftlich nutzbaren Räume. Teils wird die S. auch mit Subökumene gleichgesetzt.

semiterrestrisch: wasser-land-bezogene Lebensweise von Tieren oder Pflanzen bzw. ökologische Erscheinungen, die auf den Wasser-Land-Milieuwechsel eingestellt sind oder diesen ausdrücken. – 1. als s. gelten Tiere, die infolge ihrer Organisation bestimmte Lebensphasen im Wasser, andere jedoch auf dem Land verbringen, wie Eintagsfliegen, Köcherfliegen, Libellen oder Amphibien. – 2. als s. gelten → *Böden*, → *Humusformen*, → *Standorte* und → *Pflanzengesellschaften*, deren Entwicklung, bzw. Milieu zeitweilig stark wasserbeeinflußt ist (Grundwasser, Hochwasser von Flüssen, Meerwasser, Seewasser, Quellnässe, Hangwasser). Zu den s. Böden gehören → *Gleye*, → *Auenböden*, → *Marschen* und → *Moore*, zu den s. Humusformen Hochmoortorf (→ *Torf*), → *Anmoor* und Feuchtrohhumus.

Seneszenz: Periode des Alterns im Entwicklungszyklus (→ *Lebenszyklus*) von Organismen.

Senke: 1. kleinere oder größere Hohlform im Relief, ohne Aussage über die Entstehung. – 2. eine tektonisch bedingte größere oder kleinere Geländevertiefung. – 3. eine Hohlform, die anthropogen bedingt ist, z. B. durch Bergbau (→ *Sackung*). – 4. eine Hohlform über Untergrund mit löslichem oder ausspülungsfähigem Gestein. – 5. Sammelbegriff in der ökologischen Stoffkreislauf- und Prozeßforschung für jene Bereiche, in denen Stoffe oder Energie sich sammeln bzw. durch Verbrauch „verschwinden".

Separation: geographische Isolierung von Taxa, die zur Art- und Rassebildung führt und Bestandteil der Entwicklung von → *Arealsystemen* ist.

Separationsbarriere: die Entwicklung von → *Arealsystemen* beeinflussendes Hindernis. Es kann durch Flüsse, Gebirge, Meere oder sogar biochemisch verarmte Standorte, die eine separativ relevante Größe aufweisen, repräsentiert werden.

Seralstufe: → *Stadium* einer → *Sukzession*.

Serie: Abfolge einer → *Sukzession*. Vollserien haben als Anfangsstadium der primären Sukzession einen völlig unbelebten Raum (z. B. Lavamassen eines Vulkans; Teilserien beginnen mit einem Stadium, in dem noch Teile einer gestörten oder zerstörten Lebensgemeinschaft vorhanden sind (sekundäre Sukzession).

Serotinal-Aspekt: Bestandteil der Aspektfolge. Der S.-A. beschreibt in der gemäßigten Zone den Hoch- und Spätsommeraspekt vor ca. Mitte Juli bis Mitte September (Alterung der Belaubung, noch hohen Dichten von Insekten und Zugvögeln).

Serpentinboden: eine spezielle Ausprägung natürlicher → *Schwermetallböden*.

Serpentinpflanzen, Pflanzen, die auf Serpentinböden trotz des hohen Gehalts an Chrom, Nickel und anderen Metallen gedeihen können (→ *Chalkophyten*), z. B. der Serpentin-Strichfarn *(Asplenium cuneifolium)* als Charakterart des Aspletium serpentini. → *Schwermetallresistenz*.

sessil: seßhaft, sitzend, auf einer Unterlage festgewachsen; bezeichnet Organismen, die unfähig zu aktiver Fortbewegung sind wie die Pflanzen sowie verschiedene Tiergruppen. Der Gegensatz ist → *vagil*.

Seston: Gesamtheit aller im Wasser schwebenden belebten und unbelebten Teile. Zu ersteren, dem Bio-S., gehören → *Plankton*, → *Neuston*, → *Pleuston* und → *Nekton*. Den unbelebten Anteil, das Abio-S., repräsentiert den → *Detritus*.

sestonophag: sich vom → *Seston* ernährende Tiere.

Seuche: gehäuftes Auftreten einer durch Parasiten bedingten Krankheit. (→ *Epidemie*).

Seuchenlehre: → *Epidemitologie*.

Seveso: eine Stadt in Oberitalien, in deren Nähe 1976 ein → *Dioxin*-Unglück größere Gebiete verseuchte und die Evakuierung von einigen tausend Einwohnern aus der zentralen Verseuchungszone notwendig machte. Vergiftungen, Hautschäden und Mißbildungen bei Kindern, auch in den Jahren nach dem Unglück, waren die Folgen. Man geht davon aus, daß → *Krebs* und Erbgutschäden auch noch nach Jahren oder Jahrzehnten auftreten.

Sexualdimorphismus: Unterschiede in Morphologie oder Färbung zwischen Männchen und Weibchen einer Art, die sich nicht auf die primären Geschlechtsmerkmale beziehen.

Sexualindex: → *Geschlechterverhältnis*.

Sexuallockstoffe (Sexualpheromone): chemische Substanzen, die dem gegenseitigen Finden der Geschlechtspartner dienen und meist über den Geruchssinn wirken (→ *Pheromone*). Häufig werden die S. von Duftdrüsen des Weibchens abgegeben und locken die Männchen an (z. B. das Bombykol beim Seidenspinner). Künstliche S. werden in der → *biologischen Schädlingsbekämpfung* (im Rahmen biotechnischer Verfahren) angewandt.

Sexualpheromone: → *Sexuallockstoffe*.

Shannon-Formel: die → *Entropie* bzw. Information jedes beliebigen → *Systems* charakterisierende Formel, die Form und Inhalt der Information außer acht läßt und nur von der Wahrscheinlichkeitsverteilung abhängt. Sie eignet sich für die Berechnung der bioökologischen Mannigfaltigkeit. Die ursprünglich als Maß der Informationsmenge eines Nachrichtenkanals aufgestellte S.-F. wurde für bioökologische Zwecke umgeändert, indem man Begriffe wie „Element der Menge" und „Teilmenge" durch das biologische Individuum bzw. die Population ersetzte. Danach ist die Wahrscheinlichkeit eines jeden Ereignisses i = p_i = (Individuenzahl der Art i): gesamte Individuenzahl. Die biologische Umwandlung der S.-F. trifft nur dann das Maß der ökologischen Mannigfaltigkeit, wenn

die Individuen in ihrer Körpergröße nicht stark voneinander abweichen. Ebenso werden die intensiven zwischenartlichen Wechselwirkungen, welche die Lebensgemeinschaften oft erst begründen, von der S.-F. nicht widergespiegelt. (→ *Diversität*).
Shibeljak: sommergrüne, wärmeliebende Strauch-, Halbstrauch- und Strauchbaumformation, die physiognomisch den mediterranen → *Gariden* gleicht, aber nicht mehr echt mediterran ist. Die Gewächse des S. ertragen heiße, trockene Sommer und frost- und schneereiche Winter. Wegen des → *xerophilen* Charakters tritt der S. nicht in Küstennähe auf, reicht aber dafür bis in hohe Gebirgslagen und ist für kontinental getönte Standorte der Mediterranis typisch. Charakterpflanzen sind Granatapfel, Sumachgewächse, Forsythia, Flieder, Erdbeerstrauch und Wolliger Schneeball. Hauptverbreitungsgebiet: östliches Mittelmeergebiet und anschließende Trockenräume (Anatolien, Transkaukasien, Iranisches Hochland und Afghanistan). Im westlichen Mittelmeergebiet findet sich der S. nur in den zentralen Landschaften der Iberischen Halbinsel.
S-Horizont: durch → *Stauwasser* beeinflußter → *Bodenhorizont*, der je nach der Lage im Stau- oder Stausohlenbereich Verfahlung, Schlierung oder auch → *Marmorierung* zeigt. (→ *Staugley*).
Sibling species (engl.): → *Zwillingsarten*.
Sichtschutzpflanzung: ein Typ der → *Schutzpflanzungen*, meist aus Sträuchern und Bäumen bestehend, deren Höhe und Dichte Sichtschutz gewähren sollen. Mit der S. sind auch ökofunktionale Effekte (→ *Windschutz*, Lebensstätten der Tiere, Schattenwurf etc.) verbunden.
Sichttiefe: in der Limnologie die Tiefe in einem Gewässer, für die eine weiße – oder farbige – Scheibe von 30 cm Durchmesser (sog. Secchi-Scheibe) gerade noch sichtbar ist. Die S. gibt unter anderem Auskunft über die Höhe der → *Produktion* in der → *trophogenen Zone*.
Sickerbecken: meist größeres Abfang- bzw. Absetzbecken mit wasserdurchlässiger, gedränter Sohle, deren Dränleitungen erst nach dem Abstellen der Abwassereinleitung zur Entwässerung und Trocknung des abgesetzten → *Schlammes* geöffnet werden. Die S. dienen der Behandlung von → *Abwasser* (Industrie, Kohlewäsche, Erzwäsche, kommunales Abwasser), gelten aber als überholte Form der Entsorgung, weil das abgesickerte Wasser verunreinigt ist und ins → *Grundwasser* gelangt. Der Schlamm ist oft verseucht (z.B. mit → *Schwermetallen*) und nicht geeignet, auf einer → *Deponie* abgelagert zu werden. Die S. wendet man heute nur noch unter kontrollierten Bedingungen und für nichtumweltbelastende Suspensionen an.
Sickerleitung: sie dienen generell der Regulierung des Wasserhaushaltes in den obersten Bereichen des → *Oberflächennahen Untergrundes*, aber auch in umwelttechnischen Bereichen, in denen Sickerungsprozesse ablaufen müssen. Die S. ist eine Rohr- oder Dränleitung mit geschlitzten Wänden, um → *Hang*- oder → *Grundwasser* im Untergrund aufzufangen und abzuleiten. S. werden bei der Grundwassergewinnung, der Entwässerung von Böden (→ *Dränung*), zur Entwässerung von → *Sickerbecken*, Schlammtrockenbeeten oder zur permanenten oder vorübergehenden Grundabwassersenkung (→ *Grundwasserregulierung*) eingesetzt.
Sickerschacht: in Einzelhofgebieten weit verbreitete Einrichtung, um → *Abwasser* in den Untergrund einzuleiten. Dies führt jedoch zur Grundwasserverschmutzung. Auch bei Kleinkläranlagen wurden S. eingesetzt, ihnen waren jedoch Vorreinigungseinrichtungen wie Entschlammungsanlage, teilbiologische Klärung etc. vorgeschaltet. (→ *Kläranlage*).
Sickerung: Vorgang der senkrecht nach unten gerichteten Wasserbewegung im Boden oder in einem Lockersediment.
Sickerwasser: 1. alles im Boden versickernde Wasser, also sowohl das natürliche, als Gravitationswasser bezeichnete S., als auch anthropogen veränderte Wasser, wie → *Abwasser*. – 2. als S. im engeren Sinne ist S. im Boden befindliches, frei bewegliches Wasser, welches sich im Porensystem senkrecht nach unten verlagert, bis es einen Grundwasserkörper erreicht. Das S. bewegt sich in den gröberen Poren mit Durchmessern über etwa 0.01 mm. Mit dem S. werden Stoffe in gelöster und dispergierter (Tonteilchen) Form verlagert. Diese Verlagerung ist ein wichtiger Prozeß für die Entwicklung der Böden humider Klimate (→ *Podsolierung*, → *Lessivierung*, → *Desilifizierung*). (→ *Bodenwasser*).
Siedewasserreaktor: einer der → *Reaktortypen*, der zu den leichtwassermoderierten und -gekühlten → *Kernreaktoren* gehört. Beim S. wird Wasser sowohl als Kühlmittel als auch als Moderator verwandt. Man läßt zu, daß das Kühlmittel im Reaktorkern siedet. Der entstehende gesättigte Dampf wird ohne Zusatzkreislauf direkt zum Antrieb einer Turbine benutzt.
Siedlungsabfallwirtschaft: die Bezeichnung für die hygienisch einwandfreie, im Hinblick auf Umweltschutz und Funktionalität des → *Landschafts*- bzw. → *Stadtökosystems* betriebene Beseitigung oder Verwertung von Abfällen, die vom Menschen und seiner Wirtschaft produziert werden. Dazu gehört sowohl der → *Abfall* (→ *Abfallwirtschaft*, → *Abfallverwertung*) als auch – im weiteren Sinne – die → *Abwasserbehandlung*. (→ *Abwasser*).
Siedlungsdichte: → *Bevölkerungsdichte*.
Siedlungsökologie: → *Stadtökologie*.
Siedlungswasserwirtschaft: derjenige Bereich der → *Wasserwirtschaft*, der sich mit den wasserwirtschaftlichen Planungen und der Durchführung von Maßnahmen im Bereich der Sied-

lungen befaßt. Die wichtigsten Aufgaben der S. sind bedarfsgerechte Bereitstellung von → *Trink-* und → *Brauchwasser* für Bevölkerung und Wirtschaft sowie von → *Betriebswasser* für Industrie und Gewerbe, ferner die Aufbereitung und Reinigung der Haushalts-, Industrie- und Gewerbeabwässer (→ *Abwasser*, → *Kläranlage*). Träger der S. sind Gemeinden, Genossenschaften, Wasserverbände bzw. Zweckverbände. Neben ökonomischen und technischen Gesichtspunkten werden von der S. neuerdings auch jene der Umwelterhaltung und der Ökosystemfunktionalität berücksichtigt.

Sievert: als Sv abgekürzte und seit 1985 verbindliche Einheitenbezeichnung für die → *Äquivalentdosis*, welche die frühere Bezeichnung → *rem* ersetzt. Es besteht die Beziehung: 1 Sv = 100 rem.

Silikatbodenpflanzen: → *Kieselpflanzen*.

Silikatverwitterung: wichtiger Prozeß der → *chemischen Verwitterung*; hier die Gesamtheit der chemischen Umsetzungsprozesse im verwitternden silikatischen Mineralien bzw. Gesteinen, welche auch bei den Gegebenheiten der → *hydrolytischen Verwitterung* ablaufen. Die S. führt zu einer Wegfuhr löslicher Kationen und der Kieselsäure und läßt neue sekundäre Minerale (Sesquioxide und → *Tonminerale*) entstehen.

Silt: → *Schluff*.

Silvaea: Sammelbezeichnung für das → *Biom* der sommergrünen → *Laubwälder*, die auch als → *nemorale* Wälder bezeichnet werden, der kühlgemäßigten Zone des östlichen Nordamerika, von Ostasien und Mitteleuropa. Die Vegetationszeit dauert – bei milden Wintern – 4–6 Monate. Charakteristischer Bodentyp ist die → *Braunerde*. Kennzeichnend für die S. ist eine Jahresperiodik, die sich auch auf die Zusammensetzung der einzelnen Vegetationsschichten auswirkt.

silvikol: bezeichnet Organismen, die in Wäldern vorkommen.

Similarität: → *Ähnlichkeit*.

Simpson-Index: die bioökologische → *Diversität* eines Lebensraumes charakterisierende Formel $D = 3 \frac{n(n-1)}{N(N-1)}$. Dabei ist n die Zahl der Individuen jeder Art, N die Gesamtindividuenzahl aller Arten der Probe. D kann die Größe zwischen 0 und 1 einnehmen. Gehören alle Individuen einer Probe zu einer Art, ist D gleich 1. Je kleiner der Wert für D ist, um so größer ist die bioökologische Diversität.

Simulation: bei der Behandlung von → *Modellen* von Systemen (→ *Ökosystem*, → *Landschaftsökosystem*) der Versuch, Abläufe und Prozesse in der Entwicklung von Systemen nachzuvollziehen oder künftige Entwicklungszustände der Systeme wirklichkeitsnah nachzuahmen. Die S. soll Informationen über das Verhalten bestimmter, zufälliger Größen des Systems gewinnen, die sich in → *Stabilität* und Instabilität des Systemverhaltens ausdrücken. (→ *Simulationsmodelle*).

Simulationsmodell: ein → *Modell*, das nicht nur auf die angepeilten Größenordnungs- und Differenzierungsebene die Vernetzung der Kompartimente und deren Systemelemente beschreibt, sondern das über die Weiterentwicklung der Prozesse und der Funktionalität des → *Systems* Aufschluß geben soll. Gegenüber technischen Systemen sind im Fall naturbürtiger Öko- bzw. Landschaftsökosysteme die grundlegend abzubildenden Regelhaftigkeiten, Zwänge und Zusammenhänge nicht gesichert vom Zweck her vorgegeben, sondern weitgehend hypothetisch. Damit ist die Simulation von komplexen → *Landschaftsökosystemen* oder vergleichbar strukturierten Systemen der ökologischen Realität außerordentlich schwierig. Für die Planungspraxis hätten der Realität angenäherte S., künftige Landschafts- bzw. Raumzustände darstellen, eine wichtige Funktion. Die S. sind z.Z. noch sehr einfach und beziehen sich in der Regel nur auf begrenzte → *Kompartimente*, manchmal nur auf ganz wenige → *Systemelemente*, so daß die S. weit von der stark vernetzten ökologischen Realität entfernt sind. (→ *ökologische Modelle*).

Singularitäten: → *Regelfälle der Witterung*.

skatophag: → *koprophag*.

SKE: → *Steinkohleneinheit*.

Skelettboden: 1. → *Rohboden* mit hohem Steinanteil. – 2. Bodenmaterial, das mehr als 75% Steine enthält.

Skelettierfraß: → *Blattfraß*, bei dem die Blattsubstanz zwischen den Blattadern ausgefressen wird, so daß diese übrig bleiben. S. kommt vor allem durch bestimmte Blattwespen-, Schmetterlings- und Blattkäferlarven zustande.

skiophil: bezeichnet Organismen, die schattige Stellen bevorzugen. Ggs.: heliophil.

Skiophyten: → *Schattenpflanzen*.

Skleraea: ein → *Biomtyp* der Trockenwälder und Trockenstrauchheiden der gemäßigten und subtropischen Breiten (Hartlaubvegetation). Hartlaubgehölze haben durch → *xeromorphe* ausgeprägte Pflanzenformen eine ähnliche Erscheinungsweise (Physiognomie), z.B. die Steineichen- und Kiefernwälder im Mittelmeergebiet (durch menschlichen Einfluß oft in → *Macchien* umgewandelt). Hierzu gehören auch die → *Chaparrals* im Mediterrangebiet Kaliforniens sowie die chilenischen und südafrikanischen Hartlaubformationen.

sklerikol: bezeichnet Tiere, die in einem harten Substrat wohnen. → *Aufenthaltstypen*.

Skleromorphie-Index: das Verhältnis von Zellulose und Lignin zu Protein als Maßzahl für den Grad der Sklerophyllie (→ *sklerophyll*).

sklerophyll: bezeichnet hartblättrige, meist immergrüne Gewächse, deren Blätter häufig klein oder reduziert und „ledrig" sind (dicke Epidermis, kräftige Cuticula). Die Blätter bleiben meist für mehrere Jahre an einer Pflanze, so daß der Blattwechsel nur allmählich erfolgt und die Pflanze immergrün ist. Bsp.: Lorbeer. Gegensatz: → *malakophyll*.

Sklerophyten: Angehörige der → *Hartlaubvegetation*, die sich durch Lederblättrigkeit auszeichnen, die dadurch zustandekommt, daß die Epidermis sich verdickt und kräftige Cuticulaschichten ausgebildet sind. Die Blätter bleiben meist mehrjährig am Gewächs, so daß nur ein allmählicher Blattwechsel stattfindet und die Bäume und Sträucher immergrün erscheinen. Typischer Vertreter ist der Lorbeer (*Laurus nobilis*).

skotophil: bezeichnet Organismen, die dunkle Stellen bevorzugen. Ggs.: photophil.

Skototaxis (Hell-Dunkel-Orientierung): gerichtete Bewegung von Tieren (→ *Taxis*) auf sich dunkel von hellerem Grund abhebende Stellen. S. findet sich vor allem bei den versteckt in der Laubstreu und den oberen Bodenschichten lebenden Gliederfüßlern (z.B. Asseln, Ohrwürmer).

Skototropismus: durch Schatten als auslösenden Reiz bedingter → *Tropismus*.

Smog: eine komplexe Mischung aus luftverunreinigenden, gasförmigen, flüssigen und festen Bestandteilen (→ *Aerosol*, → *Rauch*, → *Rauchgas*), die einen atmosphärischen Dunst graubrauner bis gelblicher Farbe darstellt, der nach den Hauptbestandteilen Rauch (smoke) und Nebel (fog) die Bezeichnung S. erhielt. Der S. entsteht vor allem über Großstädten und industriellen Ballungsgebieten bei Wetterlagen mit geringem Luftaustausch (→ *Inversionswetterlage*, Hochdrucklage). Der S. besteht aus Wasserdampf, → *Staub*, → *Asche*teilen, Salzkristallen, verschiedenen z.T. giftigen Gasen und Säurebeimengungen. Neben dem Industrierauch und Hausbrand sind die Autoabgase wesentlich am Entstehen des S. beteiligt. S. reichert sich bei tagelang anhaltenden begünstigenden Wetterlagen immer mehr an und kann gesundheitsschädigende Konzentrationen erreichen, die im Extremfall, über die Belastungen von Atem, Herz und Kreislauf hinaus, auch zu Todesfällen führen können. Der S. hat auch phytotoxische Wirkung, die sich u.a. in Silberblättrigkeit, öliger Blattunterseite, nekrotischen Streifen, → *Chlorose* und Blattschrumpfung äußert. Unterschieden werden → *Photochemischer Smog* (Los-Angeles-Typ des S.; → *Sommersmog*) und → *Wintersmog* (London-Typ des S.). (→ *Smogalarmplan*, → *Smogverordnung*, → *Smogwarnplan*).

Smogalarmplan: die Folgestufe des → *Smogwarnplans*, die wirksam wird, wenn bei extremen Immissionsbelastungen durch → *Smog* zusätzliche Maßnahmen zur Herabsetzung der → *Emissionen* in den Verursachergebieten und der → *Luftverschmutzungen* in den belasteten Gebieten erforderlich sind. Die Regelung erfolgt in Deutschland mit der → *Smogverordnung*. Der S. repräsentiert die „Alarmstufe 2", nach welcher der Kraftfahrzeugverkehr zu beschränken ist und nur Feuerungen in Betrieb sein dürfen, die schwefelarme Brennstoffe verwenden, und die „Alarmstufe 3", die den Kraftfahrzeugverkehr verbietet und für Verbrennungsanlagen in Gewerbe und Industrie Betriebsbeschränkungen vorsieht.

Smogverordnung: in Deutschland von den Bundesländern erlassen, wobei nach Erreichen bestimmter Schadstoffkonzentrationen in der Luft bei → *Inversionswetterlagen* → *Smog* entsteht, so daß der → *Smogwarnplan* und schließlich der → *Smogalarmplan* in Kraft treten muß. Die Schadstoffkonzentrationen sind in den einzelnen Bundesländern unterschiedlich hoch festgelegt. (→ *Grenzwerte*, → *Richtwerte*).

Smogwarnplan: umfaßt die allgemeine Warnung bei → *Smog*, die an Bevölkerung, Verkehrsteilnehmer, Krankenhäuser, Notdienste sowie Industrie und Gewerbe gerichtet wird. Um den S. wirksam werden zu lassen, müssen für diese unterste „Alarmstufe 1" der allgemeinen Warnung gewisse Grenzwerte der Konzentration an → *Schwefeldioxid* überschritten werden und eine → *Inversionswetterlage* herrschen, mit deren Andauer noch mindestens 24 Stunden zu rechnen ist. Bei Verschärfung der Situation tritt der → *Smogalarmplan* mit den „Alarmstufen 2" und „3" in Kraft.

SO$_2$: → *Schwefeldioxid*.

SO$_3$: → *Schwefeltrioxid*.

Soden: → *Plaggen*.

soil conservation: Sammelbegriff für sämtliche Maßnahmen, die zur Erhaltung und zum Schutz des Bodens gegenüber den Prozessen der → *Bodenerosion* dienen. Es handelt sich also nicht nur um die Beseitigung der Zerstörungsformen, sondern auch um vorbeugende Maßnahmen, bevor Bodenerosion eintritt, also um Maßnahmen der → *Bodenerhaltung*. (→ *Bodenschutz*).

soil erosion: dem Begriff → *Bodenerosion* entsprechend; in dieser englischen Form auch im deutschen Sprachraum üblich.

Solararchitektur: nutzt die → *Sonnenenergie* als Energiequelle und zwar entweder aktiv durch → *Solarkollektor* und → *Solarzelle* oder passiv, durch Aufheizen großer Glasflächen an Häusern, wobei nicht nur die Räume, sondern auch baulich installierte Speichermassen (Wasser, Steine, Ziegel) aufgeheizt werden. Die S. arbeitet ohne Belastung der Umwelt und nutzt die → *regenerative Energie* der Sonne.

Solarenergie: → *Sonnenenergie*.

solares Klima: die durchschnittlichen Bedingungen der tages- und jahresperiodischen typischen Sonneneinstrahlung an einem Standort in bezug auf Andauer, Einfallswinkel und Intensität der Strahlung, jedoch ohne Berücksichtigung der Bewölkung. (→ *Strahlung*, → *Strahlungsbilanz*, → *Beleuchtungsjahreszeiten*).

Solarkollektor: nutzt die → *regenerative Energie* der Sonne (→ *Sonnenenergie*), wandelt sie in Wärme um, die in der Regel zur Warm-

wasserversorgung von Haushalten benutzt wird. (→ *Solarzelle*).
Solarkonstante: Strahlungsenergie, welche bei mittlerem Sonnenstand und senkrechtem Strahlungseinfall eine Einheitsfläche am oberen Atmosphärenrand pro Zeiteinheit erhält. Sie beträgt im Mittel 1.37 $kW \cdot m^{-2}$ oder 8.15 $Joule \cdot cm^{-2} min^{-1}$. Die S. ist die Energieeingangsgröße für alle strahlungshaushaltlichen Berechnungen im System Erdatmosphäre-Erde.
Solarzelle: ein Halbleiterelement, das → *Sonnenenergie* in elektrischen Strom umwandelt. Der Wirkungsgrad beträgt 10–15%. Gegenüber dem → *Solarkollektor* muß die S. mit hohem technischem und energetischem Aufwand hergestellt werden, so daß sich die Umweltbelastungen im Vorfeld des Einsatzes der S. abspielen.
soligenes Moor: Hangmoor, das unter wasserstauendem Einfluß des Bodens und des Gesteinsuntergrundes infolge Quell- oder Hangnässe entstanden ist.
solitär: bezeichnet ein Verhalten bei Tieren, die einzeln leben. S. steht damit im Gegensatz zu entweder → *gregärem* Verhalten oder gar → *sozialem* Verhalten. (→ *Sozialität*).
Solitärparasitismus: Form des → *Parasitismus* bei → *entomophagen* → *Parasiten*, wenn das Weibchen nur ein Ei in dasselbe Wirtsindividuum legt. Gegensatz: → *Gregärparasitismus.*
Solonetz (Schwarzalkaliboden): Grundwasserboden semihumider bis semiarider Gebiete mit hoher Natriumsättigung und einem A_h-B-G_o-G_r-Profil, das in der Horizontabfolge dem → *Gley* ähnelt. Der Salzgehalt ist in den S. oberhalb der Grundwasserhorizonte niedrig, die Natriumsättigung kann dagegen bis 90% ansteigen und fördert die Peptisierung und Verlagerung von → *Huminstoffen* und → *Tonmineralen*, die im dunkel gefärbten B-Horizont angereichert werden. S. sind oft tonreich und bilden infolge Quellung und Schrumpfung ein Säulengefüge aus. Im Oberboden reichert sich wegen des stärkeren Bewuchses mehr Humus an als in den → *Solontschaken.*
Solontschak (Weißalkaliboden): Salzboden mit einem wenig humushaltigen A-Horizont über einer den → *Gleyen* vergleichbaren Horizontabfolge. S. entwickeln sich in trockenen Klimaten in Senken mit hoch anstehendem, salzhaltigem Grundwasser. Der durch hohe Verdunstung bedingte kapillare Aufstieg des Wassers führt zu einer starken Anreicherung verschiedener Salze in wechselnden Anteilen (NaCl, Na_2SO_4, Na_2CO_3, $MgSO_4$, $CaSO_4$ und $CaCO_3$). Im Oberboden erreicht die Konzentration Werte über 0,3%, und auf der Bodenoberfläche bilden sich teilweise Salzkrusten und Ausblühungen. S. sind alkalisch (bis pH 8.5) und zeigen eine sehr ausgeprägte Gefügebildung.
Solum: oberste Schicht der festen Erdsubstanz, in der die bodenbildenden Prozesse ablaufen. Der Begriff S. wird auch als zusammenfassende Bezeichnung für die A- und B-Horizonte des → *Bodens* verwendet.
Somatische Strahlenschäden: bezeichnet jene Gruppe von → *Strahlenschäden*, die als Spätschäden auftreten, wenn ein Lebewesen → *Ionisierender Strahlung* ausgesetzt war. Die S.S. sind nicht vererblich. Der → *Krebs* als Blut-, Brust-, Lungen- und Schilddrüsenkrebs sowie Wachstums- und Entwicklungsstörungen gelten als hauptsächlichste S.S.
Somatolyse: „Auflösung" eines Tierkörpers durch kontrastreiche Zeichnung in einzelne, scheinbar unzusammenhängende Teile, z.B. das gestreifte Fell eines Tigers im schilf- und bambusreichen Sumpfgelände Indiens. → *Schutztracht.*
Sommerannuelle (Sommerephemere): Pflanzen, die im Frühjahr auskeimen und im Herbst nach der Samenproduktion absterben (→ *Therophyten*), z.B. viele Unkräuter und Ruderalpflanzen. → *annuell.*
sommergrün: Pflanzen, deren Laubblätter nur während einer Vegetationsperiode existieren, dann abfallen und in der darauffolgenden Vegetationsperiode durch neue Blätter ersetzt werden.
Sommergrüner Laubwald (Aestisilva, sommergrüner Wald, Sommerwald, Therodrymium): charakteristische Lebensform des Waldes (→ *nemoraler* Wald) der gemäßigten Klimazonen der Nordhemisphäre, vor allem in Nordamerika, Europa, Asien, Nordchina, Japan sowie auf Sachalin verbreitet. Er hat sommergrüne Bäume, die im Herbst regelmäßig das Laub abwerfen, Knospenschutz aufweisen und eine kälte- und trockenheitsbedingte Winterruhe halten. Typische S. L. sind die Buchen- und Eichenwälder der gemäßigten Klimazonen der Nordhemisphäre.
Sommerschlaf: → *Übersommerung.*
Sommersmog: → *Photochemischer Smog.*
Sommerstagnation: → *Stagnation* im Sommer, → *thermische Konvektion*. (→ *Zirkulationstypen*).
Sommerwald: → *Sommergrüner Laubwald.*
Sommerwirt: die Pflanzenart, auf der (meist tierische) Parasiten bei Wirtswechsel den Sommer verbringen (z.B. bestimmte Blattläuse). Gegensatz: → *Winterwirt.*
Sonderabfälle: eine besondere Form des → *Abfalls*, die nach dem deutschen → *Abfallbeseitigungsgesetz* besonders zu behandeln sind. Die S. gelten als Abfälle überwiegend industrieller Herkunft, die nicht in den → *Müllverbrennungsanlagen* oder → *Deponien* der Kommunen entsorgt werden können. Hauptproduzent von S. ist die chemische Industrie, bei der allein in Deutschland pro Jahr mehrere Millionen Tonnen S. anfallen, davon allein über 2 Millionen Tonnen Säuren und Säuregemische. Die Entsorgung wird in → *Sondermüllverbren-*

nungsanlagen und auf → *Sondermülldeponien* sowie im Meer (→ *Verbrennung*, → *Verklappung*) vorgenommen. Lange Zeit wurden S. nicht ordnungsgemäß entsorgt, woraus → *Altlasten* entstanden. Der Anfall an S. in den Haushalten ist im Umfang beschränkt und wird durch getrennte Sammlung bzw. Abgabe an Sammelstellen beseitigt.

Sonderforst: → *Sonderwald*.

Sonderkultur: allgemein eine landwirtschaftliche Kultur, die besondere Ansprüche beim Anbau stellt oder wirtschaftliche Spezialverwendungen erfährt. Die S. ist somit eine → *Spezialkultur*, die nicht in die übliche landwirtschaftsstatistische Einteilung, (Getreide, Hackfrüchte, Futterpflanzen) hineinpaßt. Die S. ist meist mehrjährig, bringt oft hohe Investitionskosten und steht zugleich außerhalb der üblichen Fruchtfolge. In der deutschen Statistik gelten als S. Obstanlagen, Baumschulen, Rebland, Hopfen, Tabak, Heil- und Gewürzpflanzen. Wenn sie über 10% der Fläche eines Betriebs einnehmen, gilt er als S.-Betrieb. Wegen des meist höheren Arbeitsaufwandes wurden die S. überwiegend von landwirtschaftlichen Kleinbetrieben angebaut. Mit stärkerer Rationalisierung und Technisierung der Landwirtschaft wird jedoch auch versucht, eine Art industrielle S.-produktion zu praktizieren. Meist gehen von dieser beträchtliche Umweltbelastungen aus, wie → *Bodenerosion*, → *Überdüngung* oder Grundwasserbelastungen.

Sondermüll: jene Abfallstoffe, die zu den → *Sonderabfällen* gehören und die wegen ihrer toxischen oder sonstig umweltbelastenden Wirkungen nicht zusammen mit dem normalen Haus- und Gewerbemüll beseitigt bzw. behandelt werden dürfen. S. unterliegt einer speziellen Behandlung und ist auf S.-Deponien zu lagern. (→ *Müll*).

Sondermülldeponie: eine speziell ausgestattete → *Deponie* für → *Sonderabfälle* bzw. → *Sondermüll*, die das Entsorgungsproblem (Deponieabwässer, → *Deponiegas*) lösen soll. Die Kapazität der S. ist in der Regel beschränkt und nicht ohne weiteres ausbaufähig. Mit in den letzten beiden Jahrzehnten anwachsendem Sondermüll nahm auch der Bedarf an S. zu. Teilweise werden die S. auch unterirdisch angelegt, z.B. in stillgelegten Salzbergwerken. (→ *Endlagerung*, → *Salzstock*) Mit S. an der Erdoberfläche sind Umweltgefahren verbunden, die sich – trotz Überwachung und sorgfältiger Betreibung der Anlage – nicht vermeiden lassen. Eine große Gefahr geht von Giftabwässern aus, die in S. anfallen, abgeleitet und spezialentsorgt werden. Durch Lecks dringen → *Sickerwässer* auch in den Untergrund ein und verschmutzen das Grundwasser. Das Problem der S. läßt sich grundlegend nur dadurch regeln, daß man Sonderabfälle bzw. Sondermüll vermeidet.

Sondermüllverbrennungsanlage: speziell ausgestattete → *Müllverbrennungsanlage*, die → *Sondermüll* bzw. → *Sonderabfälle* verbrennt. Die S. arbeitet meist mit hohen Temperaturen. Die Rückstände der Verbrennung müssen meist speziell entsorgt werden.

Sonderwirtschaftswald: bestockte und unbestockte Waldflächen, die aus übergeordneten, jedenfalls nicht forstwirtschaftlichen Gründen einer besonderen Bewirtschaftung unterliegen. Sie dienen keiner regelmäßigen Holzproduktion. Zu den S. zählen → *Bannwald*, → *Schutzwald*, → *Schutzwaldstreifen*, → *Schonwald* sowie Hecken und Flurgehölze der Agrarlandschaften.

Sonnenblätter: Blätter im sonnigen Bereich der Kronen von Laubbäumen. S. sind durch ein dickes Mesophyll, eine dicke Kutikula, eine hohe Stomatadichte, viel Chloroplasten und Chlorophyll strukturell an starke Besonnung angepaßt. Daneben liegen die Kompensationsbeleuchtungsstärke (→ *Kompensationspunkt*) und die → *Lichtsättigung* höher als bei den → *Schattenblättern*. (→ *Lichtgenuß*).

Sonnenenergie (Solarenergie): → *regenerative Energie*, die von der Sonne ausgeht. S. wird im Innern der Sonne durch thermonukleare Reaktionen erzeugt, an die Sonnenoberfläche transportiert und von dort abgestrahlt. Pro Quadratmeter Sonnenoberfläche sind dies je Sekunde 3.9×10^{26} Joule. Die jährlich durch S. auf die Erdoberfläche eingestrahlte Energie beträgt z.Z. das 15 000fache des Weltenergieverbrauchs pro Jahr. Die S. gilt als Motor der Ökosysteme und hält die terrestrischen, ozeanischen und hygrischen Stoff- und Energiekreisläufe in Gang, vor allem auch die → *Photosynthese* und den Klimakreislauf (→ *Atmosphärische Zirkulation*), der durch thermische Unterschiede an der Erdoberfläche zustande kommt, die wiederum Luftdruck- und Windunterschiede bedingen. Die S. wirkt sowohl global als auch in den Ökosystemen der → *topischen Dimension*. (→ *Solarkonstante*, → *Solarzelle*, → *Sonnenkraftwerk*, → *Sonnenkollektor*, → *Sonnenofen*)

Sonnenkollektor: energietechnische Vorrichtung, mit der → *Sonnenenergie* aufgenommen und zur Warmwasserbereitung, Gebäudeheizung usw. eingesetzt wird. Der Einsatz der S. und ihre Effizienz hängen von der Sonnenscheindauer am Standort ab.

Sonnenkraftwerk: ein Kraftwerk, das mit der → *regenerativen* → *Sonnenenergie* arbeitet. Unterschieden werden Solarwärme- und Solarzellenkraftwerke. Das Solarwärmekraftwerk arbeitet nach dem Prinzip der parabolischen Zylinderwannen, parabolischen Schüsseln oder nach dem Konzept der Heliostaten mit zentralem Sonnenturm. Für eine großtechnische Anwendung ist das Turmkonzept den beiden erstgenannten überlegen. Beim Sonnenturm bindet sich das Kraftwerk unmittelbar im Turm; Übertragungsverluste fallen somit weg. Die Heliostaten sind dreidimensional verstellbar, so daß jeweils der optimale Strahlungswinkel erzielt wird. – Der Antrotyp des S. basiert auf den → *Solarzellen*, die Sonnenenergie direkt in Elektrizität umwandeln. Gegenüber dem Solarwärmekraftwerk benötigt das Solarzellenkraftwerk sehr große Flächen. – Das Basisproblem aller S. besteht in der Möglichkeit langdauernder Sonneneinstrahlung. Die S. können demzufolge nur in Klimazonen eingerichtet werden, wo ganzjährig wenig Bewölkung herrscht, also vor allem in den Subtropen und den semiariden und ariden Tropen.

Sonnenofen: energietechnische Anlage zur Erzielung hoher Temperaturen durch Konzentrierung der Sonnenstrahlung mit Hilfe eines Parabolspiegels. Der bekannteste S. ist der von Odeillo in den französischen Pyrenäen.

Sonnenorientierung: Orientierung nach der Sonne.

Sonnenpflanzen: → *Heliophyten*.

Sonnenscheindauer: zeitliche Länge der direkten Sonnenbestrahlung, welche pro Tag, Monat oder Jahr in Stunden oder in Prozenten der astronomisch möglichen S. angegeben wird. Die S. beträgt in Mitteleuropa im Flachland nicht ganz 40%, und im Gebirge etwa 50% im Jahresmittel.

Sonnenstrahlung: die wärme- und lichtenergetische Strahlung der Sonne, welche fast die einzige Energie ist, die ins irdische System eintritt. Sie beträgt am Oberrand der → *Atmosphäre* 8.15 Joule·cm^{-2}min^{-1} (→ *Solarkonstante*). Sie wird beim Durchgang durch die verschiedenen Atmosphärenschichten vermindert und in ihrer spektralen Zusammensetzung verändert, wobei die Herausfilterung der lebensbedrohenden kurzwelligen → *UV-Strahlung* in der → *Ozon-*Schicht besonders bedeutsam ist. Die S. ist der „Motor" aller Witterungsvorgänge und der Prozesse im belebten und unbelebten System an der Erdoberfläche. Die S.-Menge, welche ein Standort an der Erdoberfläche erhält, ist von seiner Breitenlage, seiner Bewölkungshäufigkeit, seiner Ausrichtung gegenüber der Sonne (Hangneigungsstärke und Hangneigungsrichtung (→ *Exposition*)) und seiner Bodenbeschaffenheit (Beeinflussung des reflektierten Anteils) abhängig. Die S. ist Bestandteil der → *Strahlungsbilanz*. (→ *Albedo*, → *Strahlung*, → *Wärmestrahlung*).

Sorption: 1. allgemein die Aufnahme eines Stoffes durch einen anderen Stoff oder an anderes stoffliches System. – 2. Eigenschaft der Bodenkolloide (→ *Tonminerale* und → *Huminstoff*gruppen, in geringem Umfang auch Oxide und Kieselsäure), Ionen an freien Ladungsplätzen austauschbar zu binden. Die S. ist für die → *Nährstoffversorgung* der Pflanzen außerordentlich wichtig, da auf diese Weise in erster Linie kationische, aber auch anionische → *Nährstoffe* verfügbar im Boden gespeichert sind und durch äquivalenten Austausch (vor allem mit H$^+$-Ionen) in die Bodenlösung übergehen. Die Menge der sorbierten Nährstoffe hängt von der → *Austauschkapazität* und der → *Basensättigung* ab.

Sorptionsvermögen: Fähigkeit von → *Tonmineralen* und → *Huminstoffen*, an freien äußeren bzw. zugänglichen Ladungsplätzen Ionen zu fixieren. Das S. hängt von der Ladungsverteilung und der Größe der inneren Oberfläche ab. Es ist in Huminstoffen höher als in Tonmineralen und bei letzteren für die Kaolinite am geringsten und die Vermiculite am höchsten. (→ *Sorption*).

Sorte (Cultivar): unterste Kategorie der → *Kulturpflanzen*, die eine zu einem bestimmten Zweck angebaute, mehr oder weniger einheitliche Population darstellt, die zeitweilig innerhalb gewisser Grenzen künstlich konstant gehalten wird.

Sortierung von Müll: sowohl für → *Recycling* als auch für die sonstige Bewirtschaftung von → *Müll* muß der Müll sortiert werden. Dazu gibt es verschiedene Verfahren, die auf die im Müll enthaltenen Materialien abgestellt sind (Papier, Kunststoffe, Glas, Metalle etc.). Wegen der Vielfalt des Mülls erweisen sich großtechnische Anlagen als nicht leistungsfähig genug. Müllvermeidung bzw. getrennte Sammlung können die S.v.M. überflüssig machen.

SO$_x$: → *Schwefeloxide*.

Soziabilität: Charakterisierung von Pflanzengesellschaften, die sich auf die Dichte und das Verteilungsmuster der Pflanzen gründet. Traditionell werden fünf Grade unterschieden: 1 = einzeln wachsend, 2 = gruppen- und horstweise wachsend, 3 = truppweise wachsend (kleine Flecken oder Polster), 4 = in kleinen Kolonien wachsend oder ausgedehnte Flecken und Teppiche bildend, 5 = in großen Herden wachsend. (→ *Vegetationsaufnahme*, → *Abundanz*, → *Deckungsgrad*).

sozial: bezeichnet ein Verhalten bei Tieren, das sich durch eine enge Vergesellschaftung zwischen den Individuen einer Art auszeichnet. Es steht im Gegensatz zu entweder lediglich → *gregärem* Verhalten oder gar → *solitärem* Verhalten (→ *Sozialität*). Bei den s. Insekten (Termiten, Ameisen, Wespen und Bienen) bleiben die Einzeltiere jeder Geschwistergeneration in einem gemeinsamen Nest, in dem auch die folgenden Bruten gepflegt werden (→ *Insektenstaaten*). Der größte Teil jeder Brut ist steril und übernimmt alle Arbeiten am Nest und bei der Brutpflege (→ *Arbeiter*). Einige wenige Geschlechtstiere besorgen die Fortpflanzung.

Sozialbilanz des Waldes: unscharfer Sammelbegriff für die Bilanz jener Leistungen, welche die Waldwirkungen für die Gesellschaft erbringen, unter Berücksichtigung betriebswirtschaftlicher, physikalischer, bioökologischer und humanökologischer Sachverhalte. Die S.d.W. wird in Geldwert ausgedrückt.

soziale Mimikry: Ähnlichkeit in Färbung und Verhalten bei verschiedenen Tierarten, die sich dadurch wechselseitig warnen. Beispiel: die weiße Färbung am Schwanzende bei vielen Un-

gulaten und dem Kaninchen. → *Merkmalskonvergenz.*
soziale Organisation: → *Eusozialität.*
sozialer Streß: → *Streß.*
Sozialfunktion des Waldes: Funktionen des Waldes, die in der → *Sozialbilanz des Waldes* dargestellt werden, d.h. seine Funktion als Schutz-, Erholungs-, Wirtschafts- und Ökosystemfaktor.
Sozialität: Bezeichnung für die mehr oder weniger enge Vergesellschaftung von Individuen einer Tierart. (z. B. → *gregär*).
Sozialparasitismus: parasitismusähnliche Beziehungen zwischen sozial lebenden Insekten und anderen Arten, die für die Sozialorganisation der ersten Art schädlich sind. Hierzu gehören die → *Kleptobiose* und der → *Brutparasitismus.*
Soziation: → *Fazies.*
Soziätät: Bezeichnung für eine Tiergesellschaft; S. darf nicht mit Tiergemeinschaft (Zoozönose) verwechselt werden.
Soziologie der Tiere: → *Tiersoziologie.*
soziologische Artengruppe: Gruppe von Pflanzenarten, die in einem räumlich begrenzten Areal immer gemeinsam auftreten und daher pflanzensoziologisch als ähnlich gelten. Die s.A. können in verschiedenen → *Assoziationen* vorkommen und werden statistisch durch den Vergleich zahlreicher pflanzensoziologischer Aufnahmen gewonnen. Sie gelten nur für jene Formation, die der Aufstellung zugrunde liegt, z.B. Acker, Wald, Wiese, Rasen. Bei der Ausscheidung der → *soziologisch-ökologischen Artengruppen* wird ähnlich vorgegangen, jedoch unter stärkerer Berücksichtigung der geoökologischen Randbedingungen.
Soziologische Pflanzengeographie: → *Pflanzensoziologie.*
soziologische Progression: ein Begriff aus der → *Pflanzensoziologie* und Bestandteil der Lehre von den → *Charakterarten*. Die s.P. dient als Kriterium zur Anordnung der Charakterarten zu höherrangigen pflanzensoziologischen Einheiten.
soziologisch-ökologische Artengruppen: Pflanzenarten mit einer ähnlichen ökologischen Amplitude innerhalb eines floristisch und geoökologisch einheitlichen Raumes, die zu Gruppen von jeweils übereinstimmendem → *Zeigerwert* zusammengefaßt werden.
spagnikol: Bezeichnung für Torfmoos *(Sphagnum)* bewohnende Organismen.
Spaliersträucher: → *Kriechsträucher.*
Spaltbarkeit radioaktiver Substanzen: die Eigenschaft eines → *Nuklides,* durch einen Kernprozeß gespalten zu werden: Man spricht von → *Kernspaltung.* Ihr gegenüber steht die Kernfusion (→ *Fusion*).
Spaltprodukte: bei der → *Kernspaltung* von Atomen mit sehr hoher Ordnungszahl entstehen S., also → *Radionuklide.* Es handelt sich um eine sehr große Zahl, die sehr unterschiedliche →

Halbwertszeiten haben. Die S. sind radioaktiv und senden beim Zerfall → *Alpha-,* → *Beta-* und → *Gammastrahlung* aus. Die Nutzung der S. erfolgt in → *Kernkraftwerken.* Außerdem werden S. bei der Herstellung von → *Kernwaffen* verwendet. (→ *Nuklide,* → *radioaktiver Zerfall*).
Spaltstoff: dazu gehört jeder radioaktive Stoff, der sich durch Neutronen spalten läßt, wobei weitere Neutronen frei werden.
Spaltung radioaktiven Materials: → *Kernspaltung.*
Spätfrost: Nachtfrost im Frühjahr (in Mitteleuropa bis spätestens Anfang Juni), der in voller Entwicklung befindlichen Kulturen schädigen kann. Extreme S. sind bei voller Blüte am gefährlichsten und können gebietsweise große Teile einer Ernte vernichten. Gefährdet sind in erster Linie Mulden- und Talbodenlagen, in denen sich abfließende Kaltluft sammelt. S. werden mit technischen Maßnahmen bekämpft (Beheizung, Schutz der Blüten durch Eispanzer mit gezielter Beregnung). Lokale Kaltluftgefährdungslagen lassen sich auch durch die Errichtung von Kaltluftdämmen, Hecken usw. entschärfen. (→ *Frostgefährdung,* → *Kaltluftsee*).
Spättreiber: an spätfrostgefährdete Standorte angepaßte → *Lebensformen.*
Spätwirkungen: jene Wirkungen in einer Wirkungskette bzw. einem → *Wirkungsgefüge,* die nach längerer Zeit auftreten, die den Systemzustand grundlegend verändern, die aber so spät auftreten, daß die auslösenden Ursachen nicht mehr geregelt oder gesteuert werden können. Der Begriff bezieht sich sowohl auf Organismen, z.B. die → *Strahlenwirkung* → *radioaktiver Substanzen,* aber auch auf stoffliche Veränderungen in Ökosystemen, die durch anthropogene oder natürliche Gleichgewichtsänderungen (→ *Naturgefahren*) eingetreten sind. Das Problem der S. in den Ökosystemen wurde lange Zeit vernachlässigt. Im Rahmen einer *Ökologischen Planung* der → *Umwelt* müßten die S. ebenso wie die von ihnen nicht genau zu trennenden → *Langzeitwirkungen* oder die → *Fernwirkungen* stärker berücksichtigt werden. Da die S. und die Langzeitwirkungen von *Seltenen Ereignissen* überlagert werden, ist eine methodische Trennung nicht immer leicht; dies gilt besonders für den Boden- und Grundwasserbereich der → *Landschaftsökosysteme.*
species packing: → *Artenpackung.*
Speicher: 1. in der ökologischen → *Systemtheorie* ein → *Kompartiment,* in dem vorübergehend Stoffe oder Energie zurückgehalten werden. Die S. sind in die Funktionen und Prozesse der Ökosysteme durch → *Input-* und → *Output-*Vorgänge eingebunden. Wird in dem S. längerfristig oder endgültig Materie zurückgehalten, handelt es sich um eine → *Senke.* – 2. in der Landschafts- und Bodenökologie wird der → *Boden* bzw. der → *Oberflächennahe Unter-*

grund als ökologischer S. für anorganische und organische Substanz betrachtet. – 3. technisch bzw. geotechnisch ist ein S. ein gebauter oder natürlicher Sammelraum im Sinne des → *Speicherbeckens* bzw. → *Rückhaltebeckens*.
Speicherbecken: ein natürliches oder künstliches → *Oberflächengewässer*, das zur Speicherung bzw. Regulierung der Wasserressourcen in ein anthropogen genutztes Wassersystem eingebunden ist. Zu den S. gehören → *Rückhaltebecken*, → *Stauseen*, → *Talsperren* sowie anderweitig wasserwirtschaftlich genutzte natürliche oder künstliche Hohlformen. Die → *Pumpspeicherkraftwerke* bzw. → *Speicherkraftwerke* sind auf S. angewiesen.
Speicherkraftwerk: → *Wasserkraftwerk* an → *Stauseen*, meist im Gebirge. S. haben oft weniger Wasser zur Verfügung als → *Laufwasserkraftwerke*. Dies wird aber ausgeglichen durch den großen Höhenunterschied zwischen Stausee und Turbinenhaus. Das → *Speicherbecken* kann als Tagesspeicher oder als Jahreszeitenspeicher dienen. Tagesspeicher sollen die Schwankungen des Strombedarfs im Tagesablauf ausgleichen. In den Jahreszeitenspeichern wird das Wasser für jene Zeiten aufbewahrt, in denen der Elektrizitätsverbrauch saisonal besonders hoch ist. (→ *Pumpspeicherkraftwerk*).
Speicherwirtschaft: ein Teilfunktionsbereich der → *Wasserwirtschaft*, die jene Maßnahmen umfaßt, die dem zeitlichen und mengenmäßigen Ausgleich von Wasserdargebot und Wasserbedarf dienen. Dabei wird überschüssig abfließendes oder gefördertes Wasser in → *Speicherbecken* zurückgehalten, um es bei täglichen oder jährlichen Bedarfsschwankungen wieder einzusetzen.
Speläobiologie: Wissenschaft von der Lebewelt der Höhlen.
Spermatophyten: → *Phanerogamen*.
Sperrmüll: jener → *Abfall* bzw. → *Müll*, der von der kommunalen Hausmüllabfuhr nicht erfaßt wird und nicht in Hausmüllsammelgefäße hineinpaßt. Er erfordert eine gesonderte Abfuhr, die nach Materialtypen gestaffelt ist, so daß eine, wenn auch nur grobe → *Sortierung von Müll* geschieht.
Sperrschicht (Sprungschicht, Inversionsschicht): 1. Luftschicht mit Temperaturumkehr infolge Absinktendenz (→ *Inversion*, → *Absinkinversion*), die konvektive Luftbewegungen völlig unterbindet. Die S. wird durch → *Temperaturinversionen* gekennzeichnet. Sie treten nachts häufiger als tags auf, im Winterhalbjahr häufiger als im Sommerhalbjahr. Die S. hat für die Entstehung des → *Smogs* große Bedeutung. Unterhalb der S. sammeln sich → *Aerosole* und sonstige Luftverunreinigungen an, besonders wenn die S. in Bodennähe liegen, aber noch oberhalb der → *Quellhöhe* von Emittenten. Für die Kalibrierung von → *Ausbreitungsmodellen* ist die Kenntnis der Höhenlage der S. unabdingbar. Zusammen mit einem → *Wetterlagenkalender* kann aus der Kenntnis der S., ihrer Auftretenswahrscheinlichkeit und der Emittenten eine Voraussage über die → *Luftverschmutzung* gegeben werden. – 2. in der → *Limnologie* werden Seen mit S. als → *meromiktisch* bezeichnet. Die S. sind dort dichtebestimmt und stehen mit der → *Seezirkulation* im Zusammenhang.
Spezialisation: Vorgang in phylogenetischen Stammesreihen, bei dem sich Gruppen zunehmend an einen speziellen Lebensraum anpassen bzw. eine spezielle Lebensweise herausbilden. Daraus ergibt sich für die jeweilige Gruppe ein Existenzvorteil, der jedoch meist mit einer Begrenzung der Evolutionspotenz verbunden ist. Dadurch erweisen sich stark spezialisierte Formen gegenüber Ökosystemveränderungen anfälliger, so daß sie auch leichter aussterben als weniger spezialisierte. Der Begriff S. wird durch Verschiebung der inhaltlichen Akzente differenziert: 1. allmähliche S.: Artneubildung durch → *geographische Isolation* einer Population, ausgehend von einer älteren Art, sich über längeren Zeitraum erstreckend. – 2. explosive S.: plötzliches Auftreten einer Anzahl neuer Arten im Areal der Parentalformen. – 3. sympatrische S.: Artbildungsprozeß aufgrund der Vervielfachung der arteigenen, aber auch strukturell verschiedenen Chromosomengarnitur, der neue Arten innerhalb einer einzigen Lokalpopulation entstehen läßt, ohne daß geographische Isolation auftreten muß. Die dabei entstandenen Individuen können Vorfahren neuer Arten sein.
Spezialisierung: in der Biologie jene Sonderentwicklung, die sich bei Organismen zeigt, die sich an besondere Ökosystembedingungen in der Lebensumwelt anpassen. (→ *Spezialisten*).
Spezialist: an bestimmte Ökosystembedingungen, einschließlich der biotischen Randbedingungen, besonders angepaßter Organismus. In der Biologie wird der Begriff oft auf die Ernährung verengt und den Nahrungs-S. dem Nahrungsgeneralisten gegenüber gestellt. (→ *stenophag*).
Spezialkultur: der Anbau von Nutzpflanzen, die einen hohen Grad an Spezialisierung außerhalb des Getreide-, Hackfrucht- und Futterbaus erkennen lassen. S. können eine Vielzahl von Nutzpflanzen sein, die weit über diejenige hinausgeht, die in der Gruppe der → *Sonderkulturen* zusammengefaßt ist. Der Anbau von S. wird von einer Fülle von Randbedingungen bestimmt, die miteinander im Einklang stehen müssen. Dazu gehören sowohl natürliche Gegebenheiten, als auch Kapital oder Verfügbarkeit der Arbeitskräfte. Nicht zu den Sonderkulturen zählende S. sind Beeren, Spargel und Blumen.
Spezialwald: nur eine einzige bestimmte Funktion erfüllender Wald, wie Holzproduktion, → *Schonwald* oder → *Schutzwald*. Der Begriff wird jedoch überwiegend im Zusammenhang mit der Holzwirtschaftsnutzung des Waldes gebraucht, die gewisse Spezialformen aufweisen

kann, welche ebenfalls als S. bezeichnet werden.
Speziation: → *Artbildung*.
Spezies: → *Art*.
spezifische Arten: Spezies, die fast oder ganz ausschließlich in einem bestimmten → *Biotop* auftreten und die zusammen mit den → *Präferenten* die → *Charakterarten* einer Lebensstätte bilden.
spezifische Zuwachsrate (Malthusscher Parameter, engl. intrinsic rate of natural increase): die Rate des exponentiellen Populationswachstums, abgekürzt mit r.
Sphagnummoor: → *Hochmoor*.
Sphäre: in Geo- und Biowissenschaften, vor allem ökologischen Fachbereichen, der Begriff für stofflich-energetische Bereiche, die zugleich durch spezifische Erscheinungsformen und Prozesse in den → *Landschaftsökosystemen* der Erde geprägt sind. Das → *Schichtmodell* der Geographie und die naturwissenschaftlichen Nachbardisziplinen, die sich dieses Schichtmodells bedienen, kennen → *Atmosphäre*, → *Hydrosphäre*, → *Pedosphäre*, → *Lithosphäre* und → *Biosphäre*. Zusammenfassend werden diese Teil-s. als → *Landschaftshülle* der Erde bezeichnet. Mit Ausnahme der Biosphäre sind die Teil-s. elementare S., die analytisch-separativ von den Teilgebieten der Geowissenschaften betrachtet werden. Bei einer komplexeren Modellierung werden integrative S.-begriffe eingesetzt. Dazu gehören → *Biosphäre*, → *Anthroposphäre*, → *Geosphäre* und → *Noosphäre*.
Spielart: → *Varietät*.
spiralling (engl.): der → *Stoff-Fluß* im Fließgewässer, der flußabwärts in Organismen inkorporiert und wieder freigesetzt wird.
Spitzenkraftwerk: Kraftwerk, das primär zur Stromlieferung in den Stunden des größten Verbrauchs (→ *Spitzenlast*) eingesetzt wird. Typische S. sind z.B. die → *Pumpspeicherkraftwerke*.
Spitzenlast: in der Stromversorgung derjenige Teil der Gesamtlast, der sich deutlich aus der Tagesbelastungskurve heraushebt und von den Stromverbrauchern nur kurze Zeit in Anspruch genommen wird.
Spreizklimmer: zu den → *Lianen* gehörende Kletterpflanzen. Sie stellen jenen Lebensformentyp dar, der sich an einer Unterlage befestigen kann, und der sich dann – wie Brombeere oder Kletterrose – frei in das Geäst anderer Gewächse hineinschiebt und durch rückwärtsgerichtete Sproßteile bzw. durch Haare, Stacheln und/oder Dornen sich an diesen gegen Zurückrutschen sichert.
Spritzwasserzone (Supralitoral): der Bereich des Meeresufers oder des Ufers größerer Seen (→ *Litoral*), der nur selten völlig untergetaucht ist und nur vom Spritzwasser der Wellen erreicht wird.
Sprungschicht (thermische Sprungschicht): 1. im geschichteten Seewasser der oberflächennahe, geringmächtige Bereich, in dem die Temperatur rasch abnimmt (→ *Metalimnion*). Die S. ist eine Folge der schlechten Wärmeleitung des Wassers, die bedingt, daß sich die sommerliche Erwärmung auf die oberste Wasserschicht (→ *Epilimnion*) konzentriert, welche mehr oder weniger scharf abgetrennt über dem kühlen Tiefenwasser (→ *Hypolimnion*) liegt. Die Mächtigkeit der erwärmten Schicht – und damit die Tiefe der S. – hängt von der Stärke des Windeinflusses ab. Starker Wind verlegt die S. wegen der turbulenten Durchmischung von warmem Oberflächenwasser mit kühlem Tiefenwasser tiefer. Ein Seewasserkörper mit einer S. ist sehr stabil geschichtet. (→ *Seezirkulation*). – 2. thermische S. in der Atmosphäre; Luftschicht, in der sich die Temperatur rasch ändert und so die horizontale Grenze zweier übereinander liegender Luftmassen bildet. (→ *Inversion*, → *Sperrschicht*).
Spurenelement: → *Spurennährelement*.
Spurennährelement (Mikroelement, Mikronährelement, Spurenelement): → *Nährelemente*, die von den Lebewesen nur in geringen bis geringsten Mengen benötigt werden, die jedoch vor allem für Stoffwechselfunktionen absolut lebensnotwendig sind. Die S. kommen daher auch nur in kleinsten Mengen in den Organismen vor. Häufig sind sie Bestandteile von Wirkstoffen, vor allem von Fermenten. Insgesamt sind ca. 50 solcher S. in den Lebewesen nachgewiesen. Im → *Boden* gelten 7 S. als sehr wichtig. Sie treten dort in unterschiedlicher Konzentration auf. Eisen, Mangan und Chlor sind relativ reichlich vorhanden. Bor, Molybdän, Zink und Kupfer sind dagegen unter natürlichen Bedingungen nur in geringsten Mengen im → *ppm*- bis → *ppb*-Bereich verfügbar. Besonders wichtig für Tiere und Pflanzen sind Eisen, Kupfer, Mangan, Zink; speziell für Tiere auch Kobalt, Fluor, Jod und Selen, speziell für Pflanzen Bor und Molybdän. (→ *Hauptnährelemente*, → *Nährstoffhaushalt*).
Spurenstoffe: in der → *Atmosphäre* neben den Hauptbestandteilen → *Stickstoff*, → *Sauerstoff* und dem → *Wasserdampf* alle natürlichen und künstlichen Stoffe, welche in geringer Konzentration Bestandteile des atmosphärischen Luftgemisches sind (Argon, → *Kohlendioxid*, Neon, → *Wasserstoff*, Helium, Krypton, Xenon, Ammoniak, → *Ozon*, Wasserstoffperoxid, → *Jod*, → *Radon* und Verunreinigungsstoffe wie → *Staub*, → *Schwefeldioxid*, künstlich angereichertes Kohlendioxid, → *Kohlenmonoxid*, → *Stickoxide*).
Staat (auch: Volk): die Nestgemeinschaft → *sozialer Insekten*. → *Eusozialität*, → *Tierstaat*).
Staatenbildung bei Tieren: → *Tierstaat*.
stabile Altersverteilung: konstanter Anteil der einzelnen → *Altersklassen* in einer Population (→ *Altersstruktur*). Im Gegensatz zur → *stationären Altersverteilung* wächst dabei die Po-

pulation exponentiell (→ *Populationswachstum*).
Stabilement: Produkt der Lebenstätigkeit von Tieren, das in deren Aktivitäten einbezogen ist und zu einem Teil des → *Biotops* wird, wie Vogelnest oder Spinnennetz.
stabiles Ökosystem: Anwendung des Begriffes → *Stabilität* auf → *Ökosysteme*, wobei die s.Ö. den → *labilen Ökosystemen* gegenübergestellt werden. Die s.Ö. befinden sich im Zustand eines → *relativen, dynamischen Gleichgewichts*, der auf → *Störungen* reagieren kann, der aber durch Prozesse der → *Rückkopplung* das System wieder in seinen Ausgangszustand zurückkehren läßt. Die s.Ö. stagnieren demnach nicht, sondern sie befinden sich – innerhalb einer bestimmten Amplitude der Funktionen – in permanenter Veränderung.
stabilisierende Selektion: Form der → *natürlichen Selektion*.
Stabilität: allgemein das Vermögen eines → *Systems*, gegenüber äußeren Einwirkungen seine Ordnung zu behalten, sofern die Einwirkungen eine bestimmte Stärke nicht überschreiten. – 1. in verschiedenen ökologischen Fachbereichen werden dynamische Systeme untersucht. Die S. eines dynamischen Systems gegenüber einer → *Störung* liegt dann vor, wenn das durch die Störung aus einem Gleichgewichtszustand gebrachte System in diesen wieder zurückkehrt. Dies geschieht durch → *Rückkopplung*, wodurch die Störung kompensiert wird. Eine generelle S. gibt es nicht, sondern nur S. gegenüber bestimmten Typen oder Intensitäten von Störungen. – 2. in der Klimatologie und Meteorologie ist die atmosphärische S. im engeren Sinne ein Maß für die thermische Schichtung der → *Atmosphäre*. Bei starker Temperaturabnahme mit zunehmender Höhe über dem Boden besteht geringe S., bei schwacher Temperaturabnahme mäßige S., bei Isothermie, also Temperaturkonstanz, oder bei Temperaturzunahme (→ *Temperaturinversion*) herrscht starke S. Je stabiler die Luft geschichtet ist, desto geringer wird die Tendenz zu vertikalen Lufttransportprozessen. – 3. in der Hydrologie und Hydroökologie bezieht sich S. auf die Wasserschichtung von → *Seen* oder → *Talsperren*, wo auch von → *Stagnation* – gegenüber der → *Vollzirkulation* – gesprochen wird. Durch S. der Wasserschichtung verhalten sich Oberflächenwasser (→ *Epilimnion*) und Tiefenwasser (→ *Hypolimnion*) im Sommer und Winter jeweils anders, während die Vollzirkulation nur in den Übergangsjahreszeiten als Phase der Instabilität (Frühjahr, Herbst) eintritt.
Stadium: 1. in in der Glazialgeomorphologie und Glazialgeologie ein Eisvorstoß. – 2. in der Pflanzensoziologie ein floristisch abgrenzbarer Abschnitt in einer → *Sukzession*. – 3. in der Entwicklungsbiologie ein gewisser Entwicklungszustand eines Tierorganismus, z.B. Larven-S.

Stadtbiota: Lebewesen, die im Lebensraum Stadt existieren und die spezielle → *Arealsysteme* ausbilden, die von den speziellen ökologischen Randbedingungen in der Stadt bestimmt sind. Ihre Funktionszusammenhänge im Ökosystem Stadt (→ *Stadtökosystem*) werden von der → *Stadtökologie* untersucht.
Stadterneuerung: die Beseitigung bzw. Verbesserung struktureller und funktionaler Mängel in Städten oder Stadtteilen, wobei die → *Stadtökologie* von einem integrativen Ansatz ausgeht, bei welchem die naturbürtigen Funktionsglieder des → *Stadtökosystems* eine große Rolle spielen. Ein Teil der baustrukturellen Veränderungen wird durch → *Rückbau* vorgenommen. Die Anlage und Ausweitung des → *Stadtgrüns* stellt dabei eine wichtige Einzelmaßnahme dar.
Stadtfauna: sie gehört zu den → *Stadtbiota*, und damit zum → *Stadtökosystem*. Die S. umfaßt eine charakteristische Tierwelt, die sich von den Populationen des Stadtumlandes durch eine unterschiedliche Geschichte und zum Teil abweichende populationsgenetische Zusammensetzungen unterscheidet. Die S. ist auch durch eine „Artenausschließlichkeit" charakterisiert, d.h. es kommen nur stadttypische Arten vor, während andere generell in den Großraum der Stadt gehörende Arten fehlen.
Stadtflora: jene pflanzlichen Lebewesen, die zu den → *Stadtbiota* gehören und damit Bestandteil des → *Stadtökosystems* sind. Artenzusammensetzung, → *Phänologie* und → *Vitalität* werden von den Randbedingungen des jeweils repräsentierten Stadtökosystems, vor allem auch dem Immissionstyp bestimmt. Wesentlichen Einfluß auf die S. hat das Stadtklima, das vor allem den phänologischen Zustand gegenüber dem Umlandes fördert.
Stadtflucht: ein an sich bevölkerungsgeographischer Effekt, der mit der Unwirtlichkeit des Stadtlebens zusammenhängt, aus welchem jedoch die Pendlerbewegungen und damit die Verkehrsmisere der Stadt resultieren. Das „Leben im Grünen" führte zu einer Entleerung der Innenstädte, die dann nur noch einseitig Geschäfts-, Verkehrs- und Arbeitsplatzfunktion aufwiesen. Erst mit den Maßnahmen einer modernen → *Stadtplanung* und → *Stadterneuerung*, die von den Ansätzen der → *Stadtökologie* ausgehen, konnte seit Ende der siebziger Jahre der S. entgegengesteuert werden.
Stadtgrün (urbanes Grün): unterschiedlich gestaltete → *Grünflächen* in der Stadt, die lange Zeit nur schmückende Funktion hatten, die jedoch nach dem integrativen Ansatz der → *Stadtökologie* einen funktionalen Beitrag zum → *Stadtökosystem* liefern sollen. Damit erfüllt das S. auch im Rahmen des → *Stadtklimas* einen Beitrag zur Verbesserung der Lebensbedingungen in der Stadt.
Stadtklima: lokales Klima, welches sich in kleineren und größeren Städten, sonstigen ge-

schlossenen stadtartigen Überbauungen und in Ballungsräumen entwickelt. Das S. wird durch den geringen Anteil bewachsener Flächen die zusätzliche Wärmeproduktion der Stadt und den verunreinigungsbedingten Dunst (→ *Smog*) geprägt. Das S. zeichnet sich durch relative Sommerhitze (geringerer latenter Wärmestrom durch herabgesetzte Verdunstung), relative Wintermilde (Wärmeproduktion), häufigeren Dunst und Nebel (hohe Konzentration an Kondensationskernen durch Luftverunreinigungen), etwas geringere Einstrahlung und Belastung der Luft mit → *Staub*, → *Rauch* und *Abgasen* aus. Die sommerlichen und winterlichen Temperaturunterschiede zum Freiland können in Abhängigkeit von der Größe der Städte bis über 10°C ausmachen.

Stadtnebel: infolge hoher Dichte an → *Kondensationskernen* (Staub- und Rauchpartikel) häufig über großen Städten gebildeter → *Nebel* mit Beimengungen verschiedener → *Abgase*. Durch S. erreicht die Nebelhäufigkeit in Ballungsgebieten bis dreimal höhere Werte als im freien Umland. Während austauscharmer Wetterlagen kann sich S. zu giftigem → *Smog* verdichten. (→ *Stadtklima*).

Stadtökologie (Urbanökologie): 1. der Fachbereich, der den Gesamtfunktionszusammenhang Stadt – im Sinne eines → *Ökosystems* – als eine im Raum manifestierte Funktionseinheit betrachtet, die in sich zwar auch noch räumlich und funktional differenziert ist, aber insgesamt eine einheitliche Entwicklungs- und Funktionstendenz aufweist. Gegenstand der S. ist das → *Stadtökosystem*, das sowohl von der → *Stadtplanung* als auch den Geo- und Biowissenschaften sowie den Wirtschafts- und Sozialwissenschaften untersucht wird. – 2. in den Geo- und Biowissenschaften untersucht die S. die geo- und/oder bioökologischen Funktionszusammenhänge im Lebensraum Stadt, der sich durch extreme → *abiotische* und → *biotische Faktoren* auszeichnet und der von den → *Stadtbiota* bewohnt wird, die im Betrachtungsmittelpunkt der S. stehen. Danach wird eine → *Stadtflora* und eine → *Stadtfauna* unterschieden, deren Arten eine spezifische Auslese darstellen und die spezifische Arealsysteme herausgebildet haben, die vor allem in den zentraleren Teilen der Städte wenig Beziehung zu natürlichen Zuständen der Ökosysteme aufweisen. Die Veränderungen der naturbürtigen Faktoren betreffen aber auch den Boden, den Wasserhaushalt und das Klima (→ *Stadtklima*), woraus sich Veränderungen in der Vielfalt und Artenzusammensetzung von Flora und Fauna ergeben. – 3. von den Wirtschafts- und Sozialwissenschaften wird der Begriff S. für die Darstellung sozialer und ökonomischer Zusammenhänge in der Stadt verwendet, weitgehend ohne Beziehung zum „ökologischen", naturwissenschaftlich begründeten Lebensraum Stadt oder zur städtischen Raumwirksamkeit sozialer Gruppen. Der Begriff ist hier unsauber eingesetzt, weil er mit „Ökologie" nur den allgemeinen Funktionszusammenhang sozialer Gruppen im System Stadt belegt oder die sozialen Gruppen als System zeigen möchte. – 4. eine integrativ vorgehende S. wäre die Anwendung von → *Landschaftsökologie* auf den städtischen Raum und seine Bewohner, also die → *„Umwelt"*Stadt. Die S. legt dem → *Stadtökosystem* das Modell des → *Landschaftsökosystems* zugrunde und geht von einem stadttypischen Wirkungsgefüge der → *Geoöko-* und sonstiger *Faktoren* aus. Dabei werden sowohl naturbürtige als auch anthropogene Faktoren untersucht und in ihren politischen, sozialen und wirtschaftlichen Kontext gestellt. Daraus ergibt sich ein – von seiner Komplexität her gesehen – sehr anspruchvolles Stadtökosystemmodell, das z.Z. nur in Form von – auch quantifizierbaren – Teilmodellen ausgeht. – 5. aus Sicht der Stadtplanung beschreibt die S. den Gesamtfunktionszusammenhang der Stadt im Sinne des → *Ökosystems* als → *Stadtökosystem* und versucht, daraus Konsequenzen für die Lösung stadteigener Probleme zu finden, wie sie sich dem Menschen aus dem Lebensraum Stadt heraus stellen. Die S. wird somit als ein Arbeitsansatz und eine Betrachtungsperspektive für Planungsprobleme der Stadt eingesetzt. Sie versucht, die Idee der → *Humanökologie* und der → *Ökologischen Planung* im Lebensraum Stadt zu übertragen. Die Gedanken der S. setzen sich jedoch in der Stadtplanungspraxis erst allmählich durch, obwohl gerade die dichtbesiedelten und extrem verdichteten europäischen, nordamerikanischen und ostasiatischen Städte den Einsatz von Prinzipien der S. geradezu herausfordern.

Stadtökosystem: die Funktionseinheit eines real vorhandenen Ausschnitts aus der → *Biogeosphäre*, der ein sich selbst regulierendes, aber ausschließlich anthropogen gesteuertes → *urban-industrielles Ökosystem* naturbürtiger (aber nicht mehr → *natürlicher*) abiotischer und biotischer sowie materiell manifestierter anthropogener Faktoren bildet, das als ein stets offenes stoffliches und energetisches System mit einem → *dynamischen Gleichgewicht* bezeichnet werden kann, das nur aufrecht zu erhalten ist, wenn permanente Energiezufuhr – dies in den verschiedensten Formen – erfolgt. Als → *Regler*, die für die → *S.-funktionen* entscheidend sind, treten die wirtschaftlichen, politischen und sozialen Verhältnisse auf, die teileigenständige → *Subsysteme* im S. bilden können, die aber zugleich das S. zu wesentlichen Teilen repräsentieren. Dabei wird das S. auf seinen Zustand, seine Entwicklung und seine Umlandbeziehungen hin untersucht. Es ist Arbeitsgegenstand der → *Stadtökologie*, der Stadtgeographie sowie der → *Stadtplanung*.

Stadtpark: meist ausgedehntere, gartenarchitektonisch oder landschaftlich gestaltete → *Grünflächen* in der Stadt, die auch von Strauch-

und Baumbeständen funktional und physiognomisch bestimmt sind. Der S. dient der Erholung und weist in der Regel einen sehr kleinen Einzugsbereich auf, der aber auch von der Größe und damit der Attraktivität des S. abhängt. Der S. bestimmt, vor allem bei größerer Ausdehnung, wesentlich die Qualität des → *Stadtökosystems* und seiner Funktionen mit. Teilweise geht er in → *Stadtwälder* über.

Stadtplanung: räumliche Planung auf der Ebene der Gemeinde (→ *Ortsplanung*), die unterste Stufe der → *Raumplanung* repräsentierend. Die S. soll die räumliche Entwicklung einer Gemeinde lenken, wozu der → *Bauleitplan* als Instrument zur Verfügung steht. Die → *Bauleitplanung* repräsentiert zu weiten Teilen die S. Die S. wurde lange Zeit ausschließlich als Bau- und Verkehrsplanung betrieben. Ihr waren die Aspekte der → *Stadtökologie* fremd. Lediglich die Probleme des → *Stadtklimas* wurden in die S. einbezogen. Erst mit dem Gedanken der → *Ökologischen Planung*, der → *Ökologisierung der Fachplanungen* und dem Aufkommen des Gedankens der Stadtökologie schwenkte die S. in Richtung einer integrativen Planung des „Lebensraums Stadt" ein. Der Basisgedanke, daß die Stadt ein → *Stadtökosystem* ist, wurde von der S. noch nicht überall aufgenommen.

Stadtsanierung: die Maßnahmen, durch die ein Gebiet zur Behebung städtebaulicher Mißstände, insbesondere durch Beseitigung baulicher Anlagen, → *Rückbau* und/oder Neubebauung oder durch Modernisierung von Gebäuden wesentlich verbessert oder umgestaltet wird, wobei zunehmend vom Ansatz der → *Stadtökologie* ausgegangen wird, der auf eine gesamthafte Kennzeichnung und Planung des → *Stadtökosystems* abzielt. Dabei kommt man allmählich von der → *Flächensanierung* ab und geht stärker zur → *Objektsanierung* über, wobei auch den → *Freiflächen* zunehmend Raum gegeben wird, die eine Multifunktion für Regeneration bzw. Rekreation, Sozialisation, Unterhaltung, Abschirmung, Stadtklimaverbesserung und/oder Belüftung haben.

Stadtwald: als Erholungsgebiete genutzte stadtnahe oder in den Städten liegende → *Wälder*, die z.T. in den → *Stadtpark* übergehen können. Der S. hat die Funktion eines → *Ökologischen Ausgleichsraumes* bzw. eines Ergänzungsnutzungsraumes. (→ *Erholungswald*).

Stagnation: der Zustand der thermischen Schichtung eines Wasserkörpers in → *Seen* oder in → *Talsperren*. Beim jahreszeitlich gesteuerten Prozeß der → *Seezirkulation* sind in Jahreszeitenklimaten Winter-S. und Sommer-S. eingeschaltet. Bei der Winter-S. trägt der Wasserkörper eine Eisdecke und Wasser mit einer Temperatur zwischen 0°C und 4°C auf einem spezifisch schwereren Wasserkörper mit einer Temperatur über 4°C. Es handelt sich um eine inverse Schichtung. Bei der Sommer-S. liegen von der Luft bzw. der Sonne erwärmte leichtere Wasserschichten auf kalten schwereren, also in „direkter" Schichtung. Die S.-Zustände werden durch die → *Vollzirkulationen* im Frühjahr und Herbst voneinander getrennt.

stagnierende Gewässer: → *stehende Gewässer* ohne merklichen Abfluß.

stagnikol: Organismen, die im → *lenitischen* Bereich leben. Als s. bezeichnete Lebensgemeinschaften setzen sich aus Stillwasserformen zusammen, deren Verbreitungsbereich im strömenden Wasser endet. Gegenüber steht der Begriff → *torrentikol*.

Stagnogley (Molkenboden, Molkenpodsol): Staunässeboden mit langanhaltender, oft permanenter Nässe im gesamten Profil. S. sind extreme → *Staugleye* und durch die andauernde Wirkung des Wassers schon den Grundwasserböden (→ *Gley*) nahestehend. Ihr Aufbau gliedert sich in einen feuchten → *Rohhumushorizont*, einen stark gebleichten und einen marmorierten Staunässehorizont und in einen grauen Reduktionshorizont im tieferen Unterboden. S. entstehen vor allem auf stark lehmigen und tonigen Substraten unter feucht-kühlen Klimabedingungen (Mittelgebirge). Sie sind sauer, nährstoffarm, schlecht durchlüftet, andauernd kühl und demzufolge wenig belebt.

Stamm: 1. eine taxonomische Einheit, d.h. eine Gruppe von Tieren oder Pflanzen, die früher oberhalb der Abteilung eingerichtet war. Nach neueren Nomenklaturregeln ist sie identisch mit der → *Abteilung*. – 2. Hauptachse der Pflanzen, besonders der Holzgewächse, dann als Caulom bezeichnet. – 3. S. von Palmen und Baumfarnen, dann als Caudex bezeichnet. – 4. in der Züchtung durch generative Fortpflanzung erzeugte Nachkommenschaft einer Einzelpflanze, damit auch zu Zuchtstamm zu bezeichnen.

Stammabfluß: 1. der Teil des Niederschlagswassers, der im Kronenraum von Bäumen aufgefangen wird und an Baumstämmen zum Boden hin abfließt. Der S. ist ein untergeordnetes Glied des Standortswasserhaushaltes in Wäldern. Er erreicht mengenmäßig weit weniger Bedeutung als die Interception. – 2. manchmal wird bei Untersuchungen zum → *Mineralstoffkreislauf* unter S. auch die Menge an anorganischen Stoffen (oder Elementen) bezeichnet, die mit dem Stamm abfließenden Wasser zu Boden gelangt.

Stammblütigkeit: → *Kauliflorie*.

Stammesreihe: Entwicklungslinie von Tiergruppen während der Erdgeschichte, belegt durch Befunde der → *Paläontologie* und erarbeitet mit geochronostratigraphischen, morphologischen und biogeographischen Methoden bzw. Merkmalen.

Stammraum: Raum eines Waldbestandes, der unterhalb der Kronen der Bäume liegt. Der S. ist ein eigenständiger Teillebensraum des Waldes, der über ein → *Bestandesklima* und damit über andersartige ökologische Bedingungen als der → *Kronenraum* oder das Freiland verfügt.

(→ *Stammraumklima*).
Stammraumklima: das Klima im bodennahen Raum des Waldbestandes. Das S. ist einstrahlungsarm, windstill, thermisch sehr ausgeglichen, im Temperaturverlauf gegenüber dem Freiland stark verzögert, relativ kühl (insbesondere am und im Boden) und durch höhere Luftfeuchte geprägt.
Stammregion: in Wäldern der Bereich der Baumstämme, der eine spezifische Pflanzen- und Tiergemeinschaft trägt: in Mitteleuropa epiphytische Algen, Moose, Flechten mit einer Mikro- und Mesofauna (vor allem Protozoen, Tardigraden, Nematoden, Milben, Collembolen). Zur → *Makrofauna* zählen manche Spinnen, Weberknechte, Fliegen, Gastropoden. Außerdem ist die S. Durchgangsstation für Tiere, die zwischen Boden und Kronenraum wandern, z.B. Schmetterlingsraupen, → *phytophage* Wanzen, Käfer, Spinnen. (→ *Stammraum*).
Standard (Basis, Typus): 1. generell Festlegungen, Regeln und Normen, die geo- und biowissenschaftliche Arbeitsmethoden und Vorgehensweisen festschreiben. – 2. speziell in der Botanik wird S. auch als „Basis" oder „Typus" bezeichnet und stellt die Regel der Pflanzenbeschreibung dar, nach deren Nomenklaturregeln bei der Neubeschreibung von Pflanzensippen ein S. anzugeben ist, dem der Name verbleibt, falls der Sippenumfang geändert werden muß.
„Stand der Technik": feststehender Begriff im → *Umweltrecht*, besonders im → *Immissionsschutz*, der einen rechtlichen Maßstab für die Begrenzung der → *Emissionen* repräsentiert. So müssen umweltbezogene Maßnahmen dem → *„Stand von Wissenschaft und Technik"* entsprechen, sie dürfen sich aber auch noch an „anerkannten Regeln der Technik", also bewährten, jedoch fortschrittlichen Verfahren und Einrichtungen orientieren. Dabei wird unterstellt, daß Verfahren, Einrichtungen und Betriebsweisen so fortschrittlich entwickelt sind, daß sie konkret einen Beitrag zur Begrenzung der Emissionen leisten. Nach dem „S.d.T." müssen Verfahren oder Einrichtungen in 1:1-Anlagen soweit erprobt und geprüft sein, daß sie unter Produktionsbedingungen der Industrie einwandfrei funktionieren. Im → *Umweltschutz* spielt der „S.d.T." in der Genehmigungspraxis umweltbelastender Anlagen, deren Erstellung und deren Betrieb eine große Rolle. Als Maßstäbe dienen u.a. die → *TA-Luft* und die → *TA-Lärm*. Dem „S.d.T." gegenüber stehen die → *„Regeln der Technik"*, die technischen Anlagen eine Leistung abfordern, die im Rahmen des Durchschnitts der bestehenden Anlagen liegen. Damit sind Maßnahmen und Einrichtungen, die nach den „Regeln der Technik" gebaut wurden oder durchgeführt werden, in einem geringeren Maße umweltfreundlich als jene, die dem „S.d.T." entsprechen. Das → *Vorsorgeprinzip* im Umweltschutz und in der → *Umweltpolitik* kann nur dann durchgesetzt werden, wenn bei Emittenten und ihren Umweltbelastungen vom „S.d.T." ausgegangen wird.

standing crop (engl. für „stehende Ernte"): → *Biomasse* einer Population, einer Funktionsgruppe (z.B. Primärproduzenten), eines Ökosystemteils (z.B. Holzgewächse) oder des gesamten Ökosystems zu einem bestimmten Zeitpunkt. In einem engeren Sinne versteht man darunter manchmal nur den wirklich „aberntbaren" Anteil der Biomasse (→ *Ernte*).
Standing stock („stehender Bestand"): → *standing crop;* der Begriff wird vor allem für Tierpopulationen angewandt.
Standort: 1. in der allgemeinen Bedeutung der räumlich begrenzte Bereich des Vorkommens eines geo- oder biowissenschaftlichen Phänomens, das in der Regel von eben diesem S. und seinem „Angebot" bedingt oder abhängig ist bzw. Beziehungen zum S. aufbaut. – 2. in der → *Geoökologie* und → *Bioökologie* die Gesamtheit der → *Ökofaktoren*, die den S. prägen. In dieser Bedeutung werden von den Geo- und Biowissenschaften drei Differenzierungen vorgenommen: 2.1 S. als Teil der → *Biogeosphäre*, der sich durch geographisch homogene ökologische Verhältnisse auszeichnet, die sich umgrenzen lassen, und der über eine bestimmte geographische Lage verfügt. – 2.2. S. als engere Lebensumwelt eines Organismus oder einer kleinen Gruppe von Organismen (z.B. Pflanzengesellschaft, Tiergemeinschaft, Baumbestand), die auch für ihn bzw. sie typische geoökologische Merkmale ausweist. – 2.3 ökologische Raumqualität im umfassenden Sinne des → *Landschaftsökologischen Standorts* mit einem Angebot an → *abiotischen* und → *biotischen Faktoren*, die in einem → *Ökosystem* bzw. → *Landschaftsökosystem* zusammenwirken. – 3. Vorkommen bzw. Fundort eines geo- oder biowissenschaftlichen Einzelobjekts. – 4. in der → *Humangeographie* die vom Menschen für bestimmten Nutzungen gewählte Raumstelle bzw. der Platz, an denen verschiedene soziale, wirtschaftliche und/oder politische Gruppen im Raum interagieren. – 5. in der Wirtschaftsgeographie der Ort, an welchem ein Wirtschaftsbetrieb aktiv tätig ist. – 6. in der → *Forstökologie* und im → *Waldbau* umfaßt der S. das Wirkungsgefüge all jener Ökofaktoren, welches für das Wachstum der Waldbäume bedeutsam ist, und wie sie durch Lage im Gebiet, Klima und Boden vorgegeben sind. Dies schließt den Wettbewerbsbedingungen der Bäume untereinander aus. Zu den Umweltbedingungen, die den forstlichen S. ausmachen, werden nur jene gerechnet, die in forstlich oder waldbaulich überschaubaren Zeiträumen konstant bleiben oder sich regelmäßig wiederholen.
Standortansprüche: werden durch eine Tier- oder Pflanzenart an den → *Standort* hinsichtlich der einzelnen wachstums- und existenzbeeinflussenden → *Standortfaktoren* oder ihre Komplexe gestellt. Danach gibt es standortvage

Arten (→ *euryök*), also ohne besondere Ansprüche an den Standort, und standortspezialisierte Arten (→ *stenök*), die spezielle, engbegrenzte Standortansprüche haben oder auf einen bestimmten Standortfaktor abgestellt sind. (→ *ökologische Amplitude*).

Standortbilanz: die Bilanzierung von landschaftsökologisch und planerisch relevanten Größen im → *Geoökosystem* bzw. → *Landschaftsökosystem* nach dem Modell des → *Prozeß-Korrelations-Systems*, dargestellt im → *Standortregelkreis*. Die S. werden in verschiedenen ökologisch arbeitenden Disziplinen der Geo- und Biowissenschaft aufgestellt. In der Geoökologie wird die S. zur → *Topologischen Landschaftsbilanz* ausgeweitet. (→ *Bilanz*, → *Bilanzelemente*, → *Bilanzvergleich*).

Standortblatt: die graphische Darstellung eines geoökologischen → *Standorttyps* nach statischen Merkmalen und nach Prozeßkennwerten. Dargestellt ist ein konkreter Standorttyp und nicht eine Datenaggregation von Einzelstandorten zu einem Standorttyp. Die Darstellung erfolgt in „Schichten" – gemäß dem → *Schichtenmodell* – und repräsentiert damit auch das Prinzip des → *Geoökologischen Arbeitsgangs*.

Standorteigenschaften: unscharfe Bezeichnung für Eigenschaften und Merkmale der → *biotischen* und → *abiotischen Faktoren*, welche den → *Standort* prägen, und auf die sich die → *Standortansprüche* der Individuen beziehen.

Standorteinheit: unscharfe Bezeichnung für ein Areal mit einer einheitlichen Standortqualität, die sich aus einheitlich zusammenwirkenden → *Standorteigenschaften* ergibt. (→ *Standortraum*).

Standorterkundung: Sammelbegriff für verschiedene Verfahren der → *Agrarökologie*, → *Forstökologie* und → *Geoökologie* zur Ausscheidung und Darstellung von → *Standorteinheiten*, wobei die Kartierungs- und/oder Meßverfahren in unterschiedlichen Kombinationen eingesetzt werden. Ausgeschieden werden → *Standortformen*, d.h. leistungsbezogene → *naturräumliche Einheiten*, bei deren Ausscheidung die Nutzbarkeit und die potentielle Ertragserwartung im Mittelpunkt stehen.

Standortfaktoren: im → *Ökosystem* als Gesamtheit aller äußeren Lebensraumbedingungen für pflanzliche und tierische Organismen auftretende Bedingungen, die als → *abiotische* und → *biotische Faktoren* bezeichnet werden, die über gewisse → *Standorteigenschaften* verfügen, die sich methodisch – bei der Modellbildung – zwar aus dem Gesamtökosystem herauslösen lassen, die aber im → *Ökosystem* und auf die Individuen gesamthaft wirken. Die S. werden in der → *Geoökologie* auch als → *Geoökofaktoren* bezeichnet. Die methodische Behandlung der S. erfolgt in den einzelnen geo- und biowissenschaftlichen Disziplinen unterschiedlich und zugleich separativ, meist auf das → *Geosystem* oder das → *Biosystem* bezogen.

Standortform: 1. in der → *Bioökologie* Sippen einer bestimmten Umweltbedingungen angepaßten Art, die durch → *Selektion* entstanden und die bei u.U. anderem Aussehen unterschiedliche physiologische und ökologische Ansprüche aufweisen. Sie entsprechen damit den → *Ökotypen*. – 2. Modifikationen, die durch sich verändernde geoökologische Bedingungen bei Organismen entstanden, die aber nur solange anhalten, wie die verändernden Bedingungen auf sie einwirken. Es besteht damit eine gewisse begriffliche Übereinstimmung zur S. im Sinne des Ökotyp. – 3. in Geowissenschaften sowie in der forstlichen Standortkunde der Typ eines → *Standorts*, d.h. der Typ eines → *Geoökosystems* begrenzter räumlicher Ausdehnung.

standortgerechte Nutzung: Begriff der → *Agrarökologie* und der → *Forstökologie*, die auf naturwissenschaftlicher Grundlage eine Auswahl der Baumarten bzw. Feldfrüchte im Hinblick auf die → *Standorteigenschaften* treffen. Ziel der s. N. ist die Schonung des → *Naturraumpotentials* bzw. die Erhaltung des *Leistungsvermögens des Landschaftshaushaltes*, verbunden jedoch mit einem diesem Ziel zugeordneten optimalen wirtschaftlichen Ertrag.

Standortkatalog: in der → *Landschaftsökologie* bzw. → *Geoökologie* die Zusammenstellung der → *Standortblätter* zum Vergleich der → *Landschaftsökologischen Standorte* untereinander mit den Zielen: a) zusammenfassende Beschreibung der → *Standorttypen* des Arbeitsgebiets mit der Darstellung der für die untersuchten Landschaften typischen Boden-, Bodenwasser-, Mikroklima- und Vegetationsverhältnisse. – b) einheitliche Darstellung von landschaftsökologisch wichtigen Standortmerkmalen nach den Normen der Geo- und Biowissenschaften, um weitergehende Nutzungen des S. – außerhalb der geoökologisch-landschaftsökologischen Untersuchung – zu ermöglichen. – c) Vergleichsmöglichkeit der Prozeßkennwerte der → *Komplexen Standortanalyse* an Repräsentativstandorten. – d) Vergleichsmöglichkeit für die Standorttypen von Boden, Vegetation, → *Bodenfeuchteregimen* und → *Mikroklima*. – Damit verfügt der S. über eine Multifunktion, die über den Einsatz im Rahmen des → *Geoökologischen Arbeitsgangs* hinausgeht. Der S. ist damit die zentrale Datensammlung der geoökologisch-landschaftsökologischen Untersuchung und verfügt über zahlreiche Anwendungsmöglichkeiten sowohl innerhalb der Landschaftsökologie als auch in Nachbarwissenschaften und sonstigen Anwenderbereichen.

Standortklima: stark durch mikroklimatische Bedingungen (→ *Mikroklima*) geprägtes Klima eines → *Standortes* (→ *Landschaftsökologischer Standort*), welches für die Pflanzen be-

sondere Wachstumsbedingungen schafft. (→ *Geländeklima*).
Standortkonstanz: synökologischer Begriff für die Relativität der Biotopanbindung, formuliert in der Regel von der → *Relativen S.*
Standortlehre: die verschiedenen Verfahren der → *Standorterkundung* zusammenfassende Darstellung. Sie wird, je nach disziplinären Aspekten der → *Agrar-*, → *Forst-* und → *Geoökologie* im Hinblick auf die jeweils interessierenden Aspekte am → *Standort* betrieben.
Standortmerkmale: etwas unscharfe Sammelbezeichnung für jene Merkmale von Lage, Klima, Boden, Relief und Vegetation, die durch Beobachtung erschlossen werden, ohne daß damit konkrete Angaben über das Prozeßgeschehen im jeweiligen → *Landschaftsökosystem* gemacht wurden.
Standortmodifikation: unscharfe Bezeichnung der Forstökologie und Geobotanik für phänotypische Ausformung von Pflanzen, die auf extrem ausgebildete → *Standortfaktoren* zurückgehen, z.B. Säbelwuchs bzw. Stammknie bei Bäumen als Reaktion auf Hang- und/oder Bodenbewegungen. Der Begriff S. entspricht damit z.T. der → *Standortform*.
Standortmuster: Art und Weise der Verteilung von → *Standorten* im Raum. Das S. kann regelhafte Züge aufweisen, insbesondere in bezug auf die Standorte einer bestimmten → *Grunddaseinsfunktion*.
Standortnische: Raumausschnitt, der von Tieren als Zufluchtsort und/oder Lebensstätte genutzt wird. Dieser zooökologische Begriff differenziert demnach den Begriff → *Nische* bzw. → *ökologische Nische*. In der Pflanzenökologie ist die S. ebenfalls die Lebensstätte einer Pflanzenart.
Standortpotential: das → *Naturpotential* eines → *Standortes*, das für Pflanzen oder Tiere oder die agrar- oder forstwirtschaftliche Nutzung durch den Menschen bereitsteht. Das S. stellt sich demnach – je nach Nutzer – in Inhalt und räumlicher Verbreitung anders dar. Die Begriffsfüllung wird letztlich von der disziplinären Betrachtungsperspektive bestimmt.
Standortproduktivität: die → *Produktivität*, also die Ertragsfähigkeit eines → *Landschaftsökologischen Standorts* bzw. → *Standorts* in Abhängigkeit von der Gesamtheit der ökologischen Bedingungen und somit Ausdruck des → *Leistungsvermögens des Landschaftshaushaltes*. (→ *Biotisches Ertragspotential*).
Standorttrasse: auf einen → *Standort* eingestellte → *Standortform* im Sinne des → *Ökotyp*, die sich über sehr lange Zeiträume hin als → *Rasse* herausgebildet hat. Sie gilt als Produkt der → *Selektion*. Der Begriff S. entspricht damit z.T. dem Ökotyp.
Standortraum: 1. Areal eines → *Standortes* mit gleichen Standortbedingungen. – 2. potentielle → *Biochore* einer bestimmten → *Schlußgesellschaft* der Pflanzen. – 3. unscharfe Bezeichnung für eine in Umfang und Inhalt nicht näher beschriebene → *naturräumliche Einheit*.
Standortregelkreis: graphische Repräsentation des → *Prozeß-Korrelations-Systemmodells* und somit Arbeitsinstrument der → *Landschaftsökologie* und → *Geoökologie* zur Datengewinnung an der → *Tessera* und damit am → *Landschaftsökologischen Standort*, aber im Hinblick auf eine Aussage in der → *topischen Dimension*. Die meßmethodische Ausführung des S. im Gelände führt zum Ergebnis der → *Standortbilanz*.
Standortseinheit: → *Standorttyp*.
Standorttyp: 1. allgemein → *Standorte* mit gleicher ökologischer Qualität, die in Mehrzahl auftreten. – 2. in der → *Landschaftsökologie* eine Anzahl → *Standorträume*, die vom → *Landschaftsökologischen Standort* repräsentiert werden. – 3. in der → *Forstökologie* entspricht der S. der Standortseinheit und repräsentiert damit eine räumliche forstökologische Grundeinheit, welche jene Standorte zusammenfaßt, die sich in ihren ökologischen Merkmalen funktional und nach der Ausstattung so ähnlich sind, daß sie gleiche waldbauliche Möglichkeiten bieten und somit zu einer gleichmäßigen → *Standortproduktivität* führen, also damit über annähernd gleiche Ertragsfähigkeit verfügen.
Standortzeiger: unscharfer Begriff für → *Bioindikatoren*, also Tiere und Pflanzen, die auf ein oder mehrere → *Standorteigenschaften* deutlich ansprechen. Am bekanntesten sind davon die → *Zeigerpflanzen*.
Standraum: Bodenfläche, die jedem Pflanzenindividuum zur Verfügung steht. Aus ihm können sich Konkurrenzsituationen ergeben. Der S. spielt sowohl in der Geoökologie als auch im Pflanzenbau eine Rolle.
Standvogel: Vogel, der relativ stark an einen Ort gebunden ist.
Stand von Wissenschaft und Technik: angeordnet zwischen „*Regeln der Technik*" und → „*Stand der Technik*", wobei Verfahren, Einrichtungen und Betriebsweisen in Versuchs- und Pilotanlagen getestet werden, ohne daß eine Anwendung im großtechnischen Bereich erfolgt.

Starklichtpflanzen: → *Sonnenpflanzen*.
Starkregen: ein Niederschlag hoher Intensität pro Zeiteinheit. Bei kurzzeitigen Regen gilt als S.-Grenze eine Mindestmenge von 1 mm/min. Allgemein spricht man von S., wenn die Niederschlagsmenge $h = 5t - (t:24)^2$ mm erreicht (t = Anzahl Minuten). S. führen bei unbewachsenem Boden zu → *Bodenerosion* und verursachen Überschwemmungen.
stationäre Altersverteilung: konstanter Anteil der einzelnen → *Altersklassen* in einer Population, die weder wächst noch schrumpft. (→ *stabile Altersverteilung*).
Stau: 1. Wasserspiegelanstieg in stehenden oder fließenden Gewässern durch ein natürliches oder künstliches Hindernis im → *Abfluß*.

Wird ein S. an einer Wasseroberfläche durch Wind erzeugt, handelt es sich um Windstau. – 2. beim Durchsatz von Stoffen durch technische Systeme auftretend. – 3. in Ökosystemen, vor allem im → *Pedosystem*, durch Veränderung der → *Porengrößenbereiche* gehemmter Durchsatz von Nähr- oder Schadstoffen, was einer vorübergehenden Speicherung (→ *Speicher*) gleichkommt.

Stauanlagen: sie erlauben ober- und unterirdische Speicherung von Wasser und erfüllen meist eine Multifunktion wie → *Bewässerung*, → *Hochwasserschutz*, Gewinnung von → *Trinkwasser* oder Wasserstandsregulierung bei schiffbaren Fließgewässern. Zu den S. gehören → *Talsperren*, Schleusen, → *Deiche*, Wehre und Grundschwellen (unterirdische Stauwände). Von S. gehen vielfältige ökologische Wirkungen aus, in erster Linie auf den Wasserhaushalt der Landschaft, aber auch auf die Vegetation und die Bodennutzung. Durch → *Flußausbau* bzw. → *Flußbegradigung*, die im Zuge des Errichtens von S. meist mitvorgenommen werden, wird vor allem der → *Grundwasserstand* verändert – sowohl positiv als auch negativ. Damit ändern sich auch die → *Bodenfeuchteregime* und damit der Gesamtzustand des → *Landschaftsökosystems*.

Staub: als Primär-S. die festen Schwebestoffe aller Art in der Luft, die sich bei Luftruhe allmählich als → *Staubniederschlag* absetzen (→ *Deposition*). – 1. S. entsteht natürlich infolge Ausblasungen von natürlichen Materialien durch Wind und künstlich durch emittierende Industrie, Kraftwerke, Verkehr, Bergbau und diverse Kleinemittenten (→ *Metallhaltige Stäube*). Nach der Art der Sedimentation wird der sehr langsam sedimentierende → *Schwebstaub* (Feinststaub) von sich rascher ablagernden Sedimentationsstaub (Fein- und Grob-S.) unterschieden. Die Komponenten des Sedimentations-S. verschmutzen vor allem Oberflächen, der Feinst-S. wirkt, weil er über die Atemwege in die Lungen gelangt, gesundheitsschädlich. Die Komponenten des Feinst-S. lagern → *Umweltgifte* an, z.B. → *Schwermetalle*, so daß von ihnen auch toxische Wirkungen ausgehen können. Im Zusammenhang mit entsprechenden Wetterlagen bewirkt vor allem Feinst-S. die Bildung von → *Smog*. – 2. im Boden der Kornfraktion von 0.06-0.01 mm Durchmesser, welche Bestandteil des → *Schluffes* ist. Die S.-Fraktion ist in äolischen Sedimenten (→ *Löß*) mit einem Korngrößenmaximum vertreten.

Staubewässerung: die → *Bewässerung* landwirtschaftlicher Kulturen durch → *Stau* oberirdischer Gewässer.

Staubniederschlag: jene → *Immission*, die technisch und naturwissenschaftlich als → *Staub* bezeichnet wird und die gravitativ aus der Atmosphäre auf natürliche und künstliche Oberflächen fällt. Der S. ist vor allem als Feinststaub (→ *Schwebstaub*) umweltrelevant, weil er → *Umweltgifte* anlagert. Auf diese Weise werden Boden, Gewässerflächen und vegetative Oberflächen bedeckt. Über die Vegetation (direkt oder indirekt wegen des Umweges durch den Boden) gelangen die Schadstoffe in die → *Nahrungsketten*. Der S. ist eine umweltökologische Meßgröße, die neben dem → *Schwebstaub* ermittelt wird.

Staubsturm: trockener, heftiger Wind, der feinstes Bodenmaterial, vor allem die obersten Horizonte mit → *Humus* sowie mineralisches Material der → *Schluff-* und → *Sand*-Korngröße aufwirbelt, mitführt und – oft nach Ferntransporten – irgendwo ablagert.

Staudenwald: Wald, der aus Sträuchern und überwiegend Weichhölzern, wie Birke, Erle, Hasel und Weide, zusammengesetzt ist, deswegen geringe Höhen erreicht und gebüschartig dicht ist. Auch → *Niederwälder* können in jüngeren Entwicklungsstadien S.-Charakter aufweisen.

Staugley (Pseudogley): Bodentyp, der durch einen Wechsel von starker Nässe infolge im Profil gestauten Wassers und relativer Austrocknung geprägt ist. S. entstehen durch gehemmte Sickerung, wobei die Ursache ein verdichteter Stauhorizont im Unterboden (z.B. durch Tonanreicherung bedingt) oder die generell schlechte Durchlässigkeit eines tonig-lehmigen Substrats sein kann. Im Normalfall folgt unter einem humosen A-Horizont der fahl gebleichte, teilweise schlierige Stauwasserbereich (S_w-Horizont), in dem das rückgestaute Wasser frei beweglich ist. Darunter liegt die verdichtete Stausohle (S_d-Horizont), welche intensive Fleckung durch Eisen- und Mangankonkretionen und Schlierung zeigt (Marmorierung). Der Wasserhaushalt der S. ist – je nach Andauer und Tiefgründigkeit der Vernässung – von Standort zu Standort unterschiedlich. Sie sind sauer und meist relativ nährstoffarm. In typischer Form entwickeln sich S. aus → *Parabraunerden* und → *Fahlerden* als Endpunkt einer Bodenentwicklungsreihe.

Stauniederschläge: → *Steigungsregen*, die durch das Aufhalten von Luftmassen an Gebirgen entstehen.

Stauregelung: 1. die Regelung des → *Abflusses* eines → *Oberflächengewässers* durch → *Stauanlagen*. – 2. im engeren Sinne die Regelung des Abflusses eines Fließgewässers durch eine oder mehrere Staustufen.

Stausee: in einer natürlichen oder künstlichen Hohlform gestaute größere Wassermenge eines Fließgewässers. Natürliche Stauseen werden durch Bergstürze oder zwischen Endmoränen und Gletschern („Eisstausee") gebildet. Künstliche S. legt man in Tälern an, deren Quer- und Längsprofil den technischen Aufwand minimieren. Weitere Randbedingungen für S. sind Niederschlagsreichtum im → *Einzugsgebiet* und ein weitgehend wasserstauender → *Oberflächennaher Untergrund*. Wird ein Fluß ge-

staut, sedimentieren am Beginn des S.s die gröberen Sandteile, in weiterem Verlauf der feine Sand, unmittelbar an der Sperre die Schlammstoffe. Die früheren → *Biozönosen* des Flusses sind anderen, an ruhigere Gewässerabschnitte angepaßten Biozönosen gewichen.
Staustufe: in Flüssen oder Kanälen senkrecht zur Fließrichtung errichtete → *Stauanlage*, meist eine Mauer, wodurch es zu einem Höhenunterschied zwischen Ober- und Unterwasser kommt. Mit Hilfe von S. kann die Wassertiefe relativ gleichgehalten werden, so daß – zusammen mit Schiffshebewerken – Schiffahrt möglich wird. In S. sind in der Regel → *Laufwasserkraftwerke* eingebaut, um umweltfreundlich Strom zu erzeugen.
Stauwasser: 1. im Sinne der Staunässe auf einer undurchlässigen oder wenig durchlässigen Sohle in Oberflächennähe (in der Regel oberhalb 1.5 m unter Flur) gestautes Wasser, welches aus dem Standortsniederschlag stammt und periodisch im Sommer verschwindet. Das S. ist ein Sonderfall des im allgemeinen mächtigeren und tiefer gehenden → *Grundwassers*. – 2. Wasser, das infolge von *Stauregelung* durch → *Stauanlagen* im Vergleich zu seinem ursprünglichen („natürlichen") → *Abfluß* anthropogen gestaut im Fließen verzögert wird. Durch geomorphologische Prozesse von → *Naturgefahren* kann auch auf natürliche Weise Wasser gestaut werden, z.B. durch einen Bergrutsch.
Stauwehr: eine → *Stauanlage*, kleiner dimensioniert als die → *Staustufe*, aber mit der gleichen Funktion, nämlich Oberflächenfließgewässer aufzustauen, um die Fließgeschwindigkeit zu vermindern und bei → *Starkregen* oder Schneeschmelzen die Überschwemmungsgefahr zu mindern. Zugleich kann die Seiten- und Tiefenerosion des fließenden Wassers im Flußbett gehemmt oder unterbunden werden.
steady state: → *Fließgleichgewicht*.
Stechsauger: Tiere, die sich vom Blut anderer Arten oder von Pflanzensäften ernähren, die nicht alleine erreichbar sind.
stehende Gewässer: → *Gewässer* mit nicht fließendem Wasser (→ *stagnierende Gewässer*). Gegensatz: → *Fließgewässer*.
Steigungsregen: Niederschläge an Gebirgen, die durch aufsteigende feuchte Luftmassen verursacht werden, deren Wasserdampf durch die adiabatische Abkühlung (→ *Relative Luftfeuchtigkeit*, → *Taupunkt*) kondensiert und ganz oder teilweise ausregnet. (→ *Stauniederschläge*).
Steinkohle: einer der → *fossilen Brennstoffe*, gegenüber der → *Braunkohle* ein weiter fortgeschritteneres Stadium der Inkohlung darstellend, wobei eine geochemische Inkohlung abläuft, bei der hoher Druck infolge Sedimentüberlagerung bzw. durch starken tektonischen Druck hohe Temperaturen entstehen. Gegenüber der Braunkohle liegt die S. tiefer und muß im Tiefbau gewonnen werden. Die S. ist vielfältig verwendbar, dient aber in erster Linie der Stromerzeugung, teilweise auch zum Verfeuern. Durch den Abbau der S. ergeben sich sowohl bei der Verbrennung Umweltfolgen als auch durch den Tiefbau selber, der zu → *Abraum* und → *Halden* und → *Sackungen* des Bodens bzw. der Erdoberfläche führt. Verschmutzungen des Grundwassers durch den → *Abbau* sind ebenfalls möglich.(→ *Kohle*).
Steinkohleneinheit (SKE): Maßeinheit für den Vergleich des Energiegehaltes von Trägern der → *Primärenergie*. Es entspricht 1 kg SKE der Energiemenge, die beim Verbrennen von 1 kg → *Steinkohle* frei wird. 1 kg SKE entspricht dem Steinkohlewärmeäquivalent von 7 000 kcal/kg = 29.3 Megajoule/kg = 8.141 KWh. Außerhalb der mitteleuropäischen Staaten wird häufiger als Maß die → *Roheleinheit* verwandt.
Stellenäquivalenz: Erscheinung, daß zwei oder mehrere Arten, die dem gleichen → *Lebensformentyp* angehören, in → *Isozönosen* räumlich und funktional die entsprechende → *Nische* einnehmen, daß sie sich also in den → *Biozönosen* vertreten.
Stelzwurzeln: vor allem bei der → *Mangrove* auftretende Wurzeln. Sie dienen als Stütze und zur Atmung; sie finden sich aber auch bei einzelnen Bäumen der immerfeuchten tropischen Regenwaldes und zwar bei Arten der unteren Baumschicht.
Stellenplan: die Gesamtheit der ökologischen → *Nischen* in einem → *Ökosystem*.
Stenanthie: hohe → *Blumenstetigkeit*. Gegensatz: → *Euryanthie*.
Stengelbohrer: Insekten, die sich Fraßgänge in Pflanzenstengel bohren, wie es vor allem bei Raupen von Schmetterlingen und bei Käferlarven vorkommt. Bsp.: Maiszünsler.
stenobar: bezeichnet terrestrische und aquatische Organismen, die an einen engeren Bereich des Luft- bzw. Wasserdrucks angepaßt sind. Gegensatz: → *eurybar*.
stenobath: bezeichnet Organismen, die nur in einer bestimmten Tiefenzone des Wassers vorkommen. Gegensatz: → *eurybath*.
stenochor: Organismen mit enger (geographischer) Verbreitung. Gegensatz ist → *eurychor*.
stenochron: bezeichnet Tiere, deren Aktivität auf bestimmte Jahreszeiten beschränkt ist. Gegensatz: → *eurychron*. (→ *diplochron*).
stenohalin: geringe Reaktionsbreite von Organismen gegenüber dem Salzgehalt in aquatischen Ökosystemen. Empfindliche s. mariner Arten sterben schon im → *Brackwasser*. Gegensatz ist → *euryhalin*.
stenohydr: → *stenohygr*.
stenohydrisch: bezeichnet Pflanzen, die in ihrem Gewebe nur geringe Schwankungen des potentiellen osmotischen Druckes ertragen. Gegensatz: → *euryhydrisch*. (→ *osmotisches Spektrum*).
stenohygr (stenohydr): Organismen, die eine kleine ökologische Amplitude gegenüber dem

Wassergehalt bzw. Feuchtigkeitsdifferenzen haben. Gegensatz ist → *euryhygr.*

stenoion: bezeichnet Organismen, die gegenüber Schwankungen der → *Wasserstoffionenkonzentration* ihres Milieus sehr empfindlich sind. Gegensatz: → *euryion.*

stenök (stenözisch): bezeichnet Organismen, die keine große Schwankungsbreite der Umweltfaktoren ertragen, sondern an ganz bestimmte Quantitäten gebunden sind, z.B. bei der Temperatur, der Luftfeuchtigkeit, dem Wasserchemismus usw. Sie kommen dementsprechend nur in denjenigen → *Biotopen* oder Biotopstellen vor, die diese Bedingungen erfüllen. Der Gegensatzbegriff ist → *euryök.*

stenophag: bezeichnet Tiere, deren → *Nahrungsbreite* in engen Grenzen liegt, die also als Nahrungsspezialisten leben. Gegensatz: pfeil euryphag.

stenophot: bezeichnet Organismen, die nur in einem bestimmten Helligkeitsbereich gedeihen. Gegensatz: → *euryphot.*

stenoplastisch: Sammelbegriff, der besagt, daß ein Organismus in einem Ökosystem nur dann leben kann, wenn die Grenzwerte eines oder mehrerer für ihn unabdingbarer Umweltfaktoren nahe beieinander liegen, z.B. kann eine Spezies → *stenohalin,* → *stenophot* usw. sein.

stenopotent (stenovalent): bezeichnet Organismen, die nur in einem engen Bereich eines Faktors leben und aktiv sein können.

stenotherm: bezeichnet Organismen, die nur innerhalb eines engen Temperaturbereichs leben und größere Temperaturdifferenzen daher nicht ertragen können. Gegensatz: → *eurytherm.*

stenotop: Organismen, die nur in besonders ausgestatteten Ökosystemen bzw. → *ökologischen Nischen* vorkommen können. Bezieht sich die Bezeichnung nur auf das Ertragen der Umweltbedingungen durch den Organismus, wird von → *stenök* gesprochen. Gegensatz ist → *eurytop.*

Stenotopismus: das räumlich beschränkte Vorkommen von Tier- oder Pflanzenarten sowie deren Vergesellschaftung auf räumlich eng begrenzte Areale wegen ihrer geringen Anpassungsfähigkeit an die Umweltfaktoren. Gegensatz ist → *Eurytopismus.*

stenoxen: wenig gebräuchliche Bezeichnung für → *Parasiten,* die ein enges Wirtsspektrum haben. Gegensatz: → *euryxen.*

Stenoxibionten: Organismen, die nur geringe Schwankungen im Sauerstoffgehalt des Wassers ertragen. Gegensatz: → *Euryoxibionten.*

stenozon: Organismen, deren Vorkommen auf eine bestimmte Höhenstufe im Gebirge beschränkt ist. Gegensatz: → *euryzon.*

Steppe (Xeropoium): eine weltweit sehr verbreitete, im allgemeinen baumarme bis baumfreie Vegetationsformation, die von den Gräsern bestimmt wird, die zusammen mit Stauden, → *Geophyten* und → *Annuellen* eine Pflanzendecke bilden, die einen jahreszeitlich bedingten Aspektwechsel aufweist. Hauptgräser sind *Festuca, Stipa* und *Andropogon.* Die S. gehören den gemäßigten außertropischen Klimazonen an und sind auf das Jahreszeitenklima eingestellt. Sie finden sich demzufolge auch in den → *Subtropen* als Übergangsbereich zu den → *Wüsten.* Typisch für sie sind sommerliche Trockenzeit und geringe Jahresniederschläge (ca. 400–600 mm). Nach den Niederschlägen richtet sich die Zusammensetzung der Vegetation, ebenso nach den thermischen Verhältnissen, die bei den kontinentalen S. Eurasiens extremer als in den tropischen S. sind, wo die Temperatur nur bedingt als begrenzender ökologischer Faktor auftritt. Vegetationszeit der S. sind die Frühjahrs- und Frühsommermonate, während vom Spätsommer bis zum Herbst Trockenruhe herrscht. Für die kontinentalen S. sind kalte, schneereiche Winter charakteristisch. Autochthone Fließgewässer sind selten. Meist handelt es sich um → *Fremdlingsflüsse,* die aus anderen, feuchteren Klimazonen in die S.-Zone hineinfließen. Die Bezeichnung S. wird überwiegend auf Südosteuropa bis Südsibirien sowie auf entsprechende Vegetationsformationen in Nord- und Südafrika sowie in Australien angewandt. Die nordamerikanischen S. sind die Prairien und in Südamerika die Pampas. Der Lebensraum S. war ursprünglich mit einer reichen Fauna, auch Großtieren, ausgestattet. Heute charakterisiert ihn vor allem eine sehr differenzierte und spezialisierte Bodenfauna, vor allem Gräber und Wühler, die auch an der Weiterentwicklung des typischen S.-Bodens, der → *Schwarzerde,* beteiligt sind. Die Zerstörung von Flora, Fauna und Boden geht auf die weltweite Nutzung der S. für Getreideanbau und Großviehzucht zurück. In den S. ist die → *Bodenerosion* besonders intensiv. – Der Begriff S. wird sehr vielfältig, auch für andere Vegetationsformationen und nutzungsbedingte Landschaftstypen eingesetzt. Lange Zeit wurden die offenen Grasfluren der tropischen → *Savannen* als S. bezeichnet. Auch die → *Tundra* und vergleichbare Vegetationsformationen in → *Höhenstufen* der → *Hochgebirge* wurden als Kälte-S. bezeichnet. S.-Landschaften in Gebirgen oder Hochländern, wie in Vorder- und Zentralasien, bezeichnet man als Gebirgs-S. Stark genutzte Agrarlandschaften, in denen die ursprüngliche Vegetation ausgeräumt wurde, bezeichnet man als → *Kultur-S.*

Steppenböden: Sammelbezeichnung für Böden, die im sommertrockenen Kontinentalklima unter der Vegetation der → *Steppe* entstehen und bei denen der Abbau der organischen Substanz durch kälte- und trockenheitsbedingte Ruhephasen der Mikrobentätigkeit im Boden (aber auch der übrigen Bodenfauna) gehemmt ist. Dadurch kommt es zu tiefgründigen und humusreichen Böden, die eine klimazonale Zuordnung von der angrenzenden gemäßigten Zone mit Laubwald bis zur angrenzenden Wüste mit ständiger Aridität erkennen lassen. Zu den S. gehören z.B. die → *Schwarzerde*, der Kastanozem und die Steppenbleicherde.

Steppenheide: strauch- und baumarme Vegetationsformation eines → *Trockenrasens* auf niederschlagsarmen, oft kalkigen Fels- und/oder Trockenstandorten in Mitteleuropa, die sich durch zahlreiche kontinental-osteuropäische Arten auszeichnet und eine inselartig verbreitete extrazonale Vegetation Mitteleuropas darstellt, die auch zahlreiche xerotherme Arten der Mediterranis enthält. Ihr Vorkommen wird mit der Steppenheidetheorie erklärt.

Steppenheidewald: vermutlich Sukzessionsstadium der → *Steppenheide*, aus der sie sich über Gebüschstadien zu wärmeliebenden Eichenmischwäldern entwickelte. Zu ihnen gehören submediterrane Flaumeichenwälder und wärmeliebende kontinentale Eichenmischwälder, die sich aus kurzstämmigen, z.T. verkrüppelten Bäumen geringer Höhe zusammensetzen. Wegen der Lichte der S. ist eine üppige Strauch- und Staudenschicht möglich. Da die Beleuchtungswirkung bis auf den Erdboden reicht, findet sich eine reiche Kraut- und → *Trockenrasen*bodenschicht. Die S. kommen in Mitteleuropa als → *Relikte* vor, die mit der Steppenheidetheorie erklärt werden. Ansonsten sind sie geschlossen am Nordrand des Mittelmeergebietes verbreitet, wo sie den charakteristischen Waldbestand der unteren montanen Stufe der Gebirge bilden. Während die mediterranen Vorkommen als zonal zu bezeichnen sind, sind die mitteleuropäischen S. extrazonal. Sie finden sich, wie die Steppenheide selber, auf nährstoffreichen, wenngleich flachgründigen Böden an trockenen und/oder mikroklimatisch begünstigten Standorten.

Steppenklima: kontinentales, durch Hochdrucklagen geprägtes trockenes Klima mit warmen bis heißen Sommern und kalten Wintern. Die Jahresniederschlagsmenge von 300–450 mm fällt vor allem im Frühjahr und Herbst. Die Sommer sind trocken und haben einen sehr hohen Verdunstungsüberschuß. Dürrejahre treten mitunter auf. Typisch für die S. sind auch die sommerlichen → *Staubstürme*. Im Winter liegt eine meist geringmächtige Schneedecke, welche 50–150 Tage anhält.

Steppenroller (Steppenläufer): steife, mehr oder weniger kugelförmige Pflanzen, die sich an der Basis lösen und vom Wind zur Verbreitung der Samen über den Boden gerollt werden. S. sind z.B. *Salsola kali* (Chenopodiaceae) und *Eryngium campestre* (Apiaceae).

Sterbegemeinschaft: → *Thanortozönose*.
Sterberate: → *Mortalitätsrate*.
Sterbetafel: → *Lebenstafel*.
Sterbeziffer: → *Mortalität*.
Sterblichkeit: → *Mortalität*.
Sterblichkeitsrate: → *Mortalitätsrate*.
Sterblichkeitsziffer: → *Mortalität*.

Stetigkeit: pflanzensoziologischer und synökologischer Begriff. (→ *Präsenz*).
Steuerstrecke: → *Regelstrecke*.
Steuerung: → *Regelung*.
StfV: → *Störfallverordnung*.
Stickoxidabscheidung: technischer Vorgang, bei dem in einer → *Rauchgasentstickungsanlage* aus dem → *Rauchgases* die → *Stickoxide* entfernt werden.

Stickoxide (NO_x): Sammelbezeichnung für Stickstoffmonoxid (NO) und Stickstoffdioxid (NO_2), die zu den → *Nitrosen Gasen* gehören, die überwiegend bei Verbrennungsvorgängen entstehen und eine sauerstoff-Luftstickstoff-Verbindung darstellen. Mit steigender Verbrennungstemperatur wird die S.-bildung erhöht. Hauptquelle der S. ist der Kraftfahrzeugverkehr (ca. 60%), dann folgen mit ca. 30% Kraftwerke auf Verbrennungsbasis. Zusammen mit Sonnenlicht bilden die S. → *Photooxidantien*. (→ *Ozon*, → *Saurer Nebel*, → *Saurer Regen*).

Stickstoff (N_2): Hauptbestandteil im Gasgemisch der → *Luft* mit einem Anteil von 78 Vol.-% und wichtiges → *Hauptnährelement* aller Organismen (Baustein der Eiweißgruppe). S. kommt in mineralischer Form als N_2, NH_3 (Ammoniak), NH_4 (Ammonium), NO_2 (→ *Nitrit*) und NO_3 (→ *Nitrat*) vor. Er ist ein zentrales Element im Stoffhaushalt der → *Ökosysteme* (→ *Stickstoffkreislauf*) und wurde, da er in Mineralen relativ selten auftritt, auf der Erdoberfläche und im Wasser fast ausschließlich biotisch angereichert. Wegen seiner großen Bedeutung für das Pflanzenwachstum ist der S. ein wichtiger Dünger. Durch Luftstickstoffbindung (vor allem durch Knöllchenbakterien in Wurzeln von Leguminosen) wird er auf natürlichem Wege im Humus angereichert. Die S.-Verfügbarkeit in verschiedenen → *Humusformen* ist in Abhängigkeit von den Standortbedingungen sehr unterschiedlich.

Stickstoffauswaschung: die Auswaschung von → *Stickstoff* bzw. Stickstoffverbindungen, die aus den Bodenmineralien und organischen Stickstoffdüngern stammen, und vom niederschlagsbedingten → *Sickerwasser* aus dem Oberboden in die unteren Schichten des → *Oberflächennahen Untergrundes* weggeführt werden, um schließlich ins → *Grundwasser* zu gelangen. In erster Linie ist die S. als Auswaschung der → *Nitrate* wirksam und trägt dadurch zur Nitratanreicherung im Grundwasser bei.

Stickstoffbindung (Stickstoffixierung): Aufnahme und Assimilation von molekularem Luftstickstoff (N_2) in organische Verbindungen. St. kommt nur bei → *Prokaryonten* vor, und zwar einerseits bei den echten Bakterien (z.B. *Knöllchenbakterien*), andererseits bei den Blaualgen (z.B. *Nostoc, Anabaena*). → *Stickstoffkreislauf*.

Stickstoffhaushalt: 1. → *Stickstoffkreislauf*. – 2. Der globale biogeochemische Kreislauf des

Stickstoffs wird von dem großen Stickstoffreservoir der Luft bestimmt. Die wichtigste Verbindung zum Reservoir bilden N-fixierende Mikroorganismen.

Stickstoffkreislauf: die stetige Wanderung und Umlagerung des Bioelementes → *Stickstoff* im System Atmosphäre-Biomasse-Boden. Der S.-K. besteht im wesentlichen aus drei „Speichern", nämlich dem unerschöpflichen Reservoir des Luftstickstoffs (N_2 = 78 Vol.-% der Luft), dem in den Lebewesen fixierten Stickstoff und dem Stickstoff der toten Biomasse und der Humussubstanzen auf und im Boden, zwischen denen durch chemische Umsetzungsvorgänge ein stetiger Stickstofftransport bzw. Austausch stattfindet. Die wichtigsten Glieder sind dabei: Oxidation von Luftstickstoff durch elektrochemische Prozesse (z.B. Blitz), Bindung von Luftstickstoff im Boden durch Mikroorganismen, Aufnahme von Stickstoff durch die Pflanzen (und Tiere), Mineralisierung und Nitrifikation von Stickstoff aus der toten Biomasse durch Mikroorganismen, Auswaschung von Stickstoff mit dem Sickerwasser und Freiwerden von gasförmigem Stickstoff (NO_x, NH_3) durch Verbrennung. (→ *Stickoxide*).

Stickstoffzeiger: Pflanzen, die nur auf stickstoffreichen Böden wachsen (→ *nitrophil*) und dadurch hohen Gehalt des an Mineralstickstoff (als NH_4^+ und NO_3^-) anzeigen. Beispiele: *Urtica dioica, Sambucus nigra*. → *Indikator-Organismen*.

Stigmatonom (Platzmine): eine → *Pflanzenmine*.

stochastisch: zufallsabhängig, den Gesetzen der Wahrscheinlichkeit folgend. Die ökologischen Systeme (→ *Ökosystem*, → *Landschaftsökosystem*) verhalten sich, weil sie von einer Vielzahl s. Prozesse beherrscht werden, als → *stochastische Systeme*.

stochastisches System: ein → *System*, bei dem die Kopplung der → *Kompartimente* oder Teilsysteme mindestens teilweise den Charakter stochastischer Funktionen hat. Für sie ist kennzeichnend, daß die Beziehungen zwischen Inputvektor und Outputvektor Zufallscharakter aufweisen. Letztlich ist jedes System → *stochastisch* und kann nur teilweise als determiniert betrachtet werden, d.h. die einzelnen Systemzustände folgen nicht eindeutig aufeinander. Besonders die in den Geo- und Biowissenschaften betrachteten Systeme sind indeterminiert. Daraus ergeben sich für die quantitative Beschreibung methodische Schwierigkeiten. Umfang, Funktionsweisen und Entwicklung der Systemgesamtheit sind nur schwer zu beschreiben.

Stockausschlag: nach dem Einschlag der Bäume aus dem verbleibenden „Stockholz", also dem Wurzelstock, erfolgender Austrieb. Damit kann man bei bestimmten Baumarten den Bestand verjüngen, z.B. bei Eiche, Eucalyptus und Teak.

Stockrodung: die Entfernung der Baumstöcke, d.h. des Wurzelholzes gefällter Bäume. Die S. wird vorgenommen, um den Boden flächenhaft bearbeiten zu können. Im Bereich von Hanglagen besteht jedoch die Gefahr der Erosion.

Stockwerkbau: beschreibender Begriff der Geo- und Biowissenschaften für schichtig angeordnete Phänomene. – 1. in den Biowissenschaften die → *Schichtung* der Vegetation, z.B. eines Waldes. – 2. in den Geowissenschaften die Anordnung raumfunktionaler Phänomene in der Vertikalen, d.h. differenziert nach dem → *Hypsometrischen Formenwandel*, wie → *Höhenstufen* der Vegetation, des Klimas oder höhenstufengebundener wirtschaftlicher Nutzungsformen. – 3. in einzelnen Geowissenschaften der schichtenartige Aufbau eines Phänomens, z.B. in der Geomorphologie die Gliederung einer Landschaft in verschieden hochliegende Terrassen und Verebnungsflächen, in der Geohydrologie verschieden tiefliegende Grundwasserstockwerke, in der Speläologie verschiedener Höhenniveaus mit ihnen zugeordneten Höhlengewässern. – 4. bis zu einem gewissen Grade reräsentieren das → *Schichtmodell* und die → *Schichtung*, die in der → *Landschaftsökologie* und → *Geoökologie* eine Rolle spielen, ebenfalls einen S.

Stockwerkkultur: intensive Form der Bodennutzung, bei der verschiedene Kulturarten unterschiedlicher Wuchshöhen in Reihen nebeneinander angebaut werden. Die vor allem im Mittelmeerraum zu findende S. (Cultura mista) wird zusätzlich bewässert und weist in der Regel drei Stockwerke auf (Gemüse/Sträucher, Getreide oder Wein/Fruchtbäume). (→ *Mischkultur*).

Stoffaustausch: in → *Ökosystemen* erfolgender Austausch und zwar sowohl in deren natürlicher Form, als auch in anthropogener. Sowohl der natürliche S., als auch jener, der auf die Begegnung von Natur, Technik und Gesellschaft zurückgeht, ist Gegenstand der Geo- und Biowissenschaften, der → *Landschaftsökologie*, → *Geoökologie* und → *Umweltforschung*.

Stoffbilanz: in der → *Landschaftsökologie*, → *Geoökologie*, → *Ökotoxikologie*, → *Bioökologie*, sowie in anderen Bereichen der → *Umweltforschung* übliche Methodik, mit Hilfe derer die bei dem im → *Ökosystem* ablaufenden → *ökologischen Prozessen* umgesetzten → *Nährstoffe* und → *Schadstoffe* mengenmäßig charakterisiert werden. Auf Grund von S. sind raumzeitliche Vergleiche von Einzugsgebieten, Ökosystemen oder sonstigen Standorten möglich. Die Stoffbilanzen werden sowohl in der → *topischen Dimension* als auch → *global* durchgeführt. Letztlich können sie auch für die Minimalumwelt eines Lebewesens oder ein Lebewesen allein aufgestellt werden. Struktur und Ziele von S. sind vom jeweiligen Fachinteresse und den Anwenderbedürfnissen des Ergebnisses bestimmt.

Stoff-Fluß: die Aufnahme, Speicherung und

Weitergabe von Stoffen (organische Substanz, chemische Verbindungen wie z. B. Wasser, Elemente) durch Organismen in der Nahrungskette. In einem (autochthonen) Ökosystem spricht man allerdings meist von einem → *Stoffkreislauf*, denn in einem Ökosystem ist der Energiefluß zwar stets einseitig gerichtet, die Stoffe aber werden nach dem Absterben der Biomasse durch Mineralisierung rückgeführt (rezyklisiert). Allerdings kann man von einem wirklichen S.-F. etwa in Fließgewässern reden, wo bilanzmäßig ein einseitig-abwärts gerichteter Stofftransport auftritt. In diesem Falle spricht man auch von Fracht. Die Kombination dieser abwärts gerichteten Fracht mit dem Auf- und Abbau der Stoffe im Fließgewässer wird im engl. auch als „spiralling" bezeichnet. → *Stoffhaushalt*, → *Stoffkreislauf*, → *Energiefluß*.

stofffressend: → *hylophag*.

Stoffhaushalt: Haushalt eines → *Ökosystems* bzw. → *Landschaftsökosystems*, der vom → *Stoffaustausch* bestimmt wird. Dabei vollzieht sich ein → *Stoffkreislauf*, bei dem gewisse → *Stoffumsätze* erzielt werden, die man als → *Stoffbilanz* darstellen kann. Bei den Stoffen handelt es sich um organische und anorganische Substanzen, die für die Funktion der verschiedenen Systeme sehr unterschiedliche Bedeutungen haben (können). → *Geoökologie*, → *Bioökologie*, Pedoökologie oder andere Umweltwissenschaften untersuchen den S. aus disziplinärem Blickwinkel, so daß meist nur Teilbilanzen für den S. des Gesamtökosystems aufgestellt werden. In den verschiedenen → *Ökologien* wird der S. teils energetisch, teils stofflich betrachtet. – 1. in der Bioökologie ist der S. der Organismen eng mit ihrer → *Energiebilanz* verknüpft. Die aufgenommenen, assimilierten, metabolisierten und abgegebenen Stoffe lassen sich z. B. als → *Biomasse* (Trockensubstanz), als Menge an Kohlenstoff (→ *Kohlenstoffhaushalt*) oder als Menge an Stickstoff (→ *Stickstoffhaushalt*), aber auch in Form von Energieäquivalenzen beschreiben und darstellen. – 2. ebenfalls in der Bioökologie wird der S. von → *Bioökosystemen* als → *Kohlenstoffkreislauf* oder als → *Stoffkreislauf* anderer Elemente dargestellt. Er hängt dann stark von der → *Primärproduktion* ab. (→ *Produktionsbiologie*) – 3. in der → *Landschaftsökologie* bzw. → *Geoökologie* wird der S. vor allem als → *Stoffkreislauf* der → *Nährstoffe* als → *Nährstoffhaushalt* untersucht und dargestellt, weil die terrigenen Bestandteile des Systems im Vordergrund des Fachinteresses stehen. Bei deren anthropozentrischer Fragestellung werden auch die → *Schadstoffe* in den → *Landschaftsökosystemen* untersucht.

Stoffkreislauf: allgemein die Kreislaufprozesse in → *Ökosystemen*, die den Auf- und Abbau von Substanzen einschließen, die den → *Stoffhaushalt* ausmachen und in → *Stoffbilanzen* dargestellt werden. Der Motor des S. ist die → *Sonnenstrahlung*, die im S. in Form eines Energiedurchflusses in Erscheinung tritt. In den S. sind alle Sphären – → *Biosphäre*, → *Atmosphäre*, → *Pedosphäre*, → *Hydrosphäre* und → *Lithosphäre* – einbezogen. Der S. kann – je nach Betrachtungsperspektive der beteiligten Elemente – sich überwiegend in der Atmosphäre (→ *Stickstoffkreislauf*, Kreislauf des → *Kohlendioxids*), teilweise aber auch eher im Boden (→ *Nährstoffkreislauf*) abspielen. Durch die anthropogene Veränderung der → *Ökosysteme* werden zunehmend auch → *Schadstoffe* in den S. einbezogen, die damit Untersuchungsgegenstand von Geo- und Biowissenschaften sind. Der Begriff S. wird jedoch in Biologie, Bodenkunde und Pflanzenbau überwiegend auf einzelne → *Nährstoffe* bezogen, z. B. Stickstoff, Phosphor oder Kalium.

Stoffumsatz: beim → *Stoffkreislauf* innerhalb einer Zeiteinheit umgesetzte Stoffmenge, dargestellt in → *Stoffbilanzen*.

Stoffverordnung (StoV, Verordnung über umweltgefährdende Stoffe): schweizerische Verordnung, die sich auf das schweizerische → *Umweltschutzgesetz* und das schweizerische → *Gewässerschutzgesetz* stützt. Die StoV bezweckt, Menschen, Tieren und Pflanzen ihre Lebensgemeinschaft und Lebensräume sowie den Boden vor schädlichen oder lästigen Einwirkungen durch den Umgang mit umweltgefährdenden Stoffen zu schützen, und die Belastung der Umwelt mit umweltgefährdenden Stoffen vorsorglich zu begrenzen. Die Wirkungen → *radioaktiver Substanzen* (→ *Ionisierende Strahlung*) sind ausgeschlossen. Die StoV definiert die Begriffe, Erzeugnisse, Gegenstände und Folgeprodukte und verlangt eine allgemeine Sorgfaltspflicht, die sich auch auf entstehende → *Abfälle* erstreckt.

Stoffwechsel (Metabolismus): die Gesamtheit der biochemischen Vorgänge in einem Organismus. Er setzt sich aus dem Anabolismus oder aufbauenden und dem Katabolismus oder abbauenden Stoffwechsel zusammen (allerdings überschneiden sich die entsprechenden Stoffwechselwege). Den „Stoffwechsel der Ökosysteme" bezeichnet man als → *Stoffhaushalt* oder → *Stoffkreislauf*.

Stoffwechselprodukte: auf den verschiedenen Stufen des → *Stoffwechsels* entstehende Produkte. Sie werden auch als → *Metabolite* bezeichnet. Diese sind sowohl Bestandteil des Stoffkreislaufs der Organismen, als auch des übergeordneten → *Stoffkreislaufs* im → *Ökosystem*.

Stoffwechseltypen: Formen des Stoffwechsels von Organismen. Man unterscheidet nach der im Stoffwechsel verwendeten Energiequelle phototrophe und chemotrophe, nach dem dabei genutzten Wasserstoffdonator lithotrophe und organotrophe, nach der Kohlenstoffquelle für den Aufbau von Zellsubstanz autotrophe und heterotrophe Organismen. Diese Begriffe können kombiniert werden : z.B. sind grüne Pflanzen photolithotroph und autotroph, Tiere chemoorganotroph und heterotroph.

Störfaktoren (Streßfaktoren): Faktoren, die eine → *Belastung* für eine Population oder ein Ökosystem darstellen, wie z.B. → *Feuer,* → *Mahd,* → *Beweidung,* → *Tritt.*

Störfall: im → *Umweltrecht* (Immissionsschutzrecht) bzw. → *Umweltschutz* festgelegter Begriff für einen Ereignisablauf, bei dessen Eintreten der Betrieb der Anlage oder die auszuführende Tätigkeit aus sicherheitstechnischen Gründen nicht mehr fortgeführt werden können, weil → *Emissionen* (Stoffe, Geräusche, Strahlung) freigesetzt werden, so daß eine „Gemeingefahr" für die Gesundheit des Menschen oder auch für Sachen hohen Wertes besteht. In Deutschland definiert die → *Störfallverordnung* den S. relativ restriktiv. Ein S. liegt vor, wenn die technische Anlage zu denen gehört, die in der Störfallverordnung genannt sind, der Betriebsablauf nicht bestimmungsgemäß verläuft, Stoffe freigesetzt werden, welche die Störfallverordnung nennt; und/oder eine Gemeingefahr besteht.

Störfallkommission: in Deutschland eine vom Bundesminister des Innern mit Interessensvertretern aus verschiedenen Bereichen besetzte Kommission, welche die Sicherheit und Sicherheitsprobleme jener Anlagen diskutiert, die unter die → *Störfallverordnung* fallen. Die S. hat vor allem methodische Aufgaben, d.h. Standards, Methoden und Instrumentarien zu entwickeln, um → *Störfälle* zu erkennen und zu bewerten, ebenso die von diesen verursachten Gemeingefahren.

Störfallverordnung: 1. (12.BImSchV, Zwölfte Verordnung zur Durchführung des Bundes-Immissionsschutzgesetzes): im Sinne des deutschen → *Bundes-Immissionsschutzgesetzes* gelten für genehmigungsbedürftige Anlagen, die über ein hohes Gefahrenpotential verfügen. Dafür ist der → *Störfall* definiert und die S. führt entsprechende Anlagetypen sowie Stoffe auf, von denen eine Gemeingefahr ausgehen kann. Nach der S. sind Störfälle meldepflichtig. – 2. (StFV, Verordnung über den Schutz vor Störfällen): schweizerische Verordnung, die sich auf die sogenannte Rohrleitungsverordnung bezieht, bzw. auf das Rohrleitungsgesetz, das den Umgang und die Beförderung flüssiger oder gasförmiger Brenn- oder Treibstoffe regelt.

Störgröße: tritt in → *Systemen* auf und stört dort das Systemverhalten z.B. das → *Fließgleichgewicht*, so daß die → *Stabilität* gefährdet ist und → *Input-* und → *Output-*Beziehungen eine andere Struktur erhalten. Wenn eine S. aufgetreten ist, beginnt eine Reaktionszeit, der ein Anpassungszeitraum folgt, innerhalb dessen das System seinen ursprünglichen Fließgleichgewichtszustand wieder herstellt. Es kann aber nach dem Auftreten einer S. auch ein völlig neuer Fließgleichgewichtszustand aufgebaut werden, wenn die S. besondere zeitliche, stoffliche, energetische und/oder räumliche Wirksamkeit entfaltet. Die S. spielen bei der Betrachtung der → *Landschaftsökosysteme,* → *Umweltsysteme,* → *Bioökosysteme* und → *Geoökosysteme* eine große Rolle. Stabilität, Instabilität, Belastung und Belastbarkeit von Ökosystemen können mit den Wirkungen von S. definiert werden. Das → *Prozeß-Korrelations-Systemmodell* des → *Landschaftsökologischen Standorts* ist in seinem Systemverhalten in der realen Umwelt in fast allen Kompartimenten vom Auftreten der S. bestimmt.

Störung: 1. in der Schalltechnik die Komponenten eines Schallereignisses, von denen eine Störwirkung ausgeht, die leistungsmindernd und/oder gesundheitsgefährdend oder -schädigend wirkt. – 2. in den → *Ökosystemen* bzw. → *Landschaftsökosystemen* ein anthropogener oder natürlicher Eingriff, z.B. durch → *Naturgefahren*, oft in Gestalt eines → *Seltenen Ereignisses*, das der Entwicklung des Ökosystemverhaltens eine andere Richtung verleiht. – 3. im Sinne des → *Störfalls* eine Unterbrechung technischer Abläufe, von denen Umweltgefährdungen ausgehen können.

StoV: → *Stoffverordnung.*

Strahlenbelastung: allgemein gebraucht auch für → *Strahlenexposition*, und jene → *Dosis* → *ionisierender Strahlung* repräsentierend, die der menschliche Organismus durch natürliche Strahlung oder als Begleiterscheinung der Anwendung ionisierender Strahlen in Medizin und Technik sowie durch die von der Nutzung der → *Kernenergie* ausgehenden → *radioaktiven Strahlung* erhält. Unterschieden werden äußere S., wenn die Strahlung von außen auf den Organismus trifft, und innere S., wenn die Radioaktive Strahlung von Atomkernen im Organismus ausgeht. Die durchschnittliche S. der Bevölkerung in der Bundesrepublik Deutschland liegt derzeit im Bereich der natürlichen S. bei 110 mrem/Jahr und im Bereich der kerntechnischen S. bei weniger als 1 mrem/Jahr. (→ *natürliche Strahlenbelastung*).

Strahlenbiologie: beschäftigt sich mit der biologischen Wirkung → *ionisierender Strahlung* auf pflanzliche, tierische und menschliche Organismen (→ *Strahlenwirkung*) und den Regelfaktoren der ionisierenden Strahlung, d.h. Strahlendosis, zeitliche und räumliche Dosisverteilung, Strahlenart, → *Strahlensensibilität* der Gewebe, Reparatur- und Erholungsprozesse der Organismen nach Strahlenwirkung sowie Umwelt- bzw. Milieu- und Modifikationsfaktoren verschiedenster Art.

Strahlendosis: die → *Dosis* einer → *ionisierenden Strahlung*, d.h. jene Strahlungsmenge, die von einem bestrahlten Körper aufgenommen wird. (→ *Äquivalenzdosis,* → *Energiedosis,* → *Ionendosis,* → *Kollektivdosis,* → *Ganzkörperdosis,* → *Organdosis*).

Strahlenexposition: allgemein die → *Strahlenbelastung* im weiteren Sinne, die eine → *natürliche Strahlenbelastung*, aber auch eine → *berufliche S.* sein kann. Die → *Strahlenschutzverordnung* definiert die berufliche S. so, daß bei Ausbildung oder Berufsausübung der Mensch einer S. ausgesetzt ist, bei der bestimmte → *Dosisgrenzwerte* überschritten werden. Man unterscheidet zwei Kategorien (jährliche → *Äquivalentdosis* über 30% der Dosisgrenzwerte nach der Strahlenschutzverordnung und jährliche Äquivalentdosis 10–30%. Die Dosisgrenzwerte für die berufliche S. sind zudem alters- und geschlechtsspezifisch differenziert.

Strahlenfrühschäden: → *akute Strahlenschäden*.

Strahlenhärte: → *Strahlenqualität*.

Strahlenkater: → *Strahlenschäden*.

Strahlenkrankheit (Strahlensyndrom): geht auf die Wirkung der → *ionisierenden Strahlung* zurück und gehört zu den → *akuten Strahlenschäden*. Die S. hängt von der Art und → *Dosis* ab und geht auf relativ großvolumige Teilkörper- oder Ganzkörperbestrahlungen zurück. Eine kurzzeitige → *Ganzkörperdosis* von 50–100 → *rem* (= 0.5-1 Sv) bewirkt Symptome der S. Die Symptome sind zunächst Appetitlosigkeit, Kopfschmerzen, Übelkeit, Erbrechen etc., später treten auch Fieber, Geschwüre, Durchfall, Haarausfall und innere Blutungen auf.

Strahlenkrebs: Sammelbezeichnung für beim Menschen auftretende maligne Neoplasien, die auf → *Strahlenwirkung* (→ *ionisierende Strahlung*) zurückgeführt werden und als wichtigste → *Strahlenspätschäden* gelten. Der S. tritt je nach → *Strahlenexposition* und deren Intensität nach unterschiedlich langen Zeiten auf. Ursache ist oft die berufliche → *Strahlenexposition*. Daneben konnten viele Formen des S. nach dem Abwürfen der → *Atombomben* von Hiroshima und Nagasaki festgestellt werden. Gleiches zeichnet sich für die Folgen der Reaktorunfälle ab. (→ *Harrisburg*, → *Tschernobyl*, → *Windscale*).

Strahlenmessung: da die → *Strahlenwirkung* von der Stärke der → *ionisierenden Strahlung* abhängt, muß diese gemessen werden. Mit Dosimetern wird die → *Strahlendosis* gemessen, die innerhalb eines Zeitraums eingestrahlt wird. Geigerzähler messen die momentane Strahlungsintensität.

Strahlenpilze: zu den → *Prokaryonten* gehörende Gruppe heterotropher Organismen, die am Abbau der organischen Substanz beteiligt ist; → *Actinomycetales*.

Strahlenqualität (Strahlenhärte): kennzeichnet strahlenphysikalisch die Durchdringungsfähigkeit und biologische Wirksamkeit der → *ionisierenden Strahlung*. Je nach Art der Strahlung wird sie durch andere physikalische Kenngrößen charakterisiert.

Strahlenreaktion: bezeichnet in der → *Strahlenbiologie* den Komplex biologischer Reaktionen, die nach → *Strahlenexposition* und damit der Wirkung → *ionisierender Strahlung* am oder im menschlichen Organismus auf zellulärer Ebene auftreten. (→ *Strahlenschäden*).

Strahlenresistenz: allgemein die Widerstandsfähigkeit von Organismen gegenüber → *ionisierender Strahlung*. Speziell bei Pflanzen kann beobachtet werden, daß es Arten mit niedriger und solche mit größerer S. gibt. So sind *Acer rubrum* und *Quercus rubra* und andere Laubbäume relativ strahlenresistent, hingegen erweisen sich verschiedene *Picea*- und *Pinus*-Arten, ebenso *Larix*, *Thuja* oder *Tsuga*, als sehr empfindlich gegenüber den Wirkungen → *ionisierender Strahlung*. Offensichtlich besteht ein Zusammenhang mit der Chromosomengröße. Je größer die Chromosomen, um so niedriger scheint die S.

Strahlenrisiko: die Wahrscheinlichkeit des Auftretens nachhaltiger → *Strahlenwirkung* bzw. von → *Strahlenschäden* nach Exposition gegenüber → *ionisierender Strahlung*. Das S. hängt von der → *Dosis* und damit der Dauer der Einwirkung einer bestimmten → *Strahlenqualität* ab. Das S. wird bestimmt von der beruflichen → *Strahlenexposition* und der → *natürlichen Strahlenbelastung*.

Strahlenschaden: die Summe aller pathologischen Reaktionen (→ *Strahlenreaktion*) nach der Wirkung → *ionisierender Strahlung* auf pflanzliche, tierische oder menschliche Organismen oder Teile dieser. Es kann sich um morphologische, physiologische und genetische S. handeln. Unterschieden werden → *akute S.* (= Strahlenfrühschäden) und → *Strahlenspätschäden*. Einfachste Form ist der „Strahlenkater", ein schwach ausgeprägtes Strahlensyndrom (→ *Strahlenkrankheit*), während ausgeprägte Strahlenspätschäden vom (→ *Strahlenkrebs*) repräsentiert werden.

Strahlenschutz: richtet sich gegen das → *Strahlenrisiko* und soll Organismen, Sachgüter und Umwelt vor der → *Strahlenwirkung* → *radioaktiver Substanzen* und → *ionisierender Strahlung* bewahren. Der S. basiert auf den Erkenntnissen der → *Strahlenbiologie* und Strahlenphysik sowie der → *Radioökologie*. Der S. entwickelt Methodiken und Standards für die Handhabung radioaktiver Substanzen und ionisierender Strahlung und der von ihnen ausgehenden Risiken und Gefahren und legt → *Dosisgrenzwerte* fest. Der S. als Maßnahmenbündel spielt in der → *Atomwirtschaft*, in der → *Nuklearmedizin*, aber auch in der Röntgendiagnostik und der Lebensmittelbestrahlung eine Rolle. In Deutschland wird der S. durch die → *Strahlenschutzverordnung* und das → *Strahlenschutzvorsorgegesetz* geregelt. Wegen der Bedeutung des S. in der gesamten Umweltvorsorge wurde nach der Strahlenschutzverordnung und dem Strahlenschutzvorsorgegesetz eine Fülle von zusätzlichen Durchführungsrichtlinien erlassen.

Strahlenschutzbereich: um → *Strahlenschutz* wirksam praktizieren zu können, werden Lokalitäten definiert, an denen eine hohe → *Ortsdosis* bzw. Ortsdosisleistung (→ *Körperdosis*) zu erwarten ist. Die → *Strahlenschutzverordnung* unterscheidet einen Sperr-, Kontroll- und betrieblichen sowie außerbetrieblichen Überwachungsbereich, während die Röntgenverordnung einen Kontroll- und Überwachungsbereich unterscheidet. In den S. müssen die Ortsdosis und Ortsdosisleistung ständig kontrolliert werden.

Strahlenschutzkommission: in Deutschland berät die S. den Bundesminister für Umwelt, Naturschutz und Reaktorsicherheit in Sachen → *Strahlenschutz* und Gefahren durch → *ionisierende Strahlung*. Alle für den Strahlenschutz relevanten Fachbereiche sind in der S. vertreten. Die S. gibt Empfehlungen und Stellungnahmen ab.

Strahlenschutzverordnung: regelt den Schutz vor Schäden durch → *ionisierende Strahlung* und geht auf das deutsche → *Atomgesetz* zurück. Die S. bezieht sich auf Personen, Sachgüter und Umwelt. Sie regelt nicht die Gefahren durch → *Röntgenstrahlung*. Dies besorgt die Röntgenverordnung. Die S. bezieht sich auf die Handhabung von → *radioaktiven Substanzen* und die Probleme der beruflichen → *Strahlenexposition*. Davon sind alle Betriebe der → *Atomwirtschaft* und die → *Nuklearmedizin* bzw. die → *Radioökologie* betroffen. Die S. zielt darauf ab, daß die → *Dosisgrenzwerte* eingehalten oder unterschritten werden. Dafür besteht eine Minimierungspflicht.

Strahlenschutzvorsorgegesetz (StrVG, Gesetz zum vorsorgenden Schutz der Bevölkerung gegen Strahlenbelastung): deutsches Gesetz, nach welchem zum Schutz der Bevölkerung die → *Radioaktivität* in der Umwelt zu überwachen ist, und die → *Strahlenexposition* der Menschen und die radioaktive → *Kontamination* der Umwelt im Falle von Erzeugnissen mit möglichen radiologischen Auswirkungen unter Beachtung des → *„Standes von Wissenschaft und Technik"* durch angemessene Maßnahmen so gering wie möglich zu halten. Das StrVG regelt die Zuständigkeiten von Bund und Ländern für die Durchführung von Messungen und Bewertung von Meßdaten sowie die Handhabung (und gegebenenfalls Beschränkung oder Verbot) von kontaminierten Lebensmitteln und sonstigen Stoffen. Ziel des S. ist der Schutz der Bevölkerung und der Umwelt, realisiert durch Überwachung der → *Strahlenwirkung* bzw. → *Radioaktivität* in der Umwelt. Die zu beachtenden → *Dosis*- und Kontaminations*werte* legt das zuständige Bundesministerium fest, worauf sich spezielle Verbote oder Beschränkungen nach dem S. abstützen. Das S. resultiert aus den Erfahrungen mit dem → *Reaktorunfall* von → *Tschernobyl*, wo ein Atomunfall im Ausland seine Fernwirkungen bis auf das Gebiet Deutschlands entfaltete, worauf die → *Strahlenschutzverordnung* nicht abgestellt war.

Strahlensensibilität: allgemein die Empfindlichkeit von lebenden Zellen und Geweben gegenüber der → *Strahlenwirkung*. Die → *Strahlenbiologie* definiert die S. mit der Teilungsfähigkeit von Zellen, die diese potentiell besitzen und unter → *Strahlungsexposition* – in Abhängigkeit von der → *Dosis* – verlieren. Die → *Strahlentherapie* verwendet die Häufigkeit der Manifestation nichtstochastischer Störungen der Zellfunktion, die durch → *ionisierende Strahlung* verursacht wurden, als Maß der S. Die S. ist organspezifisch, sie liegt bei lymphatischen Organen sehr niedrig, bei der Haut und Stoffwechselorganen in mittleren Größenordnungen und bei der Muskulatur und dem Zentralnervensystem relativ hoch.

Strahlenspätschäden: die → *Strahlenschäden*, die nach Monaten oder Jahren auftreten und den → *akuten Strahlenschäden* gegenübergestellt werden. Zu den S. gehören vor allem die verschiedenen Formen des → *Strahlenkrebses*. (→ *Strahlenkrankheit*).

Strahlensyndrom: → *Strahlenkrankheit*.

Strahlentherapie: im weiteren Sinne jede Art der Behandlung kranker Menschen mit → *ionisierender Strahlung* durch die → *Nuklearmedizin*. Die S. wird vor allem bei Krebserkrankungen angewandt.

Strahlenwirkung: beim Durchgang → *ionisierender Strahlung* durch Materie kommt es zu radiochemischen Reaktionen, die zu direkter und indirekter S. führen. Überwiegend handelt es sich um molekulare und zelluläre Veränderungen, die zu → *akuten Strahlenschäden* und chronischen → *Strahlenspätschäden* führen. Die S. hängt von der → *Dosis* der ionisierenden Strahlung ab, der zeitlichen und räumlichen Verteilung der Dosen, der Strahlenart (→ *Alpha-*, → *Beta-*, → *Gammastrahlung*) sowie der → *Strahlensensibilität* der Gewebe, aber auch von deren physiologischen Verhaltensweisen und den Randbedingungen, die das Milieu dem Organismus bereitstellt. Die Berechnung der S. erfolgt aus der → *Energiedosis* und aus der Aktivität eines → *Radionuklids* und der Art der → *Strahlenexposition* (→ *Äquivalentdosis*). Bei den Pflanzen zeigt sich die S. u.a. in Veränderungen der Chromosomen, diversen Mutationen (Habitusveränderungen, veränderte Entwicklungszeiten), Verwachsungen der Sprossen, erhöhter Chlorophyllproduktion. In der Pflanzenzüchtung wird ein Teil der S. positiv beurteilt (verkürzte Entwicklungszeiten, Resistenz gegenüber Krankheiten, raschere Bewurzelung etc.).

Strahlung: 1. allgemein eine Form der Ausbreitung von → *Energie* in Form von Wellen oder Teilchen. Zur Strahlung gehört die elektromagnetische Strahlung (als Licht, → *Infrarotstrahlung*, → *Röntgenstrahlung*) und die beim → *radioaktiven Zerfall* entstehende →

Teilchenstrahlung (→ *Alpha-* und → *Betastrahlung*). Vereinfacht kann man die S. auch in „biologisch nützliche" Licht- und Wärme-S. und in „biologisch schädliche" kurzwellige S. (→ *Gamma-* und → *Röntgenstrahlung* sowie die beim → *radioaktiven Zerfall* entstehende → *radioaktive Strahlung*) gliedern. Langwellige S. ist energiearm, kurzwellige S. energiereich. (hu) – 2. im meteorologisch-klimatologischen Sinne Einstrahlung von Wärme- und Lichtenergie von der Sonne auf die Erde, Ausstrahlung von Wärmeenergie von der Erde in die → *Atmosphäre* und in den Weltraum und (reflektierte) Gegenstrahlung von Wärmeenergie von der Atmosphäre auf die Erde. Die eingestrahlte Energie beträgt am Oberrand der Atmosphäre 8.15 Joule·cm^{-2}·min^{-1} (→ *Solarkonstante*). In der Atmosphäre wird ein Teil der Sonnenstrahlung absorbiert und diffus gestreut. Weniger als die Hälfte der ursprünglichen Energiemenge erreicht die Erdoberfläche, und die S. erreicht sich hier in die direkte Sonnen-S. (als Wärme-S. fühlbar) und die ungerichtete kurzwellige → *Himmels-S.* Die kurzwellige S. wird an der Erdoberfläche in langwellige Wärme-S. umgewandelt. Die S.-menge pro Flächeneinheit nimmt vom Äquator zu den Polen hin ab, weil sich wegen des flacher werdenden Sonneneinfallwinkels die gleiche S. auf eine zunehmend größere Fläche verteilt. Die Erde reflektiert S. (→ *Albedo*) und strahlt Wärmeenergie aus. Bei fehlender nächtlicher Einstrahlung wird die → *Strahlungsbilanz* negativ, weshalb Abkühlung stattfindet. Ein Teil dieser ausgestrahlten Wärme wird von der wasserdampf- und CO_2-haltigen Atmosphäre auf die Erde zurückreflektiert (→ *Glashauswirkung*: wichtig für den Wärmehaushalt). Die S. ist die einzige Energiequelle aller irdischen Vorgänge (geothermische Energie vorhanden, aber vernachlässigbar). Sie hält die atmosphärische Zirkulation in Gang, welche durch den Wärmetransport mit Luftmassen auch das S.-Energiegefälle vom Äquator zu den Polen ausgleicht, so daß der energetische Gesamthaushalt der Erde stets im Gleichgewicht ist. – 3. in der Medizin wird die biologische → *Strahlenwirkung* betrachtet, wobei zwischen → *ionisierender S.* und nichtionisierender S. unterschieden wird. Letztere umfaßt den Bereich der langwelligen elektromagnetischen S. bis einschließlich der Wellenlänge des sichtbaren Lichts.

Strahlungsbilanz: die ausgeglichene Gesamtstrahlungsenergie des Systems Erde, eines Teilbereichs oder eines Standortes, welche sich aus Einstrahlung, Ausstrahlung, Reflexion, Absorption, Gegenstrahlung, Energieumsetzung (durch Verdunstung) und Wärmetransport zusammensetzt. Der Energiegewinn durch → *Strahlung* ist in den verschiedenen Zonen der Erde sehr unterschiedlich und differiert auch von Standort zu Standort stark (Neigung und Exposition gegenüber der direkten Bestrahlung, oberflächenbeschaffenheitsbedingter Anteil der reflektierten Strahlung). Die eingestrahlte Energie wird aber in jedem Fall tagesrhythmisch, saisonal oder jahresrhythmisch umgesetzt und/oder als Wärmeenergie wieder in den Weltraum zurückgestrahlt.

Strahlungsdurchlässigkeit (Transmission): bezieht sich allgemein auf den Durchgang von → *Strahlung* durch Medien. – 1. in der → *Atmosphäre* vollzieht sich ein komplizierter Ein- und Ausstrahlungsprozeß mit Steuerung durch → *Aerosole* der Luft, Absorption durch Wolken, Streuung und Absorption an der Erdoberfläche sowie Ausstrahlung überwiegend langwelliger Strahlung. – 2. → *radioaktive Strahlung* kann verschiedene Medien passieren und bei Organismen biologische → *Strahlenwirkungen* entfalten. – 3. im Wasser als → *Lichtdurchlässigkeit*, die auch der Kennzeichnung der ökologischen Bedingungen eines Gewässers dient.

Strahlungsfrost: Temperaturabfall unter den Gefrierpunkt durch die bodennahe Ansammlung von Kaltluft infolge starken Wärmeverlustes der Erdoberfläche durch Ausstrahlung bei klarer Witterung.

Strahlungsgenuß: Summe der Strahlungsenergiemenge, welche ein Standort erhält. (→ *Strahlung*).

Strahlungsinput: die aus der → *Strahlungsintensität* und der Strahlungsdauer resultierende Energiemenge, welche eine Fläche erhält. (→ *Strahlung*).

Strahlungsintensität: die Strahlungsenergie, welche eine Einheitsfläche pro Zeiteinheit erhält. (→ *Strahlung*).

Strahlungsinversion: Temperaturumkehrschicht in der untersten Atmosphäre (→ *Inversion*), die vor allem im Winter bei anhaltend starker Ausstrahlung der Erdoberfläche entsteht, weil die dabei produzierte schwere Kaltluft absinkt und sich am Boden und in Bodennähe sammelt. Die S. ist eine → *Absinkinversion*. (→ *Kaltluftsee*).

Strahlungsklima: 1. Klima mit häufiger intensiver direkter Sonneneinstrahlung (z.B. das → *Hochgebirgsklima*). – 2. Synonym für → *solares Klima*.

Strahlungsnebel: Bodennebel, der sich in der durch Wärmeausstrahlung produzierten, bodennahen Kaltluft bildet. S. verteilen sich im Gelände sehr differenziert, da die schwerere Kaltluft abfließt und sich in Tiefenlinien, Mulden und Tälern sammelt. (→ *Kaltluftsee*).

Strandanwurf: am Meeresstrand angespültes abgestorbenes organisches Material aus Algen, Seegras und toten Tieren. Der S. bildet die Nahrungsgrundlage für eine artenreiche, allerdings instabile heterotrophe Lebensgemeinschaft. Diese umfaßt an Nord- und Ostsee u.a. bestimmte Flohkrebse (Talitridae), Würmer (v.a. Enchytraeiden), Spinnen, Milben, Asseln, Springschwänze und Zweiflügler. Auffallend sind ferner die aus der örtlichen Avifauna zu-

sammengesetzten Vertreter der → *Limicolen.*
Straßengrün: → *Verkehrsbegleitgrün.*
Straßenverkehrslärm: eine Form der → *Lärmbelästigung,* die vom Straßenverkehr ausgeht, wobei der → *Lärmpegel* von den → *Lärmemissionen* der Kraftfahrzeuge, der Zusammensetzung des Kraftfahrzeugverkehrs, der Verkehrsdichte und -geschwindigkeit, dem Straßenbelag und der Umgebung (Gebäude, Grünflächen, Überbauungsdichte) abhängt. Die Straßenverkehrszulassungsordnung gibt Grenzwerte für Lärmemissionen durch Kraftfahrzeuge an, ebenso die EG-Richtlinien. Grenzwerte für Lärmimmissionen legt die → *TA-Lärm* fest. Die Bekämpfung des S. kann an der Quelle, also am Kraftfahrzeug, erfolgen, durch lärmminderndes Fahrverhalten und durch → *Lärmschutzbauten* bzw. → *Lärmschutzpflanzungen* sowie durch → *Verkehrsberuhigung.* Die im Umfeld des Lärms praktizierten Maßnahmen lassen sich oft nicht konsequent handhaben und sind – wie die Lärmschutzbauten – auch teuer. Eine an humanökologischen Aspekten orientierte Bekämpfung des S. hätte eigentlich am Straßenverkehr selber anzusetzen.
Strategie: ein aus der Spieltheorie entlehnter Begriff für genetisch determinierte Verhaltensmuster bei Organismen und Populationen. Er impliziert kein bewußtes Handeln. Die als S. bezeichneten Eigenschaften der lebenden Systeme sind in der Evolution durch → *natürliche Selektion* entstanden. Beispiele: → *Überlebensstrategien,* → *Reproduktionsstrategien,* r- und K-Strategien (→ *Selektionstypen*).
Stratenwechsel: Wanderbewegung von Tieren zwischen verschiedenen Schichten (→ *Stratum,* → *Stratifikation*) eines *Ökosystems.* So suchen viele in der Bodenstreu überwinternde Tiere (→ *phytophage* Käfer, Schmetterlingsraupen) im Frühjahr die Kronenschicht der Wälder auf.
Stratifikation: 1. vertikale Schichtung eines Lebensraumes. Man unterscheidet in terrestrischen Lebensräumen nach den Schichten der Vegetation Boden-, Kraut-, Strauch- und Baumschicht (letztere besteht aus Stammregion und Kronenschicht). Die einzelnen Schichten (→ *Stratum*) werden von bestimmten tierischen und pflanzlichen → *Lebensvereinen* besiedelt (→ *Stratozönose*). – 2. Einwirkung niedriger Temperaturen unter experimentellen Bedingungen, die die Samenkeimung fördern oder ermöglichen. (→ *Samenruhe,* → *Schichtung*).
Stratosphäre: ein Teil der → *Atmosphäre* und im engeren Sinne die kalte Atmosphärenschicht gleichbleibender Temperatur zwischen der → *Troposphäre* und der warmen → *Ozonschicht.* Die S. beginnt über den Polargebieten in ca. 10 km Höhe und über dem Äquator in ca. 18 km und reicht bis ca. 30 km Höhe. In ihr spielt sich kaum Zirkulation ab. Sie ist fast wasserdampffrei. Entsprechend gering sind die Kondensationsvorgänge, die gelegentlich zur Bildung von Perlmutterwolken führen. Im weiteren Sinne wird auch die Ozonschicht zur S. gerechnet.
Stratozönose: Lebensverein in einer einzelnen Vegetationsschicht, einem → *Stratum.*
Stratum: Einzelschicht der Vegetation, wobei Boden-, Kraut-, Strauch- und Baumschicht unterschieden werden, die sich ihrerseits noch weiter unterteilen lassen (→ *Stratifikation*). Allgemein jede „Schicht" eines Lebensraumes.
Strauch: kleines Holzgewächs, meist bis ca. 3 m hoch, dessen Hauptachse und Seitenachsen sich schon aus basalen oder unterirdischen Seitenknospen verzweigen, oder bei denen anstelle einer Hauptachse mehrere gleichwertige Stämmchen vorhanden sind.
Strauchschicht: Vegetationsschicht der Sträucher in einem Lebensraum, nach Elton von 1,5 bis 4,5 m. → *Stratifikation.*
Streß: ursprünglich in die Medizin eingeführter Begriff für den Zustand eines Organismus, der durch ein spezifisches Syndrom gekennzeichnet ist und durch verschiedene unspezifische Reize ausgelöst wird. Auf → *Belastungen* reagiert ein Organismus nach einem Reaktionsschema, wobei es zur Ausschüttung bestimmter Hormone kommt. In diesem allgemeinen Sinne wurde der Begriff auf Geo- und Biowissenschaften übertragen, wo S. Druck, Belastung und intensive Beanspruchung bedeutet. – 1. in der Geologie einen einseitig gerichteter, starker Druck bei der Gebirgsbildung und bei der Metamorphose der Gesteine. Dadurch wird z.B. eine Mineralregelung oder auch Schieferung bewirkt. – 2. in der Geoökologie die Belastung von → *Ökosystemen* bzw. → *Landschaftsökosystemen* durch Außenfaktoren, gewöhnlich anthropogener Ursache, aber auch durch → *Naturgefahren.* Damit können die Ökosysteme einschließlich ihrer Populationen starke Abweichungen vom Normalzustand aufweisen, der soweit gehen kann, daß die → *Regenerationsfähigkeit* eingeschränkt wird. – 3. in der Biologie, besonders der Physiologie, Sammelbezeichnung für die Reihe unspezifischer schädigender Einflüsse auf Organismen im Sinne von Belastung und Verschleiß, die sich in gestörten Stoffwechselverhältnissen ausdrücken. Auf S. reagiert der Körper hormonal mit Alarm, Abwehrkräften, dann aber auch mit Erschöpfung und – bei Überbeanspruchung der Körperfunktionen – mit Tod. Bei Wirbeltieren ist der S. meßbar durch Erfassung des Laktat-Pyrovat-Verhältnisses. Der S. kann auch durch Artgenossen bewirkt werden, die bei bestimmten Auftretens- und Verhaltensweisen zu einem sozialen S. führen.
Streß-Hypothese: neben der → *Saure-Regen-Hypothese* und der → *Ozon-Hypothese* die Dritte der Hypothesen, die zur Erklärung des *Waldsterbens* herangezogen werden. Nach der S.-H. treten Waldschäden infolge jahrelanger kombinierter Belastung mit Schadstoffen geringer und geringster Konzentration auf, woraus

Verluste an → *Vitalität* auftreten. Daraus wiederum resultiert eine Verminderung der assimilierenden Blatt- bzw. Nadelfläche, so daß die → *Nachhaltigkeit* des Waldwachstums gefährdet ist. Nach der S.-H. besteht auch eine starke Anfälligkeit gegenüber Sekundärschädlingen.

Streu: das frische abgestorbene (also letztjährige) pflanzliche Material, welches auf dem Boden aufliegt und die oberste Humuslage bildet. In biologisch aktiven Böden wird die S. sehr rasch abgebaut. (→ *Streuabbau*). Im biologisch trägen → *Humus* (z.B. → *Rohhumus*) reichert sich dagegen die S. mehrere Jahre zu einer mächtigen O_f-Lage aus kaum zersetztem pflanzlichen Material an. Je nach der Herkunft werden verschiedene S.-Arten unterschieden (Halm-, Blatt-, Nadel-, Laub-S. usw.). Diese S.-Arten sind unterschiedlich gut abbaubar. Blatt- und Laub-S. werden wegen des höheren Anteils an leicht umsetzbaren Substanzen (Proteine usw.) gut, Nadel-S. dagegen schlecht zersetzt. Die S.-Art beeinflußt deshalb auch die Bildung verschiedener → *Humusformen*.

Streuabbau: die über die Phasen Zerkleinerung, Einarbeitung, Verdauung und mikrobielle Zersetzung ablaufende Umwandlung von → *Streu* durch Bodenlebewesen. Der S. führt zu einem großen Teil zur Zerlegung der organischen Substanz in ihre mineralischen Bestandteile, die dadurch als → *Nährstoffe* in den Ökosystemen wieder verfügbar werden.

Streunutzung: eine Nebennutzung in Wald- und Forstwirtschaft durch Gewinnung und Nutzung von Nadel- und Laubstreu. (→ *Streu*) Die S. spielte für die Landwirtschaft im Mittelalter und der frühen Neuzeit eine Rolle. Die Waldstreu wurde als Einstreu in Ställen und als Dünger auf den Feldern verwandt. Der Streubedarf stieg beim Übergang von der freien Weidewirtschaft zur Stallviehhaltung, ein zweites Mal bei der Vergrößerung der Viehbestände nach Einführung des Kartoffelanbaus. Die S. führte, ähnlich der Plaggenwirtschaft, aus welcher der Bodentyp des → *Plaggeneschs* resultierte – zu einer Degradation des Bodens und zu Waldschäden auf Grund von Nährstoffmangel. Die S. führte zu einer Verminderung der Nachhaltigkeit der Leistung der Waldstandorte und Störungen des Humus-, Wärme- und Wasserhaushalts des Bodens auch noch nach Jahrzehnten. In Hochgebirgen der Entwicklungsländer ist die S. noch weit verbreitet und führt dort zu Waldschäden, → *Bodenerosion* sowie Störungen des Gebietswasserhaushalts.

Streuobstbau: Obstkulturen, die aus in der Kulturlandschaft verstreuten Einzelbäumen, Baumreihen oder Baumgruppen bestehen.

Streusalz: Salz zum Auftauen von Schnee und Eis auf Straßen und Wegen während des Winters. → *Salzkreislauf*.

Streustrahlung (Streuung): Komponente der → *Strahlungsbilanz*.

Streuwiese: Wiese zur Gewinnung von Einstreu für Vieh; die S. wird erst spät im Jahr geschnitten (→ *Mahd),* wenn sie bereits strohig geworden ist. Als S.n werden vor allem nasse, von Weidevieh gemiedene Niederungen (Sumpfwiesen) genutzt.

Strichvogel: Vogelart, die nach der Brutzeit unregelmäßig in einem weiten Gebiet umherstreicht. → *Vogelzug.*

Stroh: trockene, fruchtentleerte Blätter und Stengel von Kulturpflanzen, besonders vom Getreide, die als Einstreu, zur Haustierfütterung und für gewerbliche und industrielle Zwecke genutzt werden. Das S. besteht zu 40–50% aus Rohfasern und 30–50% aus stickstofffreien Extraktstoffen. Eiweiß- und Fettgehalt sind mit 2–5% bzw 1–4% niedrig. In den europäischen Getreideanbauländern fallen pro Land und Jahr mehrere Millionen Tonnen S. an, die nur zum Teil für die → *Strohdüngung* genutzt werden. Das S. kann auch verbrannt werden, wobei zwar weniger → *Schwefeldioxid* und → *Stickoxide* als beim Heizöl entstehen, jedoch große Mengen an → *Ruß*, → *Staub* und → *Teer* freigesetzt werden. Eine weitere Verwertungsmöglichkeit wäre die Gewinnung von → *Biogas* aus S.

Strohdüngung: Anreichern von Ackerböden mit organischer Substanz und den darin enthaltenen durch Abbau freisetzbaren Nährstoffen durch das Liegenlassen und spätere Einpflügen des bei der Ernte anfallenden → *Strohs*, ähnlich dem → *Streuabbau.*

Strom: großes → *Fließgewässer.*

Strömung: Bewegung des Wassers in Gewässern, als → *laminare S.* und als → *turbulente S.* (→ *Meeresströmungen*).

Strömungstiere: in stark strömendem Wasser ausschließlich (rheobiont) oder bevorzugt (rheophil) lebende Tiere. Sie zeichnen sich durch verschiedene Anpassungen aus, wie z.B. abgeplatteten Körper (z.B. Eintagsfliegenlarven der Familie *Ecdyuronidae*).

Strontium (Sr): ein Erdalkalimetall, das in der Natur nur in Verbindungen ($SrSO_4$ und $SrCO_3$) vorkommt. S. hat eine biologische → *Halbwertszeit* von 1.810^4 Tagen (bezogen auf Knochen). S. ist vor allem durch seine → *radioaktiven Isotope* → *Sr-89* und → *Sr-90* wichtig. S. zeigt ein chemisch ähnliches Verhalten wie das nichtradioaktive Calcium. Durch → *Nahrungsketten* kommt es über Boden, Pflanze, Tier und Milch in den Menschen, wo es an Stelle von Calcium in die Knochen eingebaut wird. Es reichert sich in den Knochen an, sendet Strahlung aus und kann zu Leukämie führen.

Strontium-89: instabiles Isotop des → *Strontiums,* das unter Emission von → *Beta-* und → *Gammastrahlung* sowie Bildung des → *Tochternuklids* Yttrium-89 zerfällt. Seine physikalische → *Halbwertszeit* beträgt 50.5 Tage. Es entsteht bei der → *Kernspaltung* und gelangt bei → *Reaktorunfällen* sowie als → *Fall out* von Kernwaffenversuchen und durch Abgabe aus → *Kernkraftwerken* in die Landschaftsökosysteme.

Strontium-90: instabiles Isotop des → *Strontiums* mit einer physikalischen → *Halbwertszeit* von 28.5 Jahren. Sr-90 entsteht unter Emission von → *Betastrahlung* und unter Bildung des instabilen → *Tochternuklids* Yttrium-90 als Produkt der → *Kernspaltung* oder durch Zerfall des → *Mutternuklids* Rubidium-90. Wie das → *Strontium-89* wird auch Sr-90 über → *Fall out* von Kernwaffenversuchen oder von → *Kernkraftwerken* in die Umwelt gebracht.

Strudler: im Wasser lebende Tiere, die durch Zilienbewegung suspendierte Nahrungspartikel aus dem Wasser zum Mund strudeln. Beispiele: Muscheln, manche sessilen Polychaeten, Bryozoen, Schwämme, Ciliaten, Rotatorien. (→ *Partikelfresser,* → *mikrophag*).

Struktur (Organisation): in Geo- und Biowissenschaften sehr häufig verwandter Begriff, vor allem im Zusammenhang mit der → *Systemtheorie* und mit → *Raummustern*. – 1. in der allgemeinsten Form wird die S. repräsentiert von jenen Relationen, welche die Menge der → *Kompartimente* eines → *Systems* miteinander verbinden. Die Kompartimente können stoffliche, energetische oder informatorische sein, die Relationen zwischen ihnen werden durch Kopplungen repräsentiert. Die S. eines Systems kann graphisch dargestellt werden, wie es z.B. im → *Standortregelkreis* geschieht. – 2. in der Geologie und Geomorphologie wird der Begriff für Muster von Phänomenen an der Erdoberfläche verwandt, wie den Frostmusterboden. Außerdem für die Gesteinsbedingtheit gewisser Formen, im Sinne der Strukturfläche oder für die Anordnung von Mineralien im Gestein, z.B. beim Gesteinsgefüge, oder in der Bodenkunde bei der Anordnung der Bodenaggregate, im Sinne der → *Bodengefüge*. – 3. Aufbau und innere Ordnung (Gefüge) eines Ganzen. Da der Begriff S. sehr vielseitig gebräuchlich ist, tritt er häufig in Wortkombinationen wie Siedlungs-, Wirtschafts-, Sozial- oder Infrastruktur auf. Das Erkennen und Erklären von Raum-S. ist eine zentrale Aufgabe der Geographie. (→ *Strukturforschung*).

Strukturanalyse: in der Geo- und Bioökologie an → *Ökosystemen* im Hinblick auf deren → *Struktur* erfolgende Untersuchung, um durch den Vergleich zahlreicher S. zu Gesetzesaussagen über die Funktion von → *Systeme* zu gelangen. Daneben arbeitet die S. an → *Raummustern*, die als sichtbarer Ausdruck gesteuerter Funktionen an der Erdoberfläche angesehen werden. (→ *Strukturforschung*).

Struktur-Diversität: → *Diversität* in der räumlichen Struktur eines Lebensraumes.

Strukturforschung: 1. für viele Disziplinen bedeutsame Forschungsrichtung, die sich mit Muster, Funktion, Erscheinungsbild, Vernetzung etc. von → *Systemen* beschäftigt. Jede → *Umweltforschung* ist zugleich auch S., entsprechend der jeweiligen Definition von → *Umwelt*. – 2. in der → *Raumforschung* werden → *Strukturanalysen* abgegrenzter Räume vorgenommen. Dabei können zunächst die unterschiedlichen Strukturbereiche (z.B. Agrarstruktur) untersucht werden. Wichtig ist das Erkennen von Strukturelementen und die Verfügbarkeit von Strukturziffern (Daten). Letztere beziehen sich vor allem auf besonders kennzeichnende Strukturmerkmale. Wichtiges Ziel, vor allem der geographischen S., ist die Analyse des Strukturwandels.

Strukturierung: Gliederung eines → *Systems*. Im → *Ökosystem* unterscheidet man 1.) räumliche S. des Lebensraumes nach Mikro-, Meso- und Makrostruktur, wie sie durch Schichten (→ *Stratifikation*), Konzentrationsstellen (→ *Biochorien*) und jeweils durch Strukturteile beider gegeben sind; 2.) zeitliche S. durch → *Tages-*, → *Lunar-* und → *Jahresperiodik;* 3.) funktionale S., z.B. → *Nahrungsnetz*, → *Stoffkreislauf*, → *Energiefluß*. → *Struktur*.

Strukturmodell der Landschaft: graphische Darstellung des Gesamtfunktionszusammenhangs der → *Landschaftshaushaltsfaktoren* bzw. → *Geoökofaktoren*, der sich im → *Landschaftsökosystem* bzw. → *Geoökosystem* repräsentiert und sich räumlich als → *Landschaftsgefüge* und zeitlich in der → *Landschaftsgenese* dokumentiert. Das S.d.L. basiert auf dem → *Schichtenmodell* des Landschaftsökosystems.

Strukturteile einer Biozönose: 1. sehr unscharfe Bezeichnung für jegliche Form der räumlichen Strukturierung einer Lebensumwelt. (→ *Struktur*, → *Strukturanalyse*). – 2. Teillebensraum einer größeren Gesamtheit, z.B. eines → *Biotops*, die jedoch in der Natur nur in einem Funktionszusammenhang und im räumlichen Verbund vorkommen, wie → *Mikrophytozönöse* und → *Merotop*. (→ *Strukturierung*).

Strukturtyp (bioökologischer): Übereinstimmung nicht verwandter Organismenarten („ökologische Analoge") auf Grund eines Komplexes gleichartiger Strukturen, welcher Rückschlüsse auf die Lebensweise ermöglicht. → *Lebensformen*.

StrVG: → *Strahlenschutzvorsorgegesetz*.

Sturmflut: außergewöhnlich hohe Flut an Gezeitenküsten, die durch gleichzeitiges Eintreffen der Springflut und starker auflandiger Stürme verursacht wird. Brandung und Windstau führen dabei zu extremer Verstärkung der Flutwelle, so daß bei Orkanfluten Deichbrüche mit katastrophalen Überschwemmungen und Verwüstungen des Hinterlandes die Folge sein können. Viele schwere S. an der Nordseeküste sind geschichtlich belegt. (→ *Gezeiten*).

Sturmlückenstruktur: kennzeichnend für Bereiche, an denen durch → *Windwurf* an Waldbeständen Lücken entstanden, in denen sich eine neue → *Biozönose* bildet, die sich von den vorherigen Verhältnissen wesentlich unterscheidet.

Sturmriegel: stabiler Waldbestandsstreifen, der angelegt und gepflegt wird gegenüber einer → *Naturgefahr*. Man legt den S. gewöhnlich mit Tiefwurzlern quer zur Hauptgefahrenrichtung an.

Sturmschaden: in der Wald- und Forstwirtschaft der Bruch oder Wurf von Bäumen, der bei Windgeschwindigkeiten von über 20 m/s auftritt. Die Wirksamkeit der S. ist im Winterhalbjahr am größten, in welchem sie relativ regelmäßig auftreten. Sommer-S. erfolgen im Zusammenhang mit Gewitter- und Wirbelstürmen. Sowohl bei Laub- als auch bei Nadelbäumen lassen sich die Arten nach ihrer Sturmgefährdung ordnen, die nicht nur davon abhängt, ob es sich um Tief- oder Flachwurzler handelt, sondern auch davon, wie der → *Oberflächennahe Untergrund* beschaffen ist. (→ *Windwurf*).

Sturzquellen: → *Quelltypen*.

Stygal: das → *Grundwassers* als Lebensraum. (→ *Stygon*).

stygobiont: bezeichnet Organismen, die fast ausschließlich im Grundwasser leben. → *Grundwasserbiota*.

Stygon: Lebensgemeinschaft des Grundwassers (Lebensraum: → *Stygal*). Sie besteht aus kleinen, häufig langgestreckten Formen (→ *interstitielle Fauna*). In Mitteleuropa gehören dazu Bakterien, Protozoen, Turbellarien, Rotatorien, Nematoden, Copepoden (z. B. *Chappuisius*) und Amphipoden (z. B. *Niphargus*). Dem S. verwandt ist die Lebewelt der Höhlengewässer, die aber meist größere Formen umfaßt (→ *Troglobios*). → *Grundwasserbiota*.

Stygorhithron: die Lebensgemeinschaft des Interstitials (d.h. des Grundwasserlebensraums unter und neben Bächen der Rhithralregion). Das ufernahe S. heißt alpha-S. (Lebensgemeinschaft des → *hyporheischen Interstitials*), das uferferne S. beta-S. (Lebensgemeinschaft des uferfernen Interstitials).

stygoxen: bezeichnet Zufallsgäste im Grundwasser.

sub: in Zusammensetzung bei geo-, bio- und hydrowissenschaftlichen Begriffen Übergangs- oder Randbereiche naturwissenschaftlicher Phänomene bezeichnend.

subaërisch: sich unter Luft befindend, unter Luftzutritt entwickelt. Der Begriff wird vor allem in der Geomorphologie für die festländische Formenentwicklung gebraucht im Unterschied zu → *subaquatisch* oder subglazial.

subalpine Stufe: mehrere hundert Meter mächtige → *Höhenstufe* von → *Hochgebirgen* zwischen dem geschlossenen Hochwald und den baumwuchsfreien alpinen Rasen. Die s.Stufe ist der Bereich, in dem sich der Wald nach oben hin allmählich auflöst, weil die zunehmend ungünstigen Klimabedingungen das Wachstum, die Verjüngung und das winterliche Überleben der Bäume immer mehr erschweren. Die Vegetationszeit dauert noch ungefähr 100-120 Tage, und ein bis zwei Monate erreichen Mitteltemperaturen über 10°C. Die Vegetation der s. Stufe ist durch Zwergsträucher, Krummholz und besondere s. Waldtypen (in den Zentralalpen der lockere und lichte Lärchen-Arven-Wald) geprägt.

subaquatisch: Prozesse und Erscheinungen, die sich unter der Wasseroberfläche abspielen oder entstehen.

Subassoziation: → *Pflanzengemeinschaft* unterhalb der Größenordnung der → *Assoziation*, durch → *Differentialarten* von anderen Subassoziationen der gleichen Assoziation unterschieden.

Subassoziationsgruppe: eine → *Subassoziationen* zusammenfassende Gruppe unter Herausarbeitung von → *Differentialarten*; allerdings gibt es auch S. ohne Differentialarten.

subhumid: unscharfe Bezeichnung für → *semihumid*.

subhydrische Böden: → *Unterwasserböden*.

Subklimax: Bestandteil einer → *Sukzessionsreihe* einer Vegetation aufgrund besonderer geoökologischer Randbedingungen, der nicht zu dem vom Makroklima bestimmten Klimax führt, aber gleichwohl eine stabile → *Dauergesellschaft* darstellt.

subkontinental: → *kontinental*.

subkortikol: bezeichnet Organismen, die unter Baumrinde leben. (→ *kortikol*, → *phlöophag*).

subletal: an der Grenze der Lebensfähigkeit stehen. Der Tod tritt meist vor der Fortpflanzung ein.

Sublimation: direkter Übergang eines Stoffes vom festen in den gasförmigen Zustand und umgekehrt. Die S. des Wassers ist in gewissem Umfang am Wasserhaushalt von Schneedecken und Eismassen beteiligt, und sie spielt auch bei der Schneemetamorphose eine Rolle. In der Atmosphäre ist S. relativ selten, weil zu wenig Eispartikelchen als Kristallisationskeime zur Verfügung stehen. (→ *Sublimationswärme*).

Sublimationswärme: jene Wärmeenergie, welche beim direkten Übergang von Eis in die dampfförmige Phase verbraucht bzw. umgekehrt wieder frei wird. Die S. entspricht der Summe aus → *Schmelzwärme* und → *Verdampfungswärme*. (→ *Sublimation*).

Sublitoral: Teil des Ufer- und Küstenbereichs im Meer und Süßwasser. (→ *Litoral*).

submerse Wasserpflanzen: völlig untergetauchte Wasserpflanzen. Die s.W. werden in ihrer Tiefenverteilung durch den hydrostatischen Druck begrenzt. → *Hydrophyten*.

Submersionsresistenz: Widerstandsfähigkeit gegen Überflutung durch Meer- oder Süßwasser.

submontane Stufe: eine → *Höhenstufe* in → *Hochgebirgen* der gemäßigten Klimazone und Bestandteil der → *montanen Stufe*. Ihr Hauptmerkmal ist der Buchenwald, während über ihr die eigentliche montane Stufe mit Buchen-Tannen-Wald und darüber die hochmontane Stufe mit Fichtenwald folgt.

subnivale Stufe: die → *Höhenstufe in Gebirgen* zwischen der Obergrenze der geschlossenen alpinen Rasen und der → *klimatischen Schneegrenze*. In der s.stufe tritt noch eine flecken- oder polsterhafte Pioniervegetation auf. Der Schnee schmilzt in vielen Lagen nur in warmen Sommern völlig ab. Frost und Frostwechsel dominieren die Formungsprozesse.

Subökumene: Übergangsbereich zwischen → *Ökumene* und → *Anökumene*. Der Begriff S. wird teils identisch mit → *Semiökumene* gebraucht, teils auf solche Räume beschränkt, die sich aufgrund menschlicher Umgestaltung in einem Übergangsstadium zur Ökumene befinden.

Subparamo: Typ des → *Paramo*, der zu den andinen Bergwäldern überleitet und sich in 3 000–3 500 m Höhe anordnet mit *Compositen*- und *Ericaceen*-Gebüschen in seiner unteren und mit *Rubiaceen* und *Ericaceen* in seiner oberen Stufe.

Subpopulation: → *Teilpopulation*.
Subspezies: → *Rasse*.

Substrat: 1. in der Bioökologie und Biologie Unterlage, Grundlage; meist im Sinne von Nährboden bzw. auch Material, auf oder in dem Organismen einschließlich Mikroorganismen leben und wovon sie sich ernähren. Zum S. gehören demzufolge Felsen, Steine, Pflanzenstreu, abgefallenes Obst, Baumrinden etc.. – 2. in den Geowissenschaften meist im Sinne von Ausgangsmaterial, z.B. einer → *Bodenbildung*, verwendeter Begriff (→ *Oberflächennaher Untergrund*). – 3. in der Hydrobiologie bzw. Hydroökologie der organische Hauptnährstoff der Bakterien und Pilze.

Substratfresser: Tiere, die ihr → *Substrat* (Schlamm, Sand, Humus) mit den darin enthaltenen verdaulichen Stoffen verzehren. Die großen Mengen unverdaulicher Substanz durchlaufen nur als Ballast den Darmkanal. Beispiele sind Regenwürmer im Boden oder Bewohner des Watts (z.B. der Köderwurm *Arenicola*).

Subsystem: eine größere Funktionseinheit in einem → *System*, die aus forschungspraktischen Gründen für sich allein modelliert wird. Im Modell des → *Geoökosystems* wäre das → *Pedosystem* oder das → *Morphosystem* ein solches S.

Subtropen: in der Abgrenzung diskutierbare Übergangszonen zwischen den → *Tropen* und den kühlgemäßigten Breiten, etwa von den Wendekreisen bis maximal 45° Breite reichend. Die S. sind der Bereich der Anlaufzonen der Passate und der subtropischen Hochdruckgürtel, von welchen sie klimadynamisch geprägt sind. Die Zone der S. gliedert sich in zwei große Klimagürtel, nämlich die passatischen Trockengebiete („Passatzone") und die warmgemäßigten mediterranen Klimazonen („Mediterrane Subtropen"), deren Ausprägung an den West- und Ostseiten der Kontinente verschieden ist. Daher gibt es auch kein typisch „subtropisches Klima", wohl aber allgemeine, die S. charakterisierende Klimamerkmale. Dazu gehören deutliche Jahresschwankungen der Temperatur mit hoher Sommerwärme und milden Wintern. Die Feuchteverhältnisse hängen von der jeweiligen Breitenlage ab und sind demzufolge völlig verschieden. Zwischen zwölf und null humide Monate sind möglich.

Sukkulente: saftreiche, flachwurzelnde Trokkenpflanzen, also → *Xerophyten*, die einen xeromorphen Bau aufweisen, zusätzlich aber über wasserspeichernde Gewebe in Blättern, Achsen oder Wurzeln verfügen, die während feuchter Jahresabschnitte Wasser aufnehmen. Nach der Lokalisierung der Wasserspeicherung werden Blatt-, Stamm- und Wurzel-S. unterschieden. Blatt-S. sind *Agave*, *Aloe*, *Crassulaceen* und *Aizoaceen*; Stamm-S. mit Reduktion der Blätter bis zum völligen Verschwinden dieser findet man bei den *Cactaceen* und *Euphorbiaceen*; Wurzel-S. sind *Asparagus*-Arten, auch manche *Leguminosen*. Durch die Wasserspeicherung sind die S. meist fleischig-saftig. Ihre Oberflächen verfügen – meist zusätzlich – über verschiedene Formen des Verdunstungsschutzes. Auch Salzpflanzen (→ *Halophyten*) können als Salz-S. auftreten, ebenso können Pflanzen des → *Hochmoors* (→ *Peinomorphose*) sukkulent sein.

sukkulent-xeromorph (nano-xeromorph): Eigenschaft von Pflanzen, dauernd starke Trockenheit bei geringen, meist episodischen Niederschlägen und gleichzeitig hohen Verdunstungsraten zu ertragen.

Sukkulenzgrad: das Verhältnis zwischen Sättigungswassergehalt (in g) und Oberfläche (in dm^2) von Blättern oder Sprossen höherer Pflanzen als Maß für die Intensität der → *Transpiration*. Bei einem hohen S. wird der Wasservorrat der Pflanzen geschont. → *Sukkulente*.

Sukzession: in Geo- und Biowissenschaften allgemein Aufeinanderfolge oder Abfolge von meist verschiedenen Entwicklungsstadien einer → *Sukzessionsreihe*. S. können durch das Klima, die Bodenentwicklung oder die Lebenstätigkeit der Organismen selbst hervorgerufen werden. S. treten auf als: 1.) säkulare Veränderungen infolge langfristiger Klimaänderungen (z.B. S. von Tundra in Richtung Laubwald in Mitteleuropa nach der Eiszeit), 2.) primäre S. als erstmalige Besiedlung von neu sich bildenden Flächen (z.B. Vulkaninseln, Gesteinsschutt nach Gletscherrückgang); 3.) sekundäre S. als Wiederherstellung des ehemaligen Zustandes nach stärkeren Eingriffen natürlicher oder anthropogener Art (z.B. Feuer, Kahlschlag, Überschwemmung, Beweidung, Ackerbau), 4.) Abbauvorgänge an Kleinlebensräumen, wie z.B. Dunghaufen.

1. speziell in der Pflanzenökologie die zeitliche Aufeinanderfolge von Pflanzengesellschaften in einem bestimmten Ökosystem, dessen Zu-

stand sich wandelt. Damit können die Pflanzen-S. Kriterium für Gliederung bzw. Anordnung von Pflanzengesellschaften sein. Das Ende einer Reihe bildet die → *Schlußgesellschaft,* die bei anhaltend gleichen Umweltbedingungen auch eine → *Dauergesellschaft* darstellt. – 2. in der Tierökologie die Aufeinanderfolge von Tierartenkombinationen als Folge einer Entwicklung der Geoökosystembedingungen. – 3. Ausweitung des bioökologischen Sukzessionsbegriffes auf die → *Geoökologie* als Landschaftssukzession.

Sukzessionsreihe (Entwicklungsreihe, Sukzessionsserie): Abfolge von mehreren Stadien in der zeitlichen Aufeinanderfolge von → *Biozönosen,* welche den Wandel der Bedingungen in den Geoökosystemen der Umwelt repräsentiert.

Sukzessionsserie: → *Sukzessionsreihe.*

Sulfatatmung (dissimilatorische Sulfatreduktion): dissimilatorischer Stoffwechselvorgang, der nur bei → *Prokaryonten* auftritt und unter anaeroben Bedingungen (als → *anaerobe Atmung*) abläuft. Bei diesem Vorgang wird der Wasserstoff aus organischen H-Donatoren unter Energiegewinn auf Sulfat übertragen.

Sulfatgewässer: → *Mineralgewässer.*

Sulfurikanten: Gruppe der → *Schwefelbakterien.*

Summationsgift (Kumulationsgift): 1. jene → *Umweltgifte,* die sich in Pflanze, Tier oder Mensch durch → *Bioakkumulation* einlagern und anreichern und/oder sich durch schlechte → *Abbaubarkeit* auszeichnen. Die S. können auch bei Aufnahme kleiner Dosen nach Jahren Vergiftungen des Organismus bewirken, wenn sie in dessen stoffwechselaktiven Organen gewisse Schwellenwerte überschritten haben. Die S. lagern sich organspezifisch ein, z.B. Cadmium in Leber und Niere, → *Blei* in den Knochen oder → *Polychlorierte Biphenyle* im Fettgewebe. – 2. zu den S. gehören auch die → *Umweltgifte,* die im lebenden Organismus zwar schnell abbaubar sind, trotzdem aber Schaden durch Summierung der schädigenden Wirkung anrichten. Dazu gehören Umweltchemikalien, die das Erbgut verändern, Krebs erregen oder Mißbildungen bewirken.

Sumpfgas: Methangas, das im → *Faulschlamm* von Gewässern durch methanbildenden Bakterien (→ *Methanbakterien)* synthetisiert wird und an die Oberfläche steigt. (→ *Faulgas).*

Sumpfquellen: eine Sickerquelle. (→ *Quelltypen).*

Sumpfwiese: Grasland auf nassen Böden, das nicht gedüngt und oft zur Streugewinnung gemäht wird (→ *Streuwiese).* In Mitteleuropa dominieren auf ständig nassen Sumpfwiesen Riedgrasgewächsen (*Carex*-Arten) und auf wechselfeuchten Böden oft *Molinia caerulae.*

superaqual: in Verbindung mit dem Begriff → *Biotop* einen Bereich kennzeichnend, in welchem → *Grundwasser* in geringer Tiefe ansteht. Gelegentlich werden auch Uferbiotope als s. bezeichnet.

Super-GAU: ein → *Störfall,* der die Wirkungen des → *GAU* überschreitet und der als nicht mehr beherrschbar gilt. Dabei kommt es zum Versagen der Sicherheitssysteme des → *Kernreaktors,* wobei der Reaktorkern bei Temperaturen von um 3 000°C schmilzt oder der Druckbehälter explodiert. Dabei werden große Mengen → *radioaktiver Substanzen* freigesetzt, die an Boden, Wasser und Luft abgegeben und mit den Winden und Wolken über große Distanzen verbreitet werden. Ein S. war der Reaktorunfall von → *Tschernobyl.*

Superparasitismus: Sonderform des → *Parasitismus,* bei der mehrere → *Parasiten* der gleichen Art in oder am gleichen Wirt vorkommen.

Superspezies: 1. Gruppe von Arten, die von einer gemeinsamen Urform abstammen, die aber wegen markanter morphologischer Unterschiede nicht zu einer Art zusammengefaßt werden können. – 2. Art, die aus einer Primärart durch Vervielfachung des Chromosomenbestandes entstand.

Supralitoral: Teil des Ufer- und Küstenbereichs des Meeres oder von Süßgewässern. → *Gewässer.*

Suprapopulation: eine → *Population,* die aus mehreren, unter Umständen genetisch unterschiedlichen → *Teilpopulationen* besteht, zwischen denen der Genfluß vermindert ist. Ähnlich wird der Begriff der Metapopulation verstanden, bei der aber keinesfalls ein genetischer Unterschied zwischen den Teilpopulationen bestehen muß.

Supraspezies (Großart, Sammelart): Pflanzengruppe, deren Arten und Unterarten schwer voneinander abzugrenzen und zu bestimmen sind.

Suspendierte Stoffe: in Hydroökologie, Geoökologie und Umweltchemie mineralische oder organische Wasserinhaltsstoffe, die in kleinsten Korngrößen in der Schwebe bleiben und nicht in Lösung gehen. In der → *Abwasserreinigung* und damit in → *Kläranlagen* müssen die S.S. durch Sedimentation in Absetzbecken, aber auch durch Filterung oder chemische Fällung aus dem → *Abwasser* entfernt werden. Dies ist zu fast 100% möglich. Umweltökologisch sind die S.S. insofern problematisch, als die Teilchen mit Umweltchemikalien „beladen" sind und dadurch in aquatischen Ökosystemen lange Bestandteil der → *Stoffkreisläufe* bleiben.

Suspension: eigentlich Aufschwemmung kleiner fester Teilchen in einer Flüssigkeit, die bei Nachlassen des Fließens oder genügend langer Absetzzeit sedimentieren können.

Süßgräser: den → *Sauergräsern* gegenübergestellte Familie einkeimblättriger Pflanzen, die mit ca. 4 500 Arten weltweit verbreitet und in vielen Vegetationsformationen der Erde vorherrschender Bestandteil ist, z.B. in den → *Steppen* und → *Savannen.* Sie werden weidewirtschaftlich genutzt, und ihre Abkömmlinge sind die heutigen Getreidearten.

Süßwasser: das Wasser der Binnengewässer, welches weniger als 0.5‰ Salze enthält und demzufolge bei 8–12°C nicht salzig schmeckt (Richtlinie).

S-Wert: in Milliäquivalent (mval) pro 100 g Boden'angegebene Summe der austauschbaren Erdalkali- und Alkali-Ionen Calcium, Magnesium, Kalium und Natrium. (→ *Kationenaustausch*, → *Austauschkapazität*, → *Sorption*).

Switching: engl. für → *Umschaltreaktion*.

Symbionten (Symbioten): 1. die beiden in einem → *Bisystem* zusammenwirkenden Partner. – 2. die mit einem größeren Organismus in → *Symbiose* lebenden Mikroorganismen, z.B. Bakterien, Pilze, Algen, Protozoen. Die S. leben zeitweise oder dauernd zusammen, sie sind artverschieden und aneinander angepaßt mit einer stark ausgeprägten gegenseitigen Abhängigkeit, bei einem etwa gleichwertigen Nutzen für beide Partner. Sie leben in der Symbiose zusammen und zeigen oft Übergänge zum → *Parasitismus*.

Symbiose: ein enges Zusammenleben zweier verschiedener Organismen, das im allgemeinen für beide Partner bereits lebensnotwendig geworden ist. Die Partner heißen Symbionten; sie können beide Pflanzen sein (z.B. Algen und Pilze als Flechten), beide Tiere (z.B. Flagellaten im Termitendarm) oder Tier und Pflanze (Bakterien im Tierdarm) sein. Sie sind vorübergehend (Ektosymbiose) oder ständig (Endosymbiose) in Berührung mit dem anderen Partner. Viele Symbioseprozesse zeigen auch Übergänge zum → *Parasitismus*.

Symbioten: → *Symbionten*.

symbiotroph: bezeichnet Pflanzen, die sich mit Hilfe von Mykorrhizen, Knöllchenbakterien usw. ernähren.

Symorphismus: Eingepaßtsein eines Organismus in seine Lebensumwelt durch seine Körperform.

sympathisch: bezeichnet eine Färbung oder eine Tracht bei Tieren, die mit der Umgebung in Farbe und/oder Form übereinstimmt (sympathische Färbung, sympathische Tracht).

Sympatrie: Vorhandensein von zwei oder mehr genetischen Populationen gleicher Art am gleichen Ort.

sympatrisch: 1. bezeichnet Populationen oder Arten, die überlappende oder sich sogar genau deckende geographische Regionen besiedeln. Ggs.: → *allopatrisch*. – 2. bezeichnet eine Form der → *Artbildung*, bei der Arten aus nicht voneinander geographisch isolierten Einheiten (Populationen oder Gruppen von Populationen) aus einer „Stammart" entstehen. Es wird diskutiert, ob überhaupt neben der → *allopatrischen* auch s. Artbildung möglich ist und in der Natur auch vorkommt, da für die Auseinanderentwicklung des Genbestandes der Populationen diese voneinander isoliert sein müssen. – 3. im übertragenen Sinne eingesetzt für verwandte Parasiten, die den gleichen Wirt haben.

Symphilie (Symphilium): Form des → *Mutualismus;* Gastverhältnis, bei dem ein Partner dem anderen Nahrung, Wohnung und Schutz bietet und von ihm dafür Säfte oder Drüsensekrete erhält. S. kommt bei Ameisen und Termiten mit bestimmten Gästen vor, ferner zwischen Insekten und Pflanzen, z.B. den Myrmekophyten.

Symphorismus: Sonderform einer Vergesellschaftung zweier Tierarten, bei der eine Art eine andere als ständigen Transporteur benutzt (z.B. sessile Ciliaten [Vorticellen] auf Wasserorganismen). (→ *Phoresie*).

synanthrop: 1. bezeichnet spontanes Auftreten von Organismen im Bereich menschlicher Siedlungen. Die Besiedlung ist nicht bewußt vom Menschen gefördert worden. Beispiele sind Hausfliege, Norwegerratte, Haussperling. – 2. alle enger mit dem Menschen oder seinen Aktivitäten im Sinne der Landschaftsveränderungen von ihm mehr oder weniger abhängigen Organismen (vgl. → *Hemerobien*). Beispiel: der Bienenwolf (eine Grabwespe) nistet in warmen Böden ohne oder mit spärlichem Pflanzenwuchs und ist ein → *Kulturfolger*.

Synchorologie: 1. ein Begriff der → *Pflanzensoziologie*, der die räumliche Verbreitung der → *Assoziationen* oder ihrer höheren Aggregationen beschreibt. – 2. allgemein die Lehre von der Verbreitung der Lebewesen auf der Erde, praktisch der → *Biochorologie* entsprechend.

Synchromatismus: durch die körpereigene Färbung erfolgtes Eingepaßtsein von Tieren oder Pflanzen in ihre (charakteristisch gefärbte) Umwelt.

Synchronisation: zeitliche Übereinstimmung zwischen verschiedenen Vorgängen oder Zuständen. Im Bereich der Ökologie ist die S. verschiedener Entwicklungszyklen besonders wichtig, z.B. für die Entwicklung mancher Insekten, die auf eine bestimmte Futterpflanze angewiesen sind. Eine derartige S. kann über exogene oder endogene Faktoren gesteuert werden (Photoperiode, Temperatur usw.).

Synchronologie (Chronologie): Lehre von den erdgeschichtlichen Wandlungen der Pflanzengesellschaften und Tiergemeinschaften. In der → *Pflanzensoziologie* werden S. und → *Syndynamik* zuweilen unter Syngenetik zusammengefaßt. Zur Erforschung der S. gehört auch die → *Pollenanalyse*.

Syndynamik: Lehre von den sich in der Gegenwart entwickelnden gesetzmäßigen Abfolgen der Pflanzengesellschaften im Sinne der → *Sukzession* und somit Begriff der → *Pflanzensoziologie*. Als Forschungsbereich ist sie verwandt mit der → *Syngenetik*.

Synechtrie (Raubgastgesellschaft): Sonderform des Räubertums in Gesellschaftsvogelnestern, Ameisen- und Termitenbauten durch Arten, die im gleichen Bau leben, um sowohl Vorräte als auch Brut der Gastgeber zu verzehren.

Synergetik: 1. präzise, jedoch wenig gebräuchliche Bezeichnung für geographische → *Landschaftslehre*, Landschaftsforschung, Landschaftswissenschaft als der Teil der → *Geographie*, der sich systematisch und vergleichend mit dem Wirkungsgefüge der → *Biogeosphäre* befaßt. – 2. generell in verschiedenen → *Ökologien* die Kennzeichnung eines funktionalen Zusammenwirkens verschiedener → *Systemelemente* bzw. → *Kompartimente* eines → *Systems*.
Synergetische Landschaftscharakteristik: → *Landschaftscharakteristik*.
Synergismus: allgemein Wechselwirkung, gegenseitige Beeinflussung, Funktionsgefüge, auch: Funktionen unterstützend; auch die Form der → *Wirkung* von zwei oder mehr → *Ökofaktoren*, die größer ist als die Summe der Wirkungen des Einzelfaktors. (→ *Antagonismus*) – 1. in der → *Bioökologie* die synergistischen Wirkungen von Faktoren der Lebensumwelt auf bestimmte Stoffwechsel-, Wachstums- und/oder Entwicklungsprozesse. – 2. in der Biologie jede Form von Wechselbeziehungen zwischen Individuen, Arten oder Populationen, die für beide Partner förderlich ist (→ *Synergisten*). – 3. in der → *Landschaftslehre* bzw. der → *Landschaftsökologie* das Prinzip der naturgesetzlichen Beziehungen und Wechselwirkungen innerhalb einer → *naturräumlichen Einheit*, die als geographischer Funktionskomplex, Geokomplex oder *Geographischer Komplex* funktioniert, und die mehr als die Summe der einzelnen → *Geoökofaktoren* bzw. → *Geofaktoren* bedeutet. Dieser Funktionszusammenhang wird im → *Landschaftsökosystem*, → *Geoökosystem* bzw. → *Ökosystem* modelliert, deren Funktionieren das Prinzip des S. repräsentiert. – 4. in der → *Umweltchemie* die gegenseitige Wirkungsverstärkung von Chemikalien, wie dies → *Blei* oder → *Cadmium* tun.
Synergisten: allgemeine bioökologische Bezeichnung für verschiedene Organismen, die in → *Bisystemen* oder anderen lebensförderlichen Beziehungen zueinander stehen. Den S. werden die → *Antagonisten* gegenübergestellt, die in Konkurrenz oder in direkter Feindbeziehung zueinander stehen.
Syngenetik: Lehre, die sich auf Grund der Gesetze der Genetik mit den Regeln und Gesetzen des Entstehens, Entwickelns und Vergehens von → *Pflanzengesellschaften* beschäftigt. Die Gleichsetzung von S. und → *Syndynamik* ist nur z.T. gerechtfertigt.
Synökie (Einmietung, Inquilinismus): eine Interaktion, bei der eine Art in Nest oder Wohnung einer anderen lebt, ohne dieser zu schaden; Bsp.: mancher Einmieter (Inquilinen) unter den Insekten und Milben in Fraßräumen anderer Arten; viele Mitbesiedler von Warmblüternestern (→ *Nidikole*).
Synökologie: Teilgebiet der Bioökologie, das sich mit den Wechselbeziehungen zwischen → *Lebensgemeinschaften* und ihrer Umwelt (Biotop) befaßt. Organismengemeinschaften sind in komplexer Weise untereinander und mit dem abiotischen Lebensraum verknüpft. Im Prinzip muß bei einer synökologischen Betrachtungs- und Untersuchungsweise das Gesamtsystem untersucht werden, was aber unpraktikabel ist. Die biotischen und abiotischen Faktoren der → *Geoökosysteme* werden daher soweit mitberücksichtigt, als sie zur Erklärung der Wechselbeziehungen zwischen den Organismenpopulationen dringend notwendig scheinen. Verwandte Gebiete sind → *Biozönologie*, → *Ökosystemforschung* und → *Produktionsbiologie*. In einem weiteren Sinne wird zur S. manchmal auch die → *Populationsökologie* gezählt. Gegensatz: → *Autökologie*.
Synökologische Regeln: → *Ökologische Regeln*.
synökologisches Optimum: → *ökologisches Optimum*.
Synökosystem: wenig gebräuchlicher synthetischer Begriff für die Umschreibung des Gesamtzusammenhangs von → *Bioökosystem* und → *Bioökozönose* als einen nach den → *abiotischen* und → *biotischen Faktoren* einheitlichen Lebensraum.
Synopsis: in Geo- und Biowissenschaften häufig für Vorschau, Zusammenschau, Übersicht über Einzelsachverhalte, die miteinander in einem sachlichen Zusammenhang stehen.
Syntaxonomie (Synsystematik): Gliederung der Pflanzengesellschaften (→ *Assoziation*) in ein System. (→ *Pflanzensoziologie*).
Synthese: Vereinigung, Verbindung, Zusammensetzung, Zusammenschau verschiedener Stoffe, Faktoren oder geo- und biowissenschaftlicher Einzelsachverhalte zu einer Einheit/Raumeinheit/Funktionseinheit.
syntop: bezeichnet Arten, die in ähnlichen Lebensräumen vergleichbarer Größe vorkommen, z.B. in einem bestimmten Stratum oder einem Strukturteil eines Ökosystems.
Syntop: bezeichnet kleine, abgrenzbare Biotopausschnitte, wie → *Stratum*, → *Biochorion* und → *Strukturteil*.
Synusie: 1. Gruppe von Arten gleicher oder ähnlicher → *Lebensform*, die regelmäßig in einem bestimmten Ausschnittstyp eines Lebensraumes auftreten. Die in verschiedenen → *Lebensgemeinschaften* immer wiederkehrenden S.n werden auch als Hauptisözien oder Schichtenvereine zusammengefaßt (z.B. → *Euedaphon*, → *Hemiedaphon*, → *Atmobios*). – 2. Allgemeiner Ausdruck für einen → *Gemeinschaft* an Organismen, die sich durch einen charakteristischem Artenbestand auszeichnet und in einem → *Syntop* lebt. Beispielsweise findet man in und an einem Baumstrunk bestimmte Arten der Tausendfüßler, Spinnen und Asseln.
synzoische Verbreitung: absichtliches Verschleppen von Verbreitungseinheiten der Pflanzen durch Tiere.

Syrosem: der → *Rohboden* der gemäßigten Breiten.
System: 1. allgemein der Zusammenhang von Dingen, Vorgängen und/oder Teilen, die eine funktionale Einheit darstellen, die – gewissen Regeln folgend – ein geordnetes Ganzes bilden. – 2. in einer wissenschaftlichen Disziplin die systematisch geordneten Fachinhalte, die auf allgemeinen Grundsätzen basieren und auf Grund dieser in einen Sachzusammenhang gebracht werden. – 3. in der Chemie das Periodische System. – 4. in der → *Taxonomie* ein Ordnungssystem für Lebewesen auf Grund seiner Merkmale. – 5. in der → *Ökologie* und ihren disziplinären Vertretern (→ *Bioökologie*, → *Geoökologie*, → *Landschaftsökologie*) ein Komplex bzw. eine Funktionseinheit aus verschiedenen Komponenten, die miteinander in Wechselbeziehungen stehen und ein → *Wirkungsgefüge* bilden im Sinne des → *Ökosystems* bzw. → *Bioökosystems*, → *Geoökosystems* oder → *Landschaftsökosystems*. – 6. in der → *Systemtheorie* steht „das" S. im Mittelpunkt praktischer und theoretischer Überlegungen. Das S. wird definiert als eine Menge von Elementen und eine Menge von Relationen, die zwischen diesen Elementen bestehen, wobei letztere die Systemstruktur repräsentiert. Die in Geo- und Biowissenschaften untersuchten S. sind dynamisch, d.h. ihre Elemente sind „aktiv", weil sie von anderen Elementen desselben oder eines anderen S. beeinflußt werden. Die aktiven oder funktionalen → *Systemelemente* sind durch Relationen verknüpft, die stoffliche, energetische und/oder informatorische Kopplungen aufweisen. Die Merkmale des S. drücken sich in seiner → *Struktur* aus, die das S. auch in eine → *Systemhierarchie* einordnen läßt bzw. dessen Stellung in dieser klärt. Außerdem gibt die Struktur Auskunft über die Funktion, zu der gesetzmäßige Beziehungen bestehen. Unterschieden werden → *geschlossene* und → *offene* S.
Systemanalyse: ganzheitliche Methode zur Untersuchung von natürlichen, dynamischen → *Systemen* (z.B. Wirt-Parasit-System) unter normalen oder künstlichen Bedingungen. Sie besteht aus einer Vielzahl von Techniken und Prozeduren mathematischer, statistischer Art für die Analyse komplexer Systeme unter Benutzung der elektronischen Datenverarbeitung. Eine Methode ist dabei die Erstellung von Simulationsmodellen (→ *ökologische Modelle),* die 4 Schritte beinhaltet: Auswahl der Elemente, Definition der Wechselbeziehungen zwischen ihnen, Festlegung der Mechanismen, die diese Beziehung bestimmen, Validierung durch Vergleich von durch das Modell erhaltenen Vorhersagen mit realen Daten. Die S. geht nach dem Grundsatz vor: wenn alle Elemente eines Systems und ihre quantitativen Wechselbeziehungen bekannt sind, ergeben sich alle Eigenschaften des gesamten Systems. → *Ökosystemanalyse.*
systemanalytischer Ansatz: → *systemtheoretischer Ansatz.*
systemanalytisch-geomorphologischer Ansatz: → *geomorphologisch-geoökologischer Ansatz.*
systemarer Ansatz: → *systemtheoretischer Ansatz.*
Systematik: → *Taxonomie.*
Systembibitoren: an Pflanzen saugende → *Stechsauger,* die aus dem Leitgewebe der Pflanzen Säfte aufnehmen, meist Phloemsaft (viele Zikaden, Aphidina, Coccina), seltener Xylemsaft (manche Zikaden). → *Pflanzensaftsauger.*
Systemelement: 1. allgemeine Bezeichnung für Bestandteile eines → *Systems*, in der Regel mit den Faktoren des Systems gleichgesetzt. – 2. auch andere Bestandteile eines Systems, wie → *Regler* und → *Prozesse* stellen im allgemeinsten Sinne S. dar. – 3. aus ganzheitlicher Sicht können auch große Funktionsteile eines Systems, die man auch als → *Subsystem* bezeichnet, als S. ausgewiesen werden. – 4. man kann auch → *Kompartimente* ganz allgemein als S. bezeichnen.
Systemhierarchie: setzt sich aus mindestens zwei, meist aber mehreren → *Systemen* zusammen, so daß sich eine Vor- und eine Nachordnung ergibt. Das dabei übergeordnete System kann dann als System höherer Ordnung betrachtet werden, das wiederum mit gleichrangigen zu Systemen noch höherer Ordnung gekoppelt sein kann. Die Struktur der S. setzt jedoch schon auf einem niedrigeren Niveau an: die → *Systemelemente* treten zu den → *Kompartimenten* zusammen, die wiederum → *Subsysteme* oder ein System bilden. Sowohl diese innere Hierarchie der Systembestandteile als auch die Hierarchie ganzer Systeme sind letztlich modelltheoretische Vorstellungen, die in der praktischen Erforschung der Systeme methodische Bedeutung besitzen.
systemisch: bezeichnet die Aufnahme von → *Pflanzenschutzmitteln* durch Pflanzen über Wurzeln oder Blätter und die Verteilung dieser Stoffe in die Pflanzenorgane. (→ *Systemwirkung).*
systemtheoretischer Ansatz (systemanalytischer Ansatz, systemarer Ansatz): Anwendung der → *Systemtheorie* auf die unterschiedlichsten Gegenstände der verschiedenen Wissenschaften, wobei diese als → *Systeme* modelliert werden. Vor allem bei sehr komplexen Systemen sichert der s. A. ein sachgerechtes Vorgehen, d.h. es wird zur methodischen und theoretischen Klarheit durch Sonderung der → *Systemelemente* und deren sauberer Belegung mit Begriffen beigetragen. Außerdem können mit dem s. A. die → *Systemhierarchien* erkannt und herausgearbeitet werden.
Systemtheorie: interdisziplinäre Theorie über das → *System*. Sie stellt die Beziehungen zwi-

schen den → *Systemelementen* dar, um Struktur und Funktion der Systeme sowie der → *Systemhierarchien* herauszuarbeiten. Hauptziel ist die Klassifikation von Systemen, z.B. in → *offene* und → *geschlossene Systeme* oder belastete und nichtbelastete bzw. → *stabile* oder → *labile Ökosysteme* usw. Die S. stellt die Systeme nicht nur graphisch dar, sondern versucht, die Struktur- und Funktionszusammenhänge mit Hilfe von Vektoren- und Matrizenrechnungen, der Topologie, der Funktionentheorie und mit Differentialgleichungen mathematisch zu formulieren. Die S. ist nicht an naturwissenschaftliche Ansätze gebunden, sondern sie findet auch in sozial- und wirtschaftswissenschaftlichen Disziplinen sowie in → *Raumforschung* und → *Raumordnung* Verwendung, in denen komplexe Systeme die Untersuchungsobjekte darstellen.

Systemwirkung: → *systemische* Wirkungsweise von → *Pflanzenschutzmitteln* im Gegensatz zur → *Residualwirkung*. Die Pflanzenschutzmittel werden bei der Systemwirkung von den Pflanzenschädlingen zusammen mit der gefressenen Pflanzensubstanz aufgenommen.

Szenarientechnik: dient der Erarbeitung eines → *Szenariums* oder mehrerer Szenarien, aufbauend auf der → *Systemanalyse* von Raum-, Ökosystem- und sonstigen Landschaftszuständen, die mit verschiedenen Verfahren der → *Prognose* herausgearbeitet werden. Die S. bedient sich oft der „Wortmodelle", also verbaler Beschreibungen denkbarer Planungsergebnisse, die zur Abschätzung künftiger Landschaftszustände und Entwicklungen dienen, über die aktuell in Planung und Politik zu entscheiden ist.

Szenarium: 1. in der → *Raumplanung* eine Reihung der Abfolge fiktiver Landschaftszustände, die auf Grund einer → *Prognose* erarbeitet werden. Um ein S., das zeitlich und räumlich definiert sein muß, zu erarbeiten, bedient man sich der → *Szenarientechnik*. – 2. bei ökologischen Prognosen die hypothetischen, quasi-quantitativ geschätzten oder errechneten Möglichkeiten künftiger Umweltsituationen.

T

TA Abfall: Abkürzung für Technische Anleitung Abfall. Verwaltungsvorschrift, in der technische Anforderungen an die Abfallbeseitigung festgelegt werden.

tagaktiv: bezeichnet Organismen (praktisch nur Tiere), die ihr Aktivitätsmaximum am hellen Tage haben. Dies kann funktionell bedingt sein, weil es sich um optisch orientierende Organismen handelt oder weil nur tagsüber die Temperatur genügend hoch ist. Bsp.: Singvögel, Tagfalter. Grüne Pflanzen können aus Gründen der Energiegewinnung aus dem Sonnenlicht grundsätzlich nur t. sein, zeigen allerdings nachts gewisse Stoffwechselumstellungen oder gewisse Anpassungen an nächtliche tierische Bestäuber. (→ *nachtaktiv*, → *dämmerungsaktiv*).

Tagebau: eine Form des Bergbaus, die dem → *Tiefbau* gegenübersteht und bei der die Lagerstätten von der Erdoberfläche her abgebaut werden. Der T. ist nur bei geringmächtigen Deckschichten möglich. Die Fortschritte der Bergbautechnik machen inzwischen aber auch den → *Tieftagebau* möglich, der Tiefen von über 500 m erreicht. Vor allem beim Abbau der → *Braunkohle* werden große T. angelegt. Die vom T. gerade in der Braunkohle ausgehenden Störungen der → *Landschaftsökosysteme* sind beträchtlich, weil sowohl der gesamte → *Oberflächennahe Untergrund*, aber auch der tiefere – geologische – Untergrund gestört werden und damit ein Eingriff in das → *Grundwasser* erfolgt. Wegen der großen Flächenbeanspruchungen (→ *Landschaftsverbrauch*) erfolgt eine vollständige → *Ausräumung* der → *Kulturlandschaft* und deren weitgehende Zerstörung. Durch Maßnahmen der → *Rekultivierung* wird versucht, die Landschaft nach Schließung des T. neu herzurichten.

Tagesperiodik (Tagesrhythmik): der Wechsel zwischen Aktivität und Ruhe von Organismen im Tageslauf. Je nach zeitlicher Lage des Aktivitätsmaximums wird eine Organismenart als → *tagaktiv* oder → *nachtaktiv* oder als → *dämmerungsaktiv* bezeichnet. Manche Organismen haben auch mehrere Aktivitätsperioden im 24-Stunden-Tag.

Tagesrhythmik: → *Tagesperiodik*.

Tageszeitenklima: Klimate, die viel stärker durch Tagesschwankungen wichtiger → *Klimaelemente* (besonders der Temperatur) als durch deren jahreszeitliche Schwankungen geprägt sind. T. sind vor allem die → *tropischen Klimate*. Sie stehen den → *Jahreszeitenklimaten* gegenüber.

Tag-Nacht-Wechsel: → *Photoperiode*.

tagneutrale Pflanzen: Pflanzen, die photoperiodisch nicht empfindlich sind und speziell bei der Blütenbildung nicht vom täglichen Licht-Dunkel-Zyklus abhängen. Vgl. auch → *Langtagpflanzen*, → *Kurztagpflanzen*.

Tagtiere: Tiere, die → *tagaktiv* sind.

Taiga: Landschaftstyp im → *borealen Klima* und seines Nadelwaldbioms mit Hauptverbreitungsgebiet in Eurasien und im nördlichen Nordamerika, welcher der borealen Florenprovinz angehört und überwiegend urwaldartige Nadelwaldformationen aus Lärche, Zirbelkiefer, Tanne, Fichte und Kiefer umfaßt, und der in verschiedenen räumlich sehr ausgedehnten Varianten – wie der Sumpftaiga – auftritt. In den Übergangsbereichen zur gemäßigten, → *nemoralen* Klimazone sind zahlreiche Laubbäume eingestreut. Klimatisch ist die T. charakterisiert durch lange, schneereiche Winter und kurze, meist kühle Sommer. Die kalte Jahreszeit dauert über sechs Monate, worauf die Vegetation eingestellt ist. Mit Ausnahme der Lärche handelt es sich um immergrüne Nadelhölzer, die Anpassung an Kälte und Frosttrocknis zeigen. Die Niederschläge gelangen nur z.T. in den Bodenwasserhaushalt, weil sie von der Baumschicht, gegebenenfalls auch von der Moos- und Streuschicht zurückgehalten werden. Der für die Vegetation lebenswichtige Bodenwasserhaushalt ist zudem noch durch den Dauerfrostboden im Bereich des → *Permafrostes* eingegrenzt, der für weite Teile der T. typisch ist. Bodentypen der T. sind → *Podsol*, → *Pseudogley*, → *Gley* und → *Moor*. Wegen der reichlich anfallenden und sich schwer zersetzenden Nadelstreu (→ *Streu*) ist die Bildung von → *Rohhumus* weitverbreitet. Bei den Tieren zeigen sich im Lebensformenspektrum große Übereinstimmungen zwischen T. und → *Silvaea*. Viele ökologische Merkmale lassen sich in den Wäldern der → *montanen Stufe* der → *Hochgebirge* in gemäßigten Klimazonen wiederfinden.

TA Lärm (Technische Anleitung zum Schutz gegen Lärm): sie bezieht sich auf das deutsche → *Bundesimissionsschutzgesetz* und liefert → *Lärmgrenzwerte* und → *Lärmrichtwerte*, die behördenverbindlich sind, wenn es um die Genehmigung von technischen Anlagen geht, die zu → *Lärmemissionen* führen. Die Grenz- und Richtwerte beziehen sich auf die → *Lärmimmissionen*.

Taldurchlüftung: durch eine besondere räumliche Lage zu Großreliefformen, die lokalen Reliefverhältnisse selber und markante Geländehindernisse (z.B. Talengstellen) differenzierter Luftumsatz in einer Talform. Die T. bestimmt die Zeitdauer der Lufterneuerung und ist damit für die Anreicherung von vorhandenen luftverunreinigenden Stoffen von Bedeutung. (→ *Bergwind*, → *Talwind*).

Talklima: durch die besondere Reliefflage geprägtes → *Klima* der Tallagen. Die typischen Merkmale des T. sind relativer allgemeiner → *Windschutz*, Einfluß besonderer Windsysteme (→ *Bergwind*, → *Talwind*), Ansammlung von Kaltluft bei Ausstrahlungswitterung mit der

Folge häufiger Talnebelbildung und lokale Besonnungsarmut durch Beschattung (in engen Gebirgstälern).

Talsperre: eine → *Stauanlage*, die in einem Tal mit natürlichem Zufluß durch Bau einer Mauer oder eines Dammes angelegt wird, um ein → *Speicherbecken* zu erhalten, um Vorräte von → *Trinkwasser* und Brauchwasser anzulegen, → *Hochwasserschutz* zu bewirken, das Niedrigwasser für die Schiffahrt aufzuhöhen und um Energie zu erzeugen. Durch im Oberlauf des Zuflusses angelegte Vorsperren kann die Wassergüte verbessert werden, jedoch auch unterhalb des Ablasses, indem durch Wasserabgabe das Flußwasser „verdünnt" wird. Manche T. dienen ausschließlich der Trinkwassernutzung, andere sind als Betriebswasser-T. angelegt. Hauptverbreitungsgebiet der T. sind die Mittel- und Hochgebirge, wo vom Relief her Gunstbedingungen für die Anlage bestehen, wo aber auch der Niederschlag für eine ausreichende Wasserführung der Zuflüsse sorgt. Alt- und Neuanlagen von T. waren schon immer umstritten, weil sie → *Landschaftsverbrauch* bedeuten und durch die Stauhaltung terrestrische Ökosysteme mit ihrem Bios vernichtet werden.

TA Luft (Technische Anleitung zur Reinhaltung der Luft): eine allgemeine Verwaltungsvorschrift in Deutschland, die sich auf das → *Bundes-Immissionsschutzgesetz* bezieht und sowohl → *Immissionsgrenzwerte* für anorganische → *Luftverunreinigungen* als auch Emissionsgrenzwerte enthält. Dafür liefert die TA L. Langzeit- und Kurzzeitgrenzwerte. Schwerpunkt bilden die Stoffe Chlor, Chlorwasserstoff, → *Fluorwasserstoff*, → *Kohlenmonoxid*, → *Schwefeldioxid*, → *Schwefelwasserstoff* sowie → *Stickoxide* und → *Staub*. Damit die → *Grenzwerte* dem → *Stand der Technik* entsprechen, werden sie fortgeschrieben. Wie auch im Falle der → *TA Lärm* wird die TA L. über die Behördenverbindlichkeit hinaus auch im → *Umweltrecht* als Standard benützt.

Talwind: im tagesperiodischen Berg-Tal-Windsystem von Gebirgstälern der etwa vom frühen Mittag an talaufwärts wehende Wind. Der T. entsteht als Folge der starken Erwärmung der Gebirgshänge durch direkte Sonnenbestrahlung, die ein Aufsteigen der über dem Boden erhitzten Luft bewirkt und damit durch einen bergwärts gerichteten Sog einen Ausgleichsbewegung in Gang setzt. Nachts wird der T. vom umgekehrten → *Bergwind* abgelöst.

Tangelhumus: über Kalkstein entwickelte alpine Sonderform des → *Rohhumus*. Der T. besteht aus einer sauren, relativ nährstoffreichen, für Rohhumusverhältnisse stark belebten Lage aus dunkelbraunen, zerkleinerten und gering zersetzten Pflanzenresten über einem dunklen, huminstoffreichen A_h-Horizont. (→ *Rendzina*).

Tannensterben: häufig zu beobachtende, großflächige Erscheinung ohne erkennbare Einzelursache. Krankheitsbefall und physiologische Schwäche, gegebenenfalls auch falsche Waldbaumaßnahmen, gelten als Ursachenbündel. Ein Teil davon wird durch anthropogene Veränderungen der Luft- und Bodenqualität verursacht, so daß über den gestörten Bodenchemismus eine physiologische Schwächung der Tannen erfolgt.

Tanytarsus-See: durch Arten der Gattung *Tanytarsus* (im Benthal lebende Zuckmückenlarven) charakterisierter, oligotropher → *See*. Das Gegenstück dazu ist der → *Chironomus-See* (→ *See* (2)).

Tarntracht (Verbergtracht, kryptophylaktische Tracht, Unauffälligkeitstracht): eine äussere Form der Farbkombination, die Organismen, in ihrer gewohnten Umgebung unauffällig oder schwer sichtbar machen. Hierbei handelt es sich entweder um → *Umgebungstracht* oder um → *Nachahmungstracht* (→ *Mimese*).

Taster: Tiere, die mit langen Fortsätzen (z.B. Tentakeln) im Wasser oder auf dem Watt ihre Umgebung nach Nahrung abtasten, z.B. Polychäten.

tätige Oberfläche: Grenzfläche zwischen der Atmosphäre und einem festen System auf der Erdoberfläche, an der die hauptsächlichen Energieumsetzungsvorgänge und damit auch der größte Teil der Verdunstung stattfinden. An der t. O. wird Strahlung reflektiert, die kurzwellige Strahlung in Wärmestrahlung umgesetzt und Wärme ausgestrahlt. Die t. O. liegt entweder direkt auf dem Erdboden oder aber an der Oberfläche eines Pflanzenbestandes.

Tau: Typ des flüssigen atmosphärischen → *Niederschlags*, der sich bei starker Ausstrahlung durch Anlagerung von einem Wassertröpfchen an unterkühlten Oberflächen (Vegetation, Boden, Gegenstände) bildet, wenn der → *Taupunkt* in Bodennähe unterschritten wird. Der T.-Niederschlag einer Nacht beträgt in den Mittelbreiten höchstens 0.5 mm (meist viel weniger). In der Jahressumme erreicht der T. maximal 3–5% der gesamten Niederschlagssumme, er ist also im gemäßigten Klimabereich wasserhaushaltlich unbedeutend. In Trockenklimaten dagegen ist der T.-Niederschlag im Standortwasserhaushalt außerordentlich wichtig. Die T.-Bildung kann hier 2–3 mm pro Nacht erreichen, und der T. ist oft über längere Zeiträume die einzige Wasserspende.

Tauchkörperverfahren: ein Verfahren der aeroben biologischen Abwasserreinigung.

Taupunkt: Zustand, bei dem eine feuchte Luftmasse voll gesättigt ist, also eine → *relative Luftfeuchte* von 100% aufweist. Bei Unterschreiten der am T. herrschenden Temperatur setzt → *Kondensation* ein.

Täuschblumen: Pflanzen, die Insekten für die Blütenbestäubung oder als Nahrung (bei tierfangenden Pflanzen) mit Signalen anlocken.

Tautonym: Artname, bei dem das Epitheton den Gattungsnamen unverändert wiederholt. In der Nomenklatur der Botanik sind T. ungültig, in der zoologischen hingegen zulässig (z.B. *Bufo bufo* [Erdkröte]; *Riparia riparia* [Uferschwalbe]).

Taxie: → *Taxis.*

Taxis (Taxie, Pl. Taxien): reizgerichtete Ortsbewegung freibeweglicher Organismen in Richtung einer Reizquelle oder von ihr fort. Orientierung und gerichtete Bewegung eines freibeweglichen Organismus zu einer Reizquelle hin oder von einer Reizquelle fort. Man unterscheidet allgemein zwischen → *Phobotaxis* (Ausweich- oder Schreckreaktion) und → *Topotaxis* (Anziehungsreaktion), bzw. nach der resultierenden Bewegungsrichtung von positiver (anziehenden) oder negativen (abstoßenden) T. Beispiele sind → *Geotaxis*, → *Thigmotaxis*, → *Phototaxis*, → *Hydrotaxis*, → *Thermotaxis*, → *Chemotaxis.*

Taxon: beliebige systematische Kategorie der → *Taxonomie*, z.B. Art, Gattung, Familie, Ordnung, Klasse.

Taxonomie (Systematik): Teilgebiet der → *Biologie*, das die Verwandtschaftsbeziehungen pflanzlicher und tierischer Organismen klärt und sie danach in einem hierarchischen System ordnet. Die Gruppierungen der Taxa sind „natürlich" begründet und basieren auf dem → *Taxon* Art als genetische Einheit miteinander fruchtbarer Individuen, die eine → *Fortpflanzungsgemeinschaft* bilden können. Die → *Art* ist demnach eine Kategorie, die auf einem objektiven Kriterium beruht. Die Verwandtschaftsverhältnisse der Taxa basieren auf morphologischen, embryologischen, physiologischen, biochemischen, ethologischen, zytogenetischen, biogeographischen und paläontologischen Fakten. Die Benennung erfolgt nach festgelegten Regeln der botanischen und zoologischen Nomenklatur. Die systematischen Kategorien sind: Art (Spezies), Gattung (Genus), Unterfamilie (Subfamilia), Familie (Familia), Unterordnung (Subordo), Ordnung (Ordo), Klasse (Classis), Unterstamm (Subphylum), → *Stamm* (Phylum), Unterabteilung (Subdivisio), Abteilung (Divisio), Unterreich (Subregnum) und Reich (Regnum). (→ *Faunenreich*, → *Florenreich*).

Taxozönose: 1. eine lokale → *Lebensgemeinschaft* mit Individuen, die zu verschiedenen Arten gehören, die durch Wechselbeziehungen an einen bestimmten → *Standort* gebunden sind. (→ *Nomozönose*). – 2. die Gesamtheit der Arten eines Taxons, d.h. einer Familie (z.B. Kreuzblütler), einer Ordnung (z.B. Käfer) usw., die in einer → *Biozönose* aufgefunden werden.

Technische Anleitung Abfall: → *TA Abfall.*

Technische Anleitung zum Schutz gegen Lärm: → *TA Lärm.*

Technische Anleitung zur Reinhaltung der Luft: → *TA Luft.*

Technische Richtkonzentration: → *TRK-Wert.*

Technischer Umweltschutz: jener Bereich des → *Umweltschutzes*, der durch den Einsatz technischer Maßnahmen zur Vorbeugung und Verminderung schädigender Einflüsse von Wirtschaft, Verkehr und Technik auf die natürlichen Lebensgrundlagen sowie die Gesundheit des Menschen beitragen möchte. Der T.U. zielt auch auf die Erhaltung des → *Leistungsvermögens des Landschaftshaushaltes* ab.

technisch gewinnbare Reserven: derjenige Teil der identifizierten → *Ressourcen*, der mit heutiger Abbautechnologie theoretisch abbaubar ist (Reservenbasis).

Technotelma: anthropogenes → *Mikrogewässer.*

Technotop: wenig präzise Bezeichnung für ein vollkommen vom Menschen geschaffenes → *Biotop.*

Technozönose (Biozönoid): im Sinne der → *Biozönose* jene Lebensgemeinschaft von Pflanzen und Tieren, die durch Wechselbeziehungen miteinander verbunden sind, die in der → *Kulturlandschaft*, vor allem der Agrarlandschaft, zu Hause sind und welche die Fähigkeit zur Selbstregulation weitgehend verloren haben. Wachsen die Populationen der T. aus ökologischen Gründen, und läuft dies wider die Interessen des wirtschaftenden Menschen, reguliert dieser durch technische oder chemische Eingriffe.

Teer: entsteht bei trockener Destillation (auch Schwelen, Verkoken oder Vergasen) organischer Stoffe wie → *Braunkohle*, → *Steinkohle*, → *Torf*, Holz oder Ölschiefer. Es entsteht eine zähflüssige, halbfeste, dunkelbraune bis schwarze Masse. Nach den Ausgangsstoffen werden Steinkohlen-T., Braunkohlen-T. oder Holz-T. unterschieden, die oft als Nebenprodukte in Kokereien anfallen. Der T. wird industriell vielfältig verwandt, vor allem zu Chemiegrundstoffen, aus denen weitere verschiedenartige Produkte hergestellt werden, die vom Straßenbau bis zur Papier-, Farben- und Gummiindustrie Verwendung finden. T. ist gesundheitsschädlich, u.a. durch die → *Polycyclischen aromatischen Kohlenwasserstoffe*, die er enthält. Es besteht bei Arbeit mit T. Krebsgefahr. (→ *Krebs*).

Teich: 1. künstlich angelegtes Wasserbecken von der Größe eines → *Weihers* mit regulierbarem Zu- und Abfluß, so daß zeitweise Trockenlegung möglich ist. T.e dienen z.B. der Fischzucht. – 2. umgangssprachlich (wissenschaftlich unkorrekterweise) zuweilen gleichbedeutend zu → *Weiher* gebraucht.

Teilchenbeschleuniger (Beschleuniger): in der Kerntechnik ein Gerät zur Beschleunigung elektrisch geladener Teilchen auf hohe Energien.

Teilchenstrahlung: → *Ionisierende Strahlung*, die aus Teilchen mit Ruhemasse (→ *Korpuskularstrahlen*) und solchen ohne Ruhemasse (Photonenstrahlung) besteht.

Teilkörperdosis: der Mittelwert der → *Äquivalentdosis* bezogen auf das Volumen eines Organs oder Körperteils. Der Begriff T. findet im

→ *Strahlenschutz* Verwendung. (→ *Dosis*, → *Körperdosis*).
Teilökosystem: an sich ein modelltheoretischer Begriff, zugleich auch unscharfe Bezeichnung für aus disziplinären, arbeitstechnischen und/oder methodischen Gründen (theoretisch) „abgetrennter" Teil eines → *Ökosystems* bzw. → *Systems*. Das T. existiert in der Realität der Lebensumwelt nicht, sondern es ist immer Bestandteil der funktionellen Einheit eines Systems. T. sind z.B. → *Biosystem* oder → *Geosystem*.
Teilpopulation (Subpopulation): Untereinheit einer → *Population*. Zwischen T. ist der Austausch von Genen vermindert, oder er findet überhaupt nicht statt. Dies ist z.B. bei Populationen der Fall, die aus sich parthenogenetisch fortpflanzenden Individuen bestehen. (→ *Metapopulation*).
Teilzirkulation: Umwälzung des Wasserkörpers (→ *Zirkulation)* in Seen unter Ausschluß einer nicht durchmischten Tiefenzone, dem → *Hypolimnion*. (→ *Vollzirkulation,* → *thermische Konvektion*).
Telergone: spezifische Wirkstoffe, mit denen sich Tiere gegenseitig beeinflussen, z.B. im Verhalten der gleichen oder gegenüber anderen Arten. Die T. bestimmen somit, neben der Entwicklung einer Art und deren Individuenzahl, auch die Zusammensetzung einer → *Biozönose*. Sie sind z.B. im → *Räuber-Beute-Verhältnis* wirksam. (→ *Pheromone,* → *Ökomone*).
Telma: künstliches oder natürliches Kleinstgewässer, das zeitweise oder dauernd als Lebensraum des Bios dient. Es entspricht etwa dem → *Mikrogewässer*. Dies können auch Gegenstände anthropogener Herkunft sein, wie Kanister, Konservendosen, Autoreifen, aber auch Baumlöcher oder kleine Hohlräume an Gesteinsoberflächen.
Telotaxis: eine Form der → *Taxis;* vgl. *Thermotaxis*.
temperat: in der Pflanzengeographie ein überwiegendes oder ausschließliches Vorkommen innerhalb der Zone des → *Sommergrünen Laubwaldes* bzw. der → *Steppen* der gemäßigten Zonen.
Temperatur: Maß für den Wärmezustand von festen Körpern, flüssigen und gasförmigen Stoffen und Stoffgemischen. Die T. ist thermodynamisch der Ausdruck der Bewegungsenergie der Moleküle. Diese Bewegungsenergie erreicht beim absoluten Nullpunkt von $-273.15°C$ den Wert Null. Die T. wird in Graden gemessen nach verschiedenen gebräuchlichen Skalen, deren Fixpunkte konventionell festgelegt wurden. Die absolute Temperatur wird in der Kelvinskala (K) vom absoluten Nullpunkt aus gemessen. In der Klimatologie ist die Celsiusskala und die Kelvinskala gebräuchlich. $0°C$ entspricht dem Gefrierpunkt, $100°C$ dem Siedepunkt des Wassers. $1°C = 1K$. In Ländern mit englischem Meßsystem wird immer noch die wenig praktische Fahrenheitskala verwendet ($1°F = 0.555°C$ bzw. K), in der $+32°F$ dem $0°C$ entspricht. In der nicht mehr gebräuchlichen Reaumur-Skala entsprachen $100°C$ $80°C$.
Temperaturfaktor: für Tiere- und Pflanzen wirksamer → *Geoökofaktor*. Bei Pflanzen wirkt er auf Wuchsort, Bau und Produktionsleistung ein, indem die → *Temperatur* als begrenzender Faktor auftreten kann. Bei Tieren ist der T. unter den → *abiotischen Faktoren* einer der wesentlichsten, weil er die Stoffwechselprozesse beeinflußt. Während das Tier z.T. die Fähigkeit zur → *Thermoregulation* besitzt, haben sich bei Pflanzen markante Anpassungen ergeben, wie → *Kältepflanzen* und → *Wärmepflanzen* beweisen.
Temperaturinversion: eine in der → *Atmosphäre* auftretende thermische → *Inversion*, in der die an sich mit zunehmender Höhe über dem Erdboden abnehmende Temperatur zunimmt. Eine Temperaturzunahme ab einer bestimmten Höhe bedeutet also ein inverses Verhalten. Die T. treten vor allem bei Hochdrucklagen auf oder in Ausstrahlungssituationen, wenn absteigende Luftbewegung herrscht. Die T. funktionieren klimaökologisch als → *Sperrschicht*. Die T. treten meist vergesellschaftet, also in mehreren Schichten auf und können mit einer → *Bodeninversion*, die bis zum Erdboden herabreicht, beginnen. Oberhalb des Bodens werden sie als freie Inversionen bezeichnet. (→ *Temperaturumkehr*).
Temperaturkoeffizient: Q_{10}-Wert. → *RGT-Regel*.
Temperaturpräferendum (Thermopräferendum): Vorzugsbereich eines tierischen Organismus im Hinblick auf die Temperatur (Vorzugstemperatur). Das T. wird gewöhnlich mit einer Temperaturorgel (→ *Gradient*) gemessen.
Temperaturregime: typische jahreszeitliche Abfolge des Temperaturganges und der räumlichen Temperaturverteilung in einem Wasser- oder Eiskörper.
Temperaturresistenz: Temperaturtoleranz (temperature resistance, temperature tolerance), Widerstandsfähigkeit (→ *Resistenz*) gegen extreme Temperaturen. (→ *Kälteresistenz,* → *Hitzeresistenz*).
Temperaturschwelle: Temperatur beim → *Entwicklungsnullpunkt*.
Temperatursumme: → *Wärmesumme*.
Temperatursummenregel: aus der → *RTG-Regel* abgeleitete Formel für die Beziehung zwischen Temperatur und Reaktionsgeschwindigkeit von Lebewesen. Die T. besagt, daß das Produkt aus der Entwicklungszeit (t) und der Temperatur (T), die über dem Entwicklungsnullpunkt (K) liegt, konstant (C) ist ($C = t(T-K)$). Die T. gilt nur für die im optimalen Bereich liegende Temperaturspanne. (→ *Optimum,* → *Pessimum*).
Temperaturumkehr: in einem Luftpaket die normalerweise auf eine relativ eng begrenzte

Schicht konzentrierte Zunahme der Temperatur mit der Höhe an Stelle der troposphärischen normalen Abnahme. T. entsteht beim Aufgleiten warmer Luftmassen über kalte Bodenluft und über Becken mit gesammelter Kaltluft. Die T. kann auch in Klein- und Kleinstformen, z. B. Dolinen oder Dellen, auftreten und dort hohe klimaökologische Wirksamkeit entfalten, wovon besonders empfindliche Kulturen, wie → *Sonderkulturen*, beeinflußt werden können. (→ *Inversion*, → *Temperaturinversion*).

temperiert (temperat, gemäßigt): bezeichnet ein ausgeglichenes, nicht extremes → *Klima*. (→ *Klimazonen*).

Temporalvariation: → *Zyklomorphose*.

temporär: 1. allgemein für zeitweilig, zeitweise, vorübergehend; bezieht sich auf zahlreiche geo- und biowissenschaftliche Phänomene, z. B. t. Gewässer und t. Akkumulationen. – 2. vor allem aber bezogen auf Gewässer, die zeitweilig austrocknen, im Gegensatz zu den → *perennierenden* Gewässern. Hierzu gehören seichte, vorübergehende Wasseransammlungen nach Überschwemmungen, Schneeschmelze oder Regenfällen sowie Grundwassertümpel. Organismen solcher Gewässer haben im allgemeinen die Fähigkeit, in irgendeinem Stadium zeitweise ohne Wasser zu überdauern. Für viele ist dies durch Bildung einer Sekrethülle, Dauereier oder Dauerkeime möglich. Charakteristisch ist ferner ein rascher Generationszyklus und häufig Parthenogenese. – 3. in der Parasitologie Bezeichnung für die → *Hemiparasiten*.

Tenside: waschaktive Substanzen, die schmutzlösend sind, weil sie die Oberflächenspannung des Wassers verringern. Die verschiedenen Arten der T. haben alle mehr oder weniger Hautreizungen zur Folge, einige sind auch relativ hautschonend. Ihr hydroökologisches Problem liegt in ihrer schweren → *Abbaubarkeit*. Durch Einleitung von → *Abwasser* in Oberflächengewässer entsteht durch synthetische T. Schaum, der den Sauerstoffhaushalt des Wassers stört und zum → *Fischsterben* beiträgt. Sowohl das → *Waschmittelgesetz* als auch die → *Tensidverordnung* fordern für Waschmittel und damit für die T. erhöhte Abbaubarkeit.

Tensidverordnung (TensV, Verordnung über die Abbaubarkeit anionischer und nichtionischer grenzflächenaktiver Stoffe in Wasch- und Reinigungsmitteln): die TensV basiert auf dem deutschen Wasch- und Reinigungsmittelgesetz (→ *Waschmittelgesetz*) und fordert für → *Tenside* eine biologische → *Abbaubarkeit* von mindestens 80%. Lücken in der T. stellen die Begrenzung auf die primäre Abbaubarkeit und die Nichtberücksichtigung jener → *Umweltchemikalien* dar, die beim unvollständigen Abbau der T. entstehen und für Bio- und → *Hydroökosysteme* schädlich oder vielleicht auch giftig sind.

Tentakelfänger: Tiere, die mit Tentakeln usw., an denen die Nahrungspartikel haften bleiben, das Substrat absuchen; z. B. bestimmte Polychaeten.

Teratologie: die Wissenschaft von den Mißbildungen bei Organismen. Die T. hat ökologische Bedeutung im Zusammenhang mit Schadstoffen in der Umwelt.

Termitengäste: in Nestern von Termiten lebende andere Arthropodenarten. → *Termitophilie*.

Termitophilie: eine temporäre oder dauernde Vergesellschaftung von Termiten mit anderen Arthropoden. Diese letzteren leben von Baustoffen, Vorräten oder der Brut der Termiten.

Terrarium: Behälter zur Haltung lebender Landpflanzen und Landtiere, besonders für → *Reptilien* und Insekten.

Terrassierung: ein Verfahren, auch als Terrassenbau bezeichnet, um in Hangbereichen die Bodennutzung zu ermöglichen, indem man durch Bau von Geländestufen und anschließenden Flächen eine landwirtschaftliche, gärtnerische, obstbauliche und/oder waldwirtschaftliche Nutzung möglich macht. Die Terrassen werden längs der Höhenlinien angelegt und spielen sowohl in der Reiskultur, z. B. Südostasiens, oder im Weinbau, z. B. in Europa, eine große Rolle. Die T. verhindert die → *Bodenerosion*, stabilisiert den Bodenwasserhaushalt und bietet – wenn die Vorderränder der Terrassen begrast sind – der Kleintierlebewelt zahlreiche → *ökologische Nischen*.

terrestrisch: 1. die Erde betreffend (im Ggs zu lunar [den Mond betreffend], etc.). – 2. Auf dem Festland lebend. Ggs. zu → *aquatisch*. T.e Organismen sind Arten, die auf dem Land leben; solche, die teilweise auch im Wasser leben, heißen → *semiterrestrisch* oder amphibisch. T.e Ökologie befaßt sich mit den Landorganismen und ihren Umweltbeziehungen. Gegensatz: → *aquatisch*. Vgl. auch → *limnisch*, → *marin*.

terrestrische Böden (Landböden): Abteilung der Böden, die sich auf der festen Erdoberfläche ohne Beeinflussung durch stehendes oder gestautes Wasser entwickeln. Zu den t. B. gehört der größte Teil der bekannten → *Bodentypen*.

Terrestrische Ökologie: 1. Teilgebiet der → *Bioökologie*, das sich mit den Landorganismen und ihren Beziehungen zur Lebensumwelt beschäftigt. – 2. Fachbereich, der die T.Ö. der Bioökologie und die überwiegend terrestrisch betriebene → *Geoökologie* umfaßt.

Terrestrische Strahlung: ein Bestandteil der → *Strahlenexposition*, und zwar der → *natürlichen Strahlenbelastung*, die beim Zerfall von in der Erdkruste enthaltenen natürlichen → *Radionukliden* entsteht oder aus solchen, die in → *Zerfallsreihen* von langlebigen → *Mutternukliden* (z. B. → *Uran-238*, → *Thorium-232*) und anderen Radionukliden entstehen. Die → *ionisierende* (terrestrische) *Strahlung* hängt, global gesehen, von den geologischen Verhältnissen ab und kommt somit regional in unterschiedlichen Konzentrationen vor. In Mitteleuropa sind es vor allem Gebiete kristalliner Gesteine, z.B. Granite, von denen eine hohe T.S. ausgeht. Die Radionuklide gelangen aus dem → *Oberflächennahen Untergrund* in Grund-, Quell- und Flußwasser sowie in Pflanzen und Tiere und somit über die → *Nahrungsketten* und das Trinkwasser zum Menschen.

terrigen: entstanden aus Material des Festlandes, „erdbürtig".

terrikol: bezeichnet Organismen, die auf oder im Erdboden leben.

Territorialität: Erscheinung bei Pflanzen, Tieren und Menschen, die auf ein → *Territorium* bezogen ist. Die T. kann als Verbreitung eines geo- oder biowissenschaftlichen Phänomens gegeben sein oder ein auf das Territorium bezogenes → *Revierverhalten* umschreiben.

Territorialstruktur: jene Struktur eines Raumes, die sich aus den Naturgegebenheiten (→ *Leistungsvermögen des Landschaftshaushaltes*) eines → *Territoriums* und den darin wirksamen politischen und sozioökonomischen Maßnahmen ergibt. Die Zusammenhänge der einzelnen Komponenten werden im Modell der T. dargestellt, das bis zu einem gewissen Grade ein Modell des → *Landschaftsökosystems* repräsentiert.

Territorialverhalten: → *Revierverhalten*.

Territorium: 1. in der Biologie, besonders in der → *Zooökologie*, ein → *Revier* bzw. ein → *Heimbereich*, in dem eine Tierart oder eine Tiergemeinschaft ein charakteristisches → *Revierverhalten* zeigt. Es repräsentiert ein Mindestwohngebiet, das – normalerweise – verteidigt wird. Nicht alle Arten beanspruchen Reviere. Die Größe von T. kann sich mit der Nahrungsmenge ändern. Territorialität kommt vor allem bei Wirbeltieren vor und hat bei Vögeln besonders während der Brutzeit eine große Bedeutung. Das T. ist vom Heimbereich zu unterscheiden. – 2. ein politisch-administratives Gebiet innerhalb eines Staates oder innerhalb seiner administrativen Untereinheiten. – 3. das Hoheitsgebiet eines Staates, das die gesamte Landesfläche umfaßt, einschließlich der Binnengewässer und der Territorialgewässer sowie den Untergrund und den Luftraum über diesem Gebiet. Bei grenzüberschreitenden Problemen des → *Umweltschutzes* oder auch der Nutzung natürlicher → *Ressourcen* spielt das T. im Sinne des Hoheitsgebietes zunehmend eine umweltpolitische Rolle. – 4. ein „planerisches" Gebiet, in dem Maßnahmen der verschiedenen Arten der → *Raumplanung* verwirklicht werden.

Tertiärkonsumenten: → *Konsumenten* auf der vierten Stufe (trophischen Ebene; → *Ernährungsstufen*) der Nahrungspyramide in Ökosystemen.

Tertiärparasiten: → *Hyperparasitismus*.

Tessera: in der → *Landschaftsökologie* ein Beobachtungs-„punkt" auf einer kleinen Fläche, an der die Meßgeräte für die repräsentative Erfassung der Dynamik im → *Geoökosystem* – nach der Methodik der → *Landschaftsökologischen Komplexanalyse* – installiert sind. Die Fläche befindet sich im Bereich eines → *Landschaftsökologischen Standorts* und liefert Angaben, die für den umgebenden → *Geoökotop* mit seinem → *Geoökosystem* repräsentativ sind. Damit wird an diesem kleinen, begrenzten Raumausschnitt unterhalb der Größenordnung des *Tops* der → *topischen Dimension* dessen dreidimensionale Struktur untersucht, um den vertikalen *Metabolismus* des Systems zu erfassen. Forschungspraktisch ist die T. durch einen „Meßgarten" für klima-, wasser- und nährstoffhaushaltliche Untersuchungen unter landschaftsökologischem Aspekt repräsentiert.

Testorganismen: bestimmte → *Bioindikatoren*.

Textur: 1. allgemein die Oberflächenbeschaffenheit eines Organs bzw. eines Organismus. – 2. in der Biologie die Gliederung von Zellwänden. – 3. Körnungszusammensetzung des Bodens, d.h. die → *Bodenart*.

thalassobiont: 1. Organismen, die ausschließlich im Meer oder an der Meeresküste auf dem Land leben. – 2. im engeren Sinne in der Fischbiologie Fische, die nur im Meer vorkommen in Anlehnung an die Begriffe → *amphibiont* und → *potamobiont*.

thalassophil: bezeichnet Organismen, die das Meer oder die Meeresküste bevorzugen, ohne jedoch auf diese Lebensräume beschränkt sein zu müssen.

Thalassostygal: der Lebensraum im Lückensystem der Meeresküsten.

Thallo-Chamaephyten: Moose, Flechten, Pilze und Algen, welche die für sie ungünstige Jahreszeit in Bodennähe überdauern.

Thallo-Epiphyten: Moose, Flechten, Pilze und Algen, die auf anderen Pflanzen – im Sinne der → *Epiphyten* – aufsitzend leben.

Thallo-Geophyten: Moose, Flechten, Pilze und Algen, welche – im Sinne der → *Geophyten* – die für sie ungünstige Jahreszeit im Boden überdauern.

Thallo-Hemikryptophyten: Moose, Flechten, Pilze und Algen, welche die für sie ungünstige Jahreszeit unmittelbar am Boden überdauern.

Thallo-Hydrophyta natantia: freischwimmende niedere Pflanzen.

Thallophyten: → *Lagerpflanzen*.

Thallo-Therophyten: einjährige Moose und Pilze, welche die für sie ungünstige Jahreszeit – im Sinne der → *Therophyten* – als → *Sporen*

Thanatose: Bewegungslosigkeit (→ *Akinese*) auf einen Reiz, wie Berührung, Erschütterung der Unterlage, Licht usw. Die Th. beruht auf einer Dauerkontraktion bestimmter Muskeln, die jeweils durch neuerliches Einwirken des Reizes meist verstärkt wird.

Thanatozönose (Totengesellschaft): Sterbegemeinschaft von als → *fossil* erhaltenen Lebewesen, die verschiedenen, auf bestimmte Weise ausgestatteten Lebensräumen entstammen. Die T. kann autochthon, also am Lebens- und Sterbeort entstanden sein, sie kann auch allochthon sein, d.h. die Fossilien wurden nicht am Sterbeort in das Substrat eingebettet. Aus den Vorkommen können Rückschlüsse auf die früher an der betreffenden Stelle herrschende → *Lebensgemeinschaft* gezogen werden.

Theoretische Ökologie: 1. Allgemeine Ökologie ohne die angewandten Aspekte. Die Grundlagen dieser Th. Ö. sind allerdings oft wesentliche Grundlagen, um angewandt-ökologische Probleme zu verstehen. – 2. Mathematische Ökologie. Viele Hypothesen lassen sich nur durch Formalisierung (d.h. Mathematisierung) der wesentlichen Aussagen in scharfer Form formulieren und auch testen (verifizieren oder falsifizieren). Beispiele für mathematische Modelle sind exponentielles und logistisches Wachstumsmodell, Räuber-Beute-Modell nach Lotka-Volterra, usw.

Theorie der geographischen Dimensionen: basiert auf der Erkenntnis von den unterschiedlichen → *Dimensionen landschaftlicher Ökosysteme*, die für die Betrachtungen der Landschaften als → *Systeme* insofern eine große Rolle spielen, als die Dynamik und die Prozesse in den → *Landschaftsökosystemen* unterschiedlich modelliert werden können. Die T.d.g.D. besitzt sowohl für die geographischen Raumgliederungen (→ *Naturräumliche Gliederung*, → *Naturräumliche Ordnung*) als auch für die stofflich und energetisch orientierte Landschaftsökosystemforschung Bedeutung.

thermaler Toleranzbereich: der Temperaturbereich, in dem ein Organismus existieren und sich fortpflanzen kann.

Thermalgewässer: Wasseraustritte, die infolge Erdwärme oder vulkanischer Erscheinungen konstant hohe Temperaturen besitzen. Spezifische Thermaltiere treten zwischen 30 bis höchstens 45°C auf (einige Ciliaten, Dipterenlarven, Ostracoden, Schnecken). Um 50° gedeihen noch bestimmte Diatomeen, darüber nur Bakterien und Blaualgen (tolerieren 75°C).

Thermalkonstante: → *Temperatursummenregel*.

Thermalorganismen: in → *Thermalgewässern* lebende niedere Pflanzen (Bakterien, Blaualgen) und Tiere, die extrem hohe Temperaturen vertragen.

Thermik: aufwärts gerichtete Strömung warmer Luft, die durch starke Einstrahlung über dem Boden erhitzt wurde oder durch → *Abwärme* in Ballungs- und Industriegebieten entsteht. (→ *Konvektion*).

thermisch: in Bezug auf Wärme, durch Wärme verursacht.

thermische Belastung: thermische Verschmutzung, Erhöhung der Temperatur in Ökosystemen durch Abwärme technischer Anlagen, z.B. die Erwärmung von Flüssen durch Einleiten des Kühlwassers von Kraftwerken; t.B. kann thermophile Arten begünstigen, zum Aussterben nicht thermotoleranter Arten führen und in Gewässern lebensfeindlichen Sauerstoffmangel – durch den mit wachsender Temperatur abnehmenden Sättigungspartialdruck – bedingen. (→ *Umweltverschmutzung*).

thermische Energie: → *Wärmeenergie*.

thermische Höhenstufung: durch eine bestimmte regelmäßige Abnahme der mittleren Temperaturen gekennzeichnete vertikale Gliederung der Naturräume und Nutzungsstufen in einem → *Hochgebirge*. Die t.H. ist der landschaftliche Ausdruck der physikalisch bedingten Temperaturabnahme mit zunehmender Höhe in der unteren Lufthülle. Der → *vertikale Temperaturgradient* beträgt in Mitteleuropa 0.5–0.6°C/100 m. (→ *Höhenstufe*).

thermische Konvektion: 1. durch Auftrieb in Gang gesetzte senkrechte Aufwärtsbewegung von relativ zur Umgebung wärmeren Luftpaketen bei allgemein labiler Schichtung. T.K. entsteht bei starker Erwärmung der Luft über dem Erdboden bei direkter Sonneneinstrahlung und bei Lufterwärmung durch andere Wärmequellen, z.B. → *Abwärme*. – 2. nach dem gleichen Prinzip der t.K. vollzieht sich die Vertikalbewegung von Wasserteilchen, weil thermisch bedingte Dichteunterschiede entstehen, die einen Ausgleich anstreben, der sich in Konvektionsströmungen äußert.

thermische Sprungschicht: → *Sprungschicht*.

thermischer Wirkungskomplex: bezeichnet das Wirkungsgefüge zwischen atmosphärischen Reizen, die auf die thermischen Bedingungen der → *Atmosphäre* zurückgehen, und die daraus resultierenden Reaktionen des menschlichen Körpers. Aus dem Wärmeaustausch Körper/Umgebungsluft resultiert eine Wärmeabgabe, die als → *Abkühlungsgröße* definiert wird. Ist sie niedrig, wird die Umgebung bioklimatisch als schwül empfunden, ist sie groß, erscheint sie als zu kühl. Der t.W. wird aber auch im Hinblick auf Wind, Strahlung und Luftfeuchte betrachtet, die natürlich auch mit der Lufttemperatur in Beziehung stehen. Der t.W. ist für die Ausgestaltung des → *Bioklimas* ebenso wichtig wie für die Raumkennzeichnungen der → *Geomedizin*. Im Rahmen von Maßnahmen der → *Landschaftspflege*, bei der → *Landschaftsgestaltung* nach Grundsätzen der → *Ökologischen Planung* müßte der t.W. berücksichtigt werden. (→ *Wärme*, → *Wärmebelastung*)

Thermodynamik: naturwissenschaftliches Fachgebiet, das sich mit den Beziehungen zwischen den verschiedenen Formen der → *Energie* beschäftigt, besonders jedoch mit der → *Wärme* bzw. der → *Wärmeenergie* und deren Zusammenhängen mit mechanischer Arbeit und den dabei auftretenden Zustandsänderungen. Die T.

kennt drei Hauptsätze, wovon der 2. Hauptsatz der T. (der Satz von der Zunahme der → *Entropie geschlossener Systeme*) für die Ökologie am wichtigsten ist. Er spielt nicht nur für die energetische Betrachtung der → *Biosysteme* bzw. → *Bioökosysteme* eine Rolle, sondern generell auch für die der → *Ökosysteme* bzw. → *Landschaftsökosysteme*. Fundamentale Bedeutung besitzt dabei der Satz von dem unveränderlichen Energiegehalt des Universums.

Thermokinese: Form einer → *Kinese*, die den Einfluß der Temperatur auf die Bewegungsgeschwindigkeit eines Tieres bezeichnet.

Thermokline: die Ebene oder Oberfläche eines stehenden Gewässers (→ *See*, → *Meer*) mit einer maximalen Rate der Temperaturänderung (bezogen auf eine Strecke) entlang eines vertikalen Gradienten. Bei Seen entspricht der T. während der Sommerstagnation (→ *Stagnation*) dem → *Metalimnion,* im Winter ist die T. unter Eis an der Oberfläche ausgebildet.

Thermo-Makrophanerophyten: sommergrüne Laubbäume, deren Knospen im Winter geschützt sind.

Thermomorphose: Gestaltsveränderung an Organismen, die durch Temperatureinfluß bewirkt wurde.

Thermonastie: periodische Bewegungen bei Pflanzen, die auf einem verschieden starken Wachstum der Organseiten beruhen und die durch Temperaturwechsel hervorgerufen werden.

thermonukleare Reaktion: eine → *Kernreaktion*, welche die für ihren Ablauf benötigte Energie aus der thermischen Bewegung bezieht. (→ *Fusionsreaktor*.)

Thermoökologisches Konzept: Auffassung der → *Bioökologie*, daß Pflanzen und Tiere bestimmter → *Höhenstufen* tropischer Gebirge ökologisch jenen Arten entsprechen, die in äquivalenten Klimazonen außerhalb der → *Tropen* vorkommen. Dabei bleibt unberücksichtigt, daß vom → *Tageszeitenklima* und vom → *Jahreszeitenklima* unterschiedliche Regelungen der Ökosysteme ausgehen, an denen sich auch die Lebensweise und die morphologische Anpassung von Tieren und Pflanzen orientieren (können).

Thermoperiodismus: allgemein der Temperaturwechsel im Verlaufe des Tages. – 1. die Wirkung periodischer, meist im 24-Stunden-Rhythmus erfolgender Temperaturänderungen auf Organismen. – 2. im engeren Sinne ist T. die bei Pflanzen zu beobachtende Anpassung an einen Temperaturwechsel zwischen Tag und Nacht, der sich auch auf die Entwicklung der Gewächse auswirkt. Dabei kann für eine thermoperiodisch reagierende Pflanzenart die optimale Nachttemperatur tiefer als die optimale Tagestemperatur liegen. Eine optimale Entwicklung erfolgt daher nur, wenn der entsprechende Temperaturwechsel auch erfolgt.

thermophil: wärmeliebend; bezeichnet Organismen, die in warmen Lebensräumen gedeihen; t.e Bakterien haben ein Temperaturoptimum von etwa 50–65°C. Gegensatz: → *psychrophil.* → *Reaktion.*

Thermoregulation: Fähigkeit von Organismen, die Temperatur im Organismus zu regulieren, indem entweder die Aufnahme oder die Abgabe beeinflußt wird, oder indem die Intensität des Stoffwechsels verändert wird. → *Poikilotherme Organismen* sind nur begrenzt in der Lage, Th. zu betreiben. Beispiele sind die soziale Th. der Honigbienen sowie die Ausrichtung von Eidechsen nach der Sonne zur Aufwärmung des Körpers. Pflanzen können unterschiedlich stark transpirieren. Die → *homoiothermen* Vögel und Säuger haben eine vollkommene T., die allerdings im Winterschlaf oder im Torpor (Tages- oder Nachtruhe) reduziert werden kann.

Thermotaxis: Orientierung und Bewegung (→ *Taxis*) von beweglichen Organismen in einem Temperaturgradienten, als → *Phobotaxis* zum Aufsuchen des → *Temperaturpräferendums*, als Telotaxis z.B. zum Auffinden von Wirten bei Ektoparasiten (wie Läuse, Flöhe) an Warmblütern.

Thermotropismus: durch Temperaturdifferenzen induzierter → *Tropismus*, der sich in temperaturbedingten Wachstumsreaktionen zeigt, z.B. einer Seite eines Pflanzenorgans, so daß thermotropische Krümmungen die Folge sind. Auch die → *Kompaßpflanzen* werden neben dem → *Phototropismus* – vom T. induziert.

Thero-Belonido-Makrophanerophyten: sommergrüne Nadelbäume, z.B. die Lärche.

Thero-Chamaephyta frutescentia: vollständig verholzte → *Zwergsträucher* mit sommergrünen Blättern.

Therodrymium: → *Sommergrüner Laubwald.*

Therophyten: Lebensformgruppe wurzelnder einjähriger Pflanzen, welche die ungünstige Jahreszeit als Samen im Boden überdauern. Es lassen sich unterscheiden sommerannuelle (sommergrüne) Pflanzen, die im Frühjahr auskeimen und im Herbst absterben, winterannuelle (wintergrüne) Pflanzen, die am Beginn einer Regenperiode auskeimen.

Thienemann's che Regel: → *biozönotische Grundprinzipien.*

Thigmonastie: Organbewegung bei Pflanzen durch Berührungsreiz.

Thigmotaxis: Orientierung auf Grund von Tastreizen, die von einer Berührung mit dem umgebenden festen Substrat ausgehen. Dadurch gelangen viele Tiere erst zur Ruhe, wenn ein möglichst großer Teil ihres Körpers mit dem Substrat in Berührung ist.

Thigmotropismus: (Haptotropismus) eine Kontaktreizbarkeit von Pflanzen, die sich in Krümmungsbewegungen äußert, die zur Aufrechterhaltung eines mechanischen Kontaktes dienen, wie beim Klettern oder Winden von Pflanzenteilen.

Thiobios: die Lebewelt von anaeroben, sulfidreichen Sedimenten in Gewässern. Es dominieren Mikroorganismen (z.B. Schwefelbakterien). Wahrscheinlich gibt es unter den Tieren keine spezifische Meiofauna des T., sie lebt primär aerob und gehört höchstens zeitweilig zum T.

Thorium (Th): eine natürliche → *radioaktive Substanz* (Metall), grauglänzend, weich mit hohem Schmelzpunkt (1 842°C) und hohem Siedepunkt von ca. 4 500°C. In der Natur kommt Th als → *Isotop* → *Thorium-232* vor. Seine biologische → *Halbwertszeit* beträgt 5.710^4 Jahre (bezogen auf den Gesamtkörper eines Menschen).

Thorium-232: instabiles → *Isotop* des → *Thorium*, das unter Emission von → *Alphastrahlung* und Bildung des → *Tochternuklids* Radium-228 zerfällt. Seine physikalische → *Halbwertszeit* beträgt 1.410^{10} Jahre. Durch Neutronenbestrahlung läßt sich Th-232 im → *Schnellen Brüter* in spaltbares → *Uran* umwandeln.

Thorium-Hochtemperatur-Reaktor (THTR): ein → *Kernreaktor*, der auf hohem Temperaturniveau (bis zu 1 000°C) arbeitet. Er gehört zu den gasgekühlten → *Reaktortypen*, der aber gegenüber diesen eine andere Brennstoffzusammensetzung aufweist. Er verwendet unter anderem → *Thorium-232* als → *Brutstoff*. Die von ihm betriebenen Heißdampfturbinen haben einen hohen Wirkungsgrad bei der Stromerzeugung. Der THTR kann ferner Prozeßwärme, z.B. zur Kohlevergasung, auf hohem Temperaturniveau liefern.

T-Horizont: aus → *Torf* bestehender Bodenhorizont der → *Moore*.

Three Miles Island-Reaktor: → *Harrisburg*.

Thryptophyten: pflanzliche Organismen, vor allem Pilze, die auf lebenden Pflanzen vorkommen, aber nur geschädigtes Gewebe als Nahrung aufnehmen können. (→ *Nekrophyten*).

THTR: → *Thorium-Hochtemperatur-Reaktor*.

Tiefbau: eine Form des → *Bergbaus*, die dem → *Tagebau* gegenüber steht und nutzbare Lagerstätten unter Tage abbaut. Je nach Form der Lagerstätte (flözartig, massig, gangartig), der Standfestigkeit des Nebengesteins und des Rohstoffs selber, werden spezielle Abbauverfahren (Strebbau, Kammerbau, Teilsohlenbruchbau, Weitungsbau) angewandt. Auch vom T. gehen Umweltschäden aus. Zunächst erfolgt → *Landschaftsverbrauch* durch das Deponieren des → *Abraums* auf → *Halden* bzw. → *Kippen*. An der Erdoberfläche kommt es zu → *Sackungen*, also großflächigen Bodensenkungen, die maximal bis zu 20 m betragen können und massive Bauschäden zur Folge haben. Im Freiland kann die Landwirtschaft von den Sackungen beeinträchtigt werden. Von T. gehen, vor allem bei oberflächennahem → *Grundwasser*, Störungen des → *Gebietswasserhaushalts* aus, vor allem durch Absenkung des Grundwasserspiegels oder Verschmutzung des Grundwassers durch Grubenabwässer und aus den Schächten abgepumptes Grundwasser.

Tiefendosis: auch als „relative T." bezeichnet, die das Verhältnis einer → *Energiedosis* in einer bestimmten Tiefe eines Körpers zur Energiedosis an einem Bezugspunkt des Körpers auf der Achse des Nutzstrahlenbündels angibt. Dieser → *Dosisbegriff* wird in der → *Strahlentherapie* verwandt.

Tiefkultur: mechanische Bodenbearbeitung in der Landwirtschaft, die weiter als der übliche Pflug in den Boden eindringt. Ziel ist dabei, dem Pflanzenwuchs abträgliche Bodenverdichtungen, z.B. Ortsteinschichten, aufzubrechen. (→ *Sandmischkultur*).

Tiefpflügen: Tiefumbruch des Bodens mit Hilfe von Spezialpflügen bis maximal 2 m Tiefe. T. ist eine → *Meliorations*maßnahme, die durch Aufbrechen wasserstauender Horizonte oder Schichten oder durch Hochbringen mineralischen Bodens in moorige Deckschichten eine generelle → *Bodenverbesserung* anstrebt.

Tiefsee: Bereich der praktisch lichtlosen Meerestiefe (unterhalb 200, 800 oder 1 000 m definiert). Die T. reicht in bezug auf die Formen des Meeresbodens vom unteren Kontinentalabfall über die T.-Böden bis in die T.-Gräben. Bezüglich der Lebensräume der Organismen unterscheidet man das freie Tiefseewasser (→ *Pelagial*) und den Tiefseeboden (→ *Benthal*).

Tiefseebewohner: → *Tiefseefauna*, → *Tiefseeflora*.

Tiefseefauna: unter den besonderen Bedingungen der → *Tiefsee* lebende Tiere. Fast alle Tierstämme sind vertreten. Körper oft zart, leicht und bizarr gestaltet. Ernährungsweise räuberisch oder detritivor.

Tiefseeflora: echt photosynthetisch aktive Pflanzen können nur bis wenige hundert m Tiefe vorkommen. Es sind speziell biochemisch an das geringe, im Spektralbereich einseitig zusammengesetzte Licht angepasste Formen zu finden, so etwa manche Rotalgen.

Tieftagebau: eine Form des → *Tagebaus*, bei dem die Rohstofflagerstätte unter mächtigen Decksedimenten, oft bei dann hohem Grundwasserstand, liegt, die zunächst abgeräumt werden müssen und als → *Abraum* auf → *Halden* und → *Kippen* kommen. Wegen der nichtstandfesten Lockermaterialien des Deckgebirges ist → *Tiefbau* dann ausgeschlossen. Beim T. werden Tiefen von mehreren hundert Metern erreicht, die eine obere Öffnungsweite der Grube von vielen Kilometern erfordern. Der T. stellt eine bedeutende Form des → *Landschaftsverbrauchs* dar, bei welchem nicht nur eine → *Ausräumung der Kulturlandschaft* erfolgt, sondern eine grundlegende Zerstörung der Landschaftsökosysteme, ebenso des gesamten Gebietswasserhaushalts einschließlich des Grundwassers. Für große Flächen stellt sich ein neues → *Mesoklima* bzw. → *Mikroklima* ein. Nach Schließen des T. muß durch → *Landschaftsgestaltung* und Maßnahmen der → *Rekultivierung*

eine „Bergbaufolgelandschaft" geplant und hergerichtet werden.
Tierballisten: Pflanzen, deren steife und sparrige Stengel sich in vorbeistreifenden Tieren verhängen und beim Zurückschnellen Samen oder Früchte wegschleudern. (→ *Zoochorie*).
Tierblütigkeit: → *Zoogamie*.
tierfangende Pflanzen (carnivore Pflanzen): 1. autotrophe Pflanzen, die auf stickstoffarmen Böden siedeln und deshalb zusätzlich Einrichtungen zum Fang kleiner Tiere entwickelt haben. Die gefangenen Tiere werden durch Exoenzyme verdaut und als Stickstoffquelle genutzt. Die t.n P. kommen bei guter Stickstoffversorgung auch ohne tierische Zusatznahrung aus. Bsp.: Sonnentau, Wasserschlauch. – 2. Pilze, die Nematoden mit Fangschlingen fangen, z.B. Gattung *Arthrobothrys*.
Tierformation: wenig präziser Begriff für Gruppierung von Tieren im Sinne einer → *Lebensgemeinschaft* innerhalb eines → *Lebensraumes*. Der Begriff entspricht etwa dem der → *Vegetationsformation*.
Tierfresser: → *zoophag*.
Tiergemeinschaft: entspricht etwa der → *Tierformation* und beschreibt, wenig präzis, eine tierische → *Lebensgemeinschaft* in einem → *Lebensraum*. Die T. entspricht damit auch in etwa dem Begriff → *Biozönose*.
Tiergeographie (Zoogeographie): ein Teilgebiet der Zoologie und auch der Geographie, das die heutige Verbreitung der Tiere unter Zuhilfenahme von erdgeschichtlichen und ökologischen Theorien erklärt.
Tierkolonie: → *Tierstock*.
Tierökologie: → *Zooökologie*.
Tierpsychologie: Grenzbereich zwischen Psychologie des Menschen und → *Zoologie*, der die mit der Nerventätigkeit gleichzeitig im Tier ablaufenden physiologischen Prozesse als psychische Vorgänge deutet, denen auch bei Tieren ein gewisser subjektiver Charakter zugeschrieben wird.
Tierreiche: 1. die → *Bioreiche der Erde* können nach → *Pflanzenreichen* und T. differenziert werden. Dies erfolgt in der → *Biogeographie*, wobei für die Ausscheidung der T. andere Kriterien als bei den Pflanzenreichen angewandt werden, so daß selbst bei kleinmaßstäblichen Darstellungen die Grenzen deutlich voneinander abweichen. Ähnlich den Bioreichen der Erde erfolgt eine weitere Untergliederung in Regionen und Gebiete. – 2. oberste Kategorie der → *Taxonomie*, die das T. dem Pflanzenreich gegenüberstellt.
TierSchG: → *Tierschutzgesetz*.
Tierschutz: im Sinne des → *Naturschutzes* sämtliche Maßnahmen zur Erhaltung vom Aussterben bedrohter Tiere. Im übergeordneten Sinne stellt der T. auch Schutz der Ökosysteme und damit der Lebensumwelt des Menschen dar.
Tierschutzgesetz (TierSchG): deutsches Gesetz mit dem Zweck, aus der Verantwortung des Menschen für das Tier als Mitgeschöpf dessen Leben und Wohlbefinden zu schützen, d.h. auch, daß niemand einem Tier ohne vernünftigen Grund Schmerzen, Leiden oder Schäden zufügen darf. Das TierSchG regelt Tierhaltung, Töten von Tieren, Eingriffe an Tieren, Tierversuche sowie sonstige Schutznotwendigkeiten. Bei den Grundpflichten der Tierhaltung wird auf verhaltensgerechte Unterbringung und die Möglichkeit zur artgemäßen Bewegung besonders hingewiesen.
Tiersoziologie (Soziologie der Tiere, Zoozönologie): Lehre von den verschiedenen Formen der Vergesellschaftungen von Tieren, die homotypische oder heterotypische Verbände der → *Sozietäten* bilden. Homotypische Verbände entstehen aus Individuen einer Art. Sie vergesellschaften sich aus sehr verschiedenen Ursachen. Diese können mit der Population selber zusammenhängen, die zu groß wird, oder auf Umweltbedingungen im weiteren Sinne zurückgehen. Homotypische Verbände sind z.B. die Schlafgesellschaften, die → *Überwinterungsgesellschaften* sowie Wander-, Fraß-, Jagd-, Fortpflanzungs- und Brutgesellschaften. Heterotypische Verbände setzen sich aus verschiedenen Tierarten zusammen und basieren auf interspezifischen Beziehungen, die unterschiedlich starke Bindungen aufweisen und oft nur vorübergehend oder auf bestimmte Funktionen bezogen sind. Bei heterotypischen Verbänden stehen vor allem Wander- und Fraßgesellschaften im Vordergrund. Repräsentant der heterotypischen Verbände sind die → *Symbiosen*.
Tierstaat (Staatenbildung bei Tieren): bei Insekten ausgebildete hochentwickelte Familiengemeinschaft mit stark differenzierter Arbeitsteilung unter deren Mitgliedern, die sich in morphologisch und physiologisch begründeten Funktionstypen ausdrückt. T. bestehen meist mehrere Jahre und müssen als ein höherrangiges Ordnungsprinzip, das über der Lebensweise des Einzelorganismus steht, betrachtet werden.
Tierstock (Tierkolonie): 1. Vergesellschaftung von Tieren im Sinne des → *Tierstaates*. – 2. Vergesellschaftung von Einzelorganismen im Sinne einer Tierkolonie infolge unvollkommener Teilung oder Knospung, z.B. Schwämme, Nesseltiere, Moostierchen.
Tiersynusien: Artenkombination von Tieren, die im Sinne einer → *Synusie* zusammenleben.
Tierverbreitung: → *Zoochorie*.
Tierwanderungen: 1. aktive Ortsveränderung von Tieren, die periodisch oder aperiodisch auftritt und die verschiedene Ursachen hat, die sowohl auf periodische bis episodische Änderungen der Lebensumwelt als auch auf die Entwicklungs- und Populationsdynamik der Arten zurückgehen. Unterschieden werden z.B. Fortpflanzungs-, Nahrungs-, jahreszeitenklimatisch bedingte und populationsdynamisch bedingte

Wanderungen. Das Wanderungsvermögen einer Tierart hängt von der körpereigenen Fortbewegungsmöglichkeit ab, so daß zwischen aktiver Bewegung und passiver Verfrachtung sämtliche Möglichkeiten offenstehen. – 2. erdgeschichtlich bedingte Wanderungen von kontinentalen bis subkontinentalen Ausmaßen, die vor allem während des → *Pleistozäns* erfolgten und die Bestandteil einer überregionalen Entwicklungsdynamik der → *Arealsysteme* sind.

timber cropping: geregelte → *Forstwirtschaft* im Gegensatz zu → *timber mining*.

timber mining: Holzraubbau in den Wäldern im Gegensatz zur geordneten Waldbewirtschaftung des → *timber cropping*.

Tischlers Prinzip: andere Bezeichnung für das → *Aktionsprinzip*. Es zielt auf eine ähnliche Aussage wie das → *Ganze'sche Prinzip*. (→ *Konkurrenz-Ausschluß-Prinzip*).

Tjäle: → *Permafrostboden*.

TLB: → *Topologische Landschaftsbilanz*.

Tochternuklid: in einer → *Zerfallsreihe* → *radioaktiver Substanzen* entsteht als Zerfallsprodukt eines → *Mutternuklids*, also des Ausgangsnuklids, zunächst ein T., das entweder stabil ist oder – durch weiteren *radioaktiven Zerfall* – weitere Enkelnuklide bildet, z.B. → *Mutternuklid Radium-226* → *Tochternuklid Radon 222* → *Enkelnuklid Polonium-218* → *Urenkelnuklid Blei-214*.

Toleranz: 1. Eigenschaft eines Organismus, einen bestimmten Bereich eines Faktors oder mehrerer Faktoren auszuhalten. – 2. Synonym zu Resistenz gegen abiotische Faktoren. Dabei bezeichnet T. häufig eine kurzfristige Überlebensfähigkeit, Resistenz eine längerfristige.

Toleranzbereich: Minimal- und Maximalwerte, d.h. die Variationsbreite eines → *Ökofaktors*, die für einen Organismus erträglich ist. Daraus ergibt sich eine artspezifische Toleranzkurve, deren Gipfelpunkt das → *Optimum* darstellt.

Toleranzdosis: ursprünglich ein → *Grenzwert* für die berufliche → *Strahlenexposition* und den → *Strahlenschutz* festgelegt, der aber durch die verschiedenen → *Dosisgrenzwerte* ersetzt wurde, weil eine enge Dosis-Wirkungs-Beziehung bei → *stochastischen* Effekten der *Strahlenwirkung* nicht angenommen werden kann und sich daher die Vorgabe einer → *Schwellendosis* verbietet.

Toleranzgesetz: aus dem → *Minimumgesetz* entwickeltes Gesetz, das letztlich einen Spezialfall des T. darstellt. Das T. besagt, daß der Erfolg einer Art im → *Biotop* dann am größten ist, wenn eine qualitative und quantitative Vollständigkeit des Komplexes von biotischen und abiotischen Randbedingungen erfüllt ist, von denen die Fortpflanzung abhängt, d.h. eine ideale Lebensumwelt vorliegt, in der die besseren Bedingungen ein ökologisches → *Optimum* für die Art repräsentieren. Da ein Optimalwert aller Faktoren zum selben Zeitpunkt aber selten wahrscheinlich ist, sind der Erfolg und die Individuenzahl einer Art vom Grad der Abweichung eines oder mehrerer Faktoren vom Optimum abhängig.

Toleranzgrenze: 1. allgemein oberer und unterer Bereich der → *vitalen Zone*. – 2. in der Medizin die Fähigkeit eines Organismus bezeichnend, eine bestimmte Menge eines Wirkstoffes (Arzneimittel, Gift, Strahlen) ohne nachhaltige Schädigung zu ertragen. Der Begriff ist generell umstritten und findet im → *Strahlenschutz* (→ *Tiefendosis*) keine Anwendung mehr.

Toleranzwert: 1. ähnlich der → *Toleranzgrenze* definierter, im → *Pflanzenschutz* eingesetzter Begriff. Er gibt den nach toxikologischen Aspekten unbedenklichen → *Rückstand* (→ *Rückstandsanalytik*, → *Rückstandsproblem*) eines → *Pflanzenschutzmittels* (oder eines seiner mehr oder weniger toxischen Umwandlungsprodukte) an, die in oder auf Pflanzen, Futtermitteln oder in menschlicher Nahrung noch enthalten sind, nachdem eine → *Karenzzeit* abgewartet wurde. Der T. wird in → *ppm* angegeben. – 2. bei → *Bodenerosion* und im → *Bodenschutz* jene Werte, die gebietsspezifisch bestimmt werden und den Bodenabtrag angeben, der in einem relativen Gleichgewicht mit der Bodenneubildungsrate steht, der von der aktuellen landwirtschaftlichen Nutzung „entgegengearbeitet" wird. Diese pedoökologischen T. sehr umstritten, weil sie von einer allenfalls nur schätzbaren Bodenneubildungsrate ausgehen können.

Tomillares: Art der → *Garigue*, die im westlichen Mediterrangebiet auftritt, besonders in den Trockengebieten der zentralen Iberischen Halbinsel, und die sich aus → *Zwergsträuchern*, → *Geophyten* und Gräsern zusammensetzt. Diese Trockenheide weist zahlreiche Gewächse mit ätherischen Ölen auf, wie *Thymus*, *Salvia*, *Satureja*, *Stachys*, *Marrubium* und *Teucrium*. Der Name leitet sich von der spanischen Bezeichnung für Thymian, „el tomillo", her.

Ton: 1. mineralische Partikel, die kleiner als 0.002 mm sind. (→ *Bodenart*). 2. als Gestein ein Gemenge von → *Tonmineralen*, das zu mehr als 70% aus Partikeln unter 0.002 mm besteht. Reiner T. ist weißlich gefärbt. Humussubstanzen färben T.-Sedimente sehr häufig dunkelgrau, freigesetzte Eisenverbindungen geben tonigen Verwitterungsbindungen die bräunliche bis rötliche Färbung. T. nimmt viel Wasser auf und quillt dabei, so daß er im gesättigten Zustand immer wasserstauend wirkt (Grundwasserstau, Vernässung in Böden). Erodierter T. bildet den Hauptbestandteil der → *Schwebstoffe* in Gewässern. Die feinen T.-Partikel werden sehr weit transportiert und sinken nur in stehenden Gewässern zu Boden (Sedimentation auf Seeböden, in abgeschlossenen Meeresbecken und im Tiefseebereich). T. wird für die Herstellung keramischer Produkte abge-

baut.($\to$ *Stau*, $\to$ *Staugley*).
Tonboden: schwerer, dichter, überwiegend aus $\to$ *Ton* bestehender Boden. Die T. sind im trockenen Zustand steinhart und im feuchten gequollenen Zustand zäh und deshalb außerordentlich schwer bearbeitbar. Sie zeigen typische Absonderungsgefügeformen (Polyeder-, Prismen- und Plattengefüge). Schlechte Durchlüftung und andauernde Vernässung schaffen ungünstige Wurzelraumbedingungen. T. verändern sich durch Verwitterung kaum.
Tondurchschlämmung: $\to$ *Lessivierung*.
Toneinschlämmung: Vorgang der Tonanreicherung im Unterboden durch $\to$ *Lessivierung* der zur Entstehung eines B_t-Horizontes führt. Durch T. erhöht sich der Tongehalt des Anreicherungshorizontes im Extremfall bis auf 30–40%.
Ton-Humus-Komplex: organo-mineralische Verbindung aus kolloidalen $\to$ *Huminstoffen* und $\to$ *Tonmineralen*, wobei sich die Huminstoffkomplexe außen an die Tonminerale anlagern. Die T.-H.-K. schaffen wegen der verkittenden Wirkung der Huminstoffe ein stabiles Aggregatgefüge, welches die gute Ackerkrume kennzeichnet. Sie werden durch Bodenlebewesen weitgehend im Verdauungstrakt geschaffen und sind typisch für die Humusform $\to$ *Mull*. Die T.-H.-K. haben ein hohes $\to$ *Sorptionsvermögen* für Nährstoffe, und der aus ihnen zusammengesetzte $\to$ *Humus* speichert bei gleichzeitig guter Durchlässigkeit viel $\to$ *Bodenfeuchte*.
Tonminerale: blättchenförmige, OH-haltige K-, Na-, Ca-, Mg-, Fe- und Al-Silikate mit unterschiedlichem Schichtaufbau (Zweischicht- und Dreischichtsilikate), deren Einzelpartikel fast immer kleiner als 0.002 mm ($\to$ *Ton*) sind. Die T. setzen sich im Rahmen ihres Grundaufbaues aus Tetraeder- und Oktaederlagen chemisch sehr unterschiedlich zusammen und bilden viele Übergänge. Sie entstehen durch $\to$ hydrolitische Verwitterung der Silikate (vor allem Glimmer, Feldspäte, Olivine, Pyroxene, Amphibole), entweder durch Umwandlung (aus Glimmern und Chloriten) oder durch Neubildung. T. sind durch innerkristalline Wassereinlagerung je nach Typ unterschiedlich aufweitbar (Quellfähigkeit). Sie können an freien Ladungsplätzen Ionen austauschbar binden ($\to$ *Austauscher*, $\to$ *Austauschkapazität*) und sind damit mit den $\to$ *Huminstoffen* zusammen für die $\to$ *Nährstoffversorgung* der Böden sehr wichtig.
Tonverlagerung: senkrechter Transport von Ton in Böden durch $\to$ *Lessivierung*.
Top (geographische Standorteinheit, topische Einheit, topologische Einheit): allgemeine Bezeichnung für eine ökologische Standorteinheit. – 1. in der $\to$ *Geoökologie* und *Landschaftsökologie* sowie der $\to$ *Bioökologie* eine räumliche Grundeinheit mit geographisch homogenem Charakter der Merkmale und auch des stofflichen und energetischen Haushalts dieser Grundeinheit und als solche Bestandteil der $\to$ *Ökologischen Raumgliederung*. Gearbeitet wird in der $\to$ *topischen Dimension*, also gemäß den $\to$ *Dimensionen landschaftlicher Ökosysteme* ($\to$ *Theorie der geographischen Dimensionen*). Die T. werden für die einzelnen Landschaftshaushaltsfaktoren ausgeschieden z.B. $\to$ *Klimatop*, $\to$ *Hydrotop*, $\to$ *Pedotop*, $\to$ *Morphotop*, $\to$ *Phytotop*, $\to$ *Zootop*. Komplexere Modellierungen von T. sind die $\to$ *Biookotope* oder die $\to$ *Geoökotope*. Eine noch hochgradiger komplexere Form stellt der $\to$ *Ökotop* dar, der abiotische und biotische $\to$ *Ökofaktoren* zu seiner Kennzeichnung benötigt. Innerhalb der Tope, die als räumliche Repräsentanten von ökologischen Funktionseinheiten betrachtet werden, wirkt das $\to$ *Prozeß-Korrelations-System*, wie es im $\to$ *Landschaftsökosystem* der $\to$ *Landschaftsökologie* modelliert wird. Die landschaftshaushaltliche Beschreibung der ökologischen Funktionen des T. erfolgt in der $\to$ *Topologischen Landschaftsbilanz*. Für die T. wird in der Regel keine Größe in Quadratmetern angegeben, da die Größe kein definitorisches Merkmal ist. Stoffliche und sonstige funktionale Homogenität von T. kann in der gemäßigten Klimazone Europas im Bereich von einigen Zehner qm^2 bis um eine Hektar beobachtet werden. Räumlich konkrete T. sind demnach Kleinsteinzugsgebiete, Quellmulden, Hangsegmente, kleine Terrassenflächen etc. – 2. in den Wirtschafts- und Sozialwissenschaften werden T. im Sinne von kultur-, wirtschafts- oder sozialräumlichen Grundeinheiten ausgeschieden, z.B. als Soziotop.
Topengefüge: Form des $\to$ *Landschaftsgefüges* und ein $\to$ *Raummuster* landschaftsökologischer Raumeinheiten unterschiedlichen Komplexitätsgrades repräsentierend. Ein T. kann aus den $\to$ *Topen* der einzelnen $\to$ *Partialkomplexe* gebildet werden, z.B. T. der Morphotope, T. der Klimatope, oder auch von komplexeren landschaftsökologischen Raumeinheiten, wie den $\to$ *Geoökotopen*.
topische Dimension: Bestandteil der $\to$ *Theorie der geographischen Dimensionen* in der Betrachtung von $\to$ *Landschaftsökosystemen*, um $\to$ *landschaftsökologische Grundeinheiten* – im Sinne der $\to$ *Topen* – auszuscheiden. Für sie wird ein homogener Inhalt gefordert, der dann gegeben ist, wenn ein Areal gleiche Struktur und gleiches Wirkungsgefüge aufweist und somit über einen einheitlichen Mechanismus des stofflichen und energetischen Haushalts verfügt, also gleiche ökologische Verhaltensweisen zeigt. Die Topen werden mit Hilfe von qualitativen und quantitativen Analysen der Landschaftsökosystemstruktur und deren Wirkungsgefüge erfaßt. Die Homogenität der t.D. ist eine relative und wird in der Regel nicht für alle $\to$ *Kompartimente* des Systems gefordert. Die Auswahl geschieht nach dem Zweckmäßig-

keitsgrundsatz, d.h. es werden Bezugsgrößen bestimmt und Intervalle festgelegt, innerhalb derer auftretende Schwankungen unbeachtet bleiben.
topische Einheit: → *Top*.
Topische Landschaftsbilanz: → *Topologische Landschaftsbilanz*.
topische Reaktion: 1. freie Ortsbewegung von Organismen zur Reizrichtung hin, indem sich die Körperachse in Richtung des Konzentrationsgefälles direkt einstellt. – 2. ein aktives Hinbewegen auf eine Stoffquelle. – Gegensatz ist → *phobische Reaktion*.
topogen: unter dem dominierenden Einfluß der besonderen Geländelage entstanden, z.B. unter dem Einfluß von in Mulden gesammelten Wassers. Der Begriff wird vor allem im Zusammenhang mit → *Mooren* angewandt.
Topoklima: → *Geländeklima*.
Topokline: → *Ökokline*.
Topologie: in zahlreichen Wissenschaften sehr unterschiedlich verwandter Begriff mit mehreren Bedeutungen für die Geowissenschaften. – 1. in der klassischen → *Landeskunde* kleinräumige Beschreibung geographischer Gegenstände im Sinne einer Ortsbeschreibung. – 2. in der mathematisch-statistisch arbeitenden Teilen der Geowissenschaften die Lehre von der Lage und Anordnung geometrischer Gebilde im Raum. – 3. in der → *Geoökologie* wenig gebräuchlicher Begriff für die → *Raummuster* der → *Tope* im → *Topengefüge*. – 4. Zweig der → *Landschaftskunde*, der sich mit den homogenen → *landschaftsökologischen Grundeinheiten*, den → *Topen*, beschäftigt, die auf empirischer Grundlage ausgeschieden werden. Von hier wird er auf die Bedeutung in der Geoökologie (3.) übertragen, obwohl die Topen dort mit der → *Topologischen Landschaftsbilanz* charakterisiert und damit begründet werden.
topologische Einheit: → *Top*.
Topologische Landschaftsbilanz (Topische Landschaftsbilanz, TLB): sie zielt auf das → *Prozeß-Korrelations-Systemmodell* des → *Landschaftsökosystems* ab und ist ein Bestandteil der Methodik der geoökologischen Feldforschung, die großmaßstäblich auf größeren Flächen und quantitativ erfolgt mit dem Ziel, Stoffumsatzbestimmungen und Bilanzierung der Umsätze durch Umsatzmessung in allen drei Aggregatzuständen sowie dreidimensional vorzunehmen. Die T.L. basieren auf → *Standortbilanzen* des → *Landschaftsökologischen Standorts*, die mit dem → *Standortregelkreis* dargestellt und realisiert werden, die man aber mit Komplexgrößen im → *Ökosystem* sowie den (statischen) Geofaktoren des Ausstattungstyps auf die Fläche überträgt. Die T. L. stellt demnach eine komplexe Erfassung geographisch und planerisch relevanter Größen dar und ist auf die – über den Standort mit der → *Tessera* hinausgehende – umfassendere → *topische Dimension* bezogen. Die T. L. ist demnach das Ergebnis der → *Komplexen Standortanalyse*.
Topoökologie: wenig gebräuchliche und irreführende Bezeichnung für → *Geoökologie* bzw. → *Landschaftsökologie*.
topoökologische Einheit: in Geo- und Biowissenschaften verschieden verwendeter Begriff, meist jedoch überwiegend in Beziehung zum → *Regler* → *Georelief*. – 1. eine landschaftsökologische Raumeinheit beliebiger Größenordnung. – 2. eine topische Einheit im Sinne des → *Tops*. – 3. eine vom Regler Relief bedingte topische Einheit im Sinne des Tops, die Bestandteil einer Abfolge räumlicher Einheiten im Sinne der → *Toposequenz* ist.
Toposequenz: 1. räumliche Abfolge von → *topoökologischen Einheiten*, im Sinne des → *Tops* allgemein. – 2. räumliche Abfolge von → *landschaftsökologischen Grundeinheiten*, die wesentlich vom → *Georelief* geregelt wird. – 3. räumliche Abfolge von geo- und biowissenschaftlichen Phänomen allgemein, die vom Relief verursacht ist, wie z.B. die → *Bodencatena*.
Topotaxis: eine Form der → *Taxis*. Die Orientierung von Organismen aufgrund anziehender Reaktionsweisen, so daß sie zielgerichtet in den Bereich der lokal günstigsten Faktorenkonstellation gelangen (bezüglich Temperatur, Licht und Feuchtigkeit). (→ *Phobotaxis*).
Torf: Gemenge aus hellbraunen bis braunschwarzen, schwach zersetzten, mehr oder weniger humifizierten abgestorbenen Pflanzenteilen. Bei einem Gemisch dieser Pflanzenteile mit mineralischem Material spricht man nach konventioneller Festlegung bereits von T. (im Sinne einer → *Humusform*), wenn die organische Substanz mehr als 30% Massenanteil ausmacht. T. entsteht unter semiterrestrischen Bedingungen in → *Mooren*, wo der Abbau der organischen Substanz wegen der dauernden Durchnässung und durch weitgehenden Luftabschluß stark gehemmt ist. In den verschiedenen Moortypen (→ *Hochmoor*, → *Niedermoor*, → *Übergangsmoor*) entstehen entsprechend den unterschiedlichen Wasserbedingungen (Grundwasser, Regenwasser) und den jeweiligen typischen Pflanzengesellschaften verschiedene T. (Schilftorf, Seggentorf, Bruchwaldtorf, *Weißtorf*, → *Schwarztorf*). T. wird seit Jahrhunderten als Brennstoff und für Moorbäder sowie für die Herstellung von Gartenerden genutzt, z.B. als Torfmull.
Torfmoor: 1. aus Torfschichten aufgebauter Boden. – 2. Moor mit abbauwürdigen Torflagen. – 3. unscharfer Ausdruck für → *Hochmoor*.
Torfmoose: Sammelbezeichnung für die unter extrem sauren Bedingungen lebenden Moose der Gattung *Sphagnum*, welche massenmäßig stark am Aufbau der → *Hochmoore* beteiligt sind.
Torfmudde: in Flachseen und Sümpfen entstehender, an schlecht zersetzter organischer Substanz sehr reicher → *Schlamm*.
Torfschlamm: → *Dy*.

Torfschwund: Erscheinung des beschleunigten Torfabbaus durch Mineralisierung auf meliorierten und in landwirtschaftliche Intensivnutzung genommenen → *Mooren*. Der T. wird durch die gute Durchlüftung, die hohe Bodenwärme und den Düngenährstoffreichtum ausgelöst. Sein Ausmaß kann 0.5–1 cm Bodenmächtigkeit pro Jahr erreichen. Der T. zehrt die Moorfläche mit der Zeit in ihrer Substanz auf und führt zusammen mit den auf entwässerten Mooren einsetzende Sackungsvorgängen dazu, daß in den einer → *Melioration* folgenden Jahrzehnten der Grundwasserspiegel wieder in Oberflächennähe rückt (Alterung der Moorkulturen).
Torpidität: starrer Zustand von Organismen, der bei der → *Überwinterung* auftritt.
Torpor: → *Thermoregulation*.
torrentikol: Organismen, die Wild- und Sturzbäche bewohnen bzw. an Brandungsufern von Meeren und Seen vorkommen, wo stark bewegte Wasser und hohe Sauerstoffgehalte herrschen, die für diese Organismen unabdingbar sind. Wegen der starken Wasserbewegung weisen t. Lebewesen meist markante morphologische Anpassungen auf, wie Schildform, Saugnäpfe, Haftfäden. Der Gegensatz ist → *stagnikol*.
Torrentikolenhabitus: Gestalt der → *Strömungstiere* als → *Lebensform*.
Torsion: 1. allgemein die Drehung von Pflanzenorganen oder Organteilen. – 2. Bewegung von Pflanzenorganen, unter Beibehaltung der Wuchsrichtung, aber Drehung um die eigene Achse, bei ruhender Basis. – 3. Krümmungsbewegungen, die autonom erfolgen, wie bei den Winden, oder induziert werden, wie vom → *Geotropismus* oder → *Phototropismus*.
Totengesellschaft: → *Thanatozönose*.
Totstellreaktion: Bewegungslosigkeit auf äußere Reize hin → *Akinese*.
Totwasser: 1. in Feinporen (Durchmesser unter 0.2 μm) des Bodens gebundenes Wasser, das wegen der hohen → *Saugspannung* pF-Wert über 4.2) durch die Pflanzenwurzeln nicht aufgenommen werden kann. Das T. ist demnach die nicht nutzbare Wasserreserve des Bodens. Der T.-Anteil steigt mit dem Tongehalt der Böden. (→ *Bodenwasser*, → *Porengrößenverteilung*). – 2. in Fließgewässern in Kontaktbereich zwischen Wässersohle und freiströmendem Wasser ein Verwirbelungsbereich, dem gerichtete Strömung fehlt, sodaß Fließgewässerorganismen Schutz vor der Strömung finden. Solche T.-Bereiche finden sich jedoch nur in jenen Fließgewässern, deren Sohle Steine, Grobschotter oder Blöcke aufweist, hinter denen sich → *ökologische Nischen* bieten.
Tourismus: eine Massenreisebewegung, die häufig über den Fremdenverkehr früherer Jahrzehnte hinausgeht und an ihren Standorten beträchtliche → *Belastungen* der → *Umwelt* mit sich bringen kann, die sowohl ökologische als auch ökonomische Folgen für die Zielländer bzw. Zielstädte haben. Außerdem wird durch den mit dem T. verbundenen Massenverkehr eine Menge verschiedenartigster → *Emissionen* erzeugt, die ebenfalls umweltbelastend sind. Im Extremfall kann der T. die → *Landschaftsökosysteme* in den Zielgebieten stören oder zerstören, zumal er stark landschaftsumgestaltend wirkt.
Toxikologie: Wissenschaft von den Giften und ihrer Wirkung auf Organismen. Ebenfalls zur T. gehört die Lehre von den Gegenmaßnahmen. (auch → *Ökotoxikologie*).
Toxine: 1. von Pflanzen und Tieren gebildete spezifische Giftstoffe. – 2. giftige Stoffwechselprodukte, die von parasitisch lebenden Organismen gebildet werden, vor allem von pathogenen Bakterien.
toxisch: giftig.
toxisches Äquivalent: die zur Vergiftung von je einen Kilogramm Versuchstier benötigte Giftmenge.
Toxitoleranz: → *Giftresistenz*.
Toxizität: allg. die Giftigkeit oder Giftwirkung von Substanzen für Mensch, Tier und Pflanze. Die T. ist jeweils abhängig von der Menge (oder Konzentration) und der Zeitdauer der Einwirkung. Man unterscheidet akute und chronische T. In Zusammenhang mit landwirtschaftlichen Produkten versteht man unter der T. auch die unerwünschte Giftigkeit von Schädlingsbekämpfungsmitteln (→ *Pestiziden*) gegenüber den Nicht-Zielorganismen, speziell gegenüber Mensch und Haustier.
Toxoide: jene → *Toxine*, die entgiftet wurden, um z.B. bei Schutzimpfungen angewendet zu werden.
Tracer: allgemein eine Sammelbezeichnung für Stoffe, die Reaktionen in Organismen oder in der Umwelt bzw. Wanderrichtungen von Materietransporten aufklären sollen. Je nach Einsatzgebiet (Wasser, Boden, Organismen) wird mit unterschiedlichen T. gearbeitet. – In der Boden- und Grundwasserhydrologie wird mit Farben, Salzen, Pollen sowie → *radioaktiven Substanzen* gearbeitet. Sie werden zur Markierung eines Stoffes bzw. Materials in ein System eingegeben, um den Weg des markierten Stoffes zu verfolgen. In der Biologie finden ebenfalls radioaktive Substanzen als T. Verwendung, um stoffliche Wirkungsorte, Krankheitsherde oder → *Bioakkumulation* in Organismen nachzuweisen. Gebräuchliche T. sind Au-198, Br-82, C-14, Co-58, Co-60, Cs-137, He-3, P-32. (→ *Caesium-137*, → *Radiokohlenstoff*).
Tracht: 1. im Sinne von Habitus die Gesamtheit aller äußerlich erkennbaren Merkmale eines Organismus, bedingt durch Gestalt, Oberflächenbeschaffenheit, Färbung – und z.T. – auch Verhalten. – 2. das von Honigbienen eingetragene Nektar-Pollen-Gemisch.
Tragfähigkeit: allgemein das Fassungsvermö-

gen eines Lebensraumes für Organismen einer Art oder für Lebensgemeinschaften. – 1. auf einen bestimmten Lebensraum von Pflanzen und Tieren bezogen, der über ein gewisses → *Naturraumpotential* verfügt, d.h. ein ökologisch begrenztes Fassungsvermögen aufweist. Das → *Leistungsvermögen des Landschaftshaushalts* bestimmt demnach die T. – 2. im → *Umweltschutz* allgemein die Aufnahmekapazität eines Landschaftsraums und seiner Ökosysteme für vom Menschen ausgehende → *Belastungen*. Dabei wird vorausgesetzt, daß die → *Regenerationsfähigkeit* des Landschaftsökosystems nicht beeinträchtigt wird. – 3. in der → *Humanökologie* jene Menschenpopulation eines Raumes, die in diesem – unter Berücksichtigung des erreichten Kultur- und Zivilisationsstandes – auf agrarischer (agrarische T.), natürlicher (naturbedingte T.) oder gesamtwirtschaftlicher (gesamte T.) Basis auf längere Sicht überleben und leben kann. Bei dieser aus geographisch-landschaftsökologischer Sicht vorgenommenen Betrachtung der T. kann eine effektive von einer potentiellen T., eine maximale von einer optimalen T. sowie eine innenbedingte T. von einer außenbedingten T. unterschieden werden. – 4. der Begriff T. spielt auch in der Technik (Bauwerke, Konstruktionen, Schiffahrt etc.) eine Rolle.

Transatlantische Sperre: ökologische Makrostruktur des Meeres, die von der Beschaffenheit der Wasserkörper und/oder den Größtformen des Meeresbodens bestimmt ist.

Transferfaktoren (Transferkoeffizienten): 1. allgemein in der → *Ökologie* bei der Betrachtung von → *Systemen* jene Faktoren, welche den Übergang von Stoffen zwischen den verschiedenen Schichten des Systems (→ *Schichtmodell*) bzw. seinen → *Kompartimenten* bezeichnen. – 2. in der → *Radioökologie* sind die T. Wichtungsfaktoren ohne Dimension, die den Übergang von → *Radionukliden* von einem Glied der → *Nahrungskette* zu einem anderen beschreiben. Die T. sollen die → *Anreicherung* radioaktiver Substanzen in den einzelnen Gliedern angeben.

Transferkoeffizienten: → *Transferfaktoren*.

Transformanten: → *Transformenten*.

Transformationspotential: entsprechend dem → *Produktionspotential* eines Pflanzenbestandes die Fähigkeit von → *heterotrophen* Organismen, innerhalb einer gewissen Zeit eine bestimmte Menge organischer Stoffe – und potentielle chemische Energie – umzusetzen.

Transformenten (Transformanten): praktisch dem Begriff → *Destruenten* entsprechend, also abbauende heterotrophe Bakterien und Pilze sowie umbauende autotrophe Bakterien.

Translokation: → *Ortswechsel*.

Transmission: → *Strahlungsdurchlässigkeit*.

Transpiration: 1. → *Verdunstung* durch lebende Organismen (bei Pflanzen vor allem durch die Blattorgane). Die T. ist Teilglied der aus Verdunstung von festen Oberflächen (→ *Evaporation*) und Vegetationsverdunstung zusammengesetzten Gesamtverdunstung (→ *Evapotranspiration*) eines Festlandstandortes. Bei geschlossener Vegetationsdecke erfolgt praktisch die gesamte Verdunstung über die T. – 2. bei den Pflanzen wird unterschieden zwischer der kutikulären T., d.h. Wasserabgabe durch die Kutikula der Epidermis, und der stomatären T., d.h. Wasserabgabe durch die Stomata (also Spaltöffnungen), die sich überwiegend auf den Blattunterseiten befinden und deren Öffnungsgröße veränderbar ist.

Transpirationskoeffizient: vor allem im landwirtschaftlichen und forstwirtschaftlichen Pflanzenbau verwendetes Verhältnis zwischen Wasserverbrauch und Stoffproduktion eines Pflanzenbestandes. Bsp.: ein Weizenbestand weist etwa 540 g transpiriertes Wasser pro g produzierter Trockensubstanz auf, ein Buchenbestand ca. 170 g.

Transuranelement: ein chemisches Element im Periodensystem, dessen Ordnungszahl (Kernladungszahl) größer als 92, also der des → *Urans*, ist. Alle T. sind → *radioaktiv* und künstlich, mit Ausnahme von Pu-224, einem natürlichen → *Isotop* des → *Plutoniums*.

Transversalphototropismus: Art des → *Phototropismus*, bei dem sich die Pflanzenorgane schräg zum Lichteinfall orientieren.

Treibhauseffekt (Glashauseffekt): der T. wird auch als → *Glashauswirkung* umschrieben und ist Ausdruck des Wärmehaushalts der Erde (→ *Strahlung*, → *Strahlungsbilanz*) und zugleich Hinweis auf anthropogene Eingriffe in diesen. Der T. beschreibt die Rolle, die → *Kohlendioxid*, Wasserdampf, Wolken usw. im Strahlungshaushalt der Erde spielen, indem sie einen Teil der kurzwelligen Sonnenstrahlung durchlassen, die langwellige terrestrische Ausstrahlung aber absorbieren bzw. davon wiederum einen Teil zum Erdboden zurückstrahlen und den anderen Teil in den Weltraum abgeben. Der Begriff T. ist nicht ganz glücklich, da die Erwärmung der Luft in Treibhäusern vorwiegend durch Unterdrückung des konvektiven Wärmeverlusts zustandekommt und nur zum kleineren Teil durch Verminderung der Wärmeabstrahlung erzeugt wird. Es ist eine Eigenschaft der wasserdampf- und kohlendioxidhaltigen → *Atmosphäre*, wegen dieser Tatsache Wärmestrahlung in hohem Maß auf den Erdboden zu reflektieren. Eine Wolkendecke verhindert eine starke nächtliche Abkühlung. Der T. ist für die Wärmebilanz der Erdoberfläche bedeutsam. Im globalen Rahmen könnte der CO_2-abhängige T. zudem eine langfristige Erhöhung der Temperatur und damit → *Klimaänderungen* bewirken.

Trennart: in der → *Pflanzensoziologie* die → *Differentialart*.

Trennverfahren: bei der → *Abwasserreinigung* im Gegensatz zum → *Mischverfahren* die getrennte Ableitung des Schmutzwassers und

Regenwassers in zwei verschiedenen Leitungssystemen. Das Leitungsnetz mit dem Schmutzwasser ist auf die → *Kläranlage* ausgerichtet, das weniger verschmutzte Regenwasser wird direkt in den → *Vorfluter* eingeleitet. Damit kann eine Kläranlage von der Zusatzlast des Regenwasserzuflusses befreit werden.

treu (fidel): bezeichnet Arten mit sehr starker Bindung an eine Lebensgemeinschaft. → *Treue*.

Treue: die mehr oder weniger enge Bindung einer Art an eine Pflanzengesellschaft (→ *Assoziation*) bzw. eine → *Lebensgemeinschaft*. In der → *Pflanzensoziologie* spricht man oft von „Gesellschaftstreue", in der Tierökologie von „Gemeinschaftstreue". Die Arten stärkster Bindung werden → *Charakterarten* genannt (mit den Unterbegriffen treu, fest, hold), solche ohne besondere Bindung → *Begleitarten* (vage oder fremde Arten). T.angaben sind nur auf der Grundlage einer umfassenden Bestandsaufnahme aus einem größeren Gebiet möglich. → *Biotopbindung*.

Trift: → *Xerophorbium*, → *Hutung*.

Trinkwasser: Wasser, das für den menschlichen Genuß und Gebrauch geeignet ist. Es stammt aus Grund-, Quell- oder Oberflächenwasser, seltener aus der Meerwasserentsalzung. Es sollte klar, farblos, keimfrei, geschmacks- und geruchsfrei sein; der Salzgehalt soll gering sein.

Trinkwasseraufbereitung: umfaßt verschiedene Verfahren zur Gewinnung bzw. Herstellung von → *Trinkwasser*. In Deutschland durch die → *Trinkwasserverordnung* geregelt. Die T. ist nicht bei allen Wässern nötig, sofern sie aus dem → *Grundwasser* stammen und Stoffgehalte aufweisen, welche der Trinkwasserverordnung entsprechen. Weil in Mittel- und Westeuropa die Grundwasserressourcen praktisch vollkommen ausgeschöpft sind, kann zusätzliches Trinkwasser nur aus → *Oberflächengewässern* gewonnen werden, die jedoch verschmutz sind, woraus sich T. zwingend ableitet. Die T. erfolgt in den Wasserwerken, die nicht nur die Verteilung organisieren, sondern auch die Güte gewährleisten. Neben der → *Chlorierten Kohlenwasserstoffen* stellt vor allem das → *Nitrat* Probleme bei der T.

Trinkwasserbiologie: Teilgebiet der technischen Hydrobiologie, das vor allem bei der → *Trinkwasseraufbereitung* eine Rolle spielt und die Aufgabe hat, Wasserorganismen in → *Talsperren* und sonstigen Trinkwassergewinnungsanlagen, aber auch schon in → *Grundwasserleitern*, zu beobachten und deren Auftreten zu steuern, um die Trinkwassergüte zu gewährleisten und die Trinkwasseraufbereitung nicht zu erschweren.

Trinkwasserfluoridierung: geschieht an sich zum Schutz vor Karies, ist aber andererseits - trotz großer Erfahrungen mit der T. - umstritten. In Deutschland ist die T. nicht erlaubt, in anderen Ländern oder deren selbständigen Regionen jedoch z.T. seit Jahrzehnten üblich. (→ *Fluoridierung*, → *Fluoride*).

Trinkwasserschutzgebiet (Schutzzone für Trinkwasser): Bereiche um Trinkwassergewinnungsanlagen, immissionsgefährdete Einzugsgebietsteile sowie Wasservorkommen verschiedenster Art (Quellgebiete, Uferbereiche, Grundwasseraustriche etc.), die der Versorgung mit → *Trinkwasser* dienen bzw. als künftig zu nutzende Ressource ausgewiesen sind, unterliegen Nutzungsverboten oder Nutzungseinschränkungen, indem sie als T. gekennzeichnet werden. Die Festsetzung erfolgt in den Ländern Europas sehr verschieden. In Deutschland kennt man drei Zonen.

Trinkwasserverordnung: in Deutschland erlassen und inzwischen an der → *EG-Richtlinie* orientiert. Die T. gibt für die verschiedenen Wasserqualitäten → *Grenzwerte* für Stoffgehalte bzw. Restgehalte an. Die Werte der T. sind mit der → *EG-Richtlinie* weitgehend vergleichbar. Im Gegensatz zu dieser ist in der T. die Liste der erfaßten Stoffe kürzer, so daß für diese Stoffe faktisch keine Grenz- oder Richtwerte vorliegen.

Tripton (Peritripton): in Humusgewässern und im Meer eine Suspension von Wasser, kolloidalen organischen Substanzen und feinstem → *Detritus*, das von Wassertieren zusammen mit → *Plankton* als Nahrung verarbeitet wird.

Tritt: die mechanischen und ökologischen Auswirkungen auf Boden und seine Vegetationsdecke infolge Betretens durch Mensch und Vieh sowie des Befahrens mit Fahrzeugen. Die T.-Effekte treten in Viehzuchtgebieten sowie in stark frequentierten Erholungsgebieten, vor allem stadtnahen Wäldern, auf. Vom T. gehen zunächst nur mechanische Schädigungen des Bodens und der Vegetationsdecke aus. Vor allem die Bodenschädigungen repräsentieren ein Wirkungsgefüge, welches bald das gesamte → *Pedosystem* mit Wasser-, Nährstoff-, Luft- und Wärmehaushalt des Bodens sowie die Bodenfauna umfaßt. Vorgängig erfolgt jedoch eine Zerstörung der Vegetation durch T. In Trockengebieten führt dies u.a. zur → *Desertifikation*. Ähnliche, desertifikationsähnliche Phänomene zeigen sich in Küstendünengebieten, die der Erholung dienen, oder in → *Stadtwäldern*. Durch → *Meliorationen* und → *Rekultivierung*, die unter dem Aspekt der → *Trittfestigkeit* geschehen, wird versucht, diesen Schäden entgegenzusteuern. Bei Pflanzen kommt es zur Selektion trittfester Arten (→ *Trittflur*).

Trittfestigkeit: bezieht sich auf Pflanzen, vor allem Gräser und Kräuter, die an stark frequentierten Standorten der Viehzucht, der Erholung, der Städte oder an Wegen und Straßen sowie an Sportanlagen angepflanzt werden können, weil sie gegenüber → *Tritt* eine gewisse Resistenz aufweisen. Als trittfest gelten Gewächse, die eine hohe → *Regenerationsfähigkeit* haben, nied-

rig sind, wenig Pflege erfordern und trotzdem eine mehr oder weniger geschlossene Vegetationsdecke bilden, von der vielfältige pedologische und bodenbiologische Effekte erwartet werden. (→ *Trittflur*).
Trittflur (Trittgesellschaft): auf Felswegen oder Pflasterritzen usw. vorkommende artenarme Pflanzengesellschaft. Eine charakteristische Pflanzenart ist der Große Wegerich.
Trittgesellschaft: → *Trittflur*.
TRK-Wert (Technische Richtkonzentration): wird für sogenannte „Arbeitsstoffe" angegeben, die an Arbeitsplätzen als gas- oder dampfförmige Emissionen, mit oder ohne → *Aerosolen*, in der Luft auftreten und Schutzmaßnahmen sowie Überwachung der Arbeitsstätten notwendig machen, weil sie → *Krebs* erzeugen oder das Erbgut verändern können. Auf der Liste der T. stehen u.a. Arsen, Asbest, Benzol, Kobalt oder Nickel, wobei sich die Werte oft auf Anteile am eingeatmeten Gesamtstaub beziehen.
Trocken-Additiv-Verfahren: eine Methode, die man in → *Rauchgasentschwefelungsanlagen* einsetzt, wobei Kalkstaub in die Feuerung gegeben wird, so daß sich das → *Schwefeldioxid* mit dem Kalk zu Sulfit verbindet und damit zu → *Asche* wird.
Trockengewicht (Trockensubstanz, Trockenmasse): das Gewicht, bzw. korrekt die Masse [in g] der organischen Substanz (→ *Biomasse*, → *Nekromasse*), nachdem ihr in einem standardisierten Verfahren Wasser entzogen worden ist (z.B. durch Trocknung bei +60°C oder +105°C.
Trockengrenze: wichtige klimatische Trennlinie, welche Gebiete mit Niederschlagsüberschuß von Gebieten mit Niederschlagsdefizit im Vergleich zur jährlichen Gesamtverdunstung abgrenzt. An der T. ist N = V. Da kaum Verdunstungsmessungen zur Verfügung stehen, wird die T. anhand verschiedener Formeln aus Niederschlags- und Temperaturwerten berechnet. (→ *humid*, → *Humidität*, → *arid*, → *Ariditätsindex*).
Trockenheitsbeanspruchung: eine Maßzahl für die Intensität, in der Pflanzen auf ihrem Wuchsplatz unter dem Streßfaktor „Trockenheit" zu leiden haben. Es ist das Verhältnis zwischen dem aktuellen → *Wassersättigungsdefizit* und dem kritischen Wassersättigungsdefizit der Art, in % ausgedrückt.
Trockeninsel: Gebiet in einem → *humiden* Klimabereich, das im Vergleich zu seiner weiteren Umgebung relativ wenig Niederschlag erhält, wobei die Bedingung der → *Aridität* nicht erfüllt sein muß. T. liegen in den Mittelbreiten in tiefen Lagen im Lee von Gebirgen (z.B. in verschiedenen Beckenlandschaften der deutschen Mittelgebirgsschwelle, wie der Westseite des Oberrheinischen Tieflandes oder des Thüringer Beckens, aber auch in engeren Großtälern der Hochgebirge, wie dem Vintschgau oder dem Wallis in den Alpen).

Trockenkühlturm: Kühlturm zur Rückkühlung von Wasser, bei dem kein direkter Kontakt zwischen dem zu kühlenden Wasser und dem Kühlmedium Luft besteht. Das erwärmte Wasser wird in einem geschlossenen System (nach dem Prinzip des Kraftfahrzeugkühlers) von Luft gekühlt und wieder dem Kondensator zugeleitet.
Trockenpflanzen: → *Xerophyten*.
Trockenrasen: fälschlicherweise auch „Steppenrasen" genannt, da er floristisch und physiognomisch der Grassteppe entspricht. Der T. kommt auf trokkenen, warmen Standorten mit flachgründigen, humusarmen Böden vor, oft auf Kalkuntergrund. In manchen mitteleuropäischen Landschaften ist die Gehölz- und Baumarmut der T. klimabedingt, in anderen von der Nutzung (Schafweide, Feld-Gras-Wechselwirtschaft, Heuwiesen) bestimmt. Diese Nutzungsformen drücken teilweise auch standortbedingte Unterschiede aus und werden daher auch als → *Halbtrockenrasen* bezeichnet. Die T. enthalten zahlreiche pflanzenökologische → *Relikte* (→ *Reliktpflanzen*), die mit ihrer mediterranen bis submediterranen sowie kontinentalen bis subkontinentalen Herkunft auf Klimaänderungen im *Postglazial* hinweisen, als in Mitteleuropa großklimatisch und → *zonal* die ökologischen Bedingungen der → *Steppe* herrschten und aus doch heute noch wärmeren und trockeneren Klimalandschaften Europas eine Einwanderung nach Mittel- und Westeuropa möglich war. Auch die → *Steppenheide* gehört teilweise zu den T.
Trockenresistenz: bei Landpflanzen → *Dürreresistenz*, bei Landtieren Widerstandsfähigkeit gegen Aufenthalt in - relativ für die betrachtete Art - trockenem Milieu. Die T. kann bestehen in der Fähigkeit, die Herabsetzung des Wassergehaltes im Körper zu tolerieren (z.B. etwa 10% Wasserverlust bei Säugern, bis 80% bei manchen Nacktschnecken (Austrocknungsresistenz) - oder die Wasserabgabe einzuschränken (Austrocknungsvermeidung).
Trockensavanne: Typ der → *Savanne* mit 5–7.5 ariden Monaten, wodurch Busch- und Grasformationen überwiegen und Bäume gegenüber der → *Feuchtsavanne* zurücktreten. Gebietsweise ist auch die Bezeichnung → *Trockenwald* berechtigt, obwohl die T. eigentlich keinen Waldcharakter aufweist, sondern nur an manchen Standorten dichter mit schirmkronigen Bäumen bestanden ist, die meist klein sind und fiederblättriges Laub aufweisen. Zahlreiche standörtliche Varianten, die auf günstigere Bodenfeuchteverhältnisse zurückgehen, ändern jedoch nichts an dem Gras-Holzgewächs-Gleichgewicht, das seine Ursachen im begrenzten Bodenfeuchthaushalt hat. Eine Sonderform der T. ist die Termitensavanne. Die T. kommen als Landschaftszone zwischen der Feuchtsavanne und der Dornstrauchsavanne vor.
Trockenstarre: → *Anhydrobiose*.

Trockentag: regenloser Tag mit niedriger → *Relativer Luftfeuchte*.
Trockenwald: wenig präzise Sammelbezeichnung für alle laubwerfenden Vegetationsformationen mit baumartigen Holzgewächsen in den wechselfeuchten → *Tropen* und → *Subtropen* vom Typ der → *Dornbaumsavanne*, des → *Monsunwaldes* und des → *Savannenwaldes*. Im Grunde handelt es sich um baumreiche und nur waldartig erscheinende Teile der → *Trockensavanne*.
Troglobiont: bezeichnet Tiere, die nur in Höhlen leben.
Troglobios: höhlenbewohnende Organismengemeinschaft. (→ *Höhlenfauna*.)
troglophil: bezeichnet Tiere, die vorzugsweise in Höhlen leben, aber auch außerhalb derselben vorkommen können.
Troglostygal: der Lebensraum der Höhlengewässer, z.B. die unterirdischen Gewässer von Karstgebieten.
trogloxen: bezeichnet Tiere, die nur zufällig in Höhlen vorkommen und deutlich andere Lebensräume bevorzugen.
Tropen: 1. die „mathematische" Klimazone im Gradnetz der Erde, zwischen den beiden Wendekreisen gelegen. – 2. die geographische Zone beidseits des Äquators bis etwa zum 20. Breitengrad, innerhalb derer tropische Warmklimate mit unterschiedlich langen Regenzeiten ausgebildet sind. In den Klimaten der T. tritt Wärme nicht im → *Pessimum* auf. Die entscheidende ökologische Differenzierung dieser → *Landschaftszonen* erfolgt durch die Dauer der humiden Jahresabschnitte, die mit ariden alternieren. Die Zahl der humiden Monate kann zwischen 0 und 12 liegen. In den T. befindet sich die Zone des immerfeucht-tropischen → *Regenwaldes* und jene der → *Savannen*.
Tropensee: See in den Tropen mit ständig hohen Temperaturen (über 20°C) im → *Epi-* und *Hypolimnion*, die nur um 1–2°C differieren. Dadurch ergibt sich jedoch eine stabile Temperaturschichtung. Der Sauerstoff ist in der Tiefe häufig aufgezehrt.
Tropentag: in der meteorologischen Statistik der mitteleuropäischen Länder ein Tag, dessen Maximumtemperatur über 30°C lag. Er wird besonders unter den Bedingungen des → *Stadtklimas* als bioklimatisch belastend empfunden. (→ *Bioklimatologie*, → *Humanökologie*.)
Tropenwald: unscharfe Bezeichnung für den immergrünen tropischen Regenwald. → *Hylaea*.
Tropfkörper: Teil einer → *Kläranlage*, in dem eine biologische Reinigung des → *Abwassers* erreicht wird.
Tropfkörperverfahren: wird eingesetzt bei der → *Abwasserreinigung* in → *Kläranlagen* mit Hilfe des → *Belebtschlamms*, der aërobe, schmutzabbauende Mikroorganismen enthält, welche die löslichen organischen Bestandteile des → *Abwassers* abbauen. Dies geschieht unter Sauerstoffverbrauch, der dem Belebtschlamm zugeführt wird. Der T. befindet sich auf grobkörnigen Tropfkörpern aus Kies, Kunststoff oder Schlacke, auf denen sich der Belebtschlamm entwickelt. Das Abwasser wird über Becken mit den Tropfkörpern und dem Belebtschlamm verrieselt.
Trophallaxis: Nahrungsaustausch zwischen fütternden Tieren und Larven sowie den übrigen Stockinsassen staatenbildender Hymenopteren.
Trophie: 1. der Versorgungsgrad (Art und Intensität der Versorgung) eines → *Ökosystems* mit → *organischer Substanz* und → *Nährstoffen* bzw. → *Nährelementen* (→ *Nährstoffhaushalt*). Danach wird eine geringe (→ *oligotrophe*), eine mittlere (→ *mesotrophe*) und eine reichliche (→ *eutrophe*) Nährstoffversorgung für Ökosysteme ausgewiesen. Dies bezieht sich nicht nur auf terrestrische Ökosysteme, sondern auch auf die → *Hydroökosysteme* der → *Oberflächengewässer*. – 2. allgemein die Ernährung mit Mineralstoffen, z.B. von Pflanzen. – 3. ungleichmäßige Entwicklung von Pflanzenorganen oder Gewebeteilen.
Trophiegrad: allgemein ähnlich der → *Trophie* definiert, jedoch demgegenüber mit verschobenen Inhalten. – 1. bezieht sich auf Nährstoffaspekte des Gewässerhaushaltes und wird repräsentiert von der Menge der Biomasse und dem Umsatz autotropher Organismen eines Gewässers, d.h. die vom Nährstoffangebot abhängige Produktion an → *Biomasse*. – 2. die Bezeichnung für die Intensität der pflanzlichen → *Primärproduktion*. – 3. oft wird mit dem Begriff T. einfach auch die Menge der pflanzenverfügbaren Nährstoffe (→ *Nährelemente*) bezeichnet. – 4. auch die → *trophische* Diversität wird bei bioökologischen Betrachtungen, vor allem der Zooökologie, als T. bezeichnet.
Trophiestufen: → *Ernährungsstufen*.
trophisch (nutritiv): die Ernährung betreffend.
trophische Diversität: Mannigfaltigkeit (→ *Diversität*) eines Ökosystems im Hinblick auf Zahl der trophischen Ebenen und Typen der Ernährungsweise.
trophische Ebenen: → *Ernährungsstufen*, auf denen verschiedene Nahrungsangebote herrschen.
trophische Faktoren: alle → *Umweltfaktoren*, die sich aus der Qualität und Quantität der Nahrung ergeben.
trophische Stoffe: in der Bioökologie Nährstoffe, Baustoffe.
Trophobiose (Trophobium): Sonderform des → *Mutualismus*, bei der eine Insektenart einer anderen Exkremente oder Körpersäfte als Nahrung anbietet und dafür Schutz vor Fremden geboten bekommt, wie bei den → *Bisystemen* zwischen Ameisen und Blattläusen.
Trophobium: → *Trophobiose*.
trophogen: allgemein Nahrung erzeugend, Nährstoffe liefernd, Primärnahrung bildend, Gegensatz ist → *tropholytisch*.
trophogene Zone: Bezeichnung der oberen

Schichten der Gewässer, in denen die Hauptproduktion des pflanzlichen Planktons abläuft (nahrungserzeugende Schicht). Ggs: → *tropholytisch*.
Trophologie: 1. selten gebraucht für die Lehre von den Ernährungsverhältnissen oder auch den trophischen Stufen der Organismen. – 2. die Wissenschaft von der Ernährung des Menschen. Diese befaßt sich unter anderem mit Lebensmittelkunde, Lebensmittelverarbeitung, Zubereitung von Krankenkost, Haushaltsplanung, Vorratshaltung.
tropholytische Zone: Bezeichnung für die Tiefenschichten der Gewässer, in der die gebildeten organischen Stoffe um- und abgebaut werden (nahrungszersetzende bzw. -umsetzende Schicht). Ggs.: → *trophogen*.
tropisches Klima: das Klima der → *Tropen*, ein im Tiefland warmes und während der Regenzeiten wechselfeuchtes bis immerfeuchtes Klima der Gebiete am und beiderseits des Äquators. Das t. K. im engeren Sinne zeichnet sich durch stetig hohe Temperaturen mit beschränktem Tages- und einem kaum merklichen termischen Temperaturumritt aus. Der kälteste Monat liegt im Temperaturmittel im allgemeinen nicht unter +18°C. Frost fehlt ganz. Die Zone des t. K. wird vor allem durch die Niederschläge differenziert: die äquatoriale Zone ist ohne Trockenzeit und wird als immerfeuchttropische Zone bezeichnet. Sie ordnet sich an der innertropischen Konvergenz aus. An sie schließt sich die wechselfeuchte innere Tropenzone mit zwei Regenzeiten und einer langen bzw. kurzen Trockenzeit an. Die wechselfeuchten äußeren Tropen haben nur noch eine Regenzeit und eine ausgeprägte, lange Trockenzeit. Auf diese Differenzierungen des t. K. sind die Vegetationsformationen eingestellt (→ *Regenwald*, → *Savanne*). Die Tieflandsverhältnisse des t. K. werden in den tropischen → *Hochgebirgen* wesentlich differenziert. Es treten Höhenstufenklimate auf, die sich durch die Abnahme des → *vertikalen Temperaturgradienten* auszeichnen, während das Gesamtfeuchteangebot in allen Höhenstufen bis zur Obergrenze der Wolken mehr oder weniger dem Niederschlagsangebot der jeweiligen tropischen Tieflands-Klimazone entspricht.
Tropismen: allgemein die Krümmungsbewegungen von Teilen festgewachsener Organismen, vor allem Pflanzen, durch Reize von außen. Dazu gehören der → *Chemotropismus* durch chemische Reize, der → *Geotropismus* durch die Gravitation, der Hafttropismus (→ *Thigmotropismus*) durch Berührungsreize und der → *Phototropismus* durch Lichtreize. Die T. drücken sich in Wachstums- und Gestaltunterschieden aus.
Tropopause: als → *Inversion* ausgeprägte Obergrenze der → *Troposphäre*, oberhalb derer die Lufttemperatur wiederum zunimmt und Luftfeuchtigkeit nur noch in Spuren vorhanden ist.

Tropophyten: Pflanzen, die an Standorten mit deutlich wechselndem Bodenfeuchteangebot vorkommen, das nicht nur durch Regen- und Trockenzeit bestimmt ist, sondern auch von den thermischen Jahreszeiten, weil innerhalb von Frostperioden die → *Hydratur* nicht aufrecht erhalten werden kann, da aus gefrorenem Boden keine Wasseraufnahme möglich ist. Deswegen können auch in feuchten Kaltklimaten die Gewächse einen xeromorphen Habitus zeigen. Die T. verhalten sich in den Jahresabschnitten mit Feuchteangebot wie → *Hygrophyten*, in Jahresabschnitten mit Wassermangel wie → *Xerophyten*.
Troposphäre: die unterste, 8 km (Polargebiet) bis 17 km (Tropen) mächtige Schicht der → *Atmosphäre*. In der T. befindet sich die atmosphärische Luftfeuchtigkeit. Hier spielt sich das gesamte Wettergeschehen durch Umlagerung von Luftmassen (Bereich der atmosphärischen Zirkulation) ab. Die T. wird in erster Linie von der Wärmeausstrahlung der Erdbodens und nicht von der Sonnenstrahlung direkt erwärmt. Die Temperatur nimmt deshalb nach oben hin mit einem Gradienten von etwa 0.6°C pro 100 m ab (→ *vertikaler Temperaturgradient*) und erreicht an der Obergrenze der T. (→ *Tropopause*) –50°C. Die T. gliedert sich in die → *Grundschicht* und die → *Advektionsschicht*.
Tropotaxis: eine Form der → *Taxis*.
Trottoir: im Bereich wärmerer Meere an Felsküsten ausgebildetes Kalkalgenriff (Kalkalgen-Trottoir; → *Riff*).
Trübung: 1. Luft-T. durch Streuung und Abschwächung des Lichtes in der Atmosphäre durch → *Dunst* und → *Aërosol* (→ *Trübungsfaktor*). – 2. die T. des Wassers durch → *Schwebstoffe*, welche die → *Strahlungsdurchlässigkeit* mindert. Die T. des Wassers ist oft Ausdruck der → *Gewässerbelastung*.
Trübungsfaktor: Verhältnis der → *Trübung* der → *Atmosphäre* an einem bestimmten Standort im Vergleich zur theoretischen trockenen Reinatmosphäre. Da letztere in Wirklichkeit nicht existiert, liegt der T. immer über 1. Er beträgt im luftreinen Gebirge 1.5–2 und über Ballungsgebieten 3.5–5.
Trümmerflora: Vegetation auf Ruinen und Trümmerbergen, repräsentiert von → *Ruderalpflanzen*.
Trutzfärbung: auffallend grelle oder bunte Farben und Muster eines Tieres, die von der allgemeinen Farbe der gewohnten Umgebung abstechen und etwaige Feinde stutzig machen sollen. → *Trutztracht*.
Trutztracht (sematophylaktische Tracht): eine Sonderform der → *Schutztracht* eines Tieres, das durch auffallende Form und Färbung Beute anlockt (→ *Locktracht*) oder seine Feinde abschreckt (→ *Schrecktracht*) bzw. warnt (→ *Warntracht*).
Tschernobyl: ein Ort in der Ukraine, wo sich

1986 ein → *Super-GAU*, also ein nichtbeherrschter → *Störfall* in einem → *Kernreaktor*, ereignete. Es kam zur Überhitzung der radioaktiven → *Brennelemente*, weiteren Brennstoff-Wasser-Reaktionen und zu einer Explosion des Reaktorgebäudes infolge von Bedienungsfehlern. Man schätzt, daß 8 Tonnen radioaktiven Brennstoffs aus dem Reaktorkern ins Freie gelangten. Die radioaktive Verseuchung durch Freisetzung von → *Spaltprodukten* währte ca. 10 Tage, während denen versucht wurde, den Brand einzudämmen und den Reaktorblock zuzuschütten. Leichtflüchtige Spaltprodukte wurden über große Entfernungen bis nach Nord-, West- und Mitteleuropa getragen. Um den Reaktorstandort herum erfolgten großräumige Evakuierungen der Bevölkerung, weil eine starke → *Strahlenexposition* vorlag. In der unmittelbar dem Reaktor benachbart liegenden Stadt Pripyat wurden am Tag nach dem Unfall bis zu 6 mSv/h gemessen. Die Bevölkerung mußte daraufhin die Stadt verlassen. In den darauffolgenden Tagen wurden weitere ca. 100 000 Personen aus der 30-km-Zone um T. evakuiert. Die 10-km-Zone wird nicht wieder besiedelt. (→ *Harrisburg*, → *Windscale*).

Tschernosem (Schwarzerde): zu den Steppenböden gehörender, mächtig humoser A_h-C-Boden auf kalkhaltigem Lockersediment, in erster Linie auf → *Löß*. T. sind durch einen 100 cm mächtigen, dunkelgraubraunen bis grauschwarzen, gut gekrümelten Humushorizont mit hohen Gehalten an → *Huminstoffen* (maximal 10–15%) geprägt. Intensives Bodenleben bei schwach alkalischer bis schwach saurer Reaktion führt zu einer starken tiefgehenden Durchmischung von humosem und mineralischem Material. Typisch für T. sind die Krotowinen (materialerfüllte Gänge von Bodenwühlern). Im unteren Teil des Humushorizontes und im oberen C-Horizont finden sich fadenartige Kalkausblühungen und augen- bzw. knollenartige, als Lößkindel bezeichnete Kalkanreicherungen. T. sind außerordentlich fruchtbare und hochwertige Ackerböden. T. entstehen in den winterkalten kontinentalen → *Steppen*, in deren Klimaten die → *chemische Verwitterung* und das Bodenleben durch Winterruhe und Sommertrockenheit gehemmt sind. Das starke Wachstum der Steppengräser im feuchteren Frühjahr läßt viel organische Substanz entstehen, die später nicht vollständig zersetzt werden kann und sich deshalb anreichert.

Tumor: → *Krebs(geschwulst)*.

Tümpel: alle stehenden Kleingewässer mit weiherartig gestaltetem Becken, unabhängig davon, ob sie permanente oder periodische Wasserführung haben. Manche Autoren beschränken den Begriff auf Kleingewässer, die periodisch austrocknen.

Tundra: baumfreie bis baumarme niedrige Vegetation der Subpolargebiete, von Moosen, Flechten, Grasfluren, → *Zwergsträuchern* und z.T. echten Sträuchern gebildet. Die T. ist heute zwar nur innerhalb des Polarkreises verbreitet, reichte aber im → *Pleistozän* und während des frühen → *Postglazials* bis in die heute gemäßigten Breiten Mitteleuropas. Die kurzen und kühlen Sommer bringen nur geringe → *Wärmesummen*, die für Baumwuchs nicht ausreichen. Charakteristisch ist der Dauerfrostboden im Bereich des → *Permafrostes*, der auch im Sommer nur in einer geringmächtigen Schicht auftaut. Typisch ist der lange, kalte und dunkle Winter mit Schneedeckendauern bis zu 300 Tagen. Bei den Pflanzen ist starke Anpassung durch Spezialisierung zu beobachten. Das Wachstum der Pflanzen geht nur sehr langsam vonstatten, die Regenerationsfähigkeit der Pflanzendecke ist gering und braucht lange Zeiträume. Typische → *Tundraböden* sind → *Rohböden* vom Typ der → *Syroseme*, der Tundraranker oder der Råmark. Je nach Breitenlage und Kontinentalitätsgrad ist die T. verschieden ausgebildet. Haupttypen sind die → *Fleckentundra* und die → *Torfhügeltundra*. Daneben kann nach der Vegetationsdecke die Flechten-, die Rasen-, die Moos- und Kraut- sowie die Flachmoor-T. unterschieden werden. Wo die T. an das → *boreale Klima* mit Nadelwald angrenzt, tritt die Wald-T. auf, die aus Birken, Kiefern und Lärchen zusammengesetzt ist, die in kleinen Beständen und in Krüppelform auftreten.

Tundraböden: wenig aussagekräftige Sammelbezeichnung für die verschiedenen flachgründigen Bodenbildungen der → *Tundra*. Zu ihnen gehören → *Tundragley*, Arctic Brown Soil, schwach entwickelte Nanopodsole, Råmark, und Tundraranker.

Tundragley: Stauwasserboden der Niederungen in der → *Tundra* mit einem O_HS_W-(S_d)-Profil. Unter dem anmoorig-nassen Humushorizont folgt der wasserdurchtränkte, oft breiige, graue und z.T. schwachbraune, fleckige Auftauhorizont, der über dem als Stausohle wirkenden Bodeneis liegt. T. sind je nach Auftautiefe 30–80 cm mächtig. (→ *Gley*, → *Staugley*, → *Permafrost*).

Turbation: Oberbegriff für alle im Boden stattfindenden Durchmischungsprozesse, d.h. Kryo-, Hydro- und Bioturbation.

turbulente Strömung: Wasserströmung, bei der sich die Stromfäden verflechten, also eine Querdurchmischung stattfindet. Vgl. auch → *laminare Strömung*.

Turbulenz: allgemein nicht gerichtete, unter Wirbelbildung erfolgende Wasser- oder Luftbewegungen. – 1. durch innere Reibung der Luftmoleküle und äußere Reibung an der Erdoberfläche beeinflußter ungeordneter Vertikalaustausch von Luftmassen. – 2. ungeregelte Austauschvorgänge bei der Durchmischung verschiedener Wasserschichten im Meer und in Seen. – 3. ungeregelte Strömung in fließenden Gewässern.

Turnover (engl. für „Umsatz", „Umschlag"):

Auswechseln von Angehörigen einer Population – auch übertragen auf ihre → *Biomasse,* in ihnen enthaltene Stoffe, ihren Energiegehalt – durch Mitglieder der nächsten Generation. Die t.-Rate gibt an, wie groß das t. pro Zeiteinheit ist. Die t.-Rate ist eine biologische Austauschkonstante, sie ist gleich dem reziproken Wert der mittleren → *Verweildauer.* Der Quotient in 2/t.-Rate ist die → *biologische Halbwertzeit.*

Tussok: hohe, steifborstige Horstgräser der Paramo-Region, die nicht nur in tropischen Hochgebirgen, sondern auch auf den klimatisch ähnlichen subantarktischen Inseln vorkommen, z. B. auf Neuseeland.

T-Wert: die in Milliäquivalenten pro 100 g Boden ausgedrückte gesamte → *Austauschkapazität* des Bodens.

tychopelagisch: bezeichnet Wasserorganismen, die am Boden (→ *Benthal*) von Gewässern leben, jedoch aufgewirbelt werden können und dann im Wasser schweben (→ *Plankton*).

tychozön: bezeichnet – entsprechend → *eurytop* – eine Art, die in sehr verschiedenartig ausgestatteten Lebensräumen vorkommt.

Typologische Gradation: vor allem auf die Morphologie der Pflanzen bezogen und dabei die Rangfolge der → *Typen* repräsentierend, wobei untergeordnete Typen von übergeordneten umschlossen werden.

Typus: 1. nomenklatorischer T.; im Sinne des → *Standard.* – 2. thematischer T.; bei Pflanzen die charakteristische Pflanze einer Population, bei welcher die Merkmale einer bestimmten Sippe am besten ausgeprägt sind. – 3. morphologischer T.; in der Pflanzenmorphologie durch Abstraktion entwickelter einheitlicher Grundbauplan, auf den verschiedene Pflanzengestalten zurückgeführt werden.

tyrphobiont: bezeichnet Arten, die in ihrem Vorkommen auf das → *Hochmoor* beschränkt sind.

tyrphophil: bezeichnet Arten, die sich im → *Hochmoor* optimal entfalten, ohne indessen andere Lebensräume zu meiden.

tyrphoxen: bezeichnet Arten, die im → *Hochmoor* nicht längere Zeit leben können.

U

Überbesatz: zu hohe Populationsdichte (→ *Bevölkerungsdichte*) von Nutztieren, z.B. Haustieren auf Weiden, Fischen in Fischteichen, so daß diese Populationen die Ressourcen (vor allem Nahrung) zu stark beanspruchen, dadurch der → *Ertrag* zurückgeht und es zur Störung der vom Menschen genutzten Systeme kommen kann. (→ *Überbeweidung*).

Überbeweidung: durch zu hohen Tierbesatz bedingtes übermäßiges Abweiden, so daß die Pflanzendecke nicht schnell genug nachwachsen kann; führt in → *ariden Gebieten* leicht zur → *Bodenerosion*.

Überdauerung: Lebenserhaltung über ungünstige Perioden hinweg, z.B. → *Überwinterung*, → *Übersommerung*, → *Anabiose*. (→ *Überlebensstrategien*).

Überdauerungsorgane: dem Überstehen von für die Pflanzen ungünstigen Jahreszeiten bzw. Jahresabschnitten mit Begrenzungen durch Licht, Temperatur und/oder Wasser dienende Organe.

Überdauerungsvermögen: in der Pflanzenökologie die Fähigkeit von Pflanzen oder Pflanzenorganen, ungünstige Perioden, wie Trockenheit, Frost, Überschwemmung, ohne Schädigung zu überstehen. Im engeren Sinn die → *Dürreresistenz* bei völligem Versiegen des Wassernachschubs.

Überdosis: lebensschädigende bis lebenszerstörende → *Dosis* von Stoffen in der Umwelt (→ *Schadstoffe*, → *Umweltgifte*) sowie → *ionisierender Strahlung*.

Überdüngung: übermäßige Gaben von Pflanzennährstoffen in Form der → *Düngung* mit dem Effekt der Übermineralisierung des Bodens und der Gewässer, die mit den Äckern durch den → *Bodenwasserhaushalt* verbunden sind. Eine Folge ist die → *Eutrophierung* der Oberflächengewässer.

Überfischung: Dezimierung des Fischbestandes in einem Gewässer, und zwar dadurch, daß mehr Fische gefangen werden als durch natürliche Vermehrung nachwachsen. Maßnahmen gegen die Ü. sind Überfischungsabkommen bzw. die Einrichtung von Fischerei-Schutzzonen. (→ *Übernutzung*).

Übergangsgebiet: 1. großräumiger Übergang zwischen verschiedenen → *Landschaftszonen* mit einem grundsätzlichen Wandel der Ökosystemstruktur, der makroklimatisch und letztlich strahlungshaushaltlich bedingt ist. – 2. als Saumökotop bzw. → *Saumbiotop* im Sinne des → *Ökoton* kleinräumiger Übergang zwischen verschieden ausgestatteten Ökosystemen. – 3. biogeographische Bezeichnung für großräumige Ü. zwischen den → *Floren-* und → *Faunenreichen* der Erde. – 4. unscharfe Bezeichnung für jegliche Ü. zwischen geo- und biowissenschaftlichen Phänomenen in der erdräumlichen Realität als Ausdruck von deren Kontinuumcharakter. (→ *Kontinua*).

Übergangsmoor (Zwischenmoor): Übergangsstadium zwischen einem → *Nieder-* und einem → *Hochmoor* mit einer Mischvegetation aus typischen Nieder- und Hochmoorarten (z.T. mosaikartig gemischt) und entsprechendem → *Torf* (holzreicher Sphagnumtorf). Die Ü. leiten die Hochmoorentwicklung ein, weshalb sie nur während einer gewissen Übergangszeit Bestand haben und später im gesamten Moorprofil als Schicht im Mittelteil in Erscheinung treten, unter dem darüber folgenden Hochmoortorf.

Überhälter (Überständer): in der Wald- bzw. Forstwirtschaft jene Bäume, die man beim Hieb eines Altbestandes einzeln oder als Trupp auf der Schlagfläche stehen läßt, um Samenbäume für die → *Naturverjüngung* zu haben. Teilweise läßt man die Ü. auch aus landschaftsästhetischen Gründen stehen. Der Ü.-betrieb ist Bestandteil der Forstwirtschaftsarbeit mit → *Hochwald*. Als Ü. sind nicht alle Baumarten geeignet. Man verwendet Eichen, Lärchen und Kiefern, weil sie unter geeigneten Standortbedingungen eine hohe Lebenserwartung aufweisen, gegenüber Baumkrankheiten resistent sind und gut wurzeln.

überkritischer Reaktor: ein → *Kernreaktor*, bei dem die Reaktorleistung ständig ansteigt, weil der effektive Multiplikationsfaktor größer als eins ist. Ist er gleich eins, tritt Kritikalität (→ *kritischer Reaktor*) ein. Der Multiplikationsfaktor repräsentiert das Verhältnis der Neutronenzahl gegenüber der Zahl der vorhergehenden Neutronengeneration.

Überpflanzen: → *Epiphyten*.

Überlappungsindex: Maßzahl für die → *Ähnlichkeit* von Lebensgemeinschaften (→ *proportionale Ähnlichkeit*), als Formel nach Schoener für die → *Nischenüberlappung*.

Überlebenskurve: graphische Darstellung, die für die einzelnen → *Altersklassen* einer → *Population* die Anzahl der überlebenden Individuen als Logarithmus angibt (→ *Überlebensziffer*). Bei Typ 1 ist die Jugendsterblichkeit gering, bei Typ 3 hoch, bei Typ 2 ist die Sterblichkeit für jede Altersgruppe etwa gleich. Beispiele: 1 viele Säugetiere, 2 Vögel, 3 Fische, viele Arthropoden. (→ *Selektionstypen*).

Überlebensrate: Anteil der Individuen einer → *Population*, die bis zum Alter x überleben (I_x; → *Überlebensziffer*), an der gesamten Ausgangspopulation I_0 (zum Zeitpunkt 0); also I_x/I_0 (→ *Lebenstafel*). (→ *Überlebenskurve*).

Überlebensstrategien: Anpassungen von Organismen an ungünstige Außenbedingungen (Streßfaktoren); dadurch ist die Überlebensfähigkeit erhöht: 1.) → *Konformität* (Übereinstimmung), 2.) → *Emanzipation* (Unabhängigkeit), 3.) → *Devitation* (Vermeidung), 4.) → *Dormanz* (Latenzzustand), 5.) → *Migration* (Wanderung), 6. → *Opportunismus* (Gelegenheitsnutzung).

Überlebensziffer: Zahl der Überlebenden einer Ausgangs- → *Population* (meist auf 100 oder 1000 bezogen) in einem bestimmten Alter (Symbol: I_x). → *Lebenstafel*.

Übernutzung: in der → *Populationsökologie* zu hoher Anteil von durch den Menschen entnommenen Individuen (→ *Ernte*) in einer Bevölkerung, so daß das → *Populationswachstum* gering bleibt. Beispiel: → *Überfischung*. (→ *optimaler Ertrag*).

Überparasitismus: → *Hyperparasitismus*.

Übersättigung: in der → *Hydroökologie* und → *Klimaökologie* eingesetzter Begriff. – 1. Zustand feuchter Luft, die mehr Wasser enthält, als sie auf Grund ihrer Temperatur in dampfförmiger Phase aufnehmen kann. Ü. hat → *Kondensation* zur Folge. – 2. die Ü. stellt den prozentualen Überschuß an gelösten Stoffen im Wasser gegenüber der Sättigungskonzentration dar, welche unter den Bedingungen des Lösungsgleichgewichts mit der Luft in Abhängigkeit von der Temperatur zu erwarten ist. Bei stehenden → *Oberflächengewässern*, bei denen → *Überdüngung* auftritt, kann infolge hoher photosynthetischer Aktivität Ü. mit Sauerstoff auftreten.

Überschallknall: plötzlich auftretender explosionsartiger Schall, in einem Düsenflugzeug ausgelöst und als Schallwelle („Schallschleppe") mitgeführt. Voraussetzung ist Überschallgeschwindigkeit (größer als 1200 km/h). Ein Flugzeug in 10 km Höhe bildet bei 2.5facher Schallgeschwindigkeit eine Schallschleppe von ca. 100 km Breite, wobei die Stoßwelle am Erdboden von über 130 Dezibel hat. Neben Materialschäden an Gebäuden können auch Gesundheitsstörungen verursacht werden.

Überschreitungshäufigkeit: Begriff aus der Immissionsmeßtechnik, der den prozentualen Anteil der über dem zulässigen → *Grenzwert* (→ *MIK*) liegende Werte einer Meßperiode angibt.

Überschwemmungssavanne: Sonderform der → *Savanne*, die sich durch bis zu 3 m hohe Grasfluren auszeichnet, die ein- bis zweimal jährlich überflutet werden, wobei das Wasser monatelang stagnieren kann. Die regelmäßige Überschwemmung verhindert Baumwuchs. Die Gehölzanteile nehmen in der Ü. zu, je kürzer der Überschwemmungszeitraum ist. Die für die wechselfeuchten Tropen charakteristischen Ü. weisen stark verdichtete Böden auf. Prototyp der Ü. sind die Llanos in Südamerika.

Überschwemmungsvermehrung: multiplikative Vermehrung, bei → *Parasiten* die starke Vermehrung im Wirt, die nicht der Ausbreitung in neue Wirte dient. (→ *Ausbreitungsvermehrung*).

Übersommerung: → *Ästivation*.

Überständer: → *Überhälter*.

Überstau: ein Verfahren der → *Bewässerung*, bei dem Quell-, Grund-, Fluß- oder Abwasser auf Felder bzw. Beete geleitet und dort gestaut wird, um es versickern zu lassen. Der Ü. kann maximal wenige Dezimeter betragen. Oft sind Bewässerungsfelder mit Ü. von kleinen Dämmen umgeben. Die Probleme der Bewässerung durch Ü. sind vielfältig. In Trockengebieten ist die Verdunstung sehr hoch, es treten Versalzungs- und Erosionsschäden auf. Bei Ü. mit ungereinigtem Abwasser können Schadstoffe, z. B. → *Schwermetalle*, im Boden und in den Pflanzen angereichert werden.

Überstockung: übermäßiges Besetzen von Weideland mit Vieh, so daß als Folge die → *Überweidung* auftritt. Ü. ist auch unter natürlichen Bedingungen möglich, wenn Wildpopulationen sich aus natürlichen und/oder anthropogenen Gründen zu stark vermehren, so daß das Nahrungsangebot im Lebenraum nicht mehr ausreicht und eine Vegetationsschädigung die Folge ist.

Übervermehrung: → *Gradation*.

Übervölkerung: Anstieg der Bevölkerung einer Art über die vom Umwelt gegebene Kapazität (Umweltkapazität). Dadurch kommt es zu Ressourcenverknappungen und auch Stresserscheinungen (wie Aggression, Kannibalismus, Auswanderung, Anreicherung von Stoffwechselprodukten, Ausbreitung von Krankheiten). Unter „natürlichen" Bedingungen kommt dadurch wieder eine niedrigere Populationsdichte zustande. Der Begriff der Ü. wird auf Tierpopulationen wie auf menschliche Bevölkerungen angewendet.

Überwanderung: biogeographischer Begriff aus der Dynamik der → *Arealsysteme*, wobei ältere Restpopulationen von ursprünglich weiter verbreiteten Taxa von jüngeren „überwandert" werden.

Überweidung: Folge der → *Überstockung* infolge zu starken Beweidens der Vegetation semihumider bis arider Geoökosysteme, oft zentriert um eine Wasserstelle, um die sich dann letztlich anthropogen verursachte Wüstenbereiche ausbilden. Die eben konzentrisch um der Wasserstelle gestaffelten „Vegetationszonierung" infolge negativer Pflanzenauslese durch das Weidevieh. Die Folge ist → *Bodenerosion* und/oder → *Desertifikation*.

Überwinterung: → *Hibernation*.

Überwinterungsgesellschaften: soziales Verhalten von Tieren zum Zweck der Überwinterung, wobei sich die Tiere in Schlupfwinkeln zusammenfinden. Ü. trifft man unter anderem bei Fröschen, Kröten, Salamandern, Kreuzottern und Fledermäusen.

Ubiquist: eine in völlig verschiedenartig ausgestatteten Lebensräumen auftretende → *euryöke* Tier- oder Pflanzenart ohne strenge Bindung an einen Standort und von großer Anpassungsbreite (→ *ökologische Potenz*), woraus sich noch keine generelle Verbreitung ergeben muß, wie die weltweite der → *Kosmopoliten*.

ubiquitär: in sehr vielen Lebensräumen, fast überall, vorkommend.

Ubiquitäten: überall vorkommende Stoffe bzw. → *natürliche Ressourcen*, die keinen Einfluß auf den Standort eines Betriebes ausüben. Wasser und Strom können U. sein, sofern sie in einem Gebiet überall in gleichen Mengen und zum gleichen Preis zur Verfügung stehen.

Uferbank: an Seen dem Strand vorgelagerte Zone aus Lockermaterial vor dem Abfall in die Tiefenregion. Die U. ist der Bereich des Röhrichts, der Schwimmblattpflanzen und der submersen Pflanzen (→ *Uferzonierung*). An die angrenzende, unvermittelt steil abfallende „Halde" schließt sich das Tiefensediment („Schweb") an.

Uferbegrünung: wird durch den → *Landschaftsbau*, z.T. bei der → *Renaturierung* von → *Oberflächengewässern* vorgenommen, um ökologische und ästhetische Effekte zu erzielen.

Uferfiltrat: aus → *Oberflächenwasser* oder Brunnen gewonnenes → *Trinkwasser*, das durch → *Uferfiltrierung*, die sich den natürlichen Prozeß der → *Uferfiltration* zunutze macht, gewonnen wird. (→ *Seihwasser*).

Uferfiltration: natürliches Eindringen (Einsickern) von Oberflächengewässer durch das Gewässerbett (Fluß oder See) an der Sohle und am Ufer. Durch diesen Vorgang wird das Grundwasser angereichert. Während des Durchgangs durch die Sand- und Schotterschichten werden feste Bestandteile des Wasser herausgefiltert und/oder abgebaut. Gelöste Substanzen werden allerdings nur zu einem kleinen Teil adsorbiert gehen zu einem grossen Teil hindurch (Adsorptions-Desorptions-Gleichgewicht).

uferfiltriertes Grundwasser: → *Seihwasser*.

Uferfiltrierung: Gewinnung von → *Grundwasser* im Uferbereich von Wasserläufen. Dabei werden in einem Mindestabstand von 50 m vom Ufer Brunnen niedergebracht, wo die Förderung des Grundwassers erfolgt, das sehr wesentlich durch das nahe Süßgewässer angereichert ist. Zwischen Wasserlauf und Brunnen kommt es zu einer natürlichen Filtrierung im Erdreich.

Uferflucht: die Erscheinung, daß in Ufernähe die Zahl der Zooplanktonindividuen (z.B. Cladoceren) relativ gering ist (→ *Plankton*). Die U. ist eine Flucht vor dem Dunkelfeld ufernaher Objekte und wird v.a. in klaren Alpenseen beobachtet.

Ufergehölze: durch → *Uferbegrünung* entstandene oder natürlich vorkommende kleine Baum- und Strauchgruppen um → *Oberflächengewässer*. Die U. besitzen in den meist von → *Ausräumung der Kulturlandschaft* gekennzeichneten Auen- und Terrassenbereichen wichtige ökologische Funktionen, vor allem als Lebensstätten der Tiere und zur Steigerung der ökologischen → *Diversität* der Landschaft.

Uferlinienentwicklung: das Verhältnis der Uferlänge eines → *Sees* zum Umfang eines flächengleichen Kreises. Je größer die U. ist, umso bedeutsamer ist im allgemeinen das → *Litoral* im Verhältnis zu den übrigen Lebensgemeinschaften des Sees.

Uferschutz: erfolgt an Schadstellen von → *Fließgewässern*, um Uferabbrüche und/oder Folgen der Seitenerosion durch Maßnahmen des → *Lebendbaus* zu beseitigen oder zu verhindern. Dazu dienen u.a. eine angepflanzte, standortgerechte → *Ufervegetation* ebenso wie Ast-, Zweig- und Steinpackungen.

Ufervegetation: allgemein die Vegetation an Ufern von → *Oberflächengewässern*, vor allem sichtbar als → *Ufergehölze*. Die beim → *Flußausbau* bzw. bei der → *Flußbegradigung* meist vernichtete U. wird heute im Rahmen der → *Renaturierung* der Gewässer und Uferbereiche wieder angepflanzt, weil sie ökofunktional wichtig ist, da sie Lebensstätten der Tiere bietet, welche die → *Diversität* der Landschaft steigert und zum → *Erosionsschutz* beitragen kann. Typische Gewächse der U. sind u.a. *Alnus glutinosa, Artemisia vulgaris, Betula pubescens, Corylus avellana, Ligustrum vulgare, Populus alba, P. nigra, Salix alba, S.aurita, S.cinerea, S.elaeagnos*.

Uferzonierung: Einteilung der Uferbereiche von Gewässern (→ *See*, → *Meer*, → *Fließgewässer*) in Richtung des offenen Gewässers bzw. des festen Landes. (→ *Litoral*, → *Auenvegetation*).

Uhr: → *biologische Uhr*.

Ulmensterben: eine Sonderform des → *Waldsterbens*, die aber auch an Ulmen in urban-industriellen Ökosystemen (→ *Stadtökosystem*) beobachtet werden kann. Sie wird seit Jahrzehnten beschrieben und geht auf eine Pilzinfektion zurück, die vom Ulmensplintkäfer verschleppt wird.

Ultraplankton: winzige Organismen des → *Planktons*, im Süßwasser unter 10 oder 5 μm (nach Autoren verschieden), z.B. Algenarten der Chrysophyceae, im Meer unter 2 μm („Ultramikroplankton"). Das U. ist neben dem → *Nanoplankton* eine bedeutende Nahrungsquelle für das filtrierende → *Zooplankton*.

Ultrarotstrahlung: → *IR-Strahlung*.

Ultrasaprobität: → *Saprobiensystem*.

Ultraviolettstrahlung: → *UV-Strahlung*.

Umbruch: Ackerfläche, die durch Umpflügen von Grünland gewonnen wurde, entweder von Dauergrünland oder einer periodisch als Grünland genutzten Fläche.

Umfluter: ein künstliches → *Gerinne*, um bei Fließgewässern oder um → *Stauanlagen* überschüssiges Wasser, z.B. → *Hochwasser*, ab- bzw. umzuleiten.

Umgebung: die gesamte Außenwelt eines Organismus. (→ *Umwelt*).

Umgebungsfärbung: als eine Form der → *Schutzanpassung*, die in der Farb- und Formübereinstimmung eines Organismus mit dem Allgemeinbild seiner Umgebung (→ *Homochromie*). (→ *Umgebungstracht*).

Umgebungstracht (Krypsis): eine Sonderform der → *Schutztracht* (→ *Schutzanpassung*), die in der Farb- und Formübereinstimmung eines Organismus mit dem Allgemeinbild seiner Umgebung besteht. (→ *Umgebungsfärbung*).

umgekehrt dichteabhängig: → *dichteabhängig*.

umgekehrte Osmose: → *Osmose*.

Umkippen: erfolgt in → *Oberflächengewässern* oder auch im biologischen Teil von → *Kläranlagen*, wenn durch zugeführtes → *Abwasser* keine → *Selbstreinigung* mehr erfolgen kann. Der natürliche Abbau findet dann nicht mehr statt. In der Kläranlage tritt Vergiftung ein, die zur Funktionsunfähigkeit des biologischen Teils führt. Bei Gewässern tritt eine grundlege Störung infolge einer Eutrophierung ein, z.B. wenn die Tiefenschicht völlig sauerstofffrei und dadurch azoisch wird.

Umlaufkühlung: allgemein bei technischen Prozessen üblich, speziell jedoch bei → *Kraftwerken*, um durch im Kreislauf geführtes Wasser (oder eines anderen Kühlmediums) Wärme abzuleiten. Die Wärmeabgabe geschieht bei Kraftwerken durch Verdunsten von Wasser in einem → *Naturzugkühlturm* oder in einem → *Ventilatorkühlturm*.

Umsatz: → *Turnover*.

Umsatzrate: → *Turnover*.

Umsatzwasser: → *Grundwasser*, das jährlich oder in Perioden von wenigen Jahren in den Wasserkreislauf einbezogen ist.

Umschaltreaktion (engl. switching, prey switching): im → *Räuber-Beute-System* die Bevorzugung einer neuen, gewöhnlich in höherer Dichte vorkommenden Beuteart durch den → *Räuber*. Oft erfolgt eine solche Umschaltung als Reaktion auf eine abnehmende Dichte der bisherigen Beuteart.

Umschlag(rate): → *Turnover*.

Umtrieb: forstwirtschaftlicher Begriff für die mittlere Zeitspanne von der Begründung eines Waldbestandes bis zur Endnutzung durch abräumen der Fläche und somit den mittleren Produktionszeitraum repräsentierend, in welchem ein Bestandstyp das geplante Betriebsziel erreicht. Der U. kann von der natürlichen Lebensdauer, aber auch von forsttechnischen und/oder ökonomischen Gesichtspunkten bestimmt sein.

Umtriebsdauer: 1. die Länge des Fruchtumlaufes (→ *Rotation*) bei der → *Fruchtfolge*, ausgedrückt in Jahren. – 2. in der Forstwirtschaft die Dauer vom Pflanzen eines Jungbaums an gerechnet bis zum Zeitpunkt des Schlagens. – 3. bei der → *Umtriebsweide* hängt die U. vom Vegetations- und damit Gesamtlandschaftsökosystemzustand ab. In der gemäßigten Klimazone Mitteleuropas folgen Ruhezeiten von 20–40 Tagen auf Weidezeiten von 3-4 Tagen. In Trockengebieten, wie → *Savannen*, kann die U. einige Wochen betragen, bei z.T. mehrjährigen Ruhezeiten.

Umtriebsweide (Koppelweide, Rotationsweide): System der Nutzung von Weideflächen, bei dem durch Unterteilung in umzäunte Felder (Koppeln) eine rationale Bestandesausnutzung und Wuchserneuerung möglich ist. In den nicht-beweideten Ruhephasen der Weide erholen sich die landwirtschaftlich wertvollen Futterpflanzen bis zum nächsten Umtrieb. Als „Mähweide" kann die U. auch etwa der Hälfte für die Mahd genutzt werden. → *Weide*.

Umwelt (Milieu): 1. allgemeine Bezeichnung für Lebensumwelt von Organismen und damit jenen Bereich charakterisierend, in dem sich Leben (Tier, Pflanze, Mensch) abspielt. – 2. biozentrische Definition: die U. ist die gesamte Umgebung eines Organismus oder einer Organismengruppe, die von einem → *Wirkungsgefüge* abiotischer, biotischer und anthropogener Faktoren ausgemacht wird, zu denen der Organismus (die Organismen) in direkten und indirekten Wechselbeziehungen steht (stehen), deren Qualität für die Existenz und das Wohlbefinden des/der Lebewesen(s) entscheidend ist. – 3. umweltzentrische Definition: die U. ist das Milieu, in dem sich Lebewesen aufhalten und zu dem sie in vielfältigen Wechselwirkungen stehen oder auf das sie einseitig intensiv einwirken können, so daß es zu unerwarteten Reaktionen der U. kommt. Das → *Wirkungsgefüge* der U. kann als → *System* betrachtet werden, so daß man von → *Umweltsystem*(en) sprechen kann. – 4. Der Begriff U. wird in Wissenschaft und Praxis sehr verschieden interpretiert: a. in der → *Biologie* und *Bioökologie* wird der Begriff U. gelegentlich auf eine → *Minimalumwelt* reduziert, welche nur den Komplex der unbedingt lebensnotwendigen → *Ökofaktoren* in der Umgebung eines Organismus umfaßt, so daß er überleben und sich vermehren kann. – b. in der Anthropologie und Psychologie wird der Begriff U. auf psychisch relevante U.-Beziehungen eines Organismus reduziert, wobei diese U. als „Eigenwelt" der des Organismus gegenüber gestellt wird. – c. in einer weiteren U.-Begriff der Biologie versteht unter genetischen Aspekten die Gesamtheit aller äußeren und inneren Faktoren und Bedingungen, welche die genetischen Informationen beinflussen und somit die Merkmalsausprägung eines Organismus im Sinne des → *Phänotyps* bewirken, der demzufolge aus dem → *Genotyp* und U.-Bedingungen resultiert. – d. in verschiedenen Geo- und Biowissenschaften, vor allem jenen, die mit Raumbezug arbeiten und einen in der → *Landschaftsökologie* verankerten Ansatz verfolgen, wird unter U. das → *Bioökosystem*, das → *Geoökosystem*, das → *Ökosystem* und/oder das → *Landschaftsökosystem* verstanden. Die begrifflichen Unterschiede beruhen in dem Betrachtungsmodell, das die jeweilige Wissenschaft verfolgt. – e. in → *Geographie*, → *Angewandter Geographie* und anderen Anwenderbereichen wie → *Angewandter Ökologie* oder → *Angewandter Landschaftsökologie*, wird die U.

komplex, aber unter verschiedenen Schwerpunkten betrachtet. Man unterscheidet dann eine natürliche bzw. physische U., eine soziale oder kulturelle U., eine technische U. Dabei repräsentiert die natürliche U. die Gesamtheit der → *abiotischen* und → *biotischen Ökofaktoren* bzw. → *Landschaftshaushaltsfaktoren* im Sinne des → *Ökosystems* bzw. → *Landschaftsökosystems*. Die soziale U. umfaßt die gesellschaftlichen, politischen und wirtschaftlichen Rahmenbedingungen des menschlichen Lebens, wobei die natürlichen (bzw. → *naturbürtigen*) Grundlagen des Lebens aus der Betrachtung oft ausgeschlossen bleiben. Die technische U. stellt die technogenen und technisch-infrastrukturellen Rahmenbedingungen des menschlichen Lebens dar, die direkte oder indirekte Auswirkungen auf die U. und ihre Qualität haben (→ *Umweltqualität*) und somit den Zustand der Ökosysteme bzw. Landschaftsökosysteme anthropogen verändern.

Umweltabgaben: ein Instrument der → *Umweltpolitik*, das Lenkungs- und Finanzierungsziele verfolgt. Einerseits soll umweltschädigendes Verhalten unterbunden werden, wobei nach dem → *Verursacherprinzip* vorgegangen wird, also der Verursacher eines Schadens eine Abgabe entrichtet, die ihn längerfristig zwingen soll, Emissionen zu vermindern oder zu vermeiden. Finanzierungsabgaben sollen Umweltpolitik via Umweltschutzprojekten möglich machen. Während Finanzierungsabgaben noch sehr wenig verbreitet sind (in Deutschland z. B. „Waldpfennig", „Wasserpfennig"), verfehlen die Lenkungsabgaben oft ihr Ziel, weil sie nicht so gestaltet sind, daß Emissionen längerfristig vom Verursacher an der Quelle bekämpft werden. Stattdessen werden die U. oft mißverstanden als Strafen und als zusätzliche Betriebskosten, die am Ende des Produktionsprozesses auf den Preis des Produkts geschlagen werden.

Umweltamt: Behörden von Bund, Ländern, Kantonen, Kreisen und Kommunen, die Zuständigkeit im → *Umweltschutz* besitzen, die aber unterschiedlich definiert sind. Damit ist auch die Wirksamkeit des U. sehr begrenzt, zumal sie sich nicht überall auf Verordnungen und Gesetze abstützen können.

Umweltanalytik: Untersuchung der (physikalisch-chemischen) Umwelt mit Hilfe chemisch-analytischer Verfahren und physikalischer Meßmethoden auf Schadstoffe und Radioaktivität mit dem Zweck der Feststellung der Umweltverschmutzung.

Umweltaspekte: gemäß den verschiedenen Definitionen von → *Umwelt* stellen die U. Betrachtungsmöglichkeiten der → *Umweltsysteme* dar, wobei sich eine sehr unterschiedliche disziplinäre Verankerung ergibt, die oft dem Ganzheitsgedanken des → *Umweltschutzes* zuwiderläuft. Zu den U. gehören landschafts-ökologische, biologische, humanmedizinische, soziale, wirtschaftliche, technische und ästhetische Aspekte. Allen wohnt eigentlich der territoriale U. inne, weil die Umweltsysteme als Wirkungsgefüge im Raum manifestiert sind.

Umweltauflagen: umweltbezogene Verhaltensvorschriften für Wirtschaft und Bevölkerung in Form von Verboten und Geboten.

Umweltbeanspruchung: aus anthropozentrischer Sicht die Folge im Hinblick auf die → *Umwelt* als Lebens- und Wirtschaftsraum. Die allgemeine U. umfaßt auch Bereiche der Einflußnahme auf die Umwelt durch → *Umweltbeeinflussung* und → *Umweltbelastung*, die beide eine → *Umweltgefährdung* bedeuten können.

Umweltbedingungen: svw. die das System der miteinander interagierenden → *Umweltfaktoren*.

Umweltbeeinflussung: ein Sammelbegriff für Einwirkungen auf die → *Umwelt*, von denen ein Teil natürlich, ein Teil künstlich (anthropogen bzw. technogen) ist, wobei letztere vom Beginn des Industriezeitalters an zunehmend zur → *Umweltgefährdung* werden. Die biologische U. ergibt sich durch Stoffwechselprodukte, die in von der Populationsdichte bestimmten Mengen anfallen und andere Umweltfaktoren im Sinne der → *ökologischen Faktoren* beeinflussen können. Die anthropogene U. entsteht durch einerseits Stoffwechselprodukte, andererseits chemo-physikalische Eingaben und/oder Einwirkungen auf die → *Ökosysteme* der Umwelt. U. erfolgt auch durch → *Umweltbelastung*.

Umweltbelastungen: technogene bzw. im weiteren Sinne anthropogene Belastungen der → *Landschaftsökosysteme* und damit zugleich → *Belastungen* des → *Lebensraums* von Mensch, Tier und Pflanze. Die U. können zu → *Umweltschäden* führen, die teils reversibel, teils irreversibel sind. Die U. ihrerseits werden zum wirtschaftlichen, gesundheitlichen und raumplanerisch-politischen Problem. → *Raumplanung* und → *Umweltschutz* sehen in der Bekämpfung von U. ihre Hauptaufgaben. (→ *Landschaftsbelastungen*).

Umweltbilanz: statistische Aufstellung von überwiegend ökonomischen oder ökonomisch bewerteten Umweltdaten zur Darstellung der Veränderungen in der Umwelt. (→ *Umweltstatistik*).

Umweltchemie: ein Fachbereich, der sich speziell mit → *Umweltchemikalien* beschäftigt, die in den → *Umweltsystemen* bzw. → *Landschaftsökosystemen* gebildet, gespeichert oder umgesetzt werden. Schwerpunkte der U. sind die → *Schadstoffe*, die in der Umwelt freigesetzt werden und deren Produktion und Verbreitung der Mensch ermöglicht oder fördert.

Umweltchemikalien: Bezeichnung für Chemikalien, die durch menschliche Aktivitäten (vermehrt) in die Umwelt gelangen und als potentielle Schadstoffe auf Lebewesen wirken können. Zu den U. gehören weltweit mindestens etwa 50000 chemische Substanzen, die in etwa 1

Millionen Zubereitungen und Mischungen in den Verkehr gebracht werden. Der Begriff U. wird unabhängig davon benutzt, ob eine Gefährdung der Umwelt nachgewiesen ist oder nicht.

Umwelterziehung: etwas unscharfe Bezeichnung für eine ganzheitliche Betrachtungsweise von Leben und → *Umwelt*, um eine „ökologische Mündigkeit" bzw. „ökologische Verantwortung" bei Schülern, Schülerinnen und Bürgern, Bürgerinnen zu entwickeln, damit – über das Sachwissen in Schulfächern hinaus – ganzheitliche Aspekte des Wirkungsgefüges Natur/Technik (technologischer Standart)/Gesellschaft erkannt, weiterentwickelt und im praktischen Leben – außerhalb der Ausbildung - realisiert werden, damit eine von hohen ethischen Grundsätzen getragene Betrachtungs- und Umgangsweise mit der Umwelt zu einem allgemein akzeptierten und praktizierten Grundsatz wird. Die → *Ökopädagogik* präzisiert die allgemeiner U. in Richtung Ökologie und Schule, die → *Umweltethik* liefert sowohl für Ökopädagogik als auch U. die ethischen Grundlagen.

Umweltethik: philosophische Begründung von auf die → *Umwelt* bezogenen Entwicklungen von Mensch und Gesellschaft unter dem Aspekt der Verantwortung des Menschen für sich, seinen Nächsten und die Natur, um den Funktionszusammenhang Natur/Technik/Gesellschaft, wie er sich in Zeit und Raum ergibt, wissenschaftlich begründet zu überdenken und ethische Normen herauszuarbeiten, die allen an den → *Umweltsystemen* beteiligten Faktoren – also nicht nur dem Menschen und seiner Gesellschaft – ein gleiches Existenzrecht zubilligen.

Umweltfaktoren: bioökologischer Begriff für Einwirkungen auf Organismen (oder Populationen oder Lebensgemeinschaften), die von der Umwelt des betreffenden biologischen Systems herrühren. U. umfassen → *ökologische Faktoren* biotischer Art (Nahrung, Konkurrenten, Räuber) und abiotischer Art (Wärme, Licht, Niederschläge). Bei Tieren wird der Nahrungsfaktor manchmal als „trophischer Faktor" bezeichnet und den übrigen U. gegenübergestellt, da er als Energielieferant eine besonders zentrale Rolle spielt. Bei grünen Pflanzen werden die U. manchmal in primäre U. (Temperatur, Wärme. Licht, Wasser, Nährstoffe, Feuer, Wind, Schne) und sekundäre U. eingeteilt (klimatische, orographische, edaphische und biotische Faktoren) unterteilt; dazu kommen hier spezifisch-anthropogene Faktoren, wie Mahd, Beweidung und Tritt.

Umweltforschung: etwas unscharfe Bezeichnung für einzelne Fachbereiche der Natur-, Wirtschafts- und Sozialwissenschaften, die sich mit der → *Umwelt* des Menschen, der → *Umweltbeeinflussung* und den daraus resultierenden ökologischen, ökonomischen und sozialen Folgen beschäftigen. Wegen der großen Komplexität der Umwelt und den zahlreichen möglichen Betrachtungsperspektiven wird zwar ein → *integrativer Ansatz* angestrebt, aber forschungspraktisch aus methodischen Gründen meist nur selten verwirklicht. Ziel der U. ist die Erkenntnis vom Funktionieren der Umwelt, Gefahren für die Umwelt zu erkennen und Abwehrmaßnahmen auszuarbeiten sowie Normen und Wertvorstellungen zu entwickeln, die der Umwelt als Lebensraum des Menschen gerecht werden. Die U. schließt auch die → *Umweltethik* und den → *Umweltschutz* mit ein. Letztlich zielt die Arbeit in der U. auf die Schaffung von Standards und Normen für den Umweltschutz ab, aber auch auf die Diskussion von Verhaltensweisen des Menschen in der Umwelt, vor dem Hintergrund der Umweltethik.

Umweltforum: eine in Deutschland im Rahmen des → *Umweltprogrammes* von der Bundesregierung begründete Institution, die sich aus Vertretern von Vereinen und Verbänden zusammensetzt, um Sachverhalte der → *Umwelt*, des → *Umweltschutzes*, der → *Umweltethik* und der → *Umweltplanung* zu diskutieren, woraus Grundlagen für die → *Umweltpolitik* erwachsen sollen.

Umweltgefahr: eine der → *Schädlichen Umwelteinwirkungen*, die das deutsche → *Bundes-Immissionsschutzgesetz* definiert. Eine Schädliche Umwelteinwirkung wird zur U., wenn die objektive Möglichkeit eines Schadenseintritts, bezogen auf die Gesundheit des Menschen, gegeben ist, wobei auch die Belästigung einen Grad erreichen kann, der sie zur U. werden läßt. Eine U. muß „erheblich" sein, wenn sie als gefährdetes Rechtsgut gelten soll.

Umweltgefährdung: erfolgt durch anthropogene bzw. technogene Eingriffe in die → *Ökosysteme* der → *Umwelt*, so daß die → *Umweltqualität* Schaden nimmt. So wird nicht nur die Funktionsfähigkeit der Natur schlechthin beeinträchtigt bis vernichtet, sondern letztlich auch die Produktivität der Wirtschaft und somit die Existenz des Menschen in Frage gestellt, die vom → *Naturraumpotential* direkt und indirekt abhängig sind. U. geht vorwiegend auf ökonomisches Handeln zurück, dem eine Beziehung über die Funktion einer natürlichen Lebensumwelt des Menschen weitgehend fehlt. Mit *Umweltabgaben*, Maßnahmen des → *Umweltschutzes* und der → *Umweltpolitik* soll gegen U. eingeschritten werden. Ethische und gesellschaftliche Verhaltensnormen dafür liefert die → *Umweltethik*.

Umweltgeographie: thematische Schwerpunktsetzung gegenüber einer „klassischen" → *Geographie*, in der der Systemzusammenhang Natur-Technik-Gesellschaft im Sinne der → *Geographischen Realität* behandelt werden soll. Die U. entspricht damit zu großen Teilen der → *Ökogeographie*, jedoch mit verstärkt sozialwissenschaftlicher Betrachtungsperspektive.

umweltgerechte Technik: Sammelbegriff für jene Techniken bzw. Wirtschafts- und Landnutzungsmethoden, die einer geordneten Funktion der natürlichen → *Umwelt* – im Sinne der Erhaltung des → *Lebensraumes* des Menschen – gerecht werden und trotzdem der Verwirklichung technischer und wirtschaftlicher Ziele dienen. Eine u. T. soll verhindern, die → *Umweltqualität* und deren natürliche Grundlagen zu gefährden. Im Bereich technischer Anlagen spielen dabei Vorgaben eine Rolle, welche vom → *„Stand der Technik"*, von den → *„Regeln der Technik"* und vom → *„Stand von Wissenschaft und Technik"* bestimmt werden.

Umweltgesetze: → *Umweltschutzgesetze*.

Umweltgestaltung: unscharfe Sammelbezeichnung für alle Maßnahmen, welche eine Weiterentwicklung der → *Umweltsysteme* bzw. der → *Landschaftsökosysteme* unter dem Aspekt der Vermeidung von → *Umweltgefährdungen* sowie der Mitberücksichtigung der → *Regenerationsfähigkeit* von Ökosystemen und dem Gedanken der → *Nachhaltigkeit* vornehmen.

Umweltgift: ein Stoff, der von → *Emissionen* ausgeht, und der als → *Schadstoff* klassifiziert werden kann, der in der → *Umwelt* in Dosen (→ *Dosis*) anfällt, die durch ihre biologischen, chemischen oder physikalischen Wirkungen Organismen in ihrer physiologischen Funktionsfähigkeit schädigen oder deren Tod herbeiführen. Der Begriff U. wird oft gemieden, weil man sich von der → *Ökotoxikologie* her auf den Standpunkt stellen kann, daß viele Stoffe (aber nicht alle) nicht im strengen Sinne → *Gifte* sind, sondern nur zu einem solchen werden, wenn sie in toxischen Dosen auf den Organismus einwirken.

Umweltgrundrecht: wird gefordert und diskutiert, um in Verfassungen zu verankern, daß Leben in einer menschenwürdigen → *Umwelt* ein Grund- bzw. Menschenrecht ist. Dabei wird von einem umfassenden Umweltbegriff ausgegangen, der auch die → *Ökofaktoren*, die den → *Lebensraum* des Menschen im Sinne der → *Umweltsysteme* bzw. des → *Landschaftsökosystems* ausmachen, als geschütztes und rechtlich abgesichertes Gut erscheinen läßt.

Umwelthaftungsgesetz (UmweltHG): deutsches Gesetz das auf Haftung bei Umweltschäden abzielt, die von ortfesten oder nichtortsfesten Betriebsstätten und Lagern, aber auch Maschinen, Geräten oder Fahrzeugen ausgehen, wobei die Schäden durch Stoffe, Erschütterung, Geräusche, Druck, Strahlen, Gase, Dämpfe, Wärme oder sonstige Erscheinungen verursacht werden, die sich im Boden, Luft oder Wasser ausgebreitet haben. Das UmweltHG regelt Auskunftsansprüche, Ersatzpflichten, Wiederherstellungsmaßnahmen und Haftungen. Es legt auch das Strafmaß fest.

UmweltHG: → *Umwelthaftungsgesetz*.

Umwelthygiene: ein Teilgebiet der Umweltmedizin, das sich mit Vorsorgemaßnahmen befaßt, die eine Verunreinigung der Umwelt und von Lebensmitteln verhindern und dadurch Umweltkrankheiten vermeiden.

Umweltinformationssystem: ähnlich dem → *Landschaftsinformationssystem* gehört das U. zur Familie der → *Geographischen Informationssysteme*, das umweltbezogene Informations- und Entscheidungsgrundlagen für die verschiedenen Planungsbereiche liefern soll und Daten aus den Bio- und Geowissenschaften, dem Umwelt- und Naturschutz zur Kennzeichnung des Umweltzustandes bereit hält, um sowohl Umweltprobleme zu erkennen, als auch Maßnahmen der → *Umweltplanung*, der → *Umweltpolitik* und des → *Umweltschutzes* fachlich zu begründen.

Umweltkapazität: 1. das ökologische Fassungsvermögen eines Lebensraums für eine bestimmte Anzahl Organismen. Die optimal oder maximal tragbare Individuenzahl einer → *Population* ist durch das jeweilige Gesamtangebot an Resourcen (Nahrung, Brutmöglichkeiten usw.) und durch die Fähigkeit der Organismen bestimmt, diese auszunutzen. Bei der → *logistischen Kurve* wird die U. einfach als „Kapazität" bezeichnet und mit „K" abgekürzt. – 2. in der Geoökologie auch – nicht ganz präzise – verwendet für das aus der Natur resultierende „Angebot" der → *Umwelt* im Sinne des → *Naturraumpotentials*.

Umweltkatastrophe: umgangssprachlicher Begriff für eine starke, mehr oder weniger irreversible oder nur sehr langsam rückgängig zu machende Schädigung von Ökosystemen, z.B. durch einen Ölunfall oder eine Verseuchung durch andere → *Umweltchemikalien*.

Umweltkontrolle: die U. geschieht zur Vermeidung von → *Umweltgefährdungen* und zur Absicherung des Einsatzes einer → *umweltgerechten Technik*. Die U. wird durch Verordnungen und → *Umweltschutzgesetze* bewirkt, die sich aber in den meisten Staaten immer noch auf Einzelsachverhalte aus dem gesamten Komplex der → *Umwelt* beschränken und deren ganzheitliches Funktionieren außer acht lassen.

Umweltkrieg: unscharfe Bezeichnung für kriegerische Effekte, die auf Wirkungen in der → *Umwelt* abzielen, wobei es sowohl um die Vernichtung von → *Naturraumpotentials* als auch um Eingriffe in das geophysikalische Geschehen der Erde, das Klima (→ *Klimakrieg*) geht. Der U. kann direkt oder indirekt geführt werden, direkt z.B. durch den Einsatz von → *Umweltgiften*, z.B. um Wälder zu entlauben, oder Ernten zu vernichten, indirekt indem Rohstofflager (Erdöl, Kohle) angezündet werden, von denen → *Umweltgefahren* und → *Umweltgefährdungen* ausgehen. Auch der Einsatz von → *Kernwaffen* (→ *Nuklearer Winter*) gehört zum U. Wegen der inzwischen üblichen großtechnischen, computergestützten und flächengreifenden Kriegführung (z.B. Vietnam, Iran/Irak, Golfkrieg) ist inzwischen fast jede Art „moderner" Kriegführung mit Umweltschäden verbunden und daher als U. zu bezeichnen. Im ökonomischen Sektor der Umweltaktivitäten würden Schäden und Wirkungen des U. als → *Umweltkriminalität* bezeichnet.

Umweltkriminalität: da von → *Emissionen*, → *Schadstoffen* und → *Umweltchemikalien* → *Umweltgefährdungen* und → *Umweltgefahren* ausgehen können, (→ *Schädliche Umwelteinwirkungen*) die rechtlich geschütztes Gut (Gesundheit, Eigentum, Leben) gefährden, erfüllen Verstöße gegen Gesetze und Verordnungen, die den → *Umweltschutz* betreffen, Strafbestände. Darauf nimmt das → *Umweltstrafrecht* Bezug. Ähnlich der Wirtschaftskriminalität galten und gelten Verstöße gegen die → *Umwelt* als Kavaliersdelikte. Da solche Verstöße gegen Umwelt und Umweltschutz von weitreichender, langfristiger und – sozial umfassender Bedeutung sind, weil global gesehen – die Existenz des Menschen auf der Erde gefährdet und in Frage gestellt werden kann, müssen solche Delikte als Ausdruck von U. bezeichnet werden.

Umweltkunde: ein Schulfach, das zeitweise den Geographieunterricht ersetzte oder ersetzt und z.T. auch als Weltkunde bezeichnet wird, wobei eine bruchstückhafte Wissensvermittlung erfolgte und übergeordnete Zielsetzungen – etwa im Sinne der *Schulgeographie* – nicht erkennbar waren und sind. Eine sachgerechte U. kann nicht andere Schulfächer ersetzen, sondern muß an Definitionen von → *Umwelt*, → *Umweltethik*, → *Umweltpolitik*, → *Umweltplanung* sowie → *Umweltschutz* orientiert sein, so daß der übergeordnete Systemgedanke ebenso aufgenommen wird wie die Idee der ethischen Begründung eines menschenwürdigen Umweltzustandes. (→ *Geographie*, → *Humanökologie*, → *Umweltsystem*).

Umweltlizenz (Umweltzertifikat): umweltpolitisches Instrument des Staates zur Durchsetzung umweltpolitischer Ziele über die Ausgabe bzw. den Verkauf von Umweltverschmutzungsrechten. Mit Hilfe von U. soll ein politisch fixierter Umweltstandard mit minimalen volkswirtschaftlichen Kosten erreicht werden.

Umweltmedien: unscharfe Bezeichnung für → *Kompartimente* der Umweltsysteme, auf die sich → *Umweltbelastungen* auswirken können. Als U. werden Luft, Wasser und Boden, z.T. auch die Vegetationsdecke, bezeichnet.

Umweltmeteorologie: unscharfe Bezeichnung für jene Teilgebiete der Meteorologie, die sich mit umweltbezogenen Sachverhalten im Sinne der → *Klimaökologie* beschäftigen. Die U. schließt jedoch auch die → *Bioklimatologie* mit ein. Die Schwerpunkte der U. sind anthropozentrisch und umfassen jene Bereiche der Klimatologie und Meteorologie, die in praktisch relevanten Größenordnungen für die → *Umweltplanung* eine Rolle spielen, also Bioklima, → *Mikroklima*, → *Mesoklima* und → *Stadtklima*. Die Betrachtungen der U. erfolgen daher in der → *topischen* und → *chorischen Dimension*.

Umweltökologie: sehr unscharfe Bezeichnung für die Sachverhalte der natürlichen Umwelt und als Gegensatz zur → *Umweltökonomie* verstanden.

Umweltökonomie: überwiegend wirtschaftswissenschaftliche Betrachtungsweise, die Umwelt als anthropogenes → *System* betrachtend.

Umweltpflege: unscharfe Sammelbezeichnung für die von der → *Umweltpolitik* geplante Beeinflussung der Umwelt zur Erhaltung des → *Naturraumpotentials*, praktisch aber vor allem repräsentiert durch Maßnahmen der → *Landschaftspflege*.

Umweltplanung: Sammelbezeichnung für verschiedene Planungsmaßnahmen zur Verwirklichung von Zielen der → *Umweltpolitik* in Form einer überfachlichen Rahmenplanung, die aber konkret durch → *Raumordnung* und → *Landesplanung* realisiert wird. Ziel der U. ist es, eine von gesellschaftspolitischen Normen und Traditionen bestimmte lebenswerte → *Umwelt* als → *Lebensraum* des Menschen zu definieren und zu erhalten. Genaugenommen ist jede raumbezogene Planung eine Planung der → *Umwelt*, also U. Sie muß jedoch den Grundsätzen der → *Ökologischen Planung* Genüge tun.

Umweltpolitik (Umweltschutzpolitik): 1. eine Sammelbezeichnung für politische und planerische Maßnahmen, die der Gestaltung der → *Umwelt* im Sinne eines menschlichen Lebensraumes dienen. Da dies jedoch nirgendwo präzis festgeschrieben ist und sowohl naturwissenschaftliche als auch ethische und politische Grundlagen dafür noch nicht fixiert sind, erweist sich der Begriff U. als Schlagwort, aus dem oft keine praktischen Folgen resultieren. – 2. Gesamtheit der politischen und planerischen Maßnahmen, welche das → *Naturraumpotential* der Umwelt schützen und die → *Umweltbeeinflussung* steuern sowie die → *Umweltgefährdung* regulieren sollen, wobei man sich des Instrumentariums der → *Raumordnung* und → *Landesplanung* bedient. In diesem spezifischen Sinne wäre die U. auch Umweltschutzpolitik. Dies setzt jedoch voraus, daß die U. an Grundsätzen einer → *Ökologischen Planung* orientiert ist und damit zu einer → *Ökologischen Politik* wird. Instrumentell bedient sich die U., um wirksam zu sein, Gesetzen und Verordnungen (→ *Umweltgrundrecht*, → *Umweltkriminalität*, → *Umweltstrafrecht*). Seit Mitte der achtziger Jahre zeichnen sich in verschiedenen mittel- und nordeuropäischen Staaten in der Realität der Lebensumwelt des Menschen auch die Wirkungen von Maßnahmen der U. ab. International geschieht das jedoch wenig koordiniert, auch wenn es → *EG-Richtlinien* gibt, die einer der wenig ausformulierten, weil international schwer durchsetzbaren, → *EG-Umweltpolitik* zuarbeiten. (→ *Umweltethik*).

Umweltpolitik EG: → *EG-Umweltpolitik*.

Umweltprobenbank: um einer → *Ökologischen Politik* und einer darauf bezogenen →

Umweltplanung sowie dem → *Umweltschutz* naturwissenschaftliche Grundlagendaten bereitzustellen, werden in verschiedenen Ländern U. eingerichtet, die mehr oder weniger räumlich repräsentativ und in zeitlich gestaffelten Abständen mehr oder weniger regelmäßig Proben von Böden, Pflanzen, Tieren, Nahrungsmitteln und menschlichem Körpergewebe einlagern. Einerseits dienen diese Proben zeitlichen Vergleichen, um die → *Langzeitwirkung* anthropogener Eingriffe in die → *Umwelt* besser beurteilen oder „schleichende" Umweltveränderungen erkennen zu können, andererseits sollen sie in späterer Zukunft mit Methoden, die heute noch nicht bekannt sind, untersucht werden.

Umweltprogramm: in Deutschland Bestandteil der Innenpolitik und Handlungsrahmen für die → *Umweltpolitik*, realisiert durch die verschiedensten Maßnahmen der → *Umweltplanung*.

Umweltqualität: Sammelbezeichnung für den Gütezustand „der" → *Umwelt* und somit von deren Grad der Funktionstüchtigkeit abhängig. Der Erhalt letzterer ist darauf gerichtet, die Lebensvorgänge der Individuen und der Gesellschaft, aber auch ein Funktionieren der → *Landschaftsökosysteme* – ohne daß deren → *Regenerationsfähigkeit* gefährdet wird –, zu gewährleisten. Der Begriff U. kann sich inhaltlich verschieben, je nach dem ob soziale, wirtschaftliche, ökologische, historische oder kulturelle Sichtweisen in den Vordergrund gestellt werden. Die U. ergibt sich aus der aktuellen, d.h. gesellschaftlich bedingten Beurteilung der Umweltgüte und stellt somit einen ethischen Wertmaßstab (→ *Umweltethik*) dar, der sich aus sozialen, historischen und kulturellen Erfahrungen heraus ergibt und der einem permanenten Wandel unterliegt. Insofern stellt die U. keine absolute Größe dar, sondern eher eine relative oder gar eine gesellschaftliche bzw. individuelle Sichtweise der Umweltzustände.

Umweltrasse (Landrasse, Naturrasse, Primitivrasse): in der Tierzucht durch natürliche Zuchtwahl entstandene und vom Menschen züchterisch noch wenig bearbeitete „Rassen", die sich unter dem Einfluß der natürlichen → *Umwelt* herausgebildet haben, wo sie durch Kulturrassen nicht oder kaum bedrängt wurden. Sie zeichnen sich durch hohe Anpassungsfähigkeit, hochgradige Umweltresistenz und geringe Haltungsansprüche aus. Sie stehen den → *Zuchtrassen* gegenüber.

Umweltrecht: Gesamtheit der gesetzgeberischen Maßnahmen zur Durchsetzung des → *Umweltschutzes*. In Deutschland gibt es noch kein einheitliches U. Durch die Kompetenz der Länder und die Vielzahl unterschiedlicher Gesetze, Verordnungen und Verwaltungsvorschriften ist eine bundesweit wirksame rechtliche Durchsetzung des Umweltschutzes schwierig.

Umweltschäden: Sammelbezeichnung für jene Veränderungen der → *Umwelt*, die sich aus → *Umweltbelastung* und → *Umweltgefährdungen* ergeben und die sich in einer Veränderung des → *Leistungsvermögens des Landschaftshaushaltes* (→ *Naturraumpotential*) ausdrücken. Die U. umfassen nicht die → *Naturgefahren*, sondern sie sind ausschließlich anthropogentechnogener Ursache. Die U. können reversibel und irreversibel sein, was sich in der Erhaltung oder der Aufhebung der → *Regenerationsfähigkeit* der → *Landschaftsökosysteme* ausdrückt.

Umweltschutz: die Gesamtheit der Maßnahmen und Verhaltensweisen von Mensch und Gesellschaft, die der Erhaltung, Sicherung und Verbesserung seines Lebensraumes, der natürlichen Lebensgrundlagen und der Gesundheit des Menschen – einschließlich ethischer und ästhetischer Ansprüche – vor schädigenden Einflüssen von Landnutzung und Technik dienen. Somit zielt der U. auf die Erhaltung der → *Regenerationsfähigkeit* der Landschaftsökosysteme sowie der Erhaltung des → *Leistungsvermögens des Landschaftshaushaltes*. Der U. wird in der → *Umwelt* und ihren Teilbereichen durch direkte und indirekte Maßnahmen von → *Bodenschutz*, → *Gewässerschutz*, → *Immissionsschutz*, → *Strahlenschutz* etc. betrieben. Diese Maßnahmen des U. werden von der → *Umweltpolitik* bestimmt und durch Fachbereiche der Praxis in konkretes planerisches Handeln umgesetzt. Dies orientiert sich (oder sollte sich orientieren) an der Grundsätzen der → *Umweltethik*, die als Basisphilosophie für → *Ökologische Planung* und → *Ökologische Politik* gilt. U. wird eigentlich seit Beginn der Industriezeitalters erforderlich und hätte spätestens mit der Potenzierung der Industrialisierung und Verstädterung nach dem Zweiten Weltkrieg praktiziert werden müssen. Erst mit der sogenannten „Ölkrise" – Anfang der siebziger Jahre – kam der Gedanke des U. auf.

Umweltschutzbeauftragter: eine Institution, repräsentiert durch eine kompetente Person, die im Rahmen von Organisations- und/oder Behördenarbeit als Ansprechpartner, Überwacher oder Kontrolleur für Belange von → *Umweltqualität* und → *Umweltschutz* zuständig ist. In den Administrationen reicht die rechtliche und administrative Kompetenz des U. unterschiedlich weit. Sie ist teilweise durch Verordnungen geregelt. Innerhalb der Administrationen wird die Tätigkeit des U. oft nur auf Öffentlichkeits- und Medienarbeit festgeschrieben, so daß die politische und planerisch-praktische Wirksamkeit gering ist. Da die für den Vollzug des Umweltschutzes meist früher eingerichteten Fachdienststellen administrativ besser verankert sind, ergibt sich innerhalb einer Verwaltung oft ein Gegensatz zwischen Fachamt und U.

Umweltschutzgesetz (USG, Bundesgesetz über den Umweltschutz): schweizerisches Gesetz, das Menschen, Tiere und Pflanzen sowie ihre

Lebensgemeinschaften und Lebensräume gegen schädliche oder lästige Einwirkungen schützen und die Fruchtbarkeit des Bodens erhalten soll. Vorsorge steht im Mittelpunkt, d.h. Einwirkungen, die schädlich oder lästig werden könnten, sind frühzeitig zu begrenzen. Das USG schreibt das → *Verursacherprinzip* fest. Und verlangt eine → *Umweltverträglichkeitsprüfung*, die in der → *Verordnung über die Umweltverträglichkeitsprüfung* geregelt ist. Das USG zielt auf Begrenzung der → *Umweltbelastungen* und bezieht sich auf → *Emissionen*, → *Immissionen*, → *Lärm*, umweltgefährdende Stoffe, → *Abfälle* und → *Bodenbelastungen*. Der Vollzug des USG erfolgt durch die Kantone, der Bund führt die Aufsicht und die Koordination.

Umweltschutzgesetze: in den verschiedenen europäischen Ländern und ihren administrativen Untereinheiten (Bundesländer, Kantone, Regierungsbezirke, Gemeinden etc.) sind die Zuständigkeiten nicht gleichmäßig verteilt. Ein U. gibt es in den meisten Ländern nicht, wohl aber Einzelgesetze und -verordnungen, die im Rahmen des → *Umweltschutzes* als U. gelten und die als Gesamtheit die U. ausmachen. Dazu gehören in Deutschland u.a. → *Abfallbeseitigungsgesetz*, → *Abwasserabgabengesetz*, → *Atomgesetz*, → *Bleigesetz*, → *Bundes-Immissionsschutzgesetz*, → *Chemikaliengesetz*, → *Fluglärmgesetz*, → *Großfeuerungsanlagenverordnung*, → *Klärschlammverordnung*, → *Landwirtschaftsgesetz*, → *Naturschutzgesetz*, → *Pflanzenschutzgesetz*, → *Phosphathöchstmengenverordnung*, → *Röntgengenverordnung*, → *Smogverordnung*, → *Störfallverordnung*, → *Strahlenschutzverordnung*, → *Strahlenschutzvorsorgegesetz*, → *Tensidverordnung*, → *Trinkwasserverordnung*, → *Waschmittelgesetz* und → *Wasserhaushaltsgesetz*, → *Verkehrslärmschutzgesetz* u.a. Auch die zahlreichen Verordnungen und Verwaltungsvorschriften, die vom → *Umweltrecht* zur Durchsetzung des → *Umweltschutzes* beachtet werden, gehören im weiteren Sinne ebenfalls zu den U.

Umweltschutzpolitik: → Umweltpolitik.

Umweltschutztechnik (Umwelttechnik): die U. umfaßt alle technischen Einzelmaßnahmen, die an gewerblichen, industriellen und sonstigen technischen und infrastrukturellen Anlagen vorgenommen werden, um → *Umweltschutz* praktisch zu realisieren. Dies geschieht im Rahmen des → *Technischen Umweltschutzes*, der sich am → *„Stand der Technik"*, den → *„Regeln der Technik"* und dem → *„Stand von Wissenschaft und Technik"* orientieren soll.

Umweltstatistik: die Erhebung, Verarbeitung und Speicherung von Daten über die → *Umwelt*, den → *Umweltschutz* und die → *Umweltschutzgesetze*, mit Hilfe statistischer Methoden und von → *Umweltinformationssystemen*.

Umweltstoffe: unscharfe Sammelbezeichnung für → *Umweltchemikalien* und → *Umweltgifte*.

Umweltstrafrecht: basiert auf dem → *Umweltrecht* und den dahinter stehenden ethischen Normen der → *Umweltethik*, um → *Umweltkriminalität* zu bekämpfen und den Gedanken des → *Umweltschutzes* gesellschaftlich, politisch und juristisch durchzusetzen. Da die Gesetzgebung (→ *Umweltschutzgesetze*) noch nicht so weit entwickelt und vor allem nicht homogenisiert ist, ergeben sich für den Umweltschutz → *Vollzugsdefizite*, in deren Graubereichen gegen Erlasse, Verordnungen und Gesetze verstoßen wird. Weiterhin erweist sich die unzureichende Ausstattung der Staatsanwaltschaften als Hemmnis, das an sich nur rudimentäre U. anzuwenden.

Umweltsystem: entsprechend dem Modell des → *Landschaftsökosystems* ein komplexes, quasi allumfassendes System, das jedoch in Forschung, Praxis und Politik unterschiedlich differenziert und kompartimentiert wird, was vom jeweilig eingesetzten Begriff → *Umwelt* abhängt. Insofern muß ähnlich kritisch wie bei der Anwendung des Begriffes → *Ökosystem* vorgegangen und die hinter dem Begriff U. stehende Definition von Umwelt abgefragt werden.

Umwelttechnik: → *Umweltschutztechnik*.

Umwelttelefon: ein „Sorgentelefon" bzw. Notruf in Sachen → *Umweltschutz* und → *Umweltrecht* und damit Ausdruck bürgernaher → *Umweltpolitik*.

Umwelttoxikologie: jener Fachbereich, der sich mit der → *Toxizität* von → *Umweltstoffen* bzw. → *Umweltchemikalien* und → *Umweltgiften* beschäftigt. Die U. umfaßt Teile der → *Ökotoxikologie*, vor allem, wenn es sich um ausgesprochene → *Schadstoffe* in der Umwelt handelt. An sich ist jedoch die U. auf die anthropogen-technogene Verursachung von Belastungen, Schädigungen oder Gefährdungen von Organismen (Mensch, Tier, Pflanze) in den → *Umweltsystemen* bezogen. Sie ist auf Erkennen der Gefahr und die Gefahrenabwehr ausgerichtet.

Umweltverschmutzung: Folge verschiedener Effekte der → *Umweltbeanspruchung*, → *Umweltbeeinflussung* sowie → *Umweltbelastung* und ausschließlich anthropogen-technogener Ursache. Sie erfolgt in den → *Landschaftsökosystemen* durch Einbringen oder Emission von → *Abfall*, → *Abwasser*, → *Abwärme*, → *Lärm*, → *radioaktiven Substanzen*, → *Schädlingsbekämpfungsmitteln* usw. Im weiteren Sinne wird unter U. auch die Schädigung und Zerstörung von Naturschönheit und Ortsbildern verstanden, also neben den ökofunktionalen auch visuell-ästhetischen Schädigungen der Lebensumwelt des Menschen, was begrifflich und inhaltlich nur bedingt richtig ist. Von der U. gehen → *Umweltschäden* und → *Umweltbelastungen* aus.

Umweltverträglichkeitsprüfung (UVP): ein präventives Instrument der → *Umweltpolitik*, um → *Umweltschutz* zu praktizieren. Es soll alle denkbaren Umweltauswirkungen von Planungsmaßnahmen zeigen und ökologisch begründete Alternativen darstellen. Die UVP arbeitet mit planerischen, sozioökonomischen und landschaftsökologischen Methoden. Die UVP dient also der Entscheidungsvorbereitung von Maßnahmen, die eine Veränderung der → *Umwelt* bewirken. Dazu gehören in erster Linie Einrichtungen der technischen Infrastruktur (Verkehrswege, Kraftwerke), aber auch sonstige Einrichtungen, welche das → *Leistungsvermögen des Landschaftshaushaltes* beeinträchtigen könnten, einschließlich der Schädigung und Zerstörung von Naturschönheiten und sonstigen visuell-ästhetischen Veränderungen der → *Landschaft*. Insofern versucht die UVP, alle umwelterheblichen Vorhaben systematisch zu untersuchen und zu bewerten, um damit eine Grundlage für planerische und politische Entscheidungen zu bieten, jedoch auch für die öffentliche Erörterung aus der Sicht des Umweltschutzes. Die UVP-Verfahren, die praktiziert werden, sind sehr vielfältig. Es handelt sich letztlich um eine Reihe von Verfahren der → *Raumbewertung* bzw. der Landschaftsbewertung, zu denen auch die → *Ökologische Risikoanalyse* gehört. Die UVP wird als Projekt-U. und/oder als eine auf die gesamte → *Raumplanung* eines Gebietes bezogene UVP betrieben. In den Ländern, wo die UVP inzwischen Gesetz ist (erstes Land war – 1985 – die Schweiz), muß sie durchgeführt werden, wenn Anlagen geplant, errichtet oder verändert werden, also als Projekt-U. Die Berichte über die U. sind in der Regel öffentlich.

Umweltwahrnehmung: psychologischer Ansatz sozialwissenschaftlicher Teilbereiche der → *Humangeographie*, der sich auf die Wahrnehmung und kritische Betrachtung der sozialen, ökonomischen und technischen → *Umwelt* des Menschen bezieht.

Umweltwiderstand: jene ökologischen Faktoren, welche die Höhe der Mortalität einer Population vor Erreichen des fortpflanzungsfähigen Alters der Individuen bedingen.

Umweltwirkung: 1. allgemein die Wirkung der → *Umwelt* auf den Menschen unter sozialen, ethischen, ästhetischen, bioklimatischen und geomedizinischen Aspekten. – 2. die Gesamtfunktion der → *Umwelt* im Sinne des → *Ökosystems* mit Beziehungen zum Menschen. Dabei ist die U. im weiteren Sinne ein Bestandteil des → *Naturraumpotentials* bzw. des → *Leistungsvermögens des Landschaftshaushaltes*.

Umweltwissenschaften: Sammelbezeichnung für alle Fachbereiche, die aus Sicht der → *Umweltforschung* und des → *Umweltschutzes* sowie der → *Umweltpolitik* und → *Umweltplanung* sich mit den Zusammenhängen der Umwelt aus disziplinärer Sicht separativ oder integrativ beschäftigen. Es wird unterstellt, daß Fachgebiete, welche sich als Angehörige der U. bezeichnen, von einem holistischen → *ökologischen Ansatz* ausgehen, der sowohl den Grundsätzen der → *Landschaftsökologie*, der → *Umweltethik* und der → *Ökologischen Planung* als auch der → *Ökologischen Politik* Rechnung tragen.

Umweltzertifikat: → *Umweltlizenz*.

Unauffälligkeitstracht: → *Tarntracht*.

unechtes Grundwasser: → *Grundwasser*, welches nicht durch Versickerung von Niederschlagswasser, sondern durch Übertritt von Flußwasser aus dem Gerinnebett in den Grundwasserkörper (besonders bei → *Hochwasser*) gebildet wurde.

ungesättigt: bezeichnet eine Lebensgemeinschaft, in der bestimmte potentielle ökologische → *Nischen* nicht besetzt sind.

ungespanntes Grundwasser (freies Grundwasser): frei fließendes → *Grundwasser*, dessen Oberfläche mit dem atmosphärischen Druck im Gleichgewicht steht. (→ *gespanntes Grundwasser*).

Ungeziefer: im Sinne der → *Schädlinge* jene Organismen, die der Gesundheit des Menschen, und der seiner Nutzpflanzen und Nutztiere entgegenwirken.

Universalrasse: eine → *Standortrasse*, die große Anpassungsfähigkeit besitzt und demnach → *euryök* ist.

Universalsorte: Pflanzen mit hoher Anpassungsfähigkeit, allgemein verbreitet (wenn auch räumlich begrenzt) und demnach → *euryök*; ähnlich dem Begriff → *Universalrasse*.

univoltin: bezeichnet Insekten, die im Laufe eines Jahres nur eine Generation durchlaufen können, da die Entwicklung durch obligatorische → *Diapause* unterbrochen wird. Gegensatz: → *polyvoltin*.

Unkräuter (Beikräuter, Segetalpflanzen, Wildkräuter): aus wirtschaftlichen Gründen unerwünschte, oft als Bodenvegetation und gelegentlich Massenverbreitung aufweisende Pflanzen in Kulturpflanzengemeinschaften. Durch Konkurrenz werden den → *Kulturpflanzen* Bodenraum, Licht Wasser und Nährstoffe genommen, so daß Behinderungen im Wachstum auftreten und die Erträge verringert werden können. Die U. verfügen gewöhnlich über eine größere Vitalität, ausgedrückt in langjähriger Keimfähigkeit der Samen, rascher Vermehrungsfähigkeit, raschem Keimen usw.. Von der Landwirtschaft werden die U. mit → *Pflanzenschutzmitteln* (→ *Herbizide*) bekämpft, ebenso aber durch Maßnahmen der Bodenbearbeitung bzw. durch Einhaltung gewisser → *Fruchtfolgen*. Die ökologische Wirkung am Standort geht jedoch weiter, denn die U. können als geschlossene Decke vor → *Bodenerosion* schützen und die → *Bodenfauna* begünstigen bzw. deren → *Diversität* bewahren oder steigern. Die U. werden daher auch mit dem positiven Begriff → *Wildkräuter* belegt.

Unkrautbekämpfung: geschieht vorbeugend

durch Reinigen des Saatgutes, → *Mulchung*, Vermeiden von → *Fruchtfolgen*, die das → *Unkraut* fördern, sowie direkt auf mechanische Weise (die regulären Maßnahmen der Bodenbearbeitung wie Pflügen, Eggen, Hacken, Herausreißen) und chemisch (→ *Herbizide* oder Düngemittel mit Vergiftungswirkung).

Unkrautfluren: jene Pflanzengesellschaften, die auf Äckern, in Gärten, Weinbergen, Forsten, Weiden, Wiesen, Rainen sowie auf Wegen, Straßen, Plätzen etc. zusammen mit → *Kulturpflanzen* vorkommen und die generell als anthropogen bezeichnet werden müssen. Sie sind in ihrer Zusammensetzung von dem Geoökofaktorenangebot am Standort, z.B. im → *Agro*- oder → *Forstökosystem*, abhängig, jedoch auch von den Maßnahmen, die der wirtschaftende Mensch im Rahmen der → *Unkrautbekämpfung* vornimmt.

Unkrautgesellschaft: Bezeichnung für Pflanzengemeinschaften der → *Unkräuter*, die generell weltweit verbreitet sind und vor allem von →*Ackerunkrautgesellschaften* repräsentiert werden.

Unland: verwandt dem → *Ödland* und Repräsentant jener Bodenflächen, die aus natürlichen Gründen keine land- oder forstwirtschaftliche Nutzung zulassen, weil sie nicht (mehr) kultivierbar sind, oder die keinen land- oder forstwirtschaftlichen Ertrag liefern. Dem U. kommt, landschaftsökologisch gesehen, eine umfassende Bedeutung zu als → *ökologischer Ausgleichsraum* zu, sofern der Standort eine gewisse räumliche Ausdehnung aufweist. Gegenüber der intensiv genutzten → *Kulturlandschaft*, die oft einer → *Ausräumung* unterlegen hat, stellt das U. einen Bereich dar, in dem das → *Leistungsvermögen des Landschaftshaushaltes* anthropogen wenig oder unbeeinflußt vorhanden ist und die → *Landschaftsökosysteme* mehr oder weniger → *quasinatürlich* oder → *natürlich* funktionieren. Das U. bietet → *Reliktpflanzen* und → *Relikttieren* → *Reliktstandorte* und somit vom Menschen bereitgestellte → *ökologische Nischen*.

Unterart: → *Rasse*.

Unterboden: der kaum humose, geringer durchwurzelte und wenig belebte untere Bereich des → *Bodens*, in dem Mineralverwitterung stattfindet und verlagerte Stoffe angereichert werden. In bearbeiteten Böden wird der gesamte, durch die Bearbeitung nicht erfaßte Bereich zum U. gezählt. Pedogenetisch gehören aber mineralische → *Bodenhorizonte*, aus denen Stoffe (Ton, Oxide, Salze, → *Huminstoffe*) ausgewaschen werden, nicht zum U., sondern zum → *Oberboden*.

Unterboden-Melioration: Verfahren der → *Kulturtechnik*, bei dem durch → *Tiefpflügen* oder Tieflockern ungünstige Eigenschaften des → *Unterbodens* (Wasserstau, Verdichtungen) beseitigt und der tiefere Bodenbereich für die Pflanzen zugänglich gemacht werden soll.

Unterelement: → *Florenelement*, das für eine Unterregion einer → *Florenregion* charakteristisch ist.

Unterflurbewässerung (Untergrundbewässerung): eine Form der → *Bewässerung*, die unterirdisch erfolgt, indem Bewässerungswasser in poröse, geschlitzte oder gelochte Röhren geleitet wird, die im Boden verlegt sind. Eine andere Form der U. ist das Einleiten von Bewässerungswasser in durchlässige Bodenschichten im Bereich des → *Wurzelraums* der zu bewässernden Kulturpflanze. In der gemäßigten Klimazone Europas geschieht die U. in Tiefen von wenigen Dezimetern (ca. 0.5 m).

Untergrund: unter dem → *Boden* liegende, von Verwitterungsprozessen unbeeinflußte Gesteinsschichten. (→ *Oberflächennaher Untergrund*).

Untergrundbewässerung: → *Unterflurbewässerung*.

Unterkühlungsfähigkeit (engl. supercooling): Eigenschaft von Organismen, die Körpertemperatur unter den Gefrierpunkt (als Umwandlungspunkt von Wasser zu Eis) absinken zu lassen, ohne daß die Körperflüssigkeit gefriert. Diese besitzt somit eine tiefere Temperatur, als es dem Aggregatzustand, in dem sie sich befindet, entspricht.

Unterkultur: bezogen auf → *Kulturpflanzen* und bei diesen der Anbau von niedrigen Nutzpflanzen unter hochwüchsigen Kulturen (meist → *Dauerkulturen*), z.B. Obstbäumen oder Rebstöcken. Die U. ist im Mittelmeerraum weit verbreitet. (→ *Stockwerkkultur*, → *Mischkultur*).

Unterlage: 1. in der Meteorologie und Klimatologie aus Sicht der → *Atmosphäre* Bezeichnung für die Erdoberfläche. – 2. Gesteinsschicht, auf der sich Massenbewegungen (z.B. Rutschungen, Gleitungen) vollziehen.

Unterlicht: die von → *photoautotrophen Organismen* in Gewässern für die → *Photosynthese* genutzte Streustrahlung. → *Strahlungsbilanz*.

Untersaat: das Einsäen von Nutzpflanzen in eine andere Kultur. Häufig fungiert Klee oder Kleegras als U. bei Getreide, der sog. → *Deckfrucht*. Dabei kommt erst nach der Ernte der Deckfrucht die U. voll zur Entfaltung. Eine Klee-U. erfolgte häufig bei der verbesserten Dreifelderwirtschaft in Zusammenhang mit dem Sommergetreideanbau.

Unterschicht: 1. unterstes Kronenstockwerk eines stark geschichteten Waldes. – 2. allgemein die unterste Schicht bei der → *Schichtung* einer Pflanzengesellschaft.

Unterstand: die im unteren Drittel des → *Plenterwald*bestandes überschirmten Bäume, die nach einer Wartephase – im Gegensatz zur → *Unterschicht* – freigestellt werden und z.T. auch nach 100 Jahren noch in die Oberschicht umsetzen können.

Untertagebau: eine Form des → *Bergbaus*, die auch als → *Tiefbau* bezeichnet wird und die

dem → *Tagebau* gegenübersteht. Der U. ermöglicht Abbau von Bodenschätzen in Tiefen von z.T. oft über 1000 m mit Hilfe von Stollen und Schächten.
Untertagedeponie: für die → *Endlagerung* von → *Sonderabfällen* (z.B. für radioaktiven Abfall) werden aufgelassene Bergwerke, z.B. in → *Salzstöcken*, benützt. Sie gelten als sicher und stellen eine zumindest visuell nicht in Erscheinung tretende Art der → *Entsorgung* dar. Kritik am Konzept der U. verweist auf die Gefahren von Erdbeben, tektonischen Bewegungen, Grundwassereinbrüchen, thermisch bedingten Zustandsveränderungen des Salzes oder rein technisch bedingten Katastrophenmöglichkeiten.
Untervölkerung: Erreichen einer Populationsdichte, die unter der → *kritischen Mindestdichte* liegt und zum Aussterben der betreffenden Population führen kann. → *Populationsdynamik.*
Unterwasserböden (subhydrische Böden): organische Substanz führende Ablagerungen am Grunde stehender Gewässer. Die U. bilden eine besondere Bodenabteilung, zu der die Typen → *Protopedon*, → *Dy*, → *Sapropel* und → *Gyttja* gehören.
Unverträglichkeit: beim landwirtschaftlichen Anbau der Umstand, daß bestimmte Nutzpflanzen nicht hintereinander auf dem gleichen Feld angebaut werden können. Dabei wird unterschieden zwischen Selbst-U. und U. zusammen mit anderen Nutzpflanzen (z.B. Weizen mit Gerste oder Rotklee mit Erbsen). Die U. entsteht aus einseitigem Nährstoffentzug und der Anreicherung von schädlichen Wurzelausscheidungen bzw. Verseuchung durch artenspezifische Schädlinge oder Krankheitserreger. (→ *Selbstverträglichkeit*).
upwelling area (engl.): → *Auftriebswasser.*
Uran: kommt in der Natur in der Pechblende vor. Ein radioaktives Schwermetall und natürliches radioaktives Element mit der Kernladungszahl 92, das eine biologische → *Halbwertszeit* von 15–300 Tagen (bezogen auf Einzelorgane und Knochen) hat. Das U. ist toxisch und verursacht sowohl Vergiftungen als auch → *Strahlenschäden*. Wird U. mit Neutronen beschossen, tritt → *Kernspaltung* ein und eine → *Kettenreaktion* setzt sich in Gang. Aus nichtspaltbarem U. kann man → *Plutonium* herstellen. Der Atomwirtschaft sind vor allem die → *Isotope*, → *Uran-234*, → *Uran-235* und → *Uran-238* als U. wichtig. Die Gefahren des U. bestehen nicht nur in seinen radioaktiven Spalt- und Folgeprodukten, sondern bereits beim Abbau des U.-Erzes und dessen Aufbereitung. (→ *Radium*, → *Radon*).
Uran-234: kommt in der Natur vor und entsteht durch → *radioaktiven Zerfall* des → *Mutternuklids* Polonium-238. Das U.-234 ist ein instabiles → *Isotop* des → *Uran*, das unter Bildung des → *Tochternuklids* Thorium-230 (→ *Thorium*) und → *Alphastrahlung* zerfällt.

Uran-235: schwerstes in der Natur vorkommendes chemisches Element und als sogenanntes Natururan (→ *Naturreaktor*) bezeichnet. Es handelt sich um ein instabiles → *Isotop* des → *Uran*. Es zerfällt unter Bildung des → *Tochternuklids* Thorium-231 (→ *Thorium*) und unter Aussendung von → *Alphastrahlung*. Das U.-235 verwendet man in → *Atombomben* und → *Kernkraftwerken* als → *Spaltstoff*.
Uran-238: ein in der Natur vorkommendes, mit thermischen Neutronen nicht spaltbares → *Uran*, das zu 99.2739% des natürlichen Urans ausmacht. Das U.-238 ist ein instabiles → *Isotop* des Urans. Es zerfällt unter Bildung des Tochternuklids Thorium-234 (→ *Thorium*) und → *Alphastrahlung*. Es wird als → *Brutstoff* für die Herstellung von → *Plutonium-239*, das spaltbar ist, verwandt. (→ *Schneller Brüter*).
urban: städtisch, bezeichnet Organismen, Populationen und Ökosysteme, die in Gebieten mit Siedlungen des Menschen vorkommen.
urban-industrielles Ökosystem: jener von der → *Urbanisierung* erfaßte Bereich, der aus naturwissenschaftlicher Sicht als → *Stadtökosystem* bzw. industriell-technisch geprägtes Ökosystem modelliert werden kann. Gegenüber dem → *natürlichen Ökosystem* ist das u.-i.Ö. ausschließlich anthropogen bestimmt, was sich auch in einer Modifizierung der natürlichen Prozesse in Luft, Wasser und Boden ausdrückt. (→ *Technotop*, → *Technozönose*).
urbanes Grün: → *Stadtgrün*.
Urbanisierung: im weiteren Sinne die Verstädterung mit Ausbreitung städtischer Lebens- und Verhaltensweisen der Bevölkerung und daraus resultierenden räumlich wirksamen Prozessen und → *Raumstrukturen*. Über seine sozioökonomische und sozialpsychologische Komponente hinaus ist die U. ein Prozeß, der von der baulichen Infrastruktur her gesehen sich als → *Landschaftsverbrauch* ausdrückt, in welchem die → *Landschaftsökosysteme* in → *Stadtökosysteme* umgewandelt werden, die völlig andere Funktionsweisen als die Ökosysteme im Freiland zeigen. Durch die U. wird in den überbauten Gebieten das → *Leistungsvermögen des Landschaftshaushaltes* stark eingegrenzt. Außerdem ergeben sich → *Umweltbelastungen* und → *Umweltgefährdungen*, die den → *Umweltschutz* nötig machen. Aus humanökologischer und landschaftsökologischer Sicht wird der Bereich der U. auch als → *urban-industrielles Ökosystem* bezeichnet. Mit den ökologischen Wirkungen der U. beschäftigen sich sowohl die → *Humanökologie* als auch die → *Stadtökologie*.
Urbanökologie (ähnlich: → *Stadtökologie*): ein Teilgebiet der Ökologie, das diedie spezifischen ökologischen Probleme der Lebewesen im städtischen Bereich (z.B. Bedeutung der Verinselung der Kleinlebensräume, der Luftqualität, usw.) studiert.
Urbarmachung: die Umwandlung von im Na-

turzustand befindlichem Land (z.B. Urwald, Moor, Steppe, Heide) in für die Landwirtschaft geeignetes Kulturland. Die U. kann die Durchführung aufwendiger kulturtechnischer Maßnahmen bedeuten. (→ *Bodenkultivierung*, → *Bodenmeliorierung*).

ureotelisch: bezeichnet Tiere, die den im Eiweißstoffwechsel anfallenden giftigen Ammoniak als Harnstoff ausscheiden. Bsp.: Mensch.

uricotelisch: bezeichnet Tiere, die das im Eiweißstoffwechsel gebildete Ammoniak vor allem als Harnsäure abscheiden. Bsp.: Insekten, Vögel.

Urlandschaft: → *Landschaft*, wie sie vor der umweltwirksamen Beeinflussung durch den Menschen bestanden hat (bzw. heute unberührt von menschlichen Einwirkungen besteht).

Urpflanze: allgemeine Form der höheren Pflanze, aus der sich nicht nur alle bestehenden speziellen Pflanzenformen ableiten sollen, sondern von der aus eine unbegrenzte Mannigfaltigkeit weiterer neuer Formen denkbar ist. Die U. stellt demnach eine theoretische Abstraktion dar.

Urproduktion: → *Primärproduktion*.

ursprüngliche Vegetation: diejenige → *natürliche Vegetation*, die vor der anthropogenen Einflußnahme auf die Landschaft vorhanden war, d.h. in Mitteleuropa vor dem Neolithikum, die man aber allenfalls mit historischen Methoden rekonstruieren kann. Die heutige natürliche Vegetation kann mit der u.V. deswegen nicht verglichen werden, weil sich seitdem verschiedene postglaziale Klimawandlungen vollzogen haben.

Ursprungsraum: 1. allgemein Herkunftsraum bestimmter Völkerschaften, Tier- und Pflanzenarten. Ebenso spricht man vom U. bestimmter Landbauformen (→ *Ackerbau*) usw. – 2. der U. wird auch als → *Ursprungszentrum* bezeichnet.

Ursprungszentrum: Entwicklungszentrum eines tierischen oder pflanzlichen Taxons.

UR-Strahlung (Ultrarotstrahlung): der Teil des Spektrums, der jenseits von Rot liegt und unsichtbar ist (Wellenbereich von 0.8–ca. 1 μm). Das U. äußert sich als → *Wärmestrahlung*. Sie wird als auch → *Infrarotstrahlung* bezeichnet.

Urwald: 1. ein → *Naturwald* mit natürlichem Bestandsaufbau, der bisher keiner Form anthropogener Beeinflussung und/oder Nutzung unterlag. Ein so definierter U. kann auch durch → *Naturverjüngung* entstehen. – 2. landläufige Bezeichnung für den äquatorialen tropischen Regenwald, die → *Hyläa*, der als Prototyp des U. angesehen wird, obwohl auch z.B. der → *Laubwald* der gemäßigten Klimazone U. sein kann, was neuerdings mit den → *Bannwäldern* als → *Sekundärwald* bzw. sekundärer U. wieder versucht wird. (→ *Primärwald*).

Urwaldriesen: Charakterbäume der → *Hyläa*, welche sich durch besondere Größe auszeichnen und verschiedene Formeigentümlichkeiten aufweisen, wie astfreie, schlanke Säulenstämme und verhältnismäßig kleine schirmige bis kuglige Kronen sowie verschiedene Formen von Stützwurzeln.

UVP: → *Umweltverträglichkeitsprüfung*.

UVPG: → *UVP-Gesetz*.

UVP-Gesetz: (UVPG, Gesetz über die Umweltverträglichkeitsprüfung): deutsches Gesetz, dessen Ziel es ist sicherzustellen, daß bei umweltverändernden Vorhaben, vor allem Anlagenbau im weitesten Sinne, Umweltvorsorge nach einheitlichen Grundsätzen möglich ist. Daher sind die Auswirkungen auf die Umwelt frühzeitig und umfassend zu ermitteln, zu beschreiben und zu bewerten. Das Ergebnis ist die Umweltverträglichkeitsprüfung (UVP). Das UVPG definiert sowohl die Vorhaben als auch die Art der Anlagen, die UVP-pflichtig sind.

UVPV: → *Verordnung über die Umweltverträglichkeitsprüfung*.

UV-Schäden: treten durch → *UV-Strahlung* auf und bewirken bei Lebewesen molekulare Veränderungen im Sinne der direkten → *Strahlenwirkung*. Im Gegensatz zur → *Ionisierenden Strahlung* hat die UV-Strahlung keine direkte Strahlenwirkung. Die UV-S. äußern sich in Hautschäden (zwischen Sonnenbrand und schweren Verbrennungen) sowie dem Induzieren von Hautkrebs. Zusammen mit Lebensmittelfarbstoffen oder Arznei sind auch allergieartige Reaktionen möglich. UV-B-Strahlung und UV-C-Strahlung sind für lebende Zellen tödlich.

UV-Schutzfilter: Atmosphärenschicht, die harte (gesundheitsschädliche oder lebensbedrohende) → *UV-Strahlung* absorbiert. Diese Funktion erfüllt die → *Ozonschicht*.

UV-Strahlung (Ultraviolettstrahlung): nichtsichtbare, kurzwellige elektromagnetische Strahlung im ultravioletten Bereich des Spektrums mit Wellenlängen zwischen 180 und 400 nm. Man unterscheidet UV-A-Strahlung (400–313 nm), UV-B-Strahlung (313–289 nm) und UV-C-Strahlung (289–180 nm). Während die UV-C-Strahlung von der → *Ozonschicht* absorbiert wird und damit gesundheitsschädliche Wirkungen von den Lebewesen an der Erdoberfläche fernhält (→ *UV-Schäden*), erreichen UV-A-Strahlung und UV-B-Strahlung die Erdoberfläche. Der Anteil der UV-Strahlung an der Sonnenlicht ist in Meereshöhe am geringsten und nimmt mit der Höhe zu (Abnahme der generellen Absorption durch verkürzten Strahlungsweg durch die → *Atmosphäre*).

V

vados: in wasserführenden unterirdischen Hohlraumsystemen (→ *Karst*, → *Grundwasser*) Bezeichnung für den oberen, nur periodisch oder episodisch wassererfüllten Bereich. (→ *phreatisch*).

vag: Charakterisierung einer Art bezüglich einer Pflanzengesellschaft. (→ *Treue*).

Vagabundieren: ungerichtete Suchbewegungen eines tierischen Organismus, ausgelöst von inneren Reizen wie Hunger oder Geschlechtstrieb, bis seine angeborenen Auslösemechanismen auf Außenreize reagieren.

vagil: bezeichnet Organismen, die zu aktiver Fortbewegung fähig sind. (→ *sessil*).

Valenz: ökologische, die maximale Spanne zwischen zwei Werten eines ökologischen Faktors (z.B. Temperatur), innerhalb derer eine Art existieren kann.

Van't Hoff'sche Regel: → *RGT-Regel*.

Variabilität: allgemein Abänderung, Schwankung; in den Geo- und Biowissenschaften die Abänderungsfähigkeit eines Erscheinungsbildes oder einer → *Struktur* in morphologischer, physiologischer und/oder funktionaler Hinsicht.

Variante: 1. allgemein in den Geo- und Biowissenschaften veränderte Form, Abwandlung. – 2. in der Geobotanik → *Pflanzengesellschaften*, die sich durch eine bestimmte, oft wiederkehrende Artenverbindung auszeichnen, ohne daß ausgesprochene → *Differentialarten* vorhanden sind. – 3. Einzelobjekt einer variierenden Individuengruppe, die unter bestimmten Aspekten zusammengefaßt ist.

Varianz: in der → *Geoökologie* die Breite geosystemeigener Verhaltensweisen unter den periodisch oder episodisch wechselnden, den Landschaftshaushalt steuernden Klimabedingungen. Eine geringe geoökologische V. bedeutet relative natürliche Stabilität des → *Geoökosystems* und damit ein stabiles → *Naturraumpotential*.

Variation: 1. in den Geo- und Biowissenschaften allgemein Ausdruck der geoökologischen → *Varianz* in morphologischer bzw. physiognomischer Hinsicht. – 2. nach der Vererbungslehre die Veränderung von Organismen durch Außen- und Innenbedingungen, die sich im → *Phänotyp* ausdrückt.

Varietät (Abart, Spielart): systematische Kategorie unterhalb der → *Art* und von geringerem systematischen Wert als die Unterart. Die V. weicht erblich vom Arttypus ab. V. einer Art unterscheiden sich durch nur wenige Merkmale und treten im räumlichen und zeitlichen Zusammenhang auf. Anstatt V. verwendet die Züchtung die nicht ganz eindeutigen Begriffe → Rasse und → Sorte.

Várzea: Überschwemmungsbereich im Gebiet des tropischen Tieflandregenwaldes außerhalb der Dammufer der Flüsse, wo sich Flutrasengesellschaften und Sumpfwälder vom Typ des → *Igapó* im Bereich der → *Hyläa* bildeten, mit monatelangem Überstau des Niederungsgebietes. Der Begriff kommt ursprünglich aus dem immerfeucht-tropischen Amazonas Regenwaldgebiet, wurde aber auf regelmäßig überschwemmte und mit Vegetation bestandene Flußauen tropischer Gebiete übertragen.

VDI-Richtlinien: werden vom Verein Deutscher Ingenieure (VDI) herausgegeben, welche den „*Stand der Technik*" für technologische Sachverhalte und Anlagen definieren. Eigentlich wurden die VDI-R. für Vereinszwecke festgelegt. Trotzdem haben sie in der Umweltpraxis, vor allem im → *Umweltrecht* und im → *Umweltschutz*, den Status von Verordnungen erlangt, obwohl sich die Inhalte in der Regel nicht an den Bedürfnissen anderer Fachbereiche, die an Umweltplanungen oder im Umweltschutz tätig sind, orientieren. Die eigentlich für die Selbstkontrolle von Gewerbe und Industrie gedachten VDI-R. bringen damit Normen und Standards in die allgemeine Handhabung des Umweltschutzes, die nicht unbedingt an den Einschätzungen der → *Umweltethik* orientiert sein müssen.

Vega (Auenbraunerde): 1. ockerbraun bis rotbraun gefärbter, sandiglehmiger bis lehmiger → *Auenboden* mit basenreichen → *Braunerden* vergleichbaren Eigenschaften. Es werden autochthone V., die sich als Braunerdebildung vor Ort auf lange Zeit nicht mehr überfluteten Auesedimenten entwickelt haben, und allochthone V., die aus abgelagerten braunen Lehmen (aus erodiertem Verwitterungsmaterial stammend) aufgebaut sind, unterschieden. – 2. fruchtbare bewässerte Ebene mit Garten- und Obstbau (in Spanien).

Vegetation: Gesamtheit der Pflanzen bzw. → *Pflanzengesellschaften*, die einen bestimmten Erdraum bedecken. Ihr gegenüber wird die → *Flora* gestellt. Unterschieden werden die → *natürliche*, → *potentiell natürliche*, → *ursprüngliche* und → *aktuelle* V.

Vegetationsaufnahme: eine tabellarisch angeordnete Artenliste einer → *Pflanzengesellschaft*, die Angaben über den Deckungsgrad enthält.

Vegetationsdynamik: drückt sich in den → *Vegetationsentwicklungstypen* aus, die verschiedene Stadien einer → *Sukzession* durchlaufen.

Vegetationseinheit: 1. regelmäßig wiederkehrende Artenkombination, die im System oder in der natürlichen Ordnung der Vegetation keine bestimmte Rangröhe einnimmt und in der Taxonomie etwa der Sippe entspricht. – 2. Begriff der → *Vegetationsgeographie* für eine vegetationsräumliche Einheit, entsprechend etwa der → *naturräumlichen Einheit*.

Vegetationsentwicklungstyp: bestimmte Entwicklungsstufe der Vegetation, die sich aus vorangegangener, augenblicklicher und nachfolgender → *Pflanzengesellschaft* ergibt.

Vegetationsform: Gewächse, deren Bau mehr

oder weniger deutlich ausgeprägte, gleichartige Anpassungserscheinungen an die Lebensumwelt aufweist; damit auch dem Begriff → *Lebensformen* bzw. Wuchsform entsprechend. (→ *Standort*, → *Umwelt*).

Vegetationsformation: physiognomische →*Vegetationseinheit* floristisch unterschiedlicher Gewächse, die jedoch eine einheitliche → *Lebensform* erkennen lassen.

Vegetationsgebiet: unscharfe Bezeichnung für Teilräume der Erdoberfläche, die sich durch bestimmte → *Vegetationsformationen* auszeichnen und die man in → *Vegetationseinheiten* gliedern kann.

Vegetationsgeographie: Teilgebiet der → *Physiogeographie*, das sich mit der Pflanzendecke der Erde und deren regionalen Unterschieden im Hinblick auf die Gliederung von Ländern oder Landschaften beschäftigt, die → *Vegetation* als Bestandteil der → *Landschaft* und damit des → *Ökosystems* betrachtend. (→ *Landschaftsökosystem*).

Vegetationsgradient (Vegetationstransekt, Vegetationsprofil): eine Aufnahme der Pflanzen (→ *Vegetationsaufnahme*) entlang eines ökologischen Gradienten, z.B. im Bereich von Küsten oder im Gebirge.

Vegetationskomplex: unscharfe geobotanische Bezeichnung für das charakteristische Pflanzengesellschaftsinventar eines Erdraumes unbestimmter Größe.

Vegetationskunde: Sammelbegriff für verschiedene Fachbereiche, die sich mit der → *Vegetation* beschäftigen und die aus disziplinärer Sicht lediglich mit dem unscharfen Begriff V. belegt werden. Dazu gehören → *Pflanzengeographie*, → *Pflanzensoziologie* und → *Vegetationsgeographie*.

Vegetationslinien: unscharfe Bezeichnung für jene Verbreitungsgrenzen von Pflanzengesellschaften oder Vegetationsformationen, mit Klimagrenzen übereinstimmen.

Vegetationsmosaik: beschreibender Begriff für ein differenziertes Gefüge von pflanzlichen Arten oder Artengruppen, das in verschiedenen Erdräumen beobachtet werden kann, ohne daß über Größenordnungen etwas ausgesagt wird. Die Vegetationszonen (→ *Zone*) der Erde stellen in ihrer Gesamtheit ebenso ein V. dar, wie → *Pflanzengesellschaften* in einem → *Biotop*.

Vegetationsperiode: 1. → *Vegetationszeit*. – 2. der Zeitraum im Jahreszeitenklima, in dem die Pflanzen wachsen, blühen, fruchten und reifen.

Vegetationsprofil: → *Vegetationsgradient*.

Vegetationspunkt: Bereich des Pflanzenkörpers, an welchem die Neubildung von Organen durch Bildungsgewebe erfolgt.

Vegetationsschicht: Bestandteil der → *Schichtung* einer → *Pflanzengesellschaft* und Ausdruck der vertikalen Strukturierung eines → *Biotops*.

Vegetationsstruktur: allgemeiner, nicht eindeutig definierter Begriff für die äußere Erscheinungsform (Physiognomie), Biomasseverteilung, floristische Zusammensetzung und Zusammensetzung nach → *Lebensformen* einer Vegetation.

Vegetationsstufen: Abfolge der → *Höhenstufen* der Vegetation in Abhängigkeit von jenen → *Geoökofaktoren*, die vom → *Hypsometrischen Formenwandel* differenziert werden.

Vegetationstechnik: Sammelbegriff für Baumaßnahmen und -weisen im → *Landschaftsbau*, wenn Vegetationsflächen hergerichtet werden sollen. Im weiteren Sinne handelt es sich bei der V. um Maßnahmen der → *Melioration* von Untergründen oder Oberflächen, die begrünt werden sollen (Sportplätze, Gärten, Dächer, → *Halden*, → *Kippen*, → *Deponien*). Die V. entspricht somit weitgehend dem → *Lebendbau*.

Vegetationstransekt: → *Vegetationsgradient*.

Vegetationstyp: wenig präzise Bezeichnung für eine → *Pflanzengesellschaft*, die gewisse einheitliche Merkmale aufweist, unabhängig von der Größe des → *Areals* sowie der floristischen Zusammensetzung. (→ *Flora*).

Vegetationszeit (Vegetationsperiode, Wachstumszeit): im Gegensatz zur Vegetationsruhe in → *Jahreszeitenklimaten* die Zeitdauer, während der pflanzliches Wachstum möglich ist, d.h. in der die Pflanzen blühen, fruchten und reifen. Die V. ist von den klimatischen Verhältnissen abhängig und wird daher auch „klimatische V." genannt, deren Angabe aber nichts über die während dieser Zeit zur Verfügung stehende → *Wärmesumme* aussagt oder über sonstige Extreme, die das Pflanzenwachstum einschränken können. Die V. hängt in erster Linie von der Temperatur ab (Anzahl Tage, während derer eine für das Wachstum förderliche Mitteltemperatur erreicht wird), wird aber auch durch Trockenheit und in Gebieten mit winterlicher Schneedecke von den Ausaperungs- und Einschneiterminen begrenzt. Die V. wird nach verschiedenen Gesichtspunkten abgegrenzt. Klimatisch definiert man die Anzahl Tage mit Mitteltemperaturen über 5°C (Hauptwachstumszeit) als V. Im Gebirge entspricht die V. meist der schneefreien Zeit und ist wegen der sehr unterschiedlichen Schneeablagerung (Verwehungen, Lawinenschnee usw.) innerhalb der gleichen → *Höhenstufe* von Standort zu Standort sehr verschieden. In landwirtschaftlichen Jahr beginnt die V. mit der Sommergetreideaussaat und endet mit der Bestellung des Winterweizens. Phänologische setzen z.B. Blattaustrieb und Laubfall Grenzen der artspezifischen V. In Mitteleuropa dauert die V. vom April bis Anfang Oktober. Die Hauptvegetationsperiode erstreckt sich von Mai bis Juli.

Vegetationszone: Gebiete auf der Erde, die etwa parallel den Breitenkreisen verlaufen und von bestimmten charkatserischen Pflanzenformationen besiedelt werden, z.B. dem Regenwald der Tropen, dem Laubmischwald der

gemäßigten Zonen, der Taiga oder der Tundra.
vegetative Phase: im Gegensatz zur → *Vegetationszeit* bei höheren Pflanzen jener Zeitraum, in welchem Sprosse, Blätter und Wurzeln gebildet werden. Er ist artspezifisch und kann je nach Art wenige Wochen bis mehrere Jahre dauern. Es folgt eine reproduktive Phase, in welcher sich die Blüten- und Fruchtbildung abspielt.
Vektor: in der Parasitologie und Geomedizin Bezeichnung für den (meist tierischen) Verbreiter, bzw. Überträger eines Krankheitserregers. Bsp.: Stechmücken, die den Malaria-Erreger übertragen.
Verbergtracht: → *Tarntracht*.
Ventilatorkühlturm: ein → *Kühlturm*, bei dem die zu kühlende Luft durch einen Ventilator abgeführt wird. Gegenüber dem V. ist der → *Naturzugkühlturm* zwar höher, bedingt jedoch nicht so hohe Betriebskosten wie der V. Der V. ist, ebenso wie der Naturzugkühlturm, Bestandteil der → *Umlaufkühlung* von Kraftwerken, besonders → *Kernkraftwerken*.
Verband (Allianz, Föderation): Stufe im pflanzensoziologischen System von Braun-Blanquet, die floristisch einander nahestehende → *Assoziationen* zusammenfaßt und die durch Verbandscharakterarten ausgewiesen wird.
Verbandsklagerecht: nachdem → *Umweltschutz* und → *Umweltrecht* Gegenstand öffentlicher Auseinandersetzungen sind, haben sich anerkannte Naturschutz- und Umweltverbände das Recht erstritten, gegen Maßnahmen der Planung und der Politik, so weit diese öffentliche Rechtsgüter im Umweltbereich gefährden, zu klagen. Während das allgemeine Recht nur die Klage natürlicher und juristischer Personen kennt, wenn diese betroffen sind, ermöglicht das V. den Schutz jener Rechtsgüter, die der Allgemeinheit zwar zustehen, für die sich jedoch niemand findet, die Interessen der Allgemeinheit zu vertreten. Das V. ist nur in wenigen Ländern Allgemeingut.
Verbiß: erfolgt durch Wildtierarten, aber auch durch im Freien lebende Haustierarten, die ein naschhaftes Äseverhalten zeigen und auch außerhalb der Gras- und Krautschicht an Sträuchern und Bäumen die erreichbaren Triebe, Knospen, Blüten und Blätter verzehren. Der V. wirkt sich nachteilig auf die Zusammensetzung der Vegetation aus. So kann der V. beispielsweise Baum- und Strauchwuchs vollkommen zurückhalten.
Verbraunung: Verwitterung eisenhaltiger Silikatminerale, wie Biotit, Augit, Olivine, Amphibole oder Pyroxene, unter Bildung von Eisenoxidhydraten (Goethit, Ferrithydrit), wobei die freigesetzten Eisenverbindungen eine braune bis rotbraune Färbung des Substrats bewirken. V. setzt erst nach der Kalkauswaschung bei → *pH-Werten* unter 7 (saures Milieu) ein. Sie ist eng verbunden mit der → *Verlehmung*. Beide Prozesse sind charakteristisch für die Entwicklung der → *Braunerden* und typisch für die → *Silikatverwitterung* der Mittelbreiten.
Verbreitung: 1. Vorkommen einer Pflanzen- und Tierart in einem größeren Gebiet, d.h. die Verteilung von Individuen im Raum zum Zeitpunkt der Betrachtung. Vgl. → *Verteilung*. – 2. → *Ausbreitung*, → *Wanderung*, → *Verschleppung*, → *Verdriftung*.
Verbreitungsgebiet: → *Areal*.
Verbrennungsprodukte: entstehen durch Oxidation brennbarer Stoffe unter Flammenbildung und bei Sauerstoffverbrauch sowie unter Wärmeabgabe. Durch das Verbrennen organischer Stoffe entstehen vor allem Wasserdampf und → *Kohlendioxid*, bei unvollständiger Verbrennung (unter Sauerstoffmangel) entsteht → *Kohlenmonoxid*. Je nach zu verbrennendem Stoff oder chemischem Element ist eine bestimmte Entzündungstemperatur erforderlich. Die ökologische Bedeutung der Verbrennung liegt in den Verbrennungsprodukten, die in die → *Atmosphäre* eingehen oder die - direkt oder indirekt - als → *Schadstoffe* in die → *Landschaftsökosysteme* und damit zum Teil auch in die → *Nahrungsketten* und im menschlichen Organismus (→ *Bioakkumulation*) gelangen. Zu umweltbelastenden V. gehören neben Kohlendioxid und Kohlenmonoxid auch → *Schwefeldioxid* (→ *Smog*, → *Saurer Regen*), → *Stickoxide* (→ *Photooxidantien*), → *Kohlenwasserstoffe* sowie → *Staub* und → *Rauch*. Teilweise wirken die V. als direkt schädigend, z.B. als Atemgift oder als Schadstoffe im → *Metabolismus* der → *Ökosysteme* oder als Verursacher von → *Krebs* sowie von Herz-, Kreislauf- und Atemkrankheiten. Teilweise wirken sie aber auch indirekt über Boden, Wasser, Pflanzen und Tiere auf Wohlbefinden und Gesundheit des Menschen ein.
Verbuschung: Vorgang, der auf dem labilen Wettbewerbsgleichgewicht zwischen Gras-, Strauch- und Baumanteilen der → *Savanne* und → *Steppe* beruht, das durch Beweidung der *Gräser* gestört wird. Der durch Vernichtung der Gräser bestehende Bodenfeuchteüberschuß kommt den Holzgewächsen – überwiegend Dornsträuchern und -bäumen – zugute, die sich dadurch übermäßig entwickeln können, weil ihnen auch die Konkurrenz des intensiven → *Wurzelsystems* der Gräser fehlt. Außerdem ist das Weidevieh aktiv an der Verbreitung der Holzgewächse beteiligt, weil es die Schoten mit den Samen frißt und diese bei freier Weide mit dem Kot über größere Areale verstreut. Endeffekt der V. ist eine Dornstrauchsavanne bzw. -steppe mit Dornbäumen, die nur noch für Schafe und Ziegen, nicht jedoch für Rinder ein Nahrungsangebot bereitstellt.
Verdichtung: 1. Vorgang der Verringerung des Gesamtvolumens des Bodens durch Verpressung und Setzung. Als Folge davon steigt der Anteil der Festsubstanz (erhöhte Lagerungsdichte), das → *Porenvolumen* verringert sich

und die → *Porengrößenverteilung* verändert sich. V. wirken sich auf die Bodenwasserbewegung aus. Eine Hemmung der → *Sickerung* und erhöhte Neigung zur → *Vernässung* kann die Folge sein, wodurch u.U. auch der Oberflächenabfluß und damit das Erosionsrisiko ansteigt. Künstliche V. von landwirtschaftlich genutzten Böden sind wegen der zunehmenden Bearbeitung mit großen schweren Maschinen zum Problem geworden. – 2. in der → *Raumordnung* und → *Raumplanung* die räumliche Konzentration von Einwohnern, Arbeitsplätzen und Siedlungen, die sich im → *Verdichtungsraum* repräsentieren.

Verdichtungsraum: eine regionale bandförmige oder anderweitig gestaltete Konzentration von Einrichtungen gebauter Infrastruktur mit Arbeitsplätzen und Bewohnern und einer intensiven internen sozioökonomischen Verflechtung. Der V. entspricht weitgehend dem → *Ballungsgebiet* bzw. → *der Agglomeration*.

Verdoppelungsdosis: spielt im → *Strahlenschutz* eine Rolle, um die Wirkung → *ionisierender Strahlung*, um das → *Strahlenrisiko* bzw. genetische → *Strahlenschäden* durch → *Niedrigstrahlung* beim Menschen abzuschätzen. Dabei repräsentiert die V. jene → *Dosis* ionisierender Strahlung, die eine Verdoppelung der Mutationsrate gegenüber der Spontanrate bedeutet.

Verdoppelungszeit: Zeitraum, in dem sich eine exponentiell vermehrende Größe, z.B. die Populationsgröße, verdoppelt. Bei exponentiellem Wachstum errechnet sich die V. nach $ln2/r$ (r = → *spezifische Zuwachsrate*).

Verdrängung: Komplette Verdrängung einer Art, Population oder eines Genotyps durch Konkurrenz.

Verdriften: die passive Verfrachtung und Verbreitung von Lebewesen durch Wind (→ *Anemochorie*) oder Wasser (→ *Hydrochorie*).

Verdunstung: langsamer Übergang eines Stoffes vom flüssigen in den dampfförmigen Zustand unter dem Siedepunkt. Die V. des Wassers verbraucht für den Wechsel des Aggregatzustandes Wärmeenergie (→ *Verdunstungswärme*), die bei der Kondensation wieder frei wird. Die klimatische V. hängt in erster Linie von der Strahlung, dem → *Sättigungsdefizit* (ergibt sich aus der Temperatur und der bereits in der Luft vorhandenen Feuchte), der Temperatur auf der verdunstenden Oberfläche und der Intensität der Luftbewegung ab. Die V. ist ein Hauptglied des Wasserhaushaltes, ein sehr wichtiges Klimaelement und zudem am Energiehaushalt wesentlich beteiligt. Als Prozeß, der sich im System Boden-Pflanze-Atmosphäre abspielt, ist die reale V. schwierig präzise meßbar, weshalb ihre Bestimmung oft als Differenzglied aus den übrigen Größen des Wasserhaushaltes erfolgt. Die Gesamtverdunstung setzt sich aus der direkten V. der Boden- und Wasseroberflächen (→ *Evaporation*) und der in bewachsenen Gebieten mengenmäßig viel bedeutenderen V. durch die Pflanzendecke (→ *Transpiration*) zusammen. (→ *Wasserkreislauf*).

Verdunstungsformel: auf theoretischer Herleitung und experimenteller Erfahrung beruhende Berechnungsformel, welche näherungsweise die Bestimmung der → *Verdunstung* aus sie beeinflussenden Klimaelementen erlaubt.

Verdunstungsgröße: Differenz von → *Niederschlag* und → *Abfluß* im Wasserhaushalt von → *Einzugsgebieten*.

Verdunstungskraft (Dampfhunger): Ausmaß der Fähigkeit der Luft, Wasserdampf aufzunehmen. Die V. hängt von der Temperatur, der schon vorhandenen Luftfeuchte und dem Luftaustausch ab. Sie ist in ständig bewegter, trockener heißer Luft am höchsten.

Verdunstungsmenge: in Millimeter gemessene Summe der → *Verdunstung* während eines bestimmten Zeitraumes.

Verdunstungsschutz: Effekt der Herabsetzung der → *Verdunstung* durch Beschattung und Verminderung der Luftbewegung. Einen typischen natürlichen V. bildet die Baumschicht des Waldes für den Waldboden. Landwirtschaftliche Kulturen werden durch Verminderung der Luftbewegung durch Hecken vor zu hohen Verdunstungswerten und möglichen Trockenschäden geschützt. Auch → *Mulchung* ist ein V.

Verdunstungswärme: die Wärmemenge, die beim Übergang des Wassers unter dem Siedepunkt vom flüssigen in den dampfförmigen Zustand verbraucht bzw. umgekehrt wieder frei wird. Sie beträgt je nach der Temperatur 2255.2–2510.4 Joule·g^{-1}.

Veredelung: Form der vegetativen Vermehrung bei Pflanzen, bei der abgetrennte, knospentragende Teile einer Kulturpflanze auf einen anderen, anspruchsloseren und/oder widerstandsfähigeren Pflanzenkörper übertragen und mit diesem zum Verwachsen gebracht werden.

Verfahlung: Prozeß der Aufhellung von Bodenhorizonten durch Lösung und Wegführung von Ton (→ *Lessivierung*) oder Eisen-, Mangan- und Aluminiumoxiden (→ *Podsolierung*).

Verfilzung: entweder starke Verwurzelung der Grasschicht, so daß sich ein Grasfilz bildet oder eine V. der Grasnarbe mit abgestorbenen Pflanzenresten, so daß sich → *Rohhumus* bilden kann und durch Veränderung des pH-Wertes die Zusammensetzung der Grünlandvegetation geändert wird.

Verfrachtung: → *Verdriftung*.

Vergeilen (Etiolement): eine durch Lichtmangel bedingte → *Photomorphose*, die meist zu starker Verlängerung von Sproßachsen oder Blättern führt.

Vergesellschaftung: 1. in der Geo- und Bioökologie jede Form des Zusammenfindens mehrerer Individuen der gleichen Art oder verschiedener Arten mit und ohne interspezifische Beziehungen. – 2. in der → *Pflanzensoziologie* die → *Assoziation* von Pflanzen, die zwar interspezifische Beziehungen aufweisen (können), die aber für die Zusammensetzung der → *Pflanzengesellschaft* nicht entscheidend sind. – 3. in den Geowissenschaften unscharfe Bezeichnung für das gemeinschaftliche Auftreten von Einzelsachverhalten wie Einzelreliefformen, Bodentypen, naturräumliche Einheiten usw., in einem räumlichen Kontext. (→ *Raummuster*).

Verglasung: bei der → *Wiederaufarbeitung* abgebrannter → *Brennstäbe* aus → *Kernkraftwerken* und sonstigen Zweigen der → *Atomwirtschaft* entstehen hochaktive Spaltproduktlösungen, die für die → *Endlagerung* vorbereitet und transportfähig gemacht werden müssen. Dazu dient die V., also das Einschmelzen der hochradioaktiven Abfälle in Glas.

Vergleyung: Prozeß der Eisen- und Manganumlagerung durch → *Grundwasser* in Böden. Die V. besteht im wesentlichen in einer Lösung des reduzierten Eisens und Mangans im ständig grundwassererfüllten Unterboden (→ *Reduktionshorizont*) und einem Aufwärtswandern dieser Metalle mit dem schwankenden Grundwasserspiegel und mit Kapillarwasser, wobei nach Luftzutritt Oxidation stattfindet und die Fe- und Mn-Oxide im zeitweise durchlüfteten oberen Unterboden in konkretionären Flecken ausfallen (→ *Oxidationshorizont*). (→ *Gley*).

Verhagerung: kennzeichnet summarisch die Verarmung der pflanzlichen Bodenschicht im Wald durch Fremdeinwirkung und Austrocknungsprozesse. Verschiedene Grasarten gelten als V.-Zeiger (u.a. *Agrostis capillaris*, *Brachypodium pinnatum*, *Festuca ovina* oder *Poanemoralis*).

Verheidung: 1. die Ausbreitung der → *Heide* anstelle von Wald, vor allem als Ausdruck der Wirtschaftsweise, u.a. durch Schaf- und Ziegenhaltung, wobei es durch → *Verbiß* zur Vernichtung der Holzgewächse kommt. – 2. wenn Hochmoore entwässert werden, breitet sich das Heidegewächs *Calluna vulgaris* aus.

Verinselung: basierend auf der → *Inseltheorie* der → *Inselbiogeographie* sollen Effekte der V., die zwangsläufig bei der → *Ausräumung der Kulturlandschaft* zustande kommen, durch → *Biotopverbundsysteme* und → *Biotopvernetzung* aufgehoben werden. Ursprünglich geschlossene Verbreitungsgebiete von Tier- und Pflanzenarten werden zunächst durchlöchert und, bei weiterer Beanspruchung der → *Landschaftsökosysteme*, schließlich in kleine Inselareale aufgelöst. Dieser Vorgang wird als V. beschrieben. Vor allem in stark genutzten und ausgeräumten Agrarlandschaften ist die V. extrem weit fortgeschritten, so daß aktive Maßnahmen der → *Landschaftsplanung* und der → *Landschaftspflege* sowie des → *Artenschutzes* durch Maßnahmen des → *Naturschutzes* nötig sind, um einer endgültigen Vernichtung von Arten und Biotopen entgegenzusteuern. Nach der Inseltheorie wird jedoch eine Regeneration der Ökosysteme und eine Wiederbesiedlung mit zunehmender Distanz der Inseln und sich immer mehr verkleinernder Arealfläche immer unwahrscheinlicher.

Verjüngung: 1. bei Gehölzen und → *Hecken* durch Schnitt bewirktes Wachtumsverhalten, das sich in einem jungen Aussehen der Busch- bzw. Strauchvegetation äußert. – 2. in der Forst- und Waldwirtschaft die Ablösung eines älteren Waldbestandes durch einen neuen. Dies kann auf dem Weg der → *Naturverjüngung* erfolgen oder durch Kunstverjüngung, wenn der neue Waldbestand durch den Menschen angesät oder angepflanzt wird. Die Naturverjüngung kann aber auch durch den Menschen unterstützt werden. Eine → *Aufforstung* von unbewaldeten Flächen (→ *Kippen*, → *Halden*, → *Deponien*, → *Ödland* oder ungewidmeten anderen Nutzflächen) wird nicht als V. bezeichnet, die das ursprüngliche Vorhandensein von Wald auf der verjüngten Fläche voraussetzt.

Verkarstung: entsprechend der Vielfältigkeit des Begriffes → *Karst* jene Vorgänge bezeichnend, die zur Herausbildung verschiedener „Karste" führen. – 1. Prozeß der Bildung des geomorphologischen Landschaftstypes Karst, basierend auf Lösungsverwitterung. – 2. bezeichnet die Rodungsprozesse im Mediterranraum, die → *Bodenerosion* zur Folge hatten und die kahlen Kalkfelsen mit „geomorphologischem" Karst und Felsoberflächen aus anderen Gesteinen freilegten. – 3. in Anlehnung an den Begriff unter 2. unpräzise Bezeichnung für anthropogene Landschaftszerstörungsprozesse durch Übernutzung der → *Landschaftsökosysteme*, unabhängig von Rodung, natürlichen Abtragungsvorgängen oder sogar der geomorphogenetischen Karstbildung.

Verkehr: die Bewegung zwischen Standorten zum Zweck der Raumüberwindung von Personen, Gütern oder Nachrichten. Durch den Bau von → *Verkehrsanlagen* für die Verkehrsträger (Verkehrsmittel) wird eine beträchtliche Belastung der Umwelt verursacht. (→ *Lärm*, → *Landschaftsverbrauch*, → *Luftverschmutzung*).

Verkehrsanlage: ein Bauwerk, das dem → *Verkehr* dient und ein Teil der Verkehrsinfrastruktur ist. Zu den V. gehören Verkehrswege wie Straßen, Autobahnen, Eisenbahntrassen, Rohrleitungen, Wasserstraßen bzw. Kanäle, aber auch Häfen, Bahnhöfe und Flughäfen. Die V. sind entweder Selbstemittenten oder die → *Emissionen* sind im Bereich der V. stark konzentriert. Damit sind die V. Konzentrationspunkte der → *Umweltbelastung* bzw. häufig gehen von ihnen → *Umweltgefährdungen* aus.

Verkehrsbegleitgrün: jene → *Grünflächen*, die aus optischen oder ökologischen Gründen an Verkehrswegen angelegt werden, um Lärm-, Sicht-, Blend- und/oder Abgasschutz zu erzielen.

Verkehrsberuhigung: wird aus Sicht der →

Humanökologie und der → *Stadtökologie* durch die → *Stadtplanung* vorgenommen, um vor allem den motorisierten Individualverkehr zu vermindern oder zu verhindern. Neben dem Ziel der Unfallverhütung spielt die V. vor allem im Vermindern des Verkehrslärms (→ *Lärm*) sowie des Ausstoßes von → *Schadstoffen* aus Kraftfahrzeugen eine Rolle. Damit kann die → *Lebensqualität* bzw. → *Lebensraumqualität* im → *Stadtökosystem* und im Lebensraum Stadt beträchtlich gesteigert werden.

Verkehrsfläche: die dem Verkehr dienende, insbesondere durch → *Verkehrsanlagen* überbaute Fläche. In → *Ballungsgebieten* bzw. → *Agglomerationen* nehmen die V. große Anteile an der Gesamtfläche ein. V. sind: Straßen, Autobahnen, Eisenbahntrassen, Parkplätze, Bahnhöfe, Häfen, Güterumschlagplätze, Flughäfen etc. Über die Herabsetzung der → *Lebensraumqualität* hinaus wirkt sich die Ausdehnung der V., die an die Entwicklung des → *Verkehrs* und das Wachstum der Bevölkerung gebunden ist, vor allem als starke Landschaftsbeanspruchung aus.

Verkehrsflächenbedarf: der wachsende Bedarf an → *Verkehrsfläche* wird durch den → *Landschaftsverbrauch* und die vom V. ausgehenden ökologischen Belastungen zum Problem in der Umwelt. Ein Großteil des V. wird vom Kraftfahrzeug, vor allem dem Personenkraftwagen, ausgemacht, der durch sein Wachstum und seine zugleich geringe Auslastung zum Problem geworden ist. Mit Maßnahmen der → *Verkehrsberuhigung* kann direkt oder indirekt der V. begrenzt werden.

Verkehrslärmschutzgesetz: eine Notwendigkeit, die aber noch nicht besteht. Ein V. hat als Ziel, → *Grenz-* und → *Richtwerte* für → *Lärmimmissionen* festzulegen, die von vorhandenen oder neu zu bauenden Verkehrsträgern ausgehen. Aus einem V. würden umfassende → *Lärmschutzmaßnahmen* resultieren, die → *Lärmschäden* verhindern sollen. In Deutschland wird die Problematik des Verkehrslärms durch die → *Verkehrslärmschutzverordnung* geregelt. (→ *TA Lärm*).

Verkehrslärmschutzverordnung (16. BImSchV, Sechzehnte Verordnung zur Durchführung des Bundes-Immissionsschutzgesetzes): deutsche Verordnung, die auf dem → *Bundes-Immissionsschutzgesetz* basiert und für den Bau von Straßen oder wesentliche Änderungen von öffentlichen Straßen sowie Schienenwegen von Eisenbahnen und Straßenbahnen gilt. Die Verordnung legt Immissionsgrenzwerte fest, die vor schädlichen Umwelteinwirkungen durch Verkehrsgeräusche schützen sollen. Die Immissionsgrenzwerte werden nach Siedlungsnutzungsgebietstypen differenziert. Weiterhin werden Angaben über die Berechnung des → *Lärmpegels* gemacht.

Verkehrsplanung: eine → *Fachplanung*, die sich mit der aktuellen und künftigen Entwicklung des → *Verkehrs* in einem Planungsraum beschäftigt. Die V. plante bisher überwiegend das Wachstum der → *Verkehrsflächen*, ohne an ökologisch wirksame Maßnahmen der → *Verkehrsberuhigung* zu denken. Letztere spielt erst seit Anfang der achtziger Jahre in Mitteleuropa eine größere Rolle in der V.

Verkittung: Prozeß der Gefügebildung im Boden, bei dem durch mineralische oder organomineralische Fällungsprodukte (Kalk, Oxide, Humusstoffe) mineralische und/oder organische Bodenpartikel zu Aggregaten verklebt werden und ein Hüllengefüge bilden.

Verklappung: eine Form der → *Abfallbeseitigung*, die auf hoher See durchgeführt wird, indem feste oder flüssige Abfälle, einschließlich → *Klärschlamm*, mit Hilfe von Booten oder Schiffen auf das offene Meer gebracht und ausgeschüttet werden. In der Nordsee wurden Gebiete für die V. ausgewiesen, was jedoch nicht das Problem der → *Meeresverschmutzung* löst. Die V. darf eigentlich nur durchgeführt werden, wenn daraus keine nachteilige Veränderung des Meereswassers und des marinen Bios resultiert. Neben ungiftigen Abfällen werden jedoch vor allem → *Umweltchemikalien*, die als → *Umweltgifte* wirken können, verklappt. Die V. erfolgt auch auf Flüssen und in großen Binnenseen. Dort ist die → *Umweltbelastung* wegen der begrenzten Wasser- und damit Verdünnungsmenge noch bedeutsamer als im Meer.

Verkokung: die thermische Zersetzung von → *Kohle* unter Luftabschluß bei der Kohleveredelung. Es entstehen Koks, Kokereigas und → *Teer*. Kokereigas setzt sich aus → *Methan*, → *Kohlenmonoxid* und → *Wasserstoff* zusammen, findet in der Industrie als Brennstoff Verwendung, repräsentiert jedoch zugleich Gase, die umweltwirksam sind. Findet die V. in älteren Anlagen statt, gehen beträchtliche Gas- und → *Staubemissionen* von den Öfen aus. Luftschadstoffe der Kokereien sind → *Kohlenmonoxid*, → *Kohlenwasserstoffe*, → *Stäube*, → *Stickoxide* und → *Schwefeldioxid*.

Verkrautung: in → *Fließgewässern*, aber auch am Rande stehender Gewässer das Auftreten dichter Bestände von Über- und Unterwasserpflanzen, welche bei Fließgewässern den Abfluß hemmen, die Gewässersohle aufhöhen und die Flußbetterosion verstärken, weil der Fließquerschnitt verengt wird. In stehenden Gewässern ist die V. Bestandteil der → *Verlandung*. Die V. tritt an kleinen Fließgewässern oft nach Entfernen der Ufergehölzvegetation ein.

Verkrustung: kommt bei bindigen Böden, vor allem mit viel → *Schluff*, nach → *Starkregen* und Dauerregen mit anschließender Trockenperiode zustande, wobei die Bodenoberfläche verhärtet oder verkrustet und damit den Pflanzenwuchs hemmt oder verhindert. Die V. ist nicht nur an aride oder semiaride Klimate gebunden.

Verlagerung: im Boden der Transport von gelösten oder peptisierten Stoffen (Salzen, Oxiden, Humusstoffen, Ton) mit dem → *Sickerwasser* in vertikaler Richtung in tiefere Profilbereiche oder mit dem → *Hangwasser* hangabwärts. Die V. ist im humiden Klima ein Verwitterungsprozeß von zentraler Bedeutung. Sie läßt die typische Gliederung der Bodenprofile in Auswaschungs- und Anreicherungshorizonte entstehen (→ *Parabraunerde,* → *Podsol*). Wichtige Teilprozesse der V. sind → *Entkalkung,* → *Lessivierung* und → *Podsolierung.*

Verlandung: allgemein ein Prozeß der Landwerdung. – 1. großräumiger Vorgang, bedingt durch Regression des Meeres und der Bildung von Festland allgemein. – 2. Auffüllen von Gewässern durch (überwiegend) Feinsedimente und sukzessive Besiedlung mit Pflanzen, deren lebende und tote Biomasse zum → *subhydrischen Boden* beiträgt. Unterschieden werden der kleinräumige Vorgang des Wandels eines offenen Gewässers, d.h. Teiches, Flußufers oder Sees, zu einem terrestrischen Ökosystem mit der Bildung einer → *Verlandungsfolge*, angeordnet in → *Verlandungsgürteln,* der Prozeß, der bei der anthropogenen → *Landgewinnung* eintritt und ebenfalls zu terrestrischen, aber anthropogen bestimmten Ökosystemen führt.

Verlandungsfolge: eine kontinuierliche Sukzessionsfolge, die jedoch klimabestimmt ist und daher bei der → *Verlandung* von offenen Gewässern in den einzelnen Klimazonen unterschiedlich abläuft. Mit dem Begriff V. wird überwiegend die sich abspielende Sukzession bei der Verlandung offener Gewässer der gemäßigten Klimazonen gemeint. Aber auch dabei gibt es Differenzierungen. Fließgewässer und stehende Gewässer verlanden unterschiedlich, ebenso → *oligotrophe* oder → *dystrophe.* (→ *Verkrautung*).

Verlandungsgürtel: beschreibt die räumliche Verbreitung der → *Verlandungsfolge* in der Horizontalen, die sich entlang von verlandenden Flußufern als Band oder um verlandende Tümpel und Seen als Gürtel herumzieht.

Verlandungshochmoor: ein relativ flach gewölbtes → *Hochmoor* im Bereich nährstoffarmer Sande, das sich aus → *oligotrophen* oder → *dystrophen* Seen entwickelt und das zunächst ein Flachmoor- (→ *Niedermoor*) und ein → *Zwischenmoor*stadium durchlaufen hat. Die Wurzeln seiner Pflanzen befinden sich im Bodenwasserbereich. Ein Mindestniederschlag von ca. 600 mm ist vorausgesetzt, um seine Existenz zu erhalten. Das V. tritt überwiegend im nordmitteleuropäischen Flachland im Bereich des Vereisungsgebietes der Weichsel-Kaltzeit (→ *Würm-Kaltzeit*) auf.

Verlehmung: Bildung von → *Tonmineralen* bei der → *Silikatverwitterung* unter feuchten Bedingungen (→ *hydrolytische Verwitterung*), wobei ein mineralisches Feinmaterial als typisches Körnungsgemisch oft, aber nicht nur, → *Lehm* entsteht. Die Tonbildung verläuft entweder direkt durch physikalisch-chemische Umwandlung von Glimmer oder über Neubildungsvorgänge aus Feldspäten, Pyroxenen, Amphibolen usw. V. ist immer auch mit → *Verbraunung* verbunden und mit dieser zusammen typisch für die Entwicklung der → *Braunerden*. Sie führt zu einem Ansteigen des Tongehalts bis in Größenordnungen von 20–30% und schafft ein charakteristisches Subpolyedergefüge.

Verlichtung: 1. ein Kriterium der Waldschäden beim → *Waldsterben*, das sich im Verlust von Nadeln und Blättern, vor allem in den Baumkronen, ausdrückt. – 2. allgemein bedeutet V. auch der V. eines Waldbestandes durch Absterben oder Rodung von Bäumen, so daß eine Lichtung entsteht, die sich nicht durch → *Naturverjüngung* (→ *Verjüngung*) wieder schließt.

Vermehrungspotential: präzisiert den Begriff der → *Fertilität* und wird repräsentiert durch die Zahl der Nachkommen, die ein Weibchen bzw. eine Population während einer Zeiteinheit erzielen würden, wenn die Nachkommen alle bis zu ihrer Fortpflanzung am Leben blieben.

Vermehrungsquotient: → *Nettoreproduktionsrate.*

Vermehrungsrate: → *spezifische Zuwachsrate.*

Vermehrungsziffer: bestimmt durch die gegenseitigen Beziehungen von → *Natalität* und → *Mortalität* die Individuenzahl einer abgeschlossenen Population. Die V. ist jedoch eher eine theoretische Größe, weil bei den meisten freilebenden Pflanzen- und Tierpopulationen über Natalität und Mortalität keine präzisen Angaben vorliegen.

Vermoderung: Abbauphase in der Humusdecke, in der die leicht zersetzbaren Bestandteile des pflanzlichen Abfalls bereits abgebaut oder im → *Abbau* begriffen sind, und bei der die noch gut erkennbaren schwer zersetzbaren Anteilen (Holz, Blatt- und Stengelgerüste usw.) die → *Humifizierung* eingeleitet ist. (→ *Moder*).

Vermoderungshorizont: (O_f-Horizont): Humuslage, die aus in Zersetzung begriffenen, in ihren Strukturen mindestens noch teilweise erkennbaren Pflanzenresten besteht. In dreilagigen Humusdecken (→ *Moder,* → *Rohhumus*) ist der V. die mittlere Lage zwischen der obenliegenden → *Streu* und dem untenliegenden Humusstoff-Horizont.

Vermullen: durch starke Austrocknung bedingter staubiger Zerfall von Humussubstanz, der das Gefüge zerstört.

Vernal-Aspekt: Bestandteil der Aspektfolge. Der V.-A. beschreibt in der gemäßigten Zone den Frühlingsaspekt von ca. Anfang Mai bis Mitte Juni (entfaltende Belaubung, Fortpflanzungs- und Brutzeit vieler Vögel und Insekten).

Vernalisation (Vernalisierung, Jarowisierung): die Auslösung und das Einleiten der Blütenbildung bei Pflanzen. Erforderlich ist ein artspezi-

fisch zeitlich befristeter Kälteeinfluß von einigen Tagen.
Vernässung: Zustand anhaltend hoher Wassersättigung im Boden, besonders typisch für → *Staugleye* und → *Tonböden*.
Verockerung: in Böden (→ *Gley*) und Brunnenfiltern der Vorgang der Ausfällung von gelöstem Eisen aus Grundwässern durch Oxidation zu dreiwertigem Eisenhydroxid. Die V. läßt helle rost- bis ockerbraune, fleckige bis dichte Eisenanreicherungshorizonte entstehen, wie sie der Go-Horizont des Gleys zeigt. (→ *Raseneisenstein*).
Verordnung über Abwassereinleitungen: schweizerische Verordnung, die sich auf das schweizerische → *Gewässerschutzgesetz* stützt und Qualitätsziele für Fließgewässer, Flußstaue und stehende Gewässer festlegt, sowie den Begriff → *Abwasser* definiert. Die Verordnung regelt die Abwassereinleitungen und legt dafür Bedingungen fest. Sie wird durch das neue Gewässerschutzgesetz teilweise neu definiert.
Verordnung über Anwendungsverbote für Pflanzenschutzmittel: → *Pflanzenschutz-Anwendungsverordnung*.
Verordnung über den Schutz der Gewässer vor wassergefährdenden Flüssigkeiten (VWF): schweizerische Verordnung, die sich auf das → *Gewässerschutzgesetz* abstützt, und die sich vor allem auf Lagerung und Umschlag von wassergefährdenden Flüssigkeiten bezieht. Die Verordnung legt Gewässerschutzbereiche, Wasserschutzzonen und Wasserschutzareale fest.
Verordnung über den Schutz vor Störfällen: → *Störfallverordnung*.
Verordnung über den Verkehr mit Sonderabfällen (VVS): schweizerische Verordnung, die sich auf das eidgenössische → *Umweltschutzgesetz* abstützt und den Verkehr mit → *Sonderabfällen* regelt, dies bezieht auch Durchfuhr, Einfuhr und Ausfuhr mit ein.
Verordnung über die Abbaubarkeit anionischer und nichtionischer grenzflächenaktiver Stoffe in Wasch- und Reinigungsmitteln: → *Tensidverordnung*.
Verordnung über die Herkunftsbereiche von Abwasser: → *Abwasserherkunftsverordnung*.
Verordnung über die Rücknahme und Pfanderhebung von Getränkeverpackungen aus Kunststoffen. → *Getränkeverpackungsverordnung*.
Verordnung über die Raumplanung: → *Raumplanungsverordnung*.
Verordnung über die Umweltverträglichkeitsprüfung (UVPV): schweizerische Verordnung, die sich auf das eidgenössische → *Umweltschutzgesetz* bezieht und eine → *UVP* für definierte Anlagen und Projekte vorschreibt. Die UVPV definiert den Bericht (Voruntersuchung, Inhalt, Einreichen) und regelt die Aufgaben der zuständigen Behörden.
Verordnung über gefährliche Stoffe: → *Gefahrenstoffverordnung*.

Verordnung über Höchstmengen für Phosphate in Wasch- und Reinigungsmitteln: → *Phosphathöchstmengenverordnung*.
Verordnung über Pflanzenschutzmittel und Pflanzenschutzgeräte: → *Pflanzenschutzmittelverordnung*.
Verordnung über Schadstoffe im Boden (VSBo): schweizerische Verordnung, die sich auf das eidgenössische → *Umweltschutzgesetz* stützt und die Überwachung und Beurteilung der → *Bodenbelastung* mit → *Schadstoffen* regeln soll, aber auch auf weitergehende Maßnahmen abzielt, welche die → *Nachhaltigkeit* der → *Bodenfruchtbarkeit* sichern sollen. Nach der VSBo werden durch Bund und Kantone die Bodenbelastungen beobachtet und beurteilt und durch die Kantone Maßnahmen ergriffen. Die VSBo gibt auch Richtwerte für die Schadstoffgehalte des Bodens an.
Verordnung über umweltgefährdende Stoffe: → *Stoffverordnung*.
Verordnung zum Schutz wildlebender Tier- und Pflanzenarten: → *Bundesartenschutzverordnung*.
Verordnung zum Verbot von polychlorierten Biphenylen, polychlorierten Terphenylen und zur Beschränkung von Vinylchlorid: → *PCB-, PCT-, VC-Verbotsverordnung*.
Verregnung: ein Verfahren zur landwirtschaftlichen Abwasserverwertung durch Verspritzen von Abwasser nach mechanischer Reinigung.
Verrieselung: Methode der → *Abwässerreinigung*. (→ *Rieselfelder*).
Verrottung (Rotte): die aerobe biologische Zersetzung fester organischer Stoffe, z.B. im entwässerten Schlamm oder Müll.
Versalzung: Oberbegriff für alle Prozesse der Salzanreicherung in Böden. V. findet unter besonderen Bedingungen auch im humiden Klimabereich statt (Salzanreicherung durch Meer- oder Brackwasser in → *Marschen*), ist jedoch für die semiariden und → *ariden* Klimate ein besonders typischer Bodenbildungsprozeß. Die in Trockenböden angereicherten Salze stammen aus dem Niederschlag (besonders in Meeresnähe) oder aus dem → *Grundwasser*. Der Anreicherungsmechanismus beruht darauf, daß wegen der hohen → *Verdunstung* kein Niederschlagswasser in die Tiefe versickert, sondern Grundwasser kapillar nach oben steigt, wobei die gelösten Salze bei der Verdunstung ausfallen und sich im Boden als Ionenbelag oder Krusten und an der Bodenoberfläche als Ausblühungen oder Krusten anreichern. Die in Böden wichtigen Salze sind die Chloride, Sulfate und Carbonate des Natriums, Magnesiums und Calciums (Salz, Soda, Gips, Borax, Kalk usw.). Die künstliche Salzanreicherung erfolgt durch → *Bewässerung*. (→ *Solonetz*, → *Solontschak*).
Versauerung: → *Entbasung*.
Verschlämmung: Vorgang der Anreicherung von Ton in Unterbodenhorizonten durch Zufuhr mit dem → *Sickerwasser*, der zu einer Verdich-

tung der Bodenmatrix und einer Verstopfung der sickerfähigen Poren führt. V. hat also → *Vernässung* zur Folge. Sie resultiert aus intensiver und langandauernder → *Lessivierung*.

Verschleppung: passive Ausbreitung einer Tier- oder Pflanzenart durch Wind, Wasser, Tiere oder Menschen, ohne daß dies mit Absicht geschieht. Unterschieden werden. (1) → *Anemochorie* (durch Wind verschleppt), (2) → *Hydrochorie* (durch Wasser), (3) → *Anemohydrochorie* (durch Wind und Wasser), (4) → *Zoochorie* (durch Tiere), (5) Entomochorie (durch Insekten), (6) Myrmekochorie (durch Ameisen), (7) Anthropochorie (durch den Menschen), (8) Hemerochorie (kulturbedingte V.). (→ *Verdriftung*).

Versickerung: Eindringen von Niederschlagswasser in den Boden und Gesteinsuntergrund. Der Anteil des versickernden Niederschlagswassers ist von der Dichte des Niederschlags, der Oberflächenbeschaffenheit (Bewuchs, Benetzungswiderstand durch Austrocknung) und der Infiltrationskapazität abhängig. (→ *Sickerung*).

Versiegelung: → *Bodenversiegelung*.

Versinkung: in der Hydrologie der → *Oberflächengewässer* das Eindringen von oberirdischem Wasser in Locker- oder Festgesteine, wobei größere Risse, Spalten und Klüfte sowie sonstige Hohlräume (Höhlen, Lösungsgänge) vom Wasser als Leitbahn benützt werden.

Versorgungsgebiet: ein Begriff aus der → *Wasserwirtschaft*, den Raum beschreibend, der versorgungstechnisch und ökonomisch mit → *Trink-* oder → *Brauchwasser* (Betriebswasser) zu versorgen ist. Das V. ist in der Regel nur bedingt mit politischen Territorien identisch, sondern stellt ein, meist sogar historisch gewachsenes, von den Wasserversorgungsmöglichkeiten her bestimmtes Gebiet dar.

Versteppung: 1. anthropogener Prozeß, der in Trockengebieten abläuft und von einer nichtstandortgerechten Landnutzung ausgelöst wird, wobei das weidewirtschaftlich bedeutsame Gleichgewicht zwischen Gras- und Holzgewächsen nachhaltig gestört wird. Der Begriff wird in dieser Bedeutung heute besser durch → *Desertifikation* ersetzt. – 2. die Verarmung agrarisch intensiv genutzter Landschaften durch Vernichtung der Sträucher und Bäume sowie gleichzeitig starker Beanspruchung der übrigen → *biotischen* und → *abiotischen* Faktoren der Landschaft. Es entsteht eine → *Kultursteppe*, die jedoch nur teilweise mit einer echten → *Steppe* verglichen werden kann, denn sie ist nicht – wie die Steppe – an das → *Steppenklima* gebunden. Eine in diesem Sinne verstandene V. kann aber auch den Charakter einer „natürlichen", also klimabedingten Steppe, in Richtung einer Kultursteppe verändern. (→*Ausräumung der Kulturlandschaft*).

Versumpfung: 1. in allen niederschlagsreichen Gebieten auftretender Vorgang, wo stauende Schichten den Abzug des → *Sickerwassers* hemmen. Den gleichen Effekt erzielt der Dauerfrostboden, der zur Ausbildung der Sumpftaiga führt. – 2. in nährstoffreichen Flußniederungen von Tiefländern infolge regelmäßiger Überschwemmungen oder zu hoch stehenden → *Grundwassers* tritt V. gleichfalls auf.

Verteidigung: → *Schutzanpassung*.

Verteilung: 1.in der Statistik die Häufigkeitsverteilung von Merkmalen einer Grundgesamtheit. – 2. in der Populationsökologie Anordnung der Individuen im Raum (→ *Dispersion*) und in der Zeit (→ *Phänologie*, → *Jahreszyklus*).

Vertikalaustausch: durch Temperatur- und dadurch bewirkte Dichteunterschiede in Gang gesetzte senkrechte Verlagerung von Luftmassen. (→ *Horizontalaustausch*).

vertikale Gradienten: Faktorengefälle in vertikaler Richtung in Ökosystemen, z.B. im Landboden oder in stehenden Gewässern im Hinblick auf Temperatur, Licht, Sauerstoffgehalt.

vertikaler Temperaturgradient: Ausmaß der Temperaturabnahme mit der Höhe in einer Luftschicht. Der v.T. in der → *Troposphäre* der Mittelbreiten beträgt im Mittel etwa 0.6°C pro 100 m Höhenunterschied. (→ *thermische Höhenstufung*).

Vertikalismus: Begriff von → *Geographie*, → *Landschaftsökologie* und → *Geoökologie* für die → *Dreidimensionalität* ökologischer und geographischer Erscheinungen. Dies drückt sich auch in der → *Schichtung* der *Landschaftsökosysteme* aus. (→ *Schichtmodell*).

Vertikalstruktur der Landschaft: funktional und methodisch wichtiges Merkmal der → *Landschaftsökosysteme*, das sich auf die → *Dreidimensionalität* geographischer Räume bezieht, und das auch für eine landschaftshaushaltliche Betrachtung fordert, sowohl die vertikalen als auch die lateralen Stofftransporte im → *Geoökosystem* zu berücksichtigen. Darauf nimmt das → *Schichtmodell* des Geoökosystems bzw. des Landschaftsökosystems bezug.

Vertikalwanderung: 1. bezieht sich auf die Dynamik von → *Arealsystemen* und die Verteilung von Organismen im Raum, wobei auch Bezug auf die → *Dreidimensionalität* der Ökosysteme und die → *Höhengliederung* landschaftlicher Erscheinungen genommen wird. – 2. in der Bioökologie die Ortsveränderungen von Einzelorganismen oder Organismengruppen eines → *Ökosystems* in vertikaler Richtung. Bei hygrischen Ökosystemen gehören dazu die tagesperiodischen V. des → *Planktons* im *Pelagial* des Meeres und von Süßgewässern. Auch bei Bodenorganismen, wie den Regenwürmern, ist eine V. zu beobachten. Sie ist vom jahreszeitlichen Klimagang und dem aktuellen Wandel der Witterung abhängig.

Vertisole: Gruppe der dunklen, tiefgründig humosen, tonreichen (vor allem Montmorillonit enthaltenden), meist kalkhaltigen Böden der weiten Senken und Ebenen warmer wechselfeuchter und gemäßigt-semihumider Klimate. V. sind geprägt durch eine tiefgründige Durchmischung von humosem und mineralischem Material infolge Quellung und Schrumpfung (→ *Selbstmulcheffekt*), die bis zu 100 cm mächtige A_h-Humushorizonte entstehen läßt und an der Oberfläche oft das typische Gilgai-Relief schafft. V. sind mit ihrem krümeligen Humusgefüge und der hohen → *Austauschkapazität* und → *Basensättigung* fruchtbare Ackerböden (oft nur bei ausreichender Bewässerung nutzbar). Zu den V. gehören die Smonitzen Südosteuropas, die Regure Indiens und die Tirse bzw. Terres noires Afrikas.

Vertorfung: Anhäufung von abgestorbenem pflanzlichem (und wenig tierischem) Material und Umwandlung als Folge von klimatischen Effekten (Kälte oder Nässe) und/oder durch die Geländelage bedingten Wasserüberschuß, der die Zersetzung des organischen Materials stark hemmt (unter dem Wasserspiegel Entstehung anaërober Bedingungen). Die V. verläuft zunächst – wie die → *Humifizierung* – bei behindertem Sauerstoffzutritt, geht aber später – vor allem durch anaërobe Bakterien – als → *Fäulnis* weiter. Schließlich kommt es auch zu einem Stillstand der Zersetzung infolge starker Säurebildung. (→ *Torf*).

Verunreinigung: → *Umweltverschmutzung*.

Verursacherprinzip (Verursachungsprinzip): in der → *Umweltpolitik* praktizierter Grundsatz, nach dem jeweils diejenigen Produzenten bzw. Konsumenten für die Schäden durch → *Umweltbelastungen* aufzukommen haben, die ihre Verursacher sind. Das V. trägt dazu bei, eine volkswirtschaftlich sinnvolle und zugleich schonende Nutzung der → *natürlichen Ressourcen* zu erreichen. Im Gegensatz zum V. ist das sog. → *Gemeinlastprinzip* nur dort anzuwenden, wo eine exakte Zuordnung von Umweltbelastungen zu deren Verursacher nicht möglich ist. Das V. wird noch nicht konsequent praktiziert, weil dazu einmal im administrativen Bereich nicht alle Voraussetzungen erfüllt wurden und andererseits das Bewußtsein der Konsumenten bzw. Anwender von umweltbelastenden Produkten noch nicht soweit entwickelt ist, daß das ihm V. innewohnende Prinzip der funktionierenden und freien Marktwirtschaft in Verbindung mit → *Umweltschutz* und Umweltpolitik gebracht wird.

Verursachungsprinzip: → *Verursacherprinzip*.

Verwandtschaft (von Lebensgemeinschaften): → *Ähnlichkeit*.

Verweildauer: 1. bei → *Stoffkreisläufen* der durchschnittliche Zeitraum, in dem ein Stoff in einem bestimmten Zustand (→ *Kompartiment*) bleibt. (→ *Turnover*).

Verwesung: Abbau der abgestorbenen organischen Substanz durch Organismen. Die V. verläuft in drei Hauptphasen: 1. biochemische Veränderungen in der pflanzlichen Substanz selbst ohne Beteiligung anderer Organismen (Initialphase); – 2. mechanische Zerkleinerung durch große Bodenorganismen (Regenwürmer, Arthropoden usw.) und Aufbereitung im Verdauungstrakt; – 3. mikrobieller Abbau (biotische Oxidation) durch Bodenmikroorganismen zu molekularen und ionischen Endprodukten (→ *Mineralisierung*), also anorganischen Stoffen. Die mineralischen Endprodukte sind wiederum als → *Nährstoffe* verwertbar. Die Intensität der V. hängt stark von den Standortsbedingungen ab. Sie ist bei mittlerer Feuchte, hohen Temperaturen, guter Durchlüftung, neutraler bis schwach basischer Reaktion und von der Zusammensetzung her leicht abbaubarer Substanz am höchsten. Bei zunehmend ungünstigeren Bedingungen wird die V. immer stärker durch die → *Humifizierung* abgelöst.

Verwilderung: 1. charakterisiert die Fluvialdynamik von Mittelläufen mittel- und westeuropäischer Flüsse, in denen die Wasserführung durch zahlreiche Nebenflüsse sich zu hohen Fließgeschwindigkeiten steigerte und stoßweise erfolgte, wobei die Gefällsverhältnisse jedoch nicht ausgeglichen waren. Eine weitere Voraussetzung der V. ist eine starke Sedimentzufuhr. Das Gefälle ist zu steil und müßte durch Tiefenerosion vom Fluß ausgeglichen werden, was aber durch die starke Geröllführung verhindert wird. Der Fluß reagiert, indem er sich zerteilt, wobei die einzelnen Arme des wildernden Flusses ein steileres Gleichgewichtsgefälle als der gesammelte Strom haben, weil sie über eine geringere Wassermenge verfügen. Für den Fluß hat sich somit wieder ein Gleichgewichtsgefälle eingestellt. Den wildernden Fluß charakterisieren ständige Verlagerungen der Teilarme und der Schotter- und Kiesbänke, weil Erosion und Akkumulation gleichzeitig oder in raschem Wechsel stattfinden. Durch → *Flußausbau* und → *Flußbegradigung* sowie → *Fließgewässerregulierung* zeigen viele Flüsse Europas inzwischen nicht mehr die Erscheinungen der V. Damit wurde den Flüssen auch die Natürlichkeit im Fließverhalten genommen, aus dem sich – vor allem über den Boden- und Grundwasserhaushalt in der näheren Umgebung – auch Konsequenzen für den Zustand der terrestrischen Ökosysteme ergaben. – 2. der → *Domestikation* entgegenlaufender Prozeß beim Aus- bzw. Zurückversetzen von Haustieren in eine natürliche Lebensumwelt. Zwar stellt sich nicht wieder die → *Wildform* ein, aber die Domestikationsmerkmale schwächen sich über Generationen hinweg ab, z. B. nimmt die Hirnmasse gegenüber den Haustierformen wieder zu. Verwildert sind z. B. die Dingos Australiens und die Mustangs Nordamerikas.

Verwitterung: unter dem Einfluß der atmosphärischen Bedingungen bzw. der vom → *Klima* abhängigen physikalischen und chemischen Kräfte und Prozesse und unter Beteiligung von Lebewesen ablaufende Aufbereitung, Veränderung, Zerstörung und Umwandlung von Gesteinen und Mineralen an der Erdoberfläche. Die V. hat drei Hauptbedeutungen: – 1. sie bereitet durch Lockerung und Verkleinerung das Festgestein auf und schafft damit die Voraussetzungen für den Abtrag (→ *Erosion*). – 2. sie bereitet die Gesteinsoberfläche durch Bildung einer lockeren Auflage für die in enger Koppelung mit der V. ablaufende → *Bodenentwicklung* vor und schafft Wurzelraum für die als V.- und → *Bodenbildungsfaktor* wichtige Vegetation. – 3. sie läßt typische Formen des → *Georeliefs* entstehen – und beeinflußt damit die Reliefentwicklung. Die V.-Prozesse lassen sich in die Hauptgruppen der physikalischen oder mechanischen V. mit den Teilprozessen Insolations-V., Frost-V., Salzsprengung und physikalisch-biogene V. sowie der chemischen V. mit den Teilprozessen der Lösungs-V., hydrolytischen V., Oxidations-V., Hydratation und chemisch-biogene V. gliedern. Physikalische V. und chemische V. laufen eng miteinander verknüpft ab, wobei in → *ariden* und → *nivalen* Klimaten die physikalische und in → *humiden* Klimaten die chemische V. stark dominiert. V. ist mit der Zeit fortschreitend. Unter gleichen Klimabedingungen sind alte Verwitterungsdecken viel mächtiger und viel stärker verwittert als junge.

Verwitterungslehme: jene → *Lehme*, die auf Grund verschiedener chemischer Verwitterungsprozesse entstehen, und die z.T. Bestandteil der Prozesse der Bildung von → *Böden* sind. Die V. weisen klimaspezifische Merkmale auf, so daß sie als vorzeitliche Bildungen einen Hinweis auf frühere (→ *vorzeitliche*) Ökosystemzustände der Landschaft zulassen.

Verwitterungsprodukt: Mineralgemenge, das durch Verwitterungsvorgänge entstanden ist. V. können Mineralneubildungen sein (→ *Tonminerale*, Oxide, Salze), die oft Gemische mit Ursprungsmineralen bilden, oder aber durch Freisetzung aus dem Gestein und Residualanreicherung entstehen (z.B. Quarzsand).

Vikarianz: Vertretung nahe verwandter Tier- oder Pflanzensippen, die wegen unterschiedlicher ökologischer oder physiologischer Ansprüche nicht am gleichen Standort gemeinsam vorkommen können. Diese allgemeine Definition erfährt in der Botanik einige feinere, nicht immer eindeutige Differenzierungen. 1. die geobotanische V. unterscheidet: 1.1 als pflanzengeographische V. jene, die einen Spezialfall der Bildung von → *Arealsystemen* darstellt, wobei einander nahestehende Arten oder Gattung oder Unterarten einer Art in benachbarten Gebieten vorkommen, sich aber gegenseitig ausschließen. – 1.2 bei der geographischen V. handelt es sich um Sippen benachbarter geographischer Räume. Sie entspricht damit der geobotanischen V. nach 1.1. – 1.3 die ökologische V. geht auf unterschiedliche Standortansprüche zurück, z.B. saure oder basische Böden, die von Arten einer Gattung jeweils bevorzugt werden, während sie am jeweils anderen → *Standort* fehlen. – 2. die pflanzensoziologische V. entsteht beim Auftreten floristisch ähnlicher → *Pflanzengesellschaften*, die in verschiedenen Erdräumen von der Lebensumwelt bedingte Abwandlungen zeigen und in den einzelnen Gebieten einander ersetzen.

vikariierende Arten: Tiere oder Pflanzen, die einander räumlich vertreten, aber nicht gemeinsam vorkommen. Bsp.: die Rostrote Alpenrose kommt auf sauren Böden vor, die Behaarte Alpenrose auf Kalkböden.

Virizide: chemische Substanzen, (→ *Pestizide*) die Viren abtöten oder in ihrer Stoffwechselaktivität hemmen.

Virose: durch Viren bedingte Erkrankung von Organismen.

Virulenz: Differenz zwischen der Aggression eines → *Schädlings* oder → *Parasiten* und der → *Resistenz* seines Wirtes. Beide Komponenten der V. sind überwiegend durch die Lebensumwelt reguliert (→ *Wirt-Parasit-Verhältnis*). Innerhalb bestimmter Grenzen werden in ihrem letzten Erscheinungsbild nicht nur die Resistenz, sondern auch die → *Aggressivität* durch Umweltbedingungen beeinflußt und modifiziert.

Viskosität: in der → *Limnologie* und → *Ozeanographie* Widerstand, den das Wasser dem freien Fließen oder anderen Formveränderungen entgegensetzt, gemessen in Pascal-Sekunde ($1 Pa * s = 1 kg * m^{-1} * s^{-1}$). Die V. und damit die Gegenkräfte gegen die Bewegung von Organismen (wie dem Absinken der Planktonorganismen) nehmen mit dem Salzgehalt und mit sinkender Wassertemperatur zu. Wasser von 25°C hat eine V. von $0,890 Pa * s * 10^{-3}$. Vgl. auch → *Zähigkeit*.

Vitalbereich: artspezifischer, von einer bestimmten Konstellation der Geoökofaktoren bestimmter Bereich, markiert durch die unteren und oberen Stoffwechselgrenzen des Organismus, die sich jedoch im Laufe der Entwicklungszustände verschieben und z.B. während des Jugend- bzw. Altersstadiums anders liegen können. Wichtig sind v.a. die vitalen Temperaturbereiche, bei Landtieren auch die vitalen Feuchtebereiche.

Vitamine: lebensnotwendige organische Stoffe, die dem tierischen und menschlichen Organismus mit der Nahrung zugeführt werden, weil sie vom Organismus nicht synthetisiert werden können.

Viviparie: allgemein lebendgebährend. 1. bei Pflanzen können Samen auf der Elternpflanze keimen und erst als relativ große Jungpflanzen abfallen (bekannt z.B. bei der Mangrove-Gattung *Rhizophora*). – 2. bei Tieren können die Jungtiere nicht als Ei, sondern in einem späteren Entwicklungsstadium in Form einer Geburt zur Welt kommen. Beispiele sind die meisten Säugetiere, ferner auch die Trichine sowie die Tsetsefliege. (→ *Oviparie*, → *Ovoviviparie*).

Vogelblumen (Ornithophile): Blütenpflanzen,

deren → *Blütenbestäubung* durch Vögel erfolgt (→ *Ornithogamie*). Die V. haben ihre Blüten am Tag geöffnet und sind lebhaft gefärbt (oft rot oder grell bunt), hart und steif. Sie haben keinen Blütenduft und zeigen eine hohe Nektarproduktion.

Vogelnährgehölze: jene → *Gehölze*, deren Samen und/oder Früchte von Vögeln gefressen werden. Die V. müßten in der an Vögeln verarmten Stadtlandschaft vermehrt in die Planung der → *Stadtökosysteme* einbezogen werden.

Vogelschutz: lange Zeit mißverstanden als → *Artenschutz*, zunehmend jedoch praktiziert als integrativer ansetzender → *Naturschutz*, dem es um Erhaltung und Schutz der → *Lebensräume* bzw. → *Landschaftsökosysteme* geht. Durch Planung von → *Vogelnährgehölzen* oder die Einrichtung von → *Vogelschutzgehölzen* kann raum- und ökosystemwirksamer V. betrieben werden. Der V. umfaßt diejenigen Maßnahmen, die dem Schutz wildlebender (nicht jagdbarer) Vögel dienen. Im einzelnen umfaßt V. Fangverbote, Einrichtung von Nistgelegenheiten (Feldgehölze, Nistkästen), Schaffung von V.gebieten, Winterfütterung.

Vogelschutzgehölze: jene → *Gehölze*, die wildlebenden Vögeln → *Lebensraum*- und Nahrungsraum bieten, d.h. auch Schutz- und Nistgelegenheit. Die V. werden von → *Naturschutz* initiiert und sollen den negativen ökologischen Folgen der → *Ausräumung der Kulturlandschaft* bzw. der Agrarlandschaft entgegentreten. Gegenüber den → *Vogelnährgehölzen* kommt ihnen eine umfassendere ökologische Funktion zu. Auch in den → *urban-industriellen Ökosystemen* spielen sie im → *Stadtgrün* eine große Rolle, weil sie zur Steigerung der visuellen und ökologischen → *Diversität* der → *Stadtökosysteme* beitragen.

Vogeluhr: Abfolge des Gesangs verschiedener tagaktiver Singvogelarten in der Morgendämmerung. Die einzelnen Vogelarten beginnen mit dem Gesang bei unterschiedlicher Helligkeit (Weckhelligkeit), in Mitteleuropa z.B. in der Reihenfolge Amsel, Zaunkönig, Kohlmeise, Buchfink, Grünfink.

Vogelzug: charakteristische Form der Tierwanderung, bei der manche Vogelarten aus klimatischen bzw. ernährungsbiologischen Gründen jahreszeitlich in andere, z.T. weit entfernte Lebensräume ausweichen. Die Grundlagen des V. sind erblich verankert.

Volk: schweizerisch für Bevölkerung, bzw. für → *Staat* bei sozialen Organismen.

Volldünger (Mehrnährstoffdünger): mineralische Dünger (→ *mineralische Düngung*), welche mehrere → *Hauptnährelemente* (besonders → *Phosphor* und Kalium in einem fixen Verhältnis) enthalten und teilweise auch mit → *Spurennährelementen* ergänzt sind.

Vollökumene: → *Ökumene* im eigentlichen Sinn im Gegensatz zur → *Sub*- und → *Semiökumene*.

Vollparasiten: → *Holoparasiten*.

Vollreife: ein Reifestadium, z.B. des Getreides, bei dem Schrumpfung, Verhärtung, Ausfall und Verfärbung der Körner auftritt.

Vollwüste: Bereich extremer Aridität, d.h. ein Gebiet mit nur episodischen Niederschlägen in Jahrzehntabständen und durch fast völliges Fehlen von Vegetation und Böden ausgezeichnet. Lediglich → *Ephemere* können vorkommen. Die V. entspricht damit der Kernwüste, der man die Randwüste gegenüberstellt.

Vollzirkulation: Situation der → *Seezirkulation*, bei der das gesamte Wasser des Sees umgeschichtet und durchmischt wird. V. findet in den Mittelbreiten im Frühjahr und Herbst statt.

Vollzugsdefizit: ergibt sich, wenn administrative Maßnahmen hinter den Maßgaben des → *Umweltrechts* bzw. der → *Umweltschutzgesetze*, sowie den Standards und Normen, wie sie vom → *„Stand der Technik"*, den → *„Regeln der Technik"*, bzw. vom → *„Stand von Wissenschaft und Technik"* vorgegeben werden, zurückbleiben.

Volterra's Fluktuationsgesetze: quantitative Charakterisierung der → *Populationsdynamik* der Tiere mit dem ersten Gesetz der periodischen Zyklus (Bevölkerungsschwankungen im → *Räuber-Beute-Verhältnis* und im → *Wirt-Parasit-Verhältnis* sind periodisch, wobei die Periode in den Anfangsbedingungen und dem Koeffizienten der Zu- und Abnahme der Population bestimmt ist. Die Periodizität stellt sich nur in einem → *Bisystem* ein.), mit dem zweiten Gesetz der Erhaltung der Mittelwerte (Mittelwerte der → *Populationsdichte* von zwei Arten sind unabhängig von den Anfangsbedingungen und bleiben bei unveränderten Bedingungen der Lebensumwelt konstant.) und dem dritten Gesetz der Störung der Mittelwerte (bei Vernichtung einer im Verhältnis zu ihren Gesamtzahlen stehenden Individuenmenge von zwei Arten im → *Bisystem* steigt die mittlere → *Populationsdichte* des Verfolgten, die des Verfolgers fällt. Wird der Verfolgte stärker geschützt, nehmen beide Arten zu.)

Volumengewicht: → *Raumgewicht*.

Voranbau: die Begründung eines neuen Waldbestandes, solange der Altbestand in noch verlichteter Form (→ *Verlichtung*) mit einem aufgelichteten Kronendach existiert, also bevor er vollkommen geschlagen ist. Damit wird die → *Verjüngung* der Fläche erleichtert. Der V. findet bei Baumarten Anwendung, die gegen exogene ökologische Einflüsse empfindlich sind.

Vorbehaltsfläche: → *Vorranggebiet*.

Vorbelastung: 1. in der → *Landschaftsökologie* jener Ökosystemzustand, der durch → *Streß* infolge bestehender stofflicher und/oder energetischer Belastungen erreicht ist, die ihn nicht mehr als natürlich oder quasinatürlich bezeichnen lassen. – 2. im → *Umweltschutz* wird bei Genehmigung vor dem Betrieb neuer technischer Anlagen die V. an → *Emissionen* (→

Lärm, → *Schadstoffe*, Wärme) festgestellt, um die Zusatzbelastung zu ermitteln, die sich zu der Vorhandenen ergibt. Bei der Genehmigung wird sich am → *„Stand der Technik"* bzw. *„Stand von Wissenschaft und Technik"* orientiert. Dabei bedient man sich der → *Grenzwerte* und → *Richtwerte*, wie sie z.B. die → *TA-Luft* oder die → *TA-Lärm* vorgeben. Als Ermittlungshilfe dienen → *Modelle*, z.B. → *Ausbreitungsmodelle*.

Vorflut: wenn das Wasser durch natürliche oder künstliche Vorgaben die Möglichkeit hat, mit natürlichem Gefälle abzufließen. Dies geschieht im → *Vorfluter*.

Vorfluter: 1. der natürliche V. ist ein in der Regel offenes Fließgewässer, das die → *Vorflut* aufnimmt, d.h. abfließendes Wasser aus Gerinnen niedrigerer Ordnung, aus Grundwasserkörpern, Hangwasser- oder Oberflächenabflußsystemen. Praktisch jedes Gewässer erfüllt gegenüber anderen Fließgewässern eine V.-Funktion. – 2. in überbauten Gebieten, vor allem Siedlungen, ist die → *Vorflut* z.T. künstlich geregelt und der V. überdeckt oder gar durch Rohrsysteme repräsentiert. Die sich in diesen abgedeckten V. abspielende künstliche Vorflut dient der Entwässerung unter auch ungünstigsten Abfluß- und Witterungsbedingungen. Künstliche V. befinden sich auch in → *Entwässerungsgebieten*, auch wo → *Neulandgewinnung* erfolgt und/oder → *Polder* angelegt sind.

Vorfrucht: bei der → *Fruchtfolge* die jeweils vorangehende Frucht. Die V. kann sich u.U. negativ auf die ihr folgende Kultur auswirken. V. haben z.B. einen unterschiedlichen Nährstoffbedarf und können so den Bodenzustand sehr wesentlich beeinflussen. Blattfrüchte sind z.B. gute V. für die nachfolgenden Halmfrüchte (abtragende Früchte).

Vorgärten: allgemein kleinere Gärten, die Häusern vorgelagert sind und die vor allem in → *urban-industriellen Ökosystemen*, also Siedlungsgebieten, eine wichtige ökologische Funktion erfüllen, weil sie Erdbodenoberflächen ohne → *Versiegelung* repräsentieren, an denen sich der Austausch zwischen Pedosphäre und Atmosphäre ungehindert vollziehen kann, und die den Stadtbiota Lebensstätten bieten. Sie sind im innerstädtischen Bereich wichtige → *Grünflächen*, die – bei größerer Ausdehnung – auch Bestandteile städtischer → *Grüngürtel* sein können. In eng bebauten Städten sind sie oft die einzigen Repräsentanten des → *Stadtgrüns*.

Vorland: 1. Gebiet vor einer größeren oder kleineren Vollform (Bergland, Gebirge) gelegen, das sich als eine meist niedrigere, auch orographisch weniger gegliederte und ökologisch mit geringerer → *Diversität* ausgestattete Landschaft erweist. – 2. der Bereich vor dem → *Deich* eines Flusses oder einer Küste, der noch nicht geschützt wird, gleichwohl einer Beanspruchung durch den Menschen unterliegt, und wo z.B. Lahnungen als erste Maßnahmen der → *Neulandgewinnung* angelegt werden. Das V. wird jedoch noch vom Fluß oder Meer regelmäßig überflutet. – 3. allgemein ein Bereich, der einem Hinterland gegenübergestellt wird und in diesem Sinne in der Humangeographie, der Raumplanung und der Raumordnung Verwendung findet.

Vorrangbereich: → *Vorranggebiet*.

Vorrangfläche: → *Vorranggebiet*.

Vorranggebiet (Vorrangbereich, Vorrangfläche, Vorbehaltsfläche): ein von → *Raumordnung* und → *Landesplanung*, aber auch aus ökologischer Sicht (→ *Naturschutz*, → *Landschaftsschutz*, → *Umweltschutz*) ausgewiesenes Gebiet mit einem speziellen → *Leistungsvermögen des Landschaftshaushaltes*, also speziellen Eignungen und Funktionen von Boden, Wasser, Luft, Vegetation, Untergrund etc., für die Versorgung mit Bodenschätzen oder Trinkwasser, die Erholung oder die Luftregeneration. In V. werden andere Nutzungen nur dann zugelassen, wenn sie die vorrängige Nutzung nicht beeinträchtigen, oder wenn sie unabwendbar sind, wie die Einrichtung von → *Naturschutzgebieten* oder → *Wasserschutzgebieten*.

Vorratsschädlinge: Arten, die Vorräte (Lebensmittel, Futter) als Nahrung nutzen: Bakterien, Pilze, Milben, Käfer, Schmetterlinge, Mäuse.

Vorratswasser: Wasserreservoir in Pflanzen.

Vorriff: dem eigentlichen Riffaufbau (→ *Riff*) seewärts vorgelagerter Bereich des Meeresbodens mit lockerem, niedrigem Korallenbewuchs; das V. erstreckt sich zur Tiefe hin bis zur Existenzgrenze der Riffkorallen. → *Korallenriff*.

Vorsorgeprinzip: der Grundgedanke eines „neuen" → *Umweltschutzes*, der von der → *Belastbarkeit* der → *Landschaftsökosysteme* in der → *Umwelt* ausgeht und somit → *Umweltplanung* zwingend notwendig macht. Mit dem V. soll prospektiv gearbeitet werden, d.h. → *Umweltbelastungen* zu vermeiden, und technische Anlagen am → *„Stand der Technik"* bzw. → *„Stand von Wissenschaft und Technik"* auszurichten, damit die Belastung der Ökosysteme und ihrer → *Partialkomplexe* minimiert oder gar unterbunden wird. Da Umweltschutz und → *Umweltpolitik* sich überwiegend auf die Beseitigung von bestehenden → *Umweltschäden* oder einer bereits existierenden → *Umweltgefährdung* haben leiten lassen, stellt das V. einen neuen Grundgedanken im Umweltschutz dar, der sich zudem an den Grundprinzipien der → *Umweltethik* orientiert. Das V. hat jedoch noch keinen direkten Eingang in die → *Umweltschutzgesetze* gefunden.

Vorwald: 1. in der natürlichen Sukzession des Waldes die Pionierphase, die dem eigentlichen Wald vorausgeht. – 2. künstlich begründeter Saum anspruchsloser, raschwüchsiger und resistenter Lichtbaumarten, der später anzupflanzenden empfindlicheren Baumarten vorübergehend als Schirm dienen soll. – 3. im Sinne des → *Voranbaus* ermöglichter Waldwuchs. – 4. ähnlich dem Vorwuchs nach → *Kahlschlag* bzw. bei Neuaufforstungen der Anbau von Pioniergehölzen, die dann anderen, empfindlicheren Arten wieder weichen.

vorzeitlich: in der erdgeschichtlichen Betrachtungsweise verschiedener Geowissenschaften verwandter Begriff für frühere Lebewesen, Böden, Formen und Sedimente, der häufig falsch mit dem Begriff → *fossil* umschrieben wird.

Vorzugsbereich: → *Präferendum.*

Vorzugsnahrung: Nahrung, die von einer Tierart bevorzugt gefressen wird.

Vorzugstemperatur: → *Temperaturpräferendum.*

VSBo: → *Verordnung über Schadstoffe im Boden.*

VVS: → *Verordnung über den Verkehr mit Sonderabfällen.*

V-Wert: 1. Kennzahl für die → *Basensättigung* in Böden, welche den Prozentanteil der austauschbaren „Basen" (basisch wirkende Kationen Na, K, Ca und Mg) bezogen auf die gesamte → *Austauschkapazität* angibt. – 2. der Begriff V-Wert steht für Vielfältigkeitswert. Er ist ein bei der → *Landschaftsbewertung* für die Erholung verwendete Maßzahl, mit der der Erlebniswert einer → *Landschaft* gemessen wird. In die Berechnung des V-W. gehen insbesondere das Vorhandensein von Gewässer- und Waldrändern, die Vielfalt der Bodennutzung und die Reliefenergie ein.

VWF: → *Verordnung über den Schutz der Gewässer vor wassergefährdenden Flüssigkeiten.*

W

Wachstum: 1. in der Biologie die an die Lebenstätigkeit des Protoplasmas geknüpfte bleibende Gestaltveränderung mit Volumen- bzw. Substanzzunahmen und bei allen vielzelligen Organismen auf dem W. der Einzelzelle beruhend. Das W. von Pflanzen und Tieren unterscheidet sich wesentlich, ebenso die verschiedenen → *Wachstumsintensitäten.* – 2. quantitative Zunahme einer Population, dargestellt in der → *Wachstumskurve.*

Wachstumsbewegungen: auf → *Wachstum* der Pflanzen beruhende Krümmungen von Pflanzenteilen.

Wachstumsintensität: erblich bedingte, für jedes Lebewesen spezifische und von den Umwelteinflüssen abhängige Geschwindigkeiten und Ausmaß des → *Wachstums,* die sich in Entwicklung von Körpermasse und Körpermaßen auswirken. Während der Wachstumsperiode schwankt die W. Sie wird vom Organismus nur dann voll ausgeschöpft, wenn günstigste Ernährungsbedingungen herrschen.

Wachstumskurve: 1. Darstellung der quantitativen Veränderungen einer Population durch die → *Populationsdynamik* für einen bestimmten Zeitraum, so daß Schwankungen der Individuenzahl und Umwandlungen der Populationsstruktur deutlich werden. Unter idealen Bedingungen, d.h. wenn Klimaoptimum und synökologisches → *Optimum* räumlich und zeitlich übereinstimmen, erfolgt das Populationswachstum exponentiell. – 2. Darstellung der → *Wachstumsrate* eines Organismus.

Wachstumsphase: Zustandsphase des → *Wachstums,* in welchem strukturelle Veränderungen des Organismus erfolgen.

Wachstumsrate: Zuwachs des Gesamtkörpers innerhalb eines bestimmten Zeitraumes als Resultierende der erblich bedingten → *Wachstumsintensität* sowie der ökologischen Bedingungen der Lebensumwelt mit dem Nahrungsangebot. (→ *Zuwachsrate).*

Wachstumsregulatoren: Hemmstoffe und Wuchsstoffe bei Organismen, welche schon in geringer Menge das Wachstum beeinflussen. Sie unterscheiden sich als Wirkstoffe von denjenigen Nahrungsstoffen, die zur Energiegewinnung und zum Körperaufbau nötig sind. Praktisch spricht man v.a. bei Pflanzen von W. Beispiele sind Indol-3-essigsäure, Gibberelline und Ethylen.

Wachstumsruhe: Zeitraum, in welchem ein Organismus durch verminderte metabolische Aktivität ungünstige Bedingungen der Lebensumwelt überdauert.

Wachstumszeit: → *Vegetationsperiode.*

Wald: eine quasinatürliche oder natürliche Lebensgemeinschaft von Pflanzen und Tieren, deren Aufbau von Baumbeständen unterschiedlicher Dichte und Schichtung gekennzeichnet und dessen großräumige Verbreitung überwiegend makroklimatisch bestimmt ist. Prototyp des W. ist der → *Urwald,* dem verschiedene Waldtypen, wie → *Laubwald* oder → *Nadelwald* zur Seite gestellt werden. Außerdem gibt es charakteristische Wälder der einzelnen Klimazonen, z.B. die → *Hyläa,* den Savannenwald (→ *Savanne),* die Waldsteppe (→ *Steppe)* oder den Monsunwald. Die Wirtschaftsformen des W. sind → *Hoch-,* → *Mittel-* und *Niederwald.* (→ *Forst).*

Waldabgabe: hier und da bereits praktiziert und öfter diskutiert als Beitrag zur Erhaltung des → *Waldes* bzw. der Bekämpfung des → *Waldsterbens.* (→ *Umweltabgaben,* → *Waldpfennig).*

Waldbau: Sammelbegriff für die planmäßige Begründung, Pflege und Bewirtschaftung eines → *Waldes* sowie die Erforschung der waldbaubiologischen und waldwirtschaftlichen Grundlagen und der Waldbaumethoden.

Waldbaubezirke: → *natürliche Wuchsbezirke.*

Waldbiozönose: der Charakter des → *Waldes* als → *Biozönose* und damit als Bestandteil des Wirkungsgefüges eines → *Geoökosystems.*

Waldboden: 1. als „Brauner W." entsprechend dem Zonenboden → *Braunerde* der kühlgemäßigten Klimazone Europas und vergleichbarer Klima-, Vegetations- und Bodenzonen in anderen Kontinenten. – 2. allgemein in Mitteleuropa der → *Boden* im → *Wald,* der gegenüber dem Boden in den → *Agroökosystemen* nicht oder kaum bearbeitet bzw. gedüngt wird. Das → *Waldsterben* vollzieht sich zu wesentlichen Teilen über das Bodenökosystem und damit den Stoff- und Wasserhaushalt des W.. Vor allem durch freiwerdendes, im Boden giftiges Aluminium wird das → *Pufferungsvermögen des Bodens* eingeschränkt oder aufgehoben. Damit ist nicht nur das Gleichgewicht des Nährstoffhaushalts im Boden gefährdet, sondern es wird auch dem Waldsterben Vorschub geleistet.

Waldbrand: Sammelbezeichnung für Brände von Gehölzformationen, also auch in → *Savannen* und tropischen Wäldern, von denen beträchtliche ökologische Schäden ausgehen. Die Ursachen der W. sind vielfältig, in der Regel sind sie jedoch fast ausschließlich anthropogener Natur. Entzündung durch Blitzschlag ist selten und macht um 1% der Waldbrandursachen aus. Die → *Regenerationsfähigkeit* des → *Waldes* wird durch den W. nur bedingt eingeschränkt, wenn der W. nicht häufiger wiederholt. Für das W.-Ereignis jedoch sind kurzfristig beträchtliche Störungen der Vegetation, vor allem aber auch der Fauna, zu verzeichnen.

Waldersatzgesellschaft: natürliche → *Waldgesellschaft,* die an Mischbaumarten verarmt ist, und in der eine Baumart der natürlichen Baumartenkombination praktisch rein vorherrscht, wie Fichten im Fichten-Tannen-Buchenwald. Insofern handelt es sich um eine ech-

te → *Ersatzgesellschaft*.
Wald-Feldwind-System: eine tagesrhythmisch wechselnde, schwache, bodennahe Ausgleichsströmung der Luft zwischen dem Wald und der offenen Flur. Der Wald ist tagsüber kühler und nachts wärmer als das Freiland (→ *Waldklima*). Dadurch fließt am Tag Luft vom Wald aufs Feld und nachts umgekehrt.
Waldfunktionen: die vielfältigen Funktionen des → *Waldes* werden in Nutz- und Schutzfunktionen (→ *Schutzwald*) gegliedert. Bei den Nutzfunktionen können noch Ressourcen- und Sozialfunktion unterschieden werden. Dieser Gruppe gehören Holzgewinnung, soziale Sicherheit (Arbeitsplatz, Besitz, Gewinne), Erholung, Forschung und Lehre. Zu den Schutzfunktionen gehören → *Bodenschutz*, → *Biotopschutz*, → *Wasserschutz*, → *Klimaschutz*, → *Emissionsschutz*, → *Lawinenschutz*, → *Landschaftsschutz*, → *Naturschutz*, Sichtschutz und Verkehrswegeschutz. Einzelne dieser W. werden speziell ausgewiesen (→ *Lawinenschutzwald*, → *Klimaschutzwald*, → *Erholungswald*, → *Bodenschutzwald* etc.). Die W. werden im Rahmen der → *Waldfunktionskartierung* erfaßt.
Waldfunktionskartierung: eine Grundlagenerhebung der → *Waldfunktionen*, um Flächenbilanzierungen für forstliche Rahmenpläne vorzunehmen. Die Ergebnisse der W. werden auch bei → *Bauleitplanung*, → *Landesplanung* und → *Regionalplanung* berücksichtigt.
Waldgebiet: Bereich, der durch bestimmte natürliche → *Waldgesellschaften* charakterisiert ist, ohne Festlegung der Zusammensetzung und ohne Bezug zur Gebietsgröße.
Waldgesellschaft: 1. allgemein eine → *Pflanzengesellschaft*, die eine bestimmte Zusammensetzung und Struktur der Baumschicht aufweist, und die durch ihre floristische Zusammensetzung biologisch, physiognomisch, landschaftsökologisch und dynamisch-genetisch als einheitlich interpretiert wird. Die W. wird durch → *Leit*- und → *Begleitgesellschaften* ausgewiesen. – 2. die quasinatürliche → *Waldersatzgesellschaft* aus natürlich vorkommenden und standortfremden Baumarten mit einem instabilen bis labilen Gleichgewicht. – 3. naturfremde → *Forstgesellschaft* mit standortfremden Baumarten, im labilen Gleichgewicht befindlich.
Waldgesetze: in manchen Ländern auch als Forstgesetz bezeichnet. In Deutschland als Bundes-W. ein Rahmengesetz, um zwischen Öffentlichkeit und Waldbesitz einen Ausgleich herzustellen, damit für die Allgemeinheit die → *Waldfunktionen* erhalten und gemehrt werden, und die → *Nachhaltigkeit* der Bewirtschaftung gesichert ist, die „ordnungsgemäß" zu erfolgen habe. (→ *Bundeswaldgesetz*).
Waldgrenze: Übergang geschlossener Waldbestände in Richtung auf die → *Baumgrenze*, bestimmt vom Minimumgebot abiotischer Geoökofaktoren. Alpine, polare und kontinentale W. sind heute überwiegend durch Übernutzungen des Waldes anthropogen bestimmt. Polare und alpine W. sind → *Wärmemangelgrenzen*. W. in semiariden und semihumiden Landschaften sind überwiegend → *Trockengrenzen* und zwar sowohl gegen eine benachbarte, aridere Klimazone, als auch an feuchten, bewaldeten → *Höhenstufen* gegen trockene Tieflandsstufen. Dabei handelt es sich um eine untere W., die durch Wassermangel bedingt ist. (→ *Hochgebirge*).
Waldhygiene: zusammenfassende Bezeichnung für Maßnahmen zur Gesunderhaltung des Waldes. Dazu zählen die Auswahl standortgerechter Holzarten und der Schutz von Nutzinsekten, wie die Rote Waldameise.
Waldklima: das besondere → *Bestandeskllima* des → *Waldes*, welches sich durch Lichtreduktion, ausgeglichenen und verzögerten Temperaturgang, ausgeglichene hohe Feuchte, Luftruhe, geringere Niederschläge infolge der → *Interception* und Armut an → *Staub*, → *Ruß* und Gasen (Filterwirkung des Kronendachs) auszeichnet. Im einzelnen sind die W. je nach artenmäßiger Zusammensetzung, Bewirtschaftung und Alter des Waldes sehr unterschiedlich. Generell wird das W. vom menschlichen Organismus als sehr angenehm empfunden. Es gilt als → *Schonklima* mit Eigenschaften eines → *Heilklimas*.
Waldlandschaft: ein → *Landschaftstyp*, bei dem der → *Wald* physiognomisch und landschaftsökologisch raumbestimmend ist. W. können sich ganz unterschiedlich darstellen, nämlich als noch weitgehend unerschlossene Waldnaturlandschaft (mit Rodungsinseln und -gassen) oder forstwirtschaftlich bestimmten Nutzwaldlandschaften. (→ *Nutzwald*).
Waldmantel: jene artenreiche und physiognomisch vielfältige → *Mantelgesellschaft*, die neben Gehölzen auch Büsche und vielfältige bodennahe Pflanzschichten aufweist. Der W. stellt nicht nur einen physiognomischen Übergang zwischen Wald, Feld oder Grünland dar, sondern besitzt durch seine bio- und geoökologische Vielfalt eine ökologisch stabilisierende Funktion, besonders gegenüber dem offenen Ackerland, das durch seine → *Ausräumung* der Kulturlandschaft nur eine geringe ökologische → *Diversität* aufweist.
Waldmoor: 1. ein → *Hochmoor* unter kontinentalen und trockeneren Bedingungen, so daß die Kiefer dort wachsen kann („Waldhochmoor"). – 2. → *Bruchwald*.
Waldökosystem: der Begriff weist darauf hin, daß der Wald nicht nur eine von Tieren und Pflanzen gebildete → *Waldbiozönose* ist, sondern daß er sich zu wesentlichen Teilen auf die → *abiotischen Faktoren* des → *Geosystems* gründet. (→ *Forstökosystem*).
Waldpfennig: eine → *Waldabgabe*, also eine → *Umweltabgabe*, die in Deutschland für die → *Rauchgasentschwefelung* von Kraftwerken

verwendet werden sollte, aber sich nicht durchsetzte. (→ *Verursacherprinzip*).
Waldrand: Grenzbereich des → *Waldes* zu anderen natürlichen oder künstlichen Bestandteilen der Landschaft und meist von → *Mantelgesellschaften* bzw. Saumgesellschaften charakterisiert. Damit dem → *Waldmantel* entsprechend und ähnlich vielfältige ökologische Funktionen innehabend. Dazu gehören Mikroklimafunktion, Wasserhaushaltsfunktion, Landschaftsgestaltungsfunktion, → *Biotopbildungsfunktion* bzw. Biotopschutzfunktion, → *Erholungsfunktion*.
Waldreste: treten in der Kulturlandschaft, besonders nach deren → *Ausräumung* auf, sind jedoch gegenüber den → *Feldgehölzen* so groß, daß sie über ein waldtypisches → *Bestandesklima* und sonstige, waldtypische ökologische Ausstattung mit Bios und Prozessen verfügen.
Waldsaum: 1. Randbereich des → *Waldes*, dessen Breite, Dichte und Zusammensetzung von waldbaulichen Gesichtspunkten bestimmt ist. Damit entspricht der W. formal dem → *Waldmantel*. Diesem gegenüber wird er jedoch unter dem Aspekt des → *Waldbaus* gesehen, weniger unter den der → *Waldfunktionen*. – 2. im pflanzensoziologischen Sinne die → *Mantel- bzw. Saumgesellschaft*, die in Form von Krautwiesen aus nitrophilen artenreichen Hochstauden zusammengesetzt, die Begrenzung des Waldes bildet und sich sowohl von den → *Ackerunkrautgesellschaften* in der durch → *Ausräumung* gekennzeichneten → *Kulturlandschaft* als auch von den Grünlandgesellschaften oder Rasen angrenzender Wiesen-, Weiden- oder Ruderalstandorte unterscheidet.
Waldschutz: 1. im Sinne des → *Forstschutzes* Maßnahmen gegen Schädigungen des Forstes durch Tier, Witterung und Mensch. – 2. zusätzlich zu der Bedeutung des W. im Sinne von 1. der Schutz des Waldes, um die → *Waldfunktionen* in ihrer gesamten Vielfalt zu erhalten. Dies kann bis hin zum großflächigen → *Naturschutz* reichen. (→ *Waldschutzgebiet*).
Waldschutzgebiet: vollständiger Schutz des → *Waldes* durch Einrichtung als → *Naturschutzgebiet*, um nicht nur seine Ökosysteme an sich zu schützen, sondern seine natürlichen → *Waldfunktionen*, soweit sie nicht von anthropogenen Ansprüchen bestimmt sind, langfristig durch Schutz zu erhalten. (→ *Bannwald*).
Waldschutzstreifen: → *Schutzwaldstreifen*.
Waldsteppe: 1. eine ursprünglich weitverbreitete Form der → *Steppe* der → *Gemäßigten Breiten*, die durch → *Rodung* und Ackerbau bzw. Viehzucht heute weitgehend zerstört ist. Die W. geht aus den Baumsteppen hervor und zeichnet sich durch lockere Wäldchen aus, die auf edaphischen und geländeklimatischen Gunststandorten auftreten, und die als Vorläufer des Laubwaldgürtels der gemäßigten Zone gelten. Die Eigenständigkeit der W. als Vegetationsformation ist gelegentlich umstritten. In W. treten Stieleiche, Ulme und verschiedene Wildobstarten als wichtigste Gehölze auf. – 2. Übergangszone zwischen Laubwäldern und Grassteppen (→ *Steppe*) mit einem Makromosaik von Laubwaldbeständen und Wiesensteppen.
Waldsterben: aus natürlichen, quasinatürlichen, vor allem aber anthropogenen Ursachen auftretende Erkrankung und Sterben von → *Landschaftsökosystemen* des Waldes (→ *Forstökosystem*, → *Waldökosystem*), die jedoch zunehmend anthropogen geregelt oder vollständig bestimmt sind. Das W. vollzieht sich weniger durch direkte Schädigung des Bestandes, als vielmehr über den Boden, d.h. durch gesamthaft gestörte Nährstoff- und/oder Wasserhaushaltsverhältnisse sowie durch → *Schadstoffe*, die über den → *Boden* mit den → *Nährstoffen* zusammen aufgenommen werden. Als Hauptursache kann die allgemeine → *Luftverschmutzung* mit ihren Produkten (→ *Schwefeldioxid*, → *Stickoxide*, → *Nitrose Gase*, → *Kohlenwasserstoffe*) sowie → *Ozon* bzw. → *Photooxidantien* ausgemacht werden. Die Ursachenvielfalt wird in drei Hyothesen gruppiert: → *Ozon-Hypothese*, → *Streß-Hypothese*, → *Saure-Regen-Hypothese*. Durch die Erkrankung des Waldes und das daraus resultierende W. kommt es zu einer Beeinträchtigung der → *Nachhaltigkeit* der → *Waldfunktionen*. Die ersten Beobachtungen zum W. wurden als → *Tannensterben* bezeichnet. Neuerdings wird auch von → *„Neuartigen Waldschäden"* gesprochen, ohne daß daraus andere Erkenntnisse über Ursache und Effekt resultierten.
Waldstreifen: → *Schutzwaldstreifen*.
Waldstruktur: in jeder Entwicklungsphase des → *Waldes* von charakteristischen Strukturmerkmalen bestimmte Eigenschaften, z.B. Mischung, Schichtung, Individuenzahl, Vitalität, Altersgefüge usw., die in einer phasenspezifischen Kombination auftreten.
Waldtextur: Verbreitungsmuster von stabileren und labileren Entwicklungsphasen → *naturnaher Wälder* in der Horizontalen, das z.B. bestimmt ist von Flächenform, Flächenanteil oder lokalem Mosaik der auftretenden Phasen.
Waldtundra: Pflanzenformation der → *Tundra*, die den Übergang zum geschlossenen Wald der → *Taiga* bildet und durch sehr lichtstehende Gehölze charakterisiert ist. Die W. wird von Moorbirke, Fichte und Kiefer gebildet, als gleichfalls lichte Strauchschicht schalten sich Wacholder und Zwergbirke ein. Die Bodenschicht bilden Zwergstrauch-Ericaceen mit Gräsern, Flechten und Moosen. Der Waldcharakter drückt sich auch in ausgeprägten Bildungen von → *Podsolen* aus.
Waldtyp: 1. in der Pflanzensoziologie aufgrund der Zusammensetzung und Artenhäufigkeit der Kraut- und Moosschicht statistisch ermittelte → *Soziationen*. – 2. Waldbestände, die in Artenzusammensetzung und Physiognomie

gewisse Ähnlichkeiten aufweisen, gelten in der → *Forstwirtschaft* als W. Dies erfolgt unter weitgehender Umgehung der pflanzensoziologischen Systematik.

Waldwachstum: ist Ausdruck des Zustandes der → *Forst-* bzw. → *Waldökosysteme* und dem Charakter des Bestandes des → *Waldes* selber (Baumart, Alter, Mischungsverhältnis, genetische Eigenschaften). Das W. drückt sich äußerlich im Holzzuwachs aus, jedoch auch in der → *Nachhaltigkeit* des Funktionierens der → *Waldfunktionen*. Durch → *Immissionsschäden* bzw. durch → *Luftverschmutzung* kam es zu Zuwachsverlusten, die in Beziehung zur Schadstufe der Waldbäume stehen. (→ *Tannensterben*, → *Waldsterben*).

Waldweide: allgemein Viehweide im Walde, in der Bedeutung im Laufe der Jahrhunderte stark wechselnd. Dem Weidevieh dienen Eicheln, Bucheckern, Haselnüsse, trockenes und frisches Laub, Jungaufwuchs und sonstige Triebe, neben der Bodenvegetation, als Nahrung. Die W. ist praktisch nur im → *Laubwald* sinnvoll, weil die von der W. genutzte Bodenschicht im → *Nadelwald* ökologisch weitgehend tot ist, und der Nadelwald sich durch eine geringere ökologische Vielfalt auszeichnet. Durch die W. wird allgemein die → *Naturverjüngung* behindert oder unmöglich gemacht. – 1. Vorgang der Beweidung des Waldes als forstliche Nebennutzung, die beträchtliche Einflüsse auf Zusammensetzung, Entwicklung und Bestand des Waldes – vor allem durch → *Verbiß* und durch Viehtritt (→ *Tritt*) – haben kann. – 2. Waldbestand, der als Weide dient und der auf Grund der Beweidung sich in seiner Zusammensetzung und in seiner Schichtung veränderte.

Waldwirkung: Sammelbegriff für alle im → *Waldökosystem* ablaufenden natürlichen Prozesse mit Wasserhaushaltsstabilisierung, Lufthaushaltsausgleich, Energiehaushaltssteuerung, Bodenschutz, Tier- und Pflanzenschutz sowie Luft- und Bodenfilterwirkungen neben den aus der Existenz des → *Waldes* sich überhaupt ergebenden Sozialwirkungen mit Erholungs- und Rekreationseffekten. Für den Begriff W. hat sich der Begriff → *Waldfunktionen* durchgesetzt.

Waldwirtschaft: Anlegen und Nutzung von → *Wald* nach wirtschaftlichen Gesichtspunkten, jedoch unter Beachtung möglicher gesetzlicher Auflagen und ökologischer Randbedingungen. Der Begriff W. wird häufig mit der der → *Forstwirtschaft* gleichgesetzt.

Waldzerstörung: Sammelbegriff für die vollständige oder teilweise Vernichtung des → *Waldes* durch → *Naturgefahren*, einschließlich natürlichen → *Feuers* und natürlichen Schädlingsbefalles, aber auch durch anthropogene Einflüsse wie → *Kahlschlag*, → *Waldweide*, → *Waldsterben*. Das Problem der modernen W. besteht in der großflächigen, technisierten Vernichtung des Waldes, die vor allem in den feuchttropischen Zonen oder in wechselfeuchten Klimaten zu massiver → *Bodenerosion* und sonstiger Landschaftszerstörung führt. Das gilt auch für die industrielle Nutzung des → *Nadelwaldes* der → *Taiga* im → *borealen Klima*.

Walfang: ähnlich der → *Waldzerstörung* in den feuchttropischen Zonen der Erde eine Form von → *Raubbau* in der Natur, hier an einem Tier der marinen Ökosysteme. Einige Arten der Wale, die zu den größten Meeressäugetiere sind, wurden bereits ausgerottet. Eine bereits vor mehr als fünfzig Jahren gegründete Internationale Walfangkommission beschloß ein ab 1986 geltendes Fangverbot, das jedoch unter dem Vorwand der „wissenschaftlichen Forschung" von verschiedenen Walfangnationen unterlaufen wird, die den W. immer noch für kommerzielle Zwecke betreiben.

Wallace-Linie: bedeutende zoogeographische Grenzlinie zwischen dem Australischen Reich und dem Asiatischen Floren- und Faunenbereich, die östlich Bali, westlich Sulawesi und westlich (= W.-L. von Huxley 1868) bzw. östlich (= W.-L. von Mayr 1944) der Philippinen verläuft. Sie grenzt an eine Übergangszone an, in der sich australische und asiatische Formen mischen, und die sich bis zu einer Linie erstreckt, die zwischen den Molukken und Neuguinea verläuft und damit die Australis abgrenzt. Die W.-L. im Sinne von Mayr entspricht in etwa der „Müller-Linie" (1846). (→ *Lydekker-Linie*, → *Weber-Linie*).

Wallhecke: → *Knick*. Hecke auf einem Erdwall von etwa 1 m Breite und Höhe, als Umgrenzung von Weiden und Feldern und als Windschutz, Erosionsschutz. W. waren in früheren Jahrzehnten ein typischer Bestandteil der Kulturlandschaft. → *Hecke*.

Walter-Klimadiagramm: System der komplexen Klimadarstellung mit Hilfe von in bestimmte Skalenverhältnisse gesetzten Temperatur- und Niederschlagskurven (10°C Mitteltemperatur = 20 mm Niederschlag) und verschiedenen zusätzlichen Angaben wie Extremwerte, Vegetationszeit usw. Aus W.-K. können ökophysiologische → *Aridität* und → *Humidität* herausgelesen werden. Es bestehen jedoch gegen den Typ der W.-K. einzelne physikalisch begründete und formale Bedenken.

Wanderfische: → *Amphibionten*.

Wander-Hackbau: in den Tropen verbreiteter Ackerbau durch Brandrodung von Wäldern. Die Ackerflächen werden nur wenige Jahre genutzt und – nach Aufkommen von Sekundärwald und Regeneration des Bodens – erneut in Kultur genommen.

Wanderheuschrecken: Heuschreckenarten, die Massenwanderungen vollführen, so z.B. *Schistocerca gregaria* in Afrika und Vorderasien. In den Schwarmgebieten kommt es bei günstigen Bedingungen zu einem starken Dichteanstieg, die solitäre Phase wandelt sich – zum Teil unter Einwirkung von → *Pheromonen* („Locustol") – in die wandernde gregäre Phase um. Die Wanderung erfolgt als Marsch der Larven auf dem Boden und danach als Flug der Imagines in der Luft, z.T. in riesigen Schwärmen über weite Entfernungen.

Wanderung: biologisch-biogeographische W. von Tieren und Pflanzen werden auch als → *Migration* bezeichnet, ebenso die W. menschlicher Populationen.

Warmbrüter: Tierarten, die sich nur in der warmen Jahreszeit fortpflanzen (vgl. auch → *Kaltbrüter*, → *Dauerbrüter*). → *Jahreszyklus*.

Wärme: aus der Bewegungsenergie der Moleküle resultierende physikalische Erscheinung fester Körper, Flüssigkeiten und Gase. Physikalisch ist die W. als Energieinhalt eines Stoffes zu verstehen, und die W.-Menge wird deshalb auch in der Einheit der Arbeit (Joule) gemessen. Der W.-Zustand repräsentiert sich in der → *Temperatur*. Im System Erde-Atmosphäre spielt die W. eine energetisch dominierende Rolle, weil zusätzlich zur direkt eingestrahlten W. (langwellige → *Strahlung*) auch fast die gesamte kurzwellige Einstrahlung an der Erdoberfläche in W. umgewandelt wird.

Wärmeaustausch: Transport von → *Wärme* in und zwischen stofflichen Systemen. W. geschieht durch → *Wärmestrahlung*, direkte Wärmeleitung (vor allem in festen Körpern) und Massenaustausch (in Flüssigkeiten und Gasen).

Wärmebelastung von Gewässern: thermische Belastung fließender und stehender Gewässer durch Einleitung erwärmten Wassers, insbesondere aus Kraftwerken und Industriebetrieben. Durch diese → *Abwärme* werden die Gewässer aufgeheizt, so daß vor allem bei verschmutztem Wasser im Vorfluter der Ablauf der biologischen Abbauprozesse durch erhöhte Sauerstoffzehrung beeinträchtigt wird. Sauerstoffmangel kann z.B. zu Fischsterben führen. Letztlich besteht als Folge der W. die Gefahr des → *Umkippens* von Gewässern.

Wärmedämmung: spielt in der sogenannten → *Bauökologie* eine große Rolle, weil mit W. Heizenergie gespart wird, indem man Wärmeverluste mindert oder völlig unterbindet. Aus der W. resultierende Probleme sind Gesundheitsschäden, die auf mit → *Umweltchemikalien* getränkte Dämmstoffe bzw. auf solche zurückgehen, die chemisch produziert wurden. Durch die W. kann auch das Raumklima massiv geändert werden, wie das → *Radon* in Häusern belegt.

Wärmeenergie (thermische Energie): → *Energie*, die einem Körper als Folge der ungeordneten Bewegung seiner Bestandteile (Atome, Moleküle usw.) zukommt. In der → *Energiewirtschaft* spielt die W. eine herausragende Rolle. So wird in → *Kraftwerken* durch Verbrennung W. erzeugt, die dann mit Hilfe von z.B. Dampfmaschinen in Bewegungsenergie und schließlich über Generatoren in elektrische Energie umgewandelt wird.

Wärmeformen: Färbungsabweichungen bei Tieren und Pflanzen, die nicht genetisch bedingt sind, sondern durch Einwirkung hoher Temperatur während einer bestimmten sensiblen Entwicklungsperiode verursacht werden (als sog. Modifikation). Die Farbänderung kann sowohl in Aufhellung wie in Verdunkelung bestehen. (→ *Kälteformen*).

Wärmegrenze (Hitzegrenze): allgemein obere Temperaturgrenze für Lebensfunktionen; bei der Photosynthese der Pflanzen das Temperaturmaximum für eine positive → *Nettophotosynthese*, das meist bei 40–45°C liegt. Gegensatz: → *Kältegrenze*.

warme Hangzone: geländeklimatische Stufe oberhalb von Kaltluftansammlungen (→ *Kaltluftsee*) in Tälern. Die w.H. folgt unmittelbar oberhalb der lokalen *Kaltluftinversion* bei Ausstrahlungswitterung. In der w.H. herrscht keine Frostgefährdung durch lokale Kaltluft.

Wärmehaushalt: 1. in den gesamten Energiehaushalt eingebetteter und klimatologisch eng mit dem → *Strahlungshaushalt* verkoppelter Umsatz und Austausch von → *Wärmeenergie* innerhalb eines Systems und zwischen dem System und seiner Umgebung. Von zentraler Bedeutung ist der W. im System Erdoberfläche-Atmosphäre. W.-Vorgänge innerhalb der Atmosphäre und innerhalb von Wasserkörpern wirken sich sehr stark auf den Massenaustausch aus. Der auf die obersten Dezimeter beschränkte W. der Böden beeinflußt die physikalische und chemische Verwitterung und über die Bodenlebewesen auch die Humusbildung. – 2. bei Tieren, besonders Warmblütern, die Wärmeproduktion, -leitung und -abgabe zur Aufrechterhaltung einer konstanten Körpertemperatur. – 3. bei Pflanzen vom → *Temperaturfaktor* bestimmter Haushalt, der → *Stoffwechsel* und Energieproduktion bestimmt. Dies drückt sich im Unterschied zwischen → *Kältepflanzen* und → *Wärmepflanzen* aus. – 4. in → *Hydroökosystemen*, besonders stehenden Gewässern (Süßwassersee, Meer) werden durch Wärmeaufnahme über die obersten Wasserschichten, Wärmeverteilung durch → *thermische Konvektion* und Wärmeabgabe durch Ausstrahlung, Verdunstung, Abfließen von warmem Oberflächenwasser sowie Wärmeleitung an die Umgebung bestimmt. So kann in Seen eine → *Schichtung* zustande kommen, die jedoch durch die → *Seezirkulation* in Zonen mit → *Jahreszeitenklimaten* durchbrochen wird.

Wärmeinsel: im regional- oder lokalklimatischen Maßstab (→ *Geländeklima*) ein Gebiet mit vergleichsweise zur weiteren Umgebung höheren Temperaturen (z.B. windgeschützte Lagen mit günstiger Besonnung, größere Siedlungen usw.). Besonders die Stadt oder die → *Agglomeration* gilt als W., was sich im → *Stadtklima* ausdrückt.

Wärme-Kraft-Kopplung: → *Kraft-Wärme-*

Kopplung.
Wärmekraftwerk: Kraftwerkstyp, bei dem eine Kraftmaschine, z.B. eine Dampfmaschine, die erzeugte → *Wärmeenergie* zunächst in mechanische Energie und schließlich mit Hilfe eines Generators in elektrische Energie (Strom) umwandelt. Es kann die Wärmeenergie durch Verbrennung fossiler Energieträger wie → *Kohle*, → *Erdöl* oder → *Erdgas* bzw. durch die Spaltung von Atomkernen (→ *Kernkraftwerk*) gewonnen werden. Bei letzteren tritt an die Stelle des Dampfkessels der konventionellen W. der → *Kernreaktor*.

Wärmelastplan: die quantitative Ermittlung und graphische Darstellung der Temperaturen von → *Oberflächengewässern*, die durch anthropogene Einleitung von → *Abwärme* verändert wurden oder verändert werden sollen. Zwischen thermischer Belastung und → *Abwasserlast* besteht in der Regel ein direkter Zusammenhang, vor allem in Hinblick auf die → *Selbstreinigung* der → *Gewässer*. Der W. gilt als ein Instrument der → *Umweltpolitik* und damit des → *Umweltschutzes* und der → *Raumplanung*.

Wärmemangelgrenze: klimatische Grenzlinie, jenseits derer bestimmte Mindestwerte von Mitteltemperaturen nicht mehr erreicht werden, so daß das Wachstum bestimmter Pflanzenformationen, -gesellschaften und -arten sowie Kulturpflanzen eingeschränkt oder unmöglich ist.

Wärmemenge: Summe der Wärmeenergie (gemessen in Joule, früher in Kalorien).

Wärmemüll: eine in der Öffentlichkeit übliche und politisch gefärbte Bezeichnung für → *Abwärme*.

Wärmepflanzen: den → *Kältepflanzen* gegenübergestellt und dadurch ausgezeichnet, daß sie schon bei Temperaturen deutlich über dem Gefrierpunkt „erfrieren" können. Bei manchen tropischen Gewächsen können diese Temperaturen schon bei +10 bis +25°C liegen. Die W. stellen bei zu niedrigen Temperaturen den Stoffwechsel und die Energieproduktion ein.

Wärmepumpe: ein Heizsystem, das unter Zuhilfenahme von mechanischer oder elektrischer Energie über einen Wärmeaustauscher (umgekehrtes Prinzip der Kühlmaschine) → *Wärme* gewinnt, die der Außenluft, dem Boden oder dem Grundwasser entzogen wird. Es gibt Diesel-, Gas- und Elektro-W., von denen die Gas- und Diesel-W. den größten → *Wirkungsgrad* haben, weil die Motorabwärme mitgenutzt wird. Bei niedrigen Temperaturen müssen Zusatzheizungen betrieben werden, weil dann der Wirkungsgrad der W. niedrig ist.

Wärmestarre: Erscheinung wechselwarmer Tiere, die der → *Kältestarre* gegenübersteht. Es handelt sich um eine durch hohe Temperaturen bedingte Störung des Stoffwechsels, die bei den betroffenen Individuen zum Stillstand der Aktivität führt; oft tritt sie oberhalb 40–50°C auf.

Im Gegensatz zur → *Kältestarre* ist die W. irreversibel und geht in den → *Wärmetod* über.

Wärmestrahlung: langwellige, nicht sichtbare, aber fühlbare → *Strahlung* im Infrarotbereich mit Wellenlängen über 2 μm.(→ *Infrarotstrahlung*).

Wärmestrom: in Bewegung befindliche → *Wärmeenergie*.

Wärmesumme (Temperatursumme): 1. statistischer Wert, der durch Aufsummieren der über einem bestimmten für das Wachstum von Organismen, besonders von Pflanzen, von wichtigen Grenzwert (z.B. 5°C) liegenden Tagesmittel der Temperatur einer festgelegten Periode erhalten wird. W. T. sind vor allem bioklimatisch aussagekräftig und geben die für das pflanzliche Wachstum wichtigen Temperaturbedingungen oft besser als die klimatischen Mittelwerte wieder, weil sich die unterhalb des genannten Grenzwertes liegenden Temperaturen kaum auf das Wachstum auswirken, da unter diesen kein biologischer Stoffgewinn mehr möglich ist. – 2. in der Klimatologie die Summe der positiven Tagesmittel der Temperatur.

Wärmesummenregel: Ausdruck von Beziehungen zwischen Entwicklung und Temperatur. → *Temperatursummenregel*.

Wärmetod (Hitzetod): Störung des normalen Stoffwechsels der Organismen durch Einwirkung zu hoher Temperatur, wobei Enzyme ihre katalytischen Eigenschaften, Hormone ihre physiologischen Wirkungen verlieren und schließlich das Eiweiß gerinnt. Der W. tritt nach der → *Wärmestarre* auf. Bestimmte Bakterien und Blaualgen können noch bei +75°C existieren (→ *Thermalgewässer*). Für Tiere liegt die obere tödliche Wärmegrenze im allgemeinen bei 40 bis 50°C (nur ganz wenige Ausnahmen, v.a. unter den Protozoden, Nematoden und Insekten, bekannt).

Wärmeumsatz: 1. Energiefluß an der Erdoberfläche, der durch Einstrahlung, Ausstrahlung, Wärmeleitung in den Boden und zur Bodenoberfläche und Verdunstung bestimmt wird. – 2. Energiefluß in der Atmosphäre, der durch Einstrahlung von der Sonne und der Erde her, Ausstrahlung in den Weltraum, konvektiven und dynamischen Massenaustausch, Verdunstungs- und Kondensationsvorgängen und thermodynamischen Energieverbrauch bestimmt wird.

Wärmezeit: drei deutlich durch Klima, Vegetationsformationen, Böden und marine Entwicklung voneinander unterschiedene Zeitabschnitte des → *Postglazials*, d.h. vom Boreal als früher, dem Subboreal als später sowie dem dazwischen eingeschalteten Atlantikum als mittlerer W.

warmstenotherm (polystenotherm): bezeichnet Organismen, die nur in einem engen Bereich hoher Temperatur existieren können (z.B. Korallen [nur über 20°C, manche → *Thermalorganismen*). Gegensatz: → *kaltstenotherm*.

warm-temperiert: eine → *Klimazone* mit wenig ausgeprägter, meist fehlender Winterkälte und großer Feuchtigkeit, vor allem im Sommer. (→ *warmtemperierte Wälder*).

warm-temperierte Wälder: → *Vegetationszone* in → *warm-temperierten Klimagebieten* mit feuchten, vorwiegend immergrünen Wäldern; w.W. kommen in Ostasien, Neuseeland, Südost-Australien und Südchile vor, für Neuseeland und Chile ist *Nothofagus* charakteristisch. (→ *Pseudohylaea*).

Warmzeit: 1. allgemein klimagenetisch ein Bestandteil des Eiszeitalters, des → *Pleistozäns*, und der → *Eiszeit* gegenübergestellt. Der so definierte Begriff W. umschreibt damit einen längerfristigen wärmeren Klimaabschnitt der Erdgeschichte, der sich durch beträchtliche → *Klimaschwankungen* auszeichnen kann. – 2. im Sinne des → *Interglazials* ein Zeitabschnitt, der zwischen zwei → *Kaltzeiten* liegt. Er ist zeitlich limitiert und bringt eine vollständige Wiederherstellung der ursprünglichen Vegetation, d.h. im europäischen → *Pleistozän* die interglazialen Wiederbewaldungen. – 3. als → *Wärmezeit* feststehender Begriff für einen klimaökologischen und vegetationsgeographischen Abschnitt (bzw. mehrere Abschnitte) des → *Postglazials*.

Warnfärbung: grelle Farben mancher wehrhafter oder ungenießbarer Tiere, die den Verfolger von einem Angriff abhalten sollen und daher möglicherweise Selektionswert besitzen. → *Warntracht*.

Warntracht: aposematische Tracht, eine Form der → *Schutztracht*, die im Feind die Erinnerung wachruft, daß der Trachtenträger ungenießbar oder wehrhaft ist.

Warnverhalten: → *Drohverhalten*. (→ *Schutzanpassung*).

Waschmittel: chemische Produkte zum Waschen von Textilien. Zusammen mit Spül- und Reinigungsmitteln werden in Deutschland z.Zt. ca. 1,6–1,7 Mio t produziert. Waschmittel bestehen v.a. aus den Na-Salzen anorganischer und organischer Säuren. Sie gelangen nach Gebrauch fast vollständig ins Abwasser.

Wasch- und Reinigungsmittelgesetz (WRMG, Gesetz über die Umweltverträglichkeit von Wasch- und Reinigungsmitteln): deutsches Gesetz, nach welchem Wasch- und Reinigungsmittel nur so in den Verkehr gebracht werden dürfen, daß nach ihrem Gebrauch jede vermeidbare Beeinträchtigung der Beschaffenheit der Gewässer, insbesondere jener des Naturhaushaltes und die Trinkwasserversorgung sowie eine Beeinträchtigung des Betriebs von Anlagen der → *Abwasserbehandlung* unterbleibt. Das WRMG schränkt den Vertrieb ein oder verbietet Wasch- oder Reinigungmittel, wenn sie → *Gewässerbelastung* bewirken, die → *Abwasserreinigung* erschweren oder das → *Trinkwasser* gefährden. Auf das WRMG geht die → *Phosphathöchstmengenverordnung* zurück. (→ *Phosphat*, → *Phosphatersatzstoffe*).

Washingtoner Artenschutzabkommen: im dt.-sprachigen Raum übliche Bezeichnung für ein bestimmtes internationales Abkommen. → *Artenschutzabkommen*.

wash out: 1. die Auswaschung von → *Staub* bzw. → *Aerosolen* aus der Atmosphäre durch den Niederschlag, mit dem sie in die → *Geoökosysteme* gelangen, wo sie sich in biotischen und abiotischen Kompartimenten anreichern. – 2. der Begriff w.o. wird gelegentlich nur auf die Auswaschung von radioaktivem Staub (→ *Radioaktivität*) bezogen. (→ *fall out*).

Wasser: farb-, geruch- und geschmackslose Flüssigkeit mit der chemischen Zusammensetzung H_2O. Das aus einem Sauerstoff- und zwei Wasserstoffatomen bestehende Molekül des W. hat eine sehr hohe Bindungsfestigkeit und bildet einen Dipol (elektrische Ladungsverteilung). W. gefriert unter Normaldruck laut Definition bei 0°C und siedet bei 100°C (→ *Erstarrungswärme*, → *Verdunstungswärme*, → *Verdampfungswärme*). Es erreicht die größte Dichte von 1000 $g\,cm^{-3}$ bei +4°C. Die Dichte bei 0°C beträgt 0.999 $g\,cm^{-3}$; für Eis liegt sie bei 0°C 0.917 $g\,cm^{-3}$. Das W. wirkt für viele Stoffe als Lösungsmittel, da es neben H_2O-Molekülen auch freie H^+- und OH^--Ionen enthält. Natürliches W. ist chemisch nie rein, sondern enthält in mehr oder weniger großer Menge gelöste mineralische und organische Stoffe und → *Schwebstoffe*, wobei der Niederschlag wegen des Destillationseffektes der Verdunstung die geringsten Konzentrationen aufweist. W. kommt in der Atmosphäre (als Wasserdampf, flüssiger und fester → *Niederschlag*, auf der Erdoberfläche (→ *Meere*, → *Seen*, → *Flüsse*), im Boden (als → *Bodenwasser*) und im Untergrund (als → *Grundwasser*) vor. W. ist für Lebewesen unabdingbar, eines der Hauptklimaelemente und wegen seiner Bedeutung für → *Verwitterung* und Abtragung (→ *Erosion*) ein zentraler Formungsfaktor der Erdoberfläche.

Wasseräquivalent: in Millimeter Höhe gemessenes Wasservolumen einer Schnee- oder Eisdecke.

Wasseraufbereitung: Verfahren zur Gewinnung von Wasser für die Einspeisung in Wasserversorgungsnetze. Durch die Aufbereitung werden → *Brauchwasser* und → *Trinkwasser* aus → *Rohwasser*, das meist den Oberflächengewässern oder dem → *Grundwasser* entstammt, gewonnen.

Wasserbau: alle baulichen Maßnahmen, die dem Schutz vor den Einwirkungen des Wassers, der Regulierung von Wasserläufen und der Nutzung von Wasservorkommen dienen. W. umfaßt den Flußbau (Regulierung von Flußläufen durch Begradigung, Dammbau, Wehre, → *Flußausbau* usw.), → *Küstenschutz* (Deichbau, Uferbefestigung usw.), Verkehrswasserbau (Bau von Kanälen und Häfen, Schiffbarmachung von Flüssen durch Regulie-

rung, Schleusen usw.), Wasserkraftbau (Bau von Fluß-, Gezeiten- und Speicherkraftwerken), landwirtschaftlichen W. (Be- und Entwässerungsanlagen) und Einrichtungen für die → *Wasserversorgung*.
Wasserbedarf: die von Mensch und Wirtschaft benötigte Menge an → *Brauch*- und → *Trinkwasser*. In Deutschland haben die Elektrizitätswerke den größten W. Zusammen mit der Industrie vereinigen sie über 80% des verbrauchten Wassers auf sich. Der W. der privaten Haushalte ist in den jeweiligen Raumkategorien unterschiedlich (in ländlichen Gemeinden pro Tag und Einwohner 50–100 l; in Verdichtungsräumen bei 150–300 l).
Wasserbeschaffenheit: beim → *Wasserverbrauch* werden Anforderung an die → *Wassergüte* gestellt, die wesentlich von der W. abhängt. Sie bestimmt, ob das → *Rohwasser* als → *Brauchwasser* oder → *Trinkwasser* verwandt wird. Merkmale der W. sind Farbe, Klarheit, Geruch, Geschmack und Temperatur. Sie wird weiterhin von stofflichen Anteilen bestimmt, z.B. Kohlensäure, Sauerstoff, → *Schwefelwasserstoff* und den Gehalten an Eisen, Mangan sowie verschiedenen Salzen (u.a. Chloride, → *Phosphate*, Sulfate, Sulfide oder Ammonium- und Schwermetallsalze). Auch → *pH-Wert* und Wasserhärte (→ *Härte*), Gehalt an Bakterien sowie organische und ungelöste Bestandteile bestimmen die W.
Wasserbewirtschaftung: eine Notwendigkeit im Umgang mit Wasser, in den meisten Staaten durch Gesetze oder Verordnungen geregelt und zunächst nur auf die → *Wasserversorgung* ausgerichtet. Durch den Umweltschutzgedanken bezieht die W. immer mehr den Wasserschutz (→ *Wasserschutzgebiet*, → *Wasserreinhaltung*, → *Wasserrecht*) mit ein.
Wasserbilanz: 1. aus den Teilgliedern → *Niederschlag*, → *Abfluß* (bzw. → *Sickerung*), → *Verdunstung*, → *Rücklage* und → *Aufbrauch* resultierende Summe der wasserhaushaltischen Prozesse in einem → *Einzugsgebiet*, einem Wasserkörper oder einem wasserhaltigen System (z.B. dem → *Boden*). (→ *Hydroökosystem*; → *Hydrosystem*; → *Wasserhaushalt*) – 2. das Mengenverhältnis von → *Wassergewinnung* und Wasserverbrauch eines Gebietes.
Wasserbindung: 1. Fähigkeit des → *Bodens*, durch Adsorptions- und Kapillarkräfte Wasser in seinem Porensystem gegen die Schwerkraft zurückzuhalten. – 2.Fähigkeit von → *Tonmineralen*, durch innerkristalline Einlagerung und Umgeben mit elektrostatisch gebundenen Wasserfilmen, Wasser aufzunehmen.
Wasserblüte (praktisch synonym: → *Algenblüte*): Massenentwicklung bestimmter Algen unter günstigen Bedingungen wie Nährstoffreichtum, hohen Temperaturen, so daß sich an der Oberfläche des Wassers eine dicke Algenschicht bilden kann. Die W. verursachen in Süßgewässern vor allem Blaualgen aber auch Chromophyten, im Meer auch Dinoflagellaten (Rote Tide).
Wasserblütigkeit: → *Hydrogamie*.
Wassercharta: Memorandum des Europarates (1968), in dem die Sicherung der → *Wasserversorgung* als vordringliches internationales Problem herausgestellt wird. Die W. regt an, → *Abwasser* und → *Brauchwasser* verstärkt in geschlossenen Kreisläufen zu führen, um eine Wiedernutzung zu ermöglichen.
Wasserdampf: gasförmiges Wasser. Unter Normaldruck befindet sich oberhalb 100°C alles Wasser im gasförmigen Aggregatzustand. (→ *Kondensation*).
Wasserdargebot: die für einen bestimmten Zeitraum ermittelte oder zu erwartende nutzbare Wassermenge aus → *Grundwasser* und → *Oberflächenwasser*, damit eine mehr oder weniger limitierte → *Wasserressource* repräsentierend, die als → *Wasserdargebotspotential* ausgewiesen wird.
Wasserdargebotspotential (Wasserpotential): auf die → *Wasserressource* bezogener Teil des → *Leistungsvermögens des Landschaftshaushaltes*, nutzbares → *Grundwasser* und → *Oberflächenwasser* für Mensch und Wirtschaft bereit zu halten.
Wasserführung: aktuell in einem Gerinne fließende Wassermenge pro Zeiteinheit.
Wassergehalt: in Volumen- oder Gewichtsprozent angegebener Wasserinhalt von Bodenproben.
Wassergewinnung: Fassen und Aufbereiten von → *Oberflächenwasser*, → *Grundwasser* bzw. → *Quellwasser*. Zur W. werden Zisternen, Brunnen, → *Talsperren* und andere wassertechnische Einrichtungen eingesetzt. Häufig geschieht die W. in der Form einer → *Uferfiltrierung* bzw. einer direkten Wasserentnahme und Filterung aus Flüssen und Seen. In ariden Küstengebieten spielt zunehmend die W. über die Meerwasserentsalzung eine Rolle.
Wassergüte: nach Sauerstoffgehalt, Sauerstoffzehrung und Mikrobengehalt bewertete → *Wasserqualität*. (→ *Gewässergüte*, → *Gewässergüteklasse*).
Wasserhaltevermögen: Eigenschaft von Böden und feinen, schluff- und tonhaltigen Lockersedimenten (z.B. → *Löß*, alluviale Ablagerungen), im Porensystem Wasser zu speichern. Das W. nimmt mit der Größe des → *Porenvolumens* und dem Anteil an → *Mittel*- und → *Feinporen* im gesamten Porenraum zu; es steigt also mit zunehmender Feinheit der Körnung (Höchstwerte in Tonböden).
Wasserhärte: der Gehalt des Wassers an Ca- und Mg-Ionen, die den Hauptteil der Erdalkaliionen ausmachen (daneben etwas Strontium und Barium). In Deutschland wird noch oft die Einheit „deutscher Härtegrad" angegeben, in der Schweiz „französischer Härtegrad"). 1 deutscher Härtegrad, abgekürzt dH°, entspricht 10 mg CaO in 1 Liter H_2O, wobei beachtet wer-

den sollte, daß dies nur eine aus früheren Analyseverfahren herrührende Umrechnungsgröße ist, da CaO (Calciumoxid) nicht wirklich im Wasser vorliegt. Regenwasser und kalkarmes Wasser aus dem Urgebirge, dem Buntsandsteingebiet und Hochmoorgebieten hat unter 2 dH° und ist „weich". Wasser mit Werten über 30 dH° ist zu „hart" und als Trinkwasser unbrauchbar. Die chemisch sinnvollere Bezeichnung ist die Angabe in mmol/L.

Wasserhaushalt: allgemein die durch Wasserzufuhr, Wasserentzug und Änderung des Wasserinhaltes gekennzeichneten Umsetzungsvorgänge des Wassers in einem System und zwischen einem System und seiner Umgebung. Der W. der als → *Geosysteme* repräsentierten → *Einzugsgebiete* setzt sich aus → *Niederschlag* (N), → *Abfluß* (A), → *Verdunstung* (V), → *Rücklage* (R) und → *Aufbrauch* (B) zusammen (→ *Wasserhaushaltsgleichungen*). Niederschlag gelangt als Eingabe auf die Bodenoberfläche, fließt unter Umständen direkt oberflächlich in den Abfluß, versickert aber zum größeren oder größten Teil in den Boden. Eine Teilmenge des versickerten Wassers verbleibt im Boden und steht als Bodenwasserreservoir für die Verdunstung (Ausgabe) zur Verfügung; der Rest sickert in die Tiefe in die Grundwasserkörper, welche die wichtigste Speicherfunktion im Einzugsgebiet erfüllen. Der im Umsatz befindliche Anteil des Grundwassers gelangt über Quellaustritte oder als unterirdisch fließender Grundwasserstrom in die → *Vorfluter* (Ausgabe). Der gesamte W. ist nur langfristig ausgeglichen. Das Verhältnis von Niederschlag und Verdunstung ist von Jahr zu Jahr und jahreszeitlich unterschiedlich (besonders stark in wechselfeuchten Klimaten) und wird durch Änderungen der gespeicherten Wassermenge teilweise kompensiert. Im gemäßigten Klima findet im Winterhalbjahr eine Auffüllung der Speicher statt, die sich im Sommer wieder teilweise entleeren, weil der Niederschlag die Ausgaben durch Verdunstung und Abfluß nicht voll decken kann. In seinem typischen Verlauf ist der W. ein Hauptmerkmal des Klimas. Die Hauptklimazonen der Erde unterscheiden sich im Hinblick auf den W. grundsätzlich (Feucht-, Wechselfeucht-, Trocken- und Schneeklimate). (→ *Bodenwasserhaushalt*, → *Abflußregime*).

Wasserhaushaltsgesetz (WHG, Gesetz zur Ordnung des Wasserhaushalts): deutsches Gesetz, das die → *Wasserbewirtschaftung* der → *Oberflächengewässer*, des → *Grundwassers* und der Küstengewässer regelt. Das WHG betrachtet die Gewässer als Bestandteil des Naturhaushalts und verlangt eine Bewirtschaftung, daß sie dem Wohl der Allgemeinheit dienen und daß jede vermeidbare Beeinträchtigung unterbleibt. Das WHG unterstellt alle physikalischen, chemischen oder biologischen Veränderungen des Wassers durch Nutzungseingriffe in den Landschaftshaushalt der Bewilligungspflicht. (→ *Abwasserabgabengesetz*, → *Abwasserlastplan*, → *Waschmittelgesetz*, → *Wasserschutzgebiet*).

Wasserhaushaltsgleichungen (Grundgleichungen des Wasserhaushaltes): Beziehungen, welche die quantitative Beschreibung des → *Wasserhaushaltes* gestatten. Die einfache, nur langjährig gültige W. für → *Einzugsgebiete* lautet A = N − V. Bei kürzerfristigen Betrachtungen muß die Speicheränderung berücksichtigt werden. Die W. wird demzufolge durch die Glieder → *Rücklage* und → *Aufbrauch* ergänzt und lautet N = A + V + (R − B).

Wasserhöhe: in Millimeter angegebener Wasserbilanzwert. (→ *Wasserbilanz*).

Wasserkapazität: je nach Wasserhaltevermögen sehr unterschiedliche Wassermenge, die der Boden gegen die Schwerkraft binden kann (vgl. auch → *Haftwasser*). Die W. wird meist als Feldkapazität in mL Wasser/100 mm Boden angegeben. Sie hängt u.a. von der → *Bodenart*, dem → *Bodengefüge*, dem Gehalt an organischer Substanz, der Art der Bodenkolloide und den sorbierten Ionen ab. Die W. nimmt in folgender Reihenfolge Sand – Lehm – Schluff – Ton – Moor zu. (→ *Wasserpotential*).

Wasserkraft: eine → *regenerative Energie*, die absolut sauber ist und zur Stromerzeugung in → *Wasserkraftwerken* genutzt wird.

Wasserkraftwerk: eine Anlage zur Nutzung der kinetischen Energie des Wassers (→ *Wasserkraft*) für die Stromerzeugung. Dabei wird das strömende oder fallende Wasser auf Turbinen geleitet, die Generatoren antreiben. Es handelt sich um → *Laufwasserkraftwerke* und → *Speicherkraftwerke*. Zu letzteren gehören die → *Pumpspeicherkraftwerke*. Relativ geringe Bedeutung besitzen die → *Gezeitenkraftwerke*. Vor allem beim Bau der W. können sich beträchtliche Eingriffe in die → *Landschaftsökosysteme* der Umgebung ergeben, besonders bei den Speicherkraftwerken, deren → *Talsperren* große Teile terrestrischer Ökosysteme unter Wasser setzen, wobei sowohl Natur- als auch Kulturgüter vernichtet werden. Bei kleineren W. regenerieren sich die Landschaftsökosysteme der Umgebung nach längerer Zeit und das W. kann – auch als anthropogenes Element – in das Landschaftsökosystem eingebunden sein.

Wasserkreislauf: die stetige Verlagerung von → *Wasser* vom Meer zum Land und wieder ins → *Meer* zurück, die in den drei Teilphasen → *Verdunstung*, → *Niederschlag* und → *Abfluß* stattfindet. Wasser verdunstet über den Meeresflächen in die Atmosphäre, wird mit den Luftströmungen auf Festlandsflächen getragen, gelangt nach der Kondensation als Niederschlag auf die Erdoberfläche, von wo aus es z.T. wieder verdunstet, z.T. versickert, über → *Grundwasserkörper* zu den → *Quellen* gelangt und in offenen Gerinnen dem Meer zufließt. In diesen großen W. sind verschiedene Teilkreisläufe eingebettet, insbesondere die ausschließlich über den Meeresflächen und den Festlandsflächen intern ablaufenden Verdunstungs-Niederschlags-Kreisläufe. → *Effektiv* gelangen nur etwa 20% des über den → *Ozeane* verdunstenden Wassers als Niederschlag auf das Festland. Im globalen W. werden jährlich etwa 380 000 km^3 Wasser umgesetzt. Da die Atmosphäre nur etwa 3% dieser Wassermenge enthält, wird der gesamte atmosphärische Wasserdampf etwa dreißigmal im Jahr umgesetzt.

Wasserkultur: → *Aquakultur,* → *Hydrokultur.*

Wasserlauf: fließendes → *Gerinne.*

Wasserleiter: Bodenhorizonte und Gesteinsschichten mit porösen Systemen, die für Wasser durchlässig sind. (→ *Wasserleitfähigkeit,* → *Durchlässigkeitsbeiwert*).

Wasserleitfähigkeit: Eigenschaft von Böden und Lockersedimenten, für Wasserbewegungen im gesättigten und ungesättigten Zustand durchlässig zu sein. Die W. hängt eng mit der Gestaltung des Porensystems (→ *Porengrößenverteilung*) und dem Sättigungszustand zusammen.

Wassermeßwesen: → *Hydrometrie.*

Wassernutzung: der Gebrauch von → *Grundwasser* und → *Oberflächenwasser* für Verbrauch und Produktion. Die W. ist ein gesellschaftlicher Prozeß, der sowohl vom technologischen Standard zum Zeitpunkt der W. als auch vom Umweltbewußtsein abhängt.

Wasserpflanzen: → *Hydrophyten.*

Wasserpotential: thermodynamischer Vergleichszustand des Wassers (z.B. in Pflanzenzellen oder im Boden), bezogen auf denjenigen reinen Wassers; als Potentialdifferenz entspricht es der Arbeit, die nötig ist, um gebundenes Wasser auf das Potentialniveau reinen Wassers unter Atmosphärendruck zu heben, das definitionsgemäß in W. von Null hat. (→ *Wasserdargebotspotential*).

Wasserqualität: bezogen auf das → *Wasserdargebotspotential* und damit auf die → *Wassernutzung* und von den physikalischen, chemischen und biologischen Eigenschaften des → *Wassers* repräsentiert.

Wasserrecht: Gesamtheit aller Verordnungen und Gesetze, einschließlich des Gewohnheitsrechts, im Hinblick auf → *Wassernutzung* und → *Wasserbewirtschaftung.* Das W. hat bis ins Altertum zurückreichende Traditionen, vor allem in den Trockengebieten des Vorderen Orients und des Mittelmeergebietes sich frühzeitig ein W. herausbildete. In Mitteleuropa gibt es seit dem Mittelalter ein W., das sich vor allem auf die technologische Nutzung des Wassers (Schiffahrt, Flößerei, Wasserkraft in Hammerwerken) bezog. Umweltbezogene gesetzliche Regelungen (→ *Wasserhaushaltsgesetz,* → *Abwasserabgabegesetz*) wurden erst sehr spät formuliert und besitzen nicht jene Wirksamkeit, die im Hinblick auf Umweltschutz und Umweltbewahrung angezeigt wäre.

Wasserreinhaltung: Gesamtheit der Maßnahmen und Verfahren zur Vorbeugung einer Wasserverschmutzung. Wichtigste Maßnahme zur W. ist die separate Behandlung von häuslichem, gewerblichem und industriellem → *Abwasser* in → *Kläranlagen.* In der Landwirtschaft ist dafür zu sorgen, daß keine Mineraldünger sowie Insekten- und Pflanzengifte in den → *Vorfluter* oder in das → *Grundwasser* gelangen. Wegen der W. werden Gebiete der Wassergewinnung in der Regel zu → *Wasserschutzgebieten* erklärt.

Wasserressource: das von Natur aus begrenzt vorhandene und Mensch und Wirtschaft zugängliche → *Wasserdargebot,* dessen quantitative und qualitative Nutzbarkeit wesentlich von den Ansprüchen und Einflüssen der Wassernutzer (Mensch, Wirtschaft) bestimmt wird. Generell stellen alle Bestandteile des → *Wasserkreislaufs der Erde* die W. dar. Für die direkte Nutzung kommen jedoch nur kleine Teile des Wasserkreislaufs in Frage, wobei der Begriff W. sich vor allem auf die Nutzung des Wassers als → *Trinkwasser* und → *Brauchwasser* bezieht.

Wasserrückkühlung: erfolgt in industriellen Prozessen, speziell bei wassergekühlten → *Kernkraftwerken,* wobei das → *Kühlwasser* in einen Kreislauf geführt wird. Die W. des heißen Wassers erfolgt in → *Kühlteichen,* → *Naßkühltürmen* oder → *Trockenkühltürmen.*

Wassersättigungsdefizit: 1. eine Maßzahl dafür, wieviel einem Pflanzengewebe auf volle Sättigung fehlt. – 2. Die Differenz zwischen dem bei einer Temperatur maximal möglichen Dampfdruck des Wassers in der Luft und dem aktuell vorhandenen Dampfdruck. → *Luftfeuchte.*

Wasserscheide: die Grenze zwischen zwei Niederschlagsgebieten bzw. Einzugsgebieten, die sowohl oberirdisch als auch unterirdisch ausgebildet sein kann. Die oberirdische W. wird durch Georeliefformen (Berge, Kämme, Rücken, Sättel und sonstige Vollformen) gebildet; die unterirdische W. von der Lagerung und damit der Fallrichtung wasserstauender und wasserleitender Gesteinsschichten bestimmt. Die W. trennt generell Gebiete voneinander, deren → *Gerinne* verschiedene Gefällsrichtungen aufweisen. Der Begriff W. ist vorzugsweise auf den Vorgang des → *Abflusses* bezogen, worauf auch der Begriff → *Einzugsgebiet* abgestellt ist.

Wasserschutzgebiet: Gebiet, in dem besondere Schutzmaßnahmen und Verbote gegen eine mögliche Verunreinigung des Wassers bestehen. Die W. dienen meist der → *Wassergewinnung.* Die Errichtung von Öltanklagern, größeren Tierställen (→ *Gülle*), Gewerbebetrieben, Müllplätzen usw. sind daher untersagt. Ferner sind der Einsatz von Kunstdünger und Pflanzenschutzmittel sowie der Verkehr für Lkw mit gefährlicher Ladung verboten.

Wasserschutzpflanzung: 1. unscharfe Bezeichnung für Pflanzungen zum → *Uferschutz* von Flüssen und Küsten (→ *Küstenschutz*), um die Wirkungen des Wellenschlages oder von Überschwemmungen zu mindern. (→ *Wildbachverbau*). – 2. im Sinne des → *Wasserschutzwaldes* großflächige Anpflanzungen in Quell- oder Grundwassergewinnungsgebieten bzw. in oder um → *Wasserschutzgebiete*, um den → *Wasserhaushalt der Landschaft* auszugleichen und direkt oder indirekt zur Stabilisierung der Grundwasserressourcen beizutragen. Außerdem wird die Wasserqualität im Boden dadurch beeinflußt, daß am Standort des W. der Schadstoffeintrag in den Boden, und damit in das Bodenwasser, gemindert oder gehemmt wird.

Wasserspannung: → *Saugspannung*.

Wasserspannungskurve: Beziehung zwischen verschiedenen → *Saugspannungen* und den entsprechenden Wassergehalten im Boden.

Wasserstand: Höhenlage des Wasserspiegels eines stehenden oder fließenden Gewässers, bezogen auf eine fixierte Höhenmarke und angegeben in Metern. Ökologisch und wirtschaftlich wichtige W. sind der NNW (niedrigster bekannter Niedrigwasserstand), NW (Niedrigwasserstand), MNW (mittlerer Niedrigwasserstand), HW (→ *Hochwasser*), MHW (mittlerer Hochwasserstand) und HHW (höchster Hochwasserstand).

Wasserstandsdauerlinie: gezeichnete Kurve, welche angibt, an wievielen Tagen im Jahr ein bestimmter → *Wasserstand* unter- bzw. überschritten wird. Man stellt sie dar, indem man alle mittleren Tageswasserstände im Zeit-Höhen-Raster aufträgt.

Wasserstauer: wasserundurchlässige Bodenhorizonte (tonige Horizonte, Tonanreicherungshorizonte, Ortsteinhorizonte usw.) und Gesteinsschichten (tonige Sedimente oder Festgesteine).

Wasserstoff: das leichteste chemische Element mit dem Symbol H (Hydrogenium), das auf der Erde als gasförmiges H_2, also als farb-, geruch- und geschmackloses, brennbares Gas, im → *Wasser* (H_2O) und in → *Kohlenwasserstoffen* vorkommt. W. verbrennt unter starker Wärmeentwicklung zu → *Wasser*. Der W. findet eine breite technische Anwendung und gilt für die Zukunft als Energiespeicher und Energieträger, da er sich durch Elektrolyse aus Wasser gewinnen läßt und bei Abkühlung verflüssigt werden kann.

Wasserstoffbakterien: → *Knallgasbakterien*.

Wasserstoffbombe (Fusionsbombe): eine der → *Kernwaffen* vom Typ der → *Atombombe*, bei der Atomkerne nicht gespalten, sondern vereinigt werden, also die Energiefreisetzung → *thermonuklearer Reaktionen* genutzt wird. Um die Zündtemperatur für die → *Fusion* zu erreichen, wird eine kleine Kernspaltungsbombe (→ *U-235-Atombombe*) eingesetzt. Die Explosionsstärke der W. ist somit wesentlich größer als die einer „normalen" Atombombe mit einem Zerstörungspotential von mehreren Megatonnen herkömmlichen Sprengstoffs (Trinitrotoluol).

Wasserstoffionen-Konzentration: Konzentration an H^+-Ionen (genauer H_3O^+-Ionen) im Wasser. Der negative Logarithmus zur Basis 10 (sog. negativer dekadischer Logarithmus) heißt pH-Wert. W.-K., bzw. pH-Wert, sind Masse für den Säurecharakter von Wasser, Schlamm oder Boden (→ *Bodenreaktion*). Da jede Änderung des pH-Wertes jedoch von anderen physikochemischen Änderungen begleitet ist, läßt sich über die ökologische Bedeutung dieses Komplexfaktors schwer eine Aussage machen. In der Natur zeigt sich, daß viele Pflanzen und Tiere nur bei bestimmten pH-Werten auftreten (→ *stenoion*), andere in einem weiten pH-Bereich existieren (→ *euryion*). Außerdem scheint bei einigen Arten ein Einfluß auf Fortpflanzungs-, Atmungs- und Ernährungsvorgänge zu bestehen. Die größte ökologische Bedeutung dürfte vielleicht in der Indikatorwirkung stenoioner Organismen für bestimmte allgemeine Bedingungen liegen.

Wasserstufe: durch Art des Wassers sowie Ausmaß und Andauer der Wassersättigung gekennzeichnete Charakteristik des ökologischen Wassereinflusses an einem Standort.

Wasserumsatz: im Wasserhaushalt von Pflanzen die in der Zeiteinheit verdunstete Wassermenge, bezogen auf den Wassergehalt (z.B. in mg pro g Wassergehalt und Minute, auch Stunde oder Tag.). Der W. gibt an, welche Menge an Wasser in den Pflanzen (oder Pflanzenteilen) verloren geht und ersetzt werden muß, wenn die Wasserbilanz ausgeglichen bleiben soll. (→ *Hydratur*).

Wasserverbrauch: 1. diejenige Wassermenge, welche infolge der → *Wassernutzung* zur Rückleitung in die Gewässer nicht mehr zur Verfügung steht. W. repräsentiert damit einen anthropogen bedingten Nutzungsverlust, der jedoch – bezogen auf den gesamten → *Wasserkreislauf* – nicht real ist, weil die Gesamtmenge des geosphärischen Wasserkreislaufs langfristig gesehen gleich bleibt und seine scheinbaren und tatsächlichen Veränderungen sich nur aus den längeren oder kürzeren Laufzeiten auf den Pfaden im System bzw. aus den Verweilzeiten in den Speichern ergeben. – 2. mit W. wird auch die Verunreinigung des Wassers durch → *Abwasser* bezeichnet, die eigentlich eine qualitative Veränderung darstellt, so daß sich der W. lediglich aus den verschobenen Anteilen natürlich-reinen und anthropogen-verunreinigten Wassers ergibt. – 3. mit W. wird auch der Wasserbedarf durch Industrie und Haushalt bzw. in Litern pro Einwohner pro Tag bezeichnet.

Wasserverbrauchseffizienz: allgemeiner Begriff für alle Relationen zwischen Leistungen der → *Photosynthese* (oder → *Nettoprimärproduktion*) und der → *Transpiration* als Maß für die Effizienz der Stoffproduktion von photoau-

totrophen höheren Pflanzen und ihrem Wasserbedarf.
Wasserverschmutzung: Verunreinigung von Meeren sowie fließenden oder stehenden Gewässern durch die Einleitung von → *Abwasser* aus Haushalten und Wirtschaft, durch die Auswaschung von Feststoffen und Einsickern zusammen mit dem Niederschlagswasser (z.B. Mineraldünger). Besonders leicht möglich und gefährlich ist eine W. durch das Auslaufen bzw. das gezielte Ablassen von Ölen oder Ölrückständen. (→ *Meeresverschmutzung*).
Wasserversorgung: 1. die Produktions- und Transportprozesse, die aus dem → *Wasserdargebot* oder zur Wiederverwendung geeigneten → *Trink-* oder → *Brauchwassers* bzw. → *Bewässerungswassers* organisiert werden, um eine Lokalität des → *Wasserverbrauchs* zu versorgen. – 2. die Gesamtheit der Maßnahmen zur Sicherung des → *Wasserbedarfs* und zur zuverlässigen Belieferung von Bevölkerung und Wirtschaft mit → *Trinkwasser* bzw. → *Brauchwasser*. Zur W. zählen die Bereiche Beschaffung, Aufbereitung, Speicherung, Zuführung, Verteilung sowie Zukunftsvorsorge. Die W. basiert auf Einrichtungen zur Fassung von Grundwasser-, → *Oberflächenwasser-* und Quellwasser (→ *Quellen*) sowie solcher, die Wasser wiederaufbereiten. Zur W. von Trockengebieten gibt es vereinzelt die Möglichkeit der Meerwasserentsalzung. (→ *Fernwasserleitung*).
Wasserwerk: technische Anlage zur Aufbereitung des gefaßten → *Rohwassers* als → *Trinkwasser* bzw. → *Brauchwasser*. Unterschieden werden die für die Normalversorgung zuständigen Grundlast-W. und den Spitzenbedarf abdeckenden Spitzen-W. Weiterhin unterscheidet man Leit-W., die mehreren kleineren W. vorstehen oder den Gruppen-W., das mehrere Orte versorgt, während das Orts-.W. nur einen Ort versorgt. Die → *Wasserversorgung*, einschließlich der → *Trinkwasseraufbereitung*, obliegt dem W. Die Standorte der meisten W. wurden gewählt, als Städte und Agglomerationen viel kleiner als in der Gegenwart waren, so daß heute zwischen regionalem Bedarf und Angebot von Wasser oft eine Diskrepanz besteht. Das Problem wird durch Fernwasserversorgung mit → *Fernleitungen* gelöst.
Wasserwert: Wasservolumen von Schnee und Eis im flüssigen Zustand.
Wasserwirtschaft: die Gesamtheit der Planungen, Maßnahmen und Tätigkeiten, die der Ordnung, Nutzung, Pflege und dem Schutz des ober- und unterirdischen Wassers dienen. Zur W. gehören → *Bewässerung*, → *Entwässerung*, → *Wasserversorgung*, → *Gewässerschutz* und verschiedene Maßnahmen des → *Wasserbaus*.
Watson'sche Regel: Einzelmerkmale in phylogenetischen → *Stammesreihen* entwickeln sich nicht synchron, sondern fortschreitende Organdifferenzierungen erfolgen unter Beibehaltung altertümlicher Merkmale, so daß am Organ oder am gesamten Organismus eines Individuums sowohl konservative als auch progressive Merkmale nebeneinander existieren.
Watt: 1. temporär wasserbedecktes Land der Gezeitenküste, das mit den → *Gezeiten* täglich zweimal überflutet wird und zweimal wieder trockenfällt und das „durchwatet" werden kann. Das W. der Nordsee bildete sich im Postglazial als 10–20 m mächtiger Sedimentkörper aus Sand und Schlick in verschiedenen Mischungsverhältnissen, der älteren Glazialsedimenten auflagert. Charakteristische Einzelformen sind die Priele, deren Gestalt und Dynamik von Ebbe und Flut bestimmt sind. Durch Maßnahmen der Landgewinnung wurden aus W.-Gebieten Marschen gewonnen. In Mitteleuropa herrscht im unteren Sublitoral das Sandwatt vor, das manchmal mit Seegras (*Zostera*) bewachsen ist. Zum Land hin folgt das Sand-Schlickwatt. W. an tropischen Gezeitenküsten sind der Lebensraum der Mangrove. – 2. physikalische Einheit der Leistung (1 W = 1 J/s). 1 Kilowatt (kW) = 1 kJ/s.
Wattbiozönosen: Lebensgemeinschaften des → *Watts*, die überwiegend von der Fauna bestimmt sind, welche hochgradige Anpassungen an die von den → *Gezeiten* bestimmten wechselnden Wasserstands- und somit Salzverhältnissen aufweisen. Die Sedimentverteilungen im Watt (Schlickwatt, Sand- und Schlickwatt, Sandwatt) bestimmen die W., die gleichzeitig durch die organische Substanz und die Kalkschalen als Substratbildner wirken. Zu den W. gehören jedoch nicht nur die subaquatisch lebenden Tiere, sondern auch die Wasservögel. Die W. zeichnen sich durch eine hohe Artenvielfalt aus. Man schätzt, daß z.B. in den Nordsee-W. ca. 4000 Pflanzen- und Tierarten vorkommen, die teilweise in Massen auftreten, so daß auch große Mengen an → *Biomasse* produziert werden. Für die Fischbiozönosen ist das Watt Kinderstube und Aufwuchsgebiet.
Wattenküste: alle jene Flachformen mit → *Gezeiten*, an denen sich → *Watten* ausbilden, die als spezielle Großlebensräume gelten. Sie sind vom → *Wattenmeer* bestimmt.
Wattenmeer: vom Meer überspültes → *Watt*, das durch Nehrungen oder niedrige Inseln vom offenen Meer abgetrennt wird und dessen Dynamik des Wassers, der Sedimente und der subaquatischen Formen von den → *Gezeiten* bestimmt wird. Je nach Hinterland sind diese Prozesse auch von den einmündenden Flüssen geregelt. Die Probleme des W., vor allem jener um die Nordsee herum, ergeben sich durch Einleitung von → *Abwasser*, → *Überfischung*, Gewinnung von Bodenschätzen, Einfluß des Tourismus und durch Bauwerke des → *Küstenschutzes*, vor allem durch die Anlage von großräumigen → *Deichen*.
Weber-Linie: ähnlich der → *Wallace-Linie* und → *Lydekker-Linie* der Ausweisung des faunistischen Übergangsgebietes zwischen der ori-

entalischen und der australischen Region dienend und zwischen den Philippinen, Sulawesi, Timor einerseits und den Molukken andererseits verlaufend.

Wechselgrünland: in der Form der → *Feldgraswirtschaft* genutztes → *Grünland*, im Gegensatz zum → *Dauergrünland*. Das W. wird zeitweise als Ackerland, die längere Zeit jedoch als Grünland benutzt. Zu unterscheiden ist das Wiesen-W. vom Weide-W. (Wiesen- und Weidewechselwirtschaft).

Wechselwirkung: 1. allgemein die Art und Weise eines Zusammenhanges zwischen Dingen und Prozessen der objektiven Realität. – 2. in der Ökologie werden → *Kompartimente* eines → *Systems* betrachtet, die untereinander durch W. in funktionaler Beziehung stehen. Auch die Hauptsysteme des → *Landschaftsökosystems* (→ *Anthroposystem*, → *Biosystem*, → *Geosystem*) stehen miteinander in W.

Wechselwirkungsprozesse: 1. allgemein alle Prozesse, die → *Wechselwirkungen* zwischen → *Energie* (→ *Strahlung*) mit Materie im weitesten Sinne (Stoffe, Wasser) ausmachen. – 2. in der Ökologie energetische Prozesse, welche die → *Ökosysteme* in Funktion halten, was grundsätzlich durch die → *Strahlung* (→ *Globalstrahlung*) geschieht. – 3. jene Prozesse, die in → *Ökosystemen* bzw. → *Landschaftsökosystemen* den Stoffumsatz zwischen → *Anthroposphäre*, → *Biosphäre* und → *Geosphäre* (mit → *Pedosphäre* und → *Lithosphäre*) sowie → *Hydrosphäre* und → *Atmosphäre* ausmachen. – 4. in der → *Radioökologie* die Prozesse zwischen ionisierender Photonenstrahlung mit Materie bzw. energiereicher Elektronenstrahlung mit Materie. (→ *Gammastrahlung*, → *Röntgenstrahlung*).

Wegwerfprodukte: unscharfe Sammelbezeichnung für jene Gegenstände und Sachen, die nach Gebrauch zu → *Abfall* bzw. → *Müll* werden, wobei wichtige → *Rohstoffe* vernichtet werden. Die W. werden oft mit beträchtlichem Aufwand an Rohstoffen und Energie produziert, wobei der Herstellungsaufwand – gemessen am schließlich weggeworfenem Produkt – unverhältnismäßig groß ist. (→ *Wertstoffe*, → *Wertstoffrückgewinnung*, → *Recycling*).

Weiche Strahlung: eine → *Röntgenstrahlung* mit einer Erzeugungsspannung von unter 100 kV. Die W.S. weist eine geringe Durchdringungsfähigkeit auf. (→ *Strahlenqualität*).

Weichholzaue: Bestandteile einer → *Standortreihe* an regelmäßig überschwemmten Flußauen und durch die Laubmischwaldgesellschaft aus Pappeln, Weiden und Erlen repräsentiert. Es handelt sich um schnellwüchsige Gehölze, die im Holz weich sind, aber gegenüber äußerlicher Beanspruchung durch → *Hochwasser* bzw. Eisdrift widerstandsfähig. Die Vegetation stockt auf einem kiesig-sandigen, überwiegend feuchten → *Aueboden* mit Schwemmlandcharakter. An die W. schließt sich die → *Hartholzaue* an, die nur noch bei Spitzenhochwässern überflutet und von einem Erlenmischwald gebildet wird.

Weichmacher: organische Verbindungen, die in flüssiger oder fester Form Kunststoffen, Textilien und anderen Materialien zugesetzt werden, um deren Verarbeitung zu erleichtern oder ihnen spezielle Eigenschaften zu verleihen.

Weichsel-Kaltzeit: → *Würm-Kaltzeit*.

Weichspüler: haben beim Wäschewaschen die Funktion, Fasern aufzulockern und dadurch die Wäsche weich zu machen. Allerdings vermindert sich oft die Saugfähigkeit. Bestehen aus kationischen und nichtionischen → *Tensiden* sowie Aufhellern und Konservierungsstoffen, von denen die kationischen Tenside als Fischgift wirken und die Gewässer belasten. Die kationischen Tenside fallen nicht unter die → *Tensidverordnung*, daher brauchen sie nicht biologisch abbaubar zu sein.

Weide: Grasland, das als landwirtschaftliche Nutzfläche von Haustieren abgeweidet wird; als Naturw. ohne besondere Bearbeitung, als Kulturw. mit Pflegemaßnahmen wie Aussaat, Düngung, Mahd. Eine besondere Form ist die → *Umtriebsweide*. → *Beweidung*.

Weidegänger: Tiere mit einer besonderen Art der → *Nahrungsaufnahme*. W. gehören zum Typ der → *Zerkleinerer*.

Weidesystem (Pflanzen-Herbivoren-System): Interaktionssystem zwischen Populationen von Herbivoren und Pflanzen. Die Wachstumsrate der Pflanzen kann entweder unabhängig von der Wirkung der Herbivoren sein oder aber von den Herbivoren mit beeinflußt werden. In einem gegenseitigen Wechselwirkungssystem beeinflussen die Herbivoren die Wachstums- bzw. Erneuerungsrate der Pflanzenpopulation. Weidesysteme lassen sich formal ähnlich den → *Räuber-Beute-Systemen* darstellen.

Weideunkräuter: Pflanzen (im weiteren Sinne auch Holzpflanzen), die auf → *Weiden* vom Weidevieh gemieden werden (z.B. Disteln, Schwarzdorn).

Weidewirkung: Veränderungen der Vegetation (Gras, Kräuter, Holzgewächse) durch regelmäßige Beweidung infolge fraßbedingter Selektion, → *Verbiß*, → *Tritt* sowie → *Bodenverdichtung*, mit der Folge der → *Bodenerosion*. Daraus resultiert, vor allem bei längerfristiger Beweidung großer Flächen, nicht nur eine Vegetationsdegradation, sondern auch eine Zerstörung der → *Landschaftsökosysteme*.

Weidewirtschaft: Form bzw. Betriebssystem der Landwirtschaft bei der die Beweidung Wirtschaftsbasis ist. Neben der stationären W., die intensiv oder extensiv betrieben werden kann, gibt es W.-Systeme, die verschiedene Formen des Flächenwechsels kennen. Dazu gehören die → *Umtriebsweide*, der Nomadismus und die Transhumanz, als Formen des niederschlagsbedingten Weidegründewechsel. Auch die Almwirtschaft in den Hochgebirgen

der gemäßigten Klimazone, bei der Stallhaltung mit freier Weide wechselt, ist eine Form der W.
Weiher: natürliches, größeres stehendes → *Gewässer*, dem die lichtlose Tiefenregion der Seen fehlt. Daher kann der Grund vollständig von Pflanzen bewachsen sein. In Ggs. zum Teich ist das Wasser nicht ablaßbar.
Weiserarten: → *Zeigerarten*.
Weißalkaliboden: → *Solontschake*.
Weißtorf: in → *Hochmooren* die oberste Schicht des → *Torf*, die fast ausschließlich aus hellbraunen unzersetzten *Sphagnum*-Moosen besteht.
Weißwasserfluß: ein Fluß mit trübem, an hellen mineralischen → *Schwebstoffen* reichem Wasser im Einzugsgebiet des Amazonas. Sinngemäß kann der Begriff aber auch auf W. anderer tropischer Gebiete übertragen werden. (→ *Schwarzwasserfluß*, → *Klarwasserfluß*, → *Klarwassersee*).
Weitergehende Abwasserreinigung: eine Sammelbezeichnung für Verfahren der → *Abwasserreinigung*, wo zu den mechanischen und biologischen Reinigungsstufen auch verschiedene chemische angeschlossen werden. (→ *Abwasserpfad*, → *Kläranlage*).
Welkepunkt: → *permanenter Welkepunkt*.
Welkestoffe: → *Welketoxine*.
Welketoxine (Marasmine, Welkestoffe): jene → *Toxine*, die durch pflanzenpathogene Mikroorganismen gebildet werden, und die bei höheren Pflanzen irreversibles Welken bedingen. Die Welkeerscheinungen sind meist von längeren Schädigungen durch Stoffwechselprodukte der Krankheitserreger begleitet.
Weltmodelle: umfassende, aber von der Sache her sehr unzulängliche Versuche, per Computersimulation die Entwicklung des Ökosystemzustands der Gesamterde – auch unter anthropogener Beeinflussung – zu simulieren und damit zu prognostizieren. Die W. gehen von einem holistischen Ansatz aus und versuchen, sowohl die für das Leben auf der Erde wichtigen Kompartimente der → *Biogeosphäre*, als auch jene des → *Anthroposystems* zu erfassen, um das → *Wirkungsgefüge* Natur/Technik/Gesellschaft in einem quasi-quantitativen Modell darzustellen. Für W. gibt es zahlreiche Beispiele, die jedoch alle ähnliche Schwächen aufweisen (z.B. Außerachtlassen entweder naturwissenschaftlicher oder gesellschaftlicher Kompartimente oder zu starke ökonomische Gewichtung, Hintenanstellung der Umweltschadenproblematik etc.). Der Nutzen der W. liegt weniger in einer quantitativen Kennzeichnung der Lebens- und Umweltprobleme der Erde, als in der Bewußtmachung der Umweltprobleme und umweltbezogenen Handelns.
Wermutsteppe (Artemisiasteppe): eine winterkalte → *Steppe* kontinentaler Gebiete, die von trockenheitsliebenden Halbsträuchern, wie Wermut (*Artemisia*) und Radmelde (*Kochia*) beherrscht wird, zu denen noch zahlreiche andere Salzpflanzen (→ *Halophyten*) treten. Der Begriff W. ist vor allem pflanzengeographischer Natur und gilt daher auch für zahlreiche → *Salzsteppen*, Wüstensteppen und außertropische Halbwüsten.
Wertstoffe: jene Bestandteile von → *Abfall* bzw. → *Müll*, die einer Wiederverwendung zugeführt werden können, indem getrennte Sammlung von Müll erfolgt, die eine → *Wertstoffrückgewinnung* möglich macht. Als W. gelten Holz, Glas, bestimmte Kunststoffe, Metalle, Pappe, Papier und Textilien.
Wertstoffrückgewinnung: dient dazu, bislang als → *Abfall* oder → *Müll* betrachtete Stoffe durch getrennte Sammlung und Sortierung zurückzuhalten und direkt oder indirekt wieder zu verwenden. Dies geschieht im Rahmen des → *Recycling*, wenn eine Wiederverwendung des Materials erfolgt, bzw. einer direkten Weiterverwendung, wie von Textilien in notleidenden Ländern oder durch verbrennbaren Abfällen in Verbrennungsanlagen. (→ *Sortierung von Müll*).
Wetter: der aktuelle Zustand der an einem geographischen Ort wirksamen Kombination der atmosphärischen Elemente (→ *Klimaelemente*) und der sich dabei abspielenden Vorgänge in der → *Atmosphäre*. – Die wetterwirksamen Austauschprozesse finden dabei alle in der → *Troposphäre* statt. Die Faktoren und Elemente des Wetters sind die gleichen wie beim → *Klima*, das sich aus den langfristigen Abläufen von W. und → *Witterung* als Mittel ergibt. Ein zusätzliches besonderes Interesse kommt jenen W.-Elementen zu, die Aussagen über seinen vermutlichen weiteren Ablauf geben (Druckverteilung und Strömungslage am Boden und in der Höhe). Von zentraler Bedeutung für das Wettergeschehen ist die → *Allgemeine Zirkulation der Atmosphäre* mit ihren zonal wechselnden, jeweils vorherrschenden Windsystemen. Für Mitteleuropa im besonderen prägend sind dabei die mit der häufigen Westströmung herantransportierten Zyklonen.
Wetterlage: die Zusammenschau des Wettergeschehens in einer Region größerer Ausdehnung und der Kennzeichnung von Standorten der Druckzentren, Lage von Fronten, Luftschichtungs- und Strömungsverhältnissen, Wolken-, Niederschlags- und Temperaturverteilungen.
Wetterlagenkalender: die Jahresabfolge von → *Wetterlagen* einer Region oder eines sonstigen größeren Raumes, der eine repräsentative, mehrjährige bzw. langjährige Beobachtung und Messung zugrunde liegt, um das Auftreten charakteristischer Wetterlagen für praktische Zwecke (Landwirtschaft, Fremdenverkehr, Umweltschutz, Stadtklimabelange etc.) festzustellen.
Wettertyp: in bestimmter Grundstruktur und Verteilung der Elemente immer wieder auftretende → *Wetterlage*.
WHG: → *Wasserhaushaltsgesetz*.
Widerstandsfähigkeit: → *Resistenz*.

Wiederaufarbeitung: die Grundlage der W. ist der Gedanke vom → *Brennstoffkreislauf* in der → *Atomwirtschaft* und damit die Anwendung chemischer Verfahren, um aus → *Brennstäben* das noch vorhandene → *Uran* sowie den neu entstandenen Spaltstoff → *Plutonium* von radioaktiven Abfällen (das → *Atommüll*) zu trennen. Durch eine W. wird das Volumen des hochradioaktiven Abfalls gegenüber der direkten → *Endlagerung* auf ca. 1/70 vermindert. W.-Anlagen senken darüberhinaus sehr wesentlich die jährlich für den Betrieb von → *Kernkraftwerken* benötigten Mengen an Natururan. Die W. ist mit verschiedenen technischen Problemen befrachtet, wie der hohen → *Strahlenbelastung*, die mit allen Prozessen der W. verbunden ist. Bereits im Normalbetrieb wird, gegenüber allen anderen Einrichtungen im Brennstoffkreislauf, die höchste Menge an radioaktiven Stoffen an die Umwelt abgegeben. (→ *Wiederaufbereitungsanlage*, → *Zwischenlagerung*).
Wiederaufarbeitungsanlage: → *Wiederaufbereitungsanlage*.
Wiederaufbereitung: Vorgang der Wiedernutzbarmachung von in Abfällen verschiedener Herkunft enthaltenen Substanzen, z.B. die Gewinnung von → *Sekundärrohstoffen* aus → *Altöl*, Altmetallen (→ *Altmetallverhüttung*), → *Altpapier* usw. (→ *Recycling*, → *Wertstoffe*, → *Wiederaufarbeitung*).
Wiederaufbereitungsanlage (Wiederaufarbeitungsanlage): technische Anlage, die der → *Wiederaufarbeitung* abgebrannter → *Brennstäbe* aus → *Kernkraftwerken* dient. Kommerzielle W. befinden sich in Europa in La Hague (Frankreich) und in Sellafield (Großbritannien). Demonstrations-W. befinden sich in Mol (Belgien) und Karlsruhe (Deutschland).
Wiederbesiedlung: → *Rekolonisation*.
Wiedereinbürgerung: die Gesamtheit der Maßnahmen zur Einführung von Arten in ein Gebiet, in dem sie schon einmal gelebt haben, aber durch den Menschen ausgerottet wurden. Bsp.: Biber in Mitteleuropa, Bartgeier in den Alpen.
Wiedergewinnung: → *Rücklauf*.
Wiedernutzbarmachung: bei der → *Rekultivierung* ein erster Arbeitsschritt, bei dem Erdbewegungen, Aufbringen von Humus und der Bau von Wirtschaftswegen bzw. Straßen durchgeführt werden. Der W. folgt der Arbeitsschritt der → *Wiederurbarmachung*.
Wiederstandsfähigkeit: → *Resistenz*.
Wiederurbarmachung: zweiter Arbeitsschritt bei der → *Rekultivierung* (der → *Wiedernutzbarmachung* folgend). Die W. richtet Flächen für land- und forstwirtschaftliche Nutzung ertragbringend her. Die W. wird nach Grundsätzen der → *Landespflege* organisiert und hat das Ziel, durch bodenaufbauende Fruchtfolgen ertragbringende land- und forstwirtschaftliche Nutzflächen herzurichten. (→ *Melioration*).
Wiese: natürliche oder anthropogene Vegetationsformation aus solchen Pflanzengesellschaften, die eine geschlossene Grasnarbe bilden, denen Holzpflanzen fehlen, und die von einer mehr oder weniger regelmäßigen Kombination vorwiegend ausdauernder → *Mesophyten* gebildet werden. Unterschieden werden natürliche W., die an Feuchtstandorten des Tieflandes oder in niederschlagsreichen Gebirgsstufen vorkommen, sowie künstliche Wiesen, die durch → *Bewässerung* oder → *Hangrieselung* entstehen können. Eine andere Einteilungsmöglichkeit der W. geschieht nach der topographischen Lage (Niederungs-W., Fluß-W., Höhen-W.) oder durch einen Nutzungsbezug (z.B. Feld-W., Wald-W.). Die W. lassen sich auch nach den Substratverhältnissen, wenn auch nicht konsequent, einteilen (z.B. Moor-W., Torf-W., Mineral-W.).
Wiesenbau: Sammelbezeichnung für Maßnahmen der → *Be-* und → *Entwässerung* von → *Wiesen*, einschließlich der → *Wiesenbewässerung*. Der W. ist regional differenziert und orientiert sich sowohl am → *Naturraumpotential* als auch an der Wirtschaftsweise bzw. dem Wirtschaftsziel der Landwirtschaft des jeweiligen Raumes.
Wiesenbewässerung: vor allem in europäischen Mittel- und Hochgebirgen geübte Technik des → *Wiesenbaus*, die Vegetationszeit der → *Wiesen* in Hochlagen durch Bewässerung zu verlängern, um ertragreicher wirtschaften zu können.
Wiesennebel: bei Ausstrahlungswetter durch starke nächtliche Abkühlung gebildeter Nebel über Wiesen oder Weiden. Die W. sind eine Art von Bodennebel. Sie entstehen besonders häufig auf großen Wiesenflächen, weil sich diese ausgesprochen rasch und stark abkühlen. Der Effekt wird begünstigt, wenn die Wiesen sich in Tallagen befinden.
Wiesensteppe: einer der Typen der → *Steppe*, der sich an die → *Waldsteppe* anschließt und auch als „krautreiche W." bezeichnet wird, die auf Standorten mit günstigen Bodenfeuchteverhältnissen auftritt. Häufig sind schmal-blättrige, horstbildende Gräser, vor allem Feder- und Pfriemengräser (*Stipa*), Steppen- und Furchenschwingel (*Festuca sulcata* und *F. vallesiaca*), Schillergras (*Koeleria gracilis*) und Flaumhafer (*Helictotrichon pubescens*) sowie perennierende Geophytenstauden und Annuelle. Die W. weist infolge des hohen Artenreichtums eine Fülle von Blühaspekten auf. Auch bei einer Trockenruhe im Hochsommer blühen verschiedene Arten. An die krautreiche W. schließt sich, mit zunehmender Aridität, die Federgrassteppe an.
Wild: die freilebenden, insbesondere jagdbaren Tiere, im Unterschied zu den → *Haustieren*.
Wildacker: ein Feldflurstück, das mit Nahrungspflanzen für das → *Wild* bebaut wird und/oder dem Wild als Schutz dient.
Wildäsung: die Fütterung des → *Wildes*, wenn

mangelnde natürliche Äsungsmöglichkeiten bestehen, bzw. wenn man gezielt Schäden durch → *Verbiß* am Wald verhindern möchte.
Wildbach: oft tief eingeschnittener, steiler Gebirgsbach mit streckenweise schießendem Abfluß und ruckhafter, nach Regenfällen sehr stark zunehmender Wasserführung. W. haben außerordentliche Erosionskraft und transportieren viel Geschiebe, das sie beim Austritt in ein größeres Tal in mächtigen Schuttkegeln ablagern. Nach Starkniederschlägen ausbrechende W. sind eine Gefährdung für Mensch, Tier und Einrichtungen und verwüsten Kulturland. Die großen W. wurden deshalb durch umfangreichen → *Wildbachverbau* gesichert. (→ *Mure*).
Wildbachverbau: alle Maßnahmen des Uferschutzes, der Sohlenfixierung bzw. Sohlenhebung, der Eindämmung von Tiefenerosion und starker Geröllführung bei → *Wildbächen* durch → *Lebendbau* oder durch Modifizierung von Maßnahmen des → *Flußbaus*. Während lange Zeit Hoch- und Tiefbaumaßnahmen vorherrschten, geht man immer mehr dazu über, die Geomorphodynamik und Hydrodynamik des Wildbachs mit Lebendbaumaßnahmen anzugehen, um den Landschaftsökosystemen der Umgebung und des Standorts sowie dem Gewässertyp zu entsprechen.
Wildbestand: Wildtierkollektiv in einem natürlich oder künstlich abgegrenzten Lebensraum, meist nur unter Jagdgesichtspunkten betrachtet.
Wilddichte: Anzahl von Individuen einer Wildtierart pro Flächen- bzw. Raumeinheit, die etwas über die Populationsverteilung aussagt, nicht jedoch über die Beziehungen der Lebensumwelt. Die W. kann nach landschaftsökologischen, wirtschaftlichen und waldbaulichen Gesichtspunkten in unterschiedlichen Größenordnungen als optimal gelten. (→ *Wild*).
Wildform: 1. bei Pflanzen die Stammform einer → *Kulturpflanze* mit dem Charakter von → *Unkräutern*. – 2. bei Tieren die Stammform von → *Haustieren*.
Wildkräuter: zunehmend gebräuchlicherer Begriff für → *Unkräuter*, die lediglich als Konkurrenten der → *Kulturpflanzen* betrachtet wurden, ohne daß im Begriff Unkraut deren bioökologischer Wert zum Ausdruck kommt.
Wildling: 1. in der Pflanzenzüchtung Bezeichnung für eine generativ vermehrte Unterlage, also einen Pflanzenkörper, auf den knospentragende Teile einer → *Kulturpflanze* übertragen und zum Verwachsen gebracht werden. – 2. in der Forstwirtschaft aus → *Naturverjüngung* hervorgegangene Forstpflanzen, die in anderen Verjüngungsflächen (Baumschule, Freikultur) wiederverwendet werden.
Wildnis: im Gegensatz zum → *Kulturland* das von der Kultur noch nicht berührte, unbewohnte Land.
Wildobst: jenes Obst, das von wildwachsenden, nichtkultivierten Pflanzen geerntet wird, z.b. Moos-, Preisel- und Heidelbeeren, Hagebutten, Kastanien, Bucheckern, Haselnüsse etc.
Wildpark: allgemein ein parkartiges Gelände (→ *Park*) mit quasinatürlichem oder natürlichem Gehölzbestand, jedoch umgestaltet und eingezäunt und durch Wege erschlossen, um Rot-, Dam-, Reh- und Schwarzwild zu halten und zu pflegen. Die W. haben eine bis weit ins Mittelalter hineingehende Tradition. In Mitteleuropa wurden in den letzten zehn bis fünfzehn Jahren jedoch auch solche W. eingerichtet, in denen → *Wild* anderer Lebens- und Klimaräume – von anderen Kontinenten – zu Schauzwecken gehalten wird. Dies entspricht jedoch nicht den Landschaftsökosystemen Mitteleuropas, aber auch nicht den Lebensweisen der importierten Tiere. Vor allem den Bewohnern der Stadt- und Industrieagglomerationen wird auf diese Weise ein völlig falsches Bild sowohl der Lebensweise der exotischen Tiere als auch der ökologischen Ausstattung der heimischen Lebensräume vermittelt.
Wildpflanze: gegenüber der → *Kulturpflanze* eine wildwachsende, in ihrer Entwicklung und Verbreitung nicht durch den Menschen gezielt beeinflußte Pflanzenart. (→ *Wildkräuter*).
Wildschaden: durch eine zu große → *Wilddichte* infolge Übervermehrung und Überhege in der Kulturlandschaft, also auf land- und forstwirtschaftlichen Flächen, besonders im Jungwald eintretende Schäden, die oft artenspezifisch sind. Meist handelt es sich um → *Verbiß* von Blättern oder Trieben der Holzgewächse oder Schälen bzw. Abnagen der Rinde sowie Umbrechen von Wiesen oder bestellten Ackerflächen. Die W. sind nicht nur durch aktuelle Schädigungen und Zerstörungen bedeutsam, sondern auch als Langzeitschäden im Ökosystem Wald, das sich mit dem → *Wild* in einem Gleichgewicht stehen kann, das aber durch anthropogene Einflüsse (Umgestaltung der Kulturlandschaft, Wildhege) verändert worden ist.
Wildtyp: der → *Phänotyp*, den die Mehrheit aller unter natürlichen Umweltbedingungen auftretenden → *Wildformen* einer → *Rasse* oder → *Art* bildet.
Wildwiesen: 1. jene → *Wiesen*, die vom Menschen unbeeinflußt sind, also natürliche → *Ökosysteme* darstellen. – 2. jene standortgerecht angelegte Wiesen, die aus Gründen der → *Renaturierung* der Kulturlandschaft oder aus wildökologischen Gründen, z.B. um die Äsungsmöglichkeit (→ *Wildäsung*) für das → *Wild* zu verbessern, angelegt wurden.
Windbestäubung: → *Anemogamie*.
Windbruch: → *Windwurf*.
Windenergie: eine der → *regenerativen Energien*, die auf den mechanischen Eigenschaften der Luftströmungen beruht, und die in jenen Landschaften genutzt werden kann, wo im Durchschnitt hohe Windgeschwindigkeiten herrschen, so daß eine relative Versorgungssicherheit gewährleistet ist. Windkraftanlagen weisen

einen → *Wirkungsgrad* von ca. 40% auf und werden traditionell zum Antrieb von Mühlen und Pumpen genutzt, neuerdings auch in → *Windkraftwerken*. Kleinanlagen mit einer Leistung von 50–100 kW, bei Propellerturmhöhen von 20–25 Metern, gelten in windreichen Regionen (Küsten, Mittel- und Hochgebirgen) als ökonomisch sinnvoll. (→ *Windenergiefarm*).

Windenergiefarm: technische Anlage zur Nutzung der → *Windenergie* durch Errichtung einer größeren Anzahl von Großwindanlagen (Rotoren) an einem windexponierten Standort. W. haben jedoch den Nachteil, daß sie das Landschaftsbild erheblich beeinträchtigen, einen großen Flächenbedarf haben und die Ausstrahlung von Rundfunk- und Fernsehsendungen stören können. Auch steht bisher der Kostenaufwand für eine W. in noch keinem Verhältnis zu ihrer Leistung, die pro Rotor nur bis ca. 3 MW liegt.

Windepflanzen: → *Schlingpflanzen*.

Windfahne: ensteht an Bäumen der Kultur- und Naturlandschaft in windreichen Regionen durch → *Windschur*. Dabei nehmen die Bäume und Sträucher eine charakteristische, fahnenförmige, nach der windabgewandten Seite weisende asymmetrische Gestalt an.

Windkraftwerk: technische Anlage zur Nutzung der → *Windenergie* für die Stromerzeugung. Dabei treibt ein Windrad den Generator an. Man unterscheidet vertikal und horizontal laufende Windräder (Rotoren). W. mit horizontal laufenden Windrädern haben eine einfachere Technik und damit einen geringeren → *Wirkungsgrad* als vertikal laufende Windkraftmaschinen. Das erste W. wurde bereits 1941 in den USA in Betrieb genommen. Der → *Ölschock* führte zu einer Beschleunigung der weiteren Entwicklung dieser Alternativenergie. Bei Brunsbüttel wurde die Großwindanlage Growian gebaut, deren Rotor einen Durchmesser von 100 m hat. Großanlagen werden als → *Windenergiefarmen* bezeichnet.

Windresistenz: die Widerstandsfähigkeit von Bäumen und Sträuchern gegen Windwirkung. Bei geringer W. kommt es durch → *Windschur* zur Herausbildung von → *Windfahnen*.

Windscale: ein → *Kernreaktor*-Standort in Großbritannien, wo ein nicht beherrschter Störfall (→ *Gau*) auftrat und ein Brand des Moderators im Reaktor erfolgte, den man erst nach einigen Tagen löschen konnte. Der → *fall out* dehnte sich über große Areale West- und Nordeuropas (vor allem England, Belgien und Skandinavien) aus, wobei große Mengen von → *Cäsium-137*, → *Jod-131*, Ruthenium-106 und Xenon-131 freigesetzt wurden, die – vor allem wegen der weitverbreiteten Weidewirtschaft – über die → *Nahrungsketten* in die Milch gelangten. Nach dem Gau in W. wurde der für die Herstellung von → *Plutonium* betriebene W.-Reaktor stillgelegt. In W. wurde eine → *Wiederaufbereitungsanlage* eingerichtet, die den Namen Sellafield trägt. (→ *Harrisburg*, → *Tschernobyl*).

Windschäden: an Pflanzen durch Verwehen des Bodens, windbedingte Austrocknung des Bodens und/oder mechanische Schäden bzw. durch Abschlagen, Abknicken (Windbruch) auftretend. Auch die → *Windschur* stellt eigentlich eine Form des W. dar.

Windschur: ein → *Windschaden*, bei dem durch mechanische Bearbeitung Büsche, Sträucher und Bäume durch stetige, heftige und richtungskonstante Winde asymmetrisch geformt werden, wobei die → *Windfahne* zur windabgewandten Seite zeigt. W. kann vor allem im Kammbereich von Gebirgen oder an Küsten sowie auf windoffenen Höhen niedriger Mittelgebirge beobachtet werden.

Windschutz: Maßnahmen, die Boden oder Vegetation vor Einflüssen hoher Windgeschwindigkeit und damit verbundener atmosphärischer Turbulenzen schützen, so daß → *Deflation* des Bodens, → *Windschur* oder → *Windwurf* vermieden werden. Die Maßnahmen des W. zielen auf einen Sammeleffekt: Verhindern hoher Verdunstung, Mindern von Abkühlung, Verhindern der Bodenverblasung oder mechanischer Schäden an der Vegetation. Die Maßnahmen dienen sowohl der Bodenerhaltung als auch dem direkten Schutz der Kulturen, damit die → *Nachhaltigkeit* des Ertrags gesichert ist. W. kann man erzielen durch Bodenbedeckung der Felder (Mulch, Stoppeln), Ansaat oder Anpflanzung windbrechender hoher Nutzpflanzen oder von Gräsern (z.B. auf → *Dünen*), Anpflanzen von → *Hecken* oder → *Schutzwaldstreifen* sowie direkten mechanischen Schutz (Windzäune, Windschirme, Windmatten). Nachteilige ökologische Effekte sind zusätzliche Beschattung, Temperaturerniedrigung und damit zusätzliche Pflanzenkrankheiten durch Pilzbefall. Hinzu kommen Landverluste sowie zusätzlicher Arbeits- und Kapitaleinsatz.

Windschutzhecke: linienhaft angepflanztes Busch- und Strauchwerk, zum Teil mit einzelnen Bäumen und ein- bis mehrreihig, teils stockwerkartig, zum Schutze von Kulturland vor → *Windschäden*. W. kann man häufig in küstennahen Landschaften antreffen, wo eine durchschnittlich hohe Windgeschwindigkeit vorherrscht. W. sind z.B. für die französische Bocage-Landschaft typisch. Eine Windschutzfunktion kommt auch den norddeutschen → *Knicks* zu.

Windwurf (Windbruch): eine Form des → *Windschadens*, der durch hohe Windstärken an Wäldern auftritt, wobei gewöhnlich nur überalterte oder durch Schädlinge befallene Bäume bzw. Bestände betroffen sind. W. tritt aber auch bei geringen Windgeschwindigkeiten auf, wenn es sich um monokulturartige → *Forsten* handelt und/oder der → *Windmantel* bzw. eine → *Saumgesellschaft* fehlen. Flachwurzler sind vom W. besonders betroffen.

Winterannuelle: einjährige, überwinternde Pflanzen, die nur nach Kälteeinwirkung zur Blüte kommen. Sie keimen normalerweise im Herbst und blühen und fruchten im kommenden Frühjahr (z. B. Wintergetreide). (→ *Vernalisation*).

Winterfärbung: Änderung der Haarfarbe bei Warmblütern in Klimazonen mit langen Wintern, vor allem bei Polar- und Tundratieren. Die W. geht zwar ursächlich auf den → *Photoperiodismus* zurück, der den Hormonstoffwechsel ändert, wenn der Kurztag eintritt; die Melaninbildung wird jedoch durch niedrige Temperaturen gehemmt, d. h. unter einer bestimmten Temperatur kann das dunkle Pigment des Sommerkleides nicht gebildet werden. Die W. wird daher nicht als besonderes Anpassungsmerkmal an Schnee- und Eislebensräume gewertet.

Winterhärte: artspezifische Frostwiderständigkeit von Pflanzen, besonders bei → *Gehölzen*, die aber vom Gesundheits- und Wuchszustand sowie dem Alter der Gewächse abhängig ist. Die W. beträgt bei Winterweizen bis −20°C, bei Roggen bis −25°C.

Winterknospen: Knospen, die vor dem Winter für das nächste Jahr gebildet werden, und die für die Überwinterung mit kälteschützenden Schuppen umgeben sind.

Winterlager: (Winterquartier): Platz, an dem ein Tier den Winter im Ruhezustand verbringt; svw. → *Hibernakulum*.

Winterpelz: das relativ dichtere Haarkleid, das viele Säugetiere in der kalten Jahreszeit ausbilden.

Winterquartier (Winterlager): Platz, an dem ein Tier den Winter im Ruhezustand verbringt; svw. → *Hibernakulum*.

Winterregengebiete: 1. Landschaften, die unter den allgemeinen Witterungsbedingungen des Winters ein Niederschlagsmaximum zeigen. Klimageographisch gesehen befinden sich die W. in den warmgemäßigten Zonen der wechselfeuchten Subtropen, speziell auf den Westseiten der Kontinente, z. B. das europäische Mittelmeergebiet, aber auch an den monsunbeeinflußten Küsten Ostafrikas.

Winterruhe: längerer Ruheschlaf einiger Säugetiere im Winter (Eichhörnchen, Dachs, Skunk, Bär, Waschbär) ohne Herabsetzung der Körpertemperatur. Der Energiestoffwechsel bleibt auf der Höhe des → *Grundumsatzes*, da jede Aktivität entfällt. Allerdings wachen diese Tiere während des Ruheschlafes des öfteren auf und fressen versteckte Vorratsstoffe oder gehen sogar auf Jagd. → *Überwinterung*.

Winterschlaf: eine Form der → *Dormanz*, bei der ein schlaffähnlicher Zustand bei vielen Säugetierarten im Verlaufe des Winters beobachtet wird. Alle lebensnotwendigen Funktionen sind auf ein Minimum reduziert. (→ *Überwinterung*).

Winterschutz: ist bei kälteempfindlichen Pflanzen in den kühlgemäßigten Klimazonen erforderlich und kann durch Bodenabdeckung (Mulch, Laub, Nadelstreu, Torf, Stroh) oder Abdecken oder Einpacken der Pflanze selbst erreicht werden.

Wintersmog (London-Typ des Smogs): eine Form des → *Smogs*, die bei Hochdruckwetterlagen, hoher Luftfeuchte (über 80%) sowie niedrigen Temperaturen um 0° (−3 bis +5°C) in → *urban-industriellen Ökosystemen*, also über den Agglomerationen, entsteht. Bei einer → *Inversionswetterlage* und einer großräumigen Inversion der Temperatur wird der bodennahe Luftbereich mit → *Abgasen*, → *Staub* sowie → *Schwefeldioxid* von den oberen Schichten der → *Troposphäre* abgeriegelt. Der W. wirkt reduzierend, d. h. SO_2 wird durch Sonnenlicht und Sauerstoffbeteiligung zu Radikalen umgewandelt, die unter Sauerstoffabspaltung zerfallen, wobei der atomare Sauerstoff ein weiteres SO_2-Molekül oxidieren kann. Zusammen mit Wasser bildet das dann entstandene → *Schwefeltrioxid* Schwefelsäure, die aggressiv wirkt. Eigentlich werden Schwefelsäure und SO_2 im basischen Bereich der Mundschleimhäute neutralisiert, da jedoch SO_2 vom Staub absorbiert wird und die hygroskopische Schwefelsäure selber → *Aerosole* bildet, gelangen beide Stoffe über die Atemwege in die Lunge, wo sie zu verschiedenen Krankheiten führen.

Winterstagnation: → *Stagnation* im Winter. → *thermische Konvektion*. → *Zirkulationstypen*.

Winterstarre: eine bei vielen Wechselblütern vorkommende Kältestarre, der → *Quieszenz* oder → *Diapause* zugrunde liegen kann. (→ *Überwinterung*).

Winterwirt: die Pflanzenart, auf der (meist tierische) Parasiten mit Wirtswechsel den Winter verbringen (z. B. bestimmte Blattläuse). Gegensatz: → *Sommerwirt*.

Wirbelschichtbefeuerung: ein Verfahren zur optimalen Ausnutzung des Energiepotentials der → *Kohle*, wobei feinkörnige Kohle und Kalkstein vermischt und mit Druckluft in ein Wirbelbett geblasen werden. Das aufgewirbelte Gemisch verbrennt bei 800–900°C, also relativ niedrigen Feuerraumtemperaturen, wodurch – zusammen mit einer gestuften Verbrennungsführung – eine an → *Stickoxiden* arme Verbrennung erreicht wird. Die → *Schwefeloxide* werden zugleich durch den Kalk gebunden und als Gips in der → *Asche* abgelagert. Die W. senkt somit die Stickoxidimmissionen im → *Rauchgas* und erlaubt, auch schwefelreiche Kohle zu verbrennen, ohne daß eine → *Rauchgasentschwefelungsanlage* eingesetzt werden muß. Durch die Wirbelschicht wird in Rohrschlangen Wasser geleitet, dessen Dampf in Dampfturbinen Strom erzeugt oder als → *Fernwärme* genutzt wird. Anlagen mit W. sind klein- bis mittelgroß dimensioniert und erfordern in der Regel keine spezielle Abgasbehandlung.

Wirkung: in der Autökologie Form der Einwirkung von → *Umweltfaktoren* auf Organismen (→ *Reaktion*). Die Abhängigkeit der Lebensfunktionen von Pflanzen und Tieren kann als Optimumkurve, Sättigungskurve oder Schädigungskurve ausgeprägt sein.

Wirkungsdauer: Eigenschaft eines Stoffes in einem Ökosystem, nach Eintritt in das System oder – nach anthropogener Einbringung – über kürzere oder längere Zeit wirksam zu bleiben. Die W. spielt vor allem bei → *Schadstoffen*, → *Dünger* und → *Pestiziden* eine Rolle.

Wirkungsfeld: ökologische → *Nische*.

Wirkungsgefüge: Sammelbezeichnung für das funktionelle Zusammenspiel der → *Kompartimente* eines Systems, z.B. der abiotischen und biotischen → *Geoökofaktoren* im → *Geoökosystem* oder → *Landschaftsökosystem*. Die W. können, je nach → *Modell* des realen *Systems* in der → *Landschaft* bzw. → *Umwelt*, auch anthropogen geregelt sein.

Wirkungsgesetz: 1. Bestandteil der → *Ökologischen Regeln* der Bioökologie und eine andere Bezeichnung für → *Minimumgesetz*. – 2. Fortführung und Ergänzung des Minimumgesetzes, wonach Ertragssteigerungen bei Pflanzen bei gleichmäßig steigender Nährstoffzufuhr immer geringer werden. Der Ertrag steigt also nicht proportional mit der Menge des zugeführten Nährstoffes.

Wirkungsgesetz der Umweltfaktoren: ökologische Regel, wonach die Zusammensetzung einer Lebensgemeinschaft nach Art und Zahl durch denjenigen Umweltfaktor bestimmt wird, der sich am meisten dem Pessimismus nähert.

Wirkungsgrad: 1. allgemein ein Maß für die Wirksamkeit eines Energieumwandlungsprozesses, meist angegeben in Prozent. Der W. kann für technische und für ökologische Prozesse berechnet werden. (→ *ökologische Effizienz*). – 2. in der Energiewirtschaft das Maß für die Wirksamkeit eines Energieumwandlungsprozesses und bestimmbar durch das Verhältnis von abgegebener Energie (bzw. Leistung oder Arbeit) zur aufgenommenen Energie (bzw. Leistung oder Arbeit). Der W. beträgt z.B. bei Dampfturbinen 25–40%, bei Wasserturbinen dagegen 90–95%. – 3. bei der Behandlung von → *Abwasser* die prozentuale Eliminierung der Stofffracht. – 4. in der Ökologie wird mit W. nicht nur die energetische – im Sinne der Bioökologie – Wirkung von Energieumwandlungsprozessen als W. bezeichnet, sondern der W. wird auch auf den Umsatz und die Wirkung von Stoffen (→ *Nährstoffe*, → *Schadstoffe*, → *Ionisierende Strahlung*) bezogen. Teilweise wird dann mit den verschiedenen → *Dosis*begriffen gearbeitet.

Wirkungskette (Reaktionskette): die Abfolge naturgesetzlich bedingter Prozesse im → *Landschaftsökosystem*, die auch vom Menschen als → *Regler im System* funktionell bestimmt sein kann. Die meisten W. in den → *Umweltsystemen* sind anthropogen geregelt, obwohl viele ökologische Prozesse – nach anthropogenem Eingriff – naturgesetzlich ablaufen, wie z.B. die → *Bodenerosion*.

Wirkwelt: bioökologischer Begriff für alle jene Veränderungen in der Lebensumwelt, die ein Tier aktiv bewirkt, wie Nestbau, Höhlengraben, Gangwühlen. Die W. hängt vom artspezifischen → *Aktionsprinzip* ab.

Wirt: 1. in Wortzusammensetzungen svw. Bewirtschafter (z.B. „Landwirt"). – 2. pflanzlicher, tierischer oder menschlicher Organismus, der einem anderen an der Körperoberfläche oder auch innerhalb des Körpers Lebensraum, sowie Energie und Stoffressourcen aus dem eigenen Stoffwechsel bietet. Man unterscheidet u.a. → *Hauptwirt*, → *Zwischenwirt*, → *Endwirt* sowie Reservewirt (→ *Reservoir*), bei Pflanzen auch → *Sommerwirt* und → *Winterwirt*. – 3. Der Begriff W. (und auch „Hauptwirt") wird nicht nur im Zusammenhang mit Parasitismus verwendet, sondern manchmal generell bei Pflanzen, die → *phytophagen* Insekten Nahrung bieten. (→ *Autökie*, → *Heterökie*).

Wirt-Parasit-Verhältnis: dreigliedriges System, gebildet vom → *Wirt*, dem organischen Mikrobiotop – dem → *Hostalbiotop* – und dem → *Parasiten*, das in seiner Gesamtheit Bestandteil eines → *Nahrungsnetzes* ist, das sich letztlich auf biochemischen Antagonismen von Wirt und Parasit gründet. Dabei bilden die Angriffsmechanismen des Parasiten und die Abwehrreaktionen des Wirtes ein Fließgleichgewicht im Sinne des → *dynamischen Gleichgewichtes*, welches die Existenz beider an diesem → *Bisystem* beteiligten Partner sichert.

Wirtschaftswald: ein regelmäßig bewirtschafteter → *Wald*, der durch zielgerichtete → *Verjüngung* und durch Bestandespflege einem oder mehreren Wirtschaftszielen dient. (→ *Forst*).

Wirtschaftswegebau: Sammelbezeichnung für Planung, Projektierung und Bau von Wald-, Forst- und Landwirtschaftswegen, um Produktion und Transport zu ermöglichen. Der W. ist umstritten, weil er teilweise zur → *Ausräumung der Kulturlandschaft* beiträgt, erschlossene Freiflächen zerschneidet und sie damit für ökologische Störungen durch Arbeit, Erholung, Sport etc. zugänglich macht. Besonders in Wald- und Forstgebieten wird der W. sehr in Frage gestellt.

Wirtsspektrum: Gesamtheit der Wirtsarten (→ *Wirt*), die ein → *Parasit* hat.

Wirtsspezifität: der Grad der Beschränkung eines → *Parasiten* oder → *Parasitoiden* auf ein bestimmtes → *Wirtsspektrum*. Als unspezifisch gilt z.B. die Erzwespengattung *Trichogramma* (Eiparasit bei vielen Wirtsarten), als sehr spezifisch z.B. die Zehrwespe *Prospaltella pernicisi* (befällt die San-José-Schildlaus). (→ *Wirt*, → *Wirt-Parasit-Verhältnis*).

Wirtstreue: → *Autökie*.

Wirtswahlregel (Hopkins'sche Wirtswahlregel): bei Insekten festgestellte Regel, die besagt, daß polyphage Arten vorzugsweise wieder auf jener Wirtsart siedeln, auf der sie selbst aufwuchsen. Dies erklärt, daß Schädlinge sich von einer Wildpflanze auf eine verwandte Kulturpflanze umgewöhnen können, oder daß sich bei den → *Parasiten* ökologische → *Rassen* bilden.

Wirtswechsel: 1. in Zusammenhang mit Parasitismus synonym zu → *Heterökie*. – 2. in einem weiteren Sinne wird der Begriff auch auf den Wechsel der Futterpflanze bei Phytophagen (→ *phytophag*) generell bezogen.

Witterung: abgrenzbare, für die jeweilige Jahreszeit typische Abfolge der atmosphärischen Zustände in einem Gebiet. Die einzelnen W.-Perioden des Jahres oder der Jahreszeiten sind durch Einstrahlungsbedingungen und atmosphärische Strömungszustände geprägt. Sie lassen sich oft durch bestimmte Temperatur- und Niederschlagsverhältnisse charakterisieren, auch in Form von Abweichungen zum langjährigen Durchschnitt, dem → *Klima*. Einige typische W.-Perioden treten in bestimmten Gebieten immer wieder im gleichen Zeitraum auf und heißen deshalb → *Regelfälle* der Witterung. (→ *Wetter*).

Witterungstyp: in bestimmter Ausprägung immer wieder auftretende, jahreszeitentypische und während mindestens einiger Tage anhaltende Kombination der atmosphärischen Erscheinungen. (→ *Witterung*).

Wohlfahrtswirkung des Waldes (Komitativwirkung des Waldes): Sammelbezeichnung für alle Wirkungen und Einflüsse des Waldes auf Klima, Wasserhaushalt, Boden, Bios sowie auf den Menschen und dessen physisches und psychisches Wohlbefinden. Die umfassenden W.d.W. gehen also über die ausschließliche Rohstoffproduktion von Wald und Forst weit hinaus.

Wohlstandsmüll: → *Müll* einer → *Wohlstandsgesellschaft*, der durch den hohen Anteil an Verpackungsmaterialien, insbesondere Einwegverpackungen und kurzlebigen Verbrauchsgütern (Wegwerfgüter) gekennzeichnet ist.

Wohndichte: 1. unscharfe bioökologische Bezeichnung für → *Populationsdichte* einer einzigen Art. – 2. die Populationsdichte sämtlicher Arten im → *Areal* bzw. einer künstlich gewählten Flächen- oder einer natürlichen Raumeinheit.

Wohngebiet (eines Tieres): → *Heimbereich;* als Mindestwohngebiet kann man das → *Territorium* bezeichnen.

Wohngrün: jene → *Grünflächen*, die innerhalb mehr oder weniger geschlossener Überbauungen angelegt sind, die vor allem Erschließungsfunktion haben und zugleich Wohnwert und bioökoklimatischen Wert der Siedlung erhöhen sollen. Das W. bietet jedoch nur beschränkte Spiel- und Aufenthaltsmöglichkeiten. Das W. spielt in der → *Stadtökologie*, die sich mit einer Verbesserung des → *Wohnumfeldes* beschäftigt, zunehmend eine Rolle.

Wohnumfeld: Sammelbegriff für jene Freiräume im Nahbereich von Wohnungen, die größere Straßenräume, Platzflächen sowie → *Grünflächen* umfassen, die eigentlich für den Stadtbewohner mindestens ebenso bedeutsam sind wie das Wohnen selber. An sich wird das W. von der gesamten Stadt oder einem größeren Stadtviertel repräsentiert. Der Begriff resultiert aus stadtökologischen Defiziten der → *Stadtplanung* vor allem jener Städte, die weder über größere → *Stadtparks* noch über größere → *Stadtwälder* sowie andere städtische Freiräume verfügen. Die → *Stadtökologie* versucht, von einem integrativen Ansatz aus das soziale und psychische Problem des W. von Seiten der Planung her methodisch und praktisch aufzuarbeiten. Dabei geht es sowohl um Dimensionsprobleme als auch um solche der visuellen Gestaltung der Stadt, jedoch vor dem Hintergrund eines naturgesetzlich funktionierenden, intakten → *Stadtökosystems*.

WRMG: → *Wasch- und Reinigungsmittelgesetz*.

Wuchsbezirk: Bestandteil einer forstwirtschaftlichen Raumgliederung und aufgrund verschiedener Kriterien innerhalb größerer, von einer einheitlichen Waldpflanzengesellschaft bestandener Areale ausgeschiedenes Gebiet. Dabei hängen die Kriterien vom Ziel der Gliederung und von der Größe des zu gliedernden Gebietes ab. Die W. setzen *Wuchsgebiete* zusammen und sind – als forstwirtschaftlicher Begriff – nicht mit dem → *Wuchsdistrikt* der Geobotanik zu verwechseln, der dort ebenfalls als W. bezeichnet wird.

Wuchsdistrikt (Wuchsbezirk): in der Geobotanik und Vegetationsgeographie die kleinste, durch ein eigenes gesellschaftsdynamisches Gefüge gekennzeichnete vegetationsräumliche Einheit.

Wuchsform: Die äußere Gestalt von Pflanzen (v.a. bezüglich ihrer vegetativen Teile), die Lagebeziehung der einzelnen Organe zueinander, zur Gesamtorganisation und zur Umwelt.

Wuchsgebiet: Bestandteil einer forstwirtschaftlichen Raumgliederung, der sich aus mehreren → *Wuchsbezirken* zusammensetzt und auf dieser Betrachtungsebene – ähnlich der → *geographischen Homogenität* – in pflanzengeographischer Zusammensetzung und sonstiger ökologischer Ausstattung als homogen gilt. Aus mehreren W. setzt sich eine „Wuchslandschaft" zusammen.

Wuchsort: 1. im geographisch-ökologischen Sinne svw. → *Standort* oder → *Biotop* einer Pflanzengemeinschaft. – 2. im floristischen Sinne svw. → *Fundort* einer Pflanze.

Wuchsreihe: in der Forstwirtschaft und in der Geobotanik verschiedenalte Pflanzen bzw. Bäume, die unter den gleichen geoökologischen Randbedingungen eines Gebietes bzw. Bestandes vorkommen.

Wuchsstoffe: organische Verbindungen, die bereits in geringen Konzentrationen das Pflanzenwachstum beeinflussen, ohne selbst → *Nährstoffe* zu sein. Es handelt sich demzufolge um Wirkstoffe, die nicht dem Energieumsatz bzw. dem → *Baustoffwechsel* dienen.

Wundparasiten: jene → *Parasiten*, die unverletzte Organismen nicht befallen können, wenn nicht ein Einlaß über Wunden besteht.

Wurmhumus: humoser Mineralboden, der durch innige Vermischung von Humusstoffen und mineralischer Substanz durch die wühlende Tätigkeit der Regenwürmer geprägt ist und Krümel- sowie Wurmlosungsgefüge aufweist. Ein wichtiger Bestandteil des W. sind die → *Ton-Humus-Komplexe*.

Würm-Kaltzeit (Weichsel-Kaltzeit): die letzte der vier klassischen → *Kaltzeiten* des → *Pleistozäns* in den Alpen, im Alpenvorland und im Bereich der skandinavischen Vereisung, wo die W.-K. als Weichsel-Kaltzeit bezeichnet wird. Es entstand das Jungmoränenland mit mehr oder weniger ausgedehnten und relativ markanten Endmoränenbögen, die ein unruhiges, wasserreiches und kleinstrukturiertes Relief mit vielen Feuchtstandorten im Bereich der ehemaligen Gletscherseite einschließen. Die Unterteilung der W.-K. in Stadiale und Interstadiale ist weitgehend geklärt. Der Maximalstand wird in der Regel von drei Stadien repräsentiert. Den Eiszerfall am Ende der W.-K. belegt eine Fülle von meist gut erhaltenen Stadialen. An die W.-K. schließt sich das → *Postglazial* an. Im Bereich der Weichsel-Kaltzeit ordnen sich im Vorland der Endmoränen- und Sandergebiete ausgedehnte Urstromtäler an, welche die Auen der großen Flüsse des nordmitteleuropäischen Tieflandes vorzeichneten. Vor der W.-K. kam die Eem-Warmzeit, die mit den Klima- und Ökosystemverhältnissen des Postglazials in etwa vergleichbar ist. Die W.-K. ist im Rahmen der Klima- und Umweltforschung insofern von Bedeutung, als ihre Klimaschwankungen und -änderungen über die weitere Entwicklung des Klimas der heutigen Zeit Auskunft geben können.

Wurmlosungsgefüge: durch Regenwürmer geschaffene, traubenartige Anhäufungen lose verkitteter weicher Krümel.

Wurmmull: überwiegend aus Regenwurmlosung bestehender → *Mull*. (→ *Humusform*).

Wurzelausscheidungen: durch Pflanzenwurzeln erfolgende Absonderungen. Sie sind sowohl am Bodenhaushalt als auch an der Verwitterung beteiligt, z.B. durch die Abgabe von Kohlensäure oder organischer Substanz bzw. organischen Säuren. Auch werden Wirkstoffe bzw. Hemmstoffe abgegeben, die für das Bodenleben Bedeutung besitzen. (→ *Edaphon*).

Wurzelbildung (Rhizogenese): Entwicklung des → *Wurzelsystems* höherer Pflanzen aus Keimwurzel über Primärwurzel und Seitenwurzeln, die sich aus der Primär- bzw. Hauptwurzel abzweigen.

Wurzelbrut: Ausschläge an flachstreichenden Horizontalwurzeln, d.h. eine Art natürlicher → *Stockausschlag*.

Wurzeldruck: 1. jene Kraft, die auf der Osmose beruht, und die das Wasser in den Leitungsbahnen der Pflanzen emporpreßt. Neben dem Wasserzug durch → *Transpiration* hält auch der Wassertransport durch W. die → *Hydratur* der Pflanze aufrecht. – 2. sprengende und treibende (mechanische) Wirkung wachsender Pflanzenwurzeln auf Gesteinskörper bzw. Gesteinsoberfläche. Dieser W. wird als biogenmechanische Verwitterung bezeichnet.

Wurzelkletterer: zu den → *Lianen* gehörende Pflanzen. Sie haben besondere Haftwurzeln ausgebildet, welche die Pflanzen mit der Unterlage verbinden, z.B. beim Efeu.

Wurzelknöllchen: knöllchenartige Wucherungen (vgl. → *Gallen*) durch → *Knöllchenbakterien* an den Wurzeln von Leguminosen.

Wurzelkonkurrenz: ein Wettbewerb im Wurzelraum an Pflanzenstandorten, wo Nährstoffe oder Bodenfeuchte als Mangelfaktor wirken, was entweder zur Vernichtung einzelner Arten oder des gesamten Bestandes führen kann. (→ *Wurzelsystem*).

Wurzelraum: der gesamte durchwurzelte Bereich im Boden.

Wurzelraumentsorgung: → *Wurzelraumverfahren*.

Wurzelraumverfahren: ein naturnahes Verfahren zur Abwasserreinigung in kommunalen Kläranlagen. Die Abwässer werden mit Hilfe von Schilfpflanzen von organischen und teilweise auch chemischen Verunreinigungen befreit.

Wurzelsystem: Gesamtheit der aus einer Hauptwurzel hervorgehenden Wurzeln, wobei zwischen intensiven und extensiven W. unterschieden wird, die im Haushalt der Ökosysteme ganz unterschiedliche Wirkungen zeitigen. Gräser z.B. besitzen ein „intensives", d.h. fein- und weitverzweigtes Wurzelsystem, das ein kleines Bodenvolumen vollkommen durchsetzen kann. Das „extensive" W., z.B. von Holzgewächsen, weist wenige, große und z.T. verholzte Wurzeln auf, die sowohl horizontal als auch vertikal streichen und ein großes Bodenvolumen durchwurzeln, dies aber nur sehr licht. Das W. ist für die Nährstoff- und Wasserversorgung der Pflanzen wichtig und spielt bei der → *Wurzelkonkurrenz*, z.B. konkurrierender Gras- und Holzgewächse in → *Steppen* und → *Savannen* eine große Rolle.

Wurzelunkräuter: stehen unter den → *Unkräutern* den → *Samenunkräutern* gegenüber. Die W. sind ausdauernde höhere Pflanzen, die sich durch die Wurzeln vermehren und verbreiten, zusätzlich ist jedoch auch Samen- bzw. Sporenbildung möglich.

Wüste: ein Gebiet, das sich allgemein durch Vegetationsarmut oder Vegetationslosigkeit auszeichnet, die durch Wärme, Trockenheit und/oder Kälte bedingt werden kann. So werden Wärme- und Kälte-W., neben Trocken-W. unterschieden. Bei der Gliederung der W. stellt man die Kernwüste der Randwüste gegenüber. Vegetationsgeographisch gewichtet ist der Begriff Halbwüste. Weiterhin können nach den Substrattypen Lehmwüste, Sandwüste, Hamada oder Serir unterschieden werden. Die Trockenheit der W. hat generell großklimatische Ursachen, auch wenn die sonstigen Randbedingungen verschieden sein können. Charakteristisch ist ferner die Lebensfeindlichkeit der W., die nur Spezialisten unter den Tieren und Pflanzen ein Überleben ermöglicht. Für den Menschen war und ist die W. nur unter Sonderbedingungen zugänglich, gleichwohl dient die W. heute teilweise als Wirtschaftsraum, z.B. in → *Oasen* oder für den Bergbau.

Wüstenpflanzen: Pflanzen der → *Halbwüste* und → *Wüste,* in der Paläotropis vor allem Crassulaceae, Aizoaceae, Asclepiadaceae, Euphorbiaceae, in der Neotropis vor allem Cactaceae, Agavaceae, Bromeliaceae. Die W. sind an die trockenheißen Bedingungen entweder als „passive Xerophyten" (Dürreflüchter), die Dürreperioden als ephemere → *Therophyten* oder → *Geophyten* überdauern, als aktive → *Xerophyten* oder als → *Sukkulente* angepaßt.

Wüstenrohboden: → *Yerma.*

Wüstensavanne: Übergangslandschaft zwischen → *Wüste* und → *Savanne,* gelegentlich auch als Halbwüste bzw. Dorn- und Sukkulentensavanne bezeichnet.

Wüstensteppe: ein Landschaftstyp zwischen → *Wüste* und → *Steppe,* gelegentlich auch als Halbwüste bezeichnet. Sie findet ihr subtropisch-tropisches Gegenstück in der → *Wüstensavanne.*

Wüstentiere: Tiere, die an das Leben in sehr heißen, bzw. nachts auch kalten Gebieten angepaßt sind. Manchen dieser Tiere genügt das im Stoffwechsel durch Oxidation frei werdende Wasser, so daß sie nicht trinken müssen.

X

Xenobiotika: Sammelbez. für nicht natürlich vorkommende Stoffe anthropogenen Ursprungs. Bsp.: Pestizide.

xenök (xenotop; in ähnlicher Bedeutung auch: xenozön, zönoxen): bezeichnet das zufällige Vorkommen von Arten in einem bestimmten Lebensraum, wo sie sich wegen ungeeigneter Lebens- und Vermehrungsbedingungen nicht lange halten können.

Xenophagie: Aufnahme von unüblicher Nahrung durch eine Tierart (z. B. Aas statt lebenden Organismen, pflanzliche statt tierische Nahrung). Der Normalfall der Nahrungsaufnahme wird auch als → *Euphagie* bezeichnet.

Xenophilie: Sonderform der Nahrungsspezialisierung bei phytophagen Tieren (v.a. Insekten, z.B. Fliegen), die einheimiseh Pflanzenarten oder -gattungen gegenüber solchen aus anderen Regionen bevorzugen. Gegensatz: → *Xenophobie*.

Xenophobie: Form der Nahrungsspezialisierung bei phytophagen Tieren (v.a. Insekten, z.B. Fliegen), die einheimische Arten einer Pflanzengattung oder aber einheimische Gattungen einer Familie gegenüber den entsprechenden Formen aus anderen Regionen bevorzugen. Gegensatz: → *Xenophilie*.

xenotop: → *xenök*.

xenozön: → *xenök*.

xerisch: svw. trocken, Trockenheit betreffend; der Gegensatzbegriff ist → *hygrisch*.

xero: in Wortzusammenhängen in der Bedeutung von trocken gebraucht.

xerobiont: bezeichnet Organismen, die an trockenen Stellen leben (z.B. Skorpione). Der Gegensatzbegriff ist → *hygrobiont*.

Xerodrymium (Durisilva): mediterraner Trockenwald vom Typ des → *Hartlaubwaldes*.

xeromorph: bezeichnet Pflanzen, die an die Trockenheit angepaßt sind.

Xeromorphe: Pflanzen, die an klimatische und/oder edaphische Trockenheit der Standorte durch morphologische Merkmale angepaßt sind, welche zur Verminderung von Wasserverlusten durch → *Transpiration* dienen. Sie gehören damit zu den → *Xerophyten*. Unterschieden werden die → *Sklerophyllen* und die → *Malakophyllen*.

Xeromorphie: die gestaltliche Anpassung an das Leben an trockenen Standorten bzw. unter ariden Bedingungen.

xerophil (aridophil): bezeichnet Organismen, die trockene Lebensräume bevorzugen. Gegensatz: → *hygrophil*. → *Reaktion*.

Xerophorbium (Trift): 1. gehölzarme Vegetationsformation edaphisch trockener Standorte oder arider Klimate, die von Kurzgräsern gebildet und beweidet wird. – 2. Sammelbezeichnung für die Trockenflora in niederschlagsarmen Landschaftsökosystemen bzw. auf wasserdurchlässigen Sand- oder Kalkuntergrund mit Gräsern, Kräutern, Stauden und Halbsträuchern, die z.T. → *xeromorphe* Merkmale aufweisen. Das X. kommt als → *Steppenheide*, als Trockenflora glaziärer Sande, als leeseitige Hochgebirgstrockenflora statt der Mattenvegetation und als arktische Trockenflora mit Stauden und Polstergewächsen vor, denen nur eine Vegetationszeit von 6–8 Wochen zur Verfügung steht.

Xerophyten (Trockenpflanzen): Pflanzen klimatisch oder edaphisch trockener Standorte mit zahlreichen Anpassungsmerkmalen. Sie werden vor allem repräsentiert durch die → *Xeromorphen*, aber auch durch → *Ephemeren* repräsentiert, die bei episodischen Regenfällen auch nach langen Trockenzeiten keimen können, oder durch → *Geophyten*, die in Landschaften mit regelmäßigen Trocken- und Regenzeiten durch unterirdische Organe (Wurzelstöcke, Knollen, Rüben, Zwiebeln) die ungünstigen Jahresabschnitte überdauern, oder durch → *Sukkulenten*, die verschiedene Formen wasserspeichernden Gewebes zeigen.

Xeropoium: → *Steppe*.

Xerorendzina: trockener, geringmächtiger, humusarmer und wenig belebter A-C-Boden auf Kalkstein in Trockengebieten. (→ *Rendzina*).

xerotherm (trocken-warm): bezeichnet die Geoökosysteme der → *Wüsten*, → *Steppen* und → *Savannen* sowie die diesen angepaßten Floren und Faunen.

xerotisch: allgemein der Trockenheit angepaßt.

Xylemsaftsauger: → *Pflanzensaftsauger*, die den Pflanzen mit dem Stechrüssel Flüssigkeit aus dem Gefäßteil (Xylem) entnehmen. Hierzu gehören viele Zikaden und Pflanzenläuse. (→ *Phloemsaftsauger*).

xylophag (holzfressend): bezeichnet holzfressende Organismen, die an das Aufschließen des Lignins und anderer Strukturen im allgemeinen durch geeignete mikrobielle Symbionten angepaßt sind und für die mechanische Zerkleinerung geeignete Mundwerkzeuge haben. Sie treten sowohl auf dem Festland auf (z.B. Bockkäferlarven, Holzwespen) wie auch im Meer (Bohrassel, Bohrmuschel). In ähnlicher Bedeutung wird auch der Begriff → *lignivor* verwendet.

Y

Y-Horizont: Bodenhorizont der ausschließlich aus künstlich aufgeschüttetem Material besteht.

Yerma (Wüstenrohboden): eine Sammelbezeichnung für graue, seltener rötliche, überwiegend humusfreie → *Rohböden* der vollariden → *Wüsten*. Die Y. werden nach der Bodenart und dem Vorhandensein von Krusten an der Oberfläche näher bezeichnet. Es existieren Gesteins-, Sand-, Staub-, Lehm-, Kalkkrusten- und Gipskrusten-Y.

Z

Zähigkeit: Oberbegriff über die dynamische Z. (→ *Viskosität*) und die kinematische Z. (Verhältnis Viskosität zu Dichte).

Zahlenpyramide: graphische Darstellung, die den Zusammenhang zwischen Körpergröße und Individuenzahl der Organismen eines Lebensraums widerspiegelt. Trägt man die Größenklassen auf die Ordinate, die dazugehörigen Individuenzahlen auf die Abzisse auf, so ergibt sich die Gestalt einer Pyramide.

Zehrschicht: → *trophylytische Zone* im → *See* und → *Meer*, in der organische Stoffe bakteriell abgebaut werden.

Zehrung (Sauerstoffzehrung): die Verminderung des Gehaltes an Sauerstoff im Wasser druch den Stoffwechsel der aeroben Mikroorganismen.

Zeigerarten: Bezeichnung für bodenanzeigende Pflanzen. → *Indikator-Organismen*.

Zeigereigenschaften: Sammelbezeichnung für Eigenschaften von Tieren und Pflanzen, die auf einzelne oder mehrere chemische und/oder physikalische Eigenschaften der Lebensumwelt reagieren können. Die Z. machen Tiere und Pflanzen zu → *Bioindikatoren*.

Zeigerorganismen: → *Indikator-Organismen*.

Zeigerpflanzen (Indikatorpflanzen, Weiserpflanzen): eine Form der → *Standortzeiger*, basierend auf den → *Zeigereigenschaften* der Pflanzen und überwiegend bezogen auf Bodeneigenschaften wie Kalk-, Stickstoff-, Säure-, Schwermetall-, Humus- und Feuchtigkeitsgehalt. Die Z. lassen einen ersten Hinweis auf den Bodenhaushalt zu, können aber direkte Messungen der chemischen und physikalischen Bodeneigenschaften nicht ersetzen, da das ökophysiologische Spektrum auch relativ exakt ansprechender Pflanzen verhältnismäßig groß ist, und die Pflanzen im übrigen zugleich meist auf mehrere Eigenschaften reagieren.

Zeigerwert: die Aussage von → *Bioindikatoren*, besonders → *Zeigerpflanzen*, über Einzeleigenschaften, -merkmale und -zustände im → *Landschaftsökosystem*, die jedoch nicht als absolut betrachtet werden darf, sondern immer im Zusammenhang mit gemessenen Eigenschaften und Merkmalen zu beurteilen ist, weil in den Z. auch biosystemeigene Eigenschaften eingehen, z.B. Konkurrenz, anthropogene Einflüsse.

Zeitgeber: alle Außenfaktoren, welche die endogene Rhythmik (→ *Periodik*) eines Lebensvorgangs in Frequenz (Periodenlänge) und Phasenlänge mit der Umwelt synchronisieren. Wichtiger Z. für die → *Tagesperiodik* ist das Sonnenlicht, für die → *Lunarperiodik* sind es Mondlicht und Gezeitenwirkung (Wasserbedeckung), für die → *Jahresperiodik* besonders die Tageslänge (→ *Photoperiodik*). Doch können auch Temperatur, Luftfeuchtigkeit, Regen und biotische Faktoren als Z. wirken.

Zeitverzögerung: in der → *Populationsökologie* beim → *Populationswachstum* ein Aufschub in der Wirkung eines bestimmten Faktors (relative Z.) oder die durch die Phase der Fortpflanzung bedingte „reproduktive Z.". Die Z. kann in die logistische Wachstumsgleichung inkorporiert werden. Größere Z.en bedingen eine stärkere numerische Instabilität des Populationswachstums. Die Z. spielt auch bei Modellen von Räuber-Beute-Beziehungen (→ *Räuber-Beute-System*) und → *interspezifischer Konkurrenz* eine Rolle.

Zellatmung: der zellulär-molekulare Aspekt der → *Atmung*. (→ *Dissimilation*).

Zentraldeponie: eine große → *Deponie*, die an zentral gelegenen Plätzen betrieben wird, um von Deponien ausgehende Umwelteinflüsse zu konzentrieren oder zu minimieren sowie um → *Deponiegas* aufzufangen oder Deponieabwässer zentral zu entsorgen. Der Nachteil der Z. besteht in der Konzentration des Anfuhr- und Wegfahrverkehrs sowie in den langen Wegen, die zu einer Z. zurückgelegt werden müssen.

Zerfall: der spontane Zerfallsprozeß eines → *Nuklids* in ein anderes oder in einen anderen Energiezustand desselben Nuklids, wobei der Z. jeweils eine charakteristische → *Halbwertszeit* hat.

Zerfallsarten: der → *radioaktive Zerfall* erfolgt als Alphazerfall, Beta-minus-Zerfall, Beta-plus-Zerfall, Elektroneneinfang und als Gammazerfall.

Zerfallsenergie: die bei einer bestimmten → *Zerfallsart* freigesetzte spezifische Energie.

Zerfallsreihe: die Abfolge von Radionukliden, die beim → *radioaktiven Zerfall* eines langlebigen → *Mutternuklids* entsteht, die eine „radioaktive Familie" bildet. Alle Z. enden bei einem stabilen → *Isotop* des Blei bzw. Wismut. Neben den drei natürlichen Z. (Uran-Radium-Z., Uran-Actinium-Z. und Thorium-Z.) gibt es die künstliche Plutonium-Neptunium-Z. (→ *Uran*, → *Radium*, → *Plutonium*, → *Thorium*).

Zerkleinerer: Tiere mit einer besonderen Form der → *Nahrungsaufnahme*: Die Nahrung wird vor der Aufnahme in den Darm mechanisch durch Kiefer, Zähne, Reibplatten oder Chitinleisten zerkleinert. Z. gehören zur → *Lebensform* der → *makrophage Tiere*.

Zerreibsel: → *Detritus*.

Zersatz: durch chemische, physikalische und/oder biotische Einflüsse zerstörtes organisches Material.

Zersetzer: 1. Organismen, die tote pflanzliche und tierische Substanz bis zur Stufe der anorganischen Ausgangsstoffe abbauen. Z. sind viele Bakterien, Pilze und → *saprophage Tiere*. Manche Autoren gebrauchen Z. synonym mit → *Reduzenten*. – 2. Tiere mit einer besonderen Form der → *Nahrungsaufnahme*. Die Nahrung wird vor der Aufnahme in den Darm auf chemischem Wege angegriffen, wie es z.B. bei manchen Schnecken, bei Carabiden, Dytisciden- und Neuropterenlarven sowie bei Spinnen vorkommt. (→ *extraintestinale Verdauung*).

Zersetzerkette (Saprophagen-Nahrungskette, detritische Nahrungskette): → *Nahrungskette*, die auf den tote organische Substanz (vor allem abgestorbene Pflanzen) fressenden, also → *saprophagen Tieren* basiert. Richtiger sollte die Z. „Saprotrophen-Nahrungskette" heißen, da dann auch die Mikroorganismen unter den → *Reduzenten* in die Basisgruppe der „Zersetzer" eingeschlossen werden. Gegensatz: → *Lebendfresserkette*. (→ *Energiefluß*).

Zersetzung (Dekomposition): Gesamtheit der Ab- und Umbauprozesse, die unter Beteiligung von Organismen in abgestorbener organischer Substanz ablaufen und zu ihrer Zerlegung in mineralische Endprodukte und/oder stofflichen Umstrukturierungen führen. Die Zersetzung verläuft in den beiden Teilprozessen der → *Verwesung* und → *Humifizierung*. An der Z. sind rein biochemische Prozesse der abgestorbenen Struktur selber beteiligt (in Form der Autolyse), wie auch die Aktivität von Mikroorganismen, im weiteren Sinne auch → *saprophagen Tieren* (→ *Reduzenten*). Auf dem Boden läuft die Z. von totem Pflanzenmaterial meist in drei Phasen ab: 1.) der biochemischen Initialphase mit Hydrolyse und Oxidationsprozessen kurz nach dem Absterben der Pflanzen; 2.) (häufig nach einer bestimmten Zeit der „Verwitterung" und Entfaltung von Mikroorganismen) der Periode der mechanischen Zerkleinerung durch die → *Bodenfauna*, 3.) der intensive mikrobielle Abbau durch die → *Bodenmikroflora*. Auch die → *Auswaschung* von Stoffen aus den oberen Bodenschichten kann im weiteren Sinne zur Z. gerechnet werden.

Zersiedlung: unkontrolliertes, flächenhaftes Wachstum von Siedlungen, speziell an den Rändern der → *Agglomeration*, wobei Wohnüberbauungen mit flächenextensiven Wirtschaftseinrichtungen (Industriebetrieben, Flughäfen, anderen Verkehrsinfrastrukturen, Supermärkten etc.) durchsetzt sind. Die Z. wird auch bewirkt durch den Bau von Wochenendhäusern in landschaftlich reizvollen Erholungsgebieten. Durch Maßnahmen des → *Landschaftsschutzes*, der → *Raumordnung* und → *Raumplanung* ließe sich die Z. steuern. Die Z. stellt nicht nur ein visuelles Problem in der Landschaft dar, sondern bringt auch negative ökologische Folgen mit sich durch zusätzlichen Verkehrswegebau, zusätzliche Infrastrukturen, Zerschneidung von Freiflächen und sogenannten → *Landschaftsverbrauch* durch Nutzung ehemaliger Freiflächen des Land- und Forstwirtschaftslandes als Baugebiet.

Zezidophyten (Phytocecidien): Pflanzen, die Gallen erzeugen, z.B. schmarotzende Mikromyziten oder Blaualgen.

Zezidozoen (Zoocecidien): Tiere, die Gallen erzeugen, z.B. Nematoden, Milben, Wanzen, Wespen, Käfer, Fliegen.

Zirkulation: allgemein Kreislauf, Umlauf, Zirkulieren von Stoffen. 1. Luftmassenumwälzung in der Atmosphäre. – 2. im übertragenen Sinne das „Zirkulieren" von Stoffen im Ökosystem (→ *Stoffkreislauf*). – 3. in der Limnologie großräumige vertikale Umschichtung des Wassers von Seen durch den Wind als Antriebskraft. Eine Z. ist nur möglich, wenn im See keine stabile thermische Schichtung besteht (bei uns v.a. im Frühjahr und Herbst, wenn die Temperaturen der Oberflächenwassers etwa denen des Tiefenwassers entsprechen). → *Zirkulationstypen*.

Zirkulationstypen: in der Limnologie Formen der → *Zirkulation*. Wenn die Z. die gesamten Wassermassen umfasst, heißt der See holomiktisch, wird er überhaupt nicht durchmischt, → *amiktisch*. Werden Seen nur teilweise bis zum Grund durchmischt, spricht man von meromiktischen Seen. Meromixis kann bedingt sein durch die Morphologie des Sees (kleine Wasseroberfläche in Relation zur Seetiefe, so daß der Wind nicht richtig angreifen kann), durch die Topographie (windgeschützte Lage), durch Salzreichtum des Hypolimnions. Seen mit Vollzirkulation lassen sich je nach Anzahl der Zirkulationen unterteilen in kalt und warm → *monomiktisch*, dimiktisch, → *oligomiktisch*, kalt und warm → *polymiktisch*.

Zisternenpflanzen: → *Epiphyten*, in deren dicht aneinanderschließenden Blattbasen sich Regenwasser sammelt, das allmählich verbraucht werden kann, indem es über Schuppenhaare aufgenommen wird. Bsp.: *Tillandsia*-Arten.

Zivilisatorische Strahlenbelastung: Sammelbegriff für alle den Menschen und seine Sachen betreffende Belastungen mit → *ionisierender Strahlung*. (→ *Strahlenbelastung*).

ZNS-Gift: → *Nervengift*.

Zoidiogamie (Zoogamie, Zoidiophilie, Zoophilie): Blütenbestäubung durch Tiere. Sie kann durch Insekten, Vögel oder durch Säugetiere [z.B. Fledermäuse] erfolgen.

Zön: im Sinne des → *Holozöns* der Systemzusammenhang zwischen Lebensgemeinschaft und Lebensumwelt, damit dem → *Ökosystem* entsprechend.

zonal: allgemein in Zonen gegliedert, bezogen auf die Landschaftszonen der Erde. 1. bezeichnet eine Vegetation, die dem Großklima eines Gebietes entspricht; – 2. bezeichnet → *Böden* mit Klima und Vegetation als der vorherrschenden Faktoren der Bodenentwicklung; z.e Böden kommen z.B. in Tundra, Taiga, Steppe, Wüste, den Tropen, der nemoralen Zone vor. (→ *azonale Ökosystemtypen*).

zonaler Stationswechsel: Form der → *Biotopbindung*, bei der Arten mit weiter geographischer Verbreitung und mit bestimmten Ansprüchen an das Klima innerhalb verschiedener Klimabereiche in unterschiedlichen Biotopen auftreten, die untereinander ein gleiches oder ähnliches Geoökofaktorenangebot für die Art besitzen. Der z.S. muß sich nicht unbedingt über Klimazonen hinweg vollziehen. Bis zu einem gewissen Grade repräsentiert er das Prinzip der → *ökologischen Nische*. Beispiel: Manche Arten kommen im nördlichen Teil ihres Verbreitungsgebietes an trockenwarmen Standorten mit spärlicher Vegetation vor, während sie im Süden feuchtere und schattigere Biotope mit dichterer Vegetation bevorzugen. (→ *Relative Standortkonstanz*).

Zonalität: Grundtatsache der gürtelartigen Gliederung der Erdkugel in eine Abfolge verschiedener geographischer Erscheinungskomplexe vom Äquator zu den Polen hin, die letztlich auf der unterschiedlichen Strahlungsintensität in den verschiedenen Breitenlagen beruht. Die Z. äußert sich z.B. in Klima-, Vegetations- und Bodenzonen.

Zonation: unscharfe bioökologische Bezeichnung für ein → *Raummuster* biotischer Erscheinungen, also der Entwicklung einer → *Biozönose* in flächenhaftstreifiger horizontaler Anordnung, das einem geochemischen und/oder physikalischen Faktorengefälle entspricht im Sinne einer → *Catena* bzw. → *Toposequenz*. An sich sollte der Zonenbegriff nur auf zonale Erscheinungen im Sinne des → *Planetarischen Formenwandels* angewandt werden. (→ *Catena-Prinzip*).

Zonationskomplex: unscharfe bioökologische Bezeichnung für die Zusammenfassung von „Zonen" im Sinne der → *Zonation*.

Zone: geowissenschaftlicher Begriff, basierend auf dem → *Planetarischen Formenwandel*, der zur Ausbildung von letztlich strahlungsklimatisch bedingten → *Landschaftszonen* bzw. Z. einzelner Geoökofaktoren (z.B. Vegetationszonen, Bodenzonen) der Erde führt, auf welche auch die Landwirtschaftszonen eingestellt sind.

Zonenmodell: theoretische Vorstellung von der gürtelartigen Verbreitung von Geoökofaktoren auf der Erde im Sinne des → *Planetarischen Formenwandels*. Dabei überträgt die Geographie das Z. der physiogeographischen Faktoren auch auf die Kulturlandschaft, die bei kleinmaßstäbiger Betrachtung gewisse Nutzungszonen, vor allem agrarwirtschaftliche, in Kongruenz mit den natürlichen → *Landschaftszonen* der Erde zeigen. Das in der Physiogeographie verwandte Z. stellt einerseits die Landschaftszonen der Erde, andererseits auch Zonen der einzelnen → *Geoökofaktoren* sowie Prozeßbereichszonen dar, für deren planetarisch-horizontale Verbreitung die unterschiedlichen Einstrahlungsverhältnisse der Sonne (→ *Strahlung*) auf die verschiedenen Teile der Erdoberfläche ausschlaggebend sind.

zönobiont: bezeichnet einen Organismus, der nur in einem bestimmten Biotoptyp auftritt. Arten, die lediglich einen bestimmten Biotyp bevorzugen, aber auch in anderen Typen vorkommen, heißen zönophil. Wenn sie als zufällige Besiedler auftreten, nennt man sie zönoxen (→ *xenök*). So heißt z.B. ein obligatorischer Quellbewohner krenobiont, eine nur vorzugsweise in Quellen auftretende Art aber krenophil. Eine zufällig ins Quellwasser hineingeratene Art, die dort aber auf die Dauer nicht leben bzw. sich vermehren kann, heißt hingegen krenoxen.

Zonobium: die ökologische Füllung der einzelnen → *Klimazonen* der Erde, die zonale Großlebensräume im Sinne des → *Bioms* darstellen.

Zönogenese: Sammelbezeichnung für sämtliche Entwicklungen und Veränderungen der → *Biozönosen* im Laufe der erdgeschichtlichen Entwicklung.

Zönographie: Beschreibung und Analyse von → *Lebensgemeinschaften* und ihre Beziehung zum Lebensraum (→ *Biotop*). (→ *Idiographie*).

Zönokline: die Abfolge von → *Gemeinschaften* entlang eines Umweltgradienten.

zönologische Merkmale: Eigenschaften der → *Gemeinschaften* (Zönosen) im Gegensatz zu Merkmalen der Population (→ *Populationsstruktur*) oder des Individuums.

zönophil: bezeichnet einen Organismus, der einen bestimmten Biotoptyp bevorzugt, aber auch in anderen noch gedeiht. (→ *zönobiont*).

Zönoquant: die → *Minimumareals* der kleinste Raumausschnitt, dessen Population quantitativ charakterisierbar ist.

Zönose: Untergliederung der → *Zoozönose* nach der taxonomischen Zugehörigkeit ihrer Mitglieder, z.B. in Entomo-, Ornitho-, Nemato-, Ichthyo-Z. Der schwer objektivierbare Begriff der Z. beschreibt somit nur phylogenetisch-ökologische Gruppierungen von Arten aus derselben Klasse. Er entspricht somit der → *Taxozönose* oder der → *Nomozönose*.

Zönospezies: eine Pflanzengruppe gemeinsamen evolutionären Ursprungs, damit der Spezies oder → *Art* entsprechend.

zönoxen: → *xenök*.

Zooanthroponose: eine durch Parasiten bedingte Krankheit, die von Wirbeltieren auf den Menschen übertragbar ist. (→ *Zoonose*).

Zoobenthos: tierisches → *Benthos*. (→ *Phytobenthos*).

Zoobios: Organismen, die auf oder in Tieren leben, wie Symbionten, Parasiten, Kommensalen.

Zoocecidien: → *Zezidozoen*.

Zoochlorellen: grüne Algen, die in Süßwassertieren endosymbiontisch leben. Systematisch gehören sie in die Verwandtschaft verschiedener freilebender Algengruppen. Bsp.: Ciliaten, Schwämme, Turbellarien, Rotatorien). Die Algen gehören zu unterschiedlichen freilebenden Gruppen. Im Meer spricht man von → *Zooxanthellen*.

Zoochorie: durch Tiere bedingte passive → *Verschleppung* eines Organismus, im engeren Sinne v.a. die Verfrachtung von Pflanzensamen und -sporen durch Tiere. Z. kann entweder als Epizoochorie oder Endozoochorie auftreten. Im ersteren Falle erfolgt eine Anheftung äußerlich (z.B. Samen und Sporen am Körper von Tieren, kleines Wassergetier an Wasservögeln), im zweiten Falle werden z.B. Pflanzensamen mit ihrer Fruchthülle gefressen und damit innerhalb des Tierkörpers transportiert (Diese Samen sind an ein Überleben im Darmsystem von Warmblütern angepaßt).

Zoogamie: → *Zoidiogamie*.

zoogen: aus Tieren entstanden, durch Tiere bedingt. Beispiel: z.e – durch weidende Säugetierherden entstandene – Savanne; z.e – durch Weidevieh herabgedrückte – → *Waldgrenze*. (→ *enthropogen*, → *phytogen*).

Zoogeographie (Tiergeographie): Bestandteil der → *Biogeographie* und der → *Bioökologie*. Sie beschäftigt sich mit der räumlichen Verbreitung der Tiere und der → *Tiergemeinschaften* auf der Erde auf zoologisch-systematischer und biologisch-geographischer Grundlage. Die Z. wird in eine allgemeine und in eine spezielle oder vergleichende T. gegliedert. Erstere befaßt sich mit den Verbreitungsgesetzmäßigkeiten unter ökologischem, regionalem und historischem Aspekt, woraus sich ökologische und chronologische Z. ableiten. Die spezielle Z. forscht und vergleicht die → *Faunen* von Erdräumen unterschiedlicher Größenordnung und die Verbreitung einzelner Tierformen und -gruppen.

Zooid: das Einzelindividuum eines → *Tierstocks* oder einer Tierkolonie.

Zooklima: ähnlich dem → *Phytoklima* ein Bestandteil des → *Mikroklimas* und die Wärmeausstrahlung der Kleintierwelt, z.B. in einer Grasflur oder in der Laubstreu, repräsentierend, wodurch der Wärmeumsatz in der bodennächsten Luftschicht beeinflußt wird. Gegenüber dem Phytoklima wirkt das Z. eher punktuell, d.h. in der Größenordnung der → *Merotope*.

Zoologie (Tierkunde): Teilgebiet der → *Biologie* und darin die Wissenschaft vom Bau, den Lebensäußerungen und sämtlichen Erscheinungen des tierischen Lebens. Hauptteilgebiete sind Gestaltlehre (Morphologie), Zellehre (Zytologie), Gewebelehre (Histologie), Organlehre (Organographie) und Körperbaulehre (Anatomie). Daneben beschäftigt sich die Physiologie mit dem inneren Funktionieren und den Leistungen der Körperorgane und des Tierkörpers. Neben vielen anderen zahlreichen Spezialgebieten, die sich z.T. auch nur einzelnen Tiergruppen bzw. → *Tiergemeinschaften* zuwenden, oder der → *Taxonomie*, bilden → *Zoogeographie* und → *Zooökologie* weitere wichtige Teilgebiete der Z.

Zoomasse: die von sämtlichen tierischen Lebewesen einer Raumeinheit oder der Gesamterde produzierte organische Masse und mit der → *Phytomasse* Bestandteil der → *Biomasse*. Die Z. basiert auf der → *Primärproduktion* und ist Bestandteil der → *Sekundärproduktion*.

Zoomimese: Form der → *Schutztracht*, die dadurch zustande kommt, daß der Organismus einer äußeren Ähnlichkeit mit anderen Tieren aufweist, die ihm einen speziellen Schutz verleiht. Ein Beispiels ist die Ameisenähnlichkeit mancher Ameisengäste mit Ameisen (z.B. im Rahmen der sog. → *Myrmekophilie*).

zoonekrophag: in der Parasitologie Bezeichnung für Tiere, die sich nur von toten tierischen Organismen ernähren. (→ *zoosaprophag*).

Zoonose: 1. auf den Menschen übertragbare Tierkrankheit, z.B. Rotlauf, Tollwut, Milzbrand. – 2. durch → *Parasiten* bedingte Infektion und/oder Krankheit, die zwischen Wirbeltieren übertragen wird. Die Übertragung zwischen Wild- oder Haustieren und Menschen nennt man Human-Z., eine solche zwischen Wild- und Haustieren Veterinär-Z. (→ *Zooanthroponose*).

Zooökologie (Tierökologie): Teilgebiet der → *Zoologie* und neben der → *Zoogeographie* jener Bereich, der sich mit den Lebensumweltbeziehungen der Tiere beschäftigt. Die Z. versucht das Leben von Tieren und → *Tiergemeinschaften* in Beziehung zu den geoökologischen und geobotanischen Randbedingungen zu setzen, die zur Erklärung des Vorkommens, der Lebensweise und der Entwicklung der Tiere in Zeit und Raum dienen.

Zooökophysiologie: Teilgebiet der → *Zooökologie*, das sich mit den Körperfunktionen des Tieres in Beziehung zu seiner Lebensumwelt beschäftigt.

Zooparasiten: an Tieren lebende Schmarotzer → *Parasiten*. Zu den Z. gehören sowohl pflanzliche Organismen (Bakterien, Pilze) als auch Tiere aus unterschiedlichen systematischen Gruppen. (→ *Phytoparasiten*).

zoophag (carnivor i.e.S.): bezeichnet → *zootrophe* tierische Organismen, die lebende tierische Substanz fressen. Hierbei unterscheidet man Räuber (→ *Prädatoren*) und Schmarotzer (→ *Parasiten*). Spezielle zoophage Ernährungsweisen sind → *phytophag* und → *saprophag*. Der Begriff → *zootroph* wird als Oberbegriff auch für andere tierkonsumierende Organismen verwendet.

Zoophile: Blütenpflanzen, die durch Tiere bestäubt werden. → *Bestäubung*.

Zoophilie: 1. → *Zoidiogamie*; – 2. in der Parasitologie die stärkere Bevorzugung von Tieren als Wirte durch Parasiten, die auch am Menschen schmarotzen (kann bei z.B. bei Mücken beobachtet werden).

Zoophobie: vermutete Ausbildung von → *Schutzanpassungen* bei Pflanzen gegen Tierfraß.

Zooplankton: neben dem → *Phytoplankton* bilden die planktisch lebenden Tiere (→ *Plankter*) das Z., das vermutlich die Hauptmasse des → *Planktons* darstellt. Abgestorben liefern sie → *planktogene* Meeressedimente, die sich in erdgeschichtlichen Zeiträumen zu Sedimentgesteinen umwandeln können. Das Z. wird vor allem nach den Lebensräumen der Tiere differenziert. Wichtige Gruppen des Z. sind *Protozoen*, *Rotatorien*, *Crustaceen* (vor allem *Copepoden*, *Cladoceren*), im Meer auch *Cnidarier*, *Mollusken*, *Chaetognathen* und unter den *Crustaceen* die *Euphausiaceen*.

zoosaprophag: 1. in der Tierökologie Bezeichnung für diejenigen → *saprophage* Tiere, die sich von toter tierischer Substanz (nicht toter pflanzlicher Substanz) ernähren. – 2. in der Parasitologie Bezeichnung für Tiere, die sich von faulendem tierischen Material ernähren, z.B. in eiternden Wunden. (→ *zoonekrophag*).

Zoosaprophage: → *Nekrophage*.

Zoosynökologie: Betrachtungsweise der → *Synökologie*, bei der die Lebensumwelt des Tieres im Mittelpunkt zoologischer Betrachtungen steht. Sie ist mehr oder weniger mit der → *Zooökologie* identisch, weil der gesamte Lebensraum in Beziehung zum Tier oder zur *Tiergemeinschaft* gesetzt wird.

Zootop: eine kleine zoologische Raumeinheit, die verschiedenartig modelliert wird. – 1. neben dem → *Phytotop* Bestandteil des → *Biotops*, der zusammen mit dem → *Geotop* den → *Ökotop* bildet. – 2. in der → *Zooökologie* und → *Zoogeographie* eine kleine geographische Raumeinheit, die von einer Art oder einer → *Tiergemeinschaft* belebt wird, ohne weitere Beziehungen zum Phytotop oder Geotop und somit nur eine räumliche Verbreitung beschreibend. – 3. in der → *Geoökologie* und → *Landschaftsökologie* eine kleine Raumeinheit mit einer in der → *topischen Dimension* als homogen betrachteten → *Zoozönose*, wobei die Zoozönose auf dem Phytotop eingestellt sein kann, so daß sich ein Biotop modellieren läßt.

zootroph: bezeichnet Organismen (Bakterien, Pilze, höhere Pflanzen, Tiere), die lebende tierische Substanz zur Ernährung nutzen. (→ *zoophag*. → *Ernährungsweise*).

Zooxanthellen: gelbbraune, in Meerestieren endosymbiontisch lebende Algen. Systematisch gehören sie in die Verwandtschaft verschiedener freilebender Algengruppen. Zooxanthellen beherbergen z.B. manche Radiolarien, Foraminiferen, Schwämme, Hohltiere und Turbellarien. Im Süßwasser spricht man von → *Zoochlorellen*.

Zoozönologie: eine der → *Phytozönologie* vergleichbare Betrachtungsweise der → *Autökologie*, die sich mit den Verhaltensweisen der → *Tiergemeinschaften* beschäftigt und damit der → *Tiersoziologie* entspricht.

Zoozönose: eine Gemeinschaft von in der Regel höheren Tieren, die einen → *Zootop* bildet, innerhalb dessen sie durch → *Nahrungsketten* verflochten ist. Gewöhnlich ist die Z. Bestandteil der → *Biozönose* im Sinne des → *Biosystems*. (→ *Tiergemeinschaft*).

Zuchtrasse (Kulturrasse): bei der Tier- und Pflanzenzüchtung durch besondere Maßnahmen des Menschen entstandene → *Rasse*, die auf hohe Leistung abzielt, um der landwirtschaftlichen Produktion zu dienen.

Zuchtstamm: → *Stamm*.

zufällig, → akzidentell.

Zufallslandschaft: eine saloppe, aber charakteristische Kennzeichnung für den realen Landschaftszustand in → *Agglomerationen* oder an Agglomerationsrändern, wo die Wirkungen der erfolgten → *Raumplanung*, die durch mehr oder weniger unkoordinierte → *Fachplanungen* realisiert wurde, in der → *Landschaft* nicht sichtbar werden. Stattdessen ergibt sich ein heterogenes, wenig organisch und unharmonisch erscheinendes Landschaftsbild, das ästhetisch nicht befriedigt, den Bewohnern keine Geborgenheit vermittelt und in der Regel auch ökologisch untüchtige oder nur beschränkt regenerationsfähige → *Landschaftsökosysteme* aufweist. Die → *Ökologische Planung* versucht, dem ökologischen Funktionsgedanken der → *Landschaftsökologie* planerisch Rechnung zu tragen und richtet sich in ihren Bestrebungen, die Grenzen der Fachplanungen zu überwinden, damit auch gegen das Entstehen der Z.

Zugvogel: Vogelart, die vor der kalten Jahreszeit durch gezielten Wanderflug in entfernte Lebensräume ausweicht, von Mitteleuropa z.B. nach Südeuropa oder Afrika. → *Vogelzug*.

Zusatzbelastung: bezogen auf → *Immissionen*, wobei zwischen → *Vorbelastung* und Z. unterschieden werden muß. Die → *Vorbelastung* wird durch die bereits bestehenden Immissionen repräsentiert, die Z. durch jene, die von einem neu einzurichtenden Emittenten ausgehen. Die Beurteilung der Vorbelastung und der Z. erfolgt anhand der → *Immissionsgrenzwerte* der → *TA-Luft*, wobei im Jahr der Inbetriebnahme die Summe der Immissionen aus Vorbelastung und Z. kleiner sein muß als der von der TA-Luft angegebene → *Grenzwert*. Für → *Lasträume* („Belastungsgebiete") gilt, daß die Z. nicht mehr als 1% der Vorbelastung betragen darf.

Zuwachs: in der → *Produktionsbiologie* die Vermehrung von Biomasse während einer zuvor definierten Periode (z.B. die Vegetationsperiode im Verlaufe eines Jahres) durch Nettoprimär- und Nettosekundärproduktion.

Zuwachsrate (spezfische): Zuwachs einer Population oder eines Bestandes pro Zeiteinheit, gemessen als Individuenzunahme oder Biomassezunahme pro Flächeneinheit (bzw. im Wasser pro Volumeneinheit).

Zuwanderung: nach natürlicher (z.B. durch → *Klimaänderungen* oder → *Naturkatastrophen*) oder anthropogener (z.B. durch → *Bergbau*) Zerstörung eines Biotops oder dem Zusammenbruch von → *Lebensgemeinschaften* aus benachbarten Gebieten durch → *Pioniere* erfolgender Vorgang einer Neu- oder Wiederbesiedlung eines Lebensraumes.

zweijährig: bezeichnet Pflanzen (→ *Bienne*) und Tiere, deren Entwicklungszyklus (→ *Lebenszyklus*) sich über zwei Jahre erstreckt. (→ *einjährig*).
Zwergplankton: → *Nanoplankton*.
Zwergsträucher: eine → *Lebensform* ausdauernder und auch ausgewachsen nur ca. 0.5 m hoher Holzgewächse, denen Stamm und Krone fehlen und die strauchartig verzweigt sind.
Zwergstrauchformation: baumlose Pflanzengesellschaft auf (kalkarmem) Sandboden oder sehr saurem, mineralstoffarmem Anmoorboden. Charakteristisch sind niedrig-wachsende Heidekrautgewächse, z.B. das Heidekraut *(Calluna vulgaris)*. Die Z. NW-Deutschlands sind durch Schafweide, Feuer und Plaggenhieb zustandegekommen und stellen somit keine natürliche Pflanzenformation dar.
Zwergstrauchheide (*„echte Heide"*, *Callunaheide*): von immergrünen → *Zwergsträuchern* gekennzeichneter Typ der → *Heide*, der sowohl im Hochgebirge als auch im ozeanischen Tiefland vorkommen kann. Nach der Zusammensetzung und nach den Standorten können zahlreiche Typen der Z. unterschieden werden. Typische Heidepflanzen sind *Calluna*, Ginster, Borstgräser.
Zwergwuchs: bei Pflanzen und Tieren erblich bedingt oder durch Züchtung angestrebt. Nichterblicher Z. oder Kümmerwuchs bei Pflanzen wird von Wasser- und/oder Nährstoffmangel bedingt.
Zwillingsarten (Geschwisterarten, engl. sibling species): Arten, die zusammen vorkommen und sich morphologisch äußerlich-morphologisch nicht oder schwer unterscheiden lassen, obwohl sie genetisch getrennt sind und echte Arten darstellen (→ *Ökospezies*).
Zwischenabfluß: → *Interflow*.
zwischenartlich: → *interspezifisch*.
Zwischenlagerung: die zeitweise Lagerung → *radioaktiver Abfälle*, anderer radioaktiver Stoffe und abgebrannter → *Brennstäbe* von → *Kernkraftwerken*, bis eine → *Wiederaufarbeitung* in einer → *Wiederaufbereitungsanlage* möglich ist, bzw. bis → *Endlagerung* erfolgen kann. Die Z. spielt in der → *Atomwirtschaft* zur Zeit eine große Rolle, weil weder genügend Standorte für die Endlagerung noch genügende Wiederaufarbeitungskapazitäten bereitstehen. Die Z. ist technisch aufwendig, weil Schutz vor → *radioaktiver Strahlung* gewährt sein muß, und die Nachzerfallswärme der abgebrannten Brennelemente abzuführen ist. Die Z. erfolgt z.Z. oft in Kernkraftwerken selber.
Zwischenmoor: → *Übergangsmoor*.
Zwischenwirt: ein → *Wirt* (Tier oder Pflanze) eines Wirt-Parasit-Verhältnisses, an oder in welchem nur die Jugendstadien parasitieren, während für die adulten Parasitenstadien ein obligater Wirtswechsel vorgenommen wird. (→ *Endwirt*, → *Hauptwirt*).
zyklisch: in regelmäßiger Folge wiederkehrend, aufeinander folgend, im Kreis verlaufend, kreisförmig.
Zyklomorphose (Temporalvariation): jahreszeitlicher Gestaltwandel von tierischen und pflanzlichen Planktonorganismen. Die Z. tritt im Verlaufe des Jahres in den aufeinanderfolgenden Generationen auf und wird durch Umweltfaktoren gesteuert (mögliche Auslöser: Temperatur, Räubereinfluß). Oft zeigen sie im Sommer lange Fortsätze, z.B. einen spitz ausgezogenen helmartigen Kopf bei Wasserflöhen. Bsp. im Süßwasser: Dinoflagellaten, Rotatorien, Cladoceren. (→ *Saisondimorphismus*).
zymogen: Mikroorganismen, die bei fehlendem Nahrungsangebot nur eine geringe Dichte haben oder eine Ruhepause durchlaufen und sich bei Verfügbarkeit von leicht nutzbaren, schnell abbaubaren Nahrungsressourcen (z.B. niedermolekularen Zuckern, Aminosäuren) rasch vermehren (→ *Opportunisten*). Gegensatz: → *autochthon*.
Zyste: Stadium mit verdickter Wandstruktur, das von einem Organismus selbst gebildet (z.B. Amöbenzyste).
Zytoökologie: Betrachtungsweise der innerorganischen Verhältnisse im systemaren Zusammenhang. Wie viele Bereiche unterhalb der Größenordnung eines Organismus nicht mehr zur → *Ökologie* im engeren Sinne gehörend.

DIERCKE-
Taschenatlas
der Welt

Physische
und politische
Karten
Insgesamt
238 Seiten
dtv/westermann
3400

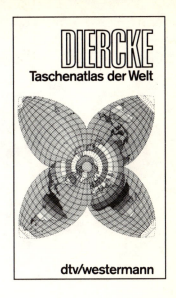

Der ›DIERCKE-Taschenatlas der Welt‹
bietet auf 180 farbigen Seiten
topographische Grundinformationen
über alle Länder der Erde:
Physische Übersichts- und Detailkarten
mit reichhaltiger Beschriftung,
Deutschland-Karten in großem Maßstab, politische Karten der Kontinente,
physische und politische Erdkarten.
Mit ausführlichem Inhaltsverzeichnis
nach Staaten geordnet und mit allen
Staatsflaggen, Namensregister.

Natur und Umwelt

Maureen & Bridget Boland
Was die Kräuterhexen sagen
Ein magisches Gartenbuch
dtv 10108

Jügen Dahl:
Nachrichten aus dem Garten
Praktisches, Nachdenkliches und Widersetzliches aus einem Garten für alle Gärten
dtv / Klett-Cotta
11164

Die Erde weint
Frühe Warnungen vor der Verwüstung
Hrsg. v. Jürgen Dahl und Hartmut Schickert
dtv / Klett-Cotta
10751

Dieter Heinrich / Manfred Hergt:
dtv-Atlas zur Ökologie
Mit 116 Farbtafeln
dtv 3228

Henry Hobhouse:
Fünf Pflanzen verändern die Welt
Chinarinde, Zucker, Tee, Baumwolle, Kartoffel
dtv / Klett-Cotta
30052

Edith Holden:
Vom Glück, mit der Natur zu leben
Naturbeobachtungen aus dem Jahre 1906
dtv 1766

Die schöne Stimme der Natur
Naturerlebnisse aus dem Jahre 1905
dtv 11468

Das Horst Stern Lesebuch
Herausgegeben von Ulli Pfau
dtv 30327

Liselotte Lenz:
Kleines Strandgut
Farbstiftzeichnungen
dtv 11281

Barry Lopez:
Arktische Träume
Leben in der letzten Wildnis
dtv 11154

Frederic Vester:
Unsere Welt –
ein vernetztes System
dtv 10118

Neuland des Denkens
Vom technokratischen zum kybernetischen Zeittafel
dtv 10220

Ballungsgebiete in der Krise
Vom Verstehen und Planen menschlicher Lebensräume
dtv 30007

Biologie im dtv

Vitus B. Dröscher:
Überlebensformel
Wie Tiere Umweltgefahren meistern
dtv 30043

Nestwärme
Wie Tiere Familienprobleme lösen
dtv 10349

Wie menschlich sind Tiere?
dtv 30037

Geniestreiche der Schöpfung
Die Überlebenskunst der Tiere
dtv 10936

Magie der Sinne im Tierreich
dtv 11441

Adrian Forsyth:
Die Sexualität in der Natur
Vom Egoismus der Gene und ihren unfeinen Strategien
dtv 11331

Karl von Frisch:
Du und das Leben
Einführung in die moderne Biologie
dtv 11401

Matthias Glaubrecht:
Wenn's dem Wal zu heiß wird
Neue Berichte aus dem Alltag der Tiere
dtv 11482

Matthias Glaubrecht:
Duett für Frosch und Vogel
Neue Erkenntnisse der Evolution
dtv 30308

Stephen Jay Gould:
Die Entdeckung der Tiefenzeit
Zeitpfeil oder Zeitzyklus in der Geschichte unserer Erde
dtv 30335

Hans Hass / Irenäus Eibl-Eibesfeldt:
Wie Haie wirklich sind
dtv 10574

Theo Löbsack:
Das unheimliche Heer
Insekten erobern die Erde
dtv 11389

Unterm Smoking das Bärenfell
Was aus der Urzeit noch in uns steckt
dtv 30312

Konrad Lorenz:
Er redete mit dem Vieh, den Vögeln und den Fischen
dtv 30053
So kam der Mensch auf den Hund
dtv 30055
Das Jahr der Graugans
Mit 147 Farbfotos von Sybille und Klaus Kalas
dtv 1795

Josef H. Reichholf:
Der Tropische Regenwald
Die Ökobiologie des artenreichsten Naturraums der Erde
dtv 11262
Erfolgsprinzip Fortbewegung
Die Evolution des Laufens, Fliegens, Schwimmens und Grabens
dtv 30320
Das Rätsel der Menschwerdung
Die Entstehung des Menschen im Wechselspiel mit der Natur
dtv 30341

Konrad Lorenz im dtv

Er redete mit dem Vieh,
den Vögeln und den Fischen

Unaufdringlich und humorvoll
schildert Lorenz die differenzierten Verhaltensweisen der
Tiere, die sein Haus in Altenberg
bei Wien bevölkert haben.
dtv 30053
(auch als dtv großdruck 25067)

So kam der Mensch auf den Hund

Der Hundebesitzer Lorenz zeigt
Entwicklungsgeschichte und
Verhaltensformen dieser Tierart
auf und erzählt mit viel Humor
von seinen Beobachtungen und
persönlichen Erfahrungen.
dtv 30055

Das sogenannte Böse
Zur Naturgeschichte der Aggression

Ein Schlüsseltext unserer gegenwärtigen menschlichen Selbsterkenntnis mit epochalem Rang,
der eine fruchtbare und nützliche
Diskussion über die natürlichen
Grundlagen des menschlichen
Daseins in Gang gesetzt hat.
dtv 30025

Die Rückseite des Spiegels
Versuch einer Naturgeschichte
menschlichen Erkennens

»Der fortschreitende Verfall unserer
Kultur ist so offensichtlich pathologischer Natur, trägt so offensichtlich die Merkmale einer
Erkrankung des menschlichen
Geistes, daß sich daraus die
kategorische Forderung ergibt,
Kultur und Geist mit der Fragestellung der medizinischen Wissenschaft zu untersuchen.« dtv 1249

Das Jahr der Graugans

Ein außergewöhnlicher Text- und
Bildband über die Lebens- und
Verhaltensweisen der Graugänse.
Mit 147 Farbfotos.
dtv 1795

Antal Festetics:
Konrad Lorenz

Eine lebendige und anschauliche
Biographie des Nobelpreisträgers
von seinem Schüler und
Weggefährten Antal Festetics.
Mit 250 Fotos.
dtv 11044

›Vom Glück, mit der Natur zu leben‹

dtv 30049

dtv 30027

Naturbeobachtungen
aus dem Jahre 1906.
Mit zahlreichen farbigen
Illustrationen.
Blatt für Blatt dieses Tagebuches zeugt von Edith
Holdens Liebe zur Natur
und ihrer Begabung,
das Erlebte empfindungsreich zu vermitteln.

Es war eine Sensation
in England, als man 1988,
zehn Jahre nach dem
Welterfolg ihres ersten,
Edith Holdens zweites,
aber früheres Naturtagebuch aus dem Jahr
1905 entdeckte, dessen
Authentizität durch
Sotheby zweifelsfrei
festgestellt wurde.
Auch diese Aufzeichnungen enthalten
meisterhafte Aquarelle.